クルアーン
やさしい和訳

監訳著 水谷 周
訳補完 杉本恭一郎

国書刊行会

第7版及び第8版のことば　　i

　　　　慈愛あまねく、慈愛深いアッラーの御名において

第7版のことば

　クルアーンは広く読まれ、理解されることを求めている。それなのに、従来は硬い表現で訳されることが、あまりに多かった。アラビア語がそのように硬いものと考えられたこともあったのであろう。あるいは、クルアーンを主として歴史の史料や比較宗教学の素材として見なすという、学術的な要請もあったからだ。そこでこの課題を克服したいという願いから、『クルアーン──やさしい和訳』を世に送り出すこととなった。

　2019年、同書の刊行以来、幸いにも多くの方々に支持され、版を重ねてきた。初めてイスラームが語りかけて来たと実感した、あるいは、読んでいて随所で鳥肌が立つほどに臨場感を味わったとの感想も聞かれた。こうした反応は所期の目標に近づくものとして、大いに執筆者を喜ばせるものがあった。しかし実はその背景には、ただ表現上工夫されて読みやすくなったというだけではなく、クルアーンを信仰の書として身近なものにしたいという、日本社会におけるイスラームに対する熱意の盛り上がりも、少なからず影響していたものと思われる。同書においては、史的な説明などよりも、イスラーム信仰の導きでありその道標となるように、意識して取りまとめたのであった。

　こうした事情を背景として、今般第7版を出せる運びとなったのは、さらに幸いなことである。そのためには、その後に出された関連書籍の進展も取り込み、また水谷、杉本の両執筆者による、イスラームとクルアーンへの誘いの趣旨の論考も掲載することとした。それらの論考はいずれも、イスラーム固有の発想や概念を提示し、またそれらは時に日本文化の中では見逃されがちな側面でもあることを指摘している。読者方々におかれては、両論考を合わせ読まれることで、一層クルアーン独自の世界観に素直に入れることを期待してのものである。

今後もますます「広く読まれ、理解されること」を願うとともに、その進捗のために、執筆者として引き続き研鑽に努め、本書に磨きをかけて行きたいと念じている。

執筆者

2023年秋

第8版のことば

第7版までは、慈悲という用語を使用してきたが、第8版よりはそれを全面廃止し、慈愛のみを使用することとした。大きな決断であるが、その背景などは、「目次」の後の「慈愛の考察」を参照願いたい。ちなみにアラビア語ではラフマであるが、それはイスラームの教えの中でも最も中核をなす理念と目されている。

執筆者

2024年秋

慈愛あまねく、慈愛深いアッラーの御名において

はじめに

　クルアーンはイスラームの原典として、慈愛と正義の道を説き、人の心に安寧をもたらす平安の書である。その日本語訳は、すでにいくつかある。本書の狙いは、タイトルの『クルアーン——やさしい和訳』にすべてが込められている。従来よく聞かれたことだが、頑張って読んでも分からないという強い訴えの声に、背中を押された格好だ。具体的には以下の工夫をして、読む人の心に啓示のメッセージが届くように努めた。

　１．表記上はできるだけ平易なものとし、多くの漢字はひらがな表記にした。また原語で頻出する「それ」や「かれ」といった代名詞が何を指すのかは、直訳しただけではとてもついて行けない日本語になってしまう。それらには、随所に（　　）で補足して、迷わずに読めるようにした。それからいくつかの節をまとめて新たに段落を設けることで、内容の把握を容易にし、さらにいくつかの段落をまとめて〈　　〉に入れた見出しを設けた。また適宜ルビも付した（例えば、僕(しもべ)）。

　２．内容面では、クルアーンを一貫して信仰の書として取り上げた。特に無宗教とさえ言われる現代日本の環境では、信仰の世界を自分の中に確立することは、かなりの努力に支えられる必要がある。また従来クルアーンの和訳では、さまざまな史実や聖書との対比などに大きな関心が払われ、注意散漫となる傾向も見られた。そこでイスラームの信仰そのものに焦点を絞ることで、通読するにも視座が安定し理解も進めやすくなる。それも個人的な印象論ではなく、イスラーム全体の信仰概論を踏まえ、各部分の信仰各論は脚注などでその位置づけを明らかにした。（資料２．「イスラーム信仰について」参照）。

3．最後にクルアーン全体を、一つのまとまった体系として提示した。クルアーンはそもそも啓示という整序立っていない表現の集積であり、それは砂漠で一瞬一瞬を生きるアラブ人の発想法であるともされてきた。しかし本書の見出し一覧を見ると、各章の前半と後半はほぼ同一のテーマを逆順序で扱っていることが分かる（資料３．「各章見出し一覧」）。つまり繰り返し論法である。クルアーンに次の１節がある。「アッラーは最も美しい教えを、互いに似た（一貫した比喩を）繰り返す啓典で啓示しました。」(39:23)。この繰り返しの叙述方法は現代の日本ではあまり採られない論法なので、それに慣れるか、少なくともその意識がないと混然とした印象を与えられて、バラバラの原子に見えてくるのだ。系統的でない言葉が漫然と散在しているとなると、日本人としてはそれにはなじめないし、理解もおぼつかないものとなって自然である。そこでこの繰り返し論法を固有の体系として明確にして、クルアーン独自の世界に誘うこととした（資料４．「繰り返し論法と同心円構造」参照）。今回の訳業により、従来自明とされてきた「原子論」的把握を脱して、新たにクルアーンの体系的なイメージが定着することを期待する。

　分かりやすく、広く読まれるものであってほしいという以上のような思いが、日本の精神生活を豊かにするとともに、世界の大きな思潮となっているイスラームの真骨頂を理解することに寄与すれば本望である。

　以下は、本書を読む上での参考や注意点である。
　＊クルアーンはアッラーの啓示の言葉であり、それを原語以外に翻訳することは本来ありえない。さらにそこに見られる巧みな比喩や多数の韻など、およそ何語であっても漏れなく訳すことは不可能である。そこでクルアーンを他言語に訳したものは、すべて意訳であるということになる。
　＊本書ではいくつか従来とは異なる新規の訳語を当てることとなった。すべて脚注に記したが、少し例示する。イッタカーは「（アッラーを）畏れる」とされてきたのを、「意識する」としたし、ラアナは「（アッラーが）呪う」とされてきたが、「拒否する」とした。元来そのような語義もあったのに、い

わば伝統的な訳語が流布されてきた。これら新規の訳語は、他言語の訳ではすでに見られるし、アラビア語の最近の解釈書でも支持されている。いずれもアッラーとの関係をどう理解するかという点に係る話であり、クルアーン、ひいてはイスラーム全体の印象と理解に新たな光を当てることが期待される。

＊クルアーンは約23年間かけて啓示された。前半の約13年間はマッカ（メッカ）で、後半の約10年間はマディーナ（メディナ）で降ろされた。マッカ啓示は短く、信仰そのものを扱い、クルアーンの後半に配置されたものが多い。他方マディーナ啓示は長く、多分に社会法制度も含んでおり、その多くがクルアーンの前半に置かれている。なおクルアーンの各章冒頭にそのいずれであるか記載してあるが、それは多分に慣用に従ったものである。実際のところは細かく見ると、両者が混じっている部分も随所にある。

＊クルアーン本文中の**アッラー**あるいはその代名詞（**わたし、われら、あなた、かれ**）は、すべて太字とした。

＊同じ話の流れの中で、例えば第三人称であったのが急に転じて、**わたし**など第一人称あるいは**あなた**という第二人称に変っている箇所が非常に多くある。唐突な印象で日本語としては違和感があるかも知れないが、これはイルティファート（視点の移動）と呼ばれるクルアーンの表現技法の一つである。むしろ唐突であることで人びとの注意を惹きつけ、一層の関心を喚起する効果を狙ったものである。場合によっては、過去形動詞の文章に続いて、突然現在形動詞の文章につながることもある。これも臨場感を増す効果を狙っている。なお日本語訳通読との関係で当面説明が必要になるのは、このイルティファート技法であるが、クルアーンにはそれ以外にも比喩法など多様な技法が活用され、それらが整理されて後代に、クルアーン修辞学（バラーガ）として発達した。

＊クルアーンを通読するために、全体を30部（ジュズゥ）に分ける手法が一般に取られる。ラマダーン月などには、毎日1部読み進めることで、月の終わりにクルアーン全体を読了できるようにするための目安である。本書では、各部の初めの個所には、◆　　部◆の目印を挿入してそれを明示することとした。しかしその部をさらに8等分するための小分割の目印は、割愛した。

また随所に読誦中に、額を床に着ける平伏礼（サジダ）をすることになっている箇所があるが、それらは **ぁサジダぁ** で明示した。

　＊啓示の言葉はムハンマドの教友たちの記憶や動物の皮などに残されたが、その後整理された（645年以降、ウスマーン版）。しかし当初より発音符号は完備しないなど、複数の方法で読解・音読される余地があった。現在イスラーム世界で最も流布しているのはアースィム読誦法（伝承者ハフス）で、一般に見られるクルアーンの大半がそれに基づく（今回の和訳のためにはサウジアラビア版やシリア版など使用）。また多数ある解釈書の中では、幾多の読誦法をカバーしつつ最も広範な内容とされるアルラーズィーの解釈書によると共に、アブデル・ハリーム教授の1,000頁を越える大部のクルアーン用語辞書も近年の成果であり有益であった（以上の書籍情報は、すべて本書参考文献欄に記載）。

　クルアーンは広く読まれ、理解されることを求めている。固い古語や、文献学風の博引傍証を避け、真の理解を得るための日本語訳が長く待たれていた。今般の新訳出版に際し、関係の方々より賛同し、支持する旨表明された。有難いことであり、それらの言葉は別記しておきたい。

執筆者

2020年4月

賛辞と推薦の言葉

明石　康　　元国際連合事務総長特別代表

　今般『クルアーン――やさしい和訳』が出版されることは、大きな喜びです。これは世界の４分の１ほどの多くのムスリムたちが、日々手にするものです。それがこのように「やさしい」日本語で提供されることで、わたしたちもかれらを理解し、その考えや心情を共有することを可能にしてくれます。いずれの宗教の原典もそうですが、それは慈愛や誠実さなど豊かな精神的な泉でもあります。クルアーンを理解することで、日本社会にも更なる源泉を見出すことにもなるでしょう。そのような進展は、なかんずく平和の意味をかみしめ、それを実践上も生かしてゆく糧となると信じます。

　新規の翻訳に当たられたご両名のご努力に賛辞を述べたいと思います。特に水谷周氏とは、40年前に国際連合において平和のために共に働いたという長年の背景もあります。今般の出版を契機として、ますますのご精進を祈念して、推薦の言葉と致します。

ムハンマド・ハッサーン・アワドゥ博士・教授
アズハル大学元副学長（エジプト）

　　　慈愛あまねく、慈愛深いアッラーの御名において
日本人読者の方々へ

　本書『クルアーン――やさしい和訳』の出版は大変な朗報です。現在、クルアーンの正しい理解はムスリムだけではなく、人類全体の課題と言えます。それは多数の人の精神生活の根幹となり、世界の文明の重要な基軸となっているからです。まして日本のように、まだイスラームが一般に、そして若い世代にもあまり知らされていない国において喫緊なものと言えます。本書がこのような空白を埋め、現代の嗜好や方法に適合するかたちで、広く寄せられている強い要望に応えることを期待します。日本人読者が本書を手にされて、イスラームの思想やその精神に触れることで、日本とイスラーム諸国民

の間の互いの理解が推進され、また友好関係が深まることも望みます。それはなかんずく、平和で繁栄する未来の構築に貢献することにもなります。

アッラーの御助力を祈願しつつ。

イスマーイール・ルトフィー・ジャパキーヤ博士
ファッターニ・イスラーム大学学長（タイ）／イスラーム世界連盟理事（サウジアラビア）

慈愛あまねく、慈愛深いアッラーの御名において

全世界の主、アッラーに称賛あれ。全世界への慈愛として遣わされた、信頼されるその預言者にアッラーの祝福と平安あれ。

至高のアッラーは、二つの偉大な目的で人間を創造された。まずは同列に並置することなく、かれのみを崇拝することである。「ジンと人間を創ったのは、**わたしに**仕えさせるため。」(51:56)。第二は、「あなた（ムハンマド）の主が天使たちに、**わたしは**地上に代理者（人間）を置く（と言われました）。」(2:30) とあり、アッラーは人間を地上の後継者として定め、所要の糧を供されるのである。

至高のアッラーは人間に対して、これらの目的の実現に向けて、平和の方途を示された。まずかれの導きを、善い生活の方法とすることである。「**わたしから導きが来れば、誰でもわたしの**導きに従う人は、迷うこともなく不幸になることもありません。」(20:123)。現世と来世において、信仰しクルアーンにあるアッラーの呼び掛けに応えることである。さらには、預言者（アッラーの祝福と平安あれ）の清浄な慣行に従うことである。「信仰する人たちよ、**アッラーとかれ**の使徒の呼びかけに応えなさい。かれ（ムハンマド）が、あなた方に生を与えるもの（真理）へと呼びかけるときは。」(8:24)、「**かれ**は御心に適う者を導きます。」(39:23)

このような信仰とアッラーの呼び掛けに導かれる最初の一歩は、クルアーンの意味を知り理解することである。そのためには、人間の諸言語に翻訳する必要がある。日本語は最重要の一つである。そこでわたしの同胞である水谷周博士は、クルアーンの意訳に没頭された。それは広く導きを知らせ、正しい道を辿るように、社会で使用される平易な様式でなされた。かれらの尽

力をアッラーが祝福されて、善行として数えられるように祈る。かれは、よく聞かれ、よく答えられるお方である。

われわれの預言者ムハンマドとその家族と従者全員に祝福あれ、そして全世界の主、アッラーに称賛あれ。

徳増公明　　日本ムスリム協会前会長

慈愛あまねく、慈愛深いアッラーの御名において

今般の『クルアーン――やさしい和訳』の出版を歓迎する。それは多くの読者の要望である、分かりやすいクルアーンを目指したものだからだ。もちろん分かりやすいとは言っても、啓示の言葉であるということは変わりないし、そうである以上、それ固有の難しさは残るだろう。それだけ抽象的で、非日常的な側面もあるからだ。そういった諸点を含みつつも、本書では幾多の工夫がなされて、読み手の立場に立った叙述が展開されている。単純な話、漢字は大いに限定され、使用頻度が少ない用語には、ルビが付されている。それと一番助かるのは、アラビア語では頻出する代名詞が誰を指しているか直ちには判明しないことがあるので、代名詞の次に氏名が付記書きされて貴重な手助けとなっている。

以上のような努力を払われたお二人の努力は、日本社会に大きな貢献をすると信じる。まずイスラームの理解を押し広げるであろうし、そもそもの宗教的な覚醒にも導くと考える。さらにそれは、多々読者の心を豊かにし、忍耐強くし、同情心も一層活性化されるであろう。それは、国際社会でも有益なものであることは言うに及ばない。多民族との共感が、いずれは日本への理解と協力を促すこととともなる。

日本ムスリム協会ではすでに周知の『聖クルアーン』を16版に渉って、順次改訂してきている。さらにその解釈書も準備しているので、それらが完備すれば、それも合わせ愛読していただければ幸いである。水谷周氏は上記解釈書の翻訳にも協会事業として、鋭意汗しておられる現状である。今次訳業を共同でされた同氏の友人と共に、ますますのご活躍を祈念したい。

島薗　進　　東京大学名誉教授、東京自由大学学長

　戦後日本は現世救済的な宗教信仰が興隆したが、高度成長以後の時代にはその熱意も和らぎ、さらにオウム真理教事件は宗教への期待を打ち砕いたかに見える。しかし、相次ぐ天災や感染症の流行は、人智を誇った近代文明の闇を露わにし、新たに宗教信仰の復興を促しているようにも見える。訳者水谷周氏の発意により、一般社団法人日本宗教信仰復興会議が設立されて本課題と取り組み始められ、また東京自由大学もそれに協力している。この中で、『クルアーン──やさしい和訳』が刊行されたことは、非常に時宜を得たものとして歓迎される。新たなクルアーン訳により生活意識に近い啓典理解が進むことが期待される。そのリズミカルな語調は原語のそれも偲ばせるものという。本書によって日本人の宗教理解が深まり、新たな生きがいが芽吹くことを期待したい。

長沢栄治　　東京大学名誉教授

　本書は平易な表現によるクルアーンの和訳である。長年にわたりイスラーム研究に従事し、今般執筆されたお二人による工夫に満ちた訳語に加え、テーマの把握をしやすくするために見出しを付けるなどさまざまな工夫が凝らされている。この翻訳を一つのきっかけとして、刊行直後の２月初めに東京大学東洋文化研究所にて日本ムスリム協会の共催によるシンポジウム「日本のイスラームとクルアーン」が実施された。雪の日であったにもかかわらず、多くの参加者を得て、現在の日本におけるイスラームの現状、クルアーンをはじめとするイスラーム研究の展望について熱心な議論を交わす機会となった。その議論の内容は、日本におけるイスラームの本格的な理解と定着を印象づける一方で、克服すべき課題もいくつか提示するものであった。本書は、こうした今後の私たちのイスラームの理解の深化・発展のために貴重な役割を果たすものと強く信じ、推薦するものである。

目　　次

第 7 版及び第 8 版のことば ……………………………………………………………… i
はじめに …………………………………………………………………………………… iii
賛辞と推薦の言葉 ………………………………………………………………………… vii

クルアーン

1. 開巻章 al-Fatiha …………………… 2
2. 雌牛章 al-Baqara …………………… 3
3. イムラーン家章 Al 'Imran ………… 47
4. 女性章 al-Nisa' ……………………… 71
5. 食卓章 al-Ma'ida …………………… 95
6. 家畜章 al-'An'am …………………… 114
7. 高壁章 al-'A'raf …………………… 134
8. 戦利品章 al-'Anfal ………………… 158
9. 悔悟章 al-Tauba …………………… 167
10. ユーヌス章 Yunus ………………… 185
11. フード章 Hud ……………………… 197
12. ユースフ章 Yusuf ………………… 211
13. 雷章 al-Ra'd ……………………… 225
14. イブラーヒーム章 'Ibrahim ……… 231
15. アル・ヒジュル章 al-Hijr ………… 237
16. 蜜蜂章 al-Nahl …………………… 243
17. 夜の旅章 al-Isra' ………………… 255
18. 洞窟章 al-Kahf …………………… 267
19. マルヤム章 Maryam ……………… 280
20. ター・ハー章 Taha ………………… 288
21. 預言者章 al-Anbiya' ……………… 299
22. 巡礼章 al-Hajj …………………… 308
23. 信者たち章 al-Mu'minun ………… 317
24. 御光章 al-Nur …………………… 325
25. 識別章 al-Furqan ………………… 334
26. 詩人たち章 al-Shu'ara' ………… 342
27. 蟻章 al-Naml ……………………… 353
28. 物語章 al-Qasas ………………… 361
29. 蜘蛛章 al-'Anqabut ……………… 371
30. 東ローマ人章 al-Rum …………… 379
31. ルクマーン章 Luqman …………… 385
32. 平伏礼章 al-Sajda ………………… 388
33. 部族連合章 al-'Ahzab …………… 391
34. サバア章 Saba' …………………… 401
35. 創造者章 Fatir …………………… 407
36. ヤー・スィーン章 Yasin ………… 412
37. 整列者章 al-Saffat ……………… 418
38. サード章 Sad ……………………… 426
39. 集団章 al-Zumar ………………… 432
40. 赦すお方章 Ghafir ……………… 439
41. 解説された章 Fussilat …………… 448
42. 協議章 al-Shura ………………… 453
43. 金の装飾章 al-Zukhruf ………… 459
44. 煙霧章 al-Dukhan ……………… 465
45. ひざまずく一団章 al-Jathiya …… 469
46. 砂丘章 al-'Ahqaf ………………… 472
47. ムハンマド章 Muhammad ……… 477
48. 勝利章 al-Fath …………………… 481
49. 部屋章 al-Hujurat ……………… 485
50. カーフ章 Qaf ……………………… 488
51. 撒き散らすもの章 al-Dhariyat … 491
52. 山章 al-Tur ……………………… 494
53. 星章 al-Najm ……………………… 497
54. 月章 al-Qamar …………………… 500
55. 慈愛あまねくお方章 al-Rahman … 503
56. 出来事章 al-Waqi'a ……………… 507
57. 鉄章 al-Hadid …………………… 510
58. 争議章 al-Mujadala ……………… 514

59. 集結章 al-Hashr …… 518	92. 夜章 al-Lail …… 578
60. 試問される女性章 al-Mumtahana …… 521	93. 朝章 al-Duha …… 579
61. 戦列章 al-Saff …… 524	94. 胸を広げる章 al-Sharh …… 580
62. 合同礼拝章 al-Jum'a …… 526	95. 無花果章 al-Tin …… 581
63. 偽信者たち章 al-Munafiqun …… 528	96. 凝血章 al-'Alaq …… 581
64. 互いに無視する章 al-Taghabun …… 529	97. 天命章 al-Qadr …… 582
65. 離婚章 al-Talaq …… 532	98. 明証章 al-Bayyina …… 583
66. 禁止章 al-Tahrim …… 534	99. 地震章 al-Zalzala …… 584
67. 大権章 al-Mulk …… 536	100. 進撃する馬章 al-'Adiyat …… 584
68. 筆章 al-Qalam …… 539	101. 大打撃章 al-Qari'a …… 585
69. 不可避な時章 al-Haqqa …… 541	102. 数の競い合い章 al-Takathur …… 586
70. 階段章 al-Ma'arij …… 544	103. 時間章 al-'Asr …… 586
71. ヌーフ章 Nuh …… 545	104. 中傷者たち章 al-Humaza …… 587
72. ジン章 al-Jinn …… 547	105. 象章 al-Fil …… 587
73. 衣をまとう者章 al-Muzzammil …… 550	106. クライシュ族章 Quraish …… 588
74. 包まる者章 al-Muddaththir …… 551	107. 慈善章 al-Ma'un …… 588
75. 復活章 al-Qiyama …… 554	108. 豊潤章 al-Kawthar …… 589
76. 人間章 al-'Insan …… 556	109. 非信者たち章 al-Kafirun …… 589
77. 送られるもの章 al-Mursalat …… 558	110. 援助章 al-Nasr …… 590
78. 知らせ章 al-Naba' …… 560	111. シュロ章 al-Masad …… 591
79. 引き抜く者章 al-Nazi'at …… 562	112. 純正章 al-'Ikhlas …… 591
80. 眉をひそめて章 'Abasa …… 564	113. 黎明章 al-Falaq …… 592
81. 巻き上げる章 al-Takwir …… 565	114. 人びと章 al-Nas …… 592
82. 裂ける章 al-Infitar …… 567	
83. 量を減らす者章 al-Mutaffifin …… 568	資料
84. 割れる章 al-Inshiqaq …… 569	1. クルアーンの扉を開く論考2本 …… 595
85. 星座章 al-Buruj …… 571	2. イスラーム信仰について …… 607
86. 夜訪ねる者章 al-Tariq …… 572	3. 各章見出し一覧 …… 615
87. 至高章 al-'A'la …… 573	4. 繰り返し論法と同心円構造 …… 623
88. 覆いかぶさるもの章 al-Ghashiya …… 574	5. 預言者一覧 …… 628
89. 暁章 al-Fajr …… 575	6. クルアーン関係年表 …… 629
90. 町章 al-Balad …… 576	参考文献 …… 630
91. 太陽章 al-Shams …… 577	索引 …… 631

手始めに通読する箇所：開巻章、人の言動全体に規範を与える（2:177）、人の弱さと赦しを請う精神（2:286）、アッラーを意識して、敬虔であることの重要性（2:197, 22:37）、「クルアーンの心臓」と呼ばれるヤー・スィーン章（36章）など。

アッラーの実在：アッラーの玉座の様子（2:255）、どこを向いてもアッラーはおられること（2:115）、アッラーに来世で会えること（2:223）や尊顔を拝すること（10:26）、慈愛はアッラーの務めであること（6:54）、アッラーは人の目には見えないこと（7:143）、アッラーは人の心に分け入られること（8:24）、アッラーの印はどこにもあること（12:105）、人はもがいてもアッラーの手のひらの上にいること（14:46）、アッラーは光である（24:35）、存在の命令はアッラーの「有れ」の一言（31:28）など。

信者の精神生活：信仰生活に入ると、その心には新たな世界が開ける。

(1) 慈愛（3:31, 7:156, 23:118, 40:17）：アッラーの広大で深い慈愛は、人間の及ばないもの。人はそれを他者に祈ることができる。愛はアッラーに対する敬愛（称賛と嘆願）と人間同士の愛情（アッラーの好まれるものを愛すること）があるが、いずれも動物的なものではない。

(2) 生きる目的（5:8, 63:8）：善行を積む篤信が、日々の生きがい。

(3) 幸福（34:37）：幸福は富や子沢山(こだくさん)ではなく、安寧の心を獲得すること。この世の幸福は一時的だが、天国では永久の幸福がある。それは至福（トゥーバー 13:29）という格別の名称で呼ばれる。

(4) 悲しさの克服（12:87, 18:56）：一喜一憂しないで、悲しさの裏に恵みを忘れないこと。余りの悲しみはそれまでの恵みを忘れているので、不信の原因となる。「悲しむなかれ」はクルアーンに頻出する言葉（9:40, 15:88, 16:127, 20:40）。

さまざまな人生訓：善は急げ（2:148）、人には本当には事の善し悪しがわからないこと（2:216）、この世は一時の戯れ（3:185、6:32、29:64、31:34）、人には本当には嫌いか好きかもわからないこと（4:19）、人は弱いもの（4:28）、人にはより良い挨拶で返すこと（4:86）、殺人と自殺の禁止（4:29、5:32、6:151、17:33）、人には明日の日も分からないこと（7:187、18:23-24）、外見ではなく心から静かに祈るもの（7:205-206）、善事は悪行を追放すること（11:114）。

- **慈愛** 情け心に近いが広大で深く、アッラーの枢要な働きの一つ。しかしそれ以上の定義は難しいとされる。イスラームの根幹をなすもので、正義と共に両翼を成すと見なせる。
- **正義** アッラーから見て適切で正しい状態を指し、それには人権や公平さも含む広い概念。日本的な喧嘩両成敗や勧善懲悪のような現世的な性格でない点は重要である。
- **(アッラーを) 意識する** 従来は「畏怖する」と訳されたが、内容はアッラーの存在で心を満たすことであり、恐怖ではない。それは心に見るので、内観する、とも言える。
- **称賛・賛美** 称賛は深謝であり感謝の極まったもの、他方賛美は、アッラーが至高である様子を素晴らしいとして称えること。鳥や雷もアッラーを賛美するが、称賛することはない。
- **改心する・赦す** 原語のターバは「戻る」の意。従来「悔悟する」と訳された。しかしイスラームは直ちに心から悔い改めれば赦されるという教えであり、より明朗な語感の「改心」を用いた。アッラーの場合は、改心する信者を「赦される」という意。
- **創造** アッラーは創造を繰り返されるので、初めの創造に限らない。人は二度創造される、というときの二度目は、復活を指す。クルアーンには創造の描写が少ないという人もいるが、創造全体を見る必要がある。
- **安寧** 不安のない安心とは異なり、安寧は一喜一憂しないで苦難があっても不動の心を保つことを指す。楽園では永久の安寧があり、それは最高の幸福として至福(トゥーバー)と称される。
- **苦痛と懲罰** 地獄の猛火。クルアーンでは苦痛と呼ばれることが大半であるが、非信者への懲罰。苦痛と懲罰の両方とも懲罰と訳すことも多いが、本書では原則として原語に倣って区別した。
- **禁忌** マッカで戦闘禁止など禁則のあること。原語のハラームは「聖」と訳されてきた。「聖」では神性を帯びるという意味になるが、神聖視することはない。もう一つ「聖」とされたのはカダサ語源の言葉であるが、その原義は「格別に清い」ということ。神聖視はすなわち偶像視に繋がり、イスラームでは「聖」概念の余地はない。

慈愛の考察

「ラフマ」は多くの場合、「慈悲」と訳されてきた。イスラームの道徳の本などでは一般論として、ラフマは人の痛みや苦しみ、あるいは楽しみや喜びの感情を、自らのこととして感じ取ることであるとされている。したがってそれは、日本でおなじみの情けや共感に極めて近い。しかしラフマも多くの感情と同様に、結局は厳密な定義は難しいとされている。

慈悲は日本の文化にすっかり根付いているので、用語としては、幸い何も違和感はない。ただし問題は、それは本来仏教文化の中枢にある言葉だということだ。

＊仏教的慈悲に欠ける「愛」の要素

慈悲は仏教用語としては、苦を抜き、楽を与える（抜苦与楽）の意味であり、特に「悲」の方が重視されて、「大悲」という用語でその重要性が示される。また仏教ではキリスト教で説かれる「愛」を愛着として捉えるので、それは排除することとなる。物事に執着するのは、人の持つ煩悩の一つで克服すべき対象なのである[1]。

他方、日本では抜苦と与楽はあまり区別されずに捉えられて、慈悲は一般的には目下の相手に対する「あわれみ、憐憫、慈しみ」の気持ちを表現しているとされる。しかしやはりそこには「愛」の要素は、前面には出てこない。

ちなみに「ラフマ」の中国語訳は、ほとんどの場合、「慈恩」と訳されている。憐憫、慈憫、仁慈、恩恵なども使用されてはいるが、少数である[2]。慈恩の一般的な日本語としての意味合いは、厚い情けと理解して差し支えないだろう。

なお日本で慈悲がラフマの訳語として採用された背景には、他のイスラーム用語における場合と似た現象があったのだろう。つまりラフマの英語訳がmercyなので、その日本語訳として、慈悲が自然だったということ。と

---

1 『宗教学辞典』東京大学出版会、1990年。2頁左側参照。
2 『中国訳解古蘭経』サウジアラビア・ファハド国王クルアーン印刷所、2007年。

ころがmercyも、やはり「愛」の側面よりは、情けや容赦といった側面に比重が置かれていることは変わりない。

　こうして定着したラフマの訳語としての慈悲は、基本的に「あわれみ」の比重を大きくしたものとして理解されることとなった。そこで検討すべきポイントは、従来通り「慈悲」という訳語はイスラームのキー・ワードでもある「ラフマ」の中心部分を伝える機能を十分に果たしているのかどうかである。

＊ラフマにおける愛の働き

　信仰とは、アッラーを愛することに尽きるといわれることは、広く知られている。またアッラーと人は相思相愛であるという、次のクルアーンの節を確認しよう。

　「あなた方がもしアッラーを敬愛するなら、わたし（預言者ムハンマド）に従いなさい。そうすればアッラーはあなた方を愛され、あなた方の罪を赦されるでしょう。アッラーはよく赦すお方で、慈愛深いお方なのです。」（イムラーン家章3:31）

　人間を救うために預言者を派遣されたという一事をとってみても、それは「情け」や「あわれみ」を動機としてアッラーが配慮されたという理解よりは、それは何よりも人間を愛されるからであると理解する方が、自然である。人間はそれほど「あわれむべき」存在として創造されたのであったのか。人間を試すために創造されたのであり、愛されるがゆえに、救済の手を差し伸べられるという関係である。

　人間は「あわれむべき」被造物として、頭を垂れて、うなだれた姿勢をするために創造されたのだろうか。そうではなく、過ちをしてもなお愛されるから創造されたのではないか。そう理解する方が、心温まり積極的になれる。この感覚は著者一人ではなく、これを読まれる方々に広く共有されると予想する。

　クルアーンではラフマの教えが中心的であることを反映して、その様々な活用形も含めれば342回登場してくる。さらに毎日5回の礼拝では、それへの言及を34回は繰り返していることになる。それほど中核をなしている。他方、人は主に対して敬愛する立場にある。アッラーに向けられた

純粋性から、さらには「フッラ」という特殊用語も編み出された。それはアッラーを専一に愛するのだから、「専愛」とでも呼んでいいのだろう。こうして双方の「愛」を中軸に回っているということになる。

*適切な訳語は「慈愛」となること

ラフマの訳語として「慈悲」ではなく、「慈愛」とする方が適切なのだろう。信者はアッラーを敬愛して、アッラーは人を慈愛されるのである。もちろん慈愛には、ラフマの重要な側面としての「情けをかける」に関しても、慈しむという一字が残るので心配ない。

礼拝所へ入るときの祈りの言葉は、「主よ、どうか私にラフマの扉を開けてください。」である。こう言うとき、それは「あわれみ」の扉なのか、あるいは「愛」の扉なのか？これも毎日繰り返される言葉である。信者を包み込む、広い「あわれみ」を背景とする、愛であってほしいと多くの人は思うのであろう。

多数のイスラーム関連用語は日本語として相当定着している。例えば、半世紀ほど前には、預言者ではなく予言者と書かれていて、その内容や役割を完全に誤解させていた。それは今日では認識も使用文字も是正されて、預言者が不動のものとなっている。モスクは語源が侮蔑用語であったので、それはすでにマスジドというクルアーン用語を使用することとなって久しい[3]。正しい用語は、イスラームの正しい理解そのものということになる。

こうして、2019年に発刊された『クルアーン－やさしい和訳』も第7版まで版を重ねて、2024年には第8版が出されるに至った。そこでは訳語として「慈悲」を卒業して、「慈愛」を使用することとなった次第である。こうしてラフマの理解について、もっと温かみと積極性を取り戻すこととなれば、と願われるところである。

終わり

3　日本ムスリム協会告示、2012年12月。

1. 開巻章　سورة الفاتحة

マッカ啓示
7節

　　毎日の礼拝時に必ず読み上げられる本章は、クルアーンを集約しています。短いながら要点を突いて、鮮やかに視点が展開されています。まず称賛はアッラーのためであり、そのアッラーは慈愛の主であり、また最後の審判をつかさどることを述べた後、突然アッラーへの信心の誓約の言葉に転じています。そして最後はまっすぐな正道への指導をアッラーに祈願する内容になっています。なお本章は、悪から守ってほしいとアッラーに請い願う最後の114章と連動し、クルアーンの初めと終わりで共鳴し合っています。さらには、クルアーン中央で究極の顛末(復活、審判、楽園、地獄)を語る部分(50章〜56章)と合わせて、クルアーン全体を支える3本の軸となっています。

1. 慈愛あまねく、慈愛深い**アッラー**の御名において[1]。

2. すべての世界の主である**アッラー**に、すべての称賛を捧げます[2]。

3. (**アッラー**は)慈愛あまねく、慈愛深いお方で、

4. 最後の審判の日をつかさどる方です。

5. (わたしたちは)**あなた**だけに仕え、**あなた**だけに助けを求めます。

6. わたしたちをまっすぐな道に導いてください。

7. その道とは、**あなた**が恵みを与えた人びとの道であり、

　(それは)怒りをかうこともなく、迷ってもいない人びとの道です[3]。

1　慈愛は他人の痛みを自分のことのように感じることで、それは情けに近いとされる。しかしそれはアッラーの働きであり、これ以上の定義は難しいとされる。なおアラビア語では慈愛(ラフマ)という一つの名詞から、広さを強調するラフマーンと深さを強調するラヒームという二つの強調形形容詞が派生した。両者は同根であるので、訳語としては同じ慈愛ではあるが「あまねき」と「深い」として、形容詞で区別するのが妥当であろう。
2　全存在を主宰するアッラーは、称賛の的である。称賛は感謝の極まったものとされ、その典型的な形として礼拝がある。礼拝はアッラーに対する感謝と嘆願である。ただ礼拝以外の時でも、常時アッラーを称賛するのが正しいあり方である。なお、アッラーは通常の意味で存在するのではなく、それは超存在。言わば絶対的存在であり、何かがあって存在するという相対的存在ではない。称賛と賛美に関しては、24:41脚注参照。

2. 雌牛章　سورة البَقَرة

マディーナ啓示
286節

　クルアーン最長の節で、雌牛の話(67節)から命名されました。内容は全般に信徒共同体の構築ですが、当時の背景としてユダヤ教徒らとの反目がありました。初めに人間に三種類(信者、非信者、偽信者)あること、そしてさまざまな預言者がいたことや礼拝の方向の話(30～141節)の後、社会生活の諸問題への指針が出てきます(142～243節)。しかし随所に信仰の在り方(177節)、信教上の戦い(243～253節)、人間の真の価値(254～283節)、「アッラーの玉座」(255節)などが出てきます。「宗教に強制なし」(256節)や利子禁止(261節以下)など、よく知られた論点も出てきます。なお本章は2章から5章の、団結、種々の礼拝方向と異部族という多元主義、勝利と巡礼などをテーマとする章グループの初めになります。

　　　慈愛あまねく、慈愛深いアッラーの御名において

〈信仰対不信仰〉

1. アリフ・ラーム・ミーム[4]。

2. この啓典(クルアーン)には全く疑わしいものはなく、(アッラーを)意識する[5]人(信者)たちにとっての導きです。3. (信者は)目に見えないもの(アッラー、天使、復活、天命など)を信じ、礼拝を行ない、われらが与えたものから施す人たち、4. あなた(ムハンマド)に啓示されたものと、あなた以前に啓示されたものを信じ、そして来世のあることを確信する人たちです[6]。5. かれらは主に導かれた人たちで、(究極の)成功者です。

3　「まっすぐな道」、すなわち正しい道を歩みたいとする求道の心が、慈愛を求める心と共に信仰の二大源泉であり、この求道の営みが人の生きがいとなる。正道希求については2:256、43:43、資料2．参照。
4　これらはアラビア語文字名である。クルアーン中、29の章において最大5文字を使用して、このような文字で始められている。その意味は多くの議論があるが、確定していない。当初クルアーンを聞く人たちに格別な印象を与える効果を持ったと想像される。これらの文字群

6. 不当にも信じようとしない人たち（非信者）は、あなた（ムハンマド）が警告しても警告しなくても同じで、信仰することはないでしょう[7]。7. **アッラー**は、かれらの心や耳を封じ、目には覆いをかぶせた上で、重大な苦痛を与えるのです。

8. 人びとの中には、わたしたちは**アッラー**を信じ、また最後の日を信じると口先だけで言う人（偽信者(にせ)）がいますが、かれらは本当のところ信者ではありません。9. かれらは**アッラー**と信者たちをだましているようでも、自分自身をだましていることに気づいていないのです。10. かれらの心には病が宿っているので、**アッラー**はその病をさらに重くされます。嘘をついてきた報いとして、かれらには厳しい苦痛が与えられます。11. 地上に悪をはびこらせてはならないと言われると、かれらは、わたしたちは正しているだけだと言います。12. いいえ、本当にかれらこそ、悪をもたらす人たちです。でもかれらは気づいていません。13. 人びとが信仰するように、信仰しなさいと言われると、かれらは、愚かな人が信仰するように、信仰できるものかと言います。いいえ。本当にかれらこそ愚かな人です。でもそれがかれらには分からないのです。

14. かれら（偽信者）は信者に会えば、わたしたちは信仰すると言います。でも悪魔たちと一緒になると、わたしたちはあなた方の仲間で、（信者のふりをして）軽くあしらっていたにすぎないと言うのです[8]。15. **アッラー**

を巡っての解釈論は、いつも「アッラーこそご存知である」という文句で結ばれる。
5　イッタカーというワカーの派生形は、意識する、という意味であり、それを、畏れかしこむ、と訳すのは行き過ぎである。クルアーン中、確かに畏怖と近似する箇所もあるが、その他、信心、悔悟、帰依、従順、至誠などが意図されている文脈もある。参考文献21．1042頁，参考文献23，巻2，22-24頁，参考文献25，4頁，脚注c.
6　イスラーム以前の諸啓典（ムーサーの律法やイーサーの福音など）も、アッラーからのさまざまな諸民族への啓示であったということ。
7　教化が順調でなくてもめげないように、アッラーの預言者ムハンマドに対する激励が、クルアーン中にはしばしば出てくる。ここもその趣旨である。
8　非信者の中でもこのような偽信者で、付和雷同の人たちが最悪だとされる。不信仰を宣言するような非信者ながら正直者の方が、まだ改心のへの期待が持たれるのだ。

はこのような人たちを軽くあしらわれ、乱心のままに放っておかれるので、かれらはさまよい続けることでしょう。16.これらの人たちは導きと引き換えに迷いを買い込んだ人たちで、このかれらの取引はうまく行かず、また決して正しく導かれません。17.かれらを例えれば火を点ける人のようなもので、せっかく火が辺りを照らしたのに、**アッラー**がかれらの光を取りあげて、暗闇の中に置き去りにしたので、何一つ見ることができないのです。18.かれらは耳が聞こえず、ものが言えず、目が見えないので、(**アッラー**の所へ反省のために)引き返すこともままなりません。19.あるいは暗黒と雷と稲妻が立ち込める空から降ってくる豪雨(に見舞われた人)のように、雷鳴により死を恐れるあまり、耳に指を突っ込むけれど、**アッラー**は不信心な人たちを完全に囲い込んでしまうのです。20.稲妻はかれらの視力を奪うばかりで、パッと光るたびにその中で歩みを進めるけれど、暗闇になれば立ち止まってしまいます。**アッラー**が望むときは、かれらの聴力も視力も必ず取り上げてしまうでしょう。本当に**アッラー**は、全能をお持ちなのです。

〈アッラーの創造と知識：アーダムの物語〉

21.人びとよ。あなた方とあなた方以前の人びとを創造された主に仕えなさい。きっとあなた方は、(**アッラー**を強く)意識するでしょう。22.(**アッラー**とは)あなた方のために大地を寝床のように広げ、空を高く建て、空から雨を降らせ、あなた方の糧(かて)としていろいろな果物を実らせる方です。(このことが)分かったのであれば、**アッラー**の他に同類のものを作ってはならないのです。23.もし**われら**の僕(しもべ)(ムハンマド)に啓示したものを、あなた方が疑うのであれば、それに似たものを一章でもいいから作って、**アッラー**の他にあなた方の証人を呼んでみるとよいでしょう[9]。あなた方が本当にそう思うのであれば。24.あなた方に(それが)できなければ、いいえ、できるはずもないでしょうから、人間と石を燃料とする

---

9 預言者ムハンマドの時代には詩人など言葉が重視された事情があったが、その中でクルアーンのような巧みで美しい表現は難しいということが、かれの教化活動上の奇跡として役立ったということになる。

（地獄の）火のことを知るべきです。それは不信心な人たちに用意されているのです。

25. 一方、信仰して善行に励む人たちには、川が下を流れる楽園が、かれらのためにあるという吉報を伝えなさい。そこでかれらは食べ物として果物を与えられるたびに、これはわたしたちが以前に与えられた物だと言うでしょう。かれらには、似たものが与えられるのです[10]。また清純な配偶者を与えられ、永遠にそこに住むでしょう。

26. **アッラー**は、蚊やさらに大きなものを例えに挙げることをいとわれません。信者はそれが主から啓示された真理であることを知っています。でも不信心な人たちは、**アッラー**はこの例えで何を伝えたいのだろうかと言います。**かれ**は、このように多くの人たちを迷わせ、また多くの人たちを導くのです。**かれ**が迷わせるのは、不服従の人たちだけです。27. 確約の後から**アッラー**との約束を破る人や、**アッラー**が結束を命じられたもの（家族や共同体など）から離れて地上を汚す人、これらの人は損失者となります。28. あなた方は、どうやって**アッラー**を否定できるのでしょうか。**かれ**は、生のないあなた方に生を与えました。それから**かれ**は、あなた方に死を与え、さらに生を与えて、その後**かれ**の御元にあなた方は帰るのです。29. **かれ**こそが、あなた方のために地にあるすべてを創り、さらに天に向かい、七つの天を創造した方です。**かれ**は、すべてを知り尽くしておられるのです。

30. あなた（ムハンマド）の主が天使たちに、**わたし**は地上に代理者（人間）を置くといわれたとき、かれらは言いました。**あなた**は、悪を犯し、血を流す者を地上に（代理者として）置くのですか。わたしたちは、**あなた**を称賛（の言葉）で賛美し、（格別の）清浄さをたたえているのに。**かれ**は

---

10 ここの意図は、楽園の食物はこの世のものと似ている、あるいは好物として楽園で何回も似たものを望む、といった説明がされる。

言いました。本当に**わたし**はあなた方が知らないことを知っているのです[11]。31.**かれ**はアーダム（アダム）にあらゆる名前[12]を教え、次にそれらを天使たちに示して言われました。もしあなた方が言うとおり（代理者としてより適役）なら、これらの名前を**わたし**に言ってみなさい。32.そこでかれら（天使）は言いました。**あなた**に栄光あれ。**あなた**がわたしたちに教えたもの以外、わたしたちに知識はありません。本当に**あなた**は、すべてをご存知で、賢明な方です。33.**かれ**は言いました。アーダムよ、かれら（天使）にそれらの名前を告げなさい。そしてアーダムがそれらの名前をかれらに告げると、**かれ**は（天使に）言いました。**わたし**が諸天と地にあって見えない物事を知っており、またあなた方が見せることも隠すことも知っていることを、あなた方に言いませんでしたか。

34.**われら**が天使たちに向かって、アーダムに平伏（へいふく）しなさいと言ったとき、イブリース（ジンで悪魔）を除いて、かれら（天使）は平伏しました[13]。かれ（イブリース）は拒否し、高慢で不信心な者となったのです。35.**われら**は言いました。アーダムよ、あなたとあなたの妻とはこの楽園に住み、好きなだけたくさん食べなさい。ただし、この木に近寄ってはいけません。そうすれば不正な人になってしまうでしょう。36.ところが、悪魔は二人をつまずかせ（木に近寄らせたので）、かれらがいた場所から追い出しました。**われら**は言いました。落ちて行きなさい。あなた方には地上に一時的な住まいと食糧があるでしょう。あなた方（人間と悪魔）は互いに敵です。37.その後、アーダムは、かれの主から（導きの）言葉をいただき、

---

11 地上におけるアッラーの代理者を巡っては、どうして自分たちでないのかと天使たちが苦情を述べたので、アッラーは天使たちに天にある礼拝所の周りを7周して反省するよう命じた。これが巡礼の始めであり、この礼拝所がマッカのカアバ殿の原型となったとされる。ただし天使たちはアッラーの命令に従うように創造されたので、本来自由意志はないということも忘れられない。（21:27参照）
12 「あらゆる名前」とは抽象と具象の両側面を含み、すべての被造物や存在の名前およびその機能を認識する能力を意味するとされる。
13 イブリースは悪いジンとして登場する（18:50）。ジンには善いジンも悪いジンもいて、煙のない火炎から創られる（55:15）。悪いジンは悪魔（シャイターン）とも呼ばれる。またジンは、ジャーンの複数形でムーサーの杖が変じた蛇などを指すこともある。

主はかれを赦されたのです。本当に**かれ**は、よく改心を受け入れる慈愛深いお方です。38. **われら**は言いました。あなた方は一人残らずそこから落ちて行きなさい。その後、**わたし**からの導きが届きます。そのとき、**わたし**の導きに従う人たちには、恐怖や悲嘆はないでしょう。39. でも、信仰を拒否し、**われら**の印(しるし)を嘘呼ばわりする人たちは、(地獄の) 火の仲間であって、永遠にその中に住むのです。

〈イスラーイールの民への立法〉

40. イスラーイールの子孫よ[14]、あなた方に恵んだ**わたし**の恩寵を思い出し、**わたし**との約束を果たしなさい。**わたし**はあなた方との約束を果たすでしょう。そして、**わたし**だけを畏(おそ)れなさい。41. あなた方が持っているもの(律法)の確証として、**わたし**が下した啓示(クルアーン)を信じ、それを最初に拒否する人となってはいけません。また、**わたし**の印をわずかな対価と引き換えてはいけません。そして、**わたし**だけを意識しなさい。42. また知っていながら、真実を虚偽で覆い、また真実を隠してはいけません。43. 礼拝の務めを守り、定めの施しをして、屈折礼をする人たちと共に屈折礼をしなさい[15]。44. あなた方は人びとに善行を命じながら、自分では忘れ、あなた方は啓典を読みながら、理解しないのでしょうか。45. 忍耐と礼拝によって、(アッラーの)助けを請いなさい。それは謙虚な人の他には、実に容易でないことです。46. (謙虚な人とは) 主にやがて会うこと、そして**かれ**の御元にいずれ戻り行くことを知っている人たちです。

47. イスラーイールの子孫よ、あなた方への**わたし**の恩寵と、**わたし**がどの民よりもあなた方を優遇したことを思い出しなさい。48. そして誰も他人のために身代りになれず、誰の執り成しも受け入れられず、償いも受け

---

[14] ここでいう「イスラーイール(預言者ヤアクーブの別名)の子孫」とはマディーナの町に住むユダヤ教徒たちを指す。ここの話の多くは、ユダヤ人の祖先にあった出来事を思い出しつつ、アッラーの啓示を受け入れるよう勧める筋書きになっている。

[15] 屈折礼は頭を下げる姿勢のことで礼拝の一部だが、ここは集団の中で同じ動作をすることが強調されているとも読める。あるいは一般的に礼拝することが求められているとも読める。

取ってもらえず、助けられることもない（最後の）日に対して身を守りなさい。49. **われら**がフィルアウン（エジプトのファラオ）の一党からあなた方を救ったときを思い出しなさい。かれらはあなた方に身の毛のよだつ拷問を与え、あなた方の男児を虐殺し、あなた方の女児を生かしておきました。それはあなた方の主からの大きな試練でした。50. また、**われら**があなた方のために海を分けて、あなた方を救い、あなた方が見ている前で、フィルアウンの一党を溺れさせたときのことを思い出しなさい。51. また、**われら**がムーサー（モーゼ）に、40夜の約束をしたときのことです[16]。あなた方はかれ（ムーサー）のいない間に、子牛を（神として）崇拝するという悪事を働きました。52. その後、**われら**はあなた方を赦しました。あなた方は（きっと）感謝するでしょう。

53. あなた方が正しく導かれるよう、**われら**が、ムーサーに啓典（律法）と（善悪の）識別を与えたときのことです。54. ムーサーはかれの民に言いました。わたしの民よ、あなた方は子牛を崇拝することで、自分自身を悪に陥れました。だから創造する主に改心して戻り、あなた方自身（の中の罪人）を殺しなさい[17]。創造する主の御元では、それがあなた方にとって善いことでしょう。**かれ**は、あなた方の改心を受け入れられました。実に**かれ**はよく改心を受け入れる方で、慈愛深いお方なのです。55. またあなた方は言いました。ムーサーよ、**アッラー**をはっきりと見るまでは、あなたを信じないと。するとあなた方が見ている前で、落雷があなた方を襲いました。56. そして**われら**はあなた方が死んだ後、あなた方を蘇らせたのです。あなた方は感謝することでしょう。57. また**われら**は雲であなた方の頭上に陰を創り、マンナ[18]とウズラを与えました。**われら**が与えた良きものを食べなさい。（命に従わなかった）かれらは**われら**を損なったの

---

16 エジプトから脱出した後、ムーサーはシナイ山に40日立てこもり、神から十戒を授かった。その間にユダヤ人たちは、黄金の子牛像を造って偶像とした。
17 「あなた方自身（アンフス）」を殺すというのは、子牛を奉る心（アンフス）を殺すとも解される。
18 マンナはゴム状で蜂蜜のような甘味があり、砂漠の昆虫が作る粘液。楽園の食物の一つとされる。

ではなく、自分自身を悪に陥れたのです。

58.また**われら**がこう言った（ときを思い出しなさい）。あなた方は、この町（エルサレム）に入り、望むままにそこで存分に食べなさい。頭を低くして門を入り、お赦しくださいと言いなさい。**われら**はあなた方の過ちを赦し、また善行の人たちには（報酬を）増し加えることでしょう。59.ところが不正を行なう人たちは、かれらに命じられた言葉を入れ替えてしまいました。不正を働く人たちは反抗的で服従しないので、**われら**はかれらの上に天から災厄を下しました。

60.ムーサーがかれの民のために、水乞いをしたときを思い出しなさい。**われら**は、あなた（ムーサー）の杖で岩を打ちなさいと言いました。するとそこから12の泉が涌き出て、全員自分の水場を知ったのです[19]。**アッラー**からいただいた糧を食べ、そして飲みなさい。堕落して地上で悪を犯してはいけません。61.またあなた方がこう言ったときを思い出しなさい。ムーサーよ、わたしたちは、一つの食物だけでは耐えられないから、葉野菜、きゅうり、にんにく、レンズ豆、玉ねぎのような大地に育つものを授けてくださるように、あなた（ムーサー）の主に祈ってください。かれ（ムーサー）は言いました。あなた方はつまらないものをより良いものの代わりに求めるのでしょうか。（それなら）町[20]へ出て行きなさい。あなた方にはあなた方の望むものがあるでしょう。するとかれらには屈辱と悲惨さが襲いかかり、**アッラー**の怒りを招きました。なぜなら、かれらは**アッラー**の印を拒否し、不当に預言者たちを殺害したからです。かれらは**アッラー**に服従せず、規範を犯していたからです。

62.真に信仰した人（ムスリム）たち（の他）、ユダヤ教徒たち、キリスト教徒たち、サービア教徒たち[21]で、**アッラー**と最後の日を信じ、善を行なっ

---

19 イブラーヒーム（アブラハム）の子イスハーク（イサク）の子ヤアクーブ（ヤコブ）には12人の息子たちがいて、12支族を形成した。
20 「町」の原語はミスル。ムーサーとフィルアウンのミスルは、エジプトである。

た人、かれらへの報奨はかれらの主の御元にあり、またかれらには恐怖もなく悲哀もありません。63. また、**われら**があなた方と約束（律法）を結び、あなた方の上に（シナイ）山を盛り上げたときを思い出しなさい。**われら**があなた方に与えたものをしっかり受け取り、その中にあるものを考えなさい。きっとあなた方は意識するでしょう。64. その後、あなた方は背き去りました。もしあなた方に**アッラー**の寵愛と慈愛がなかったなら、あなた方は損失者たち（の仲間）となったでしょう。65. また、あなた方はあなた方の中で安息日を破った人を確かに知っていました。そこで、**われら**はかれらに猿になれ、排斥されてしまえと言いました。66. （こうして）それを**われら**はあなた方の時代と後の時代の人たちへの見せしめとし、（**アッラー**を）意識する人へ諭したのです。

67. ムーサーがかれの民に、**アッラー**はあなた方に一頭の雌牛を犠牲に捧げることを命じました、と言ったときのことです。かれらは言いました。あなた（ムーサー）は、（殺人犯を問うているのに）わたしたちを馬鹿にするのか。かれは言いました。（いやいや）わたしが**アッラー**に無知な人たち（の一人）になることなど、とんでもないことです。68. かれらは言いました。それがどんなものか、わたしたちにはっきりさせてもらうよう、あなたの主に祈ってください。かれ（ムーサー）は言いました。それは老いもせず、若くもなく、その間でちょうどよい雌牛である、と**かれ**は言われます。だから、あなた方は命じられたことをしなさい。69. かれらは言いました。それがどんな色か、わたしたちにはっきりさせてもらうよう、あなたの主に祈ってください。かれ（ムーサー）は言いました。それは見る人を喜ばせる色鮮やかな、黄色の雌牛であると**かれ**は言います。70. かれらは言いました。それがどのようなものか、わたしたちにはっきりさせてもらうよう、あなたの主に祈ってください。雌牛であるだけでは、わたしたちにはどれも同じに思える。**アッラー**が御望みなら、わたしたちも正

21　サービア教は一神教であったが、それはユダヤ教とゾロアスター教を折衷したものであるなど、その正体については諸説ある。

しく導かれた人になるでしょう。71.かれ（ムーサー）は言いました。それは土地を耕すような家畜にはされておらず、耕地に水を撒くこともない、健康で欠点のない雌牛であると**かれ**は言われます。かれらは言いました。あなたは今ようやく真実を伝えてくれました。こうしてかれらは犠牲を捧げたのですが、（条件を細かく聞いたので、その実現が難しくなり）あやうくそれができずじまいになるところでした。72.また、あなた方が一人の人間を殺したとき、それについて互いに争いました。でも**アッラー**は、あなた方が隠していたことを明るみに出されたのです。73.**われら**は言いました。かれ（死者）をその（雌牛の）一片で打ちなさい。こうして**アッラー**は死者を甦らせ、**かれ**の印をあなた方に示されます。きっとあなた方は悟ることでしょう。74.その後、あなた方の心は岩か、岩よりも固くなりました。確かに岩には、その間から川が涌き出るものもあれば、割れてその中から水が出てくるものもあり、**アッラー**を畏れるあまり、崩れ落ちるものもあります。**アッラー**は、あなた方の行なうことを決して見落としません。

【ユダヤ教徒の背信】

75.あなた方（信者）は、かれら（ユダヤ教徒の偽信者）があなた方を信じることを期待するのでしょうか。かれらの一派は**アッラー**の言葉を聞き、それを理解した後、わかっているにもかかわらず、それを改変してしまうのです。76.かれらは、信者たちに会えば、わたしたちは信じましたと言います。しかし、かれら同士だけになると、次のように（真実を隠しておくようにと）言うのです。（以前受け取った）**アッラー**の啓示をかれら（信者）に語れば、あなた方の主の目前で（来世で）、（預言者ムハンマドの正しさが）あなた方の意に反して論証されてしまいます[22]。あなた方は（このような事情が）分からないのでしょうかと。

77.（しかし）かれら（ユダヤ教徒）は、**アッラー**がかれらの隠すことも、現すこともご存知であることを知らないのでしょうか。78.また、かれらの中には、啓典を知らない非識字者がいます。かれらは虚しい願望を持っ

て臆測するだけです。79. 自分の手で啓典を書き、わずかな対価を得るため、これはアッラーから啓示されたものです、と言う人には災いがあるでしょう。かれら（ユダヤ教徒）の手で書いたものに災いがあり、かれらが稼いだものに災いがあるのです。80. かれら（ユダヤ教徒）は、（地獄）の火がわたしたちに触れるのは数日にすぎないと言います。（かれらに）言いなさい。あなた方はアッラーから確約を得たのでしょうか。アッラーは決して約束を破りません。それとも、アッラーに反して、あなた方は知らないことを暴言しているにすぎないのでしょうか。81. そうです。悪事を稼ぎ、自分の過ちに取り囲まれた人たちは、（地獄の）火の仲間で、そこにかれらは永遠に住むのです。82. 一方、信仰して善行をした人たちは、楽園の仲間で、そこにかれらは永遠に住むのです。

83. わたしがイスラーイールの子孫と約束を結んだときのことを思い出しなさい。アッラー以外に信仰しないこと、両親、近親者、孤児たち、貧しい人たちに善くすること、人びとに善い言葉で話し、礼拝の務めを守り、定めの施しをすることです。（しかし）その後、あなた方のわずかな人たちを除いて、背を向けて拒否しました。84. わたしが、あなた方と約束を結んだときのことを思い出しなさい。あなた方は互いの血を流さないこと、また互いにその土地から追い出さないことを、自ら証人として了解しました。85. その後、あなた方は自ら殺し合い、一部の人たちをかれらの土地から追い出し、かれらに対して罪悪と侵害をもって共謀しました。また（同じユダヤ人である場合は、）かれらがあなた方の捕虜となれば、あなた方は身代金を支払う（釈放する）のです[23]。（でもそもそも）かれらを追い出

---

22 ここは少々複雑なようだが、前提として、ユダヤ教徒に対して律法の書で預言者ムハンマドの到来が啓示されていたことに言及する必要がある。ユダヤ教としては、その事実をムスリムに対して秘匿したいと考えているのである。しかし77節では、何も隠せないということが再確認される。

23 ユダヤ人は敵味方に分かれてアラブ人と共謀し、自分の側にユダヤ人の捕虜が来るとその身代金を支払って釈放してやることが彼らの律法上の義務であったという。交戦相手であったとはいっても、同族のユダヤ人が敵勢として辱めに合わないためとされる。参考文献23、巻4、184-186頁、参考文献25、11頁、脚注a。

すことが禁止されているというのに。何とあなた方は啓典の一部を信じて、一部を拒否するのでしょうか。そのようなことをする人たちへの報いは、現世においては屈辱以外にないのです。審判の日には、最も激しい苦痛に処せられるでしょう。**アッラー**はあなた方の行なうことを見逃されません。86. これらの人たちは、来世と引き換えに現世の生活を買い込んだ人たちです。かれらの苦痛は軽減されず、また助けられることもないでしょう。

〈ムスリムへの試練：ユダヤ教徒とキリスト教徒の嫉妬心〉

87. **われら**はムーサーに啓典を授け、かれの後に引き続き使徒たちを遣わしました。**われら**はマルヤムの子イーサー（イエス）に、明らかな印を授け、清魂（天使ジブリール）によってかれを強めました[24]。あなた方（ユダヤ教徒）は、使徒があなた方の望まないものをもたらすたびに高慢になり、一部の者たちを拒否し、一部の者たちを殺害するのです。88. かれら（ユダヤ教徒）は、自分たちの心は（ムハンマドの言うことに対して）覆われていると言いました。いいえ。かれらは不信心なので、**アッラー**がかれらを拒否したのです。かれらはわずかしか信じません。89. かれら（ユダヤ教徒）が持っているもの（律法）を確証する啓典（クルアーン）が**アッラー**の御元からきたとき、以前は不信心な人たちに対する勝利を願っていたのに、かれら（ユダヤ教徒）が知っているもの（真理）が来てしまったら、かれらはそれを拒否したのです。**アッラー**は不信心な人たちを受け入れません。90. かれら（ユダヤ教徒）が**アッラー**の下されたものを信じないで、自らの魂を売ったことこそ悪なのです。かれらは**アッラー**が御望みの僕（ムハンマド）に、**かれ**の寵愛を授けられたことを妬んだのです。かれらは、（**アッラー**の）怒りの上にも怒りを買いました。不信心な人たちには、恥ずべき苦痛があるでしょう。91. かれら（ユダヤ教徒）に、あなた方は**アッラー**が啓示されたものを信じなさいと言うと、かれらは、わたしたち（ユダヤ教徒）はわたしたちに啓示されたものを信じます、と言うのです。たとえかれらが持っているものを立証する真実であっても、かれらに啓示された以降のものは信じないのです。（ユダヤ教徒に）言いなさい。あなた方（ユダヤ教徒）が真の信者なら、なぜ以前に**アッラー**の預言者たち（マ

ルヤムの保護者ザカリーヤーとその息子のヤフヤーなど）を殺害したのでしょうか。92. 本当にムーサーは、明らかな印を持ってやって来ました。ところが、あなた方はかれ（ムーサー）のいないとき子牛を信仰し、不正を働く人となりました。

93. **われら**が、あなた方（イスラーイールの子孫）の上に（シナイ）山を持ち上げて、約束を結んだときのことを思い出しなさい。**われら**があなた方に啓示したものをしっかり受け取り、従いなさいと言うと、かれらは、わたしたちは聞きますが、従いませんと言いました。かれらは不信心のために、子牛を心の底から受け入れたのです。言いなさい。もしあなた方が信者なら、あなた方の信心が命じることは、何と悪いことでしょう。94. 言いなさい。**アッラー**の御元の来世における住まいが、他の人たちを除いてあなた方（ユダヤ教徒）だけのものだというのが真実というのであれば、死を望みなさいと。95. でもかれら（ユダヤ教徒）は、その手が犯したことのために、決して死を望まないでしょう。**アッラー**は、不正を行なう人たちをすべてご存知なのです。96. あなた（ムハンマド）は多神教徒たちよりも、かれら（ユダヤ教徒）が最も生に執着する人たちであることを知るでしょう。かれらの誰もが1,000年の寿命を望んでいます。しかし長生きしても、苦痛から免れることはできません。**アッラー**はかれらの行ないをすべてお見通しなのです。

97. 言いなさい。ジブリール（天使ガブリエル）の敵は誰でしょうか。**アッラー**のお許しの下、あなた（ムハンマド）の心に信者への導きと吉報として、（また）以前にあったもの（啓典）の確証として、それ（クルアーン）を啓示したのです。98. **アッラー**、**かれ**の天使たち、**かれ**の使徒たち[25]、

---

24 聖霊（ルーフ・アルクドゥス）の訳語が広く使用されるが、神性を帯びているとの「聖」観念はイスラームにはない。アラビア語のクドゥスは清浄の意味なので、ここでは「清魂」とした。参考文献16.
25 預言者は主の啓示を伝えることが仕事であるが、使徒はそれを人々の間に広めることも責務とする。また天使も使徒として扱われるのは、本節の通り。

ジブリール、そしてミーカール（天使ミカエル）の敵は誰でしょうか。**アッラー**の敵は不信心な人たちなのです。99. **われら**は明らかな印をあなた（ムハンマド）に啓示しました。これを拒否するのは（**アッラー**に）反抗する人たち以外に決していないのです。100. かれら（ユダヤ教徒）は約束を結ぶたびに、その中の一派はそれを捨て去ります。本当にかれらの多くは信じないのです。

101. **アッラー**が、かれら（ユダヤ教徒）の持つ啓典を確証するため使徒を遣わすと、啓典を以前に受け取った一派は、**アッラー**の啓典をまるで知らなかったかのように、肩越しに捨てたのです。102. かれら（ユダヤ教徒）は、スライマーン（ソロモン）の治世について、嘘を語る悪魔たちに従いました。スライマーン自身は不信心な人ではなく、悪魔たちが非信者でした。悪魔たちは人びとに魔術を教え、バービル（バビロン）の両天使ハールートとマールートに授けられたものを教えました。でも両天使は、われら二人は挑発して試すだけで、それで不信心になってはならないと、最初に警告することなくしては、誰にも教えませんでした。かれら（ユダヤ教徒）は両天使から、夫と妻の間を不和にする術を学びました。ただし、かれら（悪魔）は**アッラー**のお許しがない限り、それで誰も害することはできません。かれら（ユダヤ教徒）はかれら自身の害になる、益のないことを学んだのです。そして誰であれ、それ（その術）を買った人は来世における福分はないことを知ったのです。かれら（ユダヤ教徒）が引き換えに自らの魂を売ったもの（魔術）こそ、何と邪悪なことでしょうか。かれらにそれが分かっていればよかったのに。103. もしかれら（ユダヤ教徒）が信仰して（**アッラー**）を意識していたなら、**アッラー**の御元から善い褒美を得ていたことでしょう。かれらにそれが分かっていたらよかったのに。

【アッラーのお裁き】
104. あなた方信者よ、（ムハンマドに）ラーイナー（わたしたちを見てください）と言ってはいけません。ウンズルナー（わたしたちを見てください）と言いなさい[26]。そして（ムハンマドに）耳を傾けなさい。（**アッラー**

の言葉を）軽視する人たちには激しい苦痛があるでしょう。105. 不信仰に陥った啓典の民や多神教徒は、主からあなた方に良いものが与えられることを望みません。でも、**アッラー**は御望みの人たちに、**かれ**の寵愛をかけられます。**アッラー**は大いなる恵みをお持ちなのです。106. どの啓示を取り換えても、また忘れさせても、**われら**はそれに優るか、または同様のものを授けます。**アッラー**は全能をお持ちであることを、あなた（ムハンマド）は知らないのでしょうか。107. 諸天と地の大権は、**アッラー**のものであることを、あなたは知らないのでしょうか。あなた方（信者）には**アッラー**以外に守護者も援助者もありません。108. あるいは、あなた方は以前、ムーサーが求められたように、あなた方の使徒（ムハンマド）に求めようとするのでしょうか[27]。誰でも信心の代わりに不信心を選ぶ人たちは、正しい道から迷い去った人たちです。109. 真理がかれらに明らかにされた後でも、啓典の民の多くは自分自身の嫉妬心から、信仰を受け入れたあなた方を不信心に戻そうと望んでいます。**アッラー**の命令が下るまでかれらを赦し、見逃がしておきなさい。本当に**アッラー**は全能をお持ちなのです。110. 礼拝の務めを守り、定めの施しをしなさい。あなた方が自分のためになるよう行なったどんな善も、**アッラー**の御元で見出すことができるでしょう。誠に**アッラー**は、あなた方の行なうことをすべてお見通しなのです。

111. かれら（啓典の民）は、ユダヤ教徒とキリスト教徒以外は誰も楽園に入れないと言います。それはかれらの勝手な思い込みです。（かれらに）言いなさい。あなた方が言うことが本当なら、証拠を出してみなさい。112. これに反し、**アッラー**に自分の誠をつくして服従し、善行に勤しむ人たちは、主の御元から報奨が与えられます。かれらには恐怖や悲嘆はないでしょう[28]。113. ユダヤ教徒はキリスト教徒には根拠がないと言います。

---

26 「ラーイナー」はマディーナのユダヤ人がムハンマドを笑い草するために、発音をもじって、ばかばかしい、あるいは、私たちの羊飼い、といった意味に聞こえるようにしたので、その使用をここで禁じている。「ウンズルナー」は、我々を見よ、という意味でも問題の生じない言い方である。
27 アッラーを目視したいとイスラーイールの民が信仰の前提として要求したことを指す。2:55、4:153参照。

キリスト教徒もユダヤ教徒には根拠がないと言います。かれらは啓典を読誦しているのに。知識のない人たちはこれと同じことを口にします。**アッラー**は、復活の日にかれらの口論を裁かれるでしょう。

114. **アッラー**の（各地の）礼拝所において、**かれ**の御名を唱えるのを禁じ、そこを廃墟にしようとする人よりも、不正な人たちがいるでしょうか。これらの人たちは、（**アッラー**を）畏れる心なくして、そこに足を踏み入れるべきではありません。かれらは現世で屈辱を受け、来世で重大な苦痛を受けるでしょう。115. 東も西も**アッラー**のものです。あなた方がどこに向いても、**アッラー**の尊顔(そんがん)はあります。**アッラー**は広大にして、すべてをご存知なのです。

116. かれら（啓典の民）は、**アッラー**は子をもうけると言います。**かれ**に賛美あれ。そうではなく（子はないが）、諸天と地にあるすべてのものは、**かれ**のものであり、（だから）**かれ**に心から従うのです。117. **アッラー**は天と地のはじまりです。**かれ**が万事を定めるとき、有れと言えば即ち有るのです。118. 知識のない人たちは、なぜ**アッラー**はわたしたちに話しかけず、奇跡の印をもたらさないのでしょうか、と言います。以前にも、かれらのように言う人たちがいました。かれらの心は似ています。確かな信仰心を持つ人たちには、**われら**は明らかな印を示してきました。119. 本当に**われら**は、あなた（ムハンマド）を吉報と警告の伝達者として、真理と共に遣わしました。あなたは地獄の火の住人について、責めを問われることはありません。120. ユダヤ教徒やキリスト教徒は、あなた（ムハンマド）がかれらの宗教に従わない限り満足しないでしょう。（かれらに）言いなさい。**アッラー**の導きだけが（真の）導きなのですと。知識があなたに啓示されているにもかかわらず、かれら（ユダヤ教徒とキリスト教徒）の妄欲に従うなら、**アッラー**（の罰など）からあなたを守る者も助ける者もいないでしょう。121. **われら**が啓典を授け、それ（啓典）を正しく読誦する

28　信仰とはひたすら信じ求めることである。5:101、10:37、資料２．参照。

人たちは、それを誠実に信じている人たちです。その（啓典の）真理を否定する人たちは損失者なのです。

〈中庸の信仰共同体：カアバ殿の建立と礼拝の方向〉

122. イスラーイールの子孫よ、あなた方に恵んだわたしの恩寵と、どの民よりも優遇したという**わたし**の寵愛を思い出しなさい。123. そして誰も他人のために身代りになれず、どんな償いも取ってもらえず、誰の執り成しも受け入れられず、助けられることもない日について、自覚しなさい。124. イブラーヒームの主がある戒めの言葉で試みられ、それが達成されたとき、**かれ**は言いました[29]。わたしは、あなた（イブラーヒーム）を人びとの導師としましょう。かれは尋ねました。わたしの子孫までも導師とするのでしょうか。主は言いました。**わたし**の約束は、悪行をした人たちにはおよびません。

125. **われら**が人びとのために、集まり場所であり、安全な場所としてこの家（カアバ殿）を建立したとき、イブラーヒームが立った場所をあなた方の礼拝の場所としなさいと（言いました）。また**われら**は、イブラーヒームとイスマーイールに命じました。ここで回巡（タワーフ）し、籠り、屈折礼し、平伏礼する人たちのために、**わたし**の家（カアバ殿）を清めなさいと[30]。126. イブラーヒームは言いました。わたしの主よ。この場所を平安にしてください。**アッラー**と最後の日を信じる人びとに、果実を授けてください。**かれ**は言いました。信仰を拒否する人たちに、わずかの間楽しみを与えましょう。その後、かれらを（地獄の）火の苦痛に追いやります。

---

29 イブラーヒームに対してアラブ人の祖とされる愛児イスマーイールを犠牲に捧げるようにとのアッラーの命があり、父子ともにそれを受け入れることを決心した。しかしその瞬間にアッラーの許しが降りて、かわりに羊が捧げられた。これはアッラーの与えられた試練であったが、彼らの篤信ぶりにちなんで犠牲祭がイスラームの二大祭の一つとなった。なお旧約聖書では、犠牲にするように命令があったのは、ユダヤ人の祖とされる弟のイスハークであった点が、異なっている。

30 回巡（タワーフ）はカアバ殿を7周する巡礼の基軸となる儀礼の一つ。カアバ殿の初めは、アッラーの命令により天使たちが建造したとされ、その後歴史を通じて幾度も洪水に流されたり、火事で焼失したので、再建されてきた。

何と悪い行き先なのでしょう。

127.それからイブラーヒームとイスマーイールがその家（カアバ殿）の礎を定めたとき、（祈りました。）主よ、わたしたちから（この奉仕を）受け入れてください。誠に**あなた**は、全聴にして全知であります。128.主よ、わたしたち二人を**あなた**に服従する人（ムスリム）にしてください。わたしたちの子孫も、**あなた**に服従する共同体（ウンマ）にしてください。わたしたちに（帰依の）儀礼を示し、わたしたちの改心を受け入れてください。本当に**あなた**は改心を受け入れる方で、慈愛深いお方です。129.主よ、**あなた**の印をかれら（イブラーヒームの子孫）に読誦して、啓典と英知を教え清めるため、使徒をかれらの中から（選んで）かれらに向けて遣わしてください。誠に**あなた**は、偉力大にして英明であられます。

130.自らを笑い草にしない限り、誰がイブラーヒームの宗教を捨てるでしょうか。まさに**われら**は現世において、かれを選びました。そして来世において、かれは善行者の一人となるのです。131.主が、かれに向かって、服従しなさいと言うと、かれは言いました。わたしはすべての世界の主に服従しました。132.イブラーヒームは、同じこと（**アッラー**への服従）をかれの息子たち（イスマーイールとイスハーク）とヤアクーブに命じました。わたしの子孫よ、**アッラー**はあなた方のためにこの宗教を選ばれました。だからムスリム（**アッラー**への服従者）としてでなければ死んではいけません。

133.またあなた方（ユダヤ教徒）は、ヤアクーブの死に立ち会いましたか。かれはかれの子孫に向かって言いました。わたしが亡き後、あなた方は何を信仰するのでしょうかと。かれらは言いました。わたしたちはあなたの神であり、あなたの父祖であるイブラーヒーム、イスマーイール、イスハークたちの神を唯一の神として信仰します。そしてわたしたちは、**かれ**に服従しますと[31]。134.これはすでに過ぎ去った共同体のことです。かれらが稼いだことはかれらのものであり、あなた方が稼いだことはあなた方のも

ので、かれらの行なったことについて、あなた方が責めを問われることはありません。

135. かれら（啓典の民）は言います。ユダヤ教徒かキリスト教徒になりなさい。そうすればあなた方は正しく導かれるでしょう。（あなた方信者はかれらに）言いなさい。いいえ。わたしたちは、イブラーヒームのまっすぐな宗教を信仰します。かれは多神教徒ではありませんでした。136.（かれらに）言いなさい。わたしたちは**アッラー**を信じ、わたしたちに啓示されたものを信じます。主から、イブラーヒーム、イスマーイール、イスハーク、ヤアクーブと各支族（ヤアクーブの12支族）に啓示されたもの、ムーサーとイーサーに与えられたもの、そしてすべての預言者たちに与えられたものを信じます。かれらの間に区別をつけません。わたしたちは**かれ**に服従します。137. かれら（啓典の民）があなた方のように信仰するのであれば、かれらは正しく導かれることでしょう。背き去るのであれば、かれらは分裂するだけです。**アッラー**はあなた方を守ってくれるでしょう。**かれ**は全聴にして全知なのです。138.（わたしたちの人生は）**アッラー**の色染め（宗教）であり、どの色染め（宗教）が**アッラー**（の宗教）よりも良いでしょうか。**かれ**に、わたしたちは仕えるのです。

【礼拝の方向と禁忌のマスジド】
139.（ユダヤ教徒とキリスト教徒に）言いなさい。**かれ**はわたしたちの主であり、またあなた方の主であるのに、あなた方は**アッラー**についてわたしたちと議論するのでしょうか。わたしたちにはわたしたちの行ないがあり、あなた方にはあなた方の行ないがあります。わたしたちは、**かれ**に至誠を尽くします。140. あるいはまた、あなた方（ユダヤ教徒とキリスト教徒）は、イブラーヒーム、イスマーイール、イスハーク、ヤアクーブと各支族らが、（すべてムスリムなのに）ユダヤ教徒またはキリスト教徒であっ

31　本節の「神」は、「アッラー」ではなく、一般名詞である「イラーフ」が用いられている。

たと言うのでしょうか。（かれらに）言いなさい。よく知る者はあなた方なのでしょうか、それとも**アッラー**でしょうか。**アッラー**からの証言を隠すよりもひどい不正をする者がいるでしょうか[32]。**アッラー**は、あなた方の行なうことを見過ごす方ではありません。141. これはすでに過ぎ去った共同体のことです。かれらが稼いだことはかれらのものであり、あなた方が稼いだことはあなた方のもので、かれらの行なったことについて、あなた方が責めを問われることはありません。

142. ◆**2部**◆愚かな人たちは言うでしょう。何がかれら（ムスリム）のキブラ（礼拝の方向）を変えさせたのでしょうかと。（預言者よ、愚かな人に）言いなさい。東も西も**アッラー**のものです。**かれ**は、心にかなう人たちを正しい道に導かれるのです。143. **われら**があなた方（信者）を中庸で正しい共同体（ウンマ）としたのは、あなた方が人類の（信仰の）証人であり、使徒（ムハンマド）をあなた方の（信仰の）証人とするためです。あなた（ムハンマド）が向けてきたキブラに**われら**が定めた（理由）は、使徒に従う人たちを（使徒に）踵(きびす)を返す（従わない）人たちから、見分けるためでした[33]。**アッラー**に導かれた人たちを除けば、これは大変なことだったのです。（キブラ変更後も）**アッラー**はあなた方の信仰心（それまでのエルサレムに向けた礼拝）を無駄にはしません。確かに**アッラー**は人間に対して、憐みも慈愛も深い方なのです。144. **われら**はあなた（ムハンマド）が顔を天に巡らすのを見ていますが、（そこで）あなたが喜ぶ方のキブラ（礼拝の方向）に、**われら**はあなたを向けさせます。（だから）あなたの顔を禁忌(きんき)のあるマスジド（マッカ）の方向に向けなさい[34]。あなた方はどこにいても、（礼拝のときには）あなた方の顔をそこ（マッカ）に向けるのです。啓典を与えられた民（ユダヤ教徒やキリスト教徒）は、それがかれらの主

---

32 預言者たちはムスリムであり、ユダヤ教徒やキリスト教徒でなかったという証言を指す。
33 ムハンマドの礼拝の方角は、当初はマッカに向かって礼拝していたのを、マディーナに移ってからはエルサレムに改めていた。ユダヤ人たちと峻別するために、624年、再びマッカに戻すこととした。一方、マッカの多神教徒と峻別するため、当初はエルサレムに向けて礼拝していたが、マディーナに移住後、初めてマッカに礼拝の方角が定められたという説もある。

からの真理であることをよく知っています。**アッラー**はあなた方の行なうことを、見過ごす方では決してありません。145.またあなた（ムハンマド）がすべての印を啓典の民に提示しても、かれらはあなたのキブラに従わないでしょう。あなたもかれら（啓典の民）のキブラに従いません。ですから、誰も互いに相手のキブラに従わないのです。あなた（ムハンマド）に知識が授けられた後、かれらの望みに従うなら、まさしくあなたは不正を行なう人たちの仲間になります。146.**われら**が啓典を授けた人たちは、自分の子を認めるようにそれを認めます。（しかし）かれらのうち一部の人たちは、知りながらも真理を隠すのです。147.真理は主から来ます。だから疑う人たちの一人となってはいけません。148.誰でもそれぞれ向かう方向があるのです。そこで善行を競いなさい[35]。あなた方がどこにいても、**アッラー**はあなた方を一同に集められます。誠に**アッラー**は、何事についても全能な方なのです。

149.あなた（ムハンマド）はどこから出てきても、（礼拝のときは）禁忌のあるマスジドの方向に顔を向けなさい。これは真にあなたの主からの真理です。**アッラー**は、あなた方の行なうことを、見過ごす方では決してありません。150.あなた方はどこから出てきても、（礼拝のときは）禁忌のあるマスジドの方向に顔を向けなさい。また、あなた方がどこにいても、（礼拝のときは）顔をそこに向けなさい。そうすれば、あなた方に対して人びとが議論することはないでしょう。不正を行なう人たちは例外ですが、かれらをこわがらず、**わたし**をこわがるように。（マッカへのキブラを守ることは）**わたし**の恵みを全うするためなのです。あなた方は正しく導か

---

34 マッカにあるアルマスジド・アルハラームは、聖マスジドと訳されることが多い。アラビア語のハラームの原義は、禁忌（タブー）のあるという意味で、戦闘禁止、狩猟や樹木伐採禁止、落し物の無断拾得禁止などの禁則があることを意味する。なおタブーがあるというのは、絶対主の命令なので、教義の中軸となる概念である。これ以外では、「禁忌のある月（ラマダーン月）」などにも出てくるので、忌み嫌うという日本語の感情的な語感とは異なる点、留意したい。
35 「善行を競いなさい」とは、信徒の心構えとして、しばしば引用される一句。すなわち、金銭や名誉、子供の多さなど、現世の儚い事柄が競争の対象となってはいけないということ。

れることでしょう。151.同様に（**アッラー**の恵みとして）**われら**はあなた方に対して使徒をあなた方の中から遣わし、**われら**の印をあなた方に読誦させて、あなた方を清め、啓典（クルアーン）と英知（ムハンマドの言行）、そしてあなた方の知らなかったことを教えました。152.だから**わたし**を想いなさい。そうすれば、**わたし**もあなた方を想うでしょう。**わたし**に感謝し、（**アッラー**を）忘れてはいけません。

〈ムスリムへの試練〉

153.信仰する人たちよ、忍耐と礼拝によって（**アッラー**の）助けを求めなさい。**アッラー**は忍耐ある人たちと共におられます。154.**アッラー**の道のために殺害された人たちを、死んだと言ってはいけません。いいえ。かれらは生きているのです。でもあなた方は知らないだけなのです。155.**われら**は恐怖や飢え、財産や生命や収穫物の損失で、必ずあなた方を試みるでしょう。でも耐え忍ぶ人たちには、吉報を伝えなさい。156.災難に遭うと、かれらは言います。確かにわたしたちは、**アッラー**のもの。わたしたちは**かれ**の御元に帰ります。157.かれらには主からの祝福と慈愛があるでしょう。かれらは正しく導かれる人たちなのです。

158.サファーとマルワ（の丘）は、**アッラー**の儀礼の一部です[36]。だからカアバ殿に大巡礼（ハッジ）する人たち、または小巡礼（ウムラ）する人たちは（以前偶像があった）両丘を往復しても責められることはありません。自発的に善行をする人たち、（かれらには）**アッラー**は報酬を与えられる方であり、すべてをご存知な方なのです。159.啓典（クルアーン）の中で人びとに（真理を）明らかにした後、**われら**が啓示した明確な証拠と導きを隠す人たちは、**アッラー**に拒否され、（真理を隠すことを）拒否するものたちにも拒否されるでしょう。160.（ただし）悔悟し、その身を正し、（真理を）表明する人たちは別です。かれらに対して**わたし**は、悔い改めを認めるためかれらの側に戻るでしょう。**わたし**は改心を受け入れ、

---

36 両丘を3回半往復する行事はサアユ（尽力）と呼ばれ、巡礼の主要で不可欠の儀礼。

慈愛深いのです。161.信仰を持たず非信者として死ぬ人たちは、**アッラー**が拒否し、天使たちと全人類が拒否するでしょう[37]。162.かれら（非信者）は（拒否の）中に永遠にとどまるでしょう。その苦痛は軽減されず、また猶予されることもありません。

163.あなた方の神は唯一の神（**アッラー**）です。**かれ**の他に神はなく、慈愛あまねく慈愛深いお方なのです。164.諸天と地の創造、夜と昼の交替、人に役立つものを運んで航海する船、不毛になった大地に**アッラー**が空から降らせて命を与える雨、その大地に散らばったすべての生き物、空と地の間で風や雲の定められた変化の中にこそ、知性ある人たちへの印があります。165.（しかし）人びとの中には、**アッラー**の他に同位者を置いて信仰し、**アッラー**を愛すべきなのに、その同位者を愛する人たちもいます。でも信者たちの**アッラー**への愛は、かれらのよりも大きいものです。不正を行なう人たちは、苦痛を前にして知ることになるでしょう、権能はすべて**アッラー**のものであり、**アッラー**は激しい苦痛を与えるということを。166.そのとき追従された人たちは、（盲目的に）追従した人たちとの関係を否認し、苦痛を目の前にして、かれらの絆は断絶されるのです。167.すると追従した人たちは言います。わたしたちがひき返すことができるなら、かれら（追従された人）がわたしたちとの関係を切ったように、かれらとの関係を切るでしょう。このように**アッラー**はかれら（追従した人）自身の行ないを、痛恨の種として明示されます。（そして）かれらは（地獄の）火から出ることは決してないのです。

〈ムスリムへの立法：新たな共同体の形成〉
【食事、礼拝、刑罰、相続、断食など】
168.人びとよ、地上にあるものの中、合法で良いものを食べなさい。そして悪魔の歩みに従ってはいけません。本当にかれ（悪魔）は、あなた方にとって公然の敵です。169.かれ（悪魔）はあなた方に、悪行と醜行と、

---

37 ここの動詞のラアナには、呪うと、拒否するという、2つの意味がある。

アッラーについてあなた方の知らないことを命じるのです。170. かれら（盲目的に追従する人）に、**アッラー**が啓示されたことに従いなさいと言えば、かれらは、いいえ、わたしたちは先祖が則った道に従うと言います。しかし、かれらの先祖は全く理解せず、（正しく）導かれなかったではありませんか。171. 信仰を拒む人たち（に呼びかけること）を例えれば、呼び声と叫び声の他は聞きとれないもの（家畜の類）に呼びかける人のようです。かれら（非信者）は耳が聞こえず、ものが言えず、目が見えないので理解することができません。172. 信仰する人たちよ、**われら**があなた方に与えた良いものを食べなさい。そして**アッラー**に感謝しなさい。もしあなた方が**かれ**に仕えるなら。173. **かれ**は、あなた方に死肉、血、豚肉、そして**アッラー**以外の名を唱えられ（屠畜された）ものだけを禁忌としました。ただし（生存の）必要に迫られ、（また）故意でもなく過剰でもない場合は、罪にはなりません[38]。**アッラー**はよく赦すお方で、慈愛深いお方なのです。

174. **アッラー**が啓示した啓典を隠し、それをわずかな値段で売る人たちは、かれら（自身）の腹を火で満たしているだけです。復活の日、**アッラー**がかれらに話しかけることはなく、かれらを清めることもありません。かれらには激しい苦痛があるでしょう。175. これらの人たちは導きと引き換えに迷いを、赦しと引き換えに苦痛を買い込んだ人たちです。何がかれらを（地獄の）火（の苦痛）に耐えさせてくれるでしょう。176. なぜなら、**アッラー**は啓典を真理と共に下されたからです。この啓典について異論がある人たちは、（真理から）遠く離れ去った人たちなのです。

177. （**アッラー**に）正しく仕えるということは、あなた方の顔を東または西に向けることではありません。正しく仕える（人びと）とは、**アッラー**と最後の日、天使たち、諸啓典、預言者たちを信じ、愛着あるとしてもそ

---

38 同様の規定、5:3、6:145、16:115参照。なお「故意」とは、死肉以外もあるときに死肉を選ぶのはだめ、「過剰」とは空腹が収まったのに超満腹はだめ、というようなケースである。

の財産を、近親者、孤児、貧者、旅人、物乞い、奴隷の解放のために費やし、礼拝の務めを守り、定めの施しを行ない、約束したときは約束を果たし、また、不運や逆境、そして危機に際してよく耐え忍ぶ人びとです。これらの人びとこそ真実（に従うところ）の人びとであり、これらの人びとこそ**アッラー**を注意深く意識するのです[39]。

178.信仰する人たちよ、殺人に対する（公平な）同害報復（キサース）があなた方に定められました。自由人（の殺害）には自由人、奴隷（の殺害）には奴隷、女性（の殺害）には女性となります。でも（被害者の）兄弟が殺人者を赦すなら、（殺人者は）誠意をもって適正に弁償しなさい。これはあなた方の主からの（報復の）軽減かつ慈愛なのです。その（弁償）後これに違反する（殺人者を殺害する）人たちには、激しい苦痛があるでしょう[40]。179.この同害報復は、あなた方の命を救うため（殺人の抑止）にあります。思慮ある人たちよ、あなた方は（それにより、悪行から）身を守ることでしょう。

180.あなた方の誰かが死を迎えるとき、財産を残すなら、両親と近親者たちに向けて公正な遺言をすることがあなた方に定められました。これは（**アッラー**）を意識する人たちの義務です。181.それを聞いた後、その遺財を変更する人たちがいれば、罪は変更した人たちの上にあります。誠に**アッラー**は全聴にして全知であります。182.ただし、遺言者（自身）が不正、罪を犯したことを知ったなら、関係者の間を調停するのは罪ではありません。**アッラー**はよく赦すお方で、慈愛深いお方なのです。

183.信仰する人たちよ、あなた方以前の人たちに定められたように、あなた方に斎戒(断食)が定められました[41]。あなた方は（**アッラー**を）意識

---

39 この一節は信仰の全体像を示す最重要なものの一つなので、留意したい。資料２．参照。
40 イスラーム以前には、刑罰は結局強い部族がより大きな代償を求める結果となりがちであったので、公平な報復が定められた。またユダヤの律法には、軽減措置はなかったので、ここに兄弟の同意による弁償が認められることとなった。

することでしょう。184.（斎戒は）日数が定められています。ただし、あなた方の中で病気や旅路にある人は、別の日に（できなかった）日数を（斎戒）することができます。また可能ではあっても（高齢や健康上などの理由で実施困難な人は、斎戒できなかった日数分）貧者に食べ物を施す償い（フィドヤ）をします。誰でも自発的に善行をすれば、かれら自身のためになるでしょう。もしあなた方が理解するなら、斎戒はあなた方のために良いのです。185.ラマダーン月は人類の導きとして、また導きと（善悪の）識別の明証としてクルアーンが啓示された月です。だからあなた方の中、（家に）いる人はこの（ラマダーン）月の間、斎戒（断食）しなければなりません。病気や旅路にある人は、別の日に（できなかった）日数を（斎戒）することができます。**アッラー**はあなた方に容易を望み、困難を望みません。（こうすることで）あなた方は定められた期間（の斎戒）を全うでき、**かれ**の導きに対し、**アッラー**を賛美することができ、また感謝することができるのです。186.**わたし**の僕たちが、**わたし**についてあな（ムハンマド）に問うなら、**わたし**は本当に近くにいる（すべてを見て聞いていると伝えなさい）。**わたし**に祈りを捧げる人たちに**わたし**は応えます。だから**わたし**に応えさせ、**わたし**を信仰させなさい。そうすればかれらは正しく導かれるでしょう。

187.斎戒（断食）の夜、あなた方（信者）には、あなた方の妻たちとの交わりが許されます。かの女らはあなた方の衣で、あなた方はかの女らの衣（のように近いの）です。**アッラー**は自らをごまかした（斎戒の夜に交わった）人があなた方の中にいることを知って、あなた方に考慮し、あなた方を赦されました。だから、今は（斎戒の夜であれば罪なく）かの女ら（妻）と交わり、**アッラー**が定めたことに従いなさい。また白糸と黒糸が見分けられる黎明(れいめい)まで食べて飲みなさい。そして日の入りまで斎戒を全うしなさい。ただし、マスジドに籠っているときは、かの女ら（妻）と交わっては

---

41 斎戒は飲食、喫煙、性交を控え、言動も慎むなど、断食よりは広く、また精神的な内容も含むのが本来である。

いけません。これらは**アッラー**が定めた（斎戒の）法規定なので、それに近づいてはいけないのです。このように**アッラー**は、人びとに**かれ**の印を明らかにされます。そしてかれらは、間違いをしないよう身を守るでしょう。188.不当にあなた方の財産を浪費し、またそれを裁定者に贈賄し、（また）罪であると知りながら、人びとの財産の一部を食いつぶしてはいけません。

189.かれらは新月について、あなた（ムハンマド）に問うでしょう。言いなさい。それは人類と巡礼者に時期を示すためのものです。そして、（**アッラー**に）正しく仕えるということは、あなた方が（巡礼から帰るとき）裏口から家に入ることではありません[42]。正しく仕えるということは、（**アッラー**を）意識することです。だから、（巡礼から帰るときは）表口から家に入りなさい。**アッラー**を意識することで、あなた方は成功するでしょう。190.あなた方（信者）を攻撃する人たちに対し、**アッラー**の道において戦いなさい。しかし限度を犯してはいけません[43]。本当に**アッラー**は、限度を犯す人たちを愛されません。191.（たとえ巡礼のときであっても）かれら（信者を攻撃する人）に出会えば、どこでもかれらを殺しなさい。そして、かれらがあなた方を追い出したところから、かれらを追い出しなさい。本当に迫害（イスラームへの敵対行為）は殺害よりも深刻で、禁忌のあるマスジド近くでは、かれらがあなた方を攻撃するまでは殺してはいけません。そしてかれらがあなた方を攻撃するなら、かれらを殺しなさい。これは非信者に対する報いです。192.ただし、かれらが止めるなら、**アッラー**はよく赦すお方で、慈愛深いお方なのです。193.迫害がなくなり、**アッラー**に信奉できるようになるまで、かれらに対して戦いなさい。ただし、かれらが止めるなら、不正を行なう者以外には敵意を持ってはいけません。

---

42 イスラーム以前の習慣では、巡礼者は帰宅の際、タブーの身であったので、裏口から入るのが篤信の現れとされていた。表口から入るのは、イスラーム以降の巡礼をめぐる様々な新たな定めの一つである。
43 ここの一般的な規定は、自ら攻撃を開始すること、非戦闘員への攻撃、侵害への不相応な対抗措置などと通常解釈されている。

194. 禁忌のある月には、禁忌月を[44]。禁忌を破る（禁忌のある月に戦争する）人たちには、同害報復があります。だから、誰でも、あなた方に対して禁忌を破る人たちには、同様にかれらに対して禁忌を破りなさい。**アッラー**を意識し、**アッラー**が**かれ**を意識する人たちと共にいることを知りなさい。195.**アッラー**の道のために（戦費の）施しをしなさい。そしてあなた方の手で（戦費を出し惜んで）あなた方自身を破滅に陥れてはいけません。善を実践しなさい。本当に**アッラー**は、善を行なう人たちを愛されます。

【巡礼、戦争、飲酒、結婚など】

196.**アッラー**のために、大巡礼（ハッジ）と小巡礼（ウムラ）を全うしなさい。もしあなた方が（治安や健康上の理由で）妨げられるなら、可能な（動物の犠牲の）捧げ物を供出しなさい。そして捧げ物が犠牲屠畜の地に届くまで、あなたの頭を剃ってはいけません[45]。あなた方の中で病気の人たちや頭部に疾患のある人たちは、斎戒（断食）、施し、もしくは犠牲供出による償いをしなさい。（また）あなた方が安全なときに、小巡礼と大巡礼の間に休止する人たちは、可能な捧げ物を（しなければいけません）。ただし（捧げ物が）できない人たちは、大巡礼の期間中に3日間の斎戒をし、大巡礼から帰った後に7日間の斎戒をしなければいけません。合計で10日間ですが、それは禁忌のあるマスジド（の近く）に家族がいない（ので動物を入手できない）人たちのためです。**アッラー**を意識しなさい。そして**アッラー**は、懲罰に厳しいことを知りなさい。

197. 大巡礼は、周知の（規定された）月々です。その期間に大巡礼を行なう人は、男女の交わり、そして非道徳な行為や口論が禁じられます。あなた方の行なう善いことは、**アッラー**がご存知です。（だから）旅の準備を

---

44 イスラーム暦11, 12, 1月と7月の合計4ヵ月が戦争の禁じられる、禁忌のある月。9:36参照。
45 犠牲屠畜の後に剃髪をするのも重要な巡礼の儀礼の一つ。これは信者としての犠牲の表現ともされるが、いずれにしてもアッラーの威力を再確認する意義がある。

しなさい。確かに最も優れた準備は（篤信で**アッラー**を）意識することです[46]。思慮ある人たちよ、**わたし**を意識しなさい。198.あなた方が主の恵みを求めること（巡礼期間中に商売すること）は罪ではありません。そしてアラファートから出発し、ムズダリファ（の野原）で**アッラー**を想いなさい[47]。そして**かれ**が、以前迷いにあったあなた方を導いたことを想い出しなさい。199.人びとが出発したところから出発し、**アッラー**の赦しを乞いなさい。誠に**アッラー**はよく赦すお方であり、慈愛深いお方なのです。200.あなた方が（巡礼の）儀礼を果たしたなら、あなた方が自分たちの父祖を想うように、またはそれ以上に精魂を込めて**アッラー**を想いなさい。人びとの中には、わたしたちの主よ、現世でわたしたちに与えてください、と言う人びとがいます。でもかれらには来世における分け前はないでしょう。201.一方、人びとの中には、わたしたちの主よ、現世でわたしたちに良いものを与え、来世においても良いものを与えてください。そして（地獄の）火の苦痛から、わたしたちを守ってください、と言う人びとがいます。202.かれらには（現世と来世において）稼いだものの分け前があるでしょう。誠に**アッラー**は、速やかに清算されるのです。203.（犠牲を捧げた後）定められた数日間、**アッラー**を想いなさい。（帰りを）急ぐ人たちがいれば（犠牲後の）滞在を2日間に短くしても罪はありません[48]。（**アッラー**を）意識している限り、（滞在を）遅らしても罪はありません。**アッラー**を意識しなさい。そして（最後には）**かれ**の所に集められることを知りなさい。

204.人びとの中には、現世の生活に関する話であなた（ムハンマド）を惑わす人がいます。かれは心から誠実であると**アッラー**に誓いを立てるけれど、かれこそ最も手ごわい敵対者なのです。205.かれは（マディーナを）

---

46 物の準備ではなく、心の準備が強調されているのは、信仰の本質を突いている。49:15、資料2．参照。
47 巡礼月9日、アラファートの丘で野外の留礼（ウクーフ）を半日した後は、いっせいに下山して、マッカへの道のりにあるムズダリファの野で一夜過ごすのが儀礼となっている。
48 3日間は石投げなどの儀礼をするが、それを2日間に短縮してもよいとの定めである。

立ち去ると、地上に邪悪を広めることにつとめ、収穫物や家畜に損害を与えます。**アッラー**は腐敗を好まれません。206. **アッラー**を意識しなさいと言われると、高慢さがかれを罪に走らせます。かれにふさわしいのは地獄です。そこは劣悪な休息所です。207. 一方、人びとの中には、**アッラー**の喜びを求めて自分を売る（財産を放棄しても信心を守る）人がいます。**アッラー**は**かれ**の僕に憐れみ深いのです。208. 信仰する人たちよ、完全にイスラームに入りなさい。そして悪魔の歩みに従ってはいけません。本当にかれ（悪魔）はあなた方にとって明確な敵なのです。209. 明証が啓示された後、あなた方が（改宗前の宗教に）戻るなら、**アッラー**は偉力大かつ英明であることを悟りなさい。

210. かれらは雲の影から、**アッラー**が天使たちとともに降臨してくるのを待っているのでしょうか。しかしそれまでに万事は決定される（改心するには手遅れ）かもしれません。すべては**アッラー**に帰属するのです。211. （ムハンマドよ）イスラーイールの子孫に問いなさい。**われら**はどれほど多くの明らかな印をかれらに与えたことでしょうか。**アッラー**が恵み（印）を与えた後、それを変える人がいれば、誠に**アッラー**は懲罰に厳しいのです。212. 現世の生活は、非信者たちにとって魅惑的に見えます。かれらは信者たちを馬鹿にするけれど、（**アッラー**を）意識する信者たちは、復活の日に非信者よりも上位になるでしょう。**アッラー**は御望みの人たちに限りなく与えます。213. 人類は一つの共同体でした。そして**アッラー**は、（楽園の）吉報と（地獄の）警告を伝える預言者たちを遣されました。**かれ**は、人びとが意見を異にしていたことを裁定するため、かれら（預言者たち）と共に、真理の啓典を下されたのです。ところが、明証が届いたにもかかわらず、すでに（以前の啓典を）与えられている人たちは、競争心によって意見を異にしました。かれらの異論を巡り、**アッラー**は、**かれ**の命の下、信じる人たちを真理に導かれます。本当に**アッラー**は御望みの人たちを正しい道に導かれるのです。214. あなた方は先に過ぎ去った人たちが出会ったようなもの（試み）が訪れる前に、あなた方が楽園に入れると考えるのでしょうか。かれら（先人）は災難や困窮に見舞われ、使徒や一

緒の信者たちも、**アッラー**の助けはいつでしょうか、と言うほどまでに動揺させられました。本当に**アッラー**の助けは近いのです。215. かれらは何を施すべきかについて、あなた（ムハンマド）に問うでしょう。言いなさい。両親、近親者、孤児、貧者や旅人のためであれば、何でも善いものを施すことです。本当に**アッラー**はあなた方が行なう善いことを、すべてご存知です。

216. 戦いがあなた方に定められました。これはあなた方にとって憎むべきことです。ただし、あなた方は自分たちのために善いことを嫌い、自分のために悪いことを好むかもしれません[49]。あなた方が知らなくても**アッラー**はご存知なのです。217. かれらは禁忌のある月の戦いについて、あなた（ムハンマド）に問うでしょう。言いなさい。禁忌のある月の戦いは大きな罪です。ただし、**アッラー**の道から人びとを遠ざけること、**かれ**を信じないこと、禁忌のあるマスジド（への出入りを妨げること）、そこから人びとを追放することは、**アッラー**の御元ではより大きな罪なのです。迫害（イスラームへの敵対行為）は殺害よりも悪いのです[50]。かれらは可能であれば、あなた方の信教をやめさせるまで戦いを止めないでしょう。あなた方の中で信教に背き、不信心なままで死ぬ人は、誰でも、その行ないは現世と来世において水の泡となります。かれらは（地獄の）火の住人で、永遠にその中に住むでしょう。218. 誠に信仰する人、（信仰のために）移住する人、そして**アッラー**の道において奮闘努力する人、これらの人たちは、**アッラー**の慈愛を望めるでしょう。**アッラー**はよく赦すお方であり、慈愛深いお方なのです。

219. かれらは酔わせるもの（酒）と賭け事について、あなた（ムハンマド）に問うでしょう[51]。言いなさい。両方とも大きな罪です。これらは人間のために便益もあるけれど、便益よりも罪の方が大きいのです[52]。またかれ

---

49 人はなかなか本当のことが分からないものだという説明として、この言葉がしばしば引用される。4:19参照。
50 2:191参照。

らは何を施すべきかについて、あなた（ムハンマド）に問うでしょう。言いなさい。何でも必要分を除いた残りを（施しなさい）。このように**アッラー**は、あなた方がじっくりと考えるため（様々な）印を明示するのです。
220.現世と来世について（じっくりと考えるために）。また孤児（の財産）についても、かれらはあなた（ムハンマド）に問うでしょう。言いなさい。かれら（孤児）の状況を改善することは善いことです。もしかれらと（財産を）共有することがあれば、かれらはあなた方の兄弟姉妹です。**アッラー**は（孤児の財産を）不正に扱う人を、公正に扱う人たちから見分けます。**アッラー**が望めば、あなた方を（導かないままに）困らせておくこともできました。誠に**アッラー**は偉力大で英明なのです。

221.多神教の女性たちとは、かの女たちが信者になるまで結婚してはいけません。多神教の女性があなた方をとりこにするかもしれませんが、信仰のある奴隷の女性の方が（多神教の女性よりも）善いのです。また多神教の男性たちが信者になるまで、あなた方（信者）の女性たちをかれら（多神教の男性）に嫁がせてはいけません。多神教の男性があなた方をとりこにするかもしれませんが、信仰のある奴隷の男性の方が（多神教の男性よりも）善いのです。これらの人たちは、信者を（地獄の）火へと招くことでしょう。一方、**アッラー**は（信者を）楽園と赦しへと**かれ**の許可により招くのです。**かれ**はかれら（人びと）が深く想いに留めるように、**かれ**の印を明らかにします。

222.かれらは月経について、あなた（ムハンマド）に問うでしょう。言いなさい。それは苦痛を伴うものです。だから月経のときには妻たちから離れて、かの女たちが清まる（月経終了後の全身沐浴）まで近づいてはいけません。清まったときには、あなた方への**アッラー**の命に従い、かの女た

51　将来の不確実性を避けるのがイスラーム経済の原則になっているので、一般に賭け事や現代の宝くじ、株取引、保険業務などが禁じられる。
52　飲酒の禁止については、徐々に段階を追って厳しく定められた。16:67、2:219、4:43、そして、5:90-91に至る。ここではまだ罪だが便益もあるとされている。

ちに近づいてもかまいません。誠に**アッラー**は悔いて戻り来る人たちを愛し、清浄な人たちを愛します。223.あなた方の妻たちは、あなた方にとって耕地（のようなもの）です。だからあなた方が望むように耕地へ行きなさい[53]。その前にあなた方のためになる（善行を）しなさい。**アッラー**を意識しなさい。**かれ**に会うことをあなた方は知りなさい。そして（楽園の）吉報を信者たちに伝えなさい。

【離婚、再婚、育児、遺産など】

224.あなた方は善をなし、（**アッラー**を）意識し、人びとの間を取り持つという誓約に対する（責任逃れの）口実として、**アッラー**（の名）を使ってはいけません。**アッラー**は全聴にして全知なのです。225.**アッラー**は、あなた方の誓いにおける不用意な言葉を責めることはありません。でもあなた方の心が（意図的に）稼いだことは責められます。誠に**アッラー**はよく赦すお方で、寛大なお方です。226.かれらの妻たちから（離婚を想定して）距離を置くことを誓う人たちには、4ヵ月間の待機期間があります。もし（この間に）よりを戻すなら（それは善いことであり）、誠に**アッラー**はよく赦すお方であり、慈愛深いお方です。227.（逆に）かれらが離婚を決意したなら、**アッラー**は全聴にして全知なのです。228.離婚された女性たちは、再婚するまで3回の月経を待ちます。かの女たちが**アッラー**と最後の日を信じるなら、**アッラー**がかの女たちの子宮に創られたもの（妊娠）を隠すことは合法ではありません。もし（離婚した）夫たちがちゃんと正そうとするなら、かの女（元妻）たちと復縁する権利があります。（しかし離婚されても）かの女たちの権利は、良識に従い、かの女たちの義務と同様（維持するの）です。ただし男性は、女性よりも（家長として婚資や生活費負担をしたので、権利として）ひとつ上位にあります。誠に**アッラー**は偉力大で英明なのです。

---

53 マディーナでは、女性の後ろから交わると、斜視の子供が生まれると言われた。参考文献25、25頁、脚注b。

229.離婚は２回（まで取り消し可能）です。（各離婚後は）適正な待遇で復縁するか、もしくは丁重に別れなさい。二人が**アッラー**の法規定（夫婦間の権利義務など）を守れない恐れがある場合を除いて、あなた方（元夫）がかの女たちに与えたもの（婚資）を取り戻すことは合法ではありません。もし二人が**アッラー**の法規定を守れないとあなた方（仲介者）が恐れるなら、かの女が支払っても（婚資の返却をして夫を離婚しても）二人とも罪になりません。これは**アッラー**の法規定なので、これに背いてはいけません。**アッラー**の法規定に背く人たちは、誰でも不正な人たちです。230.もしかれが（３回目の）離婚をしたら、かの女が他の（次の）夫と結婚するまで、かの女はかれ（初めの夫）にとって合法ではありません。かれ（２度目の夫）がかの女を離婚した後、（初めの夫と元妻の双方が）**アッラー**の法規定を守れると思うなら、（かれらの復縁は）罪になりません。これは**アッラー**の法規定です。**かれ**は理解ある人たちに、これを明らかにするのです。

231.あなた方が妻たちを離婚し、かの女たちに定められた待婚期間が満了したなら、適正な待遇で復縁するか、または適正に別れなさい。かの女たちを傷つけ攻め立てるため、むりやり引き止めてはいけません。そのようなことをする人は誰でも、確かに自分自身を損なう人たちです。**アッラー**の印を軽々しく見てはいけません。あなた方への**アッラー**の恵みを想い、諭すために、あなた方に下された啓典と英知を想いなさい。**アッラー**を意識しなさい。そして**アッラー**が全知であることを知りなさい。232.あなた方が妻たちを離婚し、一定の期間（３回の月経）が満了した後に双方の合意の下、適正に話がまとまるのであれば、かの女らの（元の夫との）再婚を妨げてはいけません。あなた方の中で、**アッラー**と最後の日を信じる人たちは、そのように諭されているのです。そのようであることはあなた方にとって、（心身とも）清純かつ清浄なのです。あなた方は知らなくても、**アッラー**はご存知です。

233.母親たちは乳児たちに満２年間の授乳をします。誰でも授乳を全うすることを望む人であれば。（この間）父親は、かの女たちの生計や衣服を

適正に負担しなければなりません。（ただし）誰にも能力以上の負担は強いられません。母親はかの女の子供のために不当に労苦を与えられることはなく、父親もかれの子供のために不当に労苦を与えられることはありません。（父親の死後）相続人も（父親と義務）同じです。また両親が合意と協議の上、（2年満期前の）離乳を望んでも罪はありません。あなた方が乳児を乳母に託しても適正な支払いをするなら、あなた方に罪はありません。**アッラー**を意識しなさい。**アッラー**はあなた方の行ないを、すべてお見通しになっていることを知りなさい。

234. あなた方の中で死後、妻たちを残す者がいれば、かの女たち（未亡人）は（再婚まで）4ヵ月と10夜を待たなければいけません。かの女たちが（再婚までの）定められた期間を満了すれば、かの女たちが自身に関して適切に行なうことについて、あなた方に責任はありません。**アッラー**はあなた方の行なうことを熟知しています。235. あなた方がかの女（未亡人）たちに結婚の気持ちをほのめかしても、（その想いを）自分の胸にしまっておいても責められることはありません。**アッラー**はかの女（未亡人）たちに、（やがて）あなた方が求婚することを知っています。ただし、適正に話すのであって、秘密に婚約してはいけません。また定められた期限が来るまでは、婚姻の契りを固めてはいけません。**アッラー**があなた方自身（心）の中にあるものを、ご存知であることを知りなさい。**かれ**に留意し、**アッラー**は赦すお方であり、寛大なお方であることを知りなさい。

236. もしあなた方（男性の信者）が未だ触れず、婚資も定めていない女性たちを離別しても責められません。そしてかの女らに供出（ムトゥア）しなさい。富める人はその分に応じ、貧しい人もその分に応じて適正に与えなさい。（これは）正しい行ないをする人の義務です。237. あなた方がかの女たちのために婚資を定めたけれど、かの女らに触れる前に離別するなら、定めた婚資の半分を与えなさい。かの女ら側が（婚資の受け取りを）免じるか、結婚の契りを握る人（夫）が（婚資の半分の返納を）免じるなら別です[54]。そしてあなた方が免じることが最も<ruby>篤信<rt>とくしん</rt></ruby>に近いのです。あな

た方は互いに（気前よい）友誼(ゆうぎ)を忘れてはいけません。**アッラー**はあなた方の行なうことをすべてお見通しです。238.各礼拝（の時間）とその最善の礼拝をしっかりと守りなさい[55]。そして**アッラー**の前に従順に立ちなさい。239.あなた方が身に危険を感じるときは、徒歩または騎乗のまま礼拝しなさい。そして安全になったときは**アッラー**を想いなさい。（このように）あなた方が知らなかったことを、**かれ**は教えられたのです。

240.あなた方の中、妻たちを残して他界する人たちは、かの女たちを（家から）追い出すことなく、かの女たちのために１年分の生計支援（遺産贈与）の遺書をつくらなければなりません。しかし、かの女らが（夫の家から）出て行くのであれば、かの女たちが適正に自ら取った行動について、あなた方に罪はありません。**アッラー**は偉力大で英明なのです。241.離婚された女たちにも（元夫たちからの）適正な支援の供出があります。これ（供出）は（**アッラー**を）意識する人たちの義務です。242.このように**アッラー**は、あなた方に**かれ**の印を明示するのです。（それにより）あなた方は理解することでしょう。

〈**アッラー**の創造と知識〉

243.あなたは住いの土地から（疫病などのため）逃げた人たちを見ませんでしたか。かれらは何千、何万人にのぼり、死の恐怖を抱いていましたが、**アッラー**は、かれらに向かって死を受け入れなさいと言いました。（しかし）その後かれらに命を与えました[56]。誠に**アッラー**は人間に恩寵を与えるお方です。でも多くの人びとは感謝しません。244.**アッラー**の道のために戦いなさい。**アッラー**は全聴にして全知であることを知りなさい。245.**アッラー**に善の貸付をする人は誰でしょうか。**かれ**はそれを何倍にもされます。

---

54 夫が免じるとは、妻が半額を断念するその負担を免じるということで、従って夫は全額を支払う場合である。
55 「最善の」は「中間の」でもあるが、それだとどの礼拝を指しているのか、多くの解釈が提示されてきた。一般には午後（アスル）の礼拝とされるが、それも定説ではない。
56 人間の生死はアッラーが決めるので、臆せずアッラーの道のために戦いなさい、という次の244節につながる。

アッラーは（人間に恵みを）与えないでおくことも、限りなく与えることもできるのです。そしてあなた方は**かれ**の御元に帰るのです。

246.あなた（ムハンマド）はムーサーの後の、イスラーイールの子孫の指導者たちを見ませんでしたか。かれらはかれらの預言者のひとり（シャムウィール[57]）に言いました。わたしたちのために、ひとりの王を任命しなさい。（そうすれば）わたしたちは**アッラー**の道において戦うでしょう。かれは言いました。あなた方に戦いが定められたところで、戦わないのではないですか。かれらは言いました。自分たちの家から追い出され、子供たちとも引き離されたわたしたちが、**アッラー**の道においてどうして戦わないでいられるでしょうか。ところが、かれらに戦いが命じられると、かれらは少数の人を除いて背き去ったのです。**アッラー**は不正を行なう人たちをすべてご存知です。247.かれらの預言者（シャムウィール）は言いました。誠に**アッラー**はタールート（サウル）をあなた方の上に、王として任命しました。かれらは言いました。かれ（タールート）がどうしてわたしたちの王になれるでしょうか。わたしたちの方が、かれよりも王にふさわしいのです。またかれは富に恵まれていません。かれ（シャムウィール）は言いました。**アッラー**はあなた方の上に、かれ（タールート）を選び、かれの知力と体力を増強しました。**アッラー**は御望みの人たちに王権を授けます。**アッラー**は広大にして、すべてをご存知なのです。248.かれらの預言者（シャムウィール）は言いました。かれ（タールート）の王権の印は、（契約の）箱があなた方にやってくることです[58]。その中にはあなた方の主からの静穏（サキーナ）があり、ムーサー家とハールーン家の遺品があります。それ（遺品）を天使たちが運んできます[59]。あなた方が信仰する人なら、本当にその中にはあなた方への確かな印があります。

---

57 聖書の呼び名は、サムエル。
58 「（契約の）箱（タープート）」はムーサーへの諭しを記した石板が入っていたもの。
59 「静穏」は動と静を兼ね備えた心のバランスで信仰心の基礎になるとされる。しかしここだけは、箱に入って来るので具象的に、勝利の微風、または正しい教えを示すアッラーの魂であるといった解釈もある。参考文献15.

249. タールートが軍隊を率いて出征したとき、かれは言いました。本当に**アッラー**は川であなた方を試みるでしょう。川の水を飲む人は、誰でもわたしの民ではありません。手の平で一すくい飲む人は別として、それを味わおうとしない人は誰でも、わたしの民です。するとかれらの数名を除き、かれらはそれを飲んでしまいました。かれ（タールート）が川を渡ったとき、かれと信仰を共にする人たちは言いました。今日わたしたちはジャールート（ゴリアテ）とその軍勢に対峙する力はありません。**アッラー**に会うことを悟っている人たちは言いました。たとえ少ない兵力でも、**アッラー**の許しの下に、大軍に打ち勝った（戦いがあった）のです。**アッラー**は耐え忍ぶ人と共にあるのです。250. それからジャールートとかれの軍隊に合いまみえんと進軍したとき、かれらは言いました。わたしたちの主よ、わたしたちに忍耐の心を注ぎ込んでください。不信心な民に対し、わたしたちの足場を固め、わたしたちを助けてください。251. するとかれら（タールート軍）は、**アッラー**の許しの下、かれら（ジャールート軍）を打ち破り、（タールート軍にいた）ダーウードはジャールートを殺害し、**アッラー**はかれ（ダーウード）に王権と英知を授け、**かれ**が御望みになることについてかれに教えました。**アッラー**によってある人たちが他の人たちを抑止しなければ、この地上は確実に腐敗していたことでしょう。でも**アッラー**は、すべてのものに恩寵を与える方なのです。

252. これは**アッラー**の啓示で、**われら**は真理を持ってあなた（ムハンマド）に読み聞かせます。本当にあなたは使徒たちのひとりなのです。253. ◆**3部**◆**われら**は、ある使徒たちを他の人（使徒）たち以上に寵愛しました。かれらの中、ある人たちには**アッラー**が（直接）言葉をかけました。またある人たちの地位を高めました。**われら**はマルヤムの子イーサーに明証を与え、清魂によってかれを強めました。もし**アッラー**が御望みであったなら、明証が届いた後、かれらの後継者たちが互いに争うことはなかったでしょう。でもかれらは論争しました。かれらの中のある人は信仰し、ある人は信仰を拒否したのです。もし**アッラー**が御望みであったなら、かれら

が互いに争うことはなかったでしょう。しかし**アッラー**は御心のまま行なうのです。

254. 信仰する人たちよ、**われら**があなた方に与えた糧を施しなさい。取引も友情も執り成しもない（最後の）日が来る前に。そして不信心な人、かれらこそ不正を行なう者なのです。255.**アッラー**こそは**かれ**の他に神はなく、**かれ**は永生にして（全存在を）扶養する方です。眠気も睡眠も**かれ**をとらえることはありません。諸天にあるものや、地にあるものは（すべて）**かれ**のものです。**かれ**の許しなく、誰が**かれ**の御元で執り成すことができるでしょうか。**かれ**は、かれら（人びと）のこれからとこれまでをご存知なのです。そして**かれ**の御心にかなったこと以外、**かれ**の知識からかれらが得ることは何もありません。**かれ**の玉座は諸天と地に果てしなく広がり、またそれら（天と地）を護持することで、**かれ**が疲れることはありません。**かれ**は至高なお方、偉大なお方なのです[60]。

〈信仰対不信仰：施しの勧めと利子の禁止〉

256. この宗教（イスラーム）に、強制はありません。誠に正しい導きは誤りからはっきりと分かれています。そして邪神（ターグート）を拒否し**アッラー**を信仰する人は、決して壊れることのない最強の取ってを握りしめたのです[61]。**アッラー**は全聴にして全知です。257.**アッラー**は、信仰する人びとの守護者なのです。**かれ**はかれらを暗黒から光明へと導き入れます。そして信仰しない人びとの守護者たちは邪神たちで、かれらを光明から暗黒へと誘い入れます。これらは（地獄の）火の人びとで、かれらはそこに永遠に止まるのです。

---

60 本255節は玉座の節と呼ばれ、クルアーンの中で神観念表出の一番長い描写になっている。アラブ書道でも好まれる一節で、また優先して暗記する必要のある節と言える。

61 「最強の取手（アルウルワ・アルウスカー）」は、篤い信仰心の拠り所といった意味で使われ、近代イスラーム改革者ジャマール・アルディーン・アルアフガーニー（アルアサダバーディー）（1897年没）が出版した雑誌名としても知られる。

258.あなたは主について、イブラーヒームと議論した人を見ませんでしたか[62]。**アッラー**がかれに王権を与えたために（議論しました）。イブラーヒームが、わたしの主は生と死を与える方ですと言ったとき、（議論する）かれは、わたしも生と死を与えますと言いました。イブラーヒームは言いました。**アッラー**は太陽を東から昇らせます。だからあなたはそれを西から昇らせなさい。するとその不信心な人は言葉に詰まってしまいました。**アッラー**は不正を行なう民を導きません。

259.また屋根がひっくり返るほど壊滅した町を通り過ぎた人は、廃墟となったこれ（町）を**アッラー**がどのように甦らされるのでしょうかと言いました[63]。すると**アッラー**はかれを100年間死なせ、それから甦らせたのです。**かれ**は言いました。あなたはどれくらい死んだ状態であったのか、分かっていますか。かれは言いました。わたしは1日か1日の一部の間、死んだ状態でした。**かれ**は言いました。そうではありません、あなたは100年間も死んだ状態だったのです。（一方）あなたの食べ物と飲み物を見なさい。それらは（保存されて）腐敗していません。またあなたのロバを見なさい。**われら**はあなた（の例え）を人びとへの印とするのです。その（ロバの）骨を見なさい。**われら**がそれらを再起し、肉を被せます。（これが）かれに明示されたとき、かれは言いました。わたしは、**アッラー**がすべてに対して全能であることを知っていますと。

260.イブラーヒームが、わたしの主よ、**あなた**が死者にどのように命（魂）を与えるのか、わたしに見せてくださいと言ったとき、主は言いました。あなたは信じていないのですか。かれは言いました。いいえ、ただわたしの心を安らげたいのです。**かれ**は言いました。それでは4羽の鳥をとって、

62　旧約聖書のナムルードともされるが定説はない。それが誰かの史実とは関係なく、アッラーの万能に関する教えのポイントの一貫性に注目。
63　本節の登場人物は、新バビロニア王ネブカドネザルがエルサレムを廃墟と化し、そこを訪れたウザイルだともされる。ただこれも誰かの史実とは関係なく、アッラーの万能に関する教えのポイントは一貫していることに留意。

それらを（呼ぶと）あなたに戻ってくるよう訓練し、1羽ずつをそれぞれの丘の上に置いてそれらを呼びなさい。それらは急いであなたのもとに来るでしょう（同様に魂も死者に戻る）。誠に**アッラー**は偉力大で英明なのです。

261.**アッラー**の道において自分の財産を施す人たちの例えは、1粒が7穂に育ち1穂が100粒を付ける（穀物の）ようです。**アッラー**は御望みの人に多く与えるのです。**アッラー**は広大にして、すべてをご存知なのです。
262.**アッラー**の道において自分の財産を施した人で、（施した相手に）恩着せがましくせず、また（心情を）傷つけない人、かれらにはかれらの主の報酬があります。かれらには、恐怖もなく悲哀もありません。263.親切な言葉と赦しは、傷つけるような施しに優ります。**アッラー**は豊かに満ち足りている方で、寛大な方です。264.信仰する人たちよ、あなた方は恩着せがましくし、傷つけるようなことで施しを無益にしてはいけません。（それが無意味なことは）人に見せびらかすために財産を施す人のようです。また**アッラー**と最後の審判の日を信じない人のようです。かれ（このような人）の例えは、土砂を被った滑らかな岩のようで、大雨が降れば裸になってしまいます。かれらは（施しによって）稼いだものから何も得られないでしょう。**アッラー**は不信心な人たちをお導きにならないのです。
265.（以上に対して）**アッラー**の喜びを求め、（また）自らの信心を確かめるため、財産を施す人たちは、丘の上にある果樹園のようです。大雨が注げばその収穫は倍加し、また大雨が降らなくても霧雨で（育ちます）。**アッラー**はあなた方の行なうことは、すべてお見通しです。266.あなた方の中でナツメヤシやブドウの果樹園を持ち、そこの下には川が流れてあらゆる（種類の）果実がありながら、老齢がかれを襲ってかれの子供たちが幼弱でいるところに、猛火を伴う旋風が襲って（果樹園が）焼け焦げてしまうようなことを、望む人がいるでしょうか。このように**アッラー**は、あなた方のために、**かれ**の印を明確に示すのです。あなた方は熟考することでしょう。

267.信仰する人たちよ。あなた方が稼いだ善いものや、また**われら**があな

た方のために大地から生産したものの中から施しなさい。目をつむらずにはあなた自身受け取らないような、悪いものを狙って施してはいけません。**アッラー**は豊かに満ち足りている方であり、称賛されるべき方であることを知りなさい。268.悪魔はあなた方に貧困を約束し、卑劣な行ないを命じます。**アッラー**は、**かれ**からの赦しと恵みを、あなた方に約束します。**アッラー**は広大にして、すべてをご存知なのです。269.**かれ**は、御心にかなう人に英知を与えます。英知を与えられた人は、本当に善いものを多く与えられた人です。思慮ある人の他は、誰も留意しないでしょう。270.あなた方が施し物のうち何を施しても、(また)誓約として(いかなる)誓いをしても、本当に**アッラー**はそれをご存知なのです。不正を行なう人に援助者はいません。271.もしあなた方が施しを公に表明するなら、それは善いことです。またもしあなた方がそれ(施し)を隠して、貧しい人に与えるなら、それはあなた方にとって、さらに善いことです。(そうすれば)**かれ**はあなた方の悪行(の一部)を帳消しにするでしょう。**アッラー**はあなた方の行なうことを熟知しているのです。272.かれらに対する導き(の責任)は、あなた(ムハンマド)の上にはありません。**アッラー**は御心にかなう人を導きます。あなた方が施す善いものは何であれ、あなた方自身(の魂)のためです。(また)あなた方が施すものは何であれ、**アッラー**の尊顔(そんがん)を願うものです。(そして)あなた方が施す善いものは何であれ、あなた方にすべて返されるでしょう。あなた方は不当に扱われることはありません。273.**アッラー**の道に専心(せんしん)し、(商売の目的で)大地を巡ることができない貧しい人たちのため(に施しなさい)[64]。知らない人は(かれらの)自制心のために、かれらを富裕者とみなすでしょう。あなたはかれらがしつこく人びとに(施しを)求めないという、かれらの風体からそう思うのです。あなた方が施す善いものは何であれ、**アッラー**はすべてご存知なのです。

---

64 マディーナに移住後、清貧さをもって知られた信者がいた。かれらは住む家もなく預言者の家の軒(スッファ)で雨宿りをし、預言者もその様子を見舞った。かれらの禁欲さ(ズフド)が後の神秘主義者(スーフィー)に流れ込んだ。スーフィーの用語は、着るものがなくて羊毛(スーフ)を着たのが語源とされるが、同時に軒(スッファ)が語源とも言われる。

274.自分の財産を夜となく昼となく、隠れながら、または公に施す人は、かれらの主の御元から報酬があるでしょう。かれらには恐怖もなく悲哀もありません。275.利子（リバー）をとる人は、悪魔がとりついて混乱した人のようにしか、（復活の日には）立ち上がることができません。なぜならかれらは、商売は利子のようなものにすぎないと言うからです。**アッラー**は商売を許し、利子を禁じました[65]。かれの主から警告が届いた人で（利子）を止めた人は、かれにとって過去のことは**アッラー**（の判断）にあります。そして誰でも（利子を取り）続けた人は（地獄の）火の住人で、かれらは永遠にその中に住むのです。276.**アッラー**は利子（による取引）を破滅させ、施し（による利益）を増加させます。**アッラー**は感謝をしない罪深い人を愛されません。277.本当に信仰して善行し、礼拝を守り、施しをする人には、かれらの主からの報酬があります。かれらには恐怖もなく、悲哀もありません。278.信仰する人たちよ、**アッラー**を意識し、利子の残額を帳消しにしなさい。もしあなた方が信者であるなら。279.もしあなた方が（帳消しに）しないなら、**アッラー**と**かれ**の使徒から戦いが宣告されるでしょう。もしあなた方が改心するなら、あなた方には財産の元本があります。あなた方は（人を）不当に扱わず、あなた方も不当に扱われません。280.もし債務者が（元本返済の）困難にあるなら、容易になるまで延期することです。もしあなた方が（元本を）施しとして与えるなら、あなた方に善いことでしょう。もしあなた方が理解するなら。281.あなた方は**アッラー**に帰される日を意識しなさい。そのときすべての魂は稼いだことに対し完全に清算され、かれらが不当に扱われることはないでしょう。

282.信仰する人たちよ、あなた方が一定期間互いに貸借契約を交わすときは、それを書き留めなさい。また代書人に、あなた方の間のことを正しく書き留めさせなさい。代書人は、**アッラー**が教えたように書記することを拒否してはいけません。そしてかれに書き留めさせ、債務がある人に口述

---

65 ここのこの一段落が有名な利子（リバー）の禁止規定である。この他には、3:130がある。現代のイスラーム金融発達の背景としては、投資家と事業主の共同事業としてその利潤を分配することで、不労所得的な利子回避の方策が講じられることとなった。

させなさい。かれ（債務がある人）に自分の主、**アッラー**を意識するようにさせ、それ（債務）をわずかでも少なく言ってはいけません。もし債務者が精神薄弱か、虚弱か、口述できないなら、後見人に正しく口述させなさい。あなた方男性から２名の証人を立てなさい。もし２名の男性がいなければ、あなた方が証人として認めた１名の男性と２名の女性を立てるのです。もし（女性）二人の中一人が間違えても、他方一人が正すことができるのです。かれらは証言に呼ばれたとき、断ることはできません。あなた方はそれ（債務額）が小さくても大きくても、（返済）期限も書き留めることを軽視してはいけません。それは**アッラー**の御元ではより公正で、証言として確かであり、あなた方が疑いを持たないために適しています。ただし、あなた方の間で受け渡しする直接の取引は別で、それを書き留めなくても、あなた方に罪はありません。でもあなた方の商取引のときは、証人を立てなさい。そして代書人と証人が、損害を被ることがあってはいけません。もしそうすれば、本当にそれはあなた方にとって掟破りです。**アッラー**を意識しなさい。**アッラー**はあなた方に教示するのです。**アッラー**はすべてご存知なのです。283.あなた方が旅行中で代書人を見つけられないなら、担保を入手することです。もしあなた方が互いに信頼しているなら（無担保）、信頼された人（債務者）には、託されたもの（債務）を履行させなさい。かれの主、**アッラー**を意識しなさい。そして証言を隠してはいけません。誰でもそれ（証言）を隠す人は、心が罪深いのです。**アッラー**はあなた方の行なうことをすべてご存知です。284.諸天にあり地にあるすべてのものは、**アッラー**のものです。あなた方自身の（心の）中にあるものを、現してもまた隠しても、**アッラー**はあなた方をそれによって清算します。**アッラー**は御望みの人を赦し、御望みの人を罰するのです。**アッラー**は全能をお持ちなのです。

285.使徒（ムハンマド）は、かれの主からかれに下されたものを信じました。信者たちも同じく（信じました）。かれらは誰しも、**アッラー**、天使たち、諸啓典、使徒たちを信じました。わたしたちは**かれ**の使徒たちの間に差をつけません。かれらは言いました。わたしたちは聞き従いました。

あなたの赦しを願います。わたしたちの主よ、帰り所は**あなた**の御元にあります。286. **アッラー**はいかなる魂（人）にも、能力以上の重荷を与えません。それ（魂）が稼いだ（善い）ものはそれのためとなり、それ（魂）が稼いだ（悪い）ものはそれに責めが回ります。わたしたちの主よ、わたしたちがもし忘れ、あるいは過ちを犯すことがあっても、責めないでください。わたしたちの主よ、わたしたち以前の人たちに負わせたような重荷を、わたしたちに負わせないでください。わたしたちの主よ、わたしたちの能力が及ばないことを負わせないでください。わたしたちから罪を消し、わたしたちを赦し、わたしたちに慈愛を与えてください。**あなた**はわたしたちの守護者です。だから不信心な人たちに対し、わたしたちをお助けください[66]。

---

3. イムラーン家章　سورة آل عِمْران

マディーナ啓示
200節

多数の預言者を輩出したイムラーン家の話にちなんで、この章は命名されました(33節)。マッカから移った直後の、624年のバドルの戦いではムスリム軍が勝利しましたが、翌年のウフドの戦いでは仲間の謀反もあり、敗北しました。本章では、ユダヤ教徒やキリスト教徒との関係が大きなテーマとなっています。だが彼らの啓典も尊重するように説かれ、また随所に信仰のあり方を示し(19～32節)、人類最善の共同体(110節)であるべき、信仰共同体構築の原則も示されています。

　　　　　慈愛あまねく、慈愛深いアッラーの御名において
〈信仰対不信仰：クルアーンの受け入れ〉
1. アリフ・ラーム・ミーム。
2. **アッラー**、**かれ**の他に神はなく、**かれ**は永生にして、自存するお方です。
3. **かれ**はあなた（ムハンマド）に、真理をもって啓典を少しずつ啓示しま

66　本節全体が祈願の文言としてよく使用される。暗記・暗誦すべき重要な一句である。

した。それ（クルアーン）以前にあったものを確証するため。（つまりクルアーン以前に）**かれ**は律法と福音を啓示しました。4. それ（クルアーン）以前からの人びとの導きであり、そして（さらに今は）善悪の識別を下されたのです。**アッラー**の印を拒否する人たちには、厳しい苦痛があるでしょう。**アッラー**は偉力大で応報の主なのです。5. 本当に**アッラー**に隠す何ものもありません。地においても天においても。6. **かれ**は御心のままにあなた方を胎内に形作る方です。**かれ**の他に神はなく、偉力大で英明なのです。7. **かれ**はその啓典（クルアーン）をあなた（ムハンマド）に啓示した方です。その中のある節は明解で、それらは啓典の基礎をなします。他の節はあいまいです。そうすると心の中に歪みがある人は、意見の不一致を探し求め、（自ら都合の良い）解釈をするため、あいまいなことに従うのです。でもその本当の意味を知るのは**アッラー**の他にいません。確かな知識を持つ人たちは言います。わたしたちはこれ（クルアーン）を信じます。すべては主からのものですと。でも思慮ある人の他は、誰も留意しないでしょう。8. わたしたちの主よ、**あなた**がわたしたちを導いた後、わたしたちの心をそらさないでください。**あなた**の御元から、わたしたちに慈愛を与えてください。誠に**あなた**こそ、限りなく与える方です。9. わたしたちの主よ、本当に**あなた**は（最後の審判の）日に人びとを集める方です。それに疑いの余地はありません。**アッラー**は、約束を破ることはありません。

10. 不信心な人たちの財産もかれらの子供たちも、**アッラー**に対しては全く役に立たないでしょう。かれらは（地獄の）火の薪となるのです。11. フィルアウンの一族や、かれら以前の人たちのように、かれらは**わたし**の印を拒否しました。**アッラー**はかれらの罪のために、かれらを捕えられました。**アッラー**は懲罰に厳しいのです。12. 信仰を拒否した人たちに言いなさい。あなた方は打ち負かされて、地獄に追い集められるでしょう。（そこは）何と悪い寝床なのでしょう。13. 両軍が合いまみえたときに、はっきりとあなた方への印がありました。一方は**アッラー**の道において戦う軍で、他方は不信心な人たちでした。かれら（前者）の目には、かれら（後者）が、かれら（前者）の2倍に見えたのです[67]。**アッラー**は御心にかな

う人を救護されるのです。誠にその中には、見る目のある人への教訓があります。

14. さまざまな欲しいものへの愛着は、人間を夢中にさせます。（それらは）女性たち、子供たち、大量に蓄積された金銀、血統の優れた馬、家畜、（肥沃な）農地です。これらは現世の生活の享楽です。でも**アッラー**の御元は、最善の帰り所なのです。15. 言いなさい。わたし（ムハンマド）がこれらよりも善いものを、あなた方に知らせましょうか。（**アッラー**）を意識する人たちには、かれらの主の御元における諸楽園があり、川がそれらの下を流れています。（かれらは）その中に永遠に住み、清純な配偶者と**アッラー**からのご満悦があるのです。**アッラー**は僕たちをよくお見通しなのです。16. かれら（僕）は言います。主よ、本当にわたしたちは信じました。それでわたしたちの罪を赦し、（地獄の）火の苦痛から救ってください。17. （かれらは）よく耐え忍ぶ人たちで、誠実な人たちで、敬虔な人たちで、（**アッラー**の道において）施す人たちで、また暁に赦しを請いつつ祈る人たちなのです。

18. **アッラー**は、**かれ**の他に神がないことを立証しました。天使たちも知識を持つ人たちも（証言しました）。**かれ**は正義を守ります。**かれ**の他に神はなく、**かれ**は偉力大で英明なのです。19. 本当に**アッラー**の御元の教えは、イスラームです[68]。啓典を与えられた人びとは、強欲のために知識が来た後に反目するようになりました。**アッラー**の印を拒否する人には、**アッラー**は清算に迅速なのです。20. だからもしかれらが、あなたと議論するなら言いなさい。わたし（の顔）は**アッラー**にのみ服従しました。またわたしに従う人も（服従しました）。そして啓典を与えられた人びとや

---

67 624年のバドルの戦いで、実はマッカ軍はムスリム軍の３倍であったので、実際よりは少なく見えたということになり、それだけ戦意がそがれずに済んで戦勝を得た。しかしこの節は、全く逆に、マッカ軍はムスリム軍を自分たちの倍と誤算した、という解釈もある。
68 「アッラーの御元の教えは、イスラームなのです」の一節は、しばしば引用されるものとして、留意すること。

非識字者（啓典を与えられなかった人びと）に言いなさい。あなた方は服従しましたか。もし服従したのなら、確かに正しく導かれたのです。もしかれらが背き去るなら、あなたに課されたことは（啓示を）かれらに伝えることだけです。**アッラー**は僕たちをよくお見通しされているのです。

21. 本当に**アッラー**の印を信じない人たちや、正当性なく預言者たちを殺害す人たち、（そして）正義を命じる人びとを殺す人たちには、厳しい苦痛があることを告げなさい。22. このような人たちの行ないは、現世でも来世でも無益となり、かれらには援助者もいないのです。23. あなたは啓典の一部を与えられていた人たちを見ませんでしたか。かれらはその間（の議論）を調停するため**アッラー**の啓典（クルアーン）に招かれていながら、かれらの一部は背き去ります。かれらは離反する人たちなのです。24. なぜならかれらは言ったのです。（地獄の）火がわたしたちを襲うのは数日だけだろうと。かれらは、その宗教において自分たちで捏造してきたものに迷わされたのです。25. **われら**がかれらを集める、全く疑いのないその（最後の審判の）日は、どのようなものでしょう。（その日は）各人が稼いだことが報われ、誰も不当に扱われることがないのです。26. 言いなさい。**アッラー**よ、王権をつかさどるお方よ。**あなた**は御心のまま人に王権を与え、**あなた**は御心のまま人から王権を取り上げられます。また**あなた**は御心のまま人に名誉を与え、**あなた**は御心のまま人に恥辱を与えます。善いことは**あなた**の手中にあります[69]。本当に**あなた**は、すべてに対して全能なのです。27. **あなた**は夜を昼の中に入らせ、昼を夜の中に入らせるのです。**あなた**は、死から生をもたらし、生から死をもたらします。**あなた**は御心にかなう人に、限りなく糧を与えるのです。

28. 信者たちは、信者の代わりに不信心な人を擁護者にしてはいけません。誰でもそうする人たちは、**アッラー**とは何の関係もなくなるということな

---

69 これは短い表現ではあるが、アッラーの超越した能力を語るときにしばしば引用されるので、注目しておきたい。

のです。（ただし）あなた方がかれら（非信者）から（の危害を）恐れて用心する場合は除きます。**アッラー**は御自分を（意識するように）、あなた方に注意を喚起します。そして**アッラー**が最後の帰り所なのです。29. 言いなさい。あなた方が胸の中にあることを隠しても、また現しても、**アッラー**はそれをご存知です。**かれ**は諸天の中にあるものも、地の中にあるものもご存知です。**アッラー**はすべてに対して全能なのです。30. その（最後の審判の）日に、誰であれ、自分が行なった善いことを目前にし、（一方）悪いことも目にするとき、自分はそれ（悪事）との間に、遠い隔たりがあることを望むでしょう。そして**アッラー**は御自らについて（意識するよう）、あなた方に警告します。**アッラー**は**かれ**の僕たちにとても親切なお方です。

〈アッラーと使徒たちに従うこと：アーダムよりイムラーン家まで〉
31. 言いなさい。あなた方がもし**アッラー**を敬愛するなら、わたし（預言者ムハンマド）に従いなさい[70]。そうすれば**アッラー**はあなた方を愛され、あなた方の罪を赦されるでしょう。**アッラー**はよく赦すお方で、慈愛深いお方なのです。32. 言いなさい。**アッラー**と使徒に従いなさい。でもかれらが背き去るなら、誠に**アッラー**は、信仰を拒否する人たちを愛さないのです。

33. 本当に**アッラー**は、アーダム、ヌーフ、イブラーヒーム家、イムラーン家を世界中の人びとの上に選びました。34. かれら（アーダムからイムラーン家まで）は一系の子々孫々です。**アッラー**は全聴にして全知なのです。35. イムラーンの妻が言ったとき（を思い出しなさい）。わたしの主よ、わたしはこの胎内のものを献身的に**あなた**に捧げます。わたしから（それを）受け入れてください。本当に**あなた**は全聴にして全知なのです。36. それ

70　31節「あなた方がもしアッラーを敬愛するなら、わたしに従いなさい」は、アッラーに対する敬愛と預言者に対するそれとの関係を示しているものとして、しばしば引用される。なお30節では話の相手が3人称から2人称に代わり、31節ではそれが維持され、32節では3人称に戻されるという話法が取られている。これは聞き手の注意を引き付けるための、クルアーン独特な表現法（イルティファート）の一例である。本書「はじめに」参照。

から、かの女が女児を出産したとき、かの女は言いました。わたしの主よ、わたしは女児を生みました。**アッラー**はかの女が生んだものを、最もよくご存知です。男児は女児のようではありません[71]。わたし（イムラーンの妻）はかの女（女児）をマルヤムと名付けました。そこでわたしはかの女（マルヤム）とかの女の子孫のため、**あなた**に拒否された悪魔からの加護を求めます。

37. かの女（マルヤム）の主は、かの女を快く受け入れ、かの女を善良に成長させ、ザカリーヤーがかの女の養育をしました。ザカリーヤーは、かの女の礼拝室（ミフラーブ[72]）に入ったときは、いつでも、かの女の前に食物を見つけました。かれ（ザカリーヤー）は言いました。マルヤムよ、どこからあなたにこれが（来たのですか）。かの女は言いました。これは**アッラー**の御元からです。本当に**アッラー**は、御心にかなう人に限りなく与えるのです。38. そこでザカリーヤーはかれの主に嘆願しました。かれは言いました。わたしの主よ、**あなた**から善良な子孫を、わたしに与えてください。誠に**あなた**は祈りを聞き入れるお方なのです。39. それからかれ（ザカリーヤー）が礼拝室で立礼していたとき、天使たちがかれに呼びかけました。誠に**アッラー**はヤフヤー（出産の意味）の吉報を、あなた（ザカリーヤー）に授けます。（ヤフヤーは）**アッラー**からの言葉を実証する人であり、高貴で純潔で、正しい人びとの一人として預言者となるでしょう。40. かれ（ザカリーヤー）は言いました。わたしの主よ、どうしてわたしに男児があり得るでしょうか。わたしはもう老齢になり、妻は不妊です。かれ（天使）は言いました。このように、**アッラー**は御望みのことを行なうのです。41. かれ（ザカリーヤー）は言いました。わたしの主よ、わたしに印を示してください。かれ（天使）は言いました。あなたは3日間、身振りの他は人びとと話すことができないでしょう。だからあなたの主をたくさん唱

71　イムラーンの妻ハンナは、子供を祭司にしたいと望んでいた。律法では女性は祭司になれないので、名前はマルヤム（主に仕える者の意味）とした。
72　礼拝は悪魔との戦い（ハルブ）なので、そのための部屋はミフラーブと呼ばれる。マスジドの礼拝方向（キブラ）を示すための壁のくぼみも、ミフラーブと呼ばれる。

念し、朝な夕なに（**アッラー**を）賛美しなさい。

42.天使たちが言いました。マルヤムよ、誠に**アッラー**はあなた（マルヤム）を選び、あなたを清め、世界中の女性の上にあなたを選んだのです。
43.マルヤムよ、あなた（マルヤム）の主に従順でありなさい。そして屈折礼をしなさい。平伏礼するものと一緒に平伏礼をしなさい。44.これはあなた（ムハンマド）には見えない消息の一部であり、**われら**はこれをあなたに啓示します。あなたは誰がマルヤムを養育するかについて（知るため）、かれら（祭司）が筆を投げたとき、あなたはかれらの中にいませんでした。またかれらが議論したときも、あなたはかれらと一緒ではありませんでした[73]。

【イーサーについて】
45.天使たちが言いました。マルヤムよ、誠に**アッラー**はあなた（マルヤム）に**かれ**の言葉（イーサーの意味）の吉報を与えます[74]。その名はマスィーフ・イーサーで、マルヤムの子です。（イーサーは）現世でも来世でも栄誉を得て、（**アッラー**の）側近のひとりとなるでしょう。46.かれは揺りかごの中でも、成人してからも、人びとに語りかける正しい者の一人なのです。
47.かの女は言いました。わたしの主よ、どうしてわたしに子ができるでしょうか。誰もわたしに触れたことがないのに。かれ（天使）は言いました。このように**アッラー**は御心にかなうものを創ります。**かれ**が万事を定めるとき、有れと言えば即ち有るのです。

48.**かれ**は書[75]と英知と律法と福音とをかれ（イーサー）に教えます。
49.そしてかれを、イスラーイールの子孫への使徒としました。確かにわ

---

73 「筆」を投げて決めごとをするのは賭けであり、イスラームでは禁じられる。くじ引きもアッラー以外に意思決定を委ねる行為で、冒瀆でありシルク（偶像並置）になる。
74 イーサーのあだ名は「アッラーの言葉」。かれは父親が介在せずに、アッラーの命令だけで存在するようになったからとされる。
75 ここで「書」とは、文字の書き方、あるいは、律法と福音以外の啓典と解される。

たし（イーサー）は、あなた方の主からの印です。わたしはあなた方のために、泥から鳥の形を造り、それに息を吹き込めば、**アッラー**のお許しによって、それは鳥になります。また**アッラー**のお許しによって、わたしは盲目の人や癩患者を治し、死者を生き返らせるのです。またわたしはあなた方が何を食べ、何を家に蓄えているかを知らせることもできます。本当にその中には、あなた方への確かな印があるのです。もしあなた方が信者なら。50.わたし（イーサー）は、わたしより以前に下された律法を実証し、あなた方に禁じられていたことの一部を許すために、あなた方の主からの印を持って来ました。だから**アッラー**を意識し、わたしに従いなさい。51.本当に、わたしの主とあなた方の主は、**アッラー**です。**かれ**を崇拝しなさい。それこそがまっすぐな道なのです。

52.イーサーはかれらの中に非信者がいることに気がついて、言いました。**アッラー**のためにわたしを助ける人は誰ですか。弟子たちは言いました。わたしたちは**アッラー**の支持者です。わたしたちは**アッラー**を信じました。わたしたちが服従する者（ムスリム）であることを証言してください。53.わたしたちの主よ、わたしたちは**あなた**が下されたものを信じ、**あなた**の使徒に従いました。それでわたしたちを、（真実の）証人たちと一緒に書き留めてください。54.（一方）かれら（不信心な人）はたくらみ、また**アッラー**も策略なされました。そして**アッラー**こそが、最も優れた策略者なのです。

55.**アッラー**が言いました。イーサーよ、確かに**わたし**はあなたを召し、あなたを**わたし**の御元に上げ、信仰を拒否した人たちからあなたを清めるでしょう。また**わたし**はあなたに従った人たちを、復活の日に向けて信仰を拒否した人たちの上位に置くでしょう。そして**わたし**こそがあなた方の帰り所なのです。また**わたし**はあなた方が議論していたことについて、あなた方の間を裁くのです。56.信仰を拒否した人びとには、**わたし**は厳しい苦痛を現世においても来世においても与えるでしょう。かれらには援助者はいないのです。57.そして信仰して善行した人びとには、**かれ**はその

報奨を完全に与えるのです。**アッラー**は不正を行なう人たちを愛しません。

58. これは**われら**があなた（ムハンマド）に印（啓示）として、また決定的な言葉として読み上げるものです。59. 本当にイーサーは、**アッラー**の御元ではアーダムと同じです。**かれ**が土埃（ほこり）からかれ（アーダム）を創り、それから**かれ**はかれに有れと言いました。するとかれは存在したのです。60. 真理はあなたの主からです。だから疑う人たちの一人となってはいけません。61. 誰でもそれについて、知識があなた（ムハンマド）に下された後、あなたと議論する人がいれば、言いなさい。こちらに来なさい。わたしたちの子供たちとあなた方の子供たち、わたしたちの女性たちとあなた方の女性たち、わたしたちとあなた方を一緒に呼びましょう。そして謙虚に祈りましょう。わたしたちは**アッラー**の拒絶が、嘘つき者の上に降りるように願うのです。62. 誠にこれは真実の物語です。**アッラー**の他に神はありません。本当に**アッラー**は偉力大で、決定力あるお方です。63. そしてかれらがもし背き去るなら、**アッラー**は腐敗をもたらす人たちをご存知です。

〈アッラーに従う信仰共同体：イブラーヒームの純正さ〉

64. （ムハンマドよ）言いなさい。啓典の民（ユダヤ教徒とキリスト教徒）よ、わたしたちとあなた方との間の（次のような）共通の教え（の下）に来なさい。わたしたちは**アッラー**にのみ仕え、何ものをも**かれ**に並置いたしません。またわたしたちは**アッラー**以外に、自分自身を互いに主として奉ることはしません。それで、もしかれらが背き去るなら、言いなさい。わたしたちはムスリム（**アッラー**に従う人）であることを実見（じっけん）しなさいと。65. 啓典の民よ、なぜあなた方はイブラーヒームのことで議論するのか。律法と福音はかれの後に下されたのです。あなた方には分からないのか。66. 本当にあなた方は、あなた方にとって知識あること（さえ）も議論し続けてきた人。そこでなぜあなた方は、知識のないことについて議論するのか。**アッラー**は知っていますが、あなた方は知らない。67. イブラーヒームは、ユダヤ教徒でもキリスト教徒でもありませんでした。しかしかれは

まっすぐなムスリム（**アッラー**に従う人）であり、多神教徒（の一人）ではなかったのです。68.確かにイブラーヒームに最も近い人びとは、本当にかれに従う人たちであり、そしてこの預言者（ムハンマド）と信仰する人たちです。**アッラー**は信仰する人たちに近いのです。

69.啓典の民の一派は、あなた方を迷わせようと望みました。でもかれらは自分自身を迷わすだけで、自らはそれに気づかないのです。70.啓典の民よ、なぜあなた方は**アッラー**の印を拒否するのか、あなた方はそれを実見しているのに。71.啓典の民よ、あなた方はなぜ真理と虚偽を混ぜ、真理を知りながら隠すのか。72.啓典の民の一派は言いました。1日の始めに信者たち（ムスリム）に下されたものを信じろ。（そしてその日の）終りには拒否しろ。そうすればかれらは戻って来る（棄教する）かも知れない。73.（したがって啓典の民は）あなた方の教え（ユダヤ教とキリスト教）に従う人の他は、信じてはいけないと。（でもムハンマドよ）言いなさい。真の導きは**アッラー**の導きです。（続けて啓典の民の一派は言います）あなた方（啓典の民）に与えられたと同じものが、他の誰か（ムスリム）にも与えられるとは信じないように。なぜなら、あなた方の主の御元で（それを使って）かれらが反論するからですと。（そこでムハンマドよ）言いなさい。誠に寵愛は**アッラー**の手中にあります。**かれ**は御心にかなう人に、それを与えます。**アッラー**は広大にして、すべてをご存知なのです。74.**かれ**は、御心にかなう人に慈愛を与えます。**アッラー**は、大いなる寵愛をお持ちなのです。

75.啓典の民（ユダヤ教徒）の中には、あなた（ムハンマド）が山のような財産を託しても、これを返す人もあれば、あなたが一枚の金貨を託しても、あなたが常にそばに立って（督促して）いない限り、返さない人もあります。なぜなら、かれらは文字を知らない人（アラブ人）について、わたしたちに責めはないと言うからです。かれらは知っていながら、**アッラー**について虚偽を語るのです。76.そうではありません。自分の約束を全うし（**アッラー**を）意識するとき、誠に**アッラー**は、誰であっても**かれ**を意識する人

たちを愛されます。77.（そして）誰でも、**アッラー**の約束とかれらの誓いとを、わずかな値段で売る人たちには、来世において分け前はないでしょう。復活の日に、**アッラー**はかれらに言葉をかけず、かれらを見ることもなく、かれらを清めることもないのです。かれらには厳しい苦痛があるでしょう。78.かれらの中には、ある一派がいます。かれらはかれらの舌で啓典をゆがめ、それが啓典からのものであると、あなた方が思うようにするのです。でもそれは啓典からではありません。そしてかれらは、これは**アッラー**の御元からだと言います。でもそれは**アッラー**の御元からではありません。かれらは知っていながら、**アッラー**について虚偽を語るのです。

79.**アッラー**が啓典と英知と預言を与えた人で、**アッラー**の他にわたしを崇拝しなさいと人びとに言う人はいません。むしろ（**アッラー**は言います。）あなた方は主の専従識者となりなさい[76]。なぜならあなた方は、啓典を教え（それを）学んできたからです。80.**かれ**が、天使たちや預言者たちを主としなさい、と命じることはありません。**かれ**はあなた方がムスリムになった後、（どうして）不信心をあなた方に命じるでしょうか。

81.**アッラー**が預言者たちと約束したとき（言いました）。**わたし**は啓典と英知とをあなた方に与えました。それから一人の使徒が、あなた方のもとに来ました。あなた方が持つもの（啓典）を確証するために。あなた方はかれを信じ、かれを助けなければいけません。**かれ**は言いました。あなた方はこれを確認しましたか。そして**わたし**との固い約束を引き受けますか。かれらは言いました。確認しましたと。**かれ**は言いました。それならあなた方は証言しなさい。**わたし**もあなた方と共に立証しましょう。82.そしてその後、背いた人は誰でも掟破りの人たちです。83.かれらは**アッラー**の他に、従うものを求めるのでしょうか。諸天の中にあり、地の中にあるものは、好むと好まざるとに関わらず、**かれ**にのみ服従するのです。かれ

---

76 「専従識者（ラッバーニー）」とは、もっぱら主（ラップ）に従う者で学識を持つ人。学者（アーリム、ウラマー）とは限定されていない。他方イスラームでは聖職者は認められないので、僧職ではない。クルアーンには3回出てくる。3:79, 5:44, 63.

らは**かれ**に帰されるのです。

84. 言いなさい（ムハンマドよ）。わたしたちは**アッラー**を信じ、わたしたちに啓示されたものを信じ、またイブラーヒーム、イスマーイール、イスハーク、ヤアクーブおよび各支族に啓示されたものを信じ、またムーサーとイーサーと（**アッラー**のその他の）預言者たちに主から与えられたものを信じます。わたしたちはかれらの間を差別しません。わたしたちは**かれ**にのみ服従します。85. イスラーム以外の宗教を求める人は受け入れられません。またかれらは来世において損失者なのです。86. **アッラー**はどうして、一度信仰を受け入れ、使徒が真実であることを証言し、かれらのもとに確証が来た後、不信心になる人びとを導くでしょうか。誠に**アッラー**は不正の人びとを導きません。87. かれらの報いは**アッラー**、天使たち、そして全人類の拒絶が、かれらに降りかかることです。88. かれらは永遠にその中に住むでしょう。かれらの苦痛は軽減されないし、かれら（の罪）は猶予されません。89. でもその後に改心して、身を正す人は別です。**アッラー**はよく赦すお方で、慈愛深いお方なのです。90. 信仰した後、不信心になり、不信心を増長した人は、改心しても決して受け入れられないでしょう。かれらは遠く迷い去った人です。91. 信仰を拒否し、不信心な人として死んだ人は、たとえ大地いっぱいの黄金でそれ（不信心）を償おうとしても、決して受け入れられません。これらの人には厳しい苦痛があり、助ける人もいません。92. あなた方は、あなた方が愛するものから施すまでは、正しく仕えたことにはなりません。あなた方が施すものは、何でも**アッラー**はご存知なのです。

93. ◆**4部**◆律法が啓示される以前は、イスラーイールの子孫には全ての食物が許されていました。イスラーイール（イブラーヒームの孫であるヤアクーブ）が、かれ自身に禁じてしまったもの以外は。言いなさい。律法をもってきてそれを読誦しなさい。もしあなた方が言うことが本当なら[77]。94. この（読誦）後から、**アッラー**に関して虚偽を語る人は、不正を行なう人たちです。95. 言いなさい。**アッラー**は真実を語りました。まっ

すぐなイブラーヒームの教えに従いなさい。かれは、多神教徒（の一人）ではありませんでした。96.本当に人類のために最初に建立された（崇拝のための）家はバッカ（マッカ）で、（それは）全世界に対する祝福であり導きです。 97.その中には明らかな印があり、イブラーヒームが立たれた場所があります[78]。また誰でもその中に入る人には、平安があります。そして**アッラー**は、誰でもそこに赴ける人びとに、この家への巡礼を課しました。誰かが信仰しなかったとしても、**アッラー**は全世界から何も必要とせずに、豊かに満ち足りている方なのです。98.言いなさい。啓典の民よ、あなた方は**アッラー**の印を拒否するのですか。**アッラー**はあなた方の行なうことの立証者なのです。99.言いなさい。啓典の民よ、なぜあなた方は信仰した人たちを**アッラー**の道から妨げ、歪曲させようとするのですか。一方あなた方自身が（真実の）実見者なのに。**アッラー**はあなた方の行なうことを、見過ごす方では決してありません。

〈信仰共同体のきずな〉

100.信仰する人たちよ、もしあなた方が啓典を与えられた（中の）一派（ファリーク）に従うなら、かれらはあなた方が信仰した後、あなた方を不信心な人に引き戻すでしょう[79]。101.どうしてあなた方は信仰を拒否することができるでしょうか。**アッラー**の印（啓示）があなた方に読誦され、あなた方の間に**かれ**の使徒がいるのに。**アッラー**にしっかりとつながっている人は、本当にまっすぐな道に導かれたのです。102.信仰する人たちよ、**アッラー**を意識しなさい。当然意識されるべき**かれ**の権利として。あなた方はムスリム（アッラーに従う人）としてでなければ死んではいけません。

---

77 イスラーイールはラクダの肉と乳を自らに禁じた。預言者ムハンマドがマディーナのユダヤ人に、お前もイブラーヒームの教えを継承するというのであれば、同様の禁制に従うべきだと詰問されたことが背景にある。しかしユダヤ人たちは律法を読んでも、結局イブラーヒームがラクダの肉と乳を禁じていたという主張は立証できなかった。参考文献23、巻3、149-155頁。

78 イブラーヒームが立ってカアバ殿の石積をした地点には、彼の足跡が残されていたとされる。現在は長年人が手などで触ったので足跡の形は摩滅したが、その石は祠に入れられて、カアバ殿の東側に安置されている。

79 「一派」に従うことが戒められる。宗派に限らず、派閥主義が排除されている。

103. あなた方は**アッラー**の絆にしっかりと一緒につながり、分裂してはいけません。あなた方への**アッラー**の恩寵を想いなさい。あなた方が敵であったとき、**かれ**はあなた方の心を結び付け、**かれ**の恩寵により、あなた方は兄弟となったのでした。あなた方が（地獄の）火の穴のがけっぷちにいたのを、**かれ**がそこから救い出したのです。このように**アッラー**はあなた方のために、**かれ**の印を明示されます。あなた方は正しく導かれるでしょう。

104. あなた方は共同体となり（人びとを）善に招き、適正を命じ、邪悪を禁じるようにしなさい。かれらは成功する人なのです。105. 明証がかれらに来た後、分裂し議論する人のようであってはなりません。これらの人は、重大な苦痛を受けるでしょう。106. その日ある顔は白くなり、またある顔は黒くなります。顔が黒くなった人は（言われます）、あなた方は信仰した後、不信心となったのですか。あなた方は不信仰であったので、苦痛を味わいなさい。107. 一方顔が白くなった人は、**アッラー**の慈愛の中で永遠に住むのです。108. これらは**アッラー**の印です。**われ**らは真理をもって、これをあなた（ムハンマド）に読み聞かせます。**アッラー**はすべての世界に不公正を望みません。109. 諸天にあり地にあるものは、**アッラー**のものです。万物は**アッラー**に帰されるのです。

〈アッラーに従う信仰共同体〉
110. あなた方は、人類にもたらされた最善の共同体です。あなた方は正しいことを命じ、邪悪なことを禁じ、**アッラー**を信仰します。啓典の民も信仰していたなら、かれらのためによかったことでしょう。かれらの中には信者もいるけれど、ほとんどの人は掟破りなのです[80]。111. かれらは、あなた方をほとんど害することはできないでしょう。かれらがあなた方と戦うとしても、かれらはあなた方に背を向け（敗走し）誰にも助けられないでしょう。112. かれらはどこにいたとしても、屈辱に打ちのめされるでしょう。**アッラー**からの絆と人びととの絆がない限りは。そしてかれらは**アッ**

---

[80] イスラーム共同体構築の基本概念を示す節として、よく引用されるので留意。

ラーの怒りを受け、貧困に打ちのめされたのです。なぜならかれらが**アッラー**の印を信じようとせず、不当に預言者たちを殺害したからです。なぜならかれらは不服従で掟を破ってきたからです。113. かれら全員が同じではありません。啓典の民の中にも夜間立礼し、**アッラー**の印（啓示）を読誦し、**アッラー**に平伏礼する一団がいます。114. かれらは**アッラー**と最後の日を信じ、正しいことを命じ、邪悪なことを禁じ、互いに善事を急ぐのです。かれらは正しい人たちなのです。115. かれらの行なう善が否定されることは決してないでしょう。**アッラー**は（**アッラー**を）意識する人びとを、すべてご存知なのです。116. まさに信仰を拒否した人たちの財産や子供たちは、**アッラー**に対しては全く役に立たないでしょう。かれらは（互いに）永遠に住む地獄の火における伴侶なのです。117. かれらが現世において費やすものを例えれば、霜風(しもかぜ)のようです。それ（霜風）は自らに不正を働く人たちの収穫を襲い、それ（収穫）をだめにしました。**アッラー**はかれらを損ないませんでした。でもかれらが自分自身を損なったのです。

〈アッラーと使徒たちに従うこと：信仰とウフドの戦い〉

118. 信仰する人たちよ、あなた方以外の人と親密にしてはいけません。（なぜなら）かれらはあなた方の破滅を惜しみません。かれらはあなた方の苦難を望んでいるのです。かれらの口から出る憎悪は明らかです。そしてかれらが胸に隠すもの（憎悪）はさらに大きいでしょう。本当に**われら**は印をあなた方に明確にしました。もしあなた方が頭を働かせれば（理解するでしょう）。119. 何と、あなた方（ムスリム）はかれらを愛しているけれど、かれらはあなた方を愛してはいません。あなた方はすべての啓典を信じています。そしてかれらはあなた方と会うと、わたしたちは信じましたと言います。でもかれらだけのときは、あなた方に憤怒して、指先を噛んでいるのです。言いなさい。憤死しなさいと。誠に**アッラー**は、人が胸の中に抱くことを知っているのです。120. もしあなた方に善いことが訪れれば、かれらは悲しみます。もし不幸があなた方を襲えば、かれらはそれを喜ぶのです。もしあなた方が忍耐して、（**アッラー**を）意識するなら、かれらのたくらみは全く、あなた方を害しないでしょう。誠に**アッラー**は、かれ

らの行なうことすべてを把握しているのです。

121. あなた（ムハンマド）が早朝に家を出て、信者たちを戦いの配置につかせたとき（を思い出しなさい）[81]。**アッラー**は全聴にして全知なのです。
122. あなた方の中の二派が戦意を失ったが、**アッラー**がかれら（信者）を援護したときがありました。だから信者は**アッラー**を信頼すべきなのです。
123. **アッラー**はあなた方が劣勢だったとき、あなた方をバドル（の戦い）において助けました。だから**アッラー**を意識しなさい。あなた方は感謝するでしょう。124. あなたが信者たちにこう言ったとき（を思い出しなさい）、あなた方の主が3,000の天使たちを遣わすことで、あなた方を増強しても、まだ足りないでしょうかと。125. いえ、とんでもない（それで十分なはずです）。もしあなた方が耐え忍んで、（**アッラー**を）意識するなら、（たとえ）敵が今直ちに襲ってきたとしても、あなた方の主は、急降下する5,000の天使たちであなた方を援助するでしょう。126. **アッラー**があなた方にそのようにされたのは吉報であり、（まさしく）あなた方の心を安堵させるためなのです。偉力大にして英明な**アッラー**の御元からの他には、助けはありません。127. **かれ**が一部の非信者を切り崩し、かれらを卑しめるので、非信者は失意のうちに退却するのです。128. **かれ**が非信者に優しくするか、かれらを苦しめるかは、あなた（ムハンマド）が決めることではありません。確かにかれらは不正を行なう人たちです。129. 諸天の中にあるものも地の中にあるものも、**アッラー**のものです。**かれ**は御望みの人を赦し、また御望みの人を苦しめます。**アッラー**はよく赦すお方で、慈愛深いお方なのです。

130. 信仰する人たちよ、（元本の）何倍、さらに何倍にした高利を食い荒らしてはいけません。**アッラー**を意識しなさい。そうすればあなた方は成功するでしょう。131. そして信仰を拒否した人たちのために用意されてい

---

81 625年のウフドの戦いに関するもの。敗戦になったが、数倍のマッカの敵軍に善戦したことで、ムハンマドはアッラーの試練と見なして、事後の自信の源泉となった。

る、(地獄の)火を意識しなさい。132. **アッラー**と使徒に従いなさい。そうすればあなた方は慈愛を授かるでしょう。133. あなた方の主からの赦しを得るために、また(**アッラー**を)意識する人たちのために用意されている、諸天と地ほどある広さの楽園のために、急ぎなさい。134. 順境においても逆境にあっても施す人たち、怒りを押えて人びとを許す人たち、**アッラー**は(こういった)善行する人たちを愛するのです。135. また不道徳や不正を犯したとき、かれらは**アッラー**を念じ、かれらの罪の赦しを願います。**アッラー**の他に誰が罪を赦すことができるでしょうか。そしてかれらは(罪を)知りながら繰り返すことはありません。136. こういった人たちへの報いは、かれらの主からの赦しと川が下を流れる楽園で、かれらはその中に永遠に住むでしょう。善行者への報酬はすばらしいのです。

137. あなた方以前にも(**アッラー**の示された)実例がありました。あなた方は地上を旅して、真理を嘘であるとした人たちの末路がどのようであったかを見なさい。138. これは人びとに対する明証であり、(**アッラー**を)意識する人たちへの導きと諭しです。139. 気力を喪失し、絶望してはいけません。もしあなた方が信者なら、あなた方は優位にあるのです。140. (ウフドの戦いの)傷があなた方を痛めているとしても、同じように(バドルの戦いの)傷はその人びと(マッカの異教徒)を痛めているのです。**われら**はこれらの(敗戦と戦勝)日を交互に人びとの間に設けます。(そうすることで)**アッラー**は信仰する人びとを知り、またあなた方から殉教者を選ぶのです。**アッラー**は不正する人びとを愛しません。141. (またそうすることで)**アッラー**は信仰した人たちを清め、信仰を拒否する人たちを滅ぼすのです。142. それともあなた方は、楽園に入ると考えたのでしょうか。**アッラー**があなた方の中、奮闘努力する人たちと忍耐する人たちを、明らかにしないままに。143. 確かにあなた方は(戦いでの)死を望んでいました。死に直面する前からずっと。そしてあなた方は眼前にそれ(死)を見たのです。

144. ムハンマドは一人の使徒にすぎません。そしてかれの前に(他の)使

徒たちは亡くなりました。もしかれが死ぬか殺されるかしたら、あなた方は踵(きびす)を返すのでしょうか。誰が踵を返しても、**アッラー**を害することはまったくできません。**アッラー**は感謝する人たちに報いるのです。145.**アッラー**が期限を定めて記した許しでなければ、誰も死ぬことはできません。誰でも現世の褒美を求める人には、**われら**はそこから与えます。また来世の褒美を求める人には、**われら**はそこから与えます。そして**われら**は、感謝する人たちに報いるのです。146.どれほど多くの預言者とともに、(これまで)幾多の篤信(とくしん)の人たちが戦ったことでしょうか。かれらは**アッラー**の道において、かれらに降りかかったことに落胆せず、弱気にならず、降伏しなかったのです。そして**アッラー**は忍耐強い人たちを愛するのです。147.かれらの言葉とはただ(次のようでした)、かれらは言いました。わたしたちの主よ、わたしたちの罪や行き過ぎを赦してください。わたしたちの足場を固め、不信心な人たちに対抗して勝利を与えてください。148.すると**アッラー**は、かれらに現世の褒美と来世のすばらしい褒美を与えました。**アッラー**は、善い行ないをする人を愛するのです。

149.信仰する人たちよ、もしあなた方が不信心な人たちに従うなら、かれらはあなた方の踵を返させ、あなた方は損失者たちとして後戻りするでしょう。150.いいえ。**アッラー**こそがあなた方の擁護者であり、究極の援助者なのです。151.**われら**は不信心な人たちの胸の中に、戦慄(せんりつ)を投げ込みます。なぜならかれらは、何の権威も与えられていないものを、**アッラー**と同位に置いたからです。かれらの住み家は(地獄の)火です。不正を行なう人たちの住まいは、何と惨めなものでしょう。152.本当に**アッラー**は、**かれ**の約束を果たしました。**かれ**の許しの下にあなた方が敵を撃破したときに。(でも)**かれ**があなた方の好むもの(戦利品)を見せた後から、あなた方は失敗し、(ムハンマドの)命令について互いに論争し、(ついに)背きました。あなた方の中には、現世を欲する人たちもいるし、また来世を欲する人たちもいます。**かれ**はあなた方を試みるため、**かれ**はあなた方を敵から退却させたのです。**かれ**はあなた方を赦しました。**アッラー**は信者たちに対する寵愛の所有者なのです。153.あなた方が丘を登り、誰も顧みよう

としなかったとき、使徒はあなた方の後方からあなた方を呼んでいたのです。だから**かれ**は悲痛につぐ悲痛で、あなた方に応報しました。（しかし今や**アッラー**はあなた方を救いました。なぜなら）あなた方が失ったものを悲しまず、あなた方に降りかかったことを悲しまないために。**アッラー**は、あなた方の行なうことを熟知しています。

154. **かれ**はあなた方に悲痛の後、安らぎをもたらし、あなた方の一派は眠りにつきました。一方（別の）一派はかれら自身のことに心を奪われて、**アッラー**について正しくない（イスラーム以前の）ジャーヒリーヤ時代の無知な考えを言います。わたしたちに何かできることはあったのでしょうかと。（ムハンマドよ）言いなさい。これに関するすべてのことは**アッラー**に属します。かれらはあなた（ムハンマド）に言えないことを、かれらの中に隠すのです。かれらは言います。もしわたしたちにすること（選択）があれば、誰もここで殺されなかったでしょう。（かれらに）言いなさい。もしあなた方が家の中にいたとしても、死が定められたなら、必ずその人の死に所に出て行ったでしょう。これは**アッラー**があなた方の胸の中にあるものを試み、**かれ**があなた方の心の中にあるものを清めるためです。**アッラー**は、あなた方の胸の中にあるものを知っています。155. 本当に両軍の会戦日、あなた方の中で背を向けた人たちは、かれらが稼いだこと（罪）のせいで、悪魔がかれらをしくじらせたのです。**アッラー**はかれら（の罪）を赦されました。誠に**アッラー**は赦すお方であり、寛大なお方なのです。

156. 信仰する人たちよ、不信心な人たちのようであってはいけません。かれらはかれらの兄弟たちについて（次のように）言ったのです。かれらが地上を旅し、または戦争に遠征していたとき、もしかれら（兄弟）がわたしたちと一緒に（家に）いたなら、かれらは死ぬこともなく、また殺されなかったでしょうと。**アッラー**はかれらの心の中に苦悶を残します。**アッラー**は生を授け、また死を与えます。**アッラー**はあなた方の行なうことを、すべてお見通しなのです。157. もしあなた方が**アッラー**の道において殺されても、または死んでも、**アッラー**からの赦しと慈愛の方が、かれらが蓄

えたものよりも善いのです。158. もしあなた方が死んでも、または殺されても、あなた方は必ずや**アッラー**の御元に集められるでしょう。

159. **アッラー**からの慈愛のおかげで、あなた（ムハンマド）はかれらに優しく接しました。もしあなたが非礼で心が荒々しかったなら、かれらはあなたから離れ去ったでしょう。だからかれらを勘弁し、かれらのために（**アッラー**の）赦しを請いなさい。諸事においてかれらと協議しなさい。そして決めたときは**アッラー**を信頼しなさい。本当に**アッラー**は、**かれ**を信頼する人たちを愛します。160. もし**アッラー**があなた方を助けるなら、あなた方に打ち勝つ人はいないのです。もし**かれ**があなた方を見捨てるなら、**かれ**の他に誰があなた方を助けることができるでしょうか。だから信者たちは、**アッラー**に全幅の信頼を寄せなさい。

161. 預言者が（戦利品を）だまし取ることはあり得ません。誰でもだまし取る人は復活の日に、そのだまし取ったものを持ち出すでしょう。そのとき誰であれ、稼いだことに対し完全に清算され、かれらが不当に扱われることはないのです。162. **アッラー**のご満悦を求める人は、**アッラー**から激怒を被る人と同様なのでしょうか。かれ（後者）の住まいは地獄です。何と悪い行き先なのでしょう。163. **アッラー**の御元では、かれらは（さまざまな）位階にいるのです。**アッラー**は、あなた方の行なうことをすべてお見通しなのです。164. 確かに**アッラー**は信者たちに恵みを与えました。（その恵みとは）**かれ**がかれらの中から一人の使徒を出し、**かれ**の印（啓示）を読誦し、かれらを清め、啓典と英知を教えたのです。それまではかれらは、明らかに迷いの中にいたのです。

165. 災難があなた（ムハンマド）を襲うとき、あなた方はその２倍に相当する打撃をかれら（敵）に与えたのに（もかかわらず）、あなた方は言いました。これ（災難）はどこから来るのでしょうか。言いなさい。それはあなた方自身から来るものです。本当に**アッラー**は、すべてに対して全能なのです。166. 両軍の会戦日に、あなた方を襲ったものは**アッラー**の許し

によるもので、**かれ**が信仰する人たちを知るためです。167.（これによって）**かれ**は偽信者たちを明らかにするのです。そしてかれらに言いました。**アッラー**の道において戦いなさい。もしくは（自分を）守りなさいと。かれらは言いました。もしわたしたち（非信者）が戦うことを知っていたなら、あなた方（信者）に従ったのにと。その日かれらは、信仰よりも不信仰に近かったのです。かれらは心にもないことを、口先で言うのです。でも**アッラー**は、かれらが隠すことをすべて知っているのです。

168.（自らは戦わず）居残っていた人たちは、かれらの同胞について言いました。もしかれらがわたしたちに従っていたなら、殺されなかったでしょうと。言いなさい。あなた方自身から死（そのもの）を追い払ってみなさい。もしあなた方が言うことが本当なら。169.**アッラー**の道において殺された人たちを、死んだと思ってはいけません。いいえ。かれらの命は主の御元で扶養されています。170.（かれら殉教者は）**アッラー**がかれらに与えた恵みに歓喜しています。またかれらにまだ加わっていない（戦いに）生き残った人たちについては、かれら（生き残った人）には恐怖もなく悲哀もないことを（殉教者は）喜んでいます。171.（さらにそれは）**アッラー**からの恩寵と寵愛として、喜んでいます。**アッラー**は信者たちへの報酬を失念したりはしません。172.かれらに（敗戦の）痛手が襲った後、**アッラー**と使徒に応えた人たち、（特に）かれらの中でも善行をした人たちや（**アッラー**を）意識した人たちには、偉大な報酬があります。173.人びとがかれらに向かって言いました。人びとがあなた方（信者）に対抗するため集結しました。だからかれらを恐れなさい。でもこれがかれら（信者）の信仰を深めました。かれらは言いました。**アッラー**がいれば十分です。**かれ**は究極の保護者なのですと[82]。174.だから、かれらは**アッラー**の恩寵と寵愛と共に帰還しました。災厄がかれらを襲うこともありませんでした。そしてかれらは、**アッラー**のご満悦を追求しました。**アッラー**は偉大な寵愛の

---

82 「アッラーがいれば十分です。かれ（アッラー）は究極の保護者なのです。」は、困難な状況の中での唱念の言葉として知られる。

所有者なのです。175. かれ（悪魔）を支持する者たち（マッカの多神教徒）のことを怖がらせているのは、悪魔なのです。だからかれらを恐れず、**わたし**を恐れなさい。もしあなた方が信者なら。

176. 不信心に向かって急ぐ人たちが、あなた（ムハンマド）を悲しませることがあってはいけません。かれらは少しも**アッラー**を害することができないのです。**アッラー**は来世において、かれらのためにいかなる取り分も用意しないでしょう。かれらには重大な苦痛があるのです。177. 信仰と引き換えに不信仰を買い込んだ人たちは、少しも**アッラー**を害することができません。かれらには厳しい苦痛があるでしょう。178. 信仰しない人たちに、**われら**がかれらに猶予を与えることが、かれらにとって良いと思わせてはいけません。**われら**が、かれらに猶予を与えているのは、ただかれらが罪を増やすためなのです。かれらには恥ずべき苦痛があるのです。179. **アッラー**のお考えとしては、信者の善し悪しを区別するまで、かれらを今のままでは放っておかれないでしょう[83]。（また）**アッラー**は目に見えない世界のことを、あなた方に現す考えでもありません。でも**アッラー**は御心にかなう人たちを使徒に選ぶのです。だから**アッラー**と**かれ**の使徒たちを信じなさい。もしあなた方が（**アッラー**を）信じて意識するなら、あなた方に偉大な報奨があるでしょう。

〈信仰対不信仰：非信者の間違い〉

180. **アッラー**が**かれ**の寵愛によってかれらに与えたものを施さないでいる人たちに、それが自分のために良いと思わせてはいけません。いいえ。それはかれらにとって悪なのです。復活の日、かれらの首には彼らが保留したそれ（施し）が巻かれるでしょう。諸天と地の遺産は、**アッラー**に属します。**アッラー**はあなた方の行なうことを熟知しておられます。

181. **アッラー**は確かに聞きました。本当に**アッラー**は貧しく、わたしたち

---

83 「信者の善し悪し」とは、偽信者問題のこと。3:167参照。

は富んでいると言った人たち（ユダヤ教徒）の言葉を。**われら**はかれらの言ったことや、正当な理由なく預言者たちを殺したことを記録するのです。**われら**は言います。灼熱の苦痛を味わいなさいと。182. これはあなた方の手が犯したことのせいです。**アッラー**は僕（しもべ）たちに、決して不正を行ないません。183. かれらは言いました。**アッラー**は、どんな使徒も信じないようわたしたちに命じました。火が食べつくす（犠牲の）供物をかれ（使徒）が持って来ない限りは。（ムハンマドよ）言いなさい。わたし以前から、使徒たちは明らかな証拠とあなた方が話していたものを持って、あなた方（のもと）にやってきました。もしあなた方が言うことが本当なら、なぜあなた方（ユダヤ教徒）は、かれら（使徒たち）を殺したのでしょうか。184. もしかれらがあなた（ムハンマド）を拒否したなら、あなた以前に、明証と（知恵の）書巻（ズブル）と啓蒙の書を持ってきた使徒たちも、確かに拒否されたのです[84]。185. 誰であれ、死を味わうのです。復活の日には、あなた方は完全に報われるでしょう[85]。誰でも（地獄の）火から遠ざけられ、楽園に入れられた人は、真に成功をおさめたのです。この世の生活は、ただ虚偽の享楽にすぎません[86]。186. あなた方は財産やあなた方の人柄について、必ず試めされるでしょう。そしてあなた方以前に啓典を与えられた人からも、多神教徒からも、たくさんの毒舌を聞くでしょう。もしあなた方が忍耐し（**アッラー**を）意識するなら、そうすることが最善の方途なのです。

187. **アッラー**が、啓典を与えられた人びとと約束（ミーサーク）したときのことです。あなた方は人びとに向けて（啓典を）明らかにし、隠してはなりません（と約束しました）。（ところが）かれらはこれ（啓典）を背後に捨て、わずかな対価を得るために、これと引き換えたのです。何と悪い

---

84 「書巻」はユダヤ教の神を賛美する詩篇であり、「啓蒙の書」はムーサーに下された律法書及びイーサーに下された福音書であるといった説もある。
85 最後の審判のみが本当の恐怖の対象であり、死はそれに当たらない。資料2．参照。
86 「この世の生活はただ虚偽の享楽にすぎません」という一句もよく引用される。「この世は融ける雪、あの世は輝く真珠」といったアラビア語の諺同様、この世のはかなさを訴える。

買い取りなのでしょう。188. かれら（自ら）がもたらしたものを喜ぶ人たちや、また（自ら）行なわないのに称賛されるのを好む人たちのことを考えてはいけません。かれらが苦痛を免れると考えてはいけません。かれらには厳しい苦痛があるのです。

189. 諸天と地の大権は**アッラー**に属します。**アッラー**は全存在に対して全能なのです。190. 本当に諸天と地の創造の中には、また夜と昼の交代の中には、思慮ある人たちへの印があります[87]。191. かれら（思慮ある人）とは、立ちながら、または座りながら、または横たわって**アッラー**を唱念する人たちです。そしてかれらは諸天と地の創造について想いを巡らせるのです。（かれらは言います）わたしたちの主よ、**あなた**は無目的にこれ（天地）を創ったのではないでしょう。**あなた**に栄光あれ。そしてわたしたちを（地獄の）火の苦痛からお守りください。192. わたしたちの主よ、**あなた**は（地獄の）火に投げ込まれる人を必ず辱めます。不正を行なう人たちには援助者はないのです。193. わたしたちの主よ、確かにわたしたちは、あなた方の主を信じなさいと、信仰を呼びかける人の声を聞きました。そこでわたしたちは信仰に入ったのです。だからわたしたちの主よ、わたしたちのために、わたしたちの罪を赦し、わたしたちからすべての悪行を消し、信心正しい人たち（アブラール）と一緒に、**あなた**に召してください。194. わたしたちの主よ、**あなた**の使徒たちを通じてわたしたちに約束されたものを与え、また復活の日にわたしたちを辱めないでください。**あなた**が約束を破ることは決してありません。195. するとかれらの主は答えました。本当に**わたし**は、あなた方の中、男でも女でも（善を）行なう人の行ないを無駄にしないでしょう。あなた方は互いに（扱いは）平等です。そして移住した人たち、かれらの故郷から追放された人たち、**わたしの**道において迫害された人たち、また戦い殺された人たちには、**わたし**はかれらからその悪行を消去し、川が下を流れる楽園に入れるのです。これは**アッラー**の

---

87 自然美の嘆賞などからアッラーの覚知に至る理知的方法については、27:60-64、45:3、資料２．参照。

御元からの褒美です。**アッラー**の御元にこそ、最高の褒美があるのです。

196.あなた（ムハンマド）は非信者が、地上をあちこち歩き回わって（良い商売をして）いるのに、惑わされてはなりません。197.これはわずかな享楽で、かれらの住まいは地獄となります。何と悪い寝床なのでしょう。198.でもかれらの主を意識する人たちには、川が下を流れる楽園があり、かれらは永遠にその中に住むでしょう。**アッラー**の御元からの褒美として。そして**アッラー**の御元にあるものが、信心正しい人たちのために最も善いのです。

199.啓典の民の中には、**アッラー**を信仰し、またあなた方に啓示されたもの（クルアーン）と、かれらに啓示されたものを信じ、**アッラー**に謙虚に服従し、わずかな代価で**アッラー**の印（啓示）を売らない人たちがいます。かれらのために、かれらの報奨が**アッラー**の御元にあるのです。実に**アッラー**は清算に迅速なのです。200.信仰する人たちよ、耐え忍びなさい、また他の人よりも、さらに耐え忍びなさい[88]、また互いに（礼拝や戦いに）備えなさい、そして（**アッラー**を）意識しなさい。そうすればあなた方は成功するでしょう。

---

4. 女性章　سورة النِساء

マディーナ啓示
176節

ウフドの戦いの結果、多数の未亡人が出ることとなりました。そこでそれらの女性や孤児の問題や一夫多妻制（3節）、家族関係や遺産相続（11〜34節）がこの章の大きなテーマとなっています。また殺人の応報（92〜93節）や戦時法（101〜102節）、偽信者（137〜152節）や反抗を続けるユダヤ人（153〜161節）の扱いも取り上げられています。そしてキリスト教の三位一体説

88　倫理道徳上の徳目としての忍耐については、2:153-157、40:55、資料２．参照。

が禁じられます(171〜172節)。

慈愛あまねく、慈愛深いアッラーの御名において

〈孤児と遺産相続〉

1. 人びとよ、あなた方の主を意識しなさい。**かれ**はひとつの魂からあなた方を創り、それから配偶者を創り、二人から多くの男性と女性を増やし広めたお方です。その御名においてあなた方が互いに頼みごとをし合う**アッラー**、そして血縁の絆を意識しなさい。**アッラー**はあなた方をいつも見守っているお方です。2.孤児たちに、かれらの財産を返しなさい。(自分の)悪いものを(かれらの)良いものと、取り替えてはいけません。またかれらの財産を、あなた方の財産として、食い荒らしてはいけません。誠にそれは大きな罪なのです。 3.もしあなた方が孤児の女性たちに対して、公正にできない恐れがあるなら、あなた方にとって適当と思われる女性たちから二人、三人または四人と結婚しなさい。でも、あなた方が(結婚する相手のかの女たちを)公平にできない恐れがあるなら、一人だけにしておくか、またはあなた方の右手が所有する人(奴隷の女性)にしなさい。これはあなた方が道を誤らないために、最も近い道なのです[89]。4.そして(結婚相手の)女性には、かの女たちの結納品を気前よく与えなさい。でも、もし、かの女らがそのいくらかを快くあなた方に戻すなら、気兼ねなく受け入れなさい。

5. またあなた方は、自分の財産を精神薄弱者に渡してはいけません。それは**アッラー**が、あなた方(後見人)のために作った(孤児への)支援の手段なのです。だからあなた方がそれを使って、かれらに衣食を与え、やさしい言葉で話しかけなさい。6.かれらが結婚年齢に達するまで、孤児たちを試しなさい。もしかれらに立派な分別があると、あなた方が認めるなら、かれ

---

89 当時戦役で多くの男子が戦死し、女性や孤児が多数いた。そこで孤児の女性が高い地位で妥当な婚資金が無理なときなど公正に扱えない場合はあきらめて、別の四人までの婚姻を認める定めである。従来一夫多妻に制約がなかったのを改めて、一人、あるいは公平さを保ちつつ最大四人とするように本節で定められた。イスラームは本来、一夫一婦制であったことが見て取れる。

らの財産を渡しなさい。かれらが成人になるまでは、それを過度に急いで、食い荒らしてはいけません。誰でも豊かなら自制し、誰でも貧しいなら（孤児の財産を）適正に使いなさい。あなた方がかれらに財産を返すときは、かれらのために証人を立てなさい。**アッラー**は清算者として十分なのです。

7.男（の孤児）たちには両親と近親たちが残した（遺産の）一部が、女（の孤児）たちには両親と近親たちが残した一部が、多少を問わず（相続の対象として）定められました。8.（遠くても）親族たち、孤児たち、貧しい人たちが相続にいあわせたときは、かれらにもそれから分け与え、親切な言葉でかれらに話しなさい。9.かれら（信者）が、死後に残す（自らの）脆弱な子孫について案じるときには、（他の孤児のことも同様に）かれらに心配させなさい。かれらに**アッラー**を意識させ、正しい言葉を語らせなさい。10.孤児たちの財産を不正に食い荒らす人たちは、腹の中に火を溜め込んでいるにすぎません。そしてかれらは灼熱の火に焼かれるでしょう。

11.**アッラー**はあなた方に、自分の子供たち（への遺産相続）について命じます。男児には女児の二人分と同額を。でも女児のみ二人以上なら、かれが残したものの3分の2が、かの女たちのためです。もし女児一人のみなら、かの女には2分の1（配分します）。またかれに（一人でも）子供がいれば、かれの両親それぞれには、かれが残したものの6分の1。一方、かれに子供がなく、かれの両親がその相続者なら、かれの母親には3分の1（残りは父親のもので、兄弟姉妹にはない）。もしかれに兄弟（姉妹を含む）がいれば、かれの母親には6分の1。（いずれも）残された遺贈または債務（を差し引いた）後から（配分します）。あなた方は自分の両親のいずれや、子供たちのいずれが、あなた方にとってより利得があるかは分かりません。（これは）**アッラー**が定めることです。誠に**アッラー**は全知にして英明なのです[90]。

---

90 イスラームにおける相続はそれまでとは異なり、女性にも相続権を認めた。クルアーンでは、4:11, 12及び4:176に規定があるだけだが、かなり複雑である。

12.あなた方（夫たち）には、かの女（妻）たちに子供がいなければ、あなた方の妻たちが残したものの半分（が相続分）です。もし子供がいれば、あなた方には、かの女たちが残したものの4分の1。（いずれも）残された遺贈もしくは債務（を差し引いた）後から（配分します）。一方、かの女たちに、もし子供がいなければ、あなた方（夫たち）が残したものの4分の1。もし子供がいれば、かの女たちには、あなた方が残したものの8分の1。（いずれも）残された遺贈または債務（を差し引いた）後から（配分します）。もし財産を残して亡くなった男性または女性に、父母も子供もなく[91]、兄弟または姉妹それぞれ一人ずつだけなら、6分の1（配分します）[92]。もしかれら（兄弟姉妹）がそれ以上（の数）なら、かれらには全員で3分の1。（誰にも）損害はないようにして、（いずれも）残された遺贈または債務（を差し引いた）後からです。（これは）**アッラー**の命令であり、**アッラー**は全知にして寛大なお方なのです。13.これらは**アッラー**が定めた法です。また誰でも**アッラー**と**かれ**の使徒に服従する人は、**かれ**がその人を川が下を流れる楽園に入れ、永遠にその中に住むのです。そしてこれこそが至上の成功なのです。14.でも、**アッラー**と**かれ**の使徒に従わず、**かれ**の法に背く人は、**かれ**がその人を（地獄の）火に入れ、永遠にその中に住まわせます。その人には恥ずべき苦痛があるのです。

〈女性の権利と結婚〉

15.あなた方の女性たちの中でわいせつ行為（不倫）をする人がいれば、かの女たちに対して、あなた方の中から4名の証人を求めなさい。もしかれら（証人）が証言したなら、かの女たちに死が訪れるまで、また**アッラー**がかの女らのために（別の）道を作るまで、かの女らを家の中に監禁しなさい[93]。16.あなた方の中二人でそれ（わいせつ行為）をする人は、二人

---

[91] 遠縁しかない者（カラーラ）の訳語としては、ここにある「父母も子供もなく」というのが一般的に受け入れられている解釈である。
[92] ここは異父同母兄弟姉妹の場合で、4:176は同父同母か同父異母の場合。
[93] この節は廃棄されて、鞭打ちや石打ち刑が定められたと解釈されている（24:2）。飲酒（2:219）に関する諸規定同様、全体を統一的に理解するために、このような廃棄論が出されるが、議論は決着していない論点も多い。

とも罰しなさい[94]。でもかれらが改心して身を正すなら、かれらを放免しなさい。**アッラー**はよく赦すお方であり、慈愛深いお方なのです。
17.**アッラー**が赦されるのは、悪を知らずに行ない、その直後に改心する人だけです。そういう人たちは、**アッラー**が赦されるでしょう。**アッラー**は全知にして英明なお方なのです。18.死が迫るまで悪を行ない、今（死の間際になって）わたしは改心しましたという人に赦しはないでしょう[95]。また不信心のまま死ぬ人たちにも赦しはないでしょう。かれらに、**われら**は厳しい苦痛を準備しました。

19.信仰する人たちよ、無理やり女性（未亡人）たちを相続することは、あなた方にとって合法ではありません[96]。またあなた方は、かの女たちに与えたもの（婚資）の一部を取り戻そうとして、（離婚を誘発できるように）かの女たちに手荒くすることも合法ではありません。明らかにかの女たちが不倫を犯していない限り。適正にかの女たちと暮らしなさい。たとえあなた方が、かの女たちを嫌っても、あなた方が嫌いなことの中に、**アッラー**はたくさんの善をもたらすかもしれません[97]。20.たとえあなた方が（自分の）妻を別の女と取りかえたいと思ったとき、かの女に山のような財産を（婚資として）与えていたとしても、そこから何も取ってはいけません。あなた方は中傷と明らかな罪を犯すつもりでしょうか。21.どうしてあなた方がそれ（婚資）を取り戻せるでしょうか。もうお互いに床を共にして、かの女らは堅い約束をあなた方から得たのです。

22.あなた方の父が結婚したことのある女性たちと、結婚してはいけません。

---

94 ここの「二人」は男性二人か男女一人ずつか、解釈が分かれる。文法上は両方とも可能。
95 改心・悔悟は道徳上の徳目でもある。直ちに、しきりに行なうことが勧められる。5:39, 20:121, 122, 資料2．参照。
96 イスラーム以前には、未亡人と近親者が婚資なしで結婚する（事実上の相続）ことが認められていた。
97 （嫌っている点に）アッラーから多くの良いことを授かるかもしれないというこの一句は、人には何が良くて何が悪いか、その人の好き嫌いでは決められないことを示している。よく引用される一文である。2:216参照。

すでに済んだことは別として。それは恥ずべきこと、忌まわしいこと、邪悪な道です。23.あなた方に（妻として）禁じられたのは、あなた方の母、娘、姉妹、父方のおば、母方のおば、兄弟の娘、姉妹の娘、授乳した乳母、乳姉妹、妻の母、あなた方の保護下にある、あなた方が交わった女性たちの連れ娘、（しかし）もしあなた方がかの女たちと交わっていないなら（その連れ娘と結婚しても）あなた方に罪はありません。あなた方自身の息子の妻、そして姉妹二人と同時に結婚すること（も禁止）です。すでに済んだことは別として。**アッラー**はよく赦すお方であり、慈愛深いお方なのです。24.◆5部◆また既婚している女性たちとも（結婚禁止です）。あなた方の右手が所有する人（奴隷の女性）は別です。これはあなた方に向けた**アッラー**の掟です。これら以外（の女性たち）はすべてあなた方に合法なので、あなた方の財産をもって、私通のようでなく、結婚を求めなさい。それで、かの女たちと結婚を楽しむときは、定めた婚資をかの女たちに与えなさい。でも婚資（を定めた）後、互いにそれについて（変更の）合意をしてもあなた方に罪はありません。誠に**アッラー**は全知にして英明なお方なのです。

25.あなた方の中、信仰ある自由な女性と結婚する財力のない人は、あなた方の右手が所有する信仰ある（奴隷の）女性と結婚しなさい。**アッラー**はあなた方の信仰心を最もよくご存知です。（奴隷の女性と）あなた方は互いに（人類家族の）一部なのです。だからかの女たちの家族に認められてから、かの女たちと結婚しなさい。また私通の相手でも隠れた愛人としてでもなく、結婚する妻として適正な婚資をかの女らに贈りなさい。もし結婚のあと、かの女たちが不倫をすれば、自由な女性信者に対する半分の苦痛がかの女たち（奴隷の女性）にあります。これはあなた方の中、罪を犯すことを恐れる人への（戒めの）ためです。（自分を抑えて）忍耐することがあなた方にとって良いでしょう。**アッラー**はよく赦すお方であり、慈愛深いお方なのです。26.**アッラー**はあなた方に（掟を）明らかにし、あなた方以前の人の慣行にあなた方を導き、あなた方から改心を受け入れることを望まれます。**アッラー**は全知にして英明な方なのです。27.**アッ**

ラーはあなた方から改心を受け入れたいのです。（一方）自らの欲望に従う人たちは、あなた方が大きく逸脱するように望んでいます。28.**アッラー**は、あなた方の負担を軽くするよう望まれます。人間は弱いものに創られたのです[98]。

29.信仰する人たちよ、あなた方の財産を、自分たちの間で不正に浪費してはいけません。ただし互いの合意による商売上の場合は別です。またあなた方自身を殺してはいけません[99]。誠に**アッラー**は、あなた方にとって慈愛深いお方なのです。30.誰でも敵意や不正でそうする人は、やがて**われら**はかれを（地獄の）火に投げ込むでしょう。それは**アッラー**にとってとても易しいことです。31.もしあなた方が禁じられた大罪を避けるなら、**われら**はあなた方の悪行を消去させ、栄誉の門にあなた方を入れるでしょう。32.**アッラー**がある人に、他よりも多く与えたものをうらやんではいけません。男性たちにはかれらが稼いだものの分け前があり、女性たちにもかの女たちが稼いだものの分け前があります。**アッラー**の寵愛を請いなさい。**アッラー**はすべてのことをご存知なのです。33.**われら**は、あらゆる人のために両親や親戚が残したものの相続者を決めました。あなた方の右手が約束した人（奴隷の女性）にも、その分け前を与えなさい。**アッラー**は、すべてのことを立証するお方なのです。

34.夫は妻の面倒を見るものです。なぜなら**アッラー**はある人びとに他よりも多く恵まれたからであり、かれらが自分の財産から（生計費を）出すからです。正しい妻とは敬虔で、（夫の）不在中は**アッラー**が守る（ように命じた）ことを守る人たちです。言うことを聞かない心配がある妻たちには、あなた方が（**アッラー**の教えを）諭しなさい。また寝所では相手にせず、そして（最終の手段として）かの女たちを打ちなさい。もしかの女

---

98 「人間は弱いものに創られたのです」との一句も、しばしば引用されるので、留意するとよい文言である。
99 ここは互いに殺しあうことが禁じられていると解される。しかし多くの場合、この節がイスラームにおける自殺禁止の文言とも解されている。

たちがあなた方に従うなら、かの女たちに追いうちをかけてはいけません[100]。本当に**アッラー**は至高なお方であり、偉大なお方なのです。35. もしあなた方（信者）が夫婦の離婚を心配するなら、夫の親族から一人の調停者を、また妻の親族からも一人の調停者を出しなさい。もし二人がやり直そうと望むなら、**アッラー**はかれらに和解をもたらすでしょう。**アッラー**はすべてをご存知であり、すべてにお気づきなのです。

〈アッラーと使徒たちに従うこと〉

36. **アッラー**を信仰し、何ものをも**かれ**に並置してはいけません[101]。親孝行し、近親たち、孤児たち、貧しい人たち、近くの隣人、遠くの隣人、親しい連れ、旅行者、あなた方の右手が所有する人（奴隷）に親切にしなさい。誠に**アッラー**は高慢な人や自慢する人を愛しません。37.（そういった人たちは）けちで、人にもけちを勧める人たちです。またかれらは、**アッラー**がかれらに与えた寵愛を隠そうとします。**われら**は信仰を拒む人たちのために、恥ずべき苦痛を準備したのです。38. またかれらは人びとに見せびらかすためにかれらの財産を施す人たちで、**アッラー**も、最後の日も、信じていません。誰でも悪魔を仲間とする人は、悪い仲間を持つでしょう。39. もしかれらが**アッラー**と最後の日を信じ、**アッラー**がかれらに与えたものから施しても、かれらにとって何の負担になるでしょうか。**アッラー**はかれらをよくご存知なのです。40. 本当に**アッラー**はわずかな塵（ちり）の重ささえも間違えません。もし一善あれば、**かれ**はこれを倍にし、**かれの**御元から偉大な報酬を与えるでしょう。41. **われら**がすべての共同体から一人ずつ証人（預言者）を連れ出し、あなた（ムハンマド）をこれら（マッ

---

100 昨今、本節は広くジェンダー問題の視点から議論されることが多い。「言うことを聞かない心配」とは、例えば、妻が他の男性と不適切な関係を持つこと、夫が合意しない妻の外出、夫への乱暴、高慢な態度、嫌悪感、夫と床を共にすることを拒否することなどが挙げられる。「打ちなさい」とは、結局、このような妻の造反行為をひかえさせるといった意味だとされる。本節を通じて、男女の人間としての立場や権利の平等と責務や機能の不平等という、一見矛盾する両側面の均衡の取れた理解が示される。互いに知り合うために、人間を様々に創造したということについては、49:13参照。
101 **アッラー**は唯一であるが、崇拝の対象としての唯一性については、16:36、17:33、資料2. 参照。

カの人びと）に対する証人とするとき、どうなるでしょうか。42.その（最後の）日、信仰を拒否して使徒に従わなかった人たちは、大地が平らになってくれれば（飲み込まれて姿を消すことができるのに）と願うでしょう。かれらは何ひとつ、**アッラー**から隠すことはできないのです。

43.信仰する人たちよ、あなた方が酔ったときは、自分の言うことが理解できるようになるまで礼拝に近づいてはいけません。また大汚（ジュヌバ）のときも、外を通行しているときを除き、全身を沐浴するまで（礼拝に近づいてはいけません）[102]。もしあなた方が病気か、旅行か、便所を使うか、または性交したとき、水を見つけられないなら、清い土に触れ（タヤンママ）、あなた方の顔と両手を軽くぬぐいなさい。**アッラー**は悪行を消される方であり、よく赦すお方なのです。44.あなたは啓典の一部を与えられた人たちを、見なかったのでしょうか。かれらは迷いを買い込み、（さらに）あなた方が道から迷うことを望んでいます。45.**アッラー**は、あなた方の敵をよくご存知です。**アッラー**は擁護者としても、援助者としても、十分なのです。46.ユダヤ教徒たちの中には（啓典の）言葉の位置を歪めて言う人がいます。わたしたちは聞いても従わない、（あなたは）聞かされていないことを聞け、ラーイナー（わたしたちを見ろ）と、かれらの舌を歪め、宗教を鼻で笑うのです[103]。もしかれらが、わたしたちは聞き従います、（あなたは）聞きなさい、ウンズルナー（わたしたちを見てください）と言うなら、かれらにとってより善く正しいのです。かれらは不信心なので、**アッラー**がかれらを拒否したのです。かれらはわずかしか信仰しません。

47.啓典を与えられた民よ、**われら**が少しずつ啓示したもの（クルアーン）を信じなさい。（それは）あなた方と共にあるもの（律法）の確証です。**われら**が（啓典の民の）方向感覚を消し、かれらを後ろ向きにひっくり返し、もしくは安息日を破った人たちを拒否したように、**われら**がかれらを

---

102 「外を通行しているとき」の意味として、旅行中、あるいは、マスジドを通過中、といった解釈もされている。
103 2:104参照。

拒絶する（前に、信じなさい）。**アッラー**の命令は必ず成し遂げられるのです。48. 本当に**アッラー**は、**かれ**に並置されることは赦しません。でもそれ以外のことについては、御心にかなう人を赦されるのです。**アッラー**に並置する人は、誰でも大罪を犯しているのです。49. あなた（ムハンマド）は自らを清浄とする人たちを見ないのですか。（そう言うことは）とんでもないことで、**アッラー**は御心にかなう人たちを清めますが、かれらはナツメヤシの種皮（しゅひ）の一筋ほども（少しも）、不当に扱われない（罪が軽減されない）のです。50. どのようにかれらが**アッラー**について、嘘を捏造するかを見なさい。これ自体十分に明らかな罪なのです。51. あなたは啓典の一部を与えられた人たちを見ないのですか。かれらは偶像（ジブト）と邪神（タークート）を信じ、不信心な人たちに向けて、これら（非信者）は信者たちよりも正しく導かれていると言うのです。52. これらは**アッラー**が拒否した人たちです。誰でも**アッラー**が拒否した人には、あなた（ムハンマド）は一人の援助者も見つけられないでしょう。53. または、かれらに大権の一部があるというのでしょうか。（たとえ）そうであっても、かれらはナツメヤシの種にある細い溝ほども（少しも）、人びとに譲らないでしょう。

54. または、**アッラー**が**かれ**の寵愛から人びとに与えたものを、かれらは（不当にも）うらやむのでしょうか。確かに**われら**は、イブラーヒームの一族に啓典と英知を与え、偉大な王国を与えました。55. ある人たちはかれを信じたけれど、ある人たちはかれから背き去りました。（かれらには）燃え盛る地獄の火をもってすれば十分です。56. 本当に**われら**の印を信じない人たちは、やがて（地獄の）火で焼かれるでしょう。かれらの皮膚が焼け尽くされるたびに、**われら**がかれらの皮膚を他の皮膚で替えるのは、かれらが苦痛を味わい続けるためです。誠に**アッラー**は偉力大であり、英明です。57. 信仰して善行する人たちにおいては、**われら**は川が下を流れる楽園にかれらを入れ、かれらはその中に永遠に住むのです。かれらにはそこに清らかな配偶者がいて、**われら**は涼しい影にかれらを入れるでしょう。

58. 確かに**アッラー**は、あなた方に信託されたものを、元の所有者へ返すことを命じています。そしてあなた方が人の間を裁くときは、公正に裁くことを命じています。誠に**アッラー**は、あなた方に見事に諭すのです。**アッラー**は全聴にして、すべてお見通しなのです。59. 信仰する人たちよ、**アッラー**に従いなさい。また使徒と、あなた方の中の権能をもつ人たちに従いなさい。あなた方の間で異論があれば、**アッラー**と使徒にそれ（事案）を戻しなさい。もし**アッラー**と最後の日を信じるのなら。そうすることは（結局）最も善く、最も妥当なのです。60. あなた（ムハンマド）はあなたに啓示されたもの（クルアーン）と、また、あなた以前に啓示されたものを信じる、と主張する人たちを見ないのですか。かれらは邪神（暴君）に裁きを求めようと望むのでしょうか。本当は、かれらは邪神を拒むよう命じられたのです。また悪魔たちは、かれらを遠く迷い去るようにしようと望んでいます。61. かれらに向かって、（裁きにおいては）**アッラー**が啓示したものと使徒（のところ）に来なさいと言われたとき、偽信者たちは嫌って、あなたから背き去るのを見るでしょう。62. ではかれらに、かれら自身の手がもたらした（結果の）災厄が降りかかったときは、どうでしょうか。そのとき、かれらはあなたの方に来て、**アッラー**にかけて、わたしたちは善行と和解をこそ望んだのです、と誓うでしょう。63. これらの人たち（偽信者）に関して、**アッラー**はその心の中にあるものを知っています。だからこれ（かれらの言うこと）を無視して諭し、かれらに対して心に響く言葉で呼びかけなさい。

64. **われら**が使徒を遣わしたのは、**アッラー**の許しの下に、服従させるためだけです。もしかれら（偽信者）が自ら誤ったとき、あなたのところに来て、**アッラー**の赦しを願い、使徒がかれらのために赦しを祈るなら、**アッラー**はよく赦すお方であり、慈愛深いお方であることに気づくはずです。65. でもあなた方の主にかけて、かれらは信仰しないでしょう。かれらの間で起こった論争について、あなたに決めさせ、その決めたことに不満を感じず、心の底から従おうと思うまでは。66. あなた方自身（の悪）を殺しなさい[104]、家から（信仰のために）出て行きなさいと、**われら**が命じて

も、かれらのわずかな人を除いては、そうしませんでした。しかし、かれらが諭されるようにしていたなら、かれらのために善く、もっと信仰がしっかりしていたはずです。67.そして**われら**は自ら(みずか)偉大な報奨を与えていたことでしょう。68.また**われら**は正しい道に、かれらを導いたことでしょう。69.**アッラー**と使徒に従う人は誰でも、**アッラー**が恵みを与えられた預言者たち、誠実な人たち、真実の証人たち、そして正道にある人たちと一緒になるでしょう。かれらは何とすばらしい仲間でしょう。70.これは**アッラー**からの寵愛です。**アッラー**は、すべてをご存知なのです。

〈アッラーの道のために戦うこと〉
71.信仰する人たちよ、あなた方は用心して、分隊あるいは全隊で出動しなさい。72.確かにあなた方の中には、(出動に)遅れをとる人がいます。もし災厄があなた方(先陣)に下ると、自分たちが一緒に犠牲にならなかったのは、本当に**アッラー**からの恵みだと言うのです。73.でも**アッラー**からの寵愛が、あなた方(先陣)に下るときは、まるであなた方とかれら(遅れた人)との間に、友誼がなかったかのように、きっと言うでしょう。ああ、自分がかれら(先陣)と一緒であったなら、わたしは大成功をなし遂げていたのにと。74.だから来世のために、現世の生活を売る人には、**アッラー**の道において戦わせなさい。**アッラー**の道のために戦う人は、殺されても勝利しても、**われら**はかれに必ず偉大な報奨を与えるでしょう。75.あなた方が**アッラー**のために、そして男性、女性、子供たちの中にいる脆弱な人たちのために戦わないのは、なぜでしょうか。かれら(脆弱な人)は言います。主よ、この不正をなす人びとの町から、わたしたちを救い出してください。そして**あなた**の方から、わたしたちのために、ひとりの保護者を立て、**あなた**の方から、わたしたちのために、ひとりの援助者を立ててください。76.信仰する人たちは**アッラー**の道において戦い、信仰しない人たちは邪神の道において戦います。だから悪魔の友に対して戦いなさい。本当に悪魔のたくらみは弱いものです。

---

104 自分の中の悪を殺すことについては、2:54参照。

77. あなた（ムハンマド）は見ませんでしたか。あなた方の手を（戦いから）引っ込めて礼拝に立ち、定めの施しをしなさいと言われた人びとを。次いでかれらに戦いが命じられると、かれらの一派は**アッラー**を恐れるように、あるいはもっと、人間を恐れるのです。そしてかれらは言いました。主よ。**あなた**は、なぜわたしたちに戦いを命じるのですか。なぜ少しの間、わたしたちを猶予しないのでしょうか。（かれらに）言いなさい。現世の享楽は微細なもので、来世が（**アッラー**を）意識する人たちにとって、はるかに善いのです。あなた方は、ナツメヤシの種皮の一筋ほども（少しも）、不当に扱われないでしょう。

78. あなた方がどこにいても、たとえ高くそびえ立つ建物にいても、死はやってきます。かれらはもし幸せなことが起これば、これは**アッラー**の御元からだと言い、もし不幸にあえば、これはあなた（ムハンマド）からだと言います。言いなさい。すべては**アッラー**の御元からですと。一体この人たちはどうしたのでしょうか。話をほとんど理解しないかのようです。

79. あなた（ムハンマド）に起こるどんな幸せも、**アッラー**からであり、あなたに起こるどんな不幸も、（つまるところは）あなた自身からなのです。**われら**はあなたを使徒として、人びとのために遣わしました。実に**アッラー**は証人として十分です。80. 使徒に従う人は**アッラー**に従った人です。（だから）背き去る人のために、**われら**はあなた（ムハンマド）を、見張役として遣わしたのではありません。81. かれらは服従を（誓います）と言います。でもあなたから立ち去ると、かれらの一派はあなたが言うこととは違うことを、夜までたくらみます。**アッラー**は、かれらが夜までたくらんだことを記録します。だからあなたは、かれらから遠ざかり、**アッラー**を信頼しなさい。本当に**アッラー**は保護者として十分なのです。

82. かれらはクルアーンを、よく考えてみないのでしょうか。もしそれが**アッラー**以外のものから来たとすれば、かれらはその中に、きっと多くの矛盾を見つけることでしょう。83. かれらは安全や脅威の知らせが届いたとき、

それを言いふらします。もしそれ（知らせ）を、使徒またはかれらの中の権能者たちに尋ねれば、かれらの中で知りたがっていた人には判明したでしょう。**アッラー**の寵愛と慈愛が、あなた方にもたらされなかったなら、わずかの人を除き、あなた方はきっと悪魔に従ったでしょう。84.だから**アッラー**の道において戦いなさい。あなた（ムハンマド）は自分自身に対してだけ、責任を持てばいいのです。信者たちを激励しなさい。きっと**アッラー**は、信仰しない人たちの戦力を抑えるでしょう。**アッラー**にはより戦力があり、もっと罰に厳しいのです。85.善きことを勧める人には、その分け前があり、悪しきことを勧める人には、その重荷があるでしょう[105]。**アッラー**はすべてを養っています。86.あなた方が（戦場でも）挨拶されたときは、それよりもさらに丁重な挨拶をするか、同じような挨拶を返しなさい[106]。誠に**アッラー**は、すべてのことを清算なされます。87.**アッラー**、**かれ**の他に神はいません。かれは復活の日にあなた方を集められます。それに疑いの余地はありません。**アッラー**よりも真実を語る人がいるでしょうか。

88.あなた方（信者）は偽信者たちのことで、どうして二派に分かれたのですか。**アッラー**はかれらが稼いだことのために、かれらを（すでに）拒否したのです。あなた方は、**アッラー**が迷わせた人を導こうと望むのですか。本当に**アッラー**が迷わせた人は、決して道を見いだせないでしょう。89.かれらはかれら自身がしたように、あなた方が信仰を拒否することを望んでいます。だから**アッラー**の道において（マディーナ）に移住するまでは、かれらの中から同盟者を得てはいけません。もしかれらが背を向けるなら、かれらを見つけ次第、どこでも捕えて殺しなさい[107]。かれらの中から、決して同盟者や援助者を得てはなりません。90.（ただし）あなた方と盟約した一派に仲間入りした人、あるいはあなた方とも自分の味方とも戦うことを控えて、あなた（ムハンマド）のところへやって来る（軍門

---

105 ここはしばしば「仲介する」と訳されるが、「勧める」の意味の方が適切であろう。参考文献23, 巻11、211-213頁、参考文献25、58頁、脚注a.
106 戦場でさえもこのような礼儀が重視される。まして日常生活においては当然。
107 2:191参照。

に下る）人は別です。もし**アッラー**が望んだなら、**かれ**は、あなた方よりもかれらに力を与え、あなた方と戦っていたでしょう。それで、もしかれらが身を引いて、あなた方と戦わないで、和平を申し出るなら、**アッラー**はあなた方に、かれらと（戦う）道を与えないということです。91.（一方）あなた方は別の人たち（偽信者）を見つけるでしょう。かれらはあなた方から安全を望み、自分の味方からも安全を望む人たちではあっても、誘惑へと戻されるたびに、それに転落するのです。（だから）もしかれらが退かず、和平も求めず、（攻撃の）手を抑えないなら、かれらを見つけ次第、どこでも捕えて殺しなさい。**われら**はあなた方に、かれらに対抗する明らかな権能を授けたのです。

92.信者は信者を殺害してはなりません。過失は別として。誰でも過失で信者を殺した人は1名の信仰する奴隷を解放し、さらに遺族に対し代償を払いなさい。ただし、かれら（遺族）が施しと（して免除）する場合は別として。もしかれ（被害者）があなた方の敵に属する人であっても、（本当は）信者であったなら、一人の信仰する奴隷を解放しなさい。そしてかれ（被害者）が、あなた方と同盟関係にある人びとに属する人なら、遺族に対し代償を払い、また一人の信仰する奴隷を解放しなさい。それができない人は誰でも、**アッラー**からの赦しを願うため、続けて2ヵ月間の断食をしなさい。**アッラー**は全知にして英明なのです。93.ただし、信者を意図的に殺す人の報いは地獄で、かれは永遠にその中に住むでしょう。**アッラー**は怒り、かれを拒否し、重大な苦痛を準備したのです。94.信仰する人たちよ、あなた方が**アッラー**の道において出動するときは、事態を見きわめ、あなた方に平安の挨拶をする人に向かって、あなたは信者ではないと言ってはいけません。（そうするのは）あなた方は現世のはかない財貨を求めるためだけれど、**アッラー**の御元にはあり余るほどの戦利品があります。以前あなた方も同じ（信仰しない）状態であったけれど、**アッラー**は恵みを与えられるのです。だから事態を見きわめなさい。誠に**アッラー**は、あなた方の行なうことをすべてご存知です。

95. 信者の中で、障害もないのに（家に）とどまっている人と、自らの財産と命を捧げて、**アッラー**の道において奮闘する人とは、同じではありません。**アッラー**は財産と命を捧げて奮闘する人に、とどまっている人よりも、一段と高い位階を与えました。（こうして）**アッラー**はすべて（の信者）に最善の報奨を約束しましたが、（他方）**アッラー**は奮闘する人には、とどまっている人よりも、巨大な報奨を与えられるのです。96. 位階も赦しも慈愛も。**アッラー**はよく赦すお方であり、慈愛深いお方なのです。

97. 本当に自分自身を損なっている人たちを、天使たちが召したとき、かれら（天使）は言いました[108]。あなた方はどうしていたのですかと。かれらは言いました。わたしたちは地上で抑圧されていましたと。するとかれら（天使）は言いました。**アッラー**の大地は広大ではないのですか。あなた方はそこに移り住めたではないのですか。これらの人たちの住まいは地獄でしょう。何と悪い帰り所でしょうか。98.（しかし）脆弱な男性と女性と子供たちは別で、かれらは手段もなく、また（移住の）道へも導かれなかったのです。99. これらの人を**アッラー**は免じられるかもしれません。**アッラー**はよく免じられるお方であり、よく赦すお方なのです。100. **アッラー**の道において移住する人は、地上に多くの避難所と、豊かなものを見つけるでしょう。**アッラー**と**かれ**の使徒のところに、移住者として郷里から離れる人は、死に至っても、かれの報奨は**アッラー**が必ず請け負われるのです。**アッラー**はよく赦すお方であり、慈愛深いお方なのです。

101. あなた方が大地を旅するとき、もし非信者たちに害を加えられる恐れのあるときは、礼拝を短くしても責めはありません。誠に非信者は、あなた方の明らかな敵です。102. あなた（ムハンマド）がかれら（信者）と一緒にいて、礼拝を導くときは、その一団をあなたと共に立たせ、武器を持たせなさい。かれらが平伏礼を終えたとき、あなた方の後ろに行かせ、そしてまだ礼拝していない他の一団に、警戒心と武器を持たせつつ、あなた

---

108 「自分自身を損なう」とは、礼拝など信仰上の諸義務を励行できないでいること。

と共に礼拝させなさい。信仰を拒否する人たちは、一撃であなた方を襲えるよう、あなた方が武器や荷物に注意を払わないことを望んでいます。もし大雨、または、あなた方が病気なら、武器を手離しても責めはありません。でも用心しなさい。**アッラー**は非信者に恥ずべき苦痛を準備しました。103. あなた方は礼拝を終えたなら、立ったまま、あるいは座ったまま、または横になってでも、**アッラー**を唱念しなさい。そして安全になったときは、（通常通り）礼拝の務めを守りなさい。確かに礼拝は、信者に向けて定時に命じられたのです。104. あなた方は敵を追うことに、弱気になってはいけません。あなた方が苦しいなら、かれらもまた同じように苦しんでいるのです。あなた方は、**アッラー**から何かが得られるという希望があります。しかしかれらには（その）希望もないのです。誠に**アッラー**は、全知にして英明なのです。

〈裏切りの禁止〉

105. **われら**は真理をもってあなたに啓典を下しました。これは**アッラー**が示したことによって、あなた方が人びとの間を裁くためです。だから裏切り者に対して、弁護する人になってはいけません。106. **アッラー**の赦しを請いなさい。誠に**アッラー**はよく赦すお方であり、慈愛深いお方なのです。107. 自分自身を欺く人たちと議論してはいけません。本当に**アッラー**は罪深い、裏切りの常習犯を愛しません。108. かれらは人びとから、自らを隠すことができるけれど、**アッラー**から隠れることはできません。**かれ**が喜ばない言葉でもって、夜中にかれら（裏切り者）がたくらむときも、**かれ**は共にあるのです。本当に**アッラー**は、かれらのすべての行ないをご存知なのです。109. ここでは現世の生活について、あなた方（信者）がかれらのために議論しています。でも復活の日には、誰がかれらのために、**アッラー**と議論できるでしょうか。もしくは誰がかれらに対する保護者となるでしょうか。110. （一方）誰でも悪を行ない、または自分自身に不正をしても、**アッラー**の赦しをすぐに願えば、**アッラー**がよく赦すお方であり、慈愛深いお方であることがわかるでしょう。111. 誰でも罪を稼ぐ人は、自分自身に対して稼ぐだけです。**アッラー**は全知にして英明なお方なのです。

112. 誰でも（自ら）過失または罪を犯して、これを（他の）無罪の人のせいにする人は、中傷と明らかな罪を自分自身に背負わせる人なのです。

113. あなた方に**アッラー**の寵愛と慈愛がなかったなら、かれらの一派はあなた（ムハンマド）を迷わせたことでしょう。でもかれらは自分自身を迷わせただけで、少しもあなたを害することはできません。**アッラー**はあなたに啓典と英知を啓示し、あなたがまったく知らなかったことを教えたのです。あなたへの**アッラー**の寵愛こそ偉大なのです。114. かれらの密談において、善いことはまずありません。（ただし）施しや善良なことを勧め、人びとの間を執り成すことは別として。**アッラー**の喜びを求めてこれを行なう人には、やがて**われら**は、偉大な報奨を与えるでしょう。115. かれに導きが明らかになった後、使徒に反抗し、信者の道以外の道に従う人は、**われら**はかれが従ったもの（誤道）に放置し、かれを地獄で焼くでしょう。何と悪い帰り所でしょうか。

116. 真に**アッラー**は、**かれ**に並置することを赦しません。でもその他のことは、御心にかなえば赦すでしょう。誰でも**アッラー**に並置する人は、確かに遠く迷い去った人なのです。117. かれらは**かれ**を差し置いて、女性の偶像に祈るのみです[109]。かれらはただ反逆的な悪魔に祈っているにすぎません。118. かれ（悪魔）は**アッラー**に拒否されました。かれは言いました。わたし（悪魔）は当然の分け前を**あなた**の僕から必ず取るでしょう[110]。119. わたし（悪魔）はかれらを迷わせ、欲望に目覚めさせます。そしてかれらに家畜の耳を切るよう命じます。またかれらに**アッラー**の創造を変形させるように（命じます）。誰でも**アッラー**ではなく悪魔を友とする人は、必ず明らかな損失を被るのです。120.（悪魔は）かれらと約束を結び、虚しい欲望に陥らせるでしょう。でも悪魔が約束することは欺瞞にすぎません。121. かれらの住まいは地獄で、かれらがそこから逃れる術はありませ

109　女性の偶像とはアッラーの娘とされたアルラート、アルウッザー、マナートのこと。53:19-20参照。
110　人間を自らの配下にするという分け前。17:62参照。

ん。122. そして信仰して善行に励む人には、**われら**は川が下を流れる楽園に入らせ、かれらは永遠にその中に住むのです。**アッラー**の約束は真実です。誰の言葉が**アッラー**よりも真実でありえるでしょうか。123. これはあなた方の夢想によるものではなく、また啓典の民の夢想でもありません。誰でも悪を行なう人は、その報いを受けます。かれは**アッラー**の他に、擁護者も援助者も見いだせません。124.（一方）誰でも正しい行ないをする人は、男性でも女性でも信者です。かれらは楽園に入り、ナツメヤシの種にある細い溝ほども（少しも）不当に扱われません。125. **アッラー**に自分の顔ごと服従して善行する人で、イブラーヒームのまっすぐな信仰に従う人より、信仰において優れた人がいるでしょうか。**アッラー**はイブラーヒームを、親しい友とされました。126. 諸天と地にあるすべてのものは、**アッラー**のものであり、本当に**アッラー**は、かれらのすべての行ないをご存知なのです。

〈女性と孤児に対する正義〉

127. かれらは女性たちについての規定を、あなた（ムハンマド）に求めています。言いなさい。**アッラー**が、かの女たちについての規定を、あなた方に与えるのです。啓典の中で読誦されたのは、あなた方が定められた相続分を与えないで結婚しようと望む女性の孤児、そして脆弱な子供たちについてであるけれども、孤児のためには公正にすべきことが命じられました。あなた方が行なうどんな善いことも、**アッラー**はすべてご存知なのです。

128. もし妻が、夫からの虐待または遺棄を恐れるなら、二人の間を調停するのは罪ではありません。和解は最もよいことです。（ただし）人間の心は利己的になりやすいのです。もしあなた方が善行し（**アッラー**を）意識するなら、**アッラー**はあなた方の行なうことを熟知しておられます。129. あなた方は妻たちの間を公平にしようと望んでも、到底できないでしょう。偏愛に傾き、妻の一人をあいまいに（結婚と離婚の間で）放置してはいけません。あなた方が和解し（**アッラー**を）意識するなら、**アッラー**はよく赦すお方であり、慈愛深いお方なのです。130. たとえかれらが離別し

ても、**アッラー**は無限の富から、かれらそれぞれを豊かにするのです。**アッラー**は広大にして、英明なのです。131.諸天にあり地にあるすべてのものは、**アッラー**のものです。確かに**われら**はあなた方以前に啓典を与えられた人と、あなた方自身にも、**アッラー**を意識しなさいと命じました。あなた方が信じなくても、諸天にあり地にあるすべてのものは、**アッラー**のものです。**アッラー**は豊かに満ち足りているお方で、称賛されるべきお方です。132.諸天にあり地にあるすべてのものは、**アッラー**のものです。**アッラー**がいれば十分です。**かれ**は究極の保護者なのです。133.人びとよ、もし**かれ**が望めば、あなた方を追い出し（新たな）他の民に置き換えるでしょう。**アッラー**は全能なのです。134.現世の報奨を欲する人もあるけれど、**アッラー**の御元には、現世と来世の報奨があります。**アッラー**は全聴にして、すべてをお見通しなのです。

135.信仰する人たちよ、正義を守り、**アッラー**に向けて証言をしなさい。たとえあなた方自身や両親、そして近親者に不利な場合でも。たとえ富者でも貧者でも、**アッラー**は二人に最適なのです[111]。だから欲望に従わず、公正にしなさい。たとえあなた方が（正義を）曲げ、または無視しても、**アッラー**はあなた方の行なうことを熟知しておられます。136.信仰する人たちよ、**アッラー**と**かれ**の使徒を信じなさい。また**かれ**がその使徒（ムハンマド）に啓示した啓典（クルアーン）と、以前に啓示された啓典を信じなさい。誰でも**アッラー**、**かれ**の天使たち、**かれ**の諸啓典、**かれ**の使徒たちと最後の日を信じない人は、確かに遠く迷い去った人です。137.信仰した後に不信心になり、それからまた信仰して、また不信仰になって、不信心を増長させた人たちといえば、**アッラー**はかれらを決して赦さないし、かれらを（正しい）道に導くことはありません。138.（だから）偽信者に厳しい苦痛があることを伝えなさい。

---

111 結局はアッラーが富者と貧者それぞれに所要の支援と不利化を図られるのだから、人間は恣意的な証言をせず、またそのような小心を捨てて、公正に振舞うようにという教え。

【偽信者の成り行き】

139. 信者たちを差し置いて、不信心な人たちを友達とする人たちがいます。かれら（偽信者）は、かれら（非信者）を通じて、権勢を求めているのでしょうか。でもすべての権勢は**アッラー**に属します。140. 確かに**かれ**は啓典（クルアーン）の中で、あなた方（信者）に諭しました。**アッラー**の印が拒否され、または笑い草にされるのを、あなた方が耳にするとき、かれらが他の話をするまで、かれら（偽信者）と同席してはいけません。（そうしないと）あなた方は、かれらと同類になるのです。本当に**アッラー**は偽信者と非信者を、ひとり残らず地獄の中に集めます。141. かれら（偽信者）はあなた方（信者）をじっと待っている人たちです。もし**アッラー**によって、あなた方が勝利を得たとき、かれらは言います。わたしたち（偽信者）も、あなた方と一緒だったではありませんかと。でも、非信者に有利になるとかれらは言うのです。わたしたち（偽信者）は、あなた方（非信者）より優勢だったけれども、わたしたちは信者からあなた方を守ってあげたではありませんかと。**アッラー**は復活の日に、あなた方（全員）の間を裁きます。**アッラー**は非信者（偽信者を含む）たちが、信者たちより優勢になる道を決して作りません。

142. 偽信者は**アッラー**を欺こうとするけれど、本当は**かれ**が、かれらを欺くのです。かれらは礼拝に立つとき、のらりくらりと立ち、人に見せるためにして、ほとんど**アッラー**を念じていません。143. あれやこれやと心が揺れ動いて、こちら（信者）でもなく、あちら（非信者）でもないのです。**アッラー**が迷わせた人には、あなた（ムハンマド）はその人のために、決して道を見出すことはできないでしょう。144. 信仰する人たちよ、信者の代わりに、不信心な人を友としてはいけません。あなた方は自らに不利ではっきりとした証拠を、**アッラー**に差し出すことを望むのですか。145. 本当に偽信者たちは、（地獄の）火のどん底に入るのです。あなたはかれらのために援助者を見いだせません。146. ただし改心して身を正し、**アッラー**にしっかりとつながって、**アッラー**のために信仰の誠を尽くす人は別として。かれらは信者たちと共にいる人です。**アッラー**は、やがて信者に偉大

な報奨を与えるでしょう。147.もしあなた方が感謝して信仰するなら、どうして**アッラー**があなた方に苦痛を与えるでしょうか。**アッラー**は報酬を与えられる方で、すべてをご存知のお方なのです。148.◆**6部**◆**アッラー**は悪い言葉（中傷など）を声に上げても、喜びません。ただし不当な目にあった人は別として。**アッラー**は全聴にして全知なのです。149.あなた方が善い行ないを公にしても、隠れてしても、または（被害の）悪を許しても、**アッラー**はよく免じるお方であり、全能なお方なのです。

150.**アッラー**と**かれ**の使徒たちを信じず、**アッラー**と**かれ**の使徒たちの間を分けようと望んで、かれらは言います。わたしたちはあるものを信じるけれど、あるものは信じませんと。またかれらはその中間に、一つの道を得ようと望むのです。151.これらの人たちが真に非信者です。**われら**は非信者に恥ずべき苦痛を準備しました。152.でも**アッラー**とその使徒たちを信じ、かれらの間の誰も差別をしない者には、**わたし**はやがて報奨を与えるでしょう。**アッラー**はよく赦すお方であり、慈愛深いお方なのです。

〈非信者の間違いと孤児の相続〉

153.啓典の民は求めます。あなた（ムハンマド）がかれらに向けて天から啓典をもたらすように。確かにかれらはムーサーに、それよりも大それたことを求めて言いました。わたしたちの目の前に**アッラー**を見せてくれと。するとかれらの悪行のために、落雷がかれらを打ちのめしたのです。さらに多くの明らかな印が届いたあとでも、かれらは子牛を崇めました。**われら**はこれを赦して、ムーサーに明らかな権威を与えました。154.そして**われら**は（シナイ）山をかれらの上に高くそびえ立たせて、かれらと約束するため言いました。頭を低くしてこの門（約束の地）に入りなさいと。また安息日の戒めに背いてはいけませんと。**われら**は固い約束をしました。155.するとかれらは約束を破り、**アッラー**の印を信じないで、権利なく預言者たちを殺し、わたしたちの心は覆われていると言うのでした。いいえ、（本当は）不信心のために**アッラー**はかれらの心を封じたのでした。かれらはわずかな人を除いて信じていないのです。156.そしてかれらの不信心

のために、またマルヤムに対する激しい中傷のために、157.（さらに）**アッラー**の使徒、マルヤムの息子マスィーフ・イーサーを殺したと言うために（心を封じました）。でも、かれ（イーサー）を殺したのでもなく、かれを十字架のはりつけ刑にしたのでもなく、かれらにそう見えたまででした。これに異論を唱える人は、実に疑い深いのです。かれらはそれについて知識はなく、ただ臆測するだけです。本当のところは、かれを殺さなかったのです[112]。158.いや、**アッラー**はかれ（イーサー）を御元に召されたのです。**アッラー**は偉力大であり、英明です。159.死ぬ前に、かれ（イーサー）をしっかり信じない啓典の民は一人もいないでしょう[113]。復活の日、かれ（イーサー）は、かれらに対して（不利に）証言するでしょう。160.ユダヤ教徒の不正のせいで、以前は認められていた良いものを、**われら**はかれらに禁じました[114]。（例えば）かれらは、**アッラー**の道から（人びとを）妨げ、161.禁じられた利子をとり、不正に人の財産を食い荒らしたのです。**われら**はかれらの中の不信心な人たちのために、厳しい苦痛を準備しました。162.ただしかれらの中、しっかりとした知識があり、あなた（ムハンマド）に啓示されたものと、あなた以前に啓示されたものを信じ、礼拝の務めを守り、定めの施しをし、**アッラー**と最後の日を信じる人たちには、**われら**は偉大な報奨を与えるのです。

163.**われら**はヌーフと、かれ以後の預言者たちに啓示したように、あなた（ムハンマド）に啓示しました。またイブラーヒーム、イスマーイール、イスハーク、ヤアクーブ、その諸支族、イーサー、アイユーブ、ユーヌス、ハールーン、スライマーンにも啓示しました。そして**われら**はダーウードに詩篇（ザブール）[115]を与えました。164.また（他にも）**われら**があなた（ム

---

[112] イエスが十字架刑されていないことは聖書からもわかるとの見解については、参考文献13、72-87頁参照。
[113] 啓典の民は死ぬ前に、死の天使が訪れるので、イーサーは神の子ではなく預言者であることに目が開かれる、もしくは、イーサーは再臨後、彼は天から降りて来るので人々は全員（ムスリムとして）目が開かれる、という二つの解釈がある。いずれにしても、かれらの以前の信仰は無意味で、不利な証言をされることとなる。
[114] 6:146参照。

ハンマド）に語った使徒たちもいれば、あなたに語っていない使徒たちもいます。そしてアッラーはムーサーに語りかけました。165.吉報をもたらし警告する使徒たちがいるのは、かれらの後、人びとがアッラーに反する議論をしないようにするためです。アッラーは偉力大で、英明なのです。166.実はアッラーが、あなた（ムハンマド）に啓示されたものを立証するのです。またかれは自らの知識によって啓示したことを立証し、天使たちも立証します。アッラーは立証者として十分なのです。167.信仰を拒否して（人びとを）アッラーの道から妨げる人たちは、実に遠く迷い去った人です。168.アッラーは信仰を拒んで不正する人たちを決して赦さず、また（正しい）道に導きません。169.ただ地獄への道の他になく、永遠にその中に住むのです。（そうすることは）アッラーにとっては、本当にたやすいことなのです。

170.人びとよ、主からの真理を伝えに使徒は、確かにあなた方のもとに来ました。だから信じなさい。あなた方のためになるのです。たとえ信じなくても、諸天と地のすべては、アッラーのものです。確かにアッラーは全知にして英明なのです。171.啓典の民よ、信仰で行き過ぎてはいけません。またアッラーについて、真実以外を語ってはいけません。マルヤムの子マスィーフ・イーサーは、ただアッラーの使徒であり、かれからマルヤムに授けられた言葉と魂なのです。だから、アッラーとその使徒たちを信じなさい。三位（一体）などと言ってはなりません[116]。言わないことがあなた方のためです。アッラーのみが唯一の神なのです。かれは、子の有無といったことからは、超越しています。天にあり地にあるすべてはアッラーのもので、アッラーは保護者として十分なのです。172.マスィーフも（アッラー）の側にいる天使たちも、アッラーの僕であることを決して軽んじません。またかれに仕えることを軽く見る高慢な人を、かれは一人残らずかれの御元に集めるのです。173.信仰して善行に励む人には、かれは十分な報奨を

115　17:55、21:105参照。
116　参考文献13、58-71頁．三位一体の否定として、イエスが神の現れでも神が産んだ子でもないことは聖書からもわかる点を詳しく説明。

与え、さらに**かれ**の寵愛から多くを与えるのです。でも信仰を軽く見る高慢な人には、厳しい苦痛を与えるでしょう。かれらは**アッラー**の他に、どんな保護者も援助者も見いだすことはできないのです。

174. 人びとよ、あなた方の主から疑いのない証拠が来ました。**われら**はあなた方に鮮やかな光明を届けたのです。175. だから**アッラー**を信仰し、**かれ**にしっかりつかまる人を、**われら**は自らの慈愛と寵愛の中に入れ、**かれ**に向かうまっすぐな道へと導くのです。

176. かれらは規定についてあなた（ムハンマド）に問うでしょう。言いなさい。**アッラー**が、父母も子供もない人についての規定を与えます。男性が亡くなり、もしかれに子がなく一人の姉妹があるときは、かの女（姉妹）にかれが残した遺産の半分を、また女性が亡くなり、もし子がなければ、かれ（兄弟）がかの女から（全て）相続します。一方、二人の姉妹があれば、二人にかれが残した遺産の3分の2を、もし兄弟姉妹があれば、男性（兄弟）は女性（姉妹）の二人分の遺産を得るのです。**アッラー**はあなた方が間違えないように、はっきりと示します。**アッラー**はすべてのことをご存知なのです[117]。

5. 食卓章 سورة المائدة

マディーナ啓示
120節

イーサー(イエス)の最後の晩餐の話(112節)からこのように命名されました。イスラームを完璧なものとした旨告げられた(3節)後、ユダヤ人の攻撃や、キリスト教への言及が多くなっています。アーダムの息子間の兄弟殺しの逸話は、命の大切さを教えるものとして有名(27〜32節)で、最後にイーサーの神性を否定しています(116節)。2章から5章の、団結、種々の

---

117 本節は、同父同母および同父異母の兄弟姉妹に関する規定。なお異父同母兄弟姉妹に関する4:12と対比される。参考文献19.105頁参照。

礼拝方向と異部族という多元主義、勝利と巡礼などをテーマとする章グループの最後になります。

慈愛あまねく、慈愛深いアッラーの御名において

〈ムスリムへの立法とアッラーの恩寵〉

1.信仰する人たちよ、（**アッラー**との）契約を守りなさい[118]。そしてこれから読みあげるものを除いた家畜は、あなた方に許されました。ただし巡礼衣（イフラーム）のままで狩猟は許されません。誠に**アッラー**は御心のままに命じられるのです。2.信仰する人たちよ、**アッラー**の儀礼[119]に背いてはいけません。禁忌のある月、（犠牲の）捧げ物、（犠牲用の動物に付ける）首飾り、主の寵愛やご満悦を求めて禁忌のある家（カアバ殿）に参じた人（の安全）も犯してはいけません。でも（巡礼衣を）脱いだなら狩猟しなさい。あなた方を禁忌のあるマスジドから追い出した人たちを憎むあまり、限度を犯してはいけません。敬虔さと篤信のために助け合い[120]、罪と敵対行為のために助け合ってはいけません。**アッラー**を意識しなさい。実に**アッラー**は懲罰に厳しいのです。

3.あなた方に禁じられたものは、死肉、（流れ出る）血、豚肉、**アッラー**以外の名を唱えられ（屠畜された）もの、絞め殺されたもの、打ち殺されたもの、墜死したもの、角で突き殺されたもの、あなたが正しくとどめをささなかったもので野獣が食い残したもの、（偶像崇拝用の）供物台で犠牲にされたもの、忌まわしいことに占い矢で（屠畜された肉が）分配されたものです。今日、あなた方の教えを拒否した人たちは、（あなた方信者が棄教することを）断念しました。だからかれらを恐れないで、**わたし**を恐れなさい。今日、**わたし**はあなた方のために、あなた方の宗教を完成し、またあなた方への**わたし**の恩寵を全うし、あなた方の宗教として、イスラー

---

118 「契約」は商業用語の流用である。アッラーとの関係は人間の誓約であるが、それについてクルアーンでは、約束、協約などの表現も活用されている。広い理解を得るためである。
119 諸儀礼の一部に関しては、2:196-203参照。
120 篤信に務めることが生きがいとなる。資料２．参照。

ムを選んだのです[121]。ただし罪を犯す意図はなく、飢えに迫られ（て、違法な肉を食べ）たときは、**アッラー**はよく赦すお方であり、慈愛深いお方なのです。実に**アッラー**は、寛大にして慈愛深くあられます。4.かれらはあなた（ムハンマド）に、何が合法なのかについて問います。言いなさい。善いものはあなた方に合法です。また**アッラー**が教えたように、あなた方が調教した、狩猟用の動物たちのもの（獲物）も合法です。だからその動物たちが、あなた方のために捕えたものを食べなさい。ただし（獲物には）**アッラー**の御名を唱え、**アッラー**を意識しなさい。誠に**アッラー**は清算に迅速です。5.今日、善いものがあなた方に合法とされました。啓典を与えられた人びとの食べ物は、あなた方（ムスリム）に合法であり、あなた方の食べ物は、かれらに合法です。また私通でもなく、隠れた愛人関係でもなく、あなた方が婚資を与えるとき、信仰する貞節な女性や、あなた方以前に啓典を与えられた人びとの中の、貞節な女性も（結婚が）合法です。誰でも、信仰を拒否する人たちの行ないは徒労となり、来世において失敗者となるのです。

6.信仰する人たちよ、あなた方が礼拝に立つときは、顔と両手を肘まで洗い、頭を拭いて、両足を踝まで洗いなさい。ただしあなた方が大汚（ジュヌバ）のときは、全身の沐浴（グスル）をしなさい。もしあなた方が病気か、旅行か、便所を使うか、または性交したとき、水を見つけられないなら、清い土に触れ（タヤンママ）、あなた方の顔と両手を軽くぬぐいなさい。**アッラー**はあなた方に難題を課されません。しかしあなた方を清め、あなた方への**かれ**の恩寵を全うすることを望まれます。あなた方は感謝するでしょう。7.そして、わたしたちは聞き従いましたと言うときには、**アッラー**の恩寵と、**かれ**があなた方と結んだ約束を思い出しなさい。**アッラー**を意識しなさい。**アッラー**はあなた方の胸の中にあるものを知っています。

---

121 「宗教を完成し、……イスラームを選んだ」の言葉は、632年、預言者ムハンマドの唯一の大巡礼となった、「別離の巡礼」における説教の中で降ろされた啓示でもある。

8.信仰する人たちよ、**アッラー**に（信仰上）堅固にして、公正に証言しなさい。人びとを憎むあまり、公正さを失ってはいけません。公正であることが、（**アッラー**を）意識することに近いのです。**アッラー**を意識しなさい。**アッラー**は、あなた方の行なうことを熟知しておられます。9.信仰して善行に励む人たちには、**アッラー**は赦しと偉大な報奨を約束されました。10.でも信仰を拒否して、**われら**の印を偽りであるとする人たちは、地獄の火の住人なのです。

11.信仰する人たちよ、あなた方への**アッラー**の恩寵を思い出しなさい。人びと（マッカの異教徒）があなた方に手を上げようとしたとき、**かれ**はその手を抑えました。だから**アッラー**を意識しなさい。そして信者たちを**アッラー**に頼らせなさい。

〈カービールの敵意と憎悪〉

12.**アッラー**は以前、イスラーイールの子孫と約束をしました。**われら**はかれらの中から12人の首長を立て言いました。確かに**わたし**はあなた方と一緒にいるのです。もしあなた方が礼拝の務めを守り、定めの施しをなし、**わたし**の使徒たちを信じて援助し、**アッラー**に善い貸付をするなら、**わたし**は必ずあなた方の悪行を消去させ、川が下を流れる楽園に入れるでしょう。その後あなた方の中で信仰を拒否した人は、正しい道から迷い去ったのです。13.かれらは約束を破ったので、**われら**はかれらを拒否し、かれらの心を頑なにしました。かれらは（啓典の）言葉の配置を変更（歪曲）し、教訓の一部を忘れたのです。わずかな人たちを除いて、かれらは裏切りを止めないでしょう。それでもかれらを許して見逃しなさい。誠に**アッラー**は善い行ないをする人を愛されます。14.また、わたしたちはキリスト教徒です、と言う人たちとも、**われら**は約束を結びました。しかし、かれらも教訓の一部分を忘れてしまいました。復活の日まで、**われら**はかれらの間に、敵意と憎悪を引き起こしたのです。遠くないうちに**アッラー**は、かれらがしてきたことを本人たちに告げるでしょう。

15. 啓典の民よ、**われら**の使徒（ムハンマド）があなた方のところへ来ました。（**かれ**は）あなた方が啓典から多く隠してきたことを、あなた方に明らかにし、また多くのことをそのままにしました。確かに**アッラー**から光と明らかな啓典が、あなた方に届いたのです。16.**アッラー**はそれ（啓典）によって、**かれ**のご満悦を求める人を平安の道に導き、御心のままにかれらを暗黒から光明へと連れ出し、まっすぐな道に導きます。17.**アッラー**、**かれ**こそはマルヤムの子マスィーフであると言う人は、明らかに真理に反しました。言いなさい。もし**かれ**が、マルヤムの子マスィーフや、その母（マルヤム）と地上のすべてのものを滅ぼそうとしたら、誰が**アッラー**にわずかでも抵抗できるでしょうか。諸天と地およびその間にあるすべてのものの大権は、**アッラー**に属します。**かれ**は御心のものを創造するのです。**アッラー**はすべてに対して全能なのです。18.ユダヤ教徒やキリスト教徒は言いました。わたしたちは**アッラー**の子であり、**かれ**に愛される人です。言いなさい。ではなぜ**かれ**はあなた方の罪を罰するのでしょうか。いいえ、あなた方は**かれ**が創造した人間です。**かれ**は御心の人を赦し、御心の人を罰します。諸天と地およびその間にあるすべてのものの大権は、**アッラー**に属し、**かれ**こそが最後の帰り所なのです。19.啓典の民よ、**われら**の使徒（ムハンマド）があなた方のところへ来ました。使徒たち（の後継）が中断された後、かれ（ムハンマド）はあなた方に（真理を）明らかにします。これは、わたしたちには吉報の伝達者も警告者も来なかったと、あなた方に言わせないためです。そしてまさに、吉報の伝達者と警告者があなた方のところに来ました。誠に**アッラー**はすべてに対して全能なのです。

20.またムーサーは、自分の人びとに言いました。人びとよ、あなた方が授かった**アッラー**の恩寵を思い出しなさい。**かれ**はあなた方の中から預言者たちを起こし、あなた方を王となされ、他のどの民にも与えなかったものを、あなた方に与えたのです。21.人びとよ、**アッラー**があなた方のために書き記した清い土地[122]に入りなさい。あなた方は踵を返してはいけません。そうしたらあなた方は失敗者になるでしょう。22.かれらは言いました。ムーサーよ、そこには巨大で恐ろしい民がいます。かれらがそこか

ら出て行かない限り、決して入りたくありません。もしかれらがそこから出て行くなら、必ず入るでしょうと。23. 恐れる人たちの中で、**アッラー**の恵みがあった二人[123]が（人びとに）言いました。門から入りなさい。一度入れば、必ずやあなた方は勝利するでしょう。あなた方が信者なら、**アッラー**に信頼を寄せなさい。24. かれら（人びと）は言いました。ムーサーよ、かれら（巨大で恐ろしい民）がそこにいる限り、わたしたちは決してそこに入りません。だからあなたとあなたの主だけで戦ってください。わたしたちはここに座っています。25. かれ（ムーサー）は言いました。主よ、本当にわたしは自分と兄弟の他は制御できません。だから、わたしたちを不服従の民から引き離してください。26.（**アッラー**は）言いました。ではこの土地を40年の間かれらに禁じましょう。かれらは地上をさ迷うでしょう。だからあなた方は不服従の民のことで悲しんではいけません。

27.（ムハンマドよ）アーダムの二人の息子の物語に関する事実を、かれらに語りなさい[124]。二人が（犠牲の）供物を捧げたとき、一人（弟ハービール）は受け入れられ、他（兄カービール）は受け入れられませんでした。（兄は）言いました。お前を必ず殺してやると。（弟は）言いました。**アッラー**は、ただ主を意識する人だけから、受け入れるのです。28. たとえ、あなたがわたしを殺そうと、その手を伸ばしても、わたしはあなたを殺すために、手を伸ばしません。わたしはすべての世界の主を恐れます。29. 本当にわたし（弟）は、あなた（兄）がわたしの罪とあなたの罪を担って、あなたが地獄の火の住人になることを望みます。そしてこれが不正を行なう人への報いなのです。30. それを聞いてかれの心には、その弟を殺す気持ちが高まり、かれ（弟）を殺して失敗者の一人となりました。31. **アッラー**

---

122 多神教徒のいない清い土地で、歴史的な大シリアやパレスチナのカナーンを指すという見解が一般だが、正確な場所は不明。一方近年の考古学調査によると、アラビア半島西南部アシール地方、もしくは同半島西北部ヒジャーズ地方という説もある。
123 2人とはムーサーの遺志を継いだユーシャウ（ヨシュア）とカーリブ（カレブ）とされる。この2人は他の連中と共に、事前に「清い土地」を探索に行ってきていた。
124 兄カービール（カイン）が妬み心から、弟ハービール（アベル）を人類初の殺人事件として殺害するが、その後、カラスに諭されて悔悟する話。殺人禁止と人類愛を説諭している。

は1羽の大カラスを送り、地表をひっかいて、かれの弟の死体をどのように覆うべきかを、かれ（兄）に示しました。かれは言いました。なんと情けない、わたしはこのカラスのように弟の死体を葬ることさえできないのか。こうしてかれは悔悟する人となったのです。32.このとき以来、**われら**はイスラーイールの子孫のために書き記しました。人を殺し地上に腐敗を広めたという理由なく、人一人を殺す者は、全人類を殺したのに等しい、また人一人の命を救う者は、全人類の命を救ったのに等しいと。そして確かに**われら**の使徒たちは、かれらに明らかな証拠を持って来ました。でもかれらの多くは、その後も地上において過剰なことをしています。33.**アッラー**と**かれ**の使徒に対して戦い、地上に腐敗を広めようとする人たちの報いは、殺されるか、十字架にはりつけられるか、両手両足を互い違いに切断されるか、土地から追放されるかにほかなりません。これらはかれらにとって、現世での恥辱であり、来世において重大な苦痛があるのです。34.ただし、あなた方が取り押さえる前に悔悟した人は別です。**アッラー**はよく赦され、慈愛深いことを知りなさい。

〈アッラーの啓示を遵守すること〉

35.信仰する人たちよ、**アッラー**を意識し、**かれ**に近づく方法を求め、**かれ**の道において奮闘努力しなさい。そうすればあなた方は成功するでしょう。36.本当に信仰を拒否する人は、たとえ地上にあるすべてのもの、さらにそれに等しいものを合わせて、復活の日の苦痛を償おうとしても、決して受け入れられず、激しい苦痛をこうむるのです。37.かれらは地獄の火から出ることを望むけれど、そこから出ることはできないでしょう。かれらには永久の苦痛があるのみです。

38.男性の盗人も女性の盗人も、**アッラー**からの見せしめとして、またかれらが稼いだことへの報いとして、両手を切断しなさい。**アッラー**は偉力大で英明なのです。39.しかし悪を行なった後、悔悟して行ないを正す人は、**アッラー**がその悔悟を受け入れます。**アッラー**はよく赦され、慈愛深いのです。40.あなた（ムハンマド）は、諸天と地の大権が、**アッラー**に属す

ることを知らないのですか。**かれ**は御心の人を罰し、御心の人を赦します。**アッラー**はすべてに対して全能なのです。

41. 使徒よ、不信仰を急ぐ人が、あなたの心を痛めることがあってはいけません。かれらは口で、わたしたちは信仰すると言うけれど、心では信じてはいません。またユダヤ教徒の中には虚偽に耳を傾け、あなたに会ったこともない人の言うことを、聞いてばかりいる人がいます。かれらは（啓典の）言葉の配置を変更（歪曲）し、もしこれ（歪曲された言葉）があなた方に与えられたもの（律法と同一）なら、受け入れなさい、でもあなた方に与えられたものでないなら、用心しなさいと言います[125]。**アッラー**が（信仰を）試すことを望まれれば、あなた（ムハンマド）は**アッラー**に対して、その人のために何もできません。これらの人は、**アッラー**がその心を清めることを、望まない人たちです。かれらには現世において屈辱があり、来世においても重大な苦痛があるでしょう。42. （かれらは）虚偽（の解釈）を聞き、禁じられたもの（賄賂など）をいつも大食いします。だから、もしかれらがあなた（ムハンマド）のもとに来たなら、かれらの間を裁くか、それとも背を向けなさい。もしあなたが背を向けても、かれらは少しも、あなたを害することはできないでしょう。またもし裁くなら、かれらの間を公正に裁きなさい。**アッラー**は公正な人を愛されます。43. でもかれらには**アッラー**の裁きを含む律法があるのに、どうしてあなた（ムハンマド）に裁きを求めるでしょうか。かれらはその（裁きの）後もなお背き去ります。（要するに）これらの人は信者ではないということなのです。

44. 誠に**われ**らは、導きと光ある律法を啓示しました。（**アッラー**に）服従した預言者たちは、それによってユダヤ教徒を裁いたのです。また聖職者たちや律法学者たちも、かれらは**アッラー**の啓典を保存すべく信託され、それにより裁くと共に、それに対する証人でもありました。だから人間を

---

125 預言者ムハンマドへの啓示では鞭打ち刑だが、律法によると石打ち刑である姦通の事案があり、ユダヤ教徒は律法の適用を回避しようとしてムハンマドに裁決を求めることがあった。ここでは、主の命に対するユダヤ人のこのようなご都合主義も不信の表れとして戒めている。

恐れず、**わたし**だけを恐れなさい。わずかな代価で**わたし**の印を売ってはいけません。誰でも**アッラー**が啓示したもので裁かない人は、非信者たちなのです。45. **われら**はかれらのために律法の中に書きました。命には命、目には目、鼻には鼻、耳には耳、歯には歯、傷害には同害報復をと。ただしその報復を（しないで、相手への）施しとすれば、自分の罪滅ぼしになります。**アッラー**が啓示されたもので裁かない人は、不正を行なう人たちなのです[126]。

46. **われら**はかれら（預言者たち）に続いて、マルヤムの子イーサーを遣わし、かれ以前の律法を確証し、導きと光ある福音をかれに与えました。これはかれ以前の律法への確証であり、また主を意識する人への導きであり教訓です。47. だから福音の信者（キリスト教徒）には、その中で**アッラー**が啓示したものによって裁かせなさい。誰でも**アッラー**が啓示したもので裁かない人は、掟破りなのです。

48. **われら**は以前の啓典を確証し守護するため、あなた（ムハンマド）に真理をもって啓典（クルアーン）を啓示しました。だから**アッラー**が啓示されたもので、かれらの間を裁きなさい。あなたに示された真理から離れて、かれらの妄欲に従ってはいけません。**われら**はあなた方各自のために、法と道を定めました。もし**アッラー**の御心なら、あなた方を一つの共同体にしていたことでしょう。でも（そうしなかったのは）、**かれ**があなた方に与えたものによって試みるためです。だから善行を競い合いなさい。あなた方は一人残らず**アッラー**に帰るのです。そのとき**かれ**は、あなた方が論争していたことについて告げるでしょう。49. そして**アッラー**の啓示したものでかれらの間を裁き、かれらの妄欲に従ってはいけません。**アッラー**があなた（ムハンマド）に啓示した、どの部分についても惑わされないよう、かれらに用心しなさい。たとえ、かれらが背き去っても、**アッラー**が

---

126 ここでは同害報復とその無償の赦免が定められているが、後のイスラーム法学では被害者側が代償として賠償金を求める制度も認められた。

かれらの犯した、いくつかの罪を懲しめようとしていることを知りなさい。本当に多くの人びとは掟破りなのです。50. かれらが求めているのは、無明（ジャヒリーヤ時代）の裁きなのでしょうか。また確かな信仰心を持つ人たちにとって、**アッラー**に優る裁判者はおられるのでしょうか。

【ユダヤ教徒やキリスト教徒の諸問題】
51. 信仰する人たちよ、ユダヤ教徒やキリスト教徒を擁護者としてはなりません。かれらは互いに擁護者です。あなた方の中、誰でもかれらを擁護者とする人は、かれらと同類です。**アッラー**は決して不正の民を導きません。52. あなた（ムハンマド）は、心に病ある人（偽信者）が、かれら（啓典の民）の元に急ぐのを見るでしょう。かれら（偽信者）は言います。自分たちに不運が襲うのではないか恐れますと。しかし**アッラー**は勝利か、または**かれ**の御元からの命令をもたらすことでしょう。だからかれらは、自分たちが心に隠したことを後悔する人になるでしょう。53. 信仰する人は言います。これらの人はあなた方（信者）と一緒にいると、確信を込めて**アッラー**に誓った人ではなかったのですかと。かれら（偽信者）の行ないは無益で、かれらは失敗者となったのです。

54. 信仰する人たちよ、あなた方の中、**かれ**の宗教に背き去る人がいれば、やがて**アッラー**は**かれ**が愛し、**かれ**を愛する人びとを（代わりに）連れてくるでしょう。その人びとは信者たちには控えめで、非信者たちには揺るがず、**アッラー**の道において奮闘努力し、中傷者の中傷を恐れません。これは**アッラー**の寵愛で、**かれ**はそれを御望みの人に与えます。**アッラー**は広大にして、すべてをご存知です。55. あなた方の擁護者は、**アッラー**とその使徒および信仰する人たちで、礼拝を守り、定めの施しをし、恭しく屈折礼をする人たちだけです。56. **アッラー**とその使徒と信仰する人たちを擁護者とする人は、**アッラー**の一党（ヒズブ・アッラー）で必ず勝利を得る人たちなのです。

57. 信仰する人たちよ、先に啓典を与えられた人たちや、また信仰を拒否

する人たちで、あなた方の宗教を笑い草にし、戯(たわむ)れごとにする人を擁護者としてはいけません。もしあなた方が信者なら、**アッラー**を意識しなさい。58. あなた方が礼拝を呼びかけると、かれらはそれを笑い草にし、戯れごとにします。それはかれらが理解しない人びとだからです。59. 言いなさい。啓典の民よ、あなた方がわたしたちを不快に思うのは、ただわたしたちが、**アッラー**とわたしたちに啓示されたもの（クルアーン）と以前に啓示されたものを信じるのに、（一方で）あなた方の多くが掟破りの人たちであるからなのですか。60. 言いなさい。**アッラー**の御元の報いとして、それ（わたしたちに啓典の民が望んでいること）よりも、（誰がもっと）悪い（ものを授かる）かについて、あなた方に伝えましょうか。それは**アッラー**が拒否した人、**かれ**が怒った人、また猿や豚のようにされた人[127]、そして邪神を崇めた人です。かれらは（来世において）最悪の境地（地獄の火）において、（この世において）正しい道から遠く迷い去った人たちなのです。

61. かれら（マディーナのユダヤ教徒）は、あなた方のところに来て、わたしたちは信仰しますと言いました。ところが、かれらは実のところ、不信心のまま入ったのであり、不信心のまま出て行ったのです。**アッラー**はかれらの隠すことをすべてご存知なのです。62. あなた（ムハンマド）は、かれらの多くが罪と敵対行為に急ぎ、禁じられたもの（賄賂など）を大食するのを見るでしょう。かれらが行なってきたことの何と悪いことか。63. なぜユダヤ教の聖職者や律法学者は、かれらの罪深い言葉や、禁じられたものを大食することを禁じないのでしょうか。かれらが行なってきたことの何と悪いことか。64. ユダヤ教徒は、**アッラー**の御手は縛られている（けちである）と言います。縛られたのは（けちなのは）かれらの手で、そう言ったことによって、かれらは拒否されたのです。逆に、**かれ**の御手は広く開かれて、御心のままに与えます。でもかれらの多くは、主からあなた（ムハンマド）に啓示されたことに、反抗心と不信心を増長させます。そこで

---

127 「猿や豚」というのは比喩で、実際に人がそのようになるという意味ではない。イスラームでは復活後、魂は同じ人に戻されるので、生まれ変わるという観念はない。

われらは復活の日まで、かれらの間に敵意と憎悪を投げ込みました。かれらが戦火を燃やすたびに、**アッラー**はそれを消します。またかれらは地上において、悪を広めようと努めます。でも**アッラー**は腐敗をもたらす人を愛しません。65.もし啓典の民が信仰して（**アッラー**を）意識するなら、**われら**はかれらから悪を取り除き、きっと安楽の楽園に入れるのです。66.もしかれらが律法と、福音と主からかれらに啓示されたものを遵守するなら、かれらは上からも足元からも、糧を得るでしょう。かれらの中には穏当な人たちもいるのです。でもかれらの多くは、行なうことが邪悪なのです。

67.使徒よ、主からあなた（ムハンマド）に啓示されたものを、（余すところなく）伝えなさい。そうしないなら、**かれ**の啓示を伝えたことにはならないでしょう。**アッラー**は人びと（の危害）からあなた（ムハンマド）を守ります。**アッラー**は決して不信心の人びとを導きません。68.言いなさい。啓典の民よ、律法と福音と主から啓示されたものを遵守するまでは、あなた方が立つ所（宗教の土台）はないのです。そしてかれらの多くは、主からあなた（ムハンマド）に啓示されたことに、反抗心と不信心を増長させます。だからあなたは不信心の人たちについて、心を悩ましてはいけません。69.（クルアーンを）信じる人（ムスリム）、ユダヤ教徒、サービア教徒、キリスト教徒で、**アッラー**と最後の日を信じて善行に励む者には、恐怖もなく悲哀もないでしょう[128]。

〈イスラーイールの子孫の敵意と憎悪〉
70.**われら**はイスラーイールの子孫と約束を結び、使徒たちをかれらに遣わしました。かれらの心が望まないものを持って使徒が来るたびに、ある一派は（使徒を）拒否し、ある一派は（使徒を）殺しました。71.かれらは試練に会うとは考えておらず、目が見えず、耳も聞こえない（使徒を受け入れない）人になったのです。[129]その後**アッラー**はかれらを赦されました。

---

128 サービア教徒については、2:62参照。
129 「猿や豚」と同様に、ここの「目が見えず、耳も聞こえない」も比喩的な表現である。

それでもかれらの多くは目が見えず、耳も聞こえない（使徒を受け入れない）人になりました。**アッラー**はあなた方の行なうことをすべてお見通しです。72.**アッラー**がマルヤムの子マスィーフであると言う人は、間違いなく信仰を拒否しました。一方で、マスィーフは言いました。イスラーイールの子孫よ、わたしの主でありあなた方の主である**アッラー**を信仰しなさい。およそ**アッラー**に何ものかを並置する人には、**アッラー**は楽園を禁じられ、その人の住まいは地獄の火です。不正を行なう人には援助者はないのです。

73.**アッラー**は三位（一体）の3番目であると言う人は、確かに信仰を拒否したのです。唯一の神の他に神はいません。もしかれらが言うことを止めないなら、かれら非信者には必ず激しい苦痛があるでしょう。74.なぜ、かれらは**アッラー**に悔悟して、**かれ**の赦しを求めようとしないのでしょうか。**アッラー**はよく赦され、慈愛深いのです。75.マルヤムの子マスィーフは、一人の使徒にすぎません。かれ以前にも使徒たちがいて、去っていったのです。かれの母は誠実な女性でした。そして、かれら二人とも（普通の人間と同じく）食べ物を食べていました。見なさい、いかに**われら**が印をかれらに解き明かしたことか。また見なさい、いかにかれら（非信者）が思い違いをしているのか。76.言いなさい。あなた方は**アッラー**の他、あなた方に害も益も与える力のないものを、信仰するのですか。**アッラー**は全聴にして全知なのです。77.言いなさい。啓典の民よ、あなたの宗教において、真理に反して則を越えてはいけません。人びとの妄欲に従ってはいけません。先に迷い去った人たちは、多くを迷わせ、（自らも）正しい道から迷った人たちなのです。

78.イスラーイールの子孫の中で不信心な人（一部の啓典の民）は、ダーウードやマルヤムの子イーサーの舌（言葉）で拒否されました。なぜなら、かれらは不服従で、掟破りの人たちばかりであるからです。79.かれらはその行なった悪事を互いに禁じませんでした。かれらの行なったことの何と悪いことか。80.見なさい、かれらの多くは非信者（多神教徒）を擁護者

にしています。かれら自身がしてきたことの何と悪いことか。**アッラー**は怒り、かれらは苦痛の中に永遠に住むのです。81. もしかれらが、**アッラー**と預言者（ムハンマド）とかれらに啓示されたものを信じたなら、かれら（多神教徒）を擁護者にはしなかったでしょう。しかしかれらの多くは掟破りの人たちなのです。

82. ◆**7部**◆ あなた（ムハンマド）は、信仰する人たちに最も敵意を持つ人は、ユダヤ教徒と多神教徒であることを知るでしょう。そしてあなた（ムハンマド）は、信仰する人たちに最も親近感を抱く人が、キリスト教徒であることを知るでしょう。これはかれらの間に学識者と禁欲者がいて、高慢でないためです[130]。83. あなた（ムハンマド）は、かれら（キリスト教徒）が使徒に啓示されたものを聞くとき、自分が認めた真理のために、目が涙でいっぱいに溢れるのを見るでしょう。かれらは言います。主よ、わたしたちは信仰します。だからわたしたちを、（イスラームの信仰を）誓約する者と共に書き留めてください。84. わたしたちは**アッラー**と自分たちに届いた真理を、どうして信じないでいられるでしょうか。わたしたちは主が、自分たちを敬虔な人たちの中に入れてくれるよう望みます。85. このようにかれら（キリスト教徒）が言ったことに対して、**アッラー**は川が下を流れる楽園で報い、かれらは永遠にそこに住むのです。それは善行をなす人への報いです。86. しかし信仰せず、**われら**の印を拒否した人は、地獄の火の住人なのです。

〈ムスリムへの立法とアッラーの恩寵〉
87. 信仰する人たちよ、**アッラー**があなた方に許される善いものを禁じてはいけません。そして度を越してはいけません。誠に**アッラー**は、度を超す人を好まれません。88. **アッラー**があなた方に与えた合法（ハラール）

---

130 「学識者と禁欲者」は、現代用語である司祭と修道士と訳されることが多い。なおイスラームにおいて聖職者制度が採られなかったのは、預言者ムハンマド当時、キリスト教の聖職者は食事制限や結婚抑制などに非常に厳しいと思われており、その轍を踏まないためであったとされる。

で善いものを食べなさい。あなた方が信仰する**アッラー**を意識しなさい。
89.**アッラー**はあなた方の誓いにおける不用意な言葉を、責めることはありません。でもあなた方が交わした（拘束力ある）誓約は別です。その償いは、あなた方の家族を養う普通の食事で10名の貧者に食べさせるか、衣類を与えるか、奴隷1名を解放することです。それができない人は三日間の斎戒（断食）をしなさい。これはあなた方の誓い（を破ったこと）への償いです。だから自分の誓いを守りなさい。このように**アッラー**は、あなた方が感謝するように、（さまざまな）印を明らかにするのです。

90.信仰する人たちよ、誠に酔わせるもの（酒）と賭け事、偶像や占い矢は不浄な悪魔の行為です[131]。だからそれを避けなさい。そうすればあなた方は成功するでしょう。91.悪魔は酒と賭け事を通じて、あなた方の間に敵意と憎悪を引き起こすことを望んでいるだけです。そして（悪魔は）**アッラー**を唱念することや礼拝から、あなた方を妨げるだけです。それでもあなた方は、（酒や賭け事などを）止めないのですか。92.**アッラー**に従い、そして使徒に従って（悪魔に）用心しなさい。たとえあなた方が背き去っても、**われら**の使徒（の責務）は、はっきりと（啓示を）伝えることだけだと知りなさい。93.信仰して善行に励む人が、（すでに）食べたものについて罪を問われることはありません。（とにかく**アッラー**を）意識し信仰して善行に励み、それから（**アッラー**を）意識して信仰し、さらに（**アッラー**を）意識して善い行動を取る限りは。**アッラー**は善行者を愛されます。

94.信仰する人たちよ、**アッラー**はあなた方の手または槍による狩りを通じて、必ずあなた方を試みます。それは見ることのできない**かれ**を恐れる人が、誰であるかを、**アッラー**が知るためです。その後に掟を破る人は、厳しい苦痛を受けるでしょう。95.信仰する人たちよ、巡礼衣（イフラーム）のままで、狩猟してはいけません。誰でも意図的にそれ（鳥獣）を殺した

---

131 飲酒の禁止については、すでに見たように段階を追って制定された。16:67、2:219、4:43、そして、5:90-91に至る。ここが、最終的なものである。

人は、あなた方の中の公正な2名が、その殺したものと等価と判定した家畜が償いで、（その家畜は）犠牲用にカアバ殿へと運ばれます。もしくは償いとして貧者に食べさせるか、それに相当する斎戒（断食）をすることです。こうすることで、かれは自らの行ないに責任を感じるでしょう。**アッラー**は過去のことは赦しました。でも（掟破りを）繰り返す人に**アッラー**は応報します。**アッラー**は偉力大で、応報の主なのです。96.海のものを捕まえて食べることは、あなた方にも旅人にも許されました。しかし巡礼衣のまま陸上で狩猟をすることは禁じられました。**アッラー**を意識しなさい。あなた方は**かれ**の御元に集められるのです。

97.**アッラー**は、禁忌のある家であるカアバ殿を人びとの拠り所として作り、また禁忌のある月、（犠牲の）捧げ物、（犠牲用の動物に付ける）首飾りを作りました。これは**アッラー**が諸天にあるものと地にあるものを把握し、**アッラー**がすべてのことをご存知であることをあなた方が知るためです。98.**アッラー**は懲罰に激しく、**アッラー**はよく赦され、慈愛深いことを知りなさい。99.あなたに課されたことは（啓示を）伝えることだけです。**アッラー**は、あなた方が現すことも隠すことも知っています。

100.言いなさい。どれだけ悪があなたを魅了しても、悪と善は同じにはなりません。だから思慮ある人よ、**アッラー**を意識しなさい。あなた方は成功するでしょう。101.信仰する人たちよ、あなた方に明らかにされたことを、問い正してはいけません。（逆に）あなた方を悩ますかもしれません[132]。一方、クルアーンが啓示されているときにそれを問えば、あなた方に明らかにされるでしょう。**アッラー**はそれを赦しました。**アッラー**はよく赦すお方、慈愛深いお方です。102.あなた方以前の人びとも、問い正しました。そしてそのことのために、かれらは非信者となったのです。103.**アッラー**はバヒーラやサーイバ、またワスィーラやハーミーを（偶像

---

132 物事の瑣末なことを気にするのではない、という人生訓の言葉としてしばしば引用される箇所である。また信仰は猜疑心からは遠く離れ、真実を信じ求めるものという諭しでもある。2:111-112、10:37、資料2．参照。

への捧げ物として）作ったのではなく[133]、非信者が**アッラー**に対して虚構したものです。かれらの多くは理性を使いません。104.**アッラー**が啓示したものに来なさい、とかれらに向かって言えば、わたしたちには、先祖が伝えたもので十分です、とかれらは言います。かれらの先祖は何も知らず、導かれなかったではないですか。105.信仰する人たちよ、あなた方（を守る責任）は自分自身にあるのです。あなた方が導かれていれば、誰もあなた方を害することはできません。ひとり残らずあなた方は、**アッラー**に帰るのです。そのとき**かれ**はあなた方がしてきたことを知らせるでしょう。

106.信仰する人たちよ、あなた方の一人に死が近付いたときは、あなた方の間で証言を取りなさい。遺贈のときは、公正な二人の証人をあなた方の中から立てなさい。もしあなた方が旅していて死の不幸があなた方に降りかかったなら、あなた方以外から二人（の証人）を立てなさい。信用できないときは、礼拝の後に引き止めて、**アッラー**にかけてかれらに誓わせなさい。わたしたちは近親であっても、どんな対価でも（証言を）売らず、**アッラー**（にかけて誓った）証言を隠しませんと。（もしそうしたら）本当にわたしたちは罪深い人なのです。107.もし二人の証人に偽証の罪が発覚したら、相続権者で（死者に）縁の最も近い人たちの中から、かれらに代わる別の二人を証人として立て、**アッラー**にかけて誓わせなさい。（のときに言うのは）誠にわたしたちの証言は、以前の二人の証言よりも真実です。わたしたちは掟を破ったことはありません。さもなければ、本当にわたしたちは不正な者です。108.こうすることで、かれらは真実の形で証言する可能性が高くなり、あるいはまた、かれらの誓約の後で、誓約がくつがえされることを恐れるようになるでしょう。**アッラー**を意識し、聞きなさい。**アッラー**は掟破り（な者）を導きません。

---

133 イスラーム以前、捧げ物として供され、あるいは特に尊重された動物。バヒーラは乳が捧げられる雌ラクダ、サーイバは願を偶像に掛けてそれが成就したら解放される雌ラクダ、ワスィーラは雌雄の双子を生んだ羊やラクダ、ハーミーは多くの子供を産ませ、運搬などの役務が軽減された雄ラクダなどとされる。

【再びイーサーを巡って】

109.**アッラー**が使徒たちを召集する日、**かれ**は言います。(教化の結果)あなた方はどのような反応を(人びとから)得たのかと。かれらは言いました。わたしたちには知識がなく、**あなた**こそが見えないことも(すべて)ご存知です。110.**アッラー**がこう言いました。マルヤムの子イーサーよ、あなたとあなたの母に与えた**わたし**の恩寵を思い起こしなさい。**わたし**があなたを清魂によって強めたので、あなたはゆりかごの中でも成人してからも、人びとに語りかけることができました。また**わたし**が啓典と英知と律法と福音をあなたに教えました。また**わたし**の許しの下、あなたが泥から鳥のような形を作り、**わたし**の許しの下、これに息を吹いて鳥となりました。また**わたし**の許しの下、あなたは生まれつきの盲人と癩患者を治しました。また**わたし**の許しの下、あなたは死者を甦らせました。また**わたし**は、あなたに対するイスラーイールの子孫(の害)を抑えました[134]。そしてあなた(イーサー)が、かれらに明らかな証拠をもって行くと、かれらの中の不信心な人は、これはただの魔術に他なりませんと言いました。111.そのとき**わたし**は(イーサーの)弟子たちに、**わたし**と**わたし**の使徒(イーサー)を信じるように啓示しました。するとかれらは言ったのです。わたしたちは信じます。わたしたちは、ムスリム(**アッラー**に従う人)であることを証言しますと。

112.弟子たちがこう言いました。マルヤムの子イーサーよ、あなたの主は、天からわたしたちに立派な食卓(晩餐)をもたらすことできますかと。かれ(イーサー)は言いました。もしあなた方が信者なら、**アッラー**を意識しなさい。113.かれらは言いました。わたしたちはそれ(立派な食卓)から食べて、自分たちの心を安らげたいのです。またあなた(イーサー)がわたしたちに確かな真実を語ったことを知り、その証人になるためでもあります。114.マルヤムの子イーサーは言いました。**アッラー**、わたしたちの主よ、わたしたちのために立派な食卓を天からもたらし、わたしたちの

---

134 イーサーは殺されず、十字架のはりつけ刑にもされなかったこと。4:157参照。

最初の人から最後の人までの祝宴とし、**あなた**からの印としてください。わたしたちに授けてください。本当に**あなた**は最善の授与者です。
115. **アッラー**は言いました。確かに**わたし**は、それをあなた方にもたらすでしょう。その後にあなた方の中で不信心となる人には、これまで世界の誰にも加えなかった苦痛をもって**わたし**は罰します。

116. **アッラー**はこうも言いました。マルヤムの子イーサーよ、あなたは**アッラー**の他に、わたし（イーサー）とわたしの母（マルヤム）とを2神としなさい、と人びとに伝えたのですか。かれ（イーサー）は言いました。**あなた**に栄光あれ。わたしは自分に権利のないことを言うはずがありません。もしわたしがそう言ったなら、もちろん**あなた**はご承知のはずです。**あなた**はわたし自身の中をご存知ですが、わたしは**あなた**の御心を知りません。**あなた**こそが見えないことも（すべて）知っておられるのです。117. わたしの主であり、あなた方の主である**アッラー**を信仰しなさい、と**あなた**が命じられた以外は、わたしはかれらに伝えませんでした。そしてわたしがかれらと共にいた間は、わたしはかれらの証人でした。**あなた**がわたしを（天に）召した後は、**あなた**がかれらの監視者であり、**あなた**はすべてのことの立証者であります。118. たとえ**あなた**がかれらに苦痛を与えても、かれらは実に**あなた**の僕です。また**あなた**がかれらを赦すなら、**あなた**は誠に偉力大かつ英明です。119. **アッラー**は言いました。この（審判の）日は、正直者が正直ゆえに得をする日です。かれらには川が下を流れる楽園があり、永遠にその中に住むのです。**アッラー**はかれらに満悦し、かれらもまた、**かれ**に喜悦します。これこそが大勝利なのです。120. 諸天と地およびその間にあるすべてのものの大権は、**アッラー**に属します。**かれ**はすべてに対して全能なのです。

6. 家畜章　سورة الأنعام

マディーナ啓示
165節

家畜に関する迷信の話(136～139節)から命名されました。ユダヤ教やキリスト教以外でも多神教徒など非信者の愚行が挙げられ(25～28節)、永遠の至福(32節)、一神教の確立(74～92節)、子供の間引き禁止(140、151節)など、絶対主の支配が示されます。最後に、人は自己責任を負うことを確認し、他方貧富の差があるのはそれぞれの恵みの処理振りを試すためであると諭されます(164～165節)。6章から9章の、クルアーンの啓示、悔悟への赦しなどをテーマとする章グループの最初になります。

　　　　慈愛あまねく、慈愛深いアッラーの御名において
〈アッラーの真理に従うこと〉
1. 諸天と地を創り、暗黒と光明をもたらす**アッラー**に、すべての称賛を捧げます。一方、かれら（マッカの異教徒）の主を信じない人たちは、**かれ**に同位を並置します。2. **かれ**は泥からあなた方を創った方で、さらに**かれ**は（人生の）期間と（復活の日までの）期間を決めました。でもあなた方は疑っています。3. 諸天においても地上においても、**かれ**は**アッラー**です。**かれ**はあなた方の隠すことも、現すことも知っています。また**かれ**はあなた方が行なうことを知っています。4.（しかし）かれらは主から印がもたらされるたびに、それから背を向けてしまいます。5. それがもたらされると、かれらは真理を虚偽であるとしました。そこでかれらが笑い草にしていた知らせは、（いずれ）かれらに（返って）来るのです。

6. **われら**が、多くの世代をかれら（マッカの異教徒）以前に滅ぼしてきたことを、かれらは見ていないのでしょうか。**われら**は地上でかれら（多くの世代）を、あなた方以上にしっかり定住させたものです。**われら**はかれらの空に雲を送り、雨を降らせ、かれらの下に川を流れさせました。しかし自らの罪のためにかれらを滅ぼし、その後別の世代を育てたのです。7. たとえ**われら**があなたに羊皮紙の書板を啓示し、かれら（マッカの異教徒）

が自分の手でそれに触れたとしても、これはただの魔術だと不信心な人たちは言うのです。8. またかれらは言います。なぜ天使がかれに遣わされないのですかと。もし**われら**が天使を遣わしたなら、物事はすぐに決着して、かれらはまったく猶予されなかったでしょう。9. たとえ**われら**がかれ（使徒）を天使にしても、かれには人の姿をさせるので、かれらをますます惑わせるだけでしょう。

10. あなた（ムハンマド）以前の使徒たちも、確かに笑い草にされました。でも笑い草にしていた人たちは、笑い草にしていたことに取り囲まれ（処罰され）るのです。11. 言いなさい。地上を旅して、真理を拒否した人がどのような最後を遂げたのかを見なさい。12. 言いなさい。諸天と地にあるすべてのものは、誰のものなのか。言いなさい。**アッラー**のものですと。**かれ**は慈愛を（務めとして）自らに書き記しました[135]。審判の日に、**かれ**はあなた方を召集されます。それに疑いの余地はありません。でも自分自身を欺いた人たちは、信じないでしょう。13. 夜であれ昼であれ、安住するすべては、**かれ**のものです。**かれ**は全聴にして全知なのです。14. 言いなさい。**アッラー**の他に、わたしは擁護者を持つでしょうか。（**アッラー**は）諸天と地の創造者であり養うお方で、誰からも養われません。言いなさい。わたしは（**アッラー**に）従う人の先駆けとなり、多神教徒となってはならないと命じられました。15. 言いなさい。もしわたしの主に背くなら、わたしはとてつもない（最後の）日の苦痛を恐れます。16. その日、誰でもそれ（苦痛）を免れる人は、**かれ**が慈愛を与えたのです。それは明らかな勝利なのです。

17. もし**アッラー**があなたを災厄で触れれば、**かれ**の他にこれを取り除く者はいません。もし**かれ**があなたを善で触れれば、本当に**かれ**はすべてに対して全能なのです。18. **かれ**はその僕たちの上にいる圧倒的な支配者であり、**かれ**は英明にして全知です。19. 言いなさい。立証において最も重

---

135 アッラーの務めは慈愛であると明言されていることは、留意される。6:54参照。

要なことは何かと。言いなさい。**アッラー**が、わたし（ムハンマド）とあなた方との間で実証なされるということです。このクルアーンがわたしに啓示されたのは、あなた方、そして届く限りの人びとに、それ（クルアーン）によって警告するためです。あなた方は、**アッラー**に他の神がいることを本当に立証できるのですか。言いなさい。わたしは立証できませんと。言いなさい。本当に**かれ**は唯一の神です。わたし（ムハンマド）は、あなた方が並置するものとは無関係です[136]。20.**われら**が啓典を与えた人たちは、自分の子を認めるようにそれを認めます。自分自身を見失った人は信じないのです。21.**アッラー**に対して嘘を作り上げ、または**かれ**の印を拒否する以上の不正をする人がいるでしょうか。実に不正をする人は成功しないのです。22.**われら**がかれらを一人残らず召集する日、**われら**は**アッラー**に他の神を並置していた人たちに言うでしょう。あなた方が主張してきた多神は、どこにいるのですか。23.そのときかれらは、こう言う他に言い訳はないでしょう。わたしたちの主、**アッラー**にかけて誓います。わたしたちは他の神を並置した者ではありません。24.いかにかれらは自らに嘘をついたか、またいかにかれらの虚構したものが、自らを迷わせたのかを見なさい。

25.かれらの中には、あなた（ムハンマド）に耳を傾ける人もいます。しかし**われら**は、かれらの心に覆いを被せ、耳に重荷を入れた（鈍くした）ので、かれらはそれ（クルアーン）を理解しません。だから（いずれにしても）あらゆる印を目にしても、かれらはそれを信じません。そしてついにかれらがあなたのところへやって来て、議論するときには、不信心の人たちは言います。これは昔の物語にすぎないと。26.かれらは（他の人を）それ（クルアーン）から遠ざけ、また自分たちもそれを避けるのです。かれらは自分自身を傷つけるだけで、かれらはそれに気付いていないのです。27.あなたは、かれらが地獄の火の上に立たされる姿を見るでしょう。そのとき、かれらは言います。ああ、わたしたちがもし送り帰されるなら、

---

136 アッラーは唯一であるが、諸属性や美称の唯一性については、42:11、資料２．参照。

わたしたちの主の印を嘘呼ばわりせず、信者となっていたことでしょう。28. いいえ、かれらが今まで隠してきたものが、自分たちの前に明らかにされるだけです。かれらがたとえ送り帰されるとしても、かれらは禁じられたことを繰り返すでしょう。かれらは本当に嘘つきです。29. かれらは言います。この世の生活があるだけで、復活することはありませんと。30. あなたは、かれらが自らの主と向かい合って、立たされるのを見るでしょう。**かれ**は言います。これは真理ではないか。かれらは言います。はい、わたしたちの主にかけて。**かれ**は言います。あなた方は信仰を拒否してきたので、苦痛を味わいなさい。

〈アッラーの印を信じること〉
31. アッラーとの面会を嘘であるとする人こそ、失敗者です。その（最後の日の）時が突然来ると、かれらは言います。ああ、わたしたちはそのこと（面会）に注意を払いませんでしたと。かれらは自らの背に重荷を負うでしょう。かれらが負うものの何と悪いことか。32. 現世の生活は、遊びや戯れにすぎません。しかし（**アッラー**を）意識する人には、来世の住まいが最善です。あなた方は理解しないのですか。

33. **われら**はかれらの言葉が、あなた（ムハンマド）を悲しませることを知っています。かれらはあなたを嘘つき呼ばわりしているのではなく、不正な者たちは**アッラー**の印を拒否しているのです。34. あなた以前にも、使徒たちは嘘つき呼ばわりされました。でも、**われら**の救助が来るまで、かれらは否定され、迫害を受けることを耐え忍んだのです。誰も**アッラー**の言葉を変えることはできません。確かに使徒たちの知らせは、あなたに届きました。35. もしかれらの反抗が、あなた（ムハンマド）にとって耐え難いものであるなら、地下にトンネルを掘り、または空に梯子をかけ（たような遠い場所から）、かれらに印を示しなさい。**アッラー**の御心なら、導きの上にかれらを集められることでしょう。だからあなた（ムハンマド）は、無知の人の仲間になってはいけません。36. 耳を傾ける人だけが応えるでしょう。（一方）死人たちは、**アッラー**がかれらを甦らせ、それから

かれの元に戻されるのです。

37. かれらは言います。なぜ、かれ（ムハンマド）の主から印が啓示されないのでしょうか。言いなさい。もちろん**アッラー**は印を啓示することができるのだが、かれらの多くが理解しないだけです。38. 地上の動物も双翼で飛ぶ鳥も、あなた方のような共同体でないものはありません。行状記録の中で**われら**が見落としたものは、なにひとつありません。かれらの主の元に、かれらは召されるのです。39. **われら**の印を拒否する人は、暗黒の中で耳が聞こえない人であり、口がきけない人です。**アッラー**は御心の人を迷うに任せ、御心の人をまっすぐな道に導かれるのです。40. 言いなさい。あなた方は考えてみなさい。もしあなた方が正直であるなら、**アッラー**の懲罰や（最後の日の）時があなた方に来るとき、**アッラー**以外の者を呼ぶでしょうか。41. いいえ、あなた方は**かれ**だけを呼ぶのです。もし**かれ**の御心なら、あなた方が**かれ**を呼んだ原因（懲罰や苦痛など）を取り除くでしょう。そしてあなた方は、（**アッラー**に）同位として配置していたものを忘れるのです。

42. **われら**はあなた以前の諸民族にも（使徒たちを）遣わし、謙虚になるよう不幸と苦難で人びとを捕えました。43. でもなぜ、**われら**の災厄がもたらされたとき、かれらは謙虚でなかったのでしょうか。かれらの心は頑固になり、悪魔はかれらに自分たちの行なってきたことを、立派であると思わせました。44. それでかれらが諭された原因を忘れたとき、**われら**はすべての（恵みの）扉を、かれらのために開きました。そしてかれらが与えられたものを楽しんでいたとき、**われら**が突然かれらを捕えると、かれらは茫然となりました。45. このように不正を行なった民の子孫は絶えてしまったのです。すべての世界の主である**アッラー**にこそ、すべての称賛あれ。

46. （ムハンマドよ）言いなさい。もし**アッラー**があなた方の視覚や聴覚を奪い、心を封じたなら、**アッラー**の他にどの神があなた方にそれを戻すのか考えてみなさいと。**われら**がいかに印を説くかを見なさい。それでも

かれらは背き去るのです。47. 言いなさい。**アッラー**の懲罰があなた方を突然、またはあからさまに襲うなら、不正の民の他に、誰が滅ぼされるのかを考えてみなさいと。48. **われら**は吉報の伝達者か警告者としてしか、使徒を遣わしません。そして信仰して善行に努める人には、恐怖もなく悲哀もないでしょう。49. でも**われら**の印を嘘であるとした人は、服従しないことに対する苦痛を味わうことになるのです。50. 言いなさい。わたし（ムハンマド）は**アッラー**の宝物を持っているとは、あなた方に言いません。また、わたしは見えない世界については知りません。さらに、わたしは天使ではありません。わたしは自分に啓示されたことに、ただ従うだけです。言いなさい。目が見えない人と見える人は、同じでしょうか。あなた方はよく考えないのですか。

51. （ムハンマドよ）かれらの主に召されることを恐れる人たちに、それ（クルアーン）によって警告しなさい。**かれ**の他にかれらを擁護する者も、執り成す者もいません。かれらは（**アッラー**を）意識するでしょう。52. **かれ**のご尊顔を求めて、朝な夕なに**かれ**を呼ぶ人を追放してはいけません。かれらの清算はあなた（ムハンマド）の責任ではなく、あなたの清算はかれらの責任ではありません。それでもかれらを追放するなら、あなたは不正をする人となるのです。53. このように**われら**は、かれらのある人たちを他の人たちで試みました。そしてかれら（非信者）はこう言います。わたしたちの中で、**アッラー**が恩恵を与えた人びとは、このような（身分の低い）人びとなのですかと。**アッラー**は感謝する人を、最もよく知る方ではないのでしょうか。

54. **われら**の印を信じる人があなた（ムハンマド）のところに来たなら、言いなさい。あなた方に平安あれ。あなた方の主は、慈愛を（務めとして）自らに書き記しました[137]。あなた方の中、無知のため悪行を行なった人も、

---

[137] 12節に見たが、再びアッラーの務めが慈愛であるとして、人の務めは正道を求めることになる。これらがイスラームにおける両輪といえよう。

改心して身を正すなら、誠に**かれ**はよく赦すお方であり、慈愛深いお方なのです。55. このように**われら**は、罪深い人の道を明らかにするため印を説明するのです。56. 言いなさい。わたし（ムハンマド）は、あなた方が**アッラー**以外に呼んでいるものを信仰することを、禁じられました。言いなさい。わたしはあなた方の妄欲に従いません。そうすれば、わたしは迷い去り、導かれた人とはなりません。57. 言いなさい。わたしは主からの明証の上にありますが、あなた方はそれを嘘であるとしました。あなた方が急ぐこと（裁き）は、わたしにできることではありません。裁きは**アッラー**だけにあるのです。**かれ**は真理を説く、至高の裁決者なのです。58. 言いなさい。もしあなた方の急ぐこと（裁き）がわたしの手にあるなら、わたしとあなた方との間だけで、物事は決定されるでしょう。しかし**アッラー**は、不正を行なう人を最もよく知っています。59. 目に見えない世界の鍵は**かれ**の元にあり、**かれ**の他に誰もこれらを知りません。**かれ**は陸の中と海の中にあるすべてのものを知っています。**かれ**が知らないままに一枚の木の葉が落ちることはなく、大地の暗闇の中にある一粒の穀物でも、生きているのか、枯れているのか、明らかな記録の中に留められていないものはないのです。60. **かれ**は夜あなた方の魂を召され、あなた方が昼間行なったことをご存知です。また**かれ**は、昼間あなた方を目覚めさせ、定められた（人生の）期間を完了させます[138]。それから**かれ**にあなた方は帰るのです。そのとき**かれ**は、あなた方が行なってきたことを（すべて）あなた方に知らせるでしょう。

〈アッラーの導きこそ真の導き：多神教徒の議論〉
61. **かれ**は自らの僕たちの上に権能をもつお方で、あなた方に記録者（天使）たちを遣わします。あなた方に死が訪れるとき、**われら**の遣わした者（天使）たちは、それ（魂）を取り上げます。かれら（天使）は決して間違いません。62. それからかれらは、真の擁護者である**アッラー**に帰ります。

---

138 夜間は魂（精神）が抜けて睡眠し、起床時にはそれが戻って来るので、目が覚めるとされる。これは小死とされ、魂が戻らない死亡は、大死として区別される。

かれに裁決（の権能）は属し、**かれ**は清算に最も迅速なお方です。

63. 言いなさい。陸と海の暗闇から、あなた方を救うのは誰ですか。あなた方は、謙虚に心の中で**かれ**を呼ぶのです。もし**かれ**がそこ（暗闇）からわたしたちを救うなら、わたしたちは感謝するでしょうと。64. 言いなさい。**アッラー**がそこ（暗闇）から、またすべての苦悩から、あなた方を救い出しますと。しかしあなた方は、多神を信仰するのです。65. 言いなさい。**かれ**はあなた方の頭上からも足下からも、苦痛を与えることができます。またあなた方を分派させて混乱させ、互いに暴力を振るわせることもできます。（そこで）**われら**がいかに印を示すかを見なさい。そうすれば、かれらは理解するでしょう。66. ところが、あなた（ムハンマド）の民は、それが真理であるのに、虚偽であるとしました。言いなさい。わたし（ムハンマド）は、あなた方の保護者ではありません。67. それぞれの知らせ（啓示による警告）には、（その実施まで一定の）期限があります。間もなくあなた方はそれを知るでしょう。

68. **われら**の啓示について、悪口をたたく人を見たときは、かれらが他の話題に変えるまで、遠ざかりなさい。たとえ悪魔があなたに忘れさせても、気付いた後は、不正の民と同席してはなりません。69. （**アッラー**を）意識する人たちの責務は、かれら（不正の民）を清算することではなく、諭すことにあります。いずれ、かれらも（**アッラー**を）意識するでしょう。70. 自分自身の宗教を遊びや戯れとする人たちと、現世の生活に欺かれている人たちは、放っておきなさい。そしてそれ（クルアーン）によって、自分がしたことで自らを破滅に陥れることを諭しなさい。**アッラー**の他に、かれらを擁護する者も、執り成す者もいないのです。たとえいかなる償いをしても、受け入れられないでしょう。（こうして）これらの人びとは、自分の行なったことによって破滅するのであり、信仰を拒否してきたので、かれらには煮えたぎった飲みものと、厳しい苦痛があるのです。71. 言いなさい。わたしたちは**アッラー**の他に、自らに益もなく害もないものを呼ぶでしょうか。**アッラー**がわたしたちを導いた後、地上で悪魔にそそのか

されて道に迷う人のように、わたしたちは踵を返すでしょうか。（一方）かれには、わたしたちの元に来なさいと、正しい導きに招く仲間たちがいます。言いなさい。**アッラー**の導きこそ、真の導きです。わたしたちは、すべての世界の主に服従するように命じられました。72. また礼拝の務めを守り、**かれ**を意識しなさい。あなた方は**かれ**の御元に集められるのです。73. また**かれ**こそは真理をもって、諸天と地を創造なされた方です。その（創造の）日は、**かれ**が有れと言えば有るのです。**かれ**の言葉は真理です。（そして最後の日）ラッパが吹かれる日、大権は**かれ**に属します。**かれ**は目に見えない世界も目に見える世界も、すべてご存知です。あなた方は**かれ**の御元に集められるのです。**かれ**は英明かつ全知です。

74. イブラーヒームがその父アーザルに言ったときのこと（を思い出しなさい）。あなたは偶像を神々とするのでしょうか。あなたとあなたの民は、明らかに誤っています。75. このように、**われら**はイブラーヒームを、確固たる信者の一人とするため、かれに諸天と地の王国を示しました。76. 夜がかれ（イブラーヒーム）を覆ったとき、かれは一つの星を見ました。かれは言いました。これがわたしの主です。でも、星が沈むと、かれは言いました。わたしは沈むものを好みません。77. かれは月が出るのを見て言いました。これがわたしの主です。でもそれが沈むと、かれは言いました。わたしの主が自分を導かなかったら、わたしは迷える民の仲間になったでしょう。78. かれは太陽が昇るのを見て言いました。これがわたしの主です。これはさらに偉大です。でもそれが沈むと、かれ（イブラーヒーム）は言いました。わたしの民よ、わたしは、あなた方が（**アッラー**に）同位に配置していたものと関係ありません。79. わたしは諸天と地を創ったお方に、純正な信者としてわたしの顔を向けます。わたしは多神教徒の仲間ではないのです。

80. でもかれ（イブラーヒーム）の民は反論しました。かれは言いました。あなた方は**アッラー**について、わたしと議論するのですか。**かれ**は確かにわたしを導きました。わたしはあなた方が、**かれ**に同位に配置するものを

恐れません。わたしの主の御心でない限りは（何も起こりません）。わたしの主はすべてを（**アッラー**の）知識の中に内包なされます。あなた方は留意しないのですか。81.わたしがどうして、あなた方が同位として配置するものを恐れるでしょうか。一方あなた方は、**かれ**が何の権能を授けていないものを、**アッラー**と同位に並置することを恐れません。もしあなた方がわかるなら、両派（一神教と多神教）のどちらがより平安に値するか、教えてください。82.信仰して自らの信心に不正（多神教信仰）を混ぜない人たち、かれらは平安であり、正しく導かれた人たちです。83.これがイブラーヒームに与えた、かれの民に対する**われら**の議論です。**われら**は御心のままに、人の位階を高めます。あなた（ムハンマド）の主は、英明にして全知なのです。

〈イスラームは全人類の導き〉
84.**われら**はかれ（イブラーヒーム）に、イスハークとヤアクーブを授けて、ひとり残らず導きました[139]。以前にヌーフも導きました。かれ（イブラーヒーム）の子孫であるダーウード、スライマーン、アイユーブ、ユースフ、ムーサー、そしてハールーンも（導きました）。**われら**は、善行をする人たちに報います。85.ザカリーヤー、ヤフヤー、イーサー、イルヤースも皆、正しい者でした。86.またイスマーイール、アルヤサア、ユーヌス、ルートには皆、**われら**はどの民族よりも寵愛を与えました。87.そしてかれらの先祖と子孫と兄弟の中から、**われら**はかれらを選び、**われら**はかれらを導きました。88.これは**アッラー**の導きであり、**かれ**はその導きによって**かれ**の僕の中から、御心の人たちを導かれます。しかしかれらが（**アッラー**に多神を）同位に配置するなら、かれらがしてきたことは、すべて無駄となるでしょう。89.これらの人は**われら**が、啓典と英知と預言を与えた人です。でもかれらがそれ（預言）を信じないなら、**われら**はそれを拒否しない人たちに任せたでしょう。90.これらの者（預言者たち）は**アッラー**

---

139 ヌーフの後のイブラーヒームの息子で兄のイスマーイールと異母弟のイスハークの2つの家系に整理される。前者はアラブ人で、後者がユダヤ人の系統になる。

が導いた人たちなので、かれらの導きに従いなさい。言いなさい。わたし（イブラーヒーム）はこの（導きの）ために、どんな報酬もあなた方に求めません。まさしくこれは、全人類への教訓なのです。

91. かれら（ユダヤ教徒）が、**アッラー**は人間に何も啓示してこなかったと言ったとき、かれらは**アッラー**の本当の力を把握しきれていなかったのです。言いなさい。誰が人間に対する光明と導きとして、啓典をムーサーにもたらしたのですか。あなた方はそれ（啓典）を何枚もの羊皮紙に書いて（部分的に）示すけれど、大部分を隠します。あなた方は、自分たちとその先祖が知らなかったことを教えられたのです。言いなさい。（それは）**アッラー**（から教えられたの）です。だからかれらを、戯れのむだ話に放っておきなさい。92. これ（クルアーン）は、**われら**が啓示した祝福された啓典です。以前手元に来たものを確証し、あなた（ムハンマド）が諸都市の母（マッカ）と、その周辺に警告するためです[140]。来世を信じる人は、それ（クルアーン）を信じ、かれらの礼拝を守ります。93. **アッラー**について嘘を作り上げる以上に、不正を行なう人がいるでしょうか。または何も啓示を受けていないのに、わたしに啓示されたと言う人、あるいは、**アッラー**が啓示したものと同様なものを、わたしは啓示すると言う人（以上に不正を行なう人がいるでしょうか）。あなた（ムハンマド）は不正を行なう人が死の苦痛の中にあるとき、天使たちが手を伸ばして（言うのを）見るでしょう。あなた方の魂を渡しなさい。あなた方は今日、不名誉な苦痛をもって報われるのです。なぜなら**アッラー**について真実ではないことを語り、**かれ**の印に対して高慢であったからですと。94. そして**われら**が最初にあなた方を創ったように、あなた方は一人で**われら**のところに戻ってきました。**われら**があなた方に与えたものをすべて背後（現世）に残して。**われら**はあなた方が、（**アッラー**と）同位にしてきた執り成す者たちをそばに見ることはありません。あなた方の間の絆は完全に断たれ、（絆があ

---

140 大地の初めはマッカ周辺で、初の町はマッカ、初の家はカアバ殿、初の山はマッカ北方のクバイス山など、世界初のものが揃っているとされる。

ると）主張していたものは、あなた方から迷い去ったのです。

95.種子やナツメヤシの核を裂き開くのは、実に**アッラー**なのです。**かれ**は死から生をもたらし、また生から死をもたらします。それが**アッラー**なのです。それなのにどうして、あなた方は（事実から）背き去るのでしょうか。96.**かれ**は夜明けを裂き開くお方であり、休息のために夜を定め、太陽と月を計測のために作りました。それが、偉力大かつ全知であるお方の摂理です。97.**かれ**こそは、あなた方のためにたくさんの星を作ったお方で、あなた方はそれによって、陸と海の暗黒の中でも自らを導くことができるのです。**われら**は知識ある人びとに、印を明らかにしました。98.**かれ**こそは、一人の者（アーダム）からあなた方を創られたお方で、（生きる）安住の場所と（死後の）泊り所を与えました。**われら**は理解する人びとに、印を明らかにしました。99.**かれ**こそは、空から雨を降らすお方で、**われら**はそれ（雨）をもってすべての植生をもたらし、緑の植物を発生させ、豊穣な穀物群を実らせます。またナツメヤシには垂れ下がった房があり、ブドウ、オリーブ、ザクロなどの、似たり異なったりする果樹園をもたらします。その果実が実を結び、成熟するのを見なさい。その中にこそ、真に信仰する人たちへの印があるのです。100.かれら（多神教徒）はジン（幽精）たちを、**アッラー**と同位に置きます。でも**かれ**がかれら（ジン）を創ったのです。またかれらは知識もなく、不当にも**かれ**に息子や娘があるとします。**かれ**に称賛あれ。**かれ**はかれらが同位にするものの上に、高くあるのです。101.（**アッラー**は）諸天と地の創始者です。**かれ**には配偶者もないのに、**かれ**にどうして子があるでしょうか。**かれ**はすべてを創りました。**アッラー**は、すべてのことをご存知なのです。102.それが**アッラー**であり、あなた方の主です。**かれ**の他に神はいません。すべての創造者です。だから**かれ**に従いなさい。**かれ**はすべてのことを管理なされるのです。103.視覚は**かれ**を捉えることはできません。でも**かれ**が視覚を捉えるのです。そして**かれ**はすべてについて明敏であり、すべてにお気づきなのです。

〈多神教徒の問題〉

104. 正に明証が、あなた方の主から来たのです。だからそれを見る人は自分のためになり、見ない人は自分のためにならないのです。わたし（ムハンマド）はあなた方の見張りではありません。105. **われら**がこのように印を説明するのは、かれら（多神教徒）はあなた（ムハンマド）が（啓典の民からクルアーンを）学んだと言うかもしれないけれど、（いずれにしても）知識ある人びとにそれ（印）を明らかにするためです。106. 主からあなた（ムハンマド）に啓示されたものに従いなさい。**かれ**の他に神はいません。だから多神教徒から遠ざかりなさい。107. もし**アッラー**の御心であれば、かれらは、**かれ**に同位を配しなかったでしょう。**われら**はあなた（ムハンマド）をかれらの見張りとしていません。またあなたは、かれらの保護者でもありません。

108. あなた方（信者）は、かれら（多神教徒）が**アッラー**の他に呼ぶものを悪く言ってはいけません。さもないと、かれらは知識もなく、敵意をもって**アッラー**を悪く言うからです。このように**われら**は、それぞれの共同体に自分の行ないを、うわべだけ立派だと思わせたのです。やがてかれら（多神教徒）の主に、かれらは帰るのです。そのとき**かれ**は、自分のしてきたことをかれらに知らせるでしょう。109. かれらは**アッラー**にかけて固く誓いました。もしかれらに印が来たなら、必ずそれを信仰するでしょうと。言いなさい。誠に印は、**アッラー**の御元だけにあります。たとえ印が来てもかれらが信じないことを、あなた方に分からせるものは何でしょうか。110. かれらが最初からこれ（印）を信じないように、**われら**はかれらの心と視覚を反転させ、反抗心のままに放っておきます。だからかれらは、さ迷い続けることでしょう。

111. ◆**8部**◆たとえ**われら**が、かれら（多神教徒）に天使たちを遣わし、また死人がかれらに語りかけ、またすべてのものをかれらの目の前に集めても、**アッラー**の御心でない限り、かれらは信仰しないでしょう。かれらの多くは無知なのです。112. このように**われら**は、各預言者に一つの敵を

作りました。それ（敵）は、悪魔的な人間とジン（幽精）で、互いにきれいごとを並べてだますのです。もしあなた（ムハンマド）の主の御心であれば、かれらはそうしなかったでしょう。だからかれらと、その嘘を放っておきなさい。113. そうすれば、来世を信じない人の心がそれ（嘘）に傾き、そしてかれらはそれに喜び、かれらが犯してきたこと（罪）を続けるのです。

114. わたし（ムハンマド）が、**アッラー**の他に裁きを求めるでしょうか。**かれ**こそが、詳細に解明された啓典を、あなた方（啓典の民）に啓示されたお方ではないですか。**われ**らが啓典を与えた人たちは、それがあなた（ムハンマド）の主から、真理をもって啓示されたことを知っています。だからあなたは、疑う人の仲間になってはいけないのです。115. あなたの主の言葉は、真実と公正で完結しています。**かれ**の言葉を変えることは、誰にもできません。**かれ**は全聴にして全知なのです。116. もしあなた（ムハンマド）が地上の多くの人に従うなら、かれらはあなたを**アッラー**の道から迷わすでしょう。かれらはただ憶測に従い、（勝手に）推測するだけです。117. 本当にあなたの主は、**かれ**の道から迷い去った人を最もよくご存知です。また**かれ**は、正しく導かれた人を最もよくご存知です。

118. もしあなた方が**アッラー**の啓示を信じる人たちなら、**かれ**の御名が唱えられたものを食べなさい。119. あなた方は、**アッラー**の御名が唱えられたものを、どうして食べないのですか。**かれ**はあなた方に禁じられるものを、詳しく明らかにしたではありませんか。ただし（生存の）必要に迫られる場合は別として。本当に多くの人は知識もなく、妄欲によって（他の人びとを）迷わせます。あなたの主は、限度を犯す人たちを最もよく知っておられます。120. 外面的な罪も内面的な（心の）罪も、避けなさい。本当に罪を犯した人は、かれらが稼いできたことのために、報いを受けるでしょう。121. また、**アッラー**の御名が唱えられなかったものを、食べてはなりません。それは実に忌わしいことです。しかし悪魔は、かれらの友をかき立て、あなた方と（禁忌について）議論させます。もしあなた方がか

れらに従うなら、本当にあなた方は多神教徒です。

122.死んでいた者に、**われら**が（信者として）生命を授け、光明を与え、それ（光明）によって人びとの間を歩く人は、（不信心の）暗闇の中から出られないような人と、同じでしょうか。このように非信者には、かれらがしてきたことを、うわべは立派だと思わせました。123.このように**われら**は、それぞれの町に罪深い有力者を置き、そこでかれらに策謀させるのです。でもかれらは自分自身に対して策謀するだけで、自らはそれに気づいていないのです。124.かれらに一つの印が来ると、かれらは言います。**アッラー**の使徒たちに与えられたようなものが、わたしたちにも与えられるまでは信じませんと。**アッラー**は、**かれ**の啓示をもたらすべき所を最もご存知です。罪を犯した人たちは、かれらが策謀してきたことに対して、**アッラー**からの屈辱と激しい苦痛が降りかかるでしょう。125.**アッラー**が導くことを望む人は、イスラームのために、**かれ**がその（人の）胸を開きます。でも**かれ**が迷うに任せる人は、空高くに登ろうとするときのように、その胸をきつく締めつけます。このように**アッラー**は、信仰を拒否する人に罰を加えるのです。

126.これがあなた（ムハンマド）の主の正しい道です。**われら**は留意する人たちのために、印を詳細に示しました。127.かれらは、自らの主の御元に平安の住まいを得ます。**かれ**はかれらのしてきたこと（善行）のために、かれらの援護者となるのです。

128.**かれ**が一斉にかれらをすべて召集する日、ジン（幽精）よ、実にあなた方は多くの人間を惑わせました（と、**アッラー**は言います）。人間の中にいるかれら（ジン）の友は言います。主よ、わたしたちは互いに利用し合いましたが、**あなた**がわたしたちに定めた（人生の）期限が来ました。**かれ**は言います。地獄の火があなた方の住まいです。**アッラー**の御心(みこころ)であれば、永遠にその中に住むでしょう。真にあなた（ムハンマド）の主は英明にして全知です。129.このように**われら**は、かれらが稼いできたことに

より、不正な者に上下差を付けるのです。

〈迷信を避けること〉
130. ジン（幽精）と人間たちよ、あなた方のために**わたし**の印を説き、この（審判の）日の会見について警告する使徒たちが、あなた方の中から来たのではないですか。かれらは言います。わたしたちは自分自身（の利益）に反し証言しますと。（つまり）現世の生活がかれらを惑わせ、自分が非信者であったことを、かれらは自らに反し証言するのです。131. これ（使徒たちが来た理由）はあなた（ムハンマド）の主が、その民が気づかないうちに、かれらの不正をもって町を滅ぼさないためです。132. 誰にでも、その人が行なったことに応じた（来世での）位階があります。あなた（ムハンマド）の主は、その行ないを見逃しません。133. あなたの主は、豊かに満ち足りているお方で、慈愛の所有者なのです。もし**かれ**の御心なら、あなた方を立ち去らせて、その後**かれ**が望む人を後継者とすることもできます。（ちょうど）**かれ**があなた方を、他の民の子孫から生育されたように。134. 誠にあなた方に約束されたことは、必ず果たされます。あなた方は（約束を）逃がれることはできません。135. 言いなさい。わたし（ムハンマド）の人びとよ、わたしがそう（信者）であるように、あなた方もその立場（多神教徒）を続けなさい。やがてあなた方は、誰が最後に（平安の）住まいを得るかを知るでしょう。不正を行なう人たちは、決して成功しないのです。

136. かれら（多神教徒）は、**かれ**が創った穀物と家畜の一部を**アッラー**に割り当てて言います。これは**アッラー**のためで、他方それ以外は、多神のためにと言いはります。でも多神のものは**アッラー**に届きませんが、**アッラー**のものは多神に届くのです。（だから）かれらの判断こそ悪なのです。137. 同じようにかれらの多神は、大勢の多神教徒に、自らの子女を殺すことを立派であると思い込ませました。そうすることで（多神は）かれらを滅ぼし、かれらの信仰を混乱させるのです。もし**アッラー**の御心なら、かれら（多神教徒）はそうしなかったでしょう。だからかれらとその虚偽を

放っておきなさい。138.またかれらは言います。これらの家畜や穀物は禁じられているので、わたしたちが認めない限り、誰も食べることはできませんと。これはかれらの思い込みです。また背中が禁忌になっている家畜[141]であるとか、（非ムスリムである）かれらが**アッラー**の御名を唱えていない家畜（だから、禁じられているというの）は、**かれ**に対する虚偽です。**かれ**は、かれらがしてきた虚偽に報いるでしょう。139.またかれらは言います。この家畜の子宮にあるものは、わたしたち男性に限られ、配偶者たちには禁じられます。でも（禁じられているが、）死産なら、誰にでもその分け前がありますと。**かれ**はかれらの（このような嘘の）発言に報いるでしょう。本当に**かれ**は英明にして全知です。140.（教えに）無知で愚かにもその子女を殺し、**アッラー**がかれらに恵まれたものを禁じて、**アッラー**に対し嘘を捏造する人たちは、本当に失敗者です。確かにかれらは迷い去り、かれらは正しく導かれなかったのです。

141.**かれ**こそは、つる棚を組んだり組まなかったりした果樹園、ナツメヤシ、様々な味の作物、またオリーブやザクロなどで、似たり異なったりするものを作ったお方です。（だから）実がなったときはそれを食べなさい。収穫日には、定めの施しを行ない、浪費してはいけません。誠に**かれ**は、浪費する人を好まれません。142.また家畜のあるものは運搬用で、あるものは食肉用です。**アッラー**があなた方に与えたものを食べなさい。そして悪魔の歩みに従ってはいけません。かれ（悪魔）はあなた方にとって、明らかな敵なのです。143.（**アッラー**は）8頭の動物を対(つい)（雄雌）にしました[142]。（例えば）羊一対と山羊(やぎ)一対です。言いなさい。**かれ**は２頭（羊と山羊）の雄または２頭の雌、または２頭の雌の胎内にあるもの（胎児）を禁じましたか。もしあなた方が誠実なら、知識を持ってわたし（ムハンマド）に知らせなさい。144.またラクダ一対と牛一対（も同じです）。言いなさい。**かれ**は２頭（ラクダと牛）の雄または２頭の雌、または２頭の雌

---

141 「背中が禁忌になっている家畜」とは、多神教徒によって背中に乗ることや運搬などの役務を禁じられた雄ラクダのハーミーをさしている。5:103参照。
142　8頭（4対）の動物とは、羊、山羊、ラクダ、牛の各雄雌のこと。

の胎内にあるもの（胎児）を禁じましたか。あなた方は、**アッラー**があなた方に、これ（禁忌）を命じたときの証言ができるのですか。知識もなく人を迷わせるために、**アッラー**に対して嘘を捏造するよりも不正な人がいるでしょうか。誠に**アッラー**は、不正を行なう人を導きません。

145. 言いなさい。わたし（ムハンマド）に啓示されたものの中には、食べる人に食用が禁じられたものはありません。ただし、死肉、流れ出る血、豚肉は実に不浄なもの、または**アッラー**以外の名を唱えられ（屠畜された）非法なものは別として（禁じました）。ただし（生存の）必要に迫られ、（また）故意でもなく過剰でもない場合は、誠にあなたの主はよく赦すお方で、慈愛深いお方なのです。146. ユダヤ教徒には、**われら**はかぎ爪のあるすべての動物を禁じ、また牛と羊はその脂を禁じました。ただし、背部と内臓部に付着し、または骨についた脂は別として。これはかれらの不服従に対する報いで、**われら**は言葉に誠実な者です。147. それでもかれらが、あなた（ムハンマド）を嘘つき呼ばわりするなら、言いなさい。あなた方の主は広大な慈愛の持ち主です。一方、罪深い人から、**かれ**の懲罰が撤回されることはありません。148.（**アッラー**に）同位を並置する人は言います。もし**アッラー**の御心なら、わたしたちとその先祖も（多神を）信仰せず、また何も禁じなかったでしょう。同じようにかれら以前の人びとも、**われら**の懲罰を味わうまでは、嘘呼ばわりしてきたのです。言いなさい。あなた方に知識があるのですか。あるなら、わたしたちにもたらしなさい。あなた方はただ憶測に従い、（勝手に）推測するだけです。149. 言いなさい。徹底した論証は**アッラー**のものです。**かれ**の御心なら、あなた方を一人残らず導いたことでしょう。150. 言いなさい。**アッラー**がこれ（8頭の動物など）を禁じたと証言できる、あなた方の証人を連れて来なさい。たとえかれらが証言しても、あなた（ムハンマド）はかれらと一緒に証言してはいけません。また**われら**の印を嘘呼ばわりし、来世を信じず、かれらの主に同位を配する人たちの乱心に、従ってはいけません。

〈正しい道に従うこと〉

151. 言いなさい。（わたしの方に）来なさい。わたし（ムハンマド）は、あなた方の主が、あなた方に禁じたことを読み聞かせましょう。**かれ**に何ものも同位を配してはいけません。また親孝行しなさい。そして貧しいからといって、自分の子供を殺してはいけません。**われら**が、あなた方とかれらを養うからです。表に現れようが現れまいが、わいせつな恥ずべき行為に近づいてはいけません。**アッラー**が侵してはならないとされた生命を、正当な権利（死刑や戦闘など）なくしては殺してはいけません。このようにあなた方が理性を働かせるよう、**かれ**は命じたのです。152. より適正でない限り、孤児が成人に達するまでは、その財産に近づいてはいけません。また公正に計量しなさい。**われら**は誰にも能力以上の重荷を与えません。あなた方が話すときは、近親でも公正でありなさい。そして**アッラー**との約束を果たしなさい。このようにあなた方が深く思いに留めるよう、**かれ**は命じたのです。153. これこそは、**わたし**の正しい道なので、それに従い（他の）道に従ってはいけません。それら（他の道）は、あなた方を**かれ**の道から遠ざけるでしょう。このようにあなた方が（**アッラー**を）意識するよう、**かれ**は命じたのです。

154. さらに、**われら**はムーサーに啓典を授け、善行の人に対して（恩寵を）全うし、（啓典を）すべてのことの解明、また導きと慈愛としました。かれらはその主との会見を信じるでしょう。155. これ（クルアーン）も、**われら**が啓示した祝福された啓典です。だからこれに従い、（**アッラー**を）意識しなさい。そうすれば、あなた方は慈愛を授かるでしょう。156.（それによって）あなた方は、こう言わないためです。啓典はわたしたち（マッカの多神教徒）以前の二派（ユダヤ教徒とキリスト教徒）に対してのみ啓示されたので、本当のところ、わたしたちはかれらが何を学んだかは知りませんでしたと。157. また（それによって）あなた方がこう言わないためです。啓典がわたしたちに啓示されていたなら、かれら（ユダヤ教徒とキリスト教徒）よりもよく導かれたのだと。そこで正にあなた方の主からの明証と導きと慈愛が来ました。だから**アッラー**の印を嘘であるとし、それ

から背き去るよりも不正な人がいるでしょうか。**われら**はその印から背き去った人に、背き去ってきたということで、ひどい苦痛で報いるでしょう。158. かれらは、天使たちが来るのを待っているのか、またはあなた方の主が来るのを待っているのか、またはあなた方の主の印の一部が来るのを待っているのか。あなた方の主の何らかの印が来る（最後の）日、以前から信仰し、または信仰により善を稼いでいない限り、かれらを信仰が益することはないでしょう。言いなさい。あなた方は待ちなさい。わたしたちも待つ者なのです。

159. 自分の信仰を分裂させ、分派をなす人たちについて、あなた（ムハンマド）は何の関わりもありません。かれらのことは、**アッラー**次第です。ときが来れば、**かれ**は自分たちがしてきたことを、かれらに知らせるでしょう。160.（審判の日）、誰でも善行を持って来た人には、それと同じようなものの10倍（の報奨）があります。でも悪を持って来た人には、それと同じようなものが、報いとしてあるだけです。かれらが不当に扱われることはありません。161. 言いなさい。誠にわたしの主は自分を、純正なイブラーヒームの信仰である、正しい道と真実の教えに導きます。かれは、多神教徒の仲間ではありませんでした。162. 言いなさい。わたしの礼拝と犠牲、（そして）わたしの生と死は、すべての世界の主、**アッラー**のためです。163. **かれ**に同位者はないと、わたしはそのように命じられました。そしてわたし（ムハンマド）はムスリムの先駆け[143]なのです。164. 言いなさい。**かれ**はすべての主なのに、わたしが**アッラー**以外に主を求めるでしょうか。各人は自らの稼ぐことだけに責任を負うのであって、他人の重荷は負いません。最後には、あなた方は主の所に帰るのです。そのとき**かれ**は、あなた方が意見を異にしてきたことについて、知らせるでしょう。165. **かれ**こそは、あなた方を地上の代理者[144]とし、ある人の（物的精神的）位階を他の人よりも高める方です。それは**かれ**があなた方に与えたものによっ

---

143 「先駆け」とはムスリム共同体の先頭に立つという意味で、地上における最初のムスリムはアーダムである。2:21以下参照。
144 「地上の代理者」に関しては、2:30参照。

て、あなた方を試みるためです。あなた（ムハンマド）の主は懲罰に極めて早く、そして**かれ**は実によく赦すお方であり、慈愛深いお方なのです。

7. 高壁章 سورة الأعراف

マッカ啓示
206節

　この章は、最後の審判で行き先の決められる楽園と火獄の間にある高壁の話から命名されました(46節)。アーダムの創造と楽園追放(11〜25節)、多くの預言者の登場とムハンマドの教えの正しさが語られます(54〜171節)。ヌーフの方舟の話(59〜64節)やアッラーはどの美称で呼んでもよいこと(180節)が触れられ、また常時アッラーを唱えることの重要性(204〜206節)が強調されます。

　　　　慈愛あまねく、慈愛深いアッラーの御名において
〈アッラーへの服従：悪の根源は高慢さ〉
1. アリフ・ラーム・ミーム・サード。
2.（これは）あなた（ムハンマド）に啓示した、啓典（クルアーン）です。だからあなたはそれについては、心配いりません。それは（人びとに）警告するためであり、信者たちを諭すためにあるのです。3. あなた方（非信者）は主から啓示されたものに従い、**かれ**以外の保護者に従ってはいけません。（しかし）あなた方は、ほとんど留意しません[145]。

4. それでどれだけ多くの町を**われら**が滅し、**われら**の懲罰が夜の間に、またかれらが昼寝をしている間に、襲いかかったことでしょうか。5. **われら**の懲罰がかれらを襲ったとき、かれらの叫びはただ、わたしたちは本当に不正をしてきましたと言うだけでした。6. それから**われら**は、使徒が遣わされた人びとに質問し、また使徒たちにも質問します。7. それから**われら**は、（確かな）知識を持ってかれらに（その所業について）話します。**われら**

145　預言者ムハンマドへの教化活動上の励ましについては、2:6参照。

が知らないことはないのです。8. その（審判の）日の計量は正真正銘です。そして（善行の）秤の重い人は成功者です。9. また秤の軽い人は、自分自身を欺いた人です。なぜなら**われら**の印に、不正を犯してきたからです。

10. **われら**はあなた方を、地上においてしっかり定住させ、生計の道を授けました。ところがあなた方は、ほとんど感謝しません。11. 確かに**われら**はあなた方を創造し、さらに形作ったのです。それから**われら**は、天使たちに向かって、アーダムに平伏しなさいと言いました。するとかれらは平伏しました。ただしイブリース（ジンで悪魔）は別として。かれは平伏しませんでした。12. **かれ**は言いました。**わたし**があなたに命じたとき、あなたが平伏しなかったのはどうしてですか。かれ（イブリース）は言いました。わたしはかれ（アーダム）よりも優れている。**あなた**はわたしを火から創造したが、かれは土から創造した。13. **かれ**は言いました。ここ（楽園）から落ちて行け。あなたはここで高慢であってはならない。だから出て行け。本当にあなたは恥ずべき者だ。14. かれ（イブリース）は言いました。かれら（人びと）が復活する日まで、わたしに時間をくれ。15. **かれ**は言いました。では、あなたは猶予された。16. かれ（イブリース）は言いました。**あなた**がわたしを迷わせたので、わたしは**あなた**の正しい道の上でかれら（人びと）を待ち伏せるのだ。17. そしてわたしは、かれらの前後左右から襲う。すると**あなた**は、かれらの多くが感謝しないことに気付くでしょう。18. **かれ**は言いました。恥をさらし拒否され、ここから出て行け。確かにあなたとあなたに従う人全員で、地獄を満たすでしょう。19. アーダムよ、あなたとあなたの妻は楽園に住みなさい。そしてあなた方は何でも好きに食べるのです。ただし（二人とも）この木に近付いてはいけません。さもなければ不正を犯す者となるでしょう。

20. すると悪魔は、隠れていた恥ずかしいところを二人にあらわにするため、ささやきました。かれ（悪魔）は言いました。あなた方の主が、この木に近付くことを禁じたのは、あなた方を天使や不死の者にならせないためなのだ。21. そしてかれ（悪魔）はかれらに誓ったのです。本当にわたしは、

あなた方の誠実な助言者であると。22.このようにかれ（悪魔）は二人を欺瞞（ぎまん）によって堕落させました。そしてかれらがこの木（の実）を味わうと、かれらの恥ずかしいところが二人にあらわになり、かれらは楽園の葉でかれら自身を覆い始めたのです。かれらの主は、二人に呼びかけました。**わたし**はこの木をあなた方に、禁じませんでしたか。また**わたし**は言いませんでしたか。悪魔はあなた方二人の、明らかな敵ですと。23.かれら二人は言いました。わたしたちの主よ、わたしたちは自分自身を欺いたのです。もし**あなた**がわたしたちをお赦しにならず、慈愛を与えてくださらなければ、わたしたちは本当に失敗者になってしまいます。24.**かれ**は言いました。落ちて行きなさい、あなた方（人間と悪魔）は、互いに敵となるでしょう。あなた方には、地上における住まいと生計が一時的にあるでしょう。25.**かれ**は言いました。そこであなた方は生き、そこで死に、またそこから（復活の時、地中から）外へ出されるでしょう。

26.アーダムの子孫よ、**われら**は、あなた方の恥ずかしいところを覆い、また装飾として、衣装をあなた方にもたらしました。しかし（**アッラー**を）意識するという衣装こそ最善です。これは**アッラー**の印のひとつで、（**アッラー**を）留意するためにあるのです。27.アーダムの子孫よ、あなた方の両親（アーダムとハウワー）が楽園から追い出されたように、あなた方は悪魔に惑わされてはいけません。（悪魔は）かれらの恥ずかしいところをあらわにするため、かれらから衣装を剥ぎ取ったのです。実にかれ（悪魔）は、あなた方を見ています。かれとその一味は、あなた方の見えない所からあなた方を見ています。確かに**われら**は、悪魔たちを、信仰しない人たちの友としました。

28.かれらはわいせつな行為をするとき、言うのです。わたしたちは先祖がこれを行なうのを見ました[146]、また**アッラー**が、これをわたしたちに命じましたと。言いなさい。**アッラー**はわいせつな行為を命じません。あな

---

146 イスラーム以前には、男女ともカアバ殿を裸で回る習慣があった。

た方は、**アッラー**について（不実で）知らないことを口にするのですか。
29. 言いなさい。わたしの主は、公正を命じました。そしてどこのマスジドでもあなた方の顔を（**アッラー**への信仰に）向け、**かれ**を呼び、**かれ**に至誠の信心を尽くしますと。**かれ**があなた方を最初に創ったと同様に、あなた方は戻る（復活する）のです。30. **かれ**はある一団を導き、またある一団には迷いを当然としました。（なぜなら後者の）かれらは**アッラー**ではなく、悪魔を擁護者としたにも関わらず、自分たちを正しく導かれた人と考えたからです。31. アーダムの子孫よ、どこのマスジドでもちゃんとした衣装を身につけなさい。そして飲食するにしても、度を越してはいけません。真に**かれ**は過度な人たちを好まれません。

32. 言いなさい。**アッラー**が、僕たちにもたらした衣装と善い糧を禁じたのは誰ですか。言いなさい。これらは、現世において信仰する人たちのためのものであり、復活の日には（信者が）専有するものです。このように**われら**は、印を理解ある人びとに解明するのです。

33. 言いなさい。わたし（ムハンマド）の主が禁じたことは、表に現れていようが隠れていようが、わいせつな行為[147]であり、また罪[148]、不当な迫害、**アッラー**が何の権威も授けていないものを同位に配すること、そして**アッラー**について、（啓示に関する）知識もないのに、あなた方が口にすることです。34. 各共同体には期限があります。だからその期限が来れば、一刻も遅らすこともできず、早めることもできないのです。

〈アーダムの子孫の不正〉
35. アーダムの子孫よ、あなた方の間から使徒たちが来て、あなた方に**わたし**の印を語っても、**アッラー**を意識して善行に努める人には、恐怖もなく悲哀もないでしょう。36. 一方、**われら**の印を嘘呼ばわりし、それら（印）

---

147 特に限定されていないが、醜行、みだらで恥ずべき行為、破廉恥など。本章28節参照。
148 特に飲酒の罪とされる。

に対して高慢な人は地獄の火の人びとで、かれらはその中に永遠に住むのです。37. **アッラー**に対して嘘を捏造し、**かれ**の印を拒否することよりも、不正な人がいるでしょうか。かれらは、書板にある（現世での）分け前を受け取り、やがて**われら**の使徒（天使）たちがその元に来て魂を召すのです。（そして来世で）かれら（天使）は言います。**アッラー**の他にあなた方が呼んでいたもの（多神）はどこにいますか。非信者は言います。かれら（多神）は、わたしたちを置いてきぼりにした。（こうして）非信者であったと、自らに対して証言するのです。38. **かれ**は言います。地獄の火の中で、あなた方以前に去ったジンと人間の一団に加わりなさい。毎回ある一団が地獄の火に入るたびに、仲間の一団を呪います。そして全員その中で追いつくと、最後の一団は最初の一団について言います。わたしたちの主よ、かれらがわたしたちを迷わせたので、倍の地獄の火の苦痛を与えてください。**かれ**は言います。それぞれに倍（の苦痛が）あるけれど、あなた方はそれを知らないだけです。39. また最初の一団は、最後の一団について言います。あなた方に、わたしたちよりも善いところはないのだ。だから、自らが稼いできたことに対する苦痛を味わえと。

40. **われら**の印を嘘呼ばわりし、それ（印）に対して高慢であった人たちには、天の門は開かれません。ラクダが針の穴を通ったとしても、かれは楽園に入れません[149]。このように**われら**は罪深い人に報いるのです。41. 地獄がかれらの寝床であり、上には幾重にも重なる（火の）覆いがあります。**われら**はこのように不正な人たちに報います。42. でも信仰して善行に励む人は、**われら**は誰にも能力以上の重荷を与えません。かれらは楽園の人びとで、その中に永遠に住むのです。43. **われら**は、かれらの心の中にある怨恨(えんこん)を取り除きます。川がかれらの足元を流れます。かれらは言います。わたしたちをここに導いた**アッラー**に、すべての称賛を捧げます。もし**アッラー**の導きがなければ、わたしたちは正しい道を見つけられ

---

149 「ラクダ（ジャマル）」は「太い綱」の意味もあるので、「針の穴を太い綱が通っても」と訳されることもある。

なかったでしょう。確かにわたしたちの主の使徒たちが、真理をもたらしましたと。そしてかれら（信者）に対する声が聞こえます。これが楽園です。あなた方がしてきたこと（善行）のために、それはあなた方のものなのですと。44. また楽園の人びとは、地獄の火の人びとに向かって呼びかけます。わたしたちは、主が自分たちに約束したことが真実であると分かりました。あなた方も、主が約束したことが真実であると分かりましたかと。（すると）かれらは、はいと言うでしょう。そのとき両者（楽園と地獄の火の人びと）の間から、こう告げられます。**アッラー**は不正の人びとを拒絶するのです。45. これらの（地獄の火の）人びとは、**アッラー**の道を妨げ、（その道を）歪めようとし、また来世を信じない人たちなのです。

46. 両者の間には仕切り壁（ヒジャーブ）があり、その高壁の上に人びとがいて[150]、かれらは特徴によってすべての人を認知します。かれらは楽園の人びとに向けて、あなた方に平安あれ、と挨拶します。（でも）かれら（高壁の人びと）はそこ（楽園）に入ることなく、ただ望むだけです。47. またかれらの目が地獄の火の人びとの方に向くと、かれらは言います。主よ、わたしたちを不正の人びとと一緒にしないでくださいと。48. 高壁の人びとは、特徴によって認知できる人びとに呼びかけ言います。あなた方（地獄の火の人びと）の蓄財と、高慢であったことは役に立ちませんでした。49.（一方）これらの（別の一団で身分が低く恵まれなかった）人びとは、**アッラー**が慈愛を与えないとあなた方が誓言した人びとではないでしょうか。（これらの恵まれなかった人びとよ）楽園に入りなさい。あなた方には、恐怖もなく悲哀もありません。50. 地獄の火の人びとは、楽園の人びとを大声で呼び出します。わたしたちの上から水を注いでください。もしくは**アッラー**があなた方に恵まれたものを（注いでください）と。かれらは言います。**アッラー**は、そのどちらも非信者に禁じました。51.（非信者は）自分自身の宗教を遊びや戯れとする人びとです。結局、現世の生活がかれ

---

150 高壁の上にいる人びとは、審判の日において善悪の秤の重さが等しく、未だ楽園に入るか、地獄の火に入るか決まっていない人びとをさす。また現世においてアッラーの啓示が届かなかった人びともこれに含まれるという意見もある。

らを欺いたのでした。だから今日（審判の日）、**われら**はかれらを無視します[151]。まるでかれらがこの日の会見を無視し、**われら**の印を拒否してきたように。

52. **われら**は、信仰する人びとへの導きと慈愛として、啓典をもたらし、正しい知識を持って、それを解明しました。53.（だから）かれら（非信者）は、その解明を待つだけなのでしょうか。解明される日が来ると、以前これを無視していた人は言います。わたしたちの主の使徒たちは、確かに真理を持って来ました。そこで（審判の日）わたしたちのために執り成してくれる人はいるのですか。もしくは、わたしたちがしてこなかったこと（善行）をするため、（現世の生活に）送り返されないのですかと。結局かれらは自らを滅ぼし、捏造してきたもの（多神）は、かれら（非信者）を置き去りにしてしまったのです。

54. 誠にあなた方の主は、**アッラー**です。**かれ**は諸天と地を6日で創り、それから玉座に着かれます。**かれ**は昼でもって、遅れることなく夜を覆い、また太陽、月、群星を**かれ**の命令に服させます。**かれ**にこそ創造と統括権があるのです。すべての世界の主、**アッラー**にこそ称賛あれ[152]。55. 謙虚にそしてそっと、あなた方の主を呼びなさい。**かれ**は限度を越す人たちを好みません。56.（啓示によって）正された後、地上で腐敗を引き起こしてはいけません。（**アッラー**への）恐れと希望をもって、**かれ**を呼びなさい。本当に**アッラー**の慈愛は、善行する人たちの近くにあります。57. **かれ**こそは、その慈愛によって吉報としての風を送るお方です。それら（風）は重い雲を運び、**われら**がそれら（雲）を死んでいる地に送って雨を降らせ、様々な実りをもたらします。同様に、**われら**は死から甦らせるのです。そうすればあなた方は、留意するでしょう。58. 良い土地には、主の許しによって、植物がよく育ちます。悪い土地には、貧弱なものしか育ちません。こ

---

151 「無視する」は従来、忘れると訳されることが多かった。参考文献25、98頁、脚注a．
152 この一節はアッラーの描写として、「玉座の節」（2:255）と並んで特記されるものである。

のように**われら**は感謝する人のために、印を明らかにするのです。

〈預言者たちを拒否した無知の民〉
59. 確かに**われら**は、ヌーフをかれの民に遣わしました。かれ（ヌーフ）は言いました。わたしの民よ、**アッラー**に仕えなさい。**かれ**の他に神はいません。真にわたしは、あなた方に降りかかる絶大な日の苦痛を恐れます。60. かれの民の指導者たちは言いました。本当にわたしたちは、あなたが明らかに間違っていると思います。61. かれ（ヌーフ）は言いました。わたしの民よ、わたしに間違いはありません。わたしはすべての世界の主の使徒です。62. わたしはあなた方に、主のお告げを伝え、助言をします。わたしはあなた方が知らないことを、**アッラー**から知っているものです。63. あなた方は自分たちの中にいるひとり（ヌーフ）を通して、あなた方の主から戒めが来たことに驚くのですか。（戒めは）**かれ**があなた方に警告するためであり、あなた方が（**アッラー**を）意識するためです。そうすることであなた方は慈愛に授かるのです。64. ところがかれらはかれを拒否しました。だから**われら**は、かれ（ヌーフ）と方舟の中でかれと一緒であった人たちを救い、**われら**の印を嘘呼ばわりした人たちを溺れさせました。実にかれらは盲目の民でした。

65. またアードの民に、かれらの同胞のフードを（遣わしました）[153]。かれ（フード）は言いました。わたしの民よ、**アッラー**に仕えなさい。**かれ**の他に神はいません。あなた方は（**アッラー**を）意識しないのでしょうか。66. かれの民の中にいる非信者の指導者たちは言いました。わたしたちが思うに、あなたは本当に愚かで嘘つきだ。67. かれは言いました。わたしの民よ、わたしは愚かではありません。しかし、わたしはすべての世界の主からの使徒です。68. わたしはあなた方に主のお告げを伝えます。またわたしは、あなた方への信頼できる助言者なのです。69. あなた方は驚く

---

153 アードの民はヌーフから6代目の子孫に当たるとされ、アラビア半島南部のイエメンからハドラマウートの広大な領域を支配したとされる。11:50～60参照。

のですか。自分たちの中にいるひとり（フード）を通して、警告のために、あなた方の主から戒めが来たことに。**かれ**が、あなた方（アードの民）をヌーフの民の後継ぎとし、またあなた方の身体を強大にされたことを想いなさい。だから**アッラー**の恩恵を想いなさい。（そうすれば）あなた方は成功するでしょう。70. かれらは言いました。あなたがやって来たのは、わたしたちが**アッラー**だけに仕え、自分の先祖が仕えてきたものを捨てる（よう伝える）ためなのだ、もしあなたが誠実な人なら、あなたが約束するものをわたしたちにもたらしてみなさいと。71. かれ（フード）は言いました。あなた方の主の懲罰と怒りは、もうあなた方に降りかかりました。（それで）あなた方は先祖が命名した（多神の）名前については、**アッラー**が何の権威も授けていないのに、わたしと議論するのですか。それなら待ちなさい。確かにわたしも、あなた方と共に待ちましょう。72. そして**われら**は慈愛をもって、かれ（フード）とかれと一緒にいる人たちを救い、**われら**の印を拒否した人たちと信仰しなかった人たちを根絶したのです。

73. またサムードの民に、かれらの同胞サーリフを（遣わしました）[154]。かれは言いました。わたしの民よ、**アッラー**に仕えなさい。**かれ**の他に神はいません。あなた方の主から明証が来ました。この**アッラー**の雌ラクダが、あなた方への印です。それでそれ（雌ラクダ）に食べさせるため、**アッラー**の大地に放牧しなさい。そしてそれに害を加えてはいけません。そうしないと、厳しい苦痛があなた方を襲うでしょう。74. また**かれ**が、あなた方（サムードの民）をアードの民の後継ぎとし、その地に定住させたときのことを想いなさい。あなた方は平原に宮殿を設け、また岩山に家を彫りました。だから**アッラー**の恵みを想いなさい。地上で悪を犯し、腐敗を広げてはいけません。75. かれ（サーリフ）の民の中の高慢な指導者たちは、そこで虐げられていた信者たちに言いました。あなた方はサーリフが、かれの主から遣わされたことを知っているのですか。かれら（信者）は言いました。

---

154 サムードの民については、11:61～68参照。アラビア半島北西部に居住したとされ、ペトラ遺跡のナバテア王国のナバテア人はその後継者ともされる。

確かにわたしたちは、かれが遣わされたことを信じる者です。76.高慢な人たちは言いました。確かにわたしたちは、あなた方が信じることを信じてはいない。77.そこでかれらは、その雌ラクダの膝の腱を切って、かれらの主の命令に逆らって言いました。サーリフよ、もしあなたが使徒たちの一人であるなら、あなたがわたしたちに約束したもの（懲罰）をもたらしてみろと。78.すると大地震がかれらを襲い、朝までにかれらはその家の中に平伏していました。79.それで（サーリフは）かれらから去って言いました。わたしの民よ、確かにわたしは、主のお告げをあなた方に伝え、助言をしました。でもあなた方は（誠実な）助言者たちを好まないのです。

80.またルートを（遣わしました）[155]。かれ（ルート）はその民に言いました。あなた方は、このようなわいせつな行為を犯すのですか。あなた方以前、どの民族も行なったことがないのに。81.あなた方は情欲のために女性でなくて、男性に向かいます。本当にあなた方は過度な人びとですと。82.かれの民は答えて、こう言うだけでした。かれら（ルートたち）を、あなた方の町から追い出そう、（というのも）かれらは本当に清純ぶった人たちなのだから。83.こうして**われら**は、かれとその家族を救いました。ただしその妻は別として。かの女は後方に残された民の仲間でした。84.**われら**はかれらの上に（破壊の）雨を降らせました。見なさい。罪を犯す人の最後がどんなものであったかを。

85.またマドヤンの民に、かれらの同胞シュアイブを（遣わしました）[156]。かれ（シュアイブ）は言いました。わたしの民よ、**アッラー**に仕えなさい。**かれ**の他に神はいません。あなた方の主から明証が来ました。だからきちんと寸法をとり計量し、人のものを安く値を踏んではいけません。また（啓

---

155 ルートはイブラーヒームの甥。メソポタミアからカナーンに移住した後、男色で知られるサドゥーム（ソドム）とゴモッラの民に遣わせられた。
156 預言者イブラーヒームの5代後の世代で、北西アラビアに居住したとされるが、多くは知られていない。またマドヤンの民は、預言者ユースフをエジプトの王に売ったとされ、シナイ半島北方に居住していたらしい。11:84～95参照。

示によって）正された後、地上で腐敗を引き起こしてはいけません。もしあなた方が信者なら、これはあなた方のために最も善いことです。86.あなた方は路上で待伏せして、信仰する人たちを脅迫したり、**アッラー**の道を妨害したり、それ（道）を歪曲させようとしてはいけません。あなた方は少数であったけれど、**かれ**があなた方を大勢にしたことを思い出しなさい。腐敗をもたらす人の最後が、どうであったかを見なさい。87.もしあなた方の中に、わたしの使命を信じる一団と、信じない一団とがあるときは、**アッラー**がわたしたちの間を裁くまで待ちなさい。**かれ**は最も優れた裁決者なのです。

88.◆9部◆かれ（シュアイブ）の民の中の、高慢な指導者たちは言いました。シュアイブよ、わたしたちは、あなたとあなたを信じた人たちを、わたしたちの町から必ず追い出すぞ。そうさせたくなければ、わたしたちの宗教に返るべきだ。かれは言いました。たとえわたしたちが、それを嫌いでもですか。89.**アッラー**がわたしたちを助けた後、もしわたしたちがあなた方の宗教に戻ったなら、**アッラー**に対して嘘をついたことになります。そしてわたしたちの主、**アッラー**が御望みにならない限り、それ（あなた方の宗教）に戻ることは、わたしたちにはできないのです。本当に主の知識は、あらゆる事物に及ぶのです。**アッラー**をわたしたちは信頼します。わたしたちの主よ、わたしたちと人びとの間を、真理によってお裁きください。**あなた**は最も優れた裁決者であります。90.かれ（シュアイブ）の民の中にいる非信者の指導者たちは言いました。もしあなた方がシュアイブに従うなら、失敗者になるだろう。91.すると大地震がかれらを襲い、翌朝までにかれらはその家の中にひれ伏しました。92.シュアイブを嘘呼ばわりした人たちは、そこに住んでいなかったかのようでした。シュアイブを嘘呼ばわりした人たちは、確かに失敗者でした。93.そしてかれはその民から立ち去って、言いました。わたしの民よ、確かにわたしは、あなた方に主のお告げを伝え、助言をしました。だから信仰しない人びとのために、どうしてわたしが嘆くことがあるでしょうか。

94. **われら**がある町に預言者を遣わしたのは、その民が謙虚になるよう**われら**が不幸と苦難で、かれらを捕える以外に（目的は）ありませんでした。 95. その後、**われら**が悪いものを善いものに代えて、繁栄するようになると、かれらは言い出したのです。本当にわたしたちの先祖も、順境と逆境に会いましたと。だから**われら**はかれらが気づかない間に、突然かれらを襲いました。 96. もし、これらの町の人びとが信仰して主を意識したなら、**われら**は天地の祝福を、かれらに潤沢に与えるため、きっと（その扉を）開いたでしょう。でもかれらは（預言者たちを）嘘つき呼ばわりしました。だから**われら**は、かれらが稼いできたことのために捕らえたのです。

97. これらの町の人びとは、夜かれらが眠っている間に、**われら**の懲罰が来ないと安心できるのでしょうか。 98. またこれらの町の人びとは、昼にかれらが戯れている間に、**われら**の懲罰が来ないと安心できるのでしょうか。 99. かれらは**アッラー**の深謀(しんぼう)に安心できるのでしょうか。（できないはずなのに、）**アッラー**の深謀に安心できるのは、失敗者だけなのです。

〈フィルアウン一族の末路〉
100. その（滅びた）民の後、この地を継いだ（マッカの）人びとに対しては、（以前の非信者の末路は前例として）導きにならなかったのでしょうか。**われら**が望めば、**われら**はその罪のためにかれらを苦しめ、その心を封じて聞こえなくしてしまうのに。 101. **われら**はあなた（ムハンマド）に、さまざまな町の人びととの物語を話しました。確かに使徒たちは明証を持って、かれら（非信者）のところに来たのです。でもかれらは、以前（の民が）拒否したように、信じようとしませんでした。このように**アッラー**は、非信者の心を封じました。 102. **われら**は、かれらの多くが（**アッラー**との）約束を守らず、掟破りの人たちであることを知っているのです。

103. それでかれらの後に、**われら**は印と共に、ムーサーをフィルアウンとその指導者たちに対して遣わしました。ところがかれらは、それらを拒否しました。腐敗を広げる者の末路が、どんなものかを見なさい。 104. ムー

サーは言いました。フィルアウンよ、誠にわたしは、すべての世界の主から遣わされた使徒です。105.間違いなく、真理の他にわたしが**アッラー**について言うことはありません。確かにわたしは、主からの明証を持って、あなた方のところに来ました。だからイスラーイールの子孫を、わたしと一緒に（約束の地へ）行かせてください。106.かれ（フィルアウン）は言いました。もしあなたが印を持って来たのであれば、そしてあなたが正直者なら、（まずは）それを示しなさい。107.そこでかれは、自分の杖を投げました。するとそれは明らかに大蛇になったのでした。108.次にかれがその手を伸ばしました。するとそれは、白く見えました。109.フィルアウンの民の指導者たちは言ました。かれは確かに熟練の魔術師です。110.かれはこの土地から、あなた（フィルアウン）を追出すつもりです。（そこでフィルアウンが言いました）ではあなた方は、どうしようというのか。111.かれらは言いました。かれ（ムーサー）とその兄弟を（ここに）留めさせ、町々から（魔術師を）召集する者を遣わし、112.（競演のため）腕の立つ魔術師全員をあなたのところに呼び出しましょう。

113.それから魔術師たちは、フィルアウンのところに来て言いました。わたしたちが勝者となれば、わたしたちには報酬があるでしょう。114.かれ（フィルアウン）は言いました。そうだ。あなた方は、わたしの側近となるでしょう。115.かれらは言いました。ムーサーよ、あなたが投げるのか、それともわたしたちが（先に）投げるのか。116.かれ（ムーサー）は言いました。（あなた方が先に）投げなさい。そこでかれらが投げると、人びとの目を惑わし恐れさせ、大魔術を見せました。117.そこで**われら**は、ムーサーに申し渡しました。あなたの杖を投げなさいと。すると突然、それはかれらが偽造していたものを飲み込んでしまいました。118.こうして真理は確認されて、かれらがしたことは無意味になったのです。119.かれらは打ち負かされ、すっかり恥さらしとなりました。120.魔術師たちは身を投げ出して平伏し、121.言いました。わたしたちは、すべての世界の主を信仰します。122.ムーサーとハールーンの主を。123.フィルアウンは言いました。あなた方は、わたしが許していないのに**かれ**を信じるのか。これ

はここの民を追い出すために、あなた方がこの町で企んだ共謀に違いない。だがあなた方は、すぐに思い知るだろう。124. わたしはあなた方の両手両足を互い違いに切断し、さらに一人残らず十字架にはりつけよう。125. かれらは言いました。結局わたしたちは主の元に帰ります。126. あなた（フィルアウン）は、主の印が届くと、わたしたちがそれらを信じるというだけで、復讐しようとします。主よ、わたしたちに忍耐を与え、ムスリムとして死なせてください。

127. フィルアウンの民の指導者たちは言いました。あなたはムーサーとその民が地上で腐敗を広げ、あなたとあなたの神々を捨てるのを放っておくのですか。かれ（フィルアウン）は言いました。わたしたちは、かれらの男児を殺して、女児を生かしておくことにする。真にわたしたちは、かれらを支配するのです。128. ムーサーはその民に言いました。**アッラー**の助けを祈り、耐え忍びなさい。本当に大地は**アッラー**のものです。**かれ**は御心の僕たちにこれを継がせます。最後（の勝利）は、**アッラー**を意識する人たちにあるのです。129. かれら（信者）は言いました。わたしたちは、あなた（ムーサー）が来る前も来た後も、迫害を受けてきました。かれ（ムーサー）は言いました。おそらく主は、あなた方の敵を滅ぼし、あなた方をこの地上の後継者とし、どのようにあなた方が行なうかをご覧になるでしょう。

130. 実に**われら**は、フィルアウンの一族が戒めを受け入れるように、長年の飢饉と不作で懲らしめました。131. でもかれらは良いことがあれば、これはわたしたちの成果であると言い、悪いことがあれば、ムーサーとかれの人びとによる悪運だとします。かれらの悪運は、**アッラー**の御元から来ているのですが、かれらの多くは理解していません。132. かれらは言いました。あなた（ムーサー）がどんな印をもたらして誘惑しても、わたしたちは決してあなたを信じません。133. そこで**われら**はかれらに明らかな印として、洪水、（大量の）イナゴ、シラミ、カエルや血などを送りました。しかしかれらは高慢な態度を続ける、罪深い人びとでした。134.（例えば）

懲罰がかれらに降りかかると、かれらは言いました。ムーサーよ、（この懲罰は）**かれ**があなたに約束したことだが、わたしたちのために主に救いを求めてくれ。もしあなた（ムーサー）がわたしたちからこの懲罰を除けば、わたしたちはあなたを信じ、イスラーイールの子孫をあなたと一緒に（約束の地へ）行かせるでしょうと。135. でも**われら**がかれらから懲罰を除いて、（約束を実行するために）一定の期間を与えると、かれらは（それまでに約束を）破るのです。136. それで**われら**は報復として、かれらを海に溺れさせました。かれらは**われら**の印を嘘呼ばわりして、無視したからです。137.（それから）**われら**は虐げられていた人びとを、**われら**が祝福した東西の大地における後継者としました。（こうして）あなたの主の最善の言葉は、イスラーイールの子孫が耐え忍んだことにより、現実のものとなりました。そして**われら**は、フィルアウンとその民が造り、築き上げてきたものを壊滅したのです。

〈ムーサーと無知の民〉

138. **われら**はイスラーイールの子孫に海を渡らせました。するとかれらは、偶像に仕えている、とある民のところに、やって来ました。かれらは言いました。ムーサーよ、かれらが持っている神々のような神を、わたしたちのためにも、造ってくれませんか。かれは言いました。実にあなた方は、無知の民です。139. 真にこれら（の多神教徒）のしていることは滅びるでしょうし、かれらがしてきたことは無意味です。140. かれ（ムーサー）は言いました。**アッラー**の他に、わたしはあなた方のために神を求めるでしょうか。**かれ**はどの民族よりも優遇して、あなた方を寵愛されているのに。141. **われら**がフィルアウンの一族から、あなた方を救ったとき（を、思い出しなさい）。かれらは、あなた方をひどい苦痛で悩まし、あなた方の男児を殺し、女児を生かしておきました。実にその中には、あなたの主からの、偉大な試練があったのです。

142. また**われら**は、ムーサーのために30夜を約束し、さらに10（夜）追加して（律法）を完成しました。だからかれの主の定めた（啓示）期間は、

40夜（のお籠り）で完了しました[157]。ムーサーは兄のハールーンに言いました。（自分が不在中）人びとの間でわたしの代理をしてください、そして正しい行動を取り、腐敗を広める人の道に従わないように。143. ムーサーが**われら**との約束通りに来ると、主はかれに語りかけました。かれ（ムーサー）は言いました[158]。主よ、御姿を現してください。そしてわたしにあなたを拝顔させてください。**かれ**は言いました。あなたは決して**わたし**を見ることはできない。だがあの山を見なさい。もしそれがその場所にしっかりあれば、あなたはそこに**わたし**を見るでしょう。（しかし）かれの主はその山に御光を現わして、山を粉みじんにしたので、ムーサーは意識を失い倒れました。そして意識が回復すると、かれは言いました。あなたに賛美あれ。わたしはあなたに帰ります。そして信仰する者の、先駆けであります。 144. **かれ**は言いました。ムーサーよ、実に**わたし**は、**わたし**の啓示と**わたし**が話しかけたことによって、あなたを万人の上に選びました。だから**わたし**が授けたものを肌身離さずに、感謝する者の一人となりなさい。

145. また**われら**はかれ（ムーサー）のために、すべてのことに関する戒めと解釈とを石版の上に書き記しました。これをしっかり守りなさい。またあなたの人びとに、その中の最も優れたものを守るよう命じなさい。**わたし**は掟破りの人びととの行き着く先を、あなた方に示すでしょう。146. また地上で不当に高慢である人びとを、**わたし**は啓示から背き去らせるでしょう。かれらはすべての印を見ても、それを信じません。またかれらは正しい道を見ても、それを（自分の）道としません。ところが邪悪な道を見れば、それを道であるとします。というのも、かれらは**われら**の印を嘘呼ばわりし、それを無視するからです。147. **われら**の印と来世における会見を、

157　ムーサーは40日間シナイ山に登り、そこで主から律法と訓戒が書かれた板を授かった。その間に、黄金の牛が偶像として造られたのであった。
158　人はアッラーの尊顔を拝したいという願望に駆られがちである。しかし見ることはできないのだが、「アッラーは天地の光」（24：35）ともされる。また逆に言えば、「あなた方がどこに向いても、アッラーの尊顔はあります」（2:115）ということ。そして「善行をした者には、すばらしい報奨があり、また追加もあります」（10：26）とあり、「すばらしい報奨」は楽園入りで、「追加」はアッラーの尊顔を仰ぐこととされる。

虚偽であるとした人びとの行ないは、無意味となります。（果たして）自分の行なってきたこと以外のことで、かれらが応報されることがあるでしょうか。

148. ムーサーの民は、かれの（去った）後、自分たちの装飾品を使って、鳴き声の出る子牛の像を造りました。かれらにはそれがものを言わず、また道案内もできないことが、分らなかったのでしょうか。かれらはそれを（神として）取り扱い、不正を行なう人びととなりました。149.（事態は）自分たちの手に落ちた（後悔した）ので、かれらは迷い去ったことに気づいて言いました。もし、わたしたちの主が慈愛を与えず、また赦さなかったなら、わたしたちは間違いなく失敗者の仲間になったことでしょう。150.（その後）ムーサーがその民のところに帰ったとき、怒り悲しんで言いました。わたしの（去った）後、あなた方がここでしたことは、何と悪質でしょう。あなた方は主の命令を待てないのですか。かれ（ムーサー）は石版を投げ、かれの兄弟の頭を掴んで、引き寄せました。かれ（ハールーン）は言いました。わたしの母の子よ、この民はわたしを見下した上、もう少しでわたしを殺すところでした。だからわたしと対立することで、敵を喜ばせてはいけません。そしてわたしを、不正の民と一緒に見なさないでほしい。151. かれ（ムーサー）は言いました。主よ、わたしとわたしの兄弟を赦し、**あなた**の慈愛の中に入れてください。**あなた**は慈愛ある者の中で、最も慈愛深いお方です。152. 本当に子牛を（神として）取り扱った人たちは、かれらの主から怒りが届き、現世の生活においても屈辱があるでしょう。このように**われら**は、嘘を捏造する人びとに報いるのです。153. しかし悪行をした人びとでも、その後に改心して信仰するなら、あなたの主は実によく赦すお方であり、慈愛深いお方なのです。

154. ムーサーは怒りが静まると、石板を取り上げました。その中には、かれらの主を畏怖する人たちへの、導きと慈愛が記されていました。155. またムーサーは、**われら**との（会見の）約束のために、自分の民を70人選びました。そして大地震がかれらを襲うと、かれ（ムーサー）は言いまし

た。主よ、**あなた**が御望みなら、以前にすでにかれらとわたしを滅ぼしていたでしょう。（それにも関わらず、今）**あなた**はわたしたちの中の愚かな者が犯したことのために、わたしたち全員を滅ぼすのですか。（しかし）これは**あなた**の（わたしたちへの）試練に他なりません。（だからそれにより）**あなた**は御心の人を迷わせ、また御心の人を導きます。**あなた**はわたしたちの擁護者です。だからわたしたちを赦し、わたしたちに慈愛を与えてください。**あなた**は、最もよく赦すお方なのです。156. またわたしたちのために、現世でも来世でも、善いものを書き記してください。本当にわたしたちは、**あなた**に帰りました。**かれ**は言いました。**わたし**は御心の人を**わたし**の苦痛で悩まします。また**わたし**の慈愛は、すべてのものにあまねく及びます[159]。だから**わたし**は（**アッラー**を）意識し、定めの施しをなし、**われら**の印を信じる人たちに、それ（慈愛）を書き記すのです。

157. かれらは文字を知らない預言者で、使徒である人（ムハンマド）に追従する人たちです。かれ（ムハンマド）は、かれら（啓典の民）の持っている律法と福音の中に記されて、（そこに）見出される人です[160]。かれは良識をかれらに命じ、邪悪をかれらに禁じます。またかれらに善いものを合法（ハラール）とし、醜悪なものを禁忌（ハラーム）とします。こうすることで、かれらの重荷を除き、かれらに対する束縛を解きます。だからかれ（ムハンマド）を信じ、かれを尊敬し、かれを助けて、かれと共に降ろされた御光に従う人びとは、成功する人たちなのです。

〈戒めを破るイスラーイールの子孫〉
158.（ムハンマドよ）言いなさい。人びとよ、わたしはあなた方全人類のための、**アッラー**の使徒です。**かれ**に諸天と地の大権はあります。**かれ**の

---

159 慈愛は正道希求と並んでイスラームの二大精神として、信徒に対する精神生活上の意義は大きい。3:31、23:118、40:7、資料２．参照。
160 律法の申命記18章18節には、ムハンマドが「あなた（モーセ）のような預言者」として記され、またヨハネによる福音書14章16節には、ムハンマドが「もう１人の助け主」として記されている。参考文献13、28-39頁．

他に神はなく、**かれ**は生を授け、死を与えるお方です。だから**アッラー**と、**かれ**の使徒であり、**アッラー**と**かれ**の言葉（クルアーン）を信じているが、文字を知らない預言者（ムハンマド）を信じなさい。そしてかれに従いなさい。そうすれば、あなた方は導かれるでしょう。

159. ムーサーの民（イスラーイールの子孫）の中には、真理によって（人びとを）導き、またそれによって正義を行なう一団がいます。160. **われら**はかれらを共同体として、12支族に分けました。そしてかれ（ムーサー）の民が水を求めたとき、**われら**はムーサーに啓示しました。あなたの杖で岩を打ちなさいと。するとそこから12の泉が涌き出て、全員自分の水場を知ったのです。また**われら**は雲であなた方の頭上に陰を創り、マンナとウズラを与えました[161]。**われら**が与えた良きものを食べなさい（と啓示しました）。だから（命令に従わなかった）連中は、**われら**を損なったのではなく、自分自身を悪に陥れたのです。

161. かれら（イスラーイールの子孫）は、またこう命じられました。この町に住み、あなた方の好きなように食べなさい。ただし、お赦しくださいと言い、頭を低くして門を入りなさい。**われら**はあなた方の過ちを赦し、また善行の人たちには（報酬を）増し加えることでしょう。162. ところがかれらの間で不正を行なう人たちは、命じられた言葉を入れ替えてしまいました。そして不正を繰り返してきたので、かれらの上に**われら**は天から災厄を下しました。

163. （ムハンマドよ）とある海岸の町について、かれら（イスラーイールの子孫）に問いなさい。かれらが安息日に背いたときのことです。魚はかれらの安息日に水面に現れましたが、かれらが安息しない日（平日）には、それらはやって来なくなりました（仕事の日に漁獲がなくなった）。このように**われら**がかれらを試みるのは、かれらが掟に背いてきたためです。

---

161 マンナについては、2:57に既出。

164. かれらの中の一団がこう言いました。なぜあなた方（説教師）は、**アッラー**が滅ぼし、激しい苦痛を与えようとする人びとに諭すのですかと。答えて言いました。あなた方の主に罪の赦しを願うためです。こうすることで、かれら（安息日を守らない人びと）は（**アッラー**を）意識するでしょう。165. それでかれらが諭されていることを無視したとき、**われら**は悪を禁じた人びとを救い、不正を働いた人びとをこの上ない苦痛で襲いました。なぜなら、かれらは掟に背いてきたからです。166. だからかれらが禁じられていることについて則を越えるので、**われら**はかれらに言ったのです。あなた方は猿になって、軽蔑されるがよいと。

167. あなた（ムハンマド）の主が、復活の日まで、かれら（イスラーイールの子孫）に対して、激しい苦痛を負わせる人びと（征服者）を遣わすと、宣告したときのこと。実にあなた（ムハンマド）の主は、懲罰に迅速ですが、よく赦すお方であり、慈愛深いお方なのです。168. **われら**はかれらを、地上で（多くの）集団に散り散りにしました。かれらの中、ある人びとは正しい人びとで、ある人びとはそうではありませんでした。かれらが（**アッラー**に）戻って来るかも知れないと思い、**われら**は順境と逆境で、かれらを試みました。169. そこでかれら（ムーサーの民）の後に啓典を継承した人びと（ユダヤ教指導者など）は、この低俗な現世の物品（賄賂など）を受け取って、わたしたちは赦されるだろうと言っています。またそれと同じような物品が届けば、さらにそれを受け取るのです。（しかし）真理の他に、かれらが**アッラー**について言ってはならないことは、啓典での約束ではなかったのですか。かれらは、その（啓典の）中にあることを、学んでいたのではなかったのですか。（**アッラー**を）意識する人たちにとっては、来世の住まいこそ最善です。あなた方は理解しないのですか。170. **われら**は、啓典を遵守し、礼拝の務めを守る人たち、このように身を正す人たちへの報奨を、失念はしません。171. **われら**がかれらの上を覆うように山を持ち上げ、自分たちの上にそれが落ちて来るとかれらが恐れたとき、（**アッラー**は言いました。）**われら**があなた方に確かに授けたもの（啓典）を遵守し、その中にあることに留意しなさい。そうすればあなた方は（**アッラー**

〈アッラーに恭順であること〉

172. あなた（ムハンマド）の主が、アーダムの子孫の腰からかれらの子孫を取り出し、かれら自身について証言させたときのこと。（**アッラーは言いました**）**わたし**は、あなた方の主ではないのですか。かれらは言いました。はい、まさしくわたしたちは証言しますと。これは復活の日、わたしたち（アーダムの子孫の腰から出た子孫）はこのことに留意していませんでした、とあなた方が言わないためです。173. もしくは、**あなた**に同位者を配していたのはわたしたちの先祖で、わたしたちはその後の子孫にすぎません。それで**あなた**は、虚偽に従う人たち（先祖）が行なったことのために、わたしたちを滅ぼすのでしょうか、とあなた方が言わないためです。174. このように**われら**は印を解明するのです。かれらが（**アッラー**に）戻って来るかも知れないと思って。

175. （ムハンマドよ）、**われら**が印を与えた人[162]の話を、かれらに告げなさい。かれがそれ（印）から離れると、悪魔はかれを従わせたので、（その人は）迷い去った人の一人となったのです。176. もし**われら**が望んだなら、**われら**はそれ（印）によって、かれを引き立てたでしょう。でもかれは地上（現世）に執着し、自分の妄欲に従いました。かれは犬のようなもので、たとえあなたが、それを叱り付けても、放って置いても、舌を垂れています。これは**われら**の印を嘘呼ばわりした人の例です。だから、かれらが熟考するために、この物語を告げなさい。177. 悪いのは（この）例のように、**われら**の印を嘘呼ばわりし、自分自身を損なってきた人たちです。178. 誰でも**アッラー**が導いた人は真に導かれた人であり、**かれ**が迷わせた人は損失者なのです。179. 確かに**われら**は地獄行きとなる、多くのジン（幽

---

162 この人物は、イスラーイールの子孫の指導者であったバラムという説や、ムハンマドの時代に律法や福音の知識に精通していたアラブ詩人ウマイヤ・イブン・アビー・アッサルトという説がある。ただし特定の人物ではなく、私欲に固執する人として、一般的に理解することで十分であろう。

精）と人間を創りました。かれらは、心はあっても悟らず、目はあっても見ず、また耳はあっても聞かないのです。かれらは家畜のようです。いいえ、それよりも迷っています。かれらこそは留意しない人たちなのです。

180. **アッラー**に最もすばらしい美称は属します。だからこれら（美称）で、**かれ**を呼びなさい[163]。そして**かれ**の美称を冒瀆する人たちは放っておきなさい。かれらは、自分の行なってきたことに報いられるのです。181. また**われら**が創った人びとには、真理によって導き、またそれに基づき公正に行なう共同体があります。182. しかし**われら**の印を嘘呼ばわりする人たちは、かれらの気づかないところから、**われら**が少しずつ（破滅を）もたらすでしょう。183. **わたし**はかれらに猶予を与えます。実に**われら**の深謀は確かなのです。184. かれらは熟考しないのでしょうか。かれらの仲間（ムハンマド）は気が狂ったのではありません。かれは一人の明らかな警告者に他なりません。185. かれらは諸天と地の大権について、また**アッラー**が創造したすべてのものについて、そしてかれらの期限が近くに迫っているかもしれないことについて、考察しないのでしょうか。それでこの後、どんな教えをかれらは信じようとするのでしょうか。186. **アッラー**が迷わせた人に、導きはありません。**かれ**は、このような人たちが乱心のまま、さまようのを放っておかれます。

187. かれらは（審判の）ときについて、到来のときがいつかと、あなたに問うでしょう。言いなさい。その知識は、わたしの主だけに属します。その時を明らかにするのは、**かれ**の他にいません。それは、諸天でも地でも重大なことです。それは突然あなた方にやって来ます。かれらは、あなた（ムハンマド）がそれについて、よく熟知しているかのように考えて、たずねるでしょう。言いなさい。その知識はただ**アッラー**の御元だけにあります。しかし大半の人びとには、（これが）わかりません[164]。188. 言いな

---

163 美称を唱えることでアッラーの覚知に至る感覚的方法については、20:8, 73:8、資料２. 参照。

さい。**アッラー**が御望みにならない限り、わたし（ムハンマド）自身を益しまたは害する力もありません。もしわたしが見えない世界を知っていたなら、わたしは善を増幅させていただろうし、悪がわたしに触れることもなかったでしょう。わたしはひとりの警告者であり、信仰する人びとのために吉報を伝える、一人の使者にすぎません。

189. **かれ**こそは、一人の者（アーダム）からあなた方を創り、安らぎを得るために、そこからその配偶者を創られたお方です。かれがかの女と交わると、かの女は少し荷を感じた（妊娠した）けれど、それ（胎児）と共に生活していました。しかしかの女が重くなるにつれて、二人は、かれらの主、**アッラー**を呼びました。もし**あなた**が良い子をわたしたちにお授けになれば、わたしたちは感謝を捧げる者となりますと。190. ところが**かれ**が二人に良い子を授けると、かれらは**かれ**が授けたものでもって、**かれ**に同位者を並置したのです[165]。しかし**アッラー**は、かれら（多神教徒）が同位を配するものの上に、高くおられます。191. かれらは（自ら）何も創造できないものや、（自らが）創造されたというものを、同位に配するのでしょうか。192. それら（被造物）はかれらを助けられず、（さらには）自分自身も助けられません。

193. たとえあなた方（信者）が導きへと、かれら（多神教徒）を呼んでも、あなた方に従わないでしょう。あなた方が呼びかけても、黙っていても、あなた方にとっては同じことです。194. 確かに**アッラー**の他にあなた方（多神教徒）が呼んでいたもの（被造物）も、あなた方のように（**アッラー**の）僕です。だから（そう言うのなら）それらを呼びなさい。そしてあなた方に返答させなさい。もしあなた方が言うことが本当なら。195. それら（被造物）には歩く足があるのか。持つ手があるのか。見る目があるのか。聞

---

164 クルアーン中でも本節は、人にとって審判の到来がいつなのかが不可知なことを最も端的に表現しているので、注目される。
165 ここはアーダム後の人びとが、子が生まれるとアブドゥル・シャムス（太陽の僕）や、アブドゥル・ウッザー（ウッザーの僕）などと命名したことを指していると解釈されている。

く耳があるのか。(ムハンマドよ)言いなさい。あなた方(多神教徒)の多神を呼びなさい。さらにわたし(ムハンマド)に対して策謀してみなさい。躊躇することはありません。196.(ひるがえって)誠にわたしの擁護者は**アッラー**で、啓典を啓示されたお方です。**かれ**は正しい人たちを擁護します。197.そして**アッラー**の他にあなた方が呼んでいたもの(被造物)は、あなた方を助けることができず、自分自身さえも助けることができません。198.たとえあなた方(信者)が、かれら(多神教徒)を導きに招いても、かれらは聞きません。あなた(ムハンマド)はかれらが、あなたを傍観しているのを見ますが、かれらは見えていないのです。199.(ムハンマドよ)寛大さを持ち、正しいことを命じ、無知の人たちから遠ざかりなさい。200.そしてあなた(ムハンマド)を悪魔が誘惑に来たときは、**アッラー**の庇護を求めなさい。誠に**かれ**は全聴にして全知なのです。201.実に(**アッラー**を)意識する人たちは、悪魔からの誘惑がかれらに触れるとき、(**アッラー**を)想起します。だからかれらは、正しく見る人たちなのです。202.でもかれら(悪魔)はその兄弟たち(不信心な連中)を、邪悪に引き込もうとして、手を緩めません。

203.あなた(ムハンマド)が印を一つもかれらにもたらさないでいると、なぜあなたはそれ(印)をお願いしないのですかと、かれらは言いました。言いなさい。わたし(ムハンマド)は、ただ自分の主がわたしに啓示されるものを繰り返すだけです[166]。これは、あなた方の主からの洞察であり、また信じる人たちへの導きであり、慈愛です。204.それでクルアーンが読誦されるときは、それを傾聴し、また静粛にしなさい。そうすれば、あなた方は慈愛を授かるでしょう。205.そしてあなた(ムハンマド)の主を、自分の心の中で畏れ謹み、大声を控え、朝な夕なに唱えなさい。不注意な人たちの仲間となってはいけません。206.本当にあなたの主の御元にいる人たち(でさえ)、**かれ**に服従することで高慢にならずに、(ひたすら)**かれ**を称賛し、**かれ**に平伏(サジダ)しているのです。 **サジダ**

---

166 啓示は、預言者によって反復されて、繰り返されるもの。75:18参照。

8. 戦利品章　سورة الأنفال

マディーナ啓示
75節

　　この章は、「戦利品」が冒頭(1節)に出てくるので、それにちなんで命名されました。バドルの大勝利(624年)は、実はアッラーのなせる業であるとされます(17節)。そして、戦後の新しいムスリム社会構築の諸原則に関して多く語られます。戦利品はアッラーのものですが、孤児、困窮者、遺族などに割り当て、また公益に資するように分配することを説いています。またアッラーの教えが徹底されるまで、さまざまに説き、戦うことが示されます(56～71節)。

　　　　慈愛あまねく、慈愛深いアッラーの御名において
〈アッラーの助けを信頼すること〉
1.かれらは戦利品について、あなた(ムハンマド)に問います。言いなさい。戦利品は**アッラー**と使徒のものです。だからあなた方が信者ならば、**アッラー**を意識し、あなた方の間を正して[167]、**アッラー**と**かれ**の使徒(ムハンマド)に従いなさい。2.信者とは、**アッラー**(の御名)が唱えられるとその心が畏れおののき、かれらに印が読誦されると、信心を深め(そのとき)主に頼りきる人たちです。3.礼拝の務めを守り、**われら**が授けたものを施す人たち、4.かれらこそ真の信者です。かれらには**アッラー**の御元で、(高い)位階と赦しと最善の糧があります。

5.あなたの主が、真理(の戦いの目的)をもって、あなた(ムハンマド)をその家から出て行かせたのです[168]。しかし信者の一派は(戦いを)好みませんでした。6.かれらは真理について、それが明らかにされた後でも、あなたと議論します。まるで戦死に向かって追い立てられる姿を、かれら

167　戦利品の分配をめぐりムスリムの間で不和があったので、彼らの関係を正すように命じられることとなったというのが、この啓示の背景。
168　マディーナへ移住後、アッラーによって初めて戦いが命じられた、624年のバドルの戦いのこと。4:74参照。

が見ているかのように。7.そして**アッラー**が、2隊（敵側のマッカの隊商とマッカの軍隊）の中、1隊はあなた方が負かしてしまうと約束したときのこと。あなた方は武装しない1隊（隊商）が、あなた方のものとなるようにと望みました。しかし**アッラー**は**かれ**の言葉通り、真理を立証し、非信者を根絶しようとの考えです。8.**かれ**は真理を真理とし、虚偽を虚偽として立証するのですが、たとえ罪を犯す人たちが嫌ってもそうするのです。9.あなた方が主の援助を求めたとき、**かれ**はあなた方に応えられました。**わたし**は、次ぎ次ぎに来る1,000の天使たちであなた方を増強するでしょうと。10.**アッラー**は、ただこれをあなた方への吉報とし、あなた方の心はそれによって安らぐのです。助けは**アッラー**からだけ（来ます）。**アッラー**は誠に偉力大かつ英明です。11.（戦いの前夜を思い出しなさい）**かれ**からの安堵として、**かれ**はあなた方を睡眠で包み、空から雨を降らせて、それであなた方を清めて、悪魔の汚れを洗い流し、それであなた方の心を強くして、足場を固めました。12.あなたの主が、天使たちに啓示したとき（**アッラー**は言いました）、**わたし**はあなた方と共にいます。だから信仰する人たちを堅固にしなさい。**わたし**は不信心な人たちの心の中に、恐怖を投げ込みます。そしてあなた方はかれらの首の上を打ち、またそれぞれの指先を打ちなさい。13.なぜならかれらが、**アッラー**と**かれ**の使徒に反抗したためです。**アッラー**と**かれ**の使徒に反抗する人には、本当に**アッラー**は懲罰に厳しいのです。14.（応報とは）こういうもの。だからそれを味わいなさい。そして非信者には（地獄の）火の懲罰があります。

15.信仰する人たちよ、攻撃してくる非信者に会ったとき、あなた方はかれらに背を向けてはいけません。16.その日、かれらに背を向ける人は、作戦として、または（味方の）軍に合流するため以外は、**アッラー**の怒りを被り、かれの住まいは地獄となります。何と悪い行き先なのでしょう。17.あなた方が、かれらを殺したのではありません。**アッラー**がかれらを殺しました。あなたが投げたとき、あなたが投げたので（敵は敗北したので）はなく、**アッラー**が投げたのでした[169]。これは**かれ**からの恩寵であり、**かれ**が信者たちを試みたのです。本当に**アッラー**は全聴にして、全知なの

です。18. これがあなた方（非信者）が得るもので、**アッラー**は非信者の計略を無力にします。19.（非信者よ）もしあなた方が決着を求めるならば、実にその決着は判明しました。あなた方が（反抗を）止めるならば、それはあなた方のために最も善い。しかしあなた方が（攻撃に）戻るならば、**われら**も戻るだろう。たとえ、あなた方の軍勢が大勢いても役に立ちません。誠に**アッラー**は、信者たちと共におられるのです。

〈アッラーと使徒たちに従うこと：バドルの戦い〉
20. 信仰する人たちよ、**アッラー**と**かれ**の使徒に従いなさい。聞いておきながら、かれ（ムハンマド）に背いてはいけません。21. またわたしたちは聞いた、と言っておきながら、聞かない人のようであってはいけません。22. 本当に**アッラー**の御元での極悪人とは、聞かず、物言わず、そして頭も使わない人たちです。23. もし**アッラー**が、かれらにわずかでも善いところを認めたならば、**かれ**はかれらに聞かせます。ところが、確かに**かれ**は聞かせたとしても、それでもかれらは反抗して背き去るのです。24. 信仰する人たちよ、**アッラー**と**かれ**の使徒の呼びかけに応えなさい。かれ（ムハンマド）が、あなた方に生を与えるもの（真理）へと呼びかけるときは。**アッラー**は、人とその心の間に入ることを知りなさい[170]。そして（死後）**かれ**へと召集されることを知りなさい。25. また反目に注意しなさい。それはあなた方の中、特に不正な人たちだけを害するのではありません[171]。**アッラー**は、懲罰に厳しいことを知りなさい。26. あなた方が地上において少数で、抑圧されていたときを思い出しなさい。あなた方は人びと（マッカの多神教徒）が、あなた方を滅ぼしてしまうことを恐れていました。でも**かれ**は、あなた方に避難所を与え、**かれ**の助けによってあなた方を強くされ、またさまざまな善いものを与えました。あなた方は、感謝するでしょ

---

169 戦いの前には預言者は礼拝をしてから、一握りの砂を敵の方に投げて、彼らの敗北の象徴としていた。他方、小石を非信者に投げたとの説もある。
170 アッラーは人とその心の間に入って分けるので、ここは死を意味する、あるいはアッラーはそれほど人に近い存在だとも解釈される。「アッラーは頸静脈より人に近い」50:16参照。
171 不正でない人たちも、周りの不正を見過ごさないで禁じるように働きかけないと、害悪に見舞われるということ。

う。

27. 信仰する人たちよ、**アッラー**と**かれ**の使徒を裏切ってはいけません。また故意に、あなた方への（他の人の）信頼も裏切ってはいけません。28. あなた方の財産と子女は一つの試練であり、また**アッラー**にこそ、そして**かれ**の御元にこそ絶大な報奨があることを知りなさい。29. 信仰する人たちよ、もしあなた方が**アッラー**を意識するならば、**かれ**はあなた方に識別を与え、あなた方の悪行を取り消し、赦すのです。**アッラー**は偉大な寵愛の持ち主なのです。

30. また不信心な人たちが、あなた（ムハンマド）を捕虜にし、または殺害し、または追放しようと策謀したときのことです。かれらは策謀したけれど、**アッラー**も計略しました。そして**アッラー**は最も優れた計略者なのです。31. **われら**の印が、かれらに読誦されるとき、かれらは言いました。確かにこれまでに聞いたことがあります。もしわたしたちが望むならば、これと同じようなことが言えます。本当にこれは、昔の物語にすぎませんと。32. またかれらがこう言ったときのこと。**アッラー**よ、もしこれが本当に**あなた**からの真理であるならば、わたしたちの上に空から石の雨を降らせるか、またはわたしたちに激しい苦痛をもたらせと。33. でも**アッラー**は、あなた（ムハンマド）がかれらの中にいる間は、かれらを処罰しませんでした。またかれらが赦しを請うている間は、処罰しませんでした。34. 一方禁忌のあるマスジドの差配人でもないのに、かれらがそこ（マスジド）から（人びとを）妨げたことに対しては、**アッラー**がかれらを処罰せずにはいません。その差配人は（**アッラー**を）意識する人に限られます。でもかれらの多くはそれが分かりません。35. （**アッラー**の）家におけるかれらの礼拝ぶりは、ただ口笛を吹いて拍手しているだけです。だからあなた方が不信心であったことに対する、苦痛を味わいなさい。36. 信じない人たちは、**アッラー**の道から（人びとを）妨げるために、その財産を費やします。そしてそれを費やし続けるでしょう。すぐにそれ（費やした財産）はかれらの後悔の種となり、間もなくかれらは負かされます。不信心

な人たちは、地獄に集められるのです。37. これは**アッラー**が悪人を善人から区別するためで、**かれ**は悪人を次々と積み重ね、かれらを山積みにして地獄に投げ込みます。これらの人、かれらこそ失敗者なのです。

38. 不信心な人たちに言いなさい。あなた方が（敵対と不信心を）止めるならば、過去のことは赦されるでしょう。しかしかれらが繰り返すならば、以前の人びとの事例がすでにあるのです。39. だから迫害がなくなるまで、また（禁忌のあるマスジドにおける）儀礼のすべてが、**アッラー**のためとなるまで、かれらと戦いなさい。もしかれらが止めるならば、確かに**アッラー**は、あなた方の行なうことすべてを見ておられます。40. そしてもしかれらが背き去るとすれば、**アッラー**があなた方の擁護者、つまり最善の擁護者であり、最善の援助者であることを知りなさい。

〈アッラーの定めは成し遂げられること〉

41. ◆**10部**◆ あなた方（信者）が戦いで得たどんな戦利品もその5分の1は、**アッラー**、使徒（ムハンマド）、近親者たち、孤児たち、貧者たち、旅人たちに属することを知りなさい[172]。もしあなた方が**アッラー**を信じ、また両軍が会戦した（正邪）識別の日[173]に、**われら**が僕に啓示したものを信じるならば。本当に**アッラー**は、すべてに対して全能なのです。42. あなた方が谷に近い側にいて、かれら（敵側のマッカの軍隊）がその遠方にいて、隊商があなた方よりも低いところにいたときのことです。たとえあなた方が互いに（決戦の）約束をしていたとしても、それは果たせなかったでしょう。しかし**アッラー**は定めた命令を必ず成し遂げられるので、滅びる人は明らかな証拠に従って滅び、生きる人は明らかな証拠に従って生きるのです。誠に**アッラー**は、全聴にして全知です。

---

172 分配率は、戦闘員たちに5分の4を、そして残る5分の1に関しては、預言者が5分の1、残りが近親者たちなど言及のある4種の人たちの間で、それぞれが5分の1である。従来、部族長は4分の1取っていたのを軽減したことになる。
173 バドルの戦いの日であり、真実と虚偽あるいは正邪が峻別される日でもあった。

43. **アッラー**があなた（ムハンマド）に、夢の中でかれら（敵側）を少数に見せたとき、かれらを多数に見せていたならば、あなた方（信者）は戦意を失い、決戦について互いに言い争ったでしょう。でも**アッラー**は（信者を）救いました。本当に**かれ**は、胸の中にあるものを知っています。

44. あなた方が、かれらと出会ったとき、**かれ**はあなた方の目にかれらを少数に見せ、またかれらの目にあなた方を少数に見せました[174]。こうして**アッラー**は、定めた命令が必ず成し遂げられるようにします。**アッラー**にこそ、すべてのことは帰着するのです。

45. 信仰する人たちよ、敵軍と出会ったときは、堅固にして、ひたすら**アッラー**を唱念しなさい。そうすればあなた方は勝利するでしょう。46. また**アッラー**と**かれ**の使徒に従いなさい。そして互いに言い争ってはいけません。さもないとあなた方は戦意を失い、自らの追い風が去ってしまうでしょう。だから耐えなさい。**アッラー**は耐える人たちと共にいるのです。47. 高慢になって、人びとへの見栄のために家を出て（出陣して）、**アッラー**の道から（人びとを）阻む人（マッカの多神教徒）のようであってはいけません。**アッラー**はかれらの行なうこと、すべてを把握しているのです。48. また悪魔が、かれら（多神教徒）にその行ないをうわべは立派であると思わせたとき、かれ（悪魔）は言いました。今日は誰もあなた方（多神教徒）に打ち勝つことはできない。本当にわたしはあなた方の側にいるのですと。しかし両軍が互いに出会ったとき、かれ（悪魔）は踵を返して言いました。実のところ、わたしはあなた方と無関係です。わたしはあなた方が見えないもの（ムスリム側の天使たち）を見ています。わたしは本当に**アッラー**を恐れます。**アッラー**は懲罰に厳しいのです。49. 偽信者と心に病のある人たちが、信仰（イスラーム）がかれら（信者）を欺いたと言ったときのことです[175]。しかし**アッラー**を信頼する人にとっては、誠に**アッラー**は偉力大かつ英明なのです。50. あなた（ムハンマド）は天使たちが非信者たちの魂を抜き取るとき、かれらの顔や背中を打つのを見るでしょ

---

174 両軍を互いに小さく見せることで、決戦の回避を止めさせたという意味。

う。(地獄の) 火の苦痛を味わいなさい（と言いながら）。51. これはあなた方の手がもたらしたことなのです。確かに**アッラー**は、**かれ**の僕たちに不正をしません。52. かれら（非信者）はフィルアウン一族や、かれら以前の人びとと同じように、**アッラー**の印を信じませんでした。だから**アッラー**は、その罪のためにかれらを捕らえました。本当に**アッラー**は、強力で懲罰に厳しいのです。53. このように**アッラー**が人びとに与えた（定めの）恩寵については、かれら自身で（心の中にある）自らのものを変えない限り、変えることはありません。誠に**アッラー**は、全聴にして全知なのです。54. かれら（非信者）は、フィルアウン一族やそれ以前の人びとと同類です。かれらは主の印を嘘呼ばわりしたので、**われら**はその罪のためにかれらを滅ぼし、フィルアウン一族を溺れさせました。かれらは一人残らず不正を行なう人びとでした。

55. 本当に**アッラー**の御元での極悪の連中とは非信者たちで、かれらは信仰しないのです。56. これらの人は、あなたが約束を結んでも、その度に約束を破ります[176]。かれらは（**アッラー**を）意識しないからです。57. だからあなた方が、戦場でかれら（ユダヤ教徒）に遭遇するときは、かれらを圧倒することによって、かれらの背後にいる人（マッカの非信者）たちを蹴散らしなさい。そうすれば、かれらは留意するでしょう。58. またあなたが人びと（非信者）の中から裏切りを恐れるならば、同じようにかれらに（約束を）投げ返しなさい。本当に**アッラー**は、裏切り者を愛しません。59. 非信者たちに、勝ち抜けたと思わせてはいけません。かれらは逃げ切ることはできないのです。60. **アッラー**の敵であり、あなた方の敵、

---

175 「偽信者」とは、当時マディーナにいたアウス族とハズラジュ族の一部の人たちのことで、「心に病のある人たち」とは、マッカにおいてムスリムとなりながらも信仰心が弱く、マディーナに移住しなかった人たちと考えられている。しかしここは特定の部族ではなく、一般的に理解することで十分であろう。

176 マディーナへ移住直後より、多数の周辺部族との共生のための盟約が締結されて、それが50ヵ条ほどにまとめられたものがマディーナ憲章と呼ばれることとなった。しかし締結後も、実際はそれを遵守しないものが少なくなかったので、本節のような啓示が降ろされた。ここでは特にユダヤ教徒のクライザ族が離反を繰り返したことを指しているとされる。

そしてあなた方は知らないが、**アッラー**はご存知のかれら側の他の人に恐怖心を与えるため、かれらに対して、あなたにできる限りの戦力と軍馬を備えなさい。あなた方が**アッラー**の道のために施すものは、あなた方に完全に払い戻され、不当に扱われることはありません。61.もしかれらが和平に傾いたならば、あなたもそれに傾き、**アッラー**を信頼しなさい。誠に**かれ**は全聴にして全知です。62.たとえかれらがあなたを欺こうとしても、あなたには**アッラー**がいれば十分です。**かれ**こそは、**かれ**の援助と信者たちによって、あなたを手助けする方です。63.また**かれ**は、かれら（信者）の心を結び付けます。たとえあなたが、地上のすべてのものを施しても、かれらの心を結び付けることはできません。しかし**アッラー**が、かれらの心を結び付けるのです。真に**アッラー**は偉力大かつ英明な方です。64.預言者（ムハンマド）よ、あなたと信者たちであなたに従う人には、**アッラー**がいれば十分なのです[177]。

65.使徒（ムハンマド）よ、戦闘において信者たちを鼓舞しなさい。あなた方の中、20人の忍耐強い人がいれば、200人を打ち負かすでしょう。あなた方の中、もし100人（の忍耐強い人）がいるならば、1,000人の非信者を打ち負かすでしょう。なぜならかれら（非信者）は、理解しない人びとだからです。66.今**アッラー**はあなた方（の負担）を軽減しました。**かれ**はあなた方に、弱みのあることをご存知です。だからあなた方に100人の忍耐強い人がいれば、200人を打ち負かすでしょう。もし1,000人ならば、**アッラー**の許しの下に、2,000人を打ち負かすでしょう。確かに**アッラー**は、忍耐強い人たちと共におられます。

【捕虜の扱い方】
67.その地を制圧するまでは、捕虜を捕えることは、使徒（ムハンマド）にとってふさわしくありません[178]。あなた方（信者）は現世の低俗な物品

---
177 この節は、「あなたには、アッラーと信者であなたに従う人がいれば十分」という理解もされている。
178 捕虜を捕えて身代金を得ても、不信心な捕虜は再び戦いを仕掛けてくるから。

を望むけれど、**アッラー**は（あなた方に）来世を望みます。**アッラー**は偉力大かつ英明な方です。68. もし前もって**アッラー**が書き定めていなかったならば、あなた方はその受け取ったもののために、重大な苦痛に見舞われたことでしょう。69. だからあなた方が、戦利品として得た合法かつ良いものを享受し、**アッラー**を意識しなさい。本当に**アッラー**は、よく赦すお方であり、慈愛深いお方なのです。

70. 使徒（ムハンマド）よ、あなた方の手中にある捕虜たちに言いなさい。もし**アッラー**が、あなた方（捕虜）の心の中に善いもの（誠意）を認めるならば、あなた方が奪われたもの（身代金）よりも善いもの（イスラーム）を与え、**かれ**はあなた方を赦されます。**アッラー**は、よく赦すお方であり、慈愛深いお方なのです。71. かれらは以前から**アッラー**を裏切ってきたが、たとえあなた（ムハンマド）を裏切ろうとしても、**かれ**はあなたに、かれらを制圧させます。**アッラー**は、全知かつ英明です。

72. 信仰して移住し、**アッラー**の道のために、財産と生命を捧げて奮闘努力した人たちと、かれらに避難所を提供し援助した人たち、これらの人は互いに擁護者です。一方、信仰しても、移住しなかった人たちについては、かれらが移住するまであなた方に保護する義務はありません。でもかれらが宗教（の迫害）に関してあなた方に援助を求めるならば、かれらを助けるのはあなた方の義務です。（ただし）あなた方と盟約のある間柄の人びとに逆らわない限りは。**アッラー**はあなた方の行なうことを、すべてお見通しです。

73. 不信心な人たちも、互いに擁護者です。（だから）あなた方（信者）もそう（互いに擁護）しないならば、地上の治安は乱れて、大変な退廃が起こるでしょう。74. 信仰して移住し、**アッラー**の道のために財産と生命を捧げて奮闘努力した人たちと、かれらに避難所を提供し援助した人たち、これらの人たちは真の信者なのです。かれらには（**アッラー**からの）赦しと、最善の糧があるでしょう。75. 遅れて信仰に入り、移住してあなた方

と共に奮闘努力した人たちは、あなた方の仲間です。ただし**アッラー**の書板では、血縁関係者は（相続において）互いにもっと近いのです。誠に**アッラー**は、すべてのことをご存知なのです。

9. 悔悟章　سورة التوبة

マディーナ啓示
129節

「悔悟」が登場するので、それを取って命名されました（3節、104節）。当初、8章の最後にあったので、「慈愛あまねく、慈愛深いアッラーの御名において」が初めに出てこないとされます。クルアーン全体でも、この章だけです。アッラーが喜ばれるのは、正しい道にある者と過ちを犯しても直ちに悔い改める者です（100〜118節）。近親者でも不信仰な者とは親交を結ばないこと（23〜24節）、戦わない清い月の定め（36節）、一部の者は残って戦争に行かずに宗教を継承すること（122節）など。タブークの戦い（630年）の準備が時代背景となっており、当時多くの非信者が二の足を踏んだのでした。6章から9章のクルアーンの啓示、悔悟への赦しなどをテーマとするグループの最後になります。

〈不信心と戦うこと：盟約破棄とフナインの戦い〉

【盟約破りについて】

1. **アッラー**と**かれ**の使徒（ムハンマド）から、あなた方（信者）が盟約を結んだ多神教徒たちへ、解約が告げられたのです[179]。2.（多神教徒よ）4ヵ月間は領土内を（自由に）移動しなさい。でもあなた方は**アッラー**から逃げられないということ、また**アッラー**は、信仰を拒否する人たちに恥辱を与えるお方であることを知りなさい。3.そして大巡礼の日に、**アッラー**と**かれ**の使徒から人びとへの宣言があるのです。**アッラー**は多神教徒（との盟約）を解約し、**かれ**の使徒も同様にするというのです。だからあなた方（多神教徒）が改心するならば、あなた方のために最も善いのです。しか

179　盟約遵守に不誠実な多神教徒が多くいたので、628年のクライシュ族とのフダイビーヤ盟約は、翌629年「解約」された。そのためこの章は「解約章」とも呼ばれる。

し背き去るならば、**アッラー**から逃げられないということを知りなさい。（預言者よ）信仰を拒否する人たちには、激しい苦痛の知らせを伝えなさい。
4. ただし、あなた方（信者）が盟約した多神教徒たちで盟約を何一つ破らず、あなた方に敵対する人たちを助けなかった人は別です。だから期間満了まで、かれらとの盟約を果たしなさい。誠に**アッラー**は、（**アッラー**を）意識する人たちを愛するのです。

5. 禁忌の（4ヵ）月がすぎたならば[180]、あなた方はどこであれ[181]（盟約破りの）多神教徒を見つけ次第殺し[182]、またかれらを捕虜にし、包囲し、あらゆる見張り場所で待ち伏せしなさい。でもかれらが改心し、礼拝の務めを守り、定めの施しをするならば、かれらの道を行かせなさい。誠に**アッラー**は、よく赦すお方であり、慈愛深いお方です。6. もし多神教徒たちの中に、あなた（ムハンマド）に保護を求める人があれば、かれが**アッラー**の言葉を聞くことができるよう保護し、さらにかれを安全な所へ護送しなさい。なぜならかれらは、（**アッラー**の言葉を）知らない人びとだからです。
7. どうして多神教徒たちは、**アッラー**や**かれ**の使徒と盟約ができるでしょうか。あなた方（信者）が禁忌のあるマスジドで盟約した人たちは別として。かれらがあなた方に正直である限り、あなた方もかれらに正直でありなさい。誠に**アッラー**は、（**アッラー**を）意識する人たちを愛するのです。
8. どうして（盟約）できるでしょうか。かれらはあなた方に対し優位に立てば、血縁であれ盟約であれ、あなた方を顧みないのです。かれらは口先

---

180 632年の預言者の別離の説教に、「1年は12ヵ月で、そのうち禁忌のある月は3ヵ月と7月（注：3ヵ月は、11月のズー・アルカアダ月、12月のズー・アルヒッジャ月、そして翌年1月のアルムハッラム月、7月はラジャブ月）の計4ヵ月である。」とある。ただし、本5節の4ヵ月は、巡礼月12月10日（犠牲祭の始まり）から連続する4ヵ月間とする説もある。なお本章9:36も参照。
181 「禁忌のあるマスジド」の外でなければならない。中ではいつも禁忌（タブー）がある。
182 「多神教徒を見つけ次第殺し」とは、異教徒への無差別テロを命じているのではなく、あくまで戦争時の話である。また戦争には多くの規定があり、例えば、子供、女性、老人、病人、聖職者などを殺害しないこと、村落や市街地、宗教施設、自然の木々を破壊しないことなどがある。また続く本章9:6にあるように、保護を求める人には安全を保障している。参考文献13、145-155頁.参照。

ではあなた方を喜ばせているが、心では拒否しています。かれらの多くは掟破りの人びとなのです。9.かれらはわずかな対価で**アッラー**の印を売り、**かれ**の道から（人びとを）阻みました。実にかれらの行ないは凶悪です。10.かれらは信者に関する血縁も盟約も顧みません。かれらこそは、侵略者なのです。11.でもかれらが改心し、礼拝の務めを守り、定めの施しをするならば、かれらはあなた方の信仰における兄弟です。**われら**は印を知る人びとに、詳しく解明するのです。12.しかしかれらの盟約の後にその誓いを破り、あなた方の信仰を罵る（ののし）ならば、非信者の指導者たちと戦いなさい。かれらには、（本当の）誓いというものがないが、（戦うことで）多分かれらは（罵りを）止めるでしょう。

13.あなた方（信者）は自らの誓いを破り、使徒（ムハンマド）を追放しようと企て、最初にあなた方を攻撃した人たち（多神教徒）と戦わないのですか。あなた方は、かれらを恐れるのですか。しかし**アッラー**こそ、最も恐れるべきです。あなた方が信者であるならば。14.かれらと戦いなさい。**アッラー**はあなた方の手によって、かれらに苦痛を与え、恥辱を与え、かれらに対して勝利を与え、信仰する人たちの胸を癒され、15.またかれらの心の怒りを取り除きます。**アッラー**は、御心にかなう人を赦します（慈愛をもって改心を受け入れる）。**アッラー**は全知にして英明なのです。16.それともあなた方は、放っておかれると思うのですか。**アッラー**が、あなた方の中、誰が奮闘努力する人たちかを知らないままで、そして誰が**アッラー**と**かれ**の使徒（ムハンマド）と信者たち以外に、親しい友を持たない人たちかを知らないままで。**アッラー**は、あなた方の行なうことをすべてお気づきなのです。

17.多神教徒たちは、**アッラー**のマスジドを差配すべきではありません。かれらは自分に対して、不信心をもって証言しているのです。これらの人たちの行ないは無益であり、かれらは（地獄の）火の中に永遠に住むでしょう。18.**アッラー**のマスジドを差配する人たちとは、**アッラー**と最後の日を信じ、礼拝の務めを守り、定めの施しをなし、**アッラー**以外の何ものも

恐れない人たちだけです。これらの人たちは、導かれた人となるでしょう。
19.あなた方は、(非信者が)巡礼者に水を飲ませることや、禁忌のあるマスジドを差配することを、**アッラー**と最後の日を信じ、**アッラー**の道のために奮闘努力する人たちの行ないと同じにするのですか。かれらは**アッラー**の御元において、同じではありません。**アッラー**は不正の民は導きません。
20.信仰して移住し、**アッラー**の道のために財産と生命を捧げて、奮闘努力した人たちには、**アッラー**の御元において最高の位階があります。これらの人こそ(究極の)成功者です。21.かれらの主は、かれらに**かれ**の慈愛と満悦、永遠の快適さのある楽園という吉報を与えます。22.かれらはその中に永遠に住みます。**アッラー**の御元には偉大な報酬があるのです。

【フナインの戦いから】
23.信仰する人たちよ、もしあなた方の父と兄弟が、信仰より不信仰を好むならば、かれらを同盟者としてはなりません。もしあなた方の中、かれらを同盟者とする人があれば、これらの人は不正を犯す人たちです。
24.言いなさい。あなた方の父たち、息子たち、兄弟たち、あなた方の妻たち、近親者たち、あなた方の手に入れた財産、あなた方が不景気になることを恐れる商売、あなた方が好む住まいが、もしも**アッラー**、**かれ**の使徒(ムハンマド)、そして**かれ**の道のために奮闘努力することよりも、あなた方にとって好ましいならば、**アッラー**が**かれ**の命令(懲罰)をもたらすまで待ちなさい。**アッラー**は掟破りの民を導きません。25.確かに**アッラー**は多くの戦場や、さらにフナインの(戦いの)日[183]においても、あなた方を助けました。そのとき、あなた方が自分の多勢(の軍隊)に満足していたけれど、それは何も役に立たず、大地はこのように広いのに、あなた方には狭くなって、遂にあなた方は背を向けて退却しました。26.それから**アッラー**は、**かれ**の使徒と信者たちの上に、**かれ**の静穏(サキーナ)[184]をもたらし、またあなた方には見えない軍勢を遣わして、不信心な

---

183 630年、マッカとタイフの町の間にあるフナインの峡谷での戦闘。
184 静穏(サキーナ)に関しては、2:248, 9:26,40, 48:4,18,26、参考文献15.参照。

人たちを処罰されました。これが非信者への報いなのです。27. しかしその後、**アッラー**は御心にかなう人の改心を受け入れます。**アッラー**は、よく赦すお方であり、慈愛深いお方なのです。

28. 信仰する人たちよ、実に多神教徒は不浄です。だからこの年以後[185]、かれらを禁忌のあるマスジドに近づかせてはいけません。たとえあなた方が貧困を恐れても、**アッラー**が御望みになれば、**かれ**の寵愛によって、すぐにあなた方を富ませるでしょう。誠に**アッラー**は、全知にして英明です。29. **アッラー**と最後の日を信じない人たちや、**アッラー**と**かれ**の使徒が禁じたことを禁じない人たちと、戦いなさい。また啓典を授けられた人の中で、真理の信仰を認めない人たちとは、かれらが自ら進んで税（ジズヤ）[186]を納め、屈服するまで戦いなさい。

30. ユダヤ教徒はウザイルを**アッラー**の子であると言い、キリスト教徒はマスィーフを**アッラー**の子であると言います。これはかれらが口先で言うことであり、以前の非信者の言葉をまねているだけです。**アッラー**が、かれらを撲滅するように願います。かれらの思い違いは、何と甚だしいことか。31. かれらは、**アッラー**の他に律法学者や僧職者を、またマルヤムの子マスィーフも主としています。しかしかれらは、唯一神に仕える他は命じられませんでした。**かれ**の他に神はなく、**かれ**を賛美します。**かれ**は、かれらが同位を配するものの上に、高くおられます。32. かれらは口（の息）で、**アッラー**の御光（クルアーン）を消そうとしますが、たとえ非信者たちが嫌っても、**アッラー**は**かれ**の御光を全うされるのです。33. **かれ**こそは、導き（クルアーン）と真実の教え（イスラーム）をもって、**かれ**の使徒（ムハンマド）を遣わし、たとえ多神教徒たちが嫌っても、すべての宗教の上にそれ（イスラーム）を表す方です。34. 信仰する人たちよ、律法学者や

185　フナインの戦いのあった、630年。
186　自由で財源のある男性非ムスリムに対する人頭税。他方、定めの施し（ザカート）や徴兵といったムスリムとしての義務からは免除された。また一般に非ムスリム聖職者も免税であった。

僧職者の多くは、不正に人びとの財産を大食いし、**アッラー**の道から（人びとを）妨げています。（預言者よ）かれらは金銀を蓄えて、それを**アッラー**の道のために施しません。だからかれらに、激しい苦痛の知らせを伝えなさい。35.その日、それ（金銀）は地獄の火で熱せられて、かれらの額やわき腹や背に、焼印が押されるでしょう。（そして告げられるでしょう）これはあなた方が自分のために蓄積したものです。だから自らが蓄積してきたものを味わいなさい。

【暦の制定】

36.確かに**アッラー**の御元で（1年の）月数は12ヵ月です。**アッラー**が諸天と地を創造した日に、**アッラー**の書板の中で定められ、その中4（ヵ月）は禁忌です。これが正しい教え（計算法）です。だからその（禁忌）期間、あなた方は自らの精神に不正をしてはいけません。そして多神教徒が皆であなた方と戦うように、（あなた方も）皆で戦いなさい[187]。**アッラー**は、（**アッラー**を）意識する人たちと共にいることを知りなさい。37.本当に（禁忌月を）延期することは不信心を増長させ、それによって非信者は（さらに）迷い去るのです[188]。かれらはある年は（禁忌月を）合法とし、ある（別の）年は禁忌とします。かれらは**アッラー**が禁忌としたもの（月）の数と合せるためにするけれど、そうすることで、かれらは**アッラー**が禁忌としたもの（月）を合法としてしまうのです。かれらの悪い行ないは、かれらにとってうわべは立派に見えるのです。しかし**アッラー**は、不信仰の民を導きません。

〈アッラーの道のために戦うこと：タブークの戦い〉

38.信仰する人たちよ、**アッラー**の道のために出征せよと言われたとき、

---

187 ここは、多神教徒が先制攻撃するならば、あなた方はいつでも戦いなさい、という解釈もされる。「皆で」という言葉を、「いつでも」とも理解されるからである。

188 イスラーム以前には、戦闘の禁止される禁忌の月を延期して通常の月とすることで戦争を可能にすることが横行した。これは支配者の恣意的な決定によるので、社会生活を混乱させる原因となった。また太陰暦なので、4年に一度閏月を入れることで、30日分の遅れを取り戻そうともした。これらは本節で禁止されることとなった。

あなた方は地面に重く張り付いているとは、どうしたことでしょうか。あなた方は来世よりも、現世の生活を喜ぶのですか。しかし現世の生活の楽しみは、来世に比べればわずかなものにすぎません。39.もしあなた方が出征しないならば、**かれ**は激しい苦痛をもってあなた方を罰し、他の民をもって、あなた方の代わりにするでしょう。あなた方は少しも**かれ**を害することはできません。本当に**アッラー**は、すべてに対して全能なのです。

40.たとえあなた方が、かれ（ムハンマド）を助けなくても、確かに**アッラー**はかれを助けたのです。非信者たちに追い出されて、一人の友と二人（ムハンマドと教友のアブー・バクル[189]）で洞窟にいたとき、かれ（ムハンマド）はその教友に向かって言いました。悲しんではいけません[190]。**アッラー**は確かにわたしたちと共におられます。すると、**アッラーはかれ**の静穏（サキーナ）を、かれ（ムハンマド）に降ろされ、あなた方には見えないけれど、（天使の）軍勢でかれを強めました。そして非信者たちの言葉を最も低くし、**アッラー**の言葉を最も高めたのです。誠に**アッラー**は偉力大にして英明です。41.あなた方は軽装備または重装備で出征しなさい。そしてあなた方の財産と生命を捧げて、**アッラー**の道のために奮闘努力しなさい。もしあなた方が理解するならば、それがあなた方のために最も善いのです。42.もし物品（戦利品）が近くにあり、出征の道のりが容易ならば、かれらはあなたに従ったことでしょう。でもかれらにとっては、その道のりが遠くきつかったのです。そしてかれらは**アッラー**にかけて誓うでしょう。わたしたちにできることなら、あなた方と一緒に出征していましたと。かれらは自分自身を滅ぼしているのです。**アッラー**はかれらが、嘘つきであることをご存知です。

43.**アッラー**が、あなた（ムハンマド）を赦されるように。なぜあなたは、

189　アブー・バクルは初代の正統ハリーファ（632-634）となったが、その後「教友（アル・サーヒブ）」は彼の綽名の一つともなった。何人もいる教友の中で、彼は定冠詞付きである。
190　「悲しむな」という言葉はクルアーンの中で何回も繰り返されるが、その背景としては、あまりの悲しさはアッラーの恵みを忘却させて、不信心を誘発させるからである。

誰が真実を言う人たちであり、誰が嘘つきの人たちかが分かる前に、かれら（偽信者）が（家に）留まることを許したのですか[191]。44. **アッラー**と最後の日を信じる人たちは、自分の財産と生命を捧げて奮闘努力することを免除するように、あなたに求めたりはしません。**アッラー**は、（**アッラー**を）意識する人たちをよくご存知なのです。45. **アッラー**と最後の日を信じない人たちだけが、あなたに免除を求めます。かれらは心で疑い、それでかれらは疑いの中に揺れ動くのです。46. もしかれらに出征する意志があったならば、そのために準備をしていたはずです。でも**アッラー**は、かれらを出征させることを嫌われて、動かさずに言われました。あなた方は、（家に）留まる人と共に留まりなさいと。47. たとえかれらがあなた方と出征しても、ただ足手まといになるだけです。かれらはあなた方の間に不和を求めて探し回るので、その中には、かれらに耳を傾ける人も出てくるでしょう。しかし**アッラー**は、不正を行なう人びとをよくご存知です。48. 確かにかれらは、以前にも不和を求めました。そしてかれらが嫌がる真理が到来し、**アッラー**の命令が明らかになるまで、かれらはあなた（ムハンマド）に対して策略を巡らせました。49. かれら（偽信者）の中には、こう言った人がいました。わたしを（家に）留まることを許してください。試練に会わせないでくださいと。かれらはすでに試練の中にいるのです。本当に地獄は、非信者たちを取り囲むのです。50. もしあなたに善いことがもたらされると、かれらは悲しみます。でも災厄があなたを襲うと、かれらは言います。わたしたちは以前から用心していたのだと。そして喜んで背き去るのです。

51. 言いなさい。**アッラー**がわたしたちに書き記されたことの他には、何もわたしたちにふりかかりません。**かれ**は、わたしたちの擁護者です。信者たちに**アッラー**を信頼させなさい。52. 言いなさい。あなた方（家に留まった偽信者）は、二つの善の一つ（戦勝または殉教）の他に、何を待っているのでしょうか。わたしたちは、**アッラー**からの苦痛が、御自身によるか、

191　630年、アカバ湾東方の町、タブークでの戦いの時のことを指している。

もしくはわたしたちの手によって、（あなた方に）もたらされることを待ちましょう。だからあなた方は（わたしたちの結果を）待ちなさい。わたしたちもあなた方と共に、（あなた方の結果を）待ちます。53. 言いなさい。たとえあなた方が、本意または不本意に施しをしても、決して受け入れられません。実にあなた方は、掟破りの人たちなのです。54. かれらの施しが受け入れられてもらえないのは、ただかれらが**アッラー**と**かれ**の使徒を信じないためで、礼拝に来ても、のらりくらりとするだけであり、また施しをしても嫌がりながらするだけだからです。55. だからあなたは、かれらの財産や子女に惑わされてはいけません。**アッラー**はそれによって、かれらを現世の生活で懲罰し、かれらの魂は不信心のままで離れ去るようにと望まれているのです[192]。

56. かれら（偽信者）は、**アッラー**に誓って、本当にあなた方の仲間ですと言います。しかしかれらは、あなた方の仲間ではありません。かれらは臆病な人びとです。57. もしかれらが、避難所か、洞窟か、逃げ込む所を見出せば、そこに大急ぎで行くでしょう。58. かれらの中には、施しについてあなた（ムハンマド）を批判する人がいます。もしそれ（施し）を分け与えられるならば、かれらは喜ぶが、分け与えられないならば、怒り出します。59. もしかれらが、**アッラー**と**かれ**の使徒（ムハンマド）が、自分たちに与えたものに満足していたならば、こう言ったでしょう。わたしたちには**アッラー**がいれば十分です。**アッラー**と**かれ**の使徒は、**かれ**の寵愛からわたしたちに与えるでしょう。わたしたちは**アッラー**だけに、望みを託します。60.（定めの）施しは、貧乏人、困窮の人、これ（施し）を管理する人、心が（イスラームに）傾いてきた人、奴隷（の解放）、債務者（の救済）、**アッラー**の道のため（に努める人）、旅人のためのものです[193]。こ

192　財産や子女の多さに拘泥することは、不信心の発露である。8:28, 63:9, 64:15参照。
193　後代のイスラーム法学において、義務的な定めの施し（ザカート）が自発的な施し（サダカ）と区別して規定されたが、ここに挙げられた八つの項目が定めの施し（ザカート）を受ける権利があるものと認定された。なお貧乏人（フカラー）とは財産や収入が比較的少なく生活が苦しい人を指し、困窮の人（マサーキン）とは必要最低限の生活もままならない極貧の人のことを指すとされる。しかし両者間に実質的な違いはなく、明白な区別をつけないという説もある。

れは**アッラー**の掟です。**アッラー**は全知にして英明なのです。

〈偽信者の邪悪なこと〉

61. またかれら（偽信者）の中には、預言者（ムハンマド）を侮辱して、かれは（何でも聞き入れる）耳ですと言う人がいます。言いなさい。（ムハンマドは）あなた方にとって良いことの聞き手なのです。かれは**アッラー**を信仰し、信者たちを信頼します。そしてあなた方の中の信仰する人のための慈愛ですと。**アッラー**の使徒を侮辱する人には、激しい苦痛があります。62. かれら（偽信者）は、あなた方（信者）を喜ばせるため、**アッラー**にかけて誓います。でもかれらが（真の）信者ならば、**アッラー**と**かれ**の使徒を喜ばせることが正しいのです。63. かれらは知らないのでしょうか、**アッラー**と**かれ**の使徒に反抗する人には、地獄の火があり、その中に永遠に住むことを。それは大きな屈辱です。

64. 偽信者は、かれらが心の中に抱くことを知らせる章が、啓示されることを警戒しています。言いなさい。笑い草にしていなさい。本当に**アッラー**は、あなた方が警戒しているものをもたらすでしょう。65. もしあなた（ムハンマド）がかれらに問えば、かれらは言うでしょう。わたしたちは無駄話をして、たわむれていただけですと。言いなさい。あなた方は、**アッラー**と**かれ**の印と**かれ**の使徒を、笑い草にしていたではないですか。66. 言い訳をしてはいけません。確かにあなた方は信仰した後、不信心になったのです。もし**われら**が、あなた方のある一団を赦しても、他の一団は罰するでしょう。なぜなら、かれらが罪を犯す人びとだったからです。67. 男性の偽信者も女性の偽信者も同じです。かれらは邪悪を命じ、良識を禁じ、その手を握りしめるのです[194]。かれらが**アッラー**を無視したので、**かれ**もかれらを無視しました。本当に偽信者、かれらは掟破りなのです。

68. **アッラー**は約束しました。男性の偽信者と女性の偽信者、それから非

---

[194]「手を握りしめる」とは、出征しないこと、または施しをしないこと、あるいはその両方。

信者が地獄の火の中に永遠に住むことを。かれらにはこれで十分です。**アッラー**はかれらを拒否し、かれらには永遠の苦痛があるでしょう。69. あなた以前の人びとのように、かれらは、あなた方よりも力強く、財産と子女でも上回っていました。かれら（以前の人びと）はその分け前を享楽し、あなた方（偽信者）も、あなた方以前の人びとがその分け前を享楽したように、その分け前を享楽しました。そしてかれらが（無駄話に）ふけったように、あなた方もふけりました。かれらの行ないは、現世でも来世でも無益となったのです。これらの人たち、かれらこそ損失者なのです。70. かれらには、かれら以前にいたヌーフ、アード、サムード、イブラーヒームらの民や、マドヤンそして破滅した諸都市の人びとの知らせが、届かなかったのでしょうか。かれらには、自分の使徒たちが明らかな証拠を持って来たのです。**アッラー**はかれらを害しませんでした。でもかれらは自分自身を害したのです。

71. 男性の信者も女性の信者も、互いに仲間です。かれらは良識を命じ、邪悪を禁じます。また礼拝の務めを守り、定めの施しをし、**アッラー**と**かれ**の使徒に従います。これらの人たちに、**アッラー**は慈愛を与えます。真に**アッラー**は、偉力大にして英明なのです。72. **アッラー**は、男性の信者と女性の信者に、川が下を流れる楽園の中に永遠に住むことを、約束しました。また永遠の楽園の中の、すばらしい住まいを約束しました。でも最高のものは、**アッラー**のご満悦です。これこそが偉大な勝利なのです。

73. 預言者（ムハンマド）よ、非信者と偽信者に対して奮闘努力し、かれらに厳しく対処しなさい。かれらの住まいは地獄です。何と悪い行き先なのでしょう。74. かれらは**アッラー**にかけて、何も（不信の言葉を）言わなかったと誓います。でも確かにかれらは不信心な言葉を口にし、イスラームを受け入れた後、不信心になり、実現できないことを企てました[195]。（というのも）**アッラー**と**かれ**の使徒が、**かれ**の寵愛によって、かれら（信者）

---

195 「実現できないこと」とは、預言者ムハンマドに害を及ぼし、はては殺害すること。

を豊かにしたことを、不快に思ったからに他なりません。だからもし改心するならば、かれらのために最も善いでしょう。でも背き去るならば、**アッラー**は現世でも来世でも、激しい苦痛でかれらを罰するのです。かれらには地上において、擁護者も援助者もありません。

75. かれら（偽信者）の中には、**アッラー**と約束をした人がいて（こう言います。）もし**かれ**が、わたしたちに**かれ**の寵愛を与えるならば、わたしたちは施しを与え、正しい人の仲間になるでしょう。76. でも**かれ**が、**かれ**の寵愛から与えると、かれらはけちになって、反抗して背き去りました。77. だから**かれ**は、かれらが**かれ**に会う日まで、その心の中に偽善を抱かせました。なぜならかれらが、**アッラー**との約束を破り、嘘をついてきたからです。78. かれらは知らないのでしょうか。**アッラー**が、かれらの秘密も、内密の相談もご存知であることを。また**アッラー**が、見えないこともすべて把握していることを。79. 信者たちの中で進んで施しを与える人たちを批判し、自分の労働力の他に施すものがない人たちを、笑い草にする人たち（こそ、偽信者）なのです。**アッラー**はかれら（偽信者）を笑い草にします。かれらには激しい苦痛があるでしょう。80. あなた（ムハンマド）がかれらのために赦しを願っても願わなくても（違いはない）。（さらに）あなたが70回[196]、かれらのために赦しを嘆願しても、**アッラー**はかれらを赦しません。なぜならかれらが、**アッラー**と**かれ**の使徒を信じなかったためです。**アッラー**は掟破りを導きません。

〈アッラーの道のために戦うこと：アラブ遊牧民など〉
81. **アッラー**の使徒が（タブークの戦いに出征）後、（家に）留まった人たちは、残留していることを喜び、財産と生命を捧げて、**アッラー**の道のために奮闘努力することを嫌って（互いに）言いました。この炎暑の中に出征するなと。言いなさい。地獄の火は、もっと激しい熱さです。もしかれらが理解するならば。82. だからかれらを少し笑わせ、かれらが稼いでき

196　預言者ムハンマドは、1日に70回悔悟したとされることが想起される。

たことへの報いとして、多く泣かせなさい。83. もし**アッラー**が、あなた（ムハンマド）をかれら（偽信者）の一団に帰したならば、かれらは出征する許可をあなたに求めるでしょう。そのときかれらに言いなさい。あなた方はわたし（ムハンマド）と共に出征しません。またわたしと共に敵と戦いません。確かにあなた方は、最初（家）に留まることに満足していました。だから留まる人たちと、一緒に座っていなさい。

84. あなた（ムハンマド）は、かれら（偽信者）の仲間で死んだ人のために、礼拝をしてはいけません。またその墓の側に立ってはいけません。本当にかれらは、**アッラー**と**かれ**の使徒を信じないまま、掟破りとして死んだのです。85. だからあなたは、かれらの財産や子女に惑わされてはいけません。**アッラー**はそれらによって、かれらを現世において懲罰し、かれらの魂は不信心のままで離れ去るようにと、望まれているのです。86. **アッラー**を信じ、**かれ**の使徒と共に奮闘努力しなさい、との章が啓示されたとき、かれらの中で豊かな人たちは、あなた（ムハンマド）に免除を求めて言いました。（家に）留まる人と一緒にいることを許してくださいと。87. かれらは居残る人たちと一緒にいることを喜び、その心は封じられました。だからかれらは理解しないのです。88. 一方、使徒（ムハンマド）とかれと共に信仰する人たちは、かれらの財産と生命を捧げて**奮闘努力**しました。かれらには多くの善いことがあり、かれらこそ成功する人たちです。89. **アッラー**はかれらのために、川が下を流れる楽園を準備し、かれらはその中に永遠に住みます。これこそが、偉大な勝利なのです。

90. またアラブ遊牧民の中からも、許しを与えてもらうため、（出征免除の）言い訳をする人たちが来ました。そして**アッラー**と**かれ**の使徒について嘘をついた人たちは、（家に）留まったのです。かれらの中で信仰しなかった人には、激しい苦痛が襲いかかるでしょう。91. 虚弱な人、病人と（**アッラー**の道のために）施しをするもののない人は、**アッラー**と**かれ**の使徒に対して忠実である限り、かれらに非難はありません。善行する人たちに対しても、非難される筋はありません。**アッラー**はよく赦すお方であり、慈

愛深いお方なのです。92.またあなた（ムハンマド）に乗用の動物を求めて来た人たちにも、非難される筋はありません。あなたは言いました。わたしには、あなた方を乗せる動物を見つけられませんと。（すると）かれらは自ら（購入）資金もないことについて（不甲斐なく思い）、その両目に悲しみの涙をたたえて帰っていったのです。93.◆**11部**◆非難されるべき筋は、富裕にもかからず、あなたに（出征の）免除を願い出る人たちだけです。かれらは背後に留まる人たちと一緒にいることを喜びます。**アッラー**はかれらの心を封じたので、理解しないのです。

94.あなた方（信者）が（出征から）帰ると、かれらは言い訳をします。言いなさい。言い訳はいりません。わたしたちはあなた方を信じません。**アッラー**は、わたしたちにあなた方（偽信者）の末路を知らせました。**アッラー**と**かれ**の使徒は、あなた方の行ないを観察します。それからあなた方は、目に見えない世界と目に見える世界を、すべてご存知の方に帰るのです。そのとき**かれ**は、あなた方が行なってきたことを知らせるでしょう。95.あなた方（信者）が、（出征から）かれらの元へと帰ってくると、自分たちを（非難せず）放っておいてもらうため、かれらは**アッラー**にかけて誓いを立てます。それなら放っておきなさい。かれらは実に忌まわしく、地獄がかれらの住まいです。（これが）かれらが稼いできたことに対する報いなのです。96.かれら（偽信者）はあなた方を喜ばせようと、あなた方に誓います。しかしあなた方がかれらについて喜んでも、真に**アッラー**は、掟破りを喜ばないのです。

97.アラブ遊牧民の不信心と偽信仰は根強く、かれらは**アッラー**が、**かれ**の使徒に啓示された掟について知ることもないでしょう。でも**アッラー**は、全知にして英明なのです。98.アラブ遊牧民には、（**アッラー**の道のため）かれらが施すものを科金のように感じ、あなた方（信者）に不運を待ち望んでいる人もいます。かれらの上にこそ、不運があるでしょう。**アッラー**は全聴にして全知です。99.一方、アラブ遊牧民の中で、**アッラー**と最後の日を信じる人たちは、かれらの施しを**アッラー**に近づくための手段とし

て、また使徒（ムハンマド）への祝福としてとらえます。見なさい。確かにそれはかれらを（**アッラー**に）近づける手段であり、**アッラー**はかれらを、**かれ**の慈愛に浴させるでしょう。実に**アッラー**は、よく赦すお方で、慈愛深いお方なのです。100. 最初の先達は（マッカからの）移住者と（マディーナの）援助者と、かれらの善行に従った人びとです。**アッラー**はかれらに満悦され、かれらもまた**かれ**に喜悦します。**かれ**は、かれらのために川が下を流れる楽園を準備し、その中にかれらは永遠に住むのです。これこそが偉大な勝利なのです。

101. あなた方の周囲のアラブ遊牧民やマディーナの民の中にも、偽信者がいます。かれらは偽信仰に固執しています。あなた（ムハンマド）はかれらを知らないけれど、**われら**は知っています。（だから）**われら**は、かれらに二度（現世と墓中で）苦痛を与え、その後かれらは（来世で）重大な苦痛へと追いやるのです。102. また他にも、自分の罪を認めた人びとがいます。かれらは善行と悪行をしました。ただし**アッラー**は、かれらを赦されるかもしれません。実に**アッラー**は、よく赦すお方で、慈愛深いお方なのです。103.（ムハンマドよ）かれらを浄化して清めるため、かれらの財産から施しを受け取り、かれらのために祈りなさい。確かにあなたの祈りは、かれらにとって安らぎなのです。**アッラー**は全聴にして全知です。104. **アッラー**、**かれ**こそが、**かれ**の僕たちの改心を受け入れ、施しを受け取ることを、かれら（偽信者）は知らないのでしょうか。**アッラー**、**かれ**こそは、いつもよく赦すお方で、慈愛深いお方なのです。105. 言いなさい。（善を）行ないなさい。**アッラー**と**かれ**の使徒と信者たちは、あなた方の行ないを見ていますと。あなた方は、目に見えない世界と目に見える世界を、すべてご存知の方に帰るのです。そのとき**かれ**は、あなた方が行なってきたことを知らせるでしょう。106. その他にも、**アッラー**が苦痛を与えるか、または改心を受け入れるかの裁決を待つ人たちがいます。**アッラー**は全知にして、英明なのです。

107. また害と不信仰をもたらし、その間に分裂を起こし、また以前に**アッ**

ラーと**かれ**の使徒に対して戦った人びとの居場所として、マスジドを建立した人たち[197]がいます。かれらは誓います。わたしたちは、ただ善いことを祈願するだけですと。でも**アッラー**は、かれらが確かに嘘つきであることを立証します。108.あなた（ムハンマド）は、その（マスジド）中で（礼拝に）立ってはいけません。最初の日から（**アッラー**を）意識して建立されたマスジドこそが、あなたがそこに立つにふさわしいのです。その中には、自ら清めることを愛する人びとがいます。そして**アッラー**は、その身を清める人を愛します。109.それで**アッラー**を意識し、**かれ**のご満悦を求めてその建物を建立した人が善いのか、それとも崩れそうな崖のふちにその建物を建立した人で、それと共にその地獄の火の中に砕け落ちる人が善いのか。**アッラー**は不正の人びとは、導きません。110.かれら（偽信者）の心が細かく砕かれない限り、かれらが建立した建物が、かれらの心中の疑念の種[198]でなくなることはありません。**アッラー**は、全知にして英明なのです。

111.確かに**アッラー**は、楽園と引き換えに、信者たちからかれらの生命と財産を買い入れました。かれらは**アッラー**の道のために戦い、殺し、殺されます。それは律法と福音とクルアーンの中にある、**かれ**に対する真実の約束なのです。そして誰が**アッラー**以上に、約束に忠実でしょうか。だからあなた方は（**アッラー**との）取引を喜びなさい。それこそが偉大な勝利なのです。112.改心する人、仕える人、称える人、（**アッラー**のために）行き来する人、屈折礼する人、平伏礼する人、良識を命じる人、邪悪を禁じる人、そして**アッラー**が定めた掟を守る人。これらの信者たちに、吉報

---

197 キリスト教徒のアブー・アーミル・アルラーヒブの教唆に従った偽信者たちが、ムスリム共同体を分裂させようとして、マディーナにあったクバー・マスジドの近くに別のマスジド（加害マスジドと称された）を建立した話。クバーは預言者がマッカから移住した時に初めてラクダから降りた特別の地点だったが、アルラーヒブらは、そこは元々ロバの繋がれていた場所だとして難癖をつけた。630年、タブーク遠征から帰ったムハンマドは、「加害マスジド」を破壊するように命じた。
198 かれらは心の中で、自らが建立したマスジドが、アッラーに受け入れてもらえるか否か疑念を抱いていた。また一般には、偽信者によるそのようなマスジドは背信の証であるので、見える形で疑念の種ともなる。

を伝えなさい。

〈不信心と戦うこと〉
113. 預言者（ムハンマド）と信者たちが、多神教徒のために、赦しを求めて祈ることは、たとえ近親であっても、かれらが地獄の火の人びとであることが明らかになった後は、適切ではありません。114. イブラーヒームが自分の父のために、赦しを求めて祈ったのは、ただかれ（父）と約束があったからです。それでかれ（父）が、**アッラー**の敵であることが明からになったとき、かれ（イブラーヒーム）はかれ（父）との関係を断ちました。本当にイブラーヒームは、柔和で辛抱強い人でした。115. **アッラー**は人びとを導いた後、かれらが避けるべきこと（主との並置など）[199]を明らかにするまでは、かれらを迷わせません（誤道にあるとの判断は下されない）。誠に**アッラー**は、すべてのことをご存知なのです。116. 諸天と地の大権は**アッラー**に属します。**かれ**は生を授け、死を与えます。あなた方は**アッラー**の他に、どんな保護者も援助者も見いだすことはできません。

117. 確かに**アッラー**は、預言者（ムハンマド）と移住者たち（ムハージルーン）と援助者たち（アンサール）を、慈愛によって赦しました。かれらは、その一派の心がくじけそうになった後、苦難（タブークの戦い）のときも、かれ（ムハンマド）に従った人たちです。そして**かれ**はかれらを赦しました。誠に**かれ**こそは、かれらに親切であり、慈愛深いお方です。118.（出征せずに**アッラー**の赦しから）取り残された3人も（赦されました）[200]。かれら（3人）には広大な大地が狭く感じられ、自分の心も狭く感じられ、そこでかれらは**アッラー**の他に、**かれ**から逃がれる術はないと確信したのです。すると（**アッラー**は）かれらが改心できるよう赦しました。実に**アッ**

---

199 ここで使われた動詞イッタカーの主な意味は、意識する、守る、避ける、と三種ある。本節の啓示で、従来、先祖を崇拝していた非信者は、咎められないということになった。
200 信者ではあったが、タブークの戦いに怠慢のため預言者の許しを得ないで出征せず、マディーナに居残ったカァブ・ビン・マーリクら三人のこと。預言者ムハンマドは、出征しなかった人たちの中、この三人に対してのみ対談することをムスリムたちに禁じたが、50日後にアッラーからの赦しが啓示された。「裁決を待つ人たち」については、9:106参照。

ラーはよく赦すお方であり、慈愛深いお方なのです。

119. 信仰する人たちよ、**アッラー**を意識し、誠実な人と一緒にいなさい。
120. マディーナの人びとも周辺のアラブ遊牧民も、**アッラー**の使徒（ムハンマド）の後に居残って、自分の生命をかれ（使徒）の生命より大切にすべきではありません。なぜならかれらが、**アッラー**の道のために渇き、疲れ、餓え、非信者たちを怒らせる手段を講じて、敵に苦しみを与えることは、ただかれらに善行として記録されるだけだからです。誠に**アッラー**は、善行する人たちへの報奨を忘れません。121. かれらが大なり小なり施すものや、ひとつの谷を越えること（など）は、ただかれらのために（善行として）記録されるだけです。**アッラー**は、かれらが行なってきた最善に対して報います。

122. （ただし）信者は一斉に出陣すべきではありません。全員が一斉に出陣するのではなく、いずれの一団からも一部が残り、かれら（残り組）は宗教について理解を深め、かれら（出陣した連中）が帰ったとき、その人びとに教え伝えるのです。そうすれば、かれらは（悪に対して）用心できるでしょう。123. 信仰する人たちよ、あなた方に近い（アラブ人の）非信者たちと戦いなさい。あなた方が（悪に対して）意志堅固であることを、かれらに知らせなさい。そして**アッラー**は、（**アッラー**を）意識する人たちと共にいることを知りなさい。

124. かれらの間に（クルアーンの）章が啓示されると、いつも（偽信者で、こう）言う人がいます。これによってあなた方の誰が信心を深めたでしょうかと。信仰する人たちは、これによって信心を深め喜びます。125. でも心に病の宿る人は、これによってかれらの汚れの上に汚れを加え、非信者として死ぬのです。126. かれらは毎年一度や二度、試みられていることに気づかないのでしょうか。それでもかれらは改心せず、留意もしないのです。127. また章が啓示されるたびに（偽信者は）互いを見合って、誰かがあなた方を監視しているのですかと（言います）。そしてかれらは背き去

りました。かれらは理解しない人びとなので、**アッラー**がかれらの心を背かせたのです。

128. 確かにあなた方の間から、あなた方の元に使徒（ムハンマド）がやって来ました。かれは、あなた方が悩んでいることに心を痛め、あなた方のために、とても心配しています。かれは信者たちに優しく慈愛深いのです。
129. でもかれらが背き去るならば、言いなさい。わたしには**アッラー**がいれば十分です。**かれ**の他に、神はいません。わたしは、**かれ**を信頼します。**かれ**こそ、偉大な玉座の主なのですと。

10. ユーヌス章　سورة يونس

マッカ啓示 109節

　　預言者ユーヌスの民が、訓戒を受け入れて救われた話(93節)から命名されました。あらゆるところにアッラーの印が明らかなのに、それに気がつかない人が多いのです(1〜70節)。またアッラーではない人間にはクルアーンのような言葉は、一行たりとも作りえません(35〜38節)。ヌーフやムーサーの民は不信仰であったが、ユーヌスの民は悔悟して赦されました。また人々を導くまでの忍耐が、預言者ムハンマドに説かれています(93〜103節)。10章から15章は、最後の審判の日とアッラー称賛、ユーヌスの話などがテーマとなって、一つの章グループになっています。そしてそれは、33章から39章までの、ほぼ同様のテーマを扱うグループと対をなしています。

　　　　　慈愛あまねく、慈愛深いアッラーの御名において
〈アッラーのみに仕えること〉
1. アリフ・ラーム・ラー[201]。これらは英知に満ちた啓典の印（クルアーンの言葉）です。2. **われら**がかれら（マッカの民）の一人（ムハンマド）に（こう）啓示したことを、人びとは驚くのでしょうか。あなたは人びと

---
201 すでに同様な文字名が、2, 3, 7章の冒頭に出てきている。2:1脚注4参照。

に警告し、信仰する人たちには、かれらの主の御元で確固たる足場（栄誉ある地位）がある、との吉報を伝えなさいと。非信者たちは、この男は明らかに魔術師だと言いました。

3.確かにあなた方の主は、**アッラー**です。**かれ**は6日の間に諸天と地を創造し、それから玉座につき万物を統御するのです。**かれ**の許しの後でなければ、執り成す者はいません。これが**アッラー**、あなた方の主です。だから**かれ**に仕えなさい。あなた方は留意しないのですか。4.**かれ**があなた方全員の帰り所であり、この**アッラー**の約束は真実です。本当に**かれ**は（人間の）創造を始め、それを繰り返します（死後の復活）。これは信仰して善行をした人たちに、公正に報いるためです。でも**かれ**を信じない人には、煮えたぎる飲物と激しい苦痛があります。なぜならかれらは信仰を拒否してきたからです。

5.**かれ**こそは、太陽を発光させ、月を輝かせ、その周期を定め、年数と（時間の）計算をあなた方に教えたお方です。**アッラー**は真理（目的）を持って、これらを創造しました。**かれ**は、知性ある人びとに印を解明するのです。6.確かに夜と昼との交代や、**アッラー**が諸天と地に創ったものは、（**アッラー**を）意識する人たちへの印です。7.本当に**われら**との会見を期待しない人たち、現世の生活を楽しみ満足している人たち、**われら**の印に留意しない人たち、8.これらの人たちは、自分が稼いできたことのために、その住まいは（地獄の）火です。9.真に信仰して善行に励む人を、かれらの主は、その信心ゆえに導きます。安楽の楽園の中で、川がかれらの足元を流れます。10.その中でのかれらの祈りは、**アッラー**よ、あなたに賛美あれ。その中でのかれらの挨拶は、平安あれ。そして祈りの結びは、すべての世界の主である**アッラー**に、すべての称讃あれ、です。

11.もし人びとが善を急ぐように、**アッラー**が、かれらの悪いこと（への願いの実現）も急がれるならば、かれらの（猶予の）期限は終わっていたことでしょう。**われら**は、**われら**との会見を望まない人を、乱心のまま、

さ迷うままに放っておきます。12. 災厄が人を襲うとき、かれは横たわっていても、座っていても、立っていても、**われら**を呼びます。でも**われら**が、かれから苦難を除くと、かれを襲った災厄のため**われら**を呼んだことがなかったかのように振舞います。このように則(のり)を越える人には、かれらが行なってきたことのうわべは、立派に見えさせたのです。13. 確かに**われら**は、あなた方以前にも、多くの世代が不正を行なったとき、かれらを滅ぼしました。使徒たちが明らかな証拠を持ってかれらの元に来たけれど、かれらは信じませんでした。このように**われら**は、罪深い人びとに報います。

14. それから**われら**は、かれらの後に、あなた方をこの地における後継ぎとしました。（そうすることで）**われら**は、あなた方がどのように行なうかを見るのです。15. でも**われら**の明らかな証拠である印がかれらに読誦されたとき、**われら**との会見を望まない人たちは言いました。これとは別のクルアーンを持って来なさい、あるいはこれを改変しなさいと。（使徒よ）言いなさい。わたし（ムハンマド）は自分の裁量でこれを改変することはできません。ただわたしに啓示されたものに従うだけです。わたしが、主に背くならば、絶大な日の苦痛を本当に恐れます。16. 言いなさい。**アッラー**が御望みであったならば、わたしはあなた方にそれ（クルアーン）を読誦せず、また**かれ**があなた方にそれを教えることもなかったでしょう。それ（啓示）の前、確かにわたしは、あなた方の間で（一緒に）人生をすごしました。それなのにあなた方は、理性を働かせないのですか。

17. **アッラー**について嘘を捏造(ねつぞう)し、**かれ**の啓示を拒否する人よりも不正をする人がいるでしょうか。実に罪深い人たちは、栄えません。18. かれらは**アッラー**の他に、かれらを害せず、また益ももたらさないもの（多神）に仕えて言うのです。これらは**アッラー**の御元における、わたしたちの執り成しなのですと。言いなさい。あなた方は、諸天と地について**アッラー**はご存じないとして、**かれ**に告げようとするのか。**かれ**を賛美しなさい。**かれ**はかれらが配するものの上に高くおられるのです。19. 人類は元来一

つの共同体でした。それから仲たがいしたのです。もし以前にあなたの主から啓示された（猶予の）言葉がなかったならば、かれらの間で仲たがいしていることについて、（すでに）裁決されていたでしょう。20.かれらは言います。なぜかれの主から、一つの印もかれに啓示されないのでしょうかと。言いなさい。目に見えない世界は、**アッラー**だけのものです。だから待ちなさい。わたし（ムハンマド）もあなた方と一緒に（裁決を）待っているのです。

〈不信仰への報いは最悪〉

21.苦難が人びとを襲った後、**われら**が慈愛を与えると、見なさい、かれらは**われら**の印に対して策謀を巡らすのです。言いなさい。**アッラー**は最も迅速に策謀すると。**われら**の使徒（天使）たちは、あなた方が策謀することを記録しています。22.**かれ**こそは、陸と海におけるあなた方の旅を可能とする方です。あなた方が船に乗るとき、それら（船）が順風に乗って航海すれば、かれらはそれ（順風）を喜びます。暴風が来ると、大波が四方八方から押し寄せ、かれらは逃げ場がないと観念し、**アッラー**を呼び、**かれ**に至誠の信心を尽くすのです。（かれらは祈って言います）もし**あなた**が、わたしたちをこれ（大波）から救えば、感謝を捧げる人になりますと。23.でも**かれ**が救助すれば、見なさい、かれらは不当にも地上で欲をたくましくします。人びとよ、あなた方の野望は、ただ自分自身を害するだけ。（せいぜい）現世の生活を楽しみなさい。それから**われら**に、あなた方の帰り所はあります。そのとき**われら**は、あなた方が行なってきたことを知らせるでしょう。

24.現世の生活を例えれば、**われら**が空から降らせる水（雨）のようなもので、地上の植物がそれ（水）を吸収し、そこから人間や家畜は食べます。そのとき大地は美しく彩られ、そこの人びとは、自分たちがそれ（大地）を差配する力を持っていると思い込むのです。（ところが）**われら**の命令が夜でも昼でも届けば、**われら**はそれを刈り取られたものにするでしょう。昨日まで（何一つ）育っていなかったかのように。このように**われら**は、

熟考する人びとのために印を解明するのです。

25.**アッラー**は（人びとを）平安の住まいに招き、**かれ**が望む人をまっすぐな道に導きます。26.善行をした人には最高の報奨があり、また追加[202]もあります。暗さや恥辱がかれらの顔を覆うことはありません。これらの人びとは楽園の住人で、かれらはその中に永遠に住むでしょう。27.でも悪を稼いできた人びとには、同等の悪の報いがあります。そして屈辱がかれらを覆うでしょう。**アッラー**（の懲罰）から、かれらを守るものは何もありません。かれらの顔は、まるで闇夜の（黒い）切れ端に覆われたかのようです。これらの人びとは（地獄の）火の住人で、かれらはその中に永遠に住むでしょう。

28.その日、**われら**は一人残らずかれらを召集し、そのとき**われら**は、多神を配していた人たちにこう言います。あなた方とその多神は、あなた方の場所に留まれと。それから**われら**がかれらの間を引き離すと、かれらの多神は（こう）言うのです。あなた方（多神教徒）は、わたしたち（多神）に仕えてきませんでした。29.**アッラー**は、わたしたちとあなた方との間の立証者として十分です。わたしたち（多神）はあなた方の崇拝行為に気がつきませんでした。30.そのとき各人は、過去にしてきたことを問われ、かれらの真の擁護者である、**アッラー**へと帰ります。そしてかれらが捏造（ねつぞう）してきたもの（多神）は、かれらを捨て去るのです。

31.（ムハンマドよ）言いなさい。空と地から、あなた方に糧を供給するのは誰なのか。聴覚や視覚を支配するのは誰なのか。死んだものから生命をもたらし、生命から死をもたらすのは誰なのか。そして万物を統御するのは誰なのか。かれらは、**アッラー**と言うでしょう。ならば（預言者よ）言いなさい、なぜあなた方は、（**アッラー**を）意識しないのですか。32.こ

---

202 ここの「追加」はアッラーを拝顔できることを指すとされる。アッラーの尊顔拝謁の話は、7:143脚注参照。

れが、あなた方の真の主、**アッラー**です。この真理から離れては、誤ちの他に何があるでしょう。それであなた方は、どうして背き去るのか。33.このように、掟破りの人たちは信仰しない、というあなたの主の言葉が、真実であることがかれらに証明されました。34.言いなさい。あなた方の多神の中、誰が創造し、それを繰り返すのですかと。言いなさい。**アッラー**が創造し、それを繰り返すと。あなた方は、どうして思い違いをしているのでしょうか。35.言いなさい。あなた方の多神の中、誰が真理に導くのですかと。言いなさい。**アッラー**は真理に導きますと。それでは真理に導く方に従う価値があるのか、または導かれない限り道を見出せない者の方（に従う価値があるの）か。あなた方はどうかしましたか。あなた方はどう判断するのですか。36.かれらの多くは臆測(おくそく)に従うだけです。本当に臆測は、少しも真理に取って代わることはできません。誠に**アッラー**は、かれらの行なうことをよくご存知です。

37.このクルアーンは、**アッラー**でない者によって捏造されたものではありません。他方これは、それ以前にあった啓示の確証であり、すべての世界の主からの疑いの余地のない啓典の解明です[203]。38.かれらは言います。かれ（ムハンマド）がそれを（本当に）捏造したのですかと。言いなさい、それなら、それ（クルアーン）に似た章を持ってきなさい、それであなた方の言うことが本当なら、**アッラー**の他にできる者を呼びなさいと。39.いいえ、かれらは理解できないものや、かれらに解明されていないものを嘘だというのです。このようにかれら以前の人たちも、嘘であるとしました。だから見なさい、不正を行なう人たちの末路がどのようであったかを。

〈アッラーの約束は真実〉
40.かれらの中、ある人はそれ（クルアーン）を信じ、ある人はそれを信

203　信仰は信じて求めるところに成り立ち、そこに猜疑心が入る余地はないということでもある。2:111-112、5:101、資料2.参照。

じません。あなたの主は、腐敗を広める人たちをご存知なのです。41. もしかれら（多神教徒）があなた（ムハンマド）を嘘つき呼ばわりするなら、言いなさい。わたしには自分の行ないがあり、あなた方にはあなた方の行ないがあります。あなた方はわたしが行なうことに関係なく、わたしはあなた方が行なうことに関係ない。42. ただし、かれらの中には、あなた（ムハンマド）に耳を傾ける人がいるでしょう。でもかれらが考えなければ、あなたは耳が聞こえない人たちに聞かせることができるでしょうか。43. またかれらの中には、あなたを見ている人がいるでしょう。でもかれらが見ようとしなければ、あなたは見えない人たちを導くことができるでしょうか。44. 確かに**アッラー**は決して人間を損ないません。でも人間は自らを損なうのです。

45. **かれ**が、かれらを召集する（審判の）日、かれらは昼間の1時間も、（現世や墓の中に）留まらなかったかのように（短く感じつつ）、互いに認識するでしょう。本当に**アッラー**との会見を嘘だとした人たちは損失者で、導かれなかった人たちです。46. **われら**があなた（ムハンマド）に、かれらに約束した（末路の）一部を示すにしても、または（まず）**われら**があなたを召すにしても、**われら**にかれらの帰り所はあります。そして**アッラー**は、かれらが行なっていることの立証者なのです。47. それぞれの共同体には使徒がいます。だからかれらの使徒がやって来るとき、かれらの間は公正に裁決されます。そしてかれらは不当に扱われません。48. かれらは言います。それであなた（ムハンマド）の言うことが本当なら、いつこの約束が果たされるのかと。49. 言いなさい。**アッラー**が御望みにならない限り、わたしは自分を害し、または益する力もありません。それぞれの共同体には定められた（猶予の）期限があるのです。その期限が来れば、一瞬も先延ばしすることはできないし、また早めることもできません。50. 言いなさい。あなた方は考えないのか、もし**かれ**の苦痛が夜でも昼でも、あなた方にやって来るならば、罪深い人たちはどうしてそれ急ぐのでしょうか。51. それが実際に起きたら、あなた方は信じるのか。今（頃になって信じるの）か。確かにあなた方は、それ（苦痛）を急いで望んでいた。

52. それで不正をした人には、こう言われるのです。永遠の苦痛を味わいなさい。あなたは、自分が稼いできたこと以外に、報われる（と考える）のですかと。

53. かれら（多神教徒）はあなたに問います。それは真実なのかと。言いなさい。その通り、わたしの主にかけて、誠にそれが真実で、あなた方は逃げられないと。54. 不正を行なったすべての人が、地上のすべてのものを所有しているならば、それをもって罪を償おうとするでしょう。かれらが苦痛を見るとき、かれらは悔悟の念を打ち明けるのです。（しかし）かれらの間は公正に裁定され、不当に扱われることはありません。55. 確かに諸天と地にあるものは、**アッラー**のものです。本当に**アッラー**の約束は真実です。でもかれらの多くは知りません。56. **かれ**は生命を与え、また死を与えます。そして**かれ**にあなた方は帰されるのです。

57. （信者も非信者も）人びとよ、確かにあなた方の主から戒めが届きました。これは胸の中にあるものを癒し、信者たちへの導きであり、慈愛なのです。58. （ムハンマドよ）言いなさい。**アッラー**の寵愛と**かれ**の慈愛によって、かれら（信者）に喜ばせておこう。それはかれらが（現世で）蓄積しているものに勝るのです。59. 言いなさい。**アッラー**が、あなた方のためにもたらした糧を見てみなさい。あなた方はそれを、非合法（ハラーム）と合法（ハラール）とに（分け）たのです。言いなさい。**アッラー**があなた方（信者）に許したのですか、または**アッラー**についてあなた方（非信者）が捏造したのですか。60. **アッラー**について嘘を捏造した人たちは、復活の日、何を考えるのでしょうか。真に**アッラー**は、人間に対して偉大な寵愛の持ち主なのです。でもかれらの多くは感謝しません。

61. あなた（ムハンマド）がどのような状況にあっても、あなたがクルアーンの（どこを）読誦していても、あなた方（信者も非信者も）がどんな行ないをしていても、あなた方がそれに取り組んでいるとき、**われら**はあなた方の立証者なのです。地と諸天のわずかな塵の重さも、あなたの主から

逃れられません。またそれよりも小さいものでも、大きいものでも、はっきりと書板の中に（記されて）いないものはないのです。62.見なさい。誠に**アッラー**の友（篤信の人）には、恐怖もなく悲哀もないでしょう。63.かれら（信者）は信仰し、（**アッラー**を）意識してきた人たちです。64.かれらには現世でも、来世においても吉報があります。**アッラー**の言葉に変更はありません。それこそは偉大な勝利です。65.かれらの言葉が、あなた（ムハンマド）を悲しませてはいけません。真に権勢は、すべて**アッラー**のものです。**かれ**は全聴にして全知です。66.見なさい。誠に諸天と地のすべてのものは、**アッラー**のものです。**アッラー**を差し置いて祈りを捧げる人たちは、多神に従うわけではありません。かれら（非信者）はただ憶測に従い、（勝手に）推測するだけです。67.**かれ**こそは、あなた方が休息できるように夜を定め、また見るために昼間を明るくする方です。本当にその中には、聞く耳を持つ人たちへの印があります。

68.かれら（多神教徒）は言います。**アッラー**はひとりの子をもうけられたと。**かれ**に至高の賛美あれ。**かれ**は自ら満ち足りている方です。諸天と地のすべては、**かれ**のものです。あなた方はこれ（ひとりの子などと言うこと）に対して、権威はありません。あなた方は**アッラー**について、自分の知らないことを語るのですか。69.言いなさい。誠に**アッラー**について嘘を捏造する人は、決して成功しないでしょう。70.現世の生活の楽しみがあっても、それから**われら**にかれらの帰り所はあるのです。その後、**われら**は激しい苦痛を与えるでしょう。なぜなら、かれらが信仰を拒否してきたからです。

〈不信仰への報いは最悪：ヌーフの民とフィルアウンの末路〉
71.かれらにヌーフの物語を読誦しなさい。かれ（ヌーフ）が自分の民にこう言ったときのことです。わたしの民よ、たとえわたしが居ることや、**アッラー**の印を思い起こさせることがあなた方にとって負担でも、わたしは**アッラー**を信頼します。だからあなた方は自分の計画を、あなた方の多神と共に決めなさい。それであなた方の計画に、半信半疑ではいけません。

わたしに対してその計画を実施し、（それを）先送りにしないように。72.たとえあなた方が背き去っても、わたしはあなた方に報酬を求めなかった。わたしの報酬は、ただ**アッラー**からあるだけで、そしてわたしは、ムスリムであるよう命じられた。73.でもかれらはかれ（ヌーフ）を拒否したので、**われら**はかれとかれの方舟で共にいる人たちを救い、かれら（方舟の人たち）を（地上の）後継者とし、**われら**の印を拒否した人たちを溺れさせました。見なさい。警告された人たちの末路がどんなものであったかを。

74.それからかれ（ヌーフ）の後、**われら**は使徒たちをかれら（子孫）のそれぞれの民に遣わし、かれらは明らかな証拠と共にやって来ました。でもかれら（人びと）は、以前に嘘つき呼ばわりしたものを信じようとしませんでした。このように**われら**は、敵対する人たちの心を封じるのです。75.それから**われら**は、かれらの後ムーサーとハールーンを、フィルアウンとその指導者たちに、**われら**の印と共に遣わしました。しかしかれらは高慢で罪深い人びとでした。76.それで**われら**から真理がかれらにもたらされたとき、かれらは言いました。確かにこれは明らかに魔術ですと。77.ムーサーは言いました。あなた方は、あなた方にもたらされた真理について、そんなことを言うのですか。これが魔術なのでしょうか。魔術師たちは成功しません。78.かれらは言いました。あなたは、わたしたちの先祖が見出したもの（伝統）から背かせるために、わたしたちのところに来たのですか。あなた方二人は、この地で偉くなろうとするのですか。わたしたちはあなた方二人を信じる者ではありません。79.（そこで）フィルアウンは言いました。すべての熟達の魔術師を、ここに連れて来なさい。80.魔術師たちが来ると、ムーサーはかれらに言いました。あなた方が投げたいものを投げなさい。81.かれらが投げたとき、ムーサーは言いました。あなた方がもたらしたものは魔術です。実に**アッラー**はそれを無にします。確かに**アッラー**は、不正の人たちの行為を正しません。82.そして**アッラー**は、**かれ**の言葉をもって、真理を樹立するのです。たとえ罪深い人たちが嫌がっても。83.しかしかれの民の子孫の他は、誰もムーサーを信じませ

んでした。フィルアウンやかれらの指導者たちが、かれらを迫害するかもしれないという恐怖のために。本当にフィルアウンは地上において暴君で、則(のり)を越える者でした。

84.ムーサーは言いました。わたしの民よ、もしあなた方が**アッラー**を信仰するならば、そしてもしあなた方がムスリム（服従する人）ならば、**かれ**に帰依して信頼しなさい。85.するとかれらは言いました。わたしたちは**アッラー**を信頼します。わたしたちの主よ、わたしたちを不正の民にとっての試練（迫害の対象）としないでください。86.**あなた**の慈愛をもって、わたしたちを不信心の民から救い出してくださいと。87.**われら**はムーサーとかれの兄弟（ハールーン）に啓示しました。あなた方の民のためにエジプトを居所とし、それを崇拝の場とし、礼拝の務めを守りなさい。また信者たちに、吉報を伝えなさい。88.ムーサーは言いました。わたしたちの主よ、確かに**あなた**はフィルアウンとかれの指導者たちに、現世の生活の栄華と財産を授けました。わたしたちの主よ、（このように）かれらは（人びとを）**あなた**の道から迷い去らせています。わたしたちの主よ、かれらの財産を破壊し、かれらの心を頑固にしてください。そうすることでかれらが、激しい苦痛を見るまで信じないままでいますように。89.**かれ**は言いました。あなた方二人の祈りは受け入れられました。だから二人はまっすぐな道に従い、無知な人たちの道に従ってはいけません。

90.**われら**は、イスラーイールの子孫に海を渡らせ、フィルアウンとかれの軍勢は、傲慢(ごうまん)な心と敵意を持ってかれらを追跡しました。溺死(できし)がかれ（フィルアウン）を捉えたとき、かれは言いました。わたしは信じます。イスラーイールの子孫が信じる**かれ**の他に、神はありません。わたしはムスリムですと。91.今（頃になって信じるの）か。確かにあなたはこれまでは、不服従で腐った人でした。92.でも今日、**われら**はあなたの後を継ぐ人びとへの印とするため、あなたの（遺）体を残そう。ただし多くの人びとは、**われら**の印に留意しません。

〈アッラーのみに仕えること：ユーヌスの民〉

93. 誠に**われら**は、イスラーイールの子孫を良好な地に定住させ、かれらに善いものを授けました。それでかれらは知識（律法）が来るまで、仲たがいしなかったのです。誠にあなたの主は、復活の日にかれらが仲たがいしていたことについて、かれらの間を裁決するでしょう。94. **われら**があなた（ムハンマド）に啓示したものを、もしあなたが疑うならば、あなた以前から啓典を読んでいる人（ユダヤ教徒やキリスト教徒）たちに聞きなさい。確かに真理は、あなたの主からあなたに届いたのです。だからあなたは、疑いを抱く人の仲間になってはいけません。95. またあなたは、**アッラー**の印を嘘である、とする人の仲間になってはいけません。さもないと損失者となってしまうでしょう。96. 確かにあなたの主の言葉（懲罰）が現実となった人は、97. たとえ、かれらにすべての印が届いても、激しい苦痛を見るまでは信仰しません。98. それで信仰し、その信仰心が役に立ったという町が、なぜユーヌスの民の他にはいなかったのでしょうか。かれら（ユーヌスの民）が信仰に入ったとき、**われら**は、現世の生活における屈辱的な苦痛をかれらから取り払い、しばらく（現世を）享受させたのです。99. もしあなたの主の御心ならば、地上のすべての人は一人残らず信仰に入っていたことでしょう。それなのにあなた（ムハンマド）は、かれら（多神教徒）が信者になるまで（イスラームを）強制するのですか。100. **アッラー**の許しがなければ、信仰する人はいないのです。また理性を使わない人たちには、**かれ**は懲罰をもたらします。101. 言いなさい。諸天と地にあるものを観察しなさい。ただし信仰しない人びとには、印も警告も役に立たないのです。102. それでかれら（多神教徒）は、かれら以前に過ぎ去った人びとと同じような（懲罰の）日々を、待っているのでしょうか。言いなさい。それなら待ちなさい、わたしもあなた方と共に待つ者です。103. **われら**は、**われら**の使徒たちと信仰する人たちを救うでしょう。このように信者を救うのは、**われら**に課された義務なのです。

104. 言いなさい。人びとよ、たとえあなた方（多神教徒）がわたしの信仰について疑っても、わたしは、あなた方が**アッラー**を差し置いて仕えてい

るもの（多神）に、仕えません。でもわたしは、あなた方を召される**アッラー**に仕えます。そしてわたしは信者であるよう命じられているのですと。105.（だから）あなたの顔を、純正な信仰に向けなさい。そして多神教徒の仲間であってはいけません。106. また**アッラー**を差し置いて、あなたを害せず、また益ももたらさないもの（多神）に祈ってはいけません。もしこれをしたならば、あなたは本当に不正を行なう者の仲間となるでしょう。107. もし**アッラー**があなたを災厄で襲えば、**かれ**の他にそれを除く者はいません。また**かれ**があなたに幸福を望まれれば、**かれ**の寵愛を押し返す者はいません。**かれ**はその僕の中、御望みの者に、それを与えます。誠に**かれ**はよく赦すお方であり、慈愛深いお方なのです。108. 言いなさい。人びとよ、あなたの主から、あなた方に真理が届きました。だから正しい道を歩む人は、ただ自分のために正しい道を歩み、迷う人はただ自分を害して迷うのです。わたし（ムハンマド）は、あなた方の保護者ではありません。109. それであなたに啓示されたものに従い、**アッラー**が裁決するまで耐えなさい。**かれ**は最も優れた裁決者なのです。

11. フード章　سورة هود

マッカ啓示
123節

預言者フード(50〜60節)に関するマッカ最後期の啓示です。前章に継続した内容で、人々の虚栄や高慢さは滅びの始まりですが、ヌーフの方舟でアッラーによって救われた者もいました(25〜29節)。続くアラブの預言者たちであるフード、サーリフ、シュアイブらの民は、過ちを正さずに処罰されました。前章同様、ムハンマドへの啓示（クルアーン）は彼の捏造だ、と主張する者への反論が出てきます(13節)。

　　　　慈愛あまねく、慈愛深いアッラーの御名において
〈クルアーンはアッラーからの真理〉
1. アリフ・ラーム・ラー。（これは）英明かつ、すべてを見抜くお方（**アッラー**）からの（啓典で）、その印は完成され、解き明かされた啓典（クルアー

ン）です。2. **アッラー**の他、誰にも仕えてはいけません。確かにわたし（ムハンマド）は、**かれ**から（遣わされた）あなた方への警告者であり、吉報の伝達者です。3. それであなた方の主の赦しを請い願いなさい。あなた方は、**かれ**へと改心して帰りなさい。（そうすれば）定められた（死の）期限まで、**かれ**は生活の楽しさを与えます。また寵愛を受けるべきすべての人に、**かれ**は**かれ**の寵愛を与えます。でもあなた方が背き去るのであれば、本当にわたしはあなた方のために、絶大な（審判の）日の苦痛を恐れます。4. **アッラー**にあなた方の帰り所はあります。**かれ**はすべてに対して全能なのです。

5. 見なさい。かれら（マッカの多神教徒）は自分たちの胸をたたみ込んで、**かれ**から（不信心を）隠そうとします。本当に、かれらが自分の衣服を着こんでも、**かれ**はかれらの隠すことも、現すこともご存知です。確かに**かれ**は、胸の中にあるものをよく知っています。6. ◆**12部**◆**アッラー**にその糧をもらっていない地上の生き物はいません。**かれ**はそれら（すべての生き物）の居場所と（死体の）安置場所をご存知で、すべてはっきりと書板に（記録が）あるのです。

7. **かれ**こそは、6日の間に諸天と地を創造した方で、（それ以前に）**かれ**の玉座[204]は水の上を覆っていました[205]。それ（諸天と地の創造）は、**かれ**があなた方の中で、誰が最も行ないに優れているかを見分けるためにあります。でもあなた（ムハンマド）が、あなた方は死後復活するのですと言えば、非信者たちは、それは明らかに魔術にすぎないと言うでしょう。8. もし定められた（死の）期限まで、**われら**がかれらへの苦痛を遅らせれば、かれらは（こう）言うでしょう。一体何がそれ（苦痛）を引き留めているのですかと。（ところが何と）それ（苦痛）が到来する日、かれらから（苦痛）は逸(そ)らされず、かれらは笑い草にしていたものによって取り囲まれま

---

204 アルシュは玉座と解されるが、「支配」の意味もある。
205 初めは天と地は一体で、それらを分けて創造は水からなされた。21:30参照。

す。9. もし**われら**が、人間に**われら**からの慈愛を与え、その後それ（慈愛）をかれから取り上げれば、絶望して不信心になるのです。10. でも苦難がかれを襲った後、**われら**が恩寵を与えると、かれは（こう）言うでしょう。不幸はわたしから去ってしまったと。それでかれは大喜びして自慢げになります。11. ただし忍耐して、善行をする人たちといえば、かれらには（**アッラー**からの）赦しと偉大な報奨があるのです。

12. あなた（ムハンマド）はきっと、あなたに啓示されたものの一部を、放棄したいかもしれません。またそれによって、あなたの胸は締め付けられているかもしれません。なぜならかれら（非信者）が（こう）言うからです。どうしてかれ（ムハンマド）には財宝がもたらされないのか。どうして一人の天使も、かれと一緒に来なかったのかと。実にあなたは一人の警告者にすぎません。そして**アッラー**がすべてに対する保護者なのです。13. またかれらはこう言います。かれ（ムハンマド）がそれ（クルアーン）を捏造したのですと。言いなさい。そうならば、それ（クルアーン）のような10章を捏造してでも持って来なさい。またもしあなた方（非信者）の言葉が本物であれば、誰でも**アッラー**以外の者を呼ぶがいい。14. もしかれら（多神）があなた方（の呼びかけ）に答えないならば、それ（クルアーン）が**アッラー**の知識だけから啓示されたものであること、また**かれ**の他に神はないことを知るでしょう。そうすれば、あなた方はムスリム（**アッラーに従う人**）になるのですか。15. 現世の生活とその栄華を望む人には、**われら**はそこ（現世）でのかれらの行ないに対し、十分に報います。かれらはそこ（現世）で、少しも減らされることはないのです。16. これらの人は、来世において（地獄の）火の他に何もない人たちです。そこ（現世）でかれらが作り上げたことは実を結ばず、その行なってきたことは無意味になります。17. （そんな人たちと比べて）一体誰にかれの主からの明証（クルアーン）があり、**かれ**からの証言者（天使ジブリール）がそれを読み上げ、それ以前の導きであり慈愛であるムーサーの啓典（律法）があるというのか。これらの人たちはそれを信じますが、（他方）それを信じない連中にとっては、（地獄の）火がかれらの約束された場所なのです。だから

あなたは、それについて疑ってはいけません。本当にそれはあなたの主からの真理です。でも人びとの多くは信じないのです。

18.　**アッラー**について嘘を捏造する人よりも、不正を行なう人がいるでしょうか。かれらは主の前に連れ出され、その証言者（天使）たちは言います。これらは、主に対して嘘をついた人たちですと。まさしく、**アッラー**の拒否は不正を行なう人たちに向けられ、19.　かれらは**アッラー**の道から（人びとを）妨げ、（その道を）曲げようとする人たちで、来世を否定する人たちです。20.　これらの人たちは、地上において（罰を）逃れることができず、またかれらには、**アッラー**の他に擁護者もないのです。かれらに対する苦痛は倍加されるでしょう。かれら（の心）は聞くことができず、また見ることもできないのです。21.　これらの人は、自分自身を滅ぼす人たちで、かれらが捏造するもの（多神）が、かれらを捨て去るのです。22.　疑うことなくこれらの人は、来世において最大の損失者となるのです。23.　真に信仰して善行に励み、また主の前で謙虚な人たち、これらの人は楽園の住人で、永遠にそこに住むでしょう。24.　この二人を例えるならば、目が見えず耳が聞こえない人と、目も見えれば耳も聞える人のようです。かれらは同じでしょうか。それであなた方は留意しないのでしょうか。

〈ヌーフの物語：信者の救いと非信者の末路〉
25.　**われら**はヌーフを、かれの民に遣わしました[206]。（そして人びとに告げるように命じました）確かにわたし（ヌーフ）はあなた方に対する明らかな警告者です。26.　あなた方は**アッラー**の他に仕えてはいけません。本当にわたしは、あなた方に対する、その（審判の）日の激しい苦痛を恐れます。27.　すると、かれの民の中にいる不信心な指導者たちは言いました。あなたはわたしたちと同じ人間にすぎないと思う。しかも、あなたに従うのは、未熟でわたしたちの間の低俗な人たち以外にいないと思える。またあなた

206　アーダムの没後、800年ないし1,000年ほどしてヌーフが登場、彼はアッラーの啓示を伝える預言者の任務だけではなく、人々に教えを広めることも命じられる初めての使徒となったとされる。

方（ヌーフたち）には、わたしたちよりも優れたところはないでしょう。それどころか、わたしたちは、あなた方を嘘つきであると思う。28. かれ（ヌーフ）は言いました。わたしの人びとよ、考えてみなさい。たとえわたしが、主からの明証（啓示）の上に立ち、**かれがかれ**の御元からわたしに慈愛を与えたとしても、あなた方にそれ（明証）が隠されているならば、わたし（ヌーフ）たちはあなた方の意に反して、それを強いることができるでしょうか。29. わたしの人びとよ、わたしはこれ（教化）に対して、あなた方に財貨を求めません。わたしの報奨は、ただ**アッラー**からいただくだけです。またわたしは（社会的地位の低い）信者たちを追い返そうとはしません。確かにかれらは、かれらの主に会うのです。他方わたしは、あなた方が無知の民だと思うのです。30. わたしの人びとよ、もしわたしが、かれら（信者）を追い返そうものならば、誰が**アッラー**（の懲罰）からわたしを助けられるでしょうか。それでもあなた方は留意しないのですか。

31. わたし（ヌーフ）はあなた方に向かって、**アッラー**の宝物がわたしの手元にあるとも、わたしが見えない世界を知っているとも、わたしが天使であるとも言いません。またわたしは、あなた方の目が見下す人たちに向かって、**アッラー**がかれらに良いものを与えないとも言いません。**アッラー**は、かれらの心の中を、最もよくご存知なのです。確かにわたしは（そのようなことを言えば）不正を行なう人になってしまうのです。32. かれらは言いました。ヌーフよ、あなたはわたしたちと長々と議論しました。もしあなたの言葉が真実ならば、あなたが脅かすもの（懲罰）を、わたしたちにもたらしなさい。33. かれ（ヌーフ）は言いました。**アッラー**だけがあなた方にそれをもたらします。**かれ**が御望みならば。あなた方は（懲罰から）逃げられないのです。34. （だから）たとえわたしが、あなた方に助言したくても、**アッラー**が、あなた方を迷うに任せるお気持ちならば、わたしの助言は役に立ちません。**かれ**こそがあなた方の主なのです。そしてあなた方は**かれ**の御元に帰るのです。

35. またかれら（マッカの多神教徒）は、かれ（ムハンマド）がそれ（ク

ルアーン）を捏造したと言っています。言いなさい。もしわたしがそれを捏造したならば、罪はわたしにあります。でもわたしは、あなた方が犯している罪には、かかわりありません。36.ヌーフにはこう啓示されました。すでに信仰した人の他は、もうあなたの民は信仰しないでしょう。だからかれらがしてきたことについて悩んではいけません。37.そして**われらの目（監督）**の下で、**われらの啓示**に従って方舟(はこぶね)を作りなさい。また不正を行なう人について、**わたし**に陳情してはいけません。確かに、かれらは溺れ死ぬ人たちなのです。38.そこでかれ（ヌーフ）は方舟を作り始めました。かれの民の指導者たちは、かれの側を通りすぎるたびに、かれを笑い草にしました。かれは言いました。たとえ（今）あなた方がわたしたちを笑い草にしても、あなた方が笑い草にするように、いずれわたしたちが、あなた方を笑い草にするでしょう。39.すぐにあなた方は、恥辱の苦痛が誰に訪れるか、永遠の苦痛が誰の上に降りかかるかを知るでしょう。

40.**われらの命令**が来て、かまど（をひっくり返すように大地）の水があふれ出たとき、**われら**は言いました。（ヌーフよ）すべての生き物の各一対（雌雄）と、あなたの家族――ただし（すでに溺死(できし)宣告の）言葉が出された人[207]を除いて――、また信者たちを乗せなさい。でもかれ（ヌーフ）と共に信仰した人はわずかでした。41.かれは言いました。これ（方舟）に乗りなさい。**アッラー**の御名によって。航海においても停泊においても。本当にわたしの主は、よく赦すお方であり、慈愛深いお方なのです。42.それ（方舟）はかれらを乗せて、山々のような波の上に動き出しました。そのときヌーフは、（方舟から）離れていたかれの息子に叫んで言いました。息子よ、わたしと一緒に乗りなさい。非信者たちと一緒にいてはいけない。43.かれ（息子）は言いました。わたしは山に避難します。それは（洪）水からわたしを救うでしょう。かれ（ヌーフ）は言いました。今日は、**かれの慈愛**に浴する人の他は、**アッラーの命令**から逃れる術(すべ)はないと。する

207　ヌーフの二人の妻のうち、非信者であった妻一人と息子カヌアーンの二人を指す。なおもう一人の信者の妻には、三人の息子がいて、サーム、ハーム、ヤーフスだが、それぞれがアラブ、アフリカ他（トルコ、ペルシア、ローマなど）の祖先となったとされる。

と二人の間に波が来てかれらを分け離し、かれ（息子）は溺れる一人となりました。

44. そしてこう（**アッラー**から）言われました。大地よ、あなたの水を飲み込め。空よ、（雨を）止めなさい。すると水は引いて、その命令は成し遂げられ、それ（方舟）はジューディー山[208]上に乗り上げました。次いでこう言われました。不正を行なう人びとを追い払いなさい。45. ヌーフはかれの主を呼んで言いました。わたしの主よ、わたしの息子は、わたしの家族です。**あなた**の約束は確かに真実で、**あなた**は裁決に最も公正な方です。46. **かれ**は言いました。ヌーフよ、実はかれ（息子）はあなたの家族ではありません。かれの行ないは正しくありません。だからあなた（ヌーフ）が知らないこと（息子の行ない）について、**わたし**に問い正してはいけません。**わたし**はあなたが無知な人とならないよう諭すのです。47. かれ（ヌーフ）は言いました。わたしの主よ、わたしが知らないことについて**あなた**に問い正すこと（の過ち）から、**あなた**にご加護を祈ります。**あなた**がわたしを赦し、わたしに慈愛を与えなければ、わたしはきっと、損失者の仲間になるでしょう。

48. （**アッラー**は）こう言いました。ヌーフよ、**われら**からの平安によって、（方舟を）降りなさい。あなたに祝福あれ、またあなたと共にいる人びとにも（祝福あれ）。ただし（他の）人びとには、**われら**は（束の間の）享楽を与えるが、その後**われら**からの激しい苦痛が襲いかかるでしょう。49. これは**われら**があなた（ムハンマド）に啓示した、見えない世界についての物語です。あなたもあなたの人びとも、これ以前はそれを知りませんでした。だから耐え忍びなさい。最後（の成功）は（**アッラー**を）意識する人たちに与えられるのです。

---

208 方舟は150日間、波に洗われたが、そのうち40日間、マッカのあたりを周回してから、イラクのチグリス川沿いにあるジューディー山に着陸した。ただしこれが最終地点であったかどうかは、議論がある。

〈フードとサーリフの物語：非信者の末路〉

50. またアード（の民）には、かれらの同胞フードを（遣わしました）[209]。かれは言いました。わたしの人びとよ、**アッラー**に仕えなさい。あなた方には、**かれ**の他に神はいないのです。あなた方は（多神を）捏造しているにすぎません。51. 人びとよ、わたしはこれ（教化）に対して、報酬をあなた方に求めません。わたしの報酬は、わたしを創造した**かれ**からのものだけです。あなた方は、それでも悟らないのですか。52. わたしの人びとよ、あなた方の主に赦しを求め、改心して**かれ**に帰りなさい。**かれ**はあなた方の上に、空から豊かに（雨）を降らせ、あなた方の力に、さらに力を与えるのです。だからあなた方は、罪深い人として背き去ってはいけません。53. かれらは言いました。フードよ、あなたはわたしたちに一つの明証すらもたらしません。だからあなたの言葉のために、わたしたちが自らの多神を捨てたりしません。またあなたの信者にもなりません。54. わたしたちのある多神が、あなた（フード）を惑わせたにすぎない、と言えるだけです。（それに対して）かれは言いました。わたしは**アッラー**に立証を願います。また**かれ**の他に多神を配することについて、わたしが無罪であることを証言してください。55. それで皆でわたしに対して策謀しなさい。そしてわたしに猶予を与えてはいけません。56. 誠にわたしは、わたしの主であり、あなた方の主である**アッラー**を信頼します。すべての生き物で、**かれ**がその前髪をつかまない（統御しない）ものはありません。実にわたしの主は、正しい道の上にいます。57. たとえあなた方が背き去っても、わたしはあなた方に、与えられたもの（啓示）を伝えました。そしてわたしの主は、あなた方ではない人びとに（後を）継がせます。だからあなた方は少しも、**かれ**を害することができません。本当にわたしの主は、すべてを護持されているのです。

58. そして**われら**の命令が来たとき、**われら**は、**われら**の慈愛によって、フー

209　預言者フードについては、7:65～72参照。

ドとかれと共に、信仰する人たちを救いました。**われら**は酷い苦痛からかれらを救ったのです。59. これはアード（の民の話）でした。かれらは主の印を拒否し、**かれ**の使徒たちに従わず、頑迷な反逆者の命令に従いました。60. だからかれらは、現世でも、復活の日でも、拒否されたのです。実にアード（の民）は、かれらの主を信仰しませんでした。だからフードの人びとであるアード（の民）は、滅び去れ。

61. またサムード（の民）には、かれらの同胞サーリフを（遣わしました）[210]。かれは言いました。わたしの人びとよ、**アッラー**に仕えなさい。あなた方には、**かれ**の他に神はいないのです。**かれ**は大地からあなた方を生み出し、そこに住まわせました。それで**かれ**の赦しを願い、改心して**かれ**に帰りなさい。確かにわたしの主は、すぐ近くにいる方で、応える方なのです。62. かれらは言いました。サーリフよ、あなたはわたしたちの中で、これ以前に望みをかけた人でした。（今）あなたは、わたしたちの先祖が仕えたものに、わたしたちが仕えることを禁じるのですか。でもあなたが呼びかける教えについて、わたしたちは本当に疑いをもっています。63. かれ（サーリフ）は言いました。わたしの人びとよ、考えてみなさい。もしわたしが主からの明証の上にいて、**かれ**がわたしに、**かれ**の慈愛を与えるのに、わたしが**かれ**に従わないならば、誰が**アッラー**（の怒り）からわたしを守ることができるでしょうか。あなた方はわたしの損失を増やしてしまうだけなのです。64. わたしの人びとよ、これは**アッラー**の雌ラクダで、あなた方に対する一つの印です。それを**アッラー**の大地で放牧し、これに害を加えてはいけません。（さもないと）すぐに苦痛があなた方を襲うでしょう。65. ところがかれらは、その膝の腱を切りました。だからかれ（サーリフ）は言いました。3日間（だけ）あなた方の家で（生を）楽しみなさい。それ（懲罰）は偽りのない約束です。66. そして**われら**の命令が来たとき、**われら**は、**われら**の慈愛によって、サーリフとかれと共に信仰する人たちを救い、またその（審判の）日の恥辱からも（救いまし

210 　預言者サーリフについては、7:73～79参照。

た)。実にあなたの主は、強力かつ偉力大です。67.大規模な爆風が不正を行なった人びとを襲うと、かれらは自分の家の中にひれ伏しました。68.まるでかれらがそこに住んで、栄えていなかったかのように。実にサムード（の民）は、かれらの主を信じませんでした。だからサムード（の民）よ、滅び去れ。

〈ルートとシュアイブの物語：非信者の末路〉
69.また、確かに**われら**の使徒（天使）たちが、イブラーヒームのところに吉報を持って来ました。かれらは平安あれと言い、かれも平安あれと答え、待たせることなく、焼いた子牛で（使徒である天使たちを）もてなしました。70.しかしかれらの手がそれに伸びないのを見て、かれは不安に感じ、かれらに恐れを抱きました。かれらは言いました。恐れてはならない、実はわたしたちは、ルートの民に遣わされた者です。71.そのとき、かれの妻（サラ）が立っていて、笑いました。そこで**われら**はかの女にイスハークの吉報と、イスハークの後のヤアクーブ（の産まれる吉報）を伝えました。72.かの女は言いました。まさか、わたしは老婦人で、わたしの夫も老人なのに子が産めましょうか。本当にこれは驚くべきことです。73.かれらは言いました。あなた方は**アッラー**の命令に驚くのですか。この家の人びとよ、**アッラー**の慈愛と祝福があなた方の上にあるように。本当に**かれ**は称賛すべき方であり、栄光に満ちた方です。74.するとイブラーヒームから恐れの気持ちが消え、吉報がかれに伝えられたとき、かれはルートの民のために、**われら**に嘆願し始めました。75.本当にイブラーヒームは寛大で、心優しく、改心して（**アッラー**に）帰る人でした。76.（**アッラー**は言いました）イブラーヒームよ、これ（ルートの民のための嘆願）から離れなさい。あなたの主の命令は届きました。そしてかれらには、戻せない苦痛が来るのです。

77.**われら**の使徒（天使）たちがルートのところに来たとき、かれ（ルート）は使徒たちのために、とても心を悩まし、かれ自身、かれら（使徒である天使たち）を守れないことを悲しんで、これは苦難の日であると言いまし

た。78.かれ（ルート）の人びとは急いでかれのところに来ました。これまでかれらは、汚らわしい行ない（男色行為）をしていたのです。かれ（ルート）は言いました。わたしの人びとよ、ここにわたしの娘たちがいます。あなた方にはかの女たち（との結婚）が清浄です。**アッラー**を意識しなさい。わたしの来客（使徒である天使）たちに関して、わたしに恥をかかせないでほしい。あなた方の中には、正しい心の人がいないのですか。79.かれらは言いました。わたしたちには、あなたの娘たちとの（結婚が）適当でないことを、あなたは知っているはずです。またわたしたちが望むものを、あなたは分かっているのです。80.かれ（ルート）は言いました。わたしに、あなた方を押える（武）力がありますように。または力強い支持に頼ることができますように[211]。81.かれら（使徒である天使たち）は言いました。ルートよ、確かにわたしたちは、あなたの主の使徒です。かれらは決して、あなたに手を触れることはできません。だから夜の間に、あなたの家族を連れて旅に出なさい。そしてあなた方の中、ひとりでも後ろを振り向いてはいけません。ただしあなたの妻は別です。かれら（ルートの民）に襲いかかることが、かの女にも襲いかかるでしょう。かれらの予定された時間は、朝です。朝は近いのではないでしょうか。82.それで**われら**の命令が来たとき、**われら**はそれ（町）を転覆させ、その上に**われら**は幾重にも焼いた泥の石を降らせました。83.（石には）あなた（ムハンマド）の主の御元における記号が付けられていました。それ（破壊）は不正を行なう人（マッカの多神教徒）からも、迂遠なものではありません。

84.またマドヤン（の民）には、かれらの同胞シュアイブを（遣わしました）。かれは言いました。わたしの人びとよ、**アッラー**に仕えなさい。あなた方には、**かれ**の他に神はいないのです。また寸法や計量を少なくしてはいけません。見たところあなた方は栄えているが、わたしはあなた方が味わうだろう、すべてを取り巻く苦痛の日を恐れます。85.わたしの人びとよ、

---

211 ルートはイブラーヒームと同様、この男色の町サドゥーム（ソドム）では外来者であり、親族や支援者が周りにいなかった。

きちんと寸法をとり計量し、人のものを安く値を踏んではいけません。また地上で悪事を行なって腐敗をもたらしてはなりません。86. もしあなた方が信者ならば、**アッラー**の残されたもの（公正に計られた後に残るもの）こそ、あなた方のために善いのです。わたし（シュアイブ）はあなた方に対する見張り人ではありません。87. かれらは言いました。シュアイブよ、あなたは、わたしたちの先祖が崇拝してきたものを捨てるようにと祈るのですか。または、わたしたちの金銭に関し、望み通りに処理してはいけないと（命じるのですか）。本当にあなたは寛大で、正しい道に導く人なのですね。88. かれ（シュアイブ）は言いました。わたしの人びとよ、考えてみなさい。もしわたしが、わたしの主からの明証（啓示）の上に立っていたならば（あなたなら）どうするのか。また**かれ**は**かれ**自身から、わたし（シュアイブ）に良い糧を与えました。わたしはあなた方に禁じたことを、自ら行なうことを望みません。わたしが望むことは、ただできる限り（世の中を）是正することであり、わたしの成功は、**アッラー**と共にあるのみです。わたしは**かれ**を信頼し、**かれ**に改心して帰ります。89. わたしの人びとよ、わたしと分裂を引き起こす罪を犯してはいけません。さもないとヌーフの民、またはフードの民、またはサーリフの民に襲いかかったようなこと（懲罰）が、あなた方（シュアイブの民）にも襲いかかるでしょう。またルートの民は、あなた方（のマッカ）から遠くはないのです。90. だからあなた方の主の赦しを求め、改心して**かれ**に帰りなさい。誠にわたしの主は慈愛深く、温情に篤いお方です。

91. かれらは言いました。シュアイブよ、わたしたちは、あなたの言うことをほとんど理解できない。本当にわたしたちは、あなたは弱くて取るに足らない人だと思う。あなたの一族（への配慮）でなかったならば、わたしたちはきっと、あなたを石打ちにしたでしょう。あなたは、わたしたちに対して無力なのです。92. かれ（シュアイブ）は言いました。わたしの人びとよ、あなた方にとって**アッラー**よりも、わたしの一族の方が強力なのですか。あなた方は、**かれ**をあなた方の背後に捨てるのですか。本当にわたしの主は、あなた方の行なうことを（完全に）取り囲みます。93. わ

たしの人びとよ、あなた方は自分の（好きな）立場で行ないなさい。わたしも（自分の務めを）行なう。すぐにあなた方は知るでしょう。誰に恥ずべき苦痛が訪れるのか、また誰が嘘つきなのかを。そしてあなた方は（わたしを）見張りなさい、わたしもあなた方と一緒に見張る者です。94. それで**われら**の命令が来たとき、**われら**は**われら**の慈愛によって、シュアイブと、かれと共に信仰した人たちを救いました。大規模な爆風が不正を行なった人びとを襲うと、朝までに、かれらは自分の家の中にひれ伏しました。95. まるでかれらが、そこで栄えていなかったかのように。だからマドヤン（の民）よ、滅び去れ。サムード（の民）が滅びたように。

96. また確かに**われら**は、**われら**の印と明らかな権威と共に、ムーサーを遣わしました。97. フィルアウンとかれの指導者たちへと（遣わしました）。でもかれ（人びと）はフィルアウンの命令に従いました。ところがフィルアウンの命令は、正しくありませんでした。98. 復活の日には、かれ（フィルアウン）は、かれらを（地獄の）火へと先導します。かれらが連れて行かれる（地獄の）飲み場の何と悪いことか。99. かれらは現世と復活の日において、（**アッラー**の）拒否に見舞われます。何と悪い贈物を与えられることでしょうか。

〈アッラーの真理は全うされること〉

100. これらは**われら**があなた（ムハンマド）に話す町々の物語です。あるもの（町）は（今も）残存するけれど、あるものは消滅しました。101. **われら**がかれらを損なったのではありません。かれらが自分自身を損なったのです。**アッラー**の他に、かれらが祈っていたかれらの神々は、あなたの主の命令が来たとき、かれらに何も役に立ちませんでした。そしてかれらは、ただ破滅を助長するだけでした。102. このようにかれらが悪を行なっている間に、**かれ**が町々を襲うというのが、あなたの主の襲い方なのです。**かれ**の襲い方は、実に厳しく激しいものです。103. 確かにこの中には、来世の苦痛を恐れる人への印があります。それは人類が一斉に召集される日であり、（**アッラー**による）天覧の日です。104. 定められた（猶予の）期

限のために、**われら**はそれを遅らせているだけです。105.その日が来れば、誰も**かれ**の許しがなければ、口はきけません。かれらの中には惨めな人と、幸せな人がいます。106.惨めな人たちは（地獄の）火の中です。その中でかれらには、ため息とうめき声があるだけです。107.諸天と地の続く限り、（かれらは）その（地獄の）中に永遠に住むでしょう。あなたの主が望む限り[212]。確かにあなたの主は、御望みのことを成し遂げます。108.幸せな人たちは楽園に入り、諸天と地の続く限り、その（楽園の）中に永遠に住むでしょう。あなたの主が望む限り。絶えることのない賜物なのです。

109.だからこれらの人びと（多神教徒）が仕えるものについて、あなたは半信半疑になってはいけません。かれらは、かれらの先祖が以前仕えたものに、仕えているにすぎないのです。実に**われら**は、かれらの分け前（懲罰）を減らすことなく完全に与えます。110.確かに**われら**はムーサーに啓典（律法）を授けました。ところがそれについて（イスラーイールの民の間で）異論がありました。そしてあなたの主からの（猶予の）言葉が、前もって下されていなかったならば、かれらの間は（すでに）裁決されていたことでしょう。そしてかれらはそれ（啓典）について、根深い疑いを抱いているのです。111.あなたの主は、かれらのすべての言動に対して、十分に報います。実に**かれ**はあなた方の行ないを熟知しています。112.だからあなたは命じられたように、あなたと共に改心した人と一緒に、まっすぐ歩みなさい。ただし度を越してはいけません。**かれ**はあなた方の行ないをすべてお見通しなのです。113.あなた方は不正を行なう人を頼りにしてはいけません。さもないと（地獄の）火があなた方に触れるでしょう。あなた方には**アッラー**の他に保護者はなく、助けられることもないのです。

---

212 地獄へ行ってからも、十分改心が認められれば救われる道は残されているということになる。ただし楽園に行ってからも、地獄上がり（ジハンナミー）と呼ばれるという。
213 礼拝はここでは一日3回（朝、昼または午後、夕または夜）、その後621年、マッカからエルサレムへの「夜の旅」の後、エルサレムより昇天（ミウラージュ）した預言者ムハンマドに、一日5回の義務的な礼拝が告げられた（「夜の旅」は、17:1)。
214 この一句は善行を勧める強い動機として、よく引用されるので留意のこと。

114.昼間の両端と夜間の初めに、礼拝の務めを守りなさい[213]。本当に善行は、悪行を消去させます[214]。これは（**アッラー**を）意識する人たちに対する諭しとなります。115.（ムハンマドよ）忍耐強くありなさい。本当に**アッラー**は、善行者への報奨を無駄にはしません。116.なぜ、あなた方より以前の世代には、**われら**が救ったかれらの中の数少ない人たちを除いては、地上の腐敗を禁じる人たちが、ほとんどいなかったのでしょうか。（一方）不正を行なう人たちは、贅沢に溺れた罪深い人たちでした。117.ただしあなた方の主は、その人びとが身を正す人びとである限り、不当に町々を滅ぼしません。118.あなたの主の御心にかなえば、**かれ**は人びとをひとつの共同体（ウンマ）にしたでしょう。でもかれらは反目し続けるのです。119.他方あなたの主が慈愛をかけた人は別です。その（慈愛）ために、**かれ**はかれら（人びと）を創りました。そして、**わたし**は必ずジン（幽精）と人間たちで地獄を一杯にする、というあなたの主の言葉は、全うされるのです。

120.**われら**があなた（ムハンマド）に話す使徒たちの物語は、すべて**われら**が、あなたの心をそれで堅固にするためです。この中にこそ、真理と教訓、そして信仰する人たちへの諭しがあるのです。121.だから非信者に言いなさい。あなた方は自分の（好きな）立場で行ないなさい。わたしたちも（自分の務めを）行なう。122.あなた方は待ちなさい。わたしたちも待っているのです。123.諸天と地の見えない世界は**アッラー**のものであり、**アッラー**にすべてのことは帰着するのです。だから**かれ**に仕え、**かれ**に帰依しなさい。あなたの主は、あなた方の行ないを見逃しません。

12. ユースフ章 سورة يوسف

マッカ啓示
111節

イスラーイールの民の祖ヤアクーブには12人の息子がいましたが、その一人がユースフです。本章は彼の人生を物語ったもので、筋書きは入り

くんでいるが、クルアーンでは他に見ない、一続きの叙述様式になっています。ユースフは、美男子としても知られます。本章の物語以後のことになりますが、父ヤアクーブら一族は、パレスチナからエジプトに移住して繁栄したものの、彼の没後、紀元前1,600年頃にエジプト王国に迫害されました。それ以来約300年間、100万のユダヤ人は奴隷となったので、ムーサーの指導によりパレスチナに向かう「出エジプト記」へとつながったのでした。

慈愛あまねく、慈愛深いアッラーの御名において

〈アッラーの計画の序章：ユースフの見た夢〉

1.アリフ・ラーム・ラー。これら（以下の諸節）は、明瞭な啓典（で、**アッラー**）の印です。2.確かに**われら**は、アラビア語のクルアーンを啓示しました。あなた方が了解できるように。

3.**われら**は、あなた（ムハンマド）に啓示したこのクルアーンの中でも、最良の物語をあなたに語ろう。これ以前はあなたも（この物語を）知らない人でした。4.ユースフがかれの父（ヤアクーブ）にこう言ったときのことです。わたしの父よ、わたしは（夢で）11の星と太陽と月を見ました。わたしはそれらが、わたしに頭を下げているのを見ました。5.かれ（ヤアクーブ）は言いました。わたしの息子よ、あなたの夢を、あなたの兄弟に話してはいけません。さもないと、かれらはあなたに対して策謀を図るでしょう。本当に悪魔たちは、人間にとって公然の敵なのです。6.実はあなたの主はあなたを選び、その出来事（夢）の解釈を教えることとなります。また**かれ**は、あなたとヤアクーブの子孫への**かれ**の恩寵を全うします。**かれ**が以前、あなたの二人の先祖のイブラーヒームとイスハークに、それ（恩寵）を全うしたように。誠にあなたの主は、全知かつ英明なのです、と。

7.確かにユースフとかれの兄弟の（物語の）中には、（教訓を）求める人への印があります。8.かれら（兄たち）[215]は、（互いに）こう言いました。ユースフとかれの弟は、わたしたちよりも父に愛されているけれど、わたしたちの方が多数だ。わたしたちの父は、明らかに間違っている。9.（ま

た一人が言いました）ユースフを殺すか、またはかれを（他の）土地に追放すべきだ。そうすれば、父の顔は、あなた方に向くだろう。それから後は、あなた方は正しい人間になるのだ。10.かれらの一人がこう言いました。ユースフを殺してはいけない。（むしろ）するのであれば、かれを井戸の底に投げ込むべきだ。（後から）どこかの隊商がかれを引き上げるだろう。

11.かれらは言いました。わたしたちの父よ、なぜあなたは、わたしたちにユースフのことを任せてくれないのですか。本当にわたしたちは、かれの幸せを願う者です。12.明日楽しく遊ぶために、わたしたちと一緒にかれ（ユースフ）を送り出してください。わたしたちはかれをしっかりと守ります。13.かれ（ヤアクーブ）は言いました。あなた方がかれを連れて行くとなると、わたしは非常に心配です。あなた方がかれに注意を払わない間に、狼がかれを食べはしないかと恐れるのです。14.かれらは言いました。わたしたちは多数なのに、もし狼がかれを食べるならば、本当にわたしたちは、失敗者です。

15.こうしてかれらは、かれ（ユースフ）を連れ出し、かれを井戸の底に投げ込むことに決めたとき、**われら**はかれに啓示しました。あなた（ユースフ）はこういった（悪）事を、かれらに（あなたがユースフだと）気づかれないままに、かれらに告げ知らせる（日が来る）でしょうと。16.日が暮れて、かれらは泣きながら、かれらの父のところに（帰って）来ました。17.かれらは言いました。わたしたちの父よ、わたしたちが競争に出かけ、ユースフをわたしたちの持ち物と一緒にそのままにしておいたら、狼が（来て）かれを食べました。もちろんわたしたちが正直に報告しても、あなたはわたしたちを信じないでしょう。18.そしてかれらは、偽の血のついたかれ（ユースフ）のシャツを持って来ました。かれ（ヤアクーブ）は言いました。いやはや、あなた方自身の心が誤って自分にそうさせたの

215　10人の兄たちは、ユースフの異母兄弟。ヤアクーブは息子ユースフとその同腹の弟ビン・ヤーミン（ベンジャミン）の精神的な特性を認めて、大切にしていた。

でしょう。忍耐こそが美徳です。あなた方が話すことに対しては、わたしはただ**アッラー**に助けを求めるだけです。

19.（しばらくして）隊商が来ると、かれらは井戸の水をくむ人を（その中に）送り[216]、かれは釣瓶(つるべ)を降ろしました。かれは言いました。なんという吉報でしょうか。これは少年ですと。そこでかれらは、かれ（ユースフ）を商品のようにして隠しました。ただし**アッラー**は、かれらの行なうことをよくご存知です。20.かれらはわずかの銀貨で、安価にかれを売り飛ばしました。かれらはかれに価値を見出さない人たちだったのです。

〈悪巧みに対する忍耐：女主人の誘惑とユースフの投獄〉

21.かれ（ユースフ）を買ったエジプト人は、その妻に言いました[217]。かれの滞在を快適にしなさい。かれはわたしたちの役に立つでしょう。または、かれをわたしたちの子としてもよいでしょうと。こうして**われら**はユースフをあの国（エジプト）に落ち着かせ、やがて**われら**はかれに出来事（夢）の解釈を教えるのです。**アッラー**は万事に対して全能な方です。でも人びとの多くは知りません。

22.かれ（ユースフ）が成年に達したとき、**われら**は英知と知識をかれに授けました。そしてこのように、**われら**は正しい行ないをする人たちに報いるのです。23.（ある日）かれが住む家の女主人（ズライハー）は、かれの心を誘惑しようとしました。かの女は次々と戸を閉めて、言いました。あなた（ユースフ）、こちらにおいでなさい。かれは言いました。わたしは**アッラー**に加護を祈ります。かれ（夫君）は、わたしのご主人様で、わたしの住まいを快適にしてくれました。本当に不正を行なう人たちは、成

---

216 アラビア半島の井戸は数十メートルと非常に深く、階段でいったん下へ降りてからくみ上げるものも少なくない。預言者伝承にも、井戸を降りて自分の靴に水をくんできて、砂漠で渇きにあえぐ犬を助けた人の美談が、動物愛護の話として登場する。また有名なマッカのザムザムの泉は、約40メートルの深さに発見されたとされる。なおユースフは水死しないのだから、投げ込まれたのも実際は井戸の底部分であり、水底ではないのであろう。
217 フィルアウンの大臣キトフィールと妻ズライハー（別の発音法はザリーハー）の二人。

功しません。24.確かにかの女はかれ（ユースフ）を求めました。もし、かれがかれの主の証拠を見なかったならば、かれもかの女を求めていたでしょう。このようにして、**われら**は、かれから悪とみだらな行為を遠ざけました。誠にかれは、**われら**の選ばれた僕の一人なのです。25. 二人が戸口へと競い、かの女が後ろからかれのシャツを引き裂くと、二人は戸口でかの女の夫に出くわしました。かの女は言いました。あなたの家族（妻）に悪事をしようとした人には、投獄されるか激しい苦痛の他にどんな報いがあるでしょうか。26.かれ（ユースフ）は言いました。かの女がわたしの心を誘惑したのです。するとかの女の家族の（男性の）一人が証言しました。もし、かれのシャツが前から裂けていれば、かの女は正直で、かれが嘘つきです。27.でも、かれのシャツが後ろから裂けていれば、かの女が嘘をついたことになります。そしてかれは正直者です。28.主人は、かれのシャツが後ろから裂かれているのを見ると、言いました。これはまたまた、あなた方（女性たち）の策謀です。本当にあなた方の策謀は一大事です。29.ユースフよ、これを気にしないでおくれ。そして（妻よ）、あなたの罪の赦しを願いなさい。本当にあなたは罪深い人です。

30.（しばらくすると）町の女性たちは言いました。あの有力者の奥様が、かの女の奴隷の青年（ユースフ）の心を誘惑しようとしたそうよ。きっとかれが、かの女を愛のとりこにしたのです。本当にかの女は、明白な迷いの中にいると思います。31.かの女はこれら女性たちの悪巧み[218]を聞くと、使者を遣わし、かの女たちのために背もたれ（会席）を準備して、各人にナイフを渡してから言いました。（ユースフよ）かの女たちの前に出て行きなさいと。それでかの女たちがかれを見ると、かれ（の美男子振り）に驚歎の声を上げました。何と**アッラー**の（創造の）完璧なことよ、これは人間ではない、かれは高貴な天使に他なりませんと、かの女たちは自分の手を切っても言いました[219]。32.かの女は言いました。この人なの、あな

---

218 ユースフの美男子振りは評判だったので、二人の出来事を噂することで、女性たちも一目彼を見る機会が得られると期待したのであった。

た方はかれをめぐってわたしを誘（そそ）ったの。確かにわたしはかれの心を誘惑したわ。でもかれは貞操を守ったの。それでかれが、わたしの命令に今従わないのなら、かれは投獄され、恥辱を被るだけでしょう。33. かれ（ユースフ）は言いました。わたしの主よ、わたしは、かの女たちが誘惑するものよりも、牢獄（ろうごく）を好みます。もし**あなた**が、かの女たちの下心を、わたしから遠ざけなければ、わたしはかの女たちに傾いて、無道な人になります。34. それでかれの主はかれに応えて、かの女たちの下心を、かれから遠ざけました。誠に**かれ**は全聴にして全知な方なのです。

35. そしてかれら（有力者夫妻）は、（ユースフが無罪である）印を見ていながら、しばらくかれを投獄しようと考えました。36. そのとき二人の若者がかれ（ユースフ）と共に牢獄に入りました。その一人が言いました。わたしは酒を絞ること（夢）を見ました。また他の人は言いました。わたしは自分の頭の上にパンを乗せて運んでいると、鳥がそれを食べること（夢）を見ました。（なので）わたしたちにその解釈を教えてください。わたしたちは、あなたが（善良で）知識豊かな人[220]と見受けました。

37. かれ（ユースフ）は言いました。あなた方二人に支給される食事が来る前に、わたしはそれらの解釈をあなた方に告げましょう。それらはわたしの主がわたしに教えたことです。わたしは、**アッラー**を信ぜず来世を否定する非信者たちの宗旨を、捨てました。38. そしてわたしの先祖、イブラーヒームとイスハークとヤアクーブの信仰に従います。わたしたちは、**アッラー**にどんな同位者も一切配しません。これはわたしたちと全人類への、**アッラー**からの寵愛です。でも人びとの多くは感謝しません。39. 牢獄の二人の友よ。多種多様の神々がよいのか、それとも唯一の征服者**アッラー**のほうがよいのか。40. **かれ**の他にあなた方が仕えるものは、あなた方とその先祖が名付けた名称にすぎません。**アッラー**はそれに対して何の権能

219　興奮して、ナイフで切っても気づかないほどに、ユースフに見とれていたということ。
220　アラビア語ではムフスィンだが、通常は「善良な」、ここでは「知識豊かな」と解釈されている。

も与えていません。大権は**アッラー**にだけ属し、**かれ**は、あなた方が**かれ**の他に何ものにも仕えてはならないと命じています。これこそ正しい信仰です。でも多くの人びとは知らないのです。41.牢獄の二人の友よ、あなた方の一人（夢）についていえば、かれはかれの主人（エジプト王）のために酒を給仕する（人になる）でしょう。また他（の一人）については、かれは十字架処刑されて、鳥がかれの頭から（かれを）食べるでしょう。あなた方二人が質問したことは、こう判断できます。42.そしてかれ（ユースフ）は二人の中で、命が救われると思われた方（酒の給仕人）に言いました。あなたの主人にわたしのことを伝えてください。ところが悪魔は、かれが（ユースフのことを）その主人に伝えることを忘れさせました。それでかれ（ユースフ）は、なおも数年間、獄中に留まったのでした。

〈善行者への報奨：ユースフの開運〉

43.（エジプトの）王は言いました。わたしは7頭の肥えた雌牛が、7頭のやせた雌牛に食べられ、また穀物の7穂が緑で、他（の7穂）が枯れている夢を見ました。指導者たちよ、もしあなた方が夢を解釈できるならば、わたしの夢について説明してください。44.かれらは言いました。混み入った夢です。わたしたちは夢の解釈は不得手です。45.ところが（牢獄から）釈放された二人の中の一人が、しばらくして（ユースフのことを）思い出して言いました。わたしがその解釈をあなた方に知らせることができます。だからわたしを（ユースフを連れてくるために）行かせてください。

46.ユースフよ、誠実な人よ、わたしたちに説明してください。7頭の肥えた雌牛が、7頭のやせた雌牛に食べられ、また穀物の7穂が緑で、他（の7穂）が枯れている夢について。それでわたしは（エジプトの）人びとのところに帰り、かれらは知ることができるでしょう。47.かれ（ユースフ）は言いました。あなた方は（豊作の）7年間、いつものように種をまきます。そしてあなた方は（収穫を）刈り取り、あなた方が食べる少量を除いて、（残りを毎年）稲穂のまま貯蔵します。48.それから、その後7年間の厳しさ（凶年）が来て、あなた方は（翌年の収穫のために）貯蔵す

る少量（の稲穂）を除いて、それら（凶年）のため前に残しておいたものを消費するのです。49.それからその後に来る1年間には、人びとに豊かな雨があり、たっぷり（ブドウやオリーブを）しぼるでしょう。

50.王は言いました。かれ（ユースフ）をわたしの元に連れてきなさい。それで使者が、かれ（ユースフ）の所（牢獄）に来たとき、かれは言いました。あなたの主人（エジプト王）の所に戻って、あの手を傷つけた女性たちについて、かれに質問しなさい。わたしの主は、かの女たちの下心をすべてご存知です。51.かれ（王）は（女性たちに）言いました。あなた方がユースフの心を誘惑しようとしたとき、何があったのですか。かの女たちは言いました。何と**アッラー**の（創造の）完璧なことよ、わたしたちは、かれに何も悪いことがないことを知っています。その有力者の妻は言いました。今、真実が明らかになりました。わたしがかれの心を誘惑したのです。確かにかれは正直な人です。52.かれ（ユースフ）は言いました。これによって（ご主人様の）不在中に、わたしがかれを裏切らなかったこと、また**アッラー**が裏切り者の下心を導くことはないことを、かれは知るでしょう。53.◆**13部**◆またわたし自身、完璧ではありません。真に、わたしの主が慈愛をかけない限り、人間の心は悪に傾きやすいものです[221]。本当にわたしの主はよく赦すお方で、慈愛深いお方なのです。

54.王は言いました。わたしの元にかれ（ユースフ）を連れてきなさい。わたしはかれを召し上げよう。そこでかれ（王）は、かれと話した後、言いました。今日あなたは、わたしの所で権能を持ち、信任されよう。55.かれは言いました。わたしにこの国の貯蔵庫をお任せください。わたしは真に慎重で、見識もあります。56.このように**われら**は、あの国においてユースフが、どこでも望むところに住めるようにしました。**われら**は望む人に、**われら**の慈愛を与え、（決して）善行者への報奨に漏れはあり

---

221 人の心は三つの態様に分けて説明される。ここの「悪に傾きやすい」（アンマーラ・ビッスーィ）は、人の心の未熟な段階で、次は自責の念に駆られる状態（ラウワーマ）、最後は大願成就で安寧の状態（ムトマインナ）である。資料2.参照。

ません。57.信仰して（**アッラー**を）意識する人にとっては、来世の報奨こそ最高なのです。

58.（凶年のある日）ユースフの兄たちが来て、かれの前にまかり出ました。かれはかれらを認めたけれど、かれらはかれに気づきませんでした。59.かれはかれらに食糧を与えて言いました。（11人目の食糧の証拠として）あなた方の父から、もう一人の兄弟（ビン・ヤーミン）を、わたしの所に連れてきなさい。あなた方は、わたしが目一杯に計量したのを、そしてまた、わたしは最良のもてなしをする者であることを見ませんでしたか。60.でもあなた方が、かれを連れてこないならば、あなた方はわたしの所で、（もう）計ってもらえず、わたしに近づくこともできません。61.かれらは言いました。わたしたちはかれ（ビン・ヤーミン）のために、かれの父を説得します。必ずやります。62.それからかれ（ユースフ）は、かれの部下たちに言いました。かれらの（10人分の食糧交換のために提供した）商品を、（再び）かれらの袋に入れて置きなさい。そうすることで、かれらは自分の家に帰ったとき、それ（自分の商品）に気づいて戻ってくるでしょう。

63.それでかれらは、父のところに帰ると言いました。わたしたちの父よ、わたしたちは（これ以上食糧を得るための）計量を拒否されました。だから、わたしたちの弟（ビン・ヤーミン）を、わたしたちと一緒に送り出してください。そうすれば計量してもらえます。わたしたちはしっかりかれを守ります。64.かれ（ヤアクーブ）は言いました。わたしは以前、かれの兄（ユースフ）についてあなた方を信用したように、かれ（弟）についてあなた方を信用できるでしょうか。他方、**アッラー**は最高の守護者です。**かれ**こそは、慈愛ある方の中で最も慈愛深いお方なのです。

65.かれらが荷物を開くと、商品がかれらに返されているのを見つけました。かれらは言いました。わたしたちの父よ、わたしたちは（この上）何を望みましょう。わたしたちの商品が自分たちに戻されています。わたしたち

の家族に（もっと）食糧がもらえます。さらにわたしたちは弟を守り、ラクダ1頭（積載）分の増量を得るでしょう。そのくらいの計量は容易でしょう。66. かれ（ヤアクーブ）は言いました。（死あるいは敵兵などに）取り囲まれる以外は、あなた方がかれを連れて戻ると、**アッラー**にかけて約束しない限り、わたしはかれを、あなた方と一緒に送り出しはしないでしょう。こうしてかれらがかれ（ヤアクーブ）に誓ったとき、かれは言いました。**アッラー**は、わたしたちの言うことについて保護者です。67. またかれ（ヤアクーブ）は言いました。わたしの息子たちよ、1つの門から（町に）入ってはいけません。そして別々の門から入りなさい。ただし**アッラー**に対しては、わたしはあなた方にとって何の役にも立たない。裁定は、ただ**アッラー**にのみあり、わたしは**かれ**を信頼しました。信頼する人は、**かれ**にこそ頼りなさい。68. かれらは父の命じたところから入りました。（ただし）それは**アッラー**に対して何の役にも立ちませんでした。それはヤアクーブが心に浮かべた思い付きにすぎなかったのです。（こうして）**われら**が教えたので、かれは大変な知識を持っていたが、人びとの多くは知りませんでした。

〈ユースフの知恵とヤアクーブの忍耐〉

69. さてかれらがユースフの前にまかり出たとき、かれ（ユースフ）はその弟（ビン・ヤーミン）を、かれの方へと（他の兄たちと分けて）迎えて言いました。わたしはあなたの兄です。だから今までかれらがしてきたことに、心を悩ませてはいけません。70. かれ（ユースフ）が、かれらに荷物（食糧）を与えてから、かれはかれ（弟）の荷物袋の中に、（王の）盃を（そっと）入れました。その後（一行の追手の）男が呼びかけました。隊商よ、あなた方は泥棒です。71. かれら（兄たち）は振り向いて言いました。あなた方は何をなくしましたか。72. かれら（追手たち）は言いました。わたしたちは、王の盃をなくしました。それを持って来た人には1頭のラクダ（積載分）の荷物（食糧）が与えられるだろう。わたしが保証する。73. かれらは言いました。**アッラー**にかけて誓います。わたしたちは、この国で悪事を働くために来たのではないことは、あなた方がご存知です。

わたしたちは泥棒ではありません。74. かれら（追手）は言いました。あなた方が嘘つきであったら、その（盗みの）応報は何としようか。75. かれら（兄たち）は言いました。その応報は、誰でも荷物袋の中から、それ（王の盃）が発見された人（を奴隷として提供するの）です。つまりその人が、応報なのです。このように、わたしたち（ユダヤ教徒）は不正を行なう人を応報とします。76.（一行がユースフの所に戻ったので）それでかれ（ユースフ）は、弟の荷物袋（の検査）の前に、かれら（兄たち）の荷物袋を（調べ）始めました。そして（結局）弟の荷物袋から、それ（王の盃）を取り出したのです。このように**われら**は、ユースフに策略を授けました。**アッラー**が（そのように）御望みにならなければ、かれはその弟（ビン・ヤーミン）を（エジプト国）王の法律の下で、（罰としてでも）抑留することができなかったのです。**われら**は望む人の位階を高めます。知識あるすべての人の上には、全知なる方がいるのです。

77. かれら（兄たち）は言いました。もしかれ（弟）が盗んだとすれば、かれの兄（ユースフ）も以前、確かに盗みました[222]。しかしユースフは、それを自分の心に秘めて、かれらにそれ（秘密）を漏しませんでした。かれ（ユースフ）は言いました。状況はあなた方に不利です。**アッラー**は、あなた方の語ることを最もよくご存知です。78. かれらは言いました。大臣よ。かれ（弟）にはとても高齢の父がいます。それでかれ（弟）の代わりに、わたしたちの一人を拘留してください。わたしたちはあなたが（理解ある）善良な方とお見受けいたします。79. かれ（ユースフ）は言いました。**アッラー**は、手元にわたしたちの所有物を取り出した人（弟）の他に、わたしたちが拘留することを禁じます。（もしそうしないと）本当にわたしたちは、不正を行なう人になるでしょう。80. そこでかれら（兄たち）は、かれ（弟の身柄釈放）をあきらめて、かれらの間だけで密談しました。かれらの中の最年長の人（ルービール）が言いました。あなた方の父がアッ

---

222 ユースフが母方の祖父の黄金の偶像を取ってその崇拝を阻止しようとしたことであるが、ここでは兄たちが異母兄弟の二人が共に盗人であると主張しているのである。

ラーの（御名の）下に（弟を守るという）約束を結び、また以前、あなた方はユースフのことについても、誤りを犯したことを知らない（とでも言う）のですか。だから父がわたしを許すまで、わたしはこの国を離れないでしょう。または**アッラー**がわたしたちを裁決するまで（離れません）。**かれ**は至高の裁決者なのです。81.あなた方（弟たち）は父の元に帰って言いなさい。わたしたちの父よ、あなたの息子（ビン・ヤーミン）は、本当に盗みをしました。わたしたちは、知っていることの他に証言できません。また、わたしたちは目に見えないことについて、擁護はできません。82.それで（疑うならば）、わたしたちがいた町（の人びと）とわたしたちが一緒に旅した隊商に、質問してください。わたしたちは正直なのですと。

83.かれ（ヤアクーブ）は言いました。いいえ（それは嘘だ）、あなた方の（邪悪な）心が自ら事件を引き寄せたのです。しかし忍耐こそ美徳です。**アッラー**が、かれら（ユースフ、ビン・ヤーミーン、ルービール）をわたしに送り返されるように。**かれ**は誠に全知かつ英明な方なのです。84.かれ（ヤアクーブ）は、かれら（ユースフの兄たち）から離れて言いました。ああ何と、ユースフの可愛そうなことよ。するとかれの両目は、悲痛のあまり白く（見えなく）なりました。かれは苦悩の底にいたのです。85.かれらは言いました。**アッラー**にかけて（誓います）、あなた（ヤアクーブ）はユースフを思うことを止めないならば、重態になるか死んでしまうでしょう。86.かれ（ヤアクーブ）は言いました。わたしは**アッラー**に対して、自らの苦痛と悲痛を訴えているだけです。わたしはあなた方が知らないことを、**アッラー**から（教えられ）知っています。87.わたしの息子たちよ、ユースフとかれの弟を探しに出かけなさい。**アッラー**の慈愛に絶望してはいけません。非信者の他は、**アッラー**の慈愛に絶望しません[223]。

---

223 あまりに絶望し悲しむことは、アッラーの日頃の恵みを忘れることになり、信仰をゆるがせにするので道徳上も戒められる。すでに見たとおり、「悲しむなかれ」の教えはクルアーンに繰り返される。9:40, 15:88, 16:127, 20:40参照。

〈完遂(かんすい)されたアッラーの計画：ユースフの夢が現実に〉
88. それでかれらが、かれ（ユースフ）の元にやって来て言いました。大臣よ、災難（飢饉）がわたしたちと一族を襲ったので、粗末な作物を持って参りましたが、どうか十分に（食糧を）計量して、わたしたちに（慈愛ある）施しをしてください。誠に**アッラー**は施しを与える人に報います。89. かれ（ユースフ）は言いました。あなた方が無知だったとき、ユースフとかれの弟に何をしたか、分かりましたか。90. かれらは言いました。もしかしてあなたは、ユースフなのですか。かれは言いました。わたしはユースフです。そしてこれはわたしの弟です。確かに**アッラー**はわたしたちに恩恵を与えました。誠に（**アッラー**を）意識し、耐え忍ぶ人には、**アッラー**は善行者への報奨を拒否しません。91. かれらは言いました。**アッラー**にかけて（誓います）、確かに**アッラー**はわたしたちの上に、あなたを引き立てました。わたしたちは本当に罪深い者です。92. かれ（ユースフ）は言いました。今となっては、あなた方に咎(とが)めはありません。**アッラー**はあなた方をお赦しになるでしょう。**かれ**は慈愛ある方の中で、最も慈愛深いお方なのです。93. わたし（ユースフ）のこのシャツを持って行きなさい。そしてそれをわたしの父の顔に投げかけなさい。かれは視力を回復するでしょう。それからあなた方の家族全員で、わたしのところに来なさい。

94. 隊商が（エジプトからパレスチナへと）出発したが、かれらの父は言いました。たとえあなた方がわたし（ヤアクーブ）を老いぼれと思おうが、確かにわたしはユースフの匂いをかぎました。95. かれらは言いました。**アッラー**にかけて（誓います）、それは昔からのあなたの勘違いです。96. その後、吉報を伝える人[224]が（帰って）来て、（シャツを）かれ（ヤアクーブ）の顔に投げかけると、すぐにかれは視力を回復しました。かれは言いました。わたしはあなた方に言いませんでしたか。あなた方が知らないことを、わたしは**アッラー**から（の啓示で）知っているのです。97. かれらは言いました。わたしたちの父よ、わたしたちの罪が赦されるよう祈願してくだ

224　兄弟の中でも見識のあることで知られた、ヤフーダである。

さい。わたしたちは本当に罪深い者です。98. かれ（ヤアクーブ）は言いました。すぐにわたしはあなた方のため、わたしの主に赦しを願いましょう。誠に**かれ**こそは、よく赦すお方であり、慈愛深いお方なのです。

99. その後、かれらがユースフの元に来たとき、かれは両親を迎えて言いました。ようこそ、**アッラー**が御望みならば、エジプトではご無事に（おすごしください）。100. かれは両親を高座に上らせました。すると一同はかれに頭を下げました。そしてかれは言いました。わたしの父よ、これが以前のわたしの夢（11の星と太陽と月）の解釈[225]です。わたしの主は、それを正夢にしました。確かに**かれ**は、わたしを厚遇してくれました。牢獄からわたしを出し、悪魔がわたしとその兄弟との間に不和を引き起こした後、砂漠からあなた方を（エジプトに）連れてきたのです。真にわたしの主は、お望みの人に限りなく親切な方です。**かれ**こそは全知かつ英明な方なのです。101. わたしの主よ、**あなた**はわたしに権能を授けられ、出来事（夢）の解釈を教えてくれました。諸天と地の創造主よ、**あなた**は現世と来世でのわたしの擁護者です。わたしをムスリム（**アッラー**に従う人）として死なせて、また正しい人の仲間に入れてください。

102. これ（物語）は**われら**が、あなた（ムハンマド）に啓示した、目に見えないお告げです。かれら（ユースフの兄たち）がその悪巧みを策謀したとき、あなたはかれらと（その場に）いませんでした。103. たとえ、あなたがどれだけ望んでも、人びとの多くは信心を持たないでしょう。104. あなたはそれ（教化）に対し、どんな報酬もかれらに求めません。これは全世界の人たちへの諭しに他なりません。105. 諸天と地の間には、実に多くの印があるが、かれらはそれ（印）を見過ごしては、（結局）それらに背を向けるのです[226]。106. かれらの多くは、**アッラー**に多神を配することでしか、**かれ**に帰依しません。107. かれらは、**アッラー**の苦痛に襲われない

225　ユースフの11人の兄弟と、その両親のこと。
226　アッラーの印はどこにでも溢れているが、多くの人はそれを見逃しているという注意喚起の一文として、しばしば引用される一節である。

と、または気づかない間に突然その時（最後の日）が来ないと、安心していられるのでしょうか。108.言いなさい。これがわたしの道なのです。わたしとわたしに従う人たちよ、明らかな証拠の上に立って、**アッラー**へと（人びとを）招きなさい。**アッラー**に称賛あれ。わたしは多神教徒ではありません。109.**われら**があなた以前に遣わし、**われら**が啓示を授けた人たち（使徒）は、すべてその町に住む同胞でした。かれら（マッカの民）は地上を旅して、かれら以前の人たちの末路が、どのようであったかを見なかったのでしょうか。（**アッラー**を）意識する人には、確かに来世の住まいこそ最善です。あなた方は悟らないのですか。110.使徒たちが希望を失って、かれらが（人びとに）拒否されたと思い込んだとき、**われら**の助けがかれらに届き、**われら**が望む人だけが救われました。だから罪深い人が、**われら**の懲罰から逃れることはないのです。111.確かにかれらの物語の中には、思慮ある人びとへの教訓があるのです。これは捏造された物語ではなく、それ以前の（啓典）の確証であり、万事の詳細な解明であり、また信仰する人たちへの導きと慈愛なのです。

13. 雷章　سورة الرعد

マディーナ啓示
43節

アッラーを賛美するための「雷」として言及されています(13節)。そして稲妻は不信者への懲罰の意味があります。アッラーは創造主ですが、同時に最後の日の復活は、アッラーによる新たな創造であることが示され(2～5節)、また天上には「啓典の母体」があり、それは永久に変わりないが、預言者に伝えられる各時代の啓示はさまざまである、と述べられます(38～39節)。

　　　　　慈愛あまねく、慈愛深いアッラーの御名において
〈アッラーの知識と創造の因果〉
1.アリフ・ラーム・ミーム・ラー。これは啓典の印です。あなたの主からあなたに啓示されたものは真理です。しかし人びとの多くは信仰に入りません。2.**アッラー**こそは、あなた方の眼に映る柱もないまま、諸天を高く

上げた方です。それから**かれ**は玉座につき、太陽や月を従わさせて、定められた期限まで（定められたコースを）運行するようさせました。**かれ**は万物を統御し、種々の印を詳しく述べます。そうすることであなた方は、自分の主と会うことを確信するでしょう。3.**かれ**こそは大地を広げ、そこにしっかりと山々や河川を配置した方です。また**かれ**は、そこのすべての果実を一対（雌雄）にしました。また夜でもって昼を覆います。実にこの中には、熟考する人びとのための印があります。4.また地上には、隣り合う地域、ブドウの園、穀物の畑、一つの根から二つの幹が出たナツメヤシや、そうでないものがあります。同じ水が引かれても、**われら**はあるものを、他のものよりも良い味にします。本当にこの中には、理性ある人びとへの印があるのです。

5.もしあなた（ムハンマド）が驚くとすれば、かれらの（こう）言うことこそ驚きです。わたしたちが土となったとき、わたしたちは本当に新しく創造されるであろうかと。これらはかれらの主を信じない人たちです。かれらはその首に鉄の首輪をつける（地獄の）火の仲間で、その中に永遠に住むのです。6.かれらはあなたに善いことよりも前に、悪いことを急いで求めます。確かに以前にも、同じような例がたくさんありました。ただしあなたの主は、人間の不正に対し誠によく赦すお方であり、またあなたの主は、懲罰に激しいお方です。7.不信心な人たちはこう言います。なぜかれの主から、かれに一つの印（奇跡）も啓示されないのかと。あなたは一人の警告者にすぎません。各々の民には一人の導き手があるのです。

8.**アッラー**は、各々の女性が妊娠するもの（胎児）を知っており、またその子宮のものが短く終わる（流産）か、また（生き）延びるかを知っています。すべてのものは、**かれ**の御元において、一定の分量があるのです。9.（**アッラー**は）目に見えない世界も、目に見える世界も知っているお方で、偉大にして至高のお方なのです。10.あなた方の中では言葉を隠しても、それを声に出しても、夜間に隠れても昼間公然と出かけても、（**アッラー**からすれば）同じことです。11.かれ（各人）には、かれの前からも後ろ

からも、次から次に守護に当たる（天使）が付いていて、**アッラー**の命令によってかれ（各人）を監視しています。真に**アッラー**は、人が自ら変えない限り、決して人びとの状況を変えることはありません[227]。そして**アッラー**がある民に災難を望めば、それを避けることはできません。かれらには、**かれ**の他に擁護者はないのです。

12.**かれ**こそはあなた方に稲妻を現わして、恐れと（雨の）希望を抱かせ、重い雨雲を上に持ってくる方です。13.雷は**かれ**を称えて賛美し、天使たちも**かれ**への畏怖から（**アッラー**を賛美します）。**かれ**は落雷を送り、かれらが**アッラー**について議論している間にも、**かれ**が望む人をこれで撃ちます[228]。**かれ**は極めて剛勇な方なのです。14.**かれ**にこそ、真実の祈りはあるのです。かれらが**かれ**の他に祈るものといえば、それは少しもかれらに応えません。まるで両手を水に差し伸べるけれど、それ（水）が自分の口に届かない人のように。非信者の祈りは、ただ迷いの中にあるだけです。15.諸天と地にあるすべてのものは、好むと好まざるとにかかわらず、**アッラー**のみにひれ伏すのです。また（同様に）かれらの影も、朝な夕な（休むことなく）**アッラー**に（祈るのです）。 ॐ**サジダ**ॐ

16.言いなさい。諸天と地の主は誰なのですか。言いなさい。**アッラー**です。言いなさい。あなた方（多神教徒）は**かれ**の他に、自分自身にさえ益も害ももたらせないものを、保護者とするのですか。言いなさい。目が見えない人と見える人は同じなのですか。または暗黒と光明とは同じなのですか。かれら（多神教徒）は**かれ**の創造と同じくらいの創造をする（と考えるのですか）、同列者を**アッラー**に配するのですか。言いなさい。**アッラー**はすべてのものの創造者であり、**かれ**は唯一の征服者なのです。17.**かれ**が空から水（雨）を降らせば、その量に応じて谷川が流れ、急流が膨らん

---

227 もともとアッラーは人間に恩寵を与えているが、人間が自ら悪を引き寄せてしまう。8:53, 16:112参照。また人間は努力しないと、自らの状況は改善しないとも解釈される。
228 雷に遭遇した時の祈りの言葉として、本節の初めの二文を唱えることになっているので、暗記すると便利である。

だ浮き泡を運びます。それと同じような浮き泡は、装飾品または家庭用具を作るために、火の中で熱するものからも（できます）。このように**アッラー**は、真実と虚偽とをもたらします。つまり浮き泡は、塵のように消え去るが、人類を益するものは地上に残るのです。このように**アッラー**は、数々の例えをもたらします。18.かれらの主に応える人には祝福があります。一方で**かれ**に応えない人は、地上にあるものをすべて所有し、さらにそれに似たものをもって、（不信心を）償おうとしても（受け入れられません）。かれらにとっては何と悪い清算でしょうか。かれらの住まいは地獄で、悪い寝床なのです。

〈信者対非信者〉

19.あなたの主からあなたに啓示されたもの（クルアーン）が、真理であることを知る人が、盲人のようでしょうか。確かに思慮ある人だけが、留意するのです。20.これらの人たちは、**アッラー**との約束を全うし、契約に違反せず、21.また**アッラー**が、結ばれるよう命じたもの（家族や共同体など）と結ばれ、かれらの主を畏怖し、（審判の日の）悪い清算を恐れる人たちです。22.またかれらは、主の尊顔を求めて耐え忍び、礼拝の務めを守り、**われら**が与えた糧の中からそっと、また公然と（善に）支出し、善によって悪を退けるのです。これらの人は、究極の報奨として、（平安の）住まいを得るのです。23.永遠の楽園にかれらは入り、またかれらの先祖、配偶者、子孫の中で善い人たちは誰でも（楽園に入るのです）。そして天使たちは（楽園の）かれらの方に各門から入ります。24.（天使たちは言います）あなた方の上に平安あれ、あなた方はよく耐え忍んだことに鑑みて。究極の報奨として、この住まいは何とすばらしいことでしょうかと。25.他方、**アッラー**の約束を契約した後で破り、**アッラー**が結ばれなさいと命じたものとの関係を断ち、地上で腐敗を広げた人には（**アッラー**の）拒否があり、劣悪な住まいがあるのです。26.**アッラー**は御心にかなう人に豊かに糧を拡げ、また制限もできるのです。（かれらは）現世の生活に耽るけれど、現世の生活は、来世に比べれば一時の快楽にすぎません。

〈アッラーの知識と来世の応報〉

27. 不信心な人たちはこう言います。なぜかれの主から、かれに一つの印（奇跡）も啓示されないのかと。言いなさい。真に**アッラー**は、御心次第で人を迷わせ、改心して**かれ**に帰る人を**かれ**へと導くのです。28. そのような信仰する人たちは、**アッラー**を唱念することで、心は安らぐのです。実際、**アッラー**を唱念することにこそ、かれらの心の安らぎがあるのです。29. 信仰して、善行に励む人たちにとっては、至福（トゥーバー）がかれらのものとなり[229]、（そこは）善美な帰り所なのです。30. このように**われら**は、多くの民が以前に滅び去ったが、そういう一つの民の中に、あなた（ムハンマド）を遣わしました。それは慈愛深きお方を信じないでいるかれらに、**われら**があなたに啓示するものを、あなたが読誦するためです。言いなさい。**かれ**はわたしの主であり、**かれ**の他に神はいないのです。**かれ**にわたし（ムハンマド）は依拠し、**かれ**にこそ、わたしの拠り所はあるのです。31. もし何か読まれるものがあって、それにより山々が動かされ、大地が裂かれ、死者が語らせられるとしたら（それはこのクルアーンです）。そして**アッラー**にこそ、すべての命令はあります。信仰する人たちは、もし**アッラー**が御望みになれば、全人類を一人残らず導いていたことを知らないのですか。でも不信心な人たちには、かれらがしてきたこと（悪行）のために災厄が絶えることはなく、もしくは**アッラー**の約束が実現するまで、それ（災厄）は、かれらの住まいの付近に留まるのです。**アッラー**が約束を破ることは決してありません。

32. 確かに（多くの）使徒たちは、あなた（ムハンマド）以前に笑い草にされました。でも**わたし**は不信心な人たちに猶予を与え、それから**わたし**はかれらを（地獄の）務めにつかせました。**わたし**の懲罰はどうだったのか。33. **かれ**こそは、各人が稼いだことを監督する方ではありませんか。でもかれらは**アッラー**に同列者を配します。言いなさい。かれら（同列者）

---

[229]「至福（トゥーバー）」は楽園における永遠の安寧で、それが究極的な幸福とされる。クルアーン中、ここで1回だけ使用される単語。良い（タイプ）という形容詞の女性形最上級の活用形である。イスラーム諸国では企業名などに使用されることもある。

の名を挙げなさい。あるいは、あなた方は**かれ**が地上で知らないことを、**かれ**に告げられるというのですか。それとも空疎な言葉にすぎないのですか。いいえ。不信心な人たちにとって、かれらの企み(たくら)がうわべは魅惑的に見えただけです。それでかれらは（正しい）道から閉め出されたのです。**アッラー**が迷わせた人には、導き手はいません。34.かれらに対しては、現世の生活に苦痛があり、来世の苦痛はさらに激しいのです。かれらには、**アッラー**に対する防護者はいません。

35.（**アッラー**を）意識する人たちに約束される楽園の姿は、川が下を流れ、永続的な食べ物と日陰があります。これが（**アッラー**を）意識する人たちの最後です。でも非信者の最後は（地獄の）火です。36.**われら**が啓典を与えた人たちは、あなた（ムハンマド）に啓示されたものについて喜びます。でも諸党派の中には、その一部を拒否する人たちがいます。言いなさい。わたしは**アッラー**に仕え、何ものも**かれ**と同列に並べてはならないと命じられました。わたしは**かれ**へと（人びとに）呼びかけ[230]、また**かれ**にわたしの帰り所はあるのです。37.このように**われら**は、裁定のためにアラビア語でそれ（クルアーン）を啓示しました。もしあなたが、知識が来た後、かれらの（悪い）欲望に従うならば、あなたには**アッラー**に対しては援助者もなく、また防護者もないでしょう。38.確かに**われら**はあなた以前にも使徒たちを遣わし、かれらのために妻と子孫を授けました。ただし**アッラー**の許しなく、使徒が印を持って来ることはありませんでした。各時代には一つの書（啓典）があります。39.**アッラー**は御望みのものを取り消し、確定し、そして**かれ**の御元に啓典の母体[231]があります。

40.また**われら**が、かれらを脅かしたことの一部（地獄の懲罰）を、あなた（ムハンマド）に示しても、もしくは（その前に）**われら**があなたを死なせても、あなたの任務は（啓示を）伝えるだけであり、（一方）**われら**

---

230 ここは、「わたしはかれに祈り」とも理解される。
231 啓典の原本が天上に保存されているということ。多くの預言者に降ろされた様々な啓典は、すべてこの母体を源泉とするとされる。

に清算はあるのです。41. かれらは、**われら**がこの土地（アラビア半島）に来て、端々からそれ（非信者の土地）を切り崩しているのを見ないのですか。結局**アッラー**が裁きます。そのとき**かれ**の裁きを妨げるものは何もありません。**かれ**は清算に迅速なのです。42. かれら（マッカの多神教徒）以前の民も、（使徒に対して）企てをしました。でもすべての（本当の）企ては、**アッラー**に属します。**かれ**は各人が稼ぐものをすべて知っています。非信者は、究極の報奨である住まいが、誰のもの（楽園は信者のもの）であるかを知るでしょう。43. 信仰しない人たちは言います。あなたは遣わされた者ではないと。言いなさい。わたし（ムハンマド）とあなた方との間の立証者としては、**アッラー**で十分です。そして啓典の知識を持つものも（立証します）[232]。

14. イブラーヒーム章 سورة إبراهيم

マッカ啓示
52節

イブラーヒームは唯一神の教えを立て直した預言者として高く評価され、彼の祈りが出てきます(35～41節)。また彼はカアバ殿も建て直したので、そのすぐ横にある祠の中に彼の足跡が石に跡形として残されているとされます。なお本章ではイブラーヒームの他にもムーサー、ヌーフ、フード、サーリフなど、多くの預言者が出てきます。

慈愛あまねく、慈愛深いアッラーの御名において
〈アッラーの恩寵と審判の約束：使徒たちの教化〉

1. アリフ・ラーム・ラー。（これは）**われら**があなた（ムハンマド）に降ろした啓典で、あなたが主のお許しによって、人びとを暗黒から光明へ、（また）偉力大で称賛すべき方の道へと導き出すためのものです。2.**アッラー**

---

232 「啓典の知識を持つもの」とは、啓典に通じているユダヤ教徒とキリスト教徒を一般的に指すが、異説として、両宗教に通じている者、アッラー、預言者ムハンマド、特定の教友、さらにはクルアーンを指すとも解釈される。ただし同句は全く別途に、「啓示の知識はアッラーから来る」という読誦法もある。以上の諸説は、参考文献23. 巻20、71頁参照。

にこそ、諸天にあり、また地にあるすべてのものは属します。非信者に激しい苦痛の災いあれ。3.かれらは来世よりも現世の生活を好み、**アッラー**の道から（人びとを）妨げたり、（それを）曲げようとします。これらは遠く迷い去った人たちなのです。4.かれらに、はっきりと（啓示を）説くため、**われら**はその民の言葉を使う人しか、使徒として遣わしたことはありません。それでいて**アッラー**は、御望みの人を迷うに任せ、また御望みの人を導きます。**かれ**は偉力大で英明な方です。

5.確かに**われら**は印（奇跡）と共にムーサーを遣わし、自分の民を暗黒から光明に導き出し、また**アッラー**の日々[233]をかれらに思い出させなさいと（命じました）。真にこの中には、耐え忍び感謝する、すべての人たちへの印があります。6.そしてムーサーが、その民にこう言ったときのことです。あなた方に対する**アッラー**の恩寵を思い出しなさい。**かれ**があなた方をフィルアウンの一族から救ったとき、かれらはあなた方をひどい拷問で苦しめ、あなた方の男児を殺し、女児を生かしていました。確かにその中には、あなた方の主からの、甚大な試練があったのです。7.そのときあなた方の主は宣告しました。もしあなた方が感謝するならば、**わたし**は必ずあなた方にもっと（報奨を）与えるでしょう、しかしあなた方が恩を忘れるならば、**わたし**の苦痛は本当に激しいのですと。8.またムーサーは言いました。たとえあなた方と地上のすべての人が恩を忘れても、誠に**アッラー**は豊かに満ち足りているお方で、称賛されるべきお方です。

9.あなた方以前の人たち、（つまり）ヌーフの民、アードの民、サムードの民、またかれら以後の人たちについての知らせが、あなた方に届きませんでしたか。（もちろん）**アッラー**のみが、かれらをご存知です。明証を持って使徒たちがかれらの元に来ましたが、かれら（非信者）はその手をかれら（使徒たち）の口に突っ込んで言いました。わたしたちは、あなた方が遣わされて持ってきたもの（明証）を絶対に信じない。わたしたちは、あ

233　フィルアウンの一族から助けられた日々のことなど。2:30〜61参照。

なた方がそれへと誘（いざな）うことについても、強い疑念を持っていますと。

10.かれらの使徒たちは言いました。あなた方は諸天と地を創造した方である**アッラー**について疑念があるのか。**かれ**があなた方を（**アッラー**へと）招いたのは、あなた方の罪を赦し、定められた期限まであなた方を猶予するためですと。かれらは言いました。あなた方（使徒たち）は、わたしたちと同じ人間にすぎない。あなた方は、わたしたちの先祖が仕えてきたものから、わたしたちを背かせようと望んでいるのでしょう。それなら、わたしたちに明らかな確証を持って来なさいと。

11.使徒たちはかれらに言いました。わたしたちは、あなた方と同じ人間にすぎません。ただし**アッラー**は、**かれ**の僕の中で、御心にかなう人に恩恵を与えます。**アッラー**のお許しがない限り、わたしたち（使徒たち）があなた方に確証をもたらすことは一切できない。だから**アッラー**にこそ、信者の全幅の信頼を寄せさせなさい。12.**かれ**が（従うべき）道にわたしたちを導いたのに、どうしてわたしたちは、**アッラー**を信頼しないでいられるでしょうか。わたしたちは、あなた方が引き起こす、あらゆる害にも耐え忍ぶつもりです。およそ信頼する人たちには、**アッラー**にこそ頼らせなさいと。

13.すると不信心な人たちは、かれらの使徒たちに言いました。わたしたちの宗旨に戻るべきで、さもなければ、わたしたちは、必ずあなた方を、わたしたちの土地から追放するでしょう。そこでかれらの主は、かれら（使徒たち）に啓示しました。**われら**は不正の人たちを滅ぼし、14.かれらの後、あなた方をこの土地に住まわせます。これら（応報）は、**わたし**の前に立つこと（審判の日）を畏（おそ）れる人、また（**アッラー**との）約束を畏れる人のためです。15.かれら（使徒たち）は裁定を（**アッラー**に）求め、すべての頑固で横暴な者は滅びました。16.かれ（横暴な者）の背後には地獄があり、腐った水が与えられる。17.かれがそれを飲みこもうとしても、なかなか喉を通らない。また死がすべての方向から迫るが、かれは死にもし

ない。かれの背後には、ひどい苦痛があるのです。18.かれらの主を信じない人を例えれば、かれらの行ないは、ちょうど暴風が吹き荒れる日の灰のようなものです。（つまり）かれらが（この世で）稼いできたことは、何の役にも立ちません。これこそが（正道から）遠く離れ去っているということなのです。

〈悪魔の裏切り〉

19.あなた方は**アッラー**が、真理によって諸天と地を創造したことを見ないのですか。もし**かれ**が御望みならば、**かれ**はあなた方を追放して、新しい被創造物を（代わりに）連れて来るでしょう。20.それは**アッラー**にとって、難しいことではありません。21.（審判の日）かれらは全員、**アッラー**の御前に出ていきます。そのとき弱者たちは、高慢であった人たちに向かって、（こう）言うのです。わたしたちは（現世で）あなた方に従う人でした。だから（来世で）あなた方は、**アッラー**の苦痛からわたしたちを守る人たちとなるのですか。かれらは言います。もし**アッラー**がわたしたちをお導きになっていたら、あなた方（弱者）を導いていたことでしょう。（だから今さら）ジタバタしても、耐え忍んでも、わたしたちにとっては同じことで、もはや逃げられないのです。22.万事が裁決されたとき、悪魔は言いました。確かに真実の約束を、あなた方に約束したのは**アッラー**でした。わたしもあなた方に約束したのですが、あなた方を裏切りました。そしてわたしは、あなた方に対する権能を持ちませんでした。ただあなた方を招き入れ、あなた方がわたしに従っただけです。だからわたしを非難してはいけません。むしろ自分自身を非難しなさい。わたし（悪魔）はあなた方を助ける者ではなく、あなた方もわたしを助ける者ではないのです。実のところわたしは、あなた方が以前、わたしを（**アッラー**と）同列に配することを拒否していたのです。本当に不正の人たちであるかれらには、激しい苦痛があります。23.信仰して善行に励んだ人たちは、かれらの主のお許しのもとに、川が下を流れる楽園に入り、永遠にその中に住むのです。そこでのかれらの挨拶は、平安あれ（サラーム）でしょう。

24. あなた(ムハンマド)は**アッラー**が、いかに例えをもたらすのかを見ないのですか。(例えば)良い言葉[234]とは、良い木(ナツメヤシ)のようなもので、その根はしっかりと安定し、その枝は空の方に向いて、25. 主の命令により、すべての季節に実を結びます。**アッラー**は人びとのため、かれらが心に留めておけるように、多くの例えをもたらすのです。26. 悪い(不信心の)言葉の例えとは、悪い(腐った)木のようなもので、地面から根が抜けて、それ(根)には安定性がありません。27. **アッラー**は、堅固な(良い)言葉をもって信仰する人たちを、現世の生活と来世において、しっかり立たせます。他方**アッラー**は、不正を行なう者を迷うに任せ、また**アッラー**は御心のままになされるのです。

28. あなた(ムハンマド)は、**アッラー**の恩寵を忘恩に換え、自分たちの人びとを破滅の住まいに落とし入れた人たちを見ないのですか。29. (そこは)地獄で、かれらはその中で焼かれます。(何と)悪い住み所でしょう。30. かれらは(人びとを)**かれ**の道から迷わせるために、**アッラー**に同位者を配しました。言いなさい。(この世の生活を)楽しみなさい。確かにあなた方の行き着く先は(地獄の)火です。31. 信仰する**わたし**の僕たちに言いなさい。取引も友情も果たせない日が来る前に、礼拝の務めを守り、**われら**が授けたものから、隠れて、また公然と施しなさい。

〈アッラーの恩寵と審判の約束:イブラーヒームの祈り〉
32. **アッラー**こそは、諸天と地を創造し、空から水(雨)を降らせ、それ(水)からあなた方の糧として果実をもたらした方です。また**かれ**の命令によって海上を航行できるよう、**かれ**はあなた方のために船を有益にさせました。そして(同じく)**かれ**はあなた方のために、川を有益にさせたのです。33. また**かれ**は、あなた方のために太陽と月の軌道運行を有益にさせ、またあなた方のために、夜と昼を有益にさせました。34. **かれ**はあなた方が求めた、あらゆるものを授けました。だから**アッラー**の恩寵を数え上げて

---

234 信仰証言の「アッラーの他に神はいない」という言葉。

も、あなた方はそれを数えきることはできません。実に人間は不公正かつ忘恩なのです。

35.イブラーヒームがこう言ったときのことです。わたしの主よ、この町を平安にしてください。そしてわたしとその子孫を、偶像崇拝から遠ざけてください。36.わたしの主よ、かれらは人びとの多くを迷わせました。だからわたしに従う人は、確かにわたしの身内です。他方わたしに従わない人については、**あなた**は実によく赦すお方で、慈愛深いお方なのです。37.わたしたちの主よ、わたし（イブラーヒーム）は自分の子孫の何人かを、**あなた**の禁忌のある家（カアバ殿）近くの、耕してない谷間に住まわせました。わたしたちの主よ、そうすることで、かれらが礼拝の務めを守り、人びとの心をかれら（の宗教）に引き付けてください。またかれらが（**アッラー**に）感謝するよう、かれらに果実を与えてください。38.わたしたちの主よ、確かに**あなた**は、わたしたちが隠すことも現すこともご存知なのです。地においても天においても、**アッラー**から隠られるものは何もありません。39.すべての称賛は**アッラー**にあり、**かれ**は老齢のわたし（イブラーヒーム）にイスマーイールとイスハークを授けた方です。誠にわたしの主は、祈願を聞き入れてくださる方です。40.わたしの主よ、わたしとわたしの子孫たちを、礼拝の務めを守る人にしてください。わたしたちの主よ、わたしの祈願を受け入れてください。41.わたしたちの主よ、清算が確定する日には、わたしとその両親と信者たちを、お赦しください。

42.**アッラー**が不正を行なう（不信心な）人たちを見逃すとあなた（ムハンマド）は考えてはいけません。**かれ**はかれらが（地獄の恐怖のために）思わず目がすわってしまう日まで、かれらに猶予を与えるだけです。43.（その日、首輪につながれた）かれらは、首を上げながら前方に走り、かれらの視線は宙を舞い、心は空ろです。44.だから苦痛がやって来る日を、人びとに警告しなさい。そのとき不正を行なった（不信心な）人は言います。わたしたちの主よ、短期間の猶予を願います。わたしたちは**あなた**の呼び掛けに応え、使徒たちに従いますと。（すると**アッラー**は言われます）

以前あなた方は、自分たちに陰り（あの世行き）はないと宣告していませんでしたか。45.あなた方は、自分自身を損なっていた人びとの住まいに住みます。そしてあなた方のために、**われら**がいかにかれらを処分したかを明らかにし、あなた方のために、諸事例を述べたのです。46.確かにかれらは悪巧みを企てました。でもかれらの企ては**アッラー**の御元にあります。たとえかれらの企てが、山々を動かすほどのものであったとしても[235]。

47.だから**アッラー**が、**かれ**の使徒たちとの約束を破ると、あなた（ムハンマド）は考えてはいけません。実に**アッラー**は、偉力大であり、かつ報復の主です。48.大地が大地ではないものに変えられ、諸天も変えられる日、かれらは唯一の征服者**アッラー**（の御前）に出ます。49.その日あなたは、罪深い人たちが鎖で一緒につながれているのを見るでしょう。50.かれらの衣服は（真黒い）タールで、かれらの顔は火で覆われます。51.このように**アッラー**は各人が稼いだことに報います。誠に**アッラー**は清算に迅速なのです。52.これは全人類への（啓示の）宣言です。これによってかれらは警告され、**かれ**のみが唯一の神であることを知り、思慮ある人たちは留意できるのです。

15. アル・ヒジュル章　سورة الحِجْر

マッカ啓示
99節

　罪により滅ぼされた、シナイ半島北部にあったヒジュルの町の住人が出てくるので、本章の命名となりました(80〜84節)。悪魔はイブリースとしても人をたぶらかしますが、不正な人たちは「森（アイカ）の人びと」とともに滅ぼされました(78節)。なお開巻章が、「しばしば繰り返される7節」と

235　人間のすることは、アッラーの営みと比べようもなく小さいということである。事例としてはクルアーン以外になるが、中国古典の「西遊記」の孫悟空が如意棒に乗って何千里も飛んだと自慢しても、所詮それは仏の大きな手の中であったという小話が想起される。

して登場してきて（87節）、それは同章の別名ともなりました。また、10〜15章は、最後の審判の日とアッラー称賛、ユーヌスの話などがテーマですが、33〜39章でも同様な事柄を扱っており、対をなしていると見られます。

　　　　　慈愛あまねく、慈愛深いアッラーの御名において
〈アッラーの創造と猶予の期限〉
1.◆**14部**◆アリフ・ラーム・ラー。これは、（物事を）明らかにする啓典クルアーンの印です。2.おそらく（審判の日に）不信心な人たちは、自分たちがムスリムであったならば、と望むことでしょう。3.（しかし）かれらを放っておきなさい。かれらは食べて楽しみ、（現世の）妄欲がかれらを惑わせるでしょう。それで間もなく、かれらは悟るのです。4.**われら**は（天の）書板で知らされたそれ（猶予の期限）のない町を、滅ぼしたことはありませんでした。5.いかなる共同体もその期限を早め、また遅らすことはできません。6.そしてかれら（マッカの多神教徒）は言います。この諭し（クルアーン）が啓示された人（ムハンマド）よ、本当にあなたは気狂いです。7.もしあなたが真実ならば、なぜ天使たちを連れて来ないのか。8.**われら**が天使たちを遣わしたのは、この正義（懲罰の履行など）のために他なりません。そうなれば、かれらはもう猶予されないのです。9.確かに**われら**は、この諭しを啓示しました。そして**われら**は、それをしっかりと守護する者なのです。10.**われら**はあなた以前の、先祖の諸集団にも確かに（使徒たちを）遣わしました。11.そして使徒がかれらの元へとやって来ると、かれらはかれ（使徒）を笑い草にするのでした。12.このように**われら**は、罪深い人の心にそれ（諭し）を忍び込ませました。13.（それでも）かれらはそれを信じません。確かに（これが）先祖の人たちの慣行でした。14.たとえ**われら**が、かれらのために天の門を開いて、かれらがその中を通って（天界を）登り続けても、15.かれらはきっと、（こう）言うでしょう。わたしたちの目は眩みました。実にわたしたちは、（ムハンマドによって）魔術にかけられた人たちなのですと。

16.**われら**は諸天に星座を配置して、観察する人たちのために美しく飾り、

17. **われら**は拒否されたすべての悪魔から、それら（星座）を守ります。
18. ただし盗み聞きする者（悪魔）は別で、明瞭な炎がかれを追いかけます。
19. また**われら**は大地を伸べ広げて、山々をしっかりとその中に据えつけました。その中ですべてのものを均衡良く生長させます。20. **われら**はあなた方のために、生きていく糧を与えました。またあなた方が扶養者となりえないものにも。21. **われら**の御元には何でもその貯蔵庫があり、**われら**は一定の分量の他には何ももたらしません。22. また**われら**は豊沃にする風を送り、空から水（雨）を降らせて、あなた方が飲むようにそれ（水）を与えます。ただしあなた方はその（貯蔵庫の）管理者ではありません。
23. 確かに**われら**はあなた方を生かし、また死なせます。**われら**が（究極の）相続者なのです。24. **われら**はあなた方の中で、先んじる人たちを知っています。また遅れをとる人たちも知っています。25. 確かにあなたの主は、かれら全員を（審判の日に）召集します。真に**かれ**は英明かつ全知なのです。

〈イブリースの不信心と地獄の懲罰〉
26. 確かに**われら**は人間を、乾いた黒い泥の陶土から創りました。27. そしてジン（幽精）は（人間よりも）先に、**われら**は燃え盛る火から創りました。28. あなたの主が、天使たちにこう言ったときです。**わたし**はかれ（人間）を乾いた黒い泥の陶土から創る、29. だから**わたし**がかれを（完全に）形作り、かれに**わたし**の霊魂を吹き込んだら、かれにひれ伏しなさいと。30. それで天使たちは全員ひれ伏しました。ただしイブリースを除いて。31. かれ（イブリース）はひれ伏すことを拒否したのでした。32. **かれ**は言いました。イブリースよ、ひれ伏すことを拒否するとは、あなたは一体どうしたのか。33. かれ（イブリース）は言いました。わたしは、**あなた**が乾いた黒い泥の陶土から創った人間に、ひれ伏すつもりはないのです。34. **かれ**は言いました。それならば、あなたはそこ（天国）から出て行きなさい。誠にあなたは、石もて追われる者です。35. あなたは、審判の日まで（**わたし**に）拒否されるのです。36. かれ（イブリース）は言いました。わたしの主よ、かれら（人間）が復活する日まで、わたしに猶予を与えて

ください。37.**かれ**は言いました。確かにあなたは猶予されました。38.（ただし）定められた時の（審判の）日まで。39.かれ（イブリース）は言いました。わたしの主よ、**あなた**はわたしを迷わせたので、わたしは地上でかれら（人間）に（迷いを）飾りつけて（幻惑して）、かれらを一人残らず迷わせましょう。40.ただし、かれらの中で至誠な**あなた**の僕たちは別です。41.**かれ**は言いました。これ（至誠）こそ、**わたし**へのまっすぐな道なのです。42.真にあなた（イブリース）は、あなたに従う迷った者を除いては、**わたし**の僕たちに対して何の権能も持ちません。43.確かに地獄こそ、かれら（イブリースに従った）全員に約束された所です。44.それ（地獄）には七つの門があり、各門にかれらの一団が割り当てられます。45.一方（**アッラー**を）意識する人たちは、泉のある楽園に入り、46.平安に安全に、ここに入りなさい（と言われます）。47.そして**われら**は、かれらの胸中のわだかまりを取り除き、（かれらは）兄弟として寝椅子の上に向かい合って横たわります。48.そこ（楽園）では、疲労がかれらを襲うことはなく、そこから追い出されることもありません。49.（ムハンマドよ）**わたし**の僕たちに、**わたし**がよく赦す者であり、慈愛深い者であることを知らせなさい。50.しかし**わたし**の苦痛は最も厳しいものであると（知らせなさい）。

〈使徒たちを拒否した先祖の末路〉

51.また（ムハンマドよ）かれらに、イブラーヒームの客（天使たち）について知らせなさい。52.かれらが、かれの所（イブラーヒームの家）に入り、平安あれと言ったとき、かれ（イブラーヒーム）は言いました。わたしたちは、あなた方（天使たち）に恐れを抱きます。53.かれらは言いました。恐れてはならない。わたしたちは賢明な一人の息子（イスハーク[236]）の吉報を、あなたに持って来たのです。54.かれは言いました。わたしは老齢に達しているのに、あなた方はわたしに（息子の）吉報をくれるのか。何という吉報をあなた方はもたらすのでしょう。55.かれらは言

236　11:71参照。

いました。わたしたちは、真理によって吉報をあなたに伝える。だから失望してはいけません。56.かれは言いました。迷い去った人の他、誰がかれの主の慈愛に絶望するでしょうか。57.かれは（また）言いました。使徒（天使）たちよ、あなた方のご用件は何でしょうか。58.かれらは言いました。わたしたちは罪深い人びと（ルートの民）へ遣わされたのです。59.ただしルートの家族は別です。わたしたちは、かれら（ルートの家族）全員を救います。ただかれ（ルート）の妻は除外して。60.かの女は背後に残る人びとの一人であると、**われら**は定めました。

61.それから使徒（天使）たちが、ルートの家族の所にやって来たとき、62.かれは言いました。あなた方は、見なれない人びとです。63.かれら（天使たち）は言いました。実はわたしたちは、かれら（人びと）が疑いを抱いていること（懲罰）を持って、あなたの元に来ました。64.つまり、わたしたちは真実を持って来たのです。本当にわたしたちは真実を語る者です。65.そこで夜間に、あなたの家族と一緒に旅立ちなさい。あなたはかれらの背後からついて行き、あなた方（家族）の誰にも後ろを振り向かせてはいけません。そしてただ命じられた所に行きなさい。66.（こうして）**われら**は、（翌日）早朝に、これらの（罪深い）者たちを根絶やしにするという決定について、かれに知らせました。67.町の人たちは、喜色満面でやって来ました。68.かれ（ルート）は言いました。これら（天使たち）は、わたしの客人です。だから（男色など破廉恥なことで）わたしに恥をかかせないでくれ。69.**アッラー**を畏れ、わたしの面を汚さないでくれ。70.かれらは言いました。わたしたちは、この（男色）世界（への横槍）をあなたに禁じませんでしたか。71.かれは言いました。もしあなた方が（性欲の充足を）しなければならないなら、わたしの娘たちがいます。72.（**アッラー**の**ムハンマド**への誓い）あなたの生命にかけて。何と、かれらは泥酔(でいすい)し、当てもなくさ迷う。73.日の出になり、叫び声（懲罰）が一発、かれらを襲いました。74.**われら**はその（町を）上下逆さまに転覆させ、幾重にも焼いた泥の石を降らせました。75.実にこの中には判読する人への数々の印があります。76.それ（遺跡）は、今なお存続する沿道

にあります。77. この中には、信者への一つの印があるのです。

78. また森（アイカ）の人びと[237]も不正を行なう人びとでした。 79. そこで**われら**はかれらに報復しました。確かにこれら（二つの遺跡）は、沿道に（今も）明らかなのです。80. また実にヒジュル[238]の住人も、使徒たちを嘘つき呼ばわりしました。81. **われら**はかれらにも、**われら**の数々の印を与えましたが、かれらはそれら（印）に背を向けました。82. かれらは（岩）山に家を彫って、安住していました。83. でもある早朝、一つの叫び声（懲罰）が、かれらを襲いました。84. それでかれらが稼いできたことは、かれらに何の役にも立ちませんでした。

〈アッラーの創造と猶予の期限〉
85. **われら**は諸天と地、またその間にあるすべてのものを、ただ真理をもって創造しました。確かに（審判の）時はやって来るのです。だからあなた（ムハンマド）は（敵対した人びとに）十分寛大にしてやりなさい。86. 真に、あなたの主、**かれ**こそは一大創造の主であり、全知の方なのです。87. **われら**はあなたに、しばしば繰り返される七つ（の節）[239]と、偉大なクルアーンを授けました。88.（だから）**われら**がかれら（マッカの多神教徒）の何人かに与えたもの（現世の享楽）へと、あなたの両目を（物欲しげに）向けてはいけません。またかれら（の不信心）に、悲しんではいけません。（それよりも）信者たちに、あなたの翼を低くし（謙虚であり）なさい[240]。89. そして言いなさい。確かにわたしは明らかな警告者ですと。90. **われら**は分裂した人たち[241]に対しても、（同様に）啓示しました。

---

237 預言者シュアイブの遣わされた、マドヤンの民のこと。7:85他参照。
238 ヒジュルはマディーナ北方250キロのシリアへの経路にあった町で、住人は預言者サーリフが遣わされたサムードの民。ヒジュルは石の意味で、ヨルダンのペトラ遺跡のように、町全体が石作りだったのだろう。アラビア半島東部の一帯は、岩山が大半である。
239 ここの「7節」は、開巻章の7節を指すというのが、大半の解釈である。
240 謙遜の美徳が説かれる時に、引用されることの多い節であるので、留意。
241 ユダヤ教徒など啓示を授かりながら、その一部を否定し分派を作った人たち。あるいは、マッカの非信者で預言者らの巡礼を妨げた一団を指すとも解されている。

91.（しかし）かれらはクルアーンをののしったのです[242]。92. だからあなたの主に誓って、**われら**はかれら全員を尋問します。93. かれらがしてきたこと（すべて）について。94. だからあなた（ムハンマド）は、命じられたことを宣告しなさい。そして多神教徒たちから顔を背けなさい。95.（ムハンマドのもたらす啓示を）笑い草にする人たちに対しては、真に**われら**がいれば十分です。96. かれらは、**アッラー**に別の神を配するけれども、間もなく知るのです。97. **われら**は、かれらが口にすることによって、あなた（ムハンマド）の胸が締めつけられるのを知っています。98. だからあなたの主を称賛（の言葉）をもって賛美し、ひれ伏す者となりなさい。99. そして確かなこと（死）が来るまで、あなたの主に仕えなさい。

---

16. 蜜蜂章　سورة النخل

マッカ啓示
128節

「蜜蜂」への言及があるので、このように命名されました(68〜69節)。本章には、動物や植物の多くがアッラーの恵みとして登場します。他方、死肉や豚肉などは禁止され(115節)、土曜日はユダヤ教徒のように休日ではないこと(124節)、イスラームを説くときは英知を持ってすべきこと(125節)などの教えが展開されています。16〜21章のテーマは、蜂、ズー・アルカルナイン(アレキサンダー大王)の話、預言者は詩人でないことなどですが、これは25〜32章で蟻、蜘蛛、ギリシア人、詩人などが扱われるのと対をなしています。

　　　　　　慈愛あまねく、慈愛深いアッラーの御名において
〈数え切れないアッラーの恩寵〉
1. **アッラー**の命令（審判の日）は、（やがて）来る。だからそれを急いで

242　クルアーンを断片的に扱った、あるいは、クルアーンを嘘だとした、の両説が並び立っているが、「クルアーンをののしった」で、両説をカバーすることとなる。

求めてはいけません。**かれ**に賛美あれ。**かれ**は、かれら（多神教徒）が同位に配するものの上に、高くおられます。2.**かれ**の命令により警告するために、魂（啓示）と共に、**かれ**の僕の中でも**かれ**が望む人（ムハンマド）に、**かれ**は天使たちを遣わします。つまり（警告とは）**わたし**の他に神はなく、**わたし**を意識しなさいということです。3.**かれ**は真理をもって、諸天と地を創造しました。**かれ**は、かれらが同位に配するものの上に、高くおられます。4.**かれ**は一滴（の精液）から人間を創りました。でも見なさい。かれ（人間）は公然と異論を唱えます。5.また**かれ**は、家畜をあなた方（人間）のために創りました。それら（家畜）の中には、暖まる物（毛皮など）やさまざまな便益があります。そしてそれら（便益）から、あなた方は食べる（栄養を摂る）のです。6.またそれら（家畜）を（家へ）連れ戻すとき、また（牧地へ）駆り出すとき、それは、あなた方にとって美観です。7.またかれら（家畜）は、あなた方が自ら苦労しないと辿り着けない土地へ、あなた方の重荷を運びます。実にあなた方の主は、親切かつ慈愛深いのです。8.馬とラバとロバは、あなた方の乗用と（人に見せる）飾りのためです。さらに**かれ**はあなた方の知らないもの（すべて）を創りました。9.（正しい）道の方向づけは、**アッラー**の務めです。（なぜならば）曲った道もあるからです。もし**かれ**が望むなら、**かれ**はあなた方全員を導いたでしょう。

10.**かれ**こそは、あなた方のために、空から水（雨）を降らす方です。（つまり）それ（水）から飲料（ができ）、それから草木（が生育し）、それ（草木）であなた方は牧畜します。11.**かれ**はあなた方のために、それ（水）をもって穀物とオリーブとナツメヤシとブドウと各種の果物を生育させます。確かにこの中には、熟考する人びとへの数々の印があります。12.**かれ**の命令によって、**かれ**は夜と昼、太陽と月、また群星もあなた方のために有益にさせました。確かにこの中には、理性ある人びとへの数々の印があります。13.また**かれ**はあなた方のために、地上にあるすべての物を多様な色彩に増殖されます。確かにこの中には、留意する人びとへの数々の印があります。14.また**かれ**こそは、海を有益にさせる方です。（つまり）

それ（海）から鮮魚を食べ、それ（海）からあなた方が飾りに用いるものを採ります。また**かれ**の恵みを求めて、その中に波を切って進む船を見ます。きっとあなた方は感謝するでしょう。15. また**かれ**は、地上にしっかりと山々を配置しました。あなた方を揺り動かさないように。さらに川や道も（配置しました）。あなた方が導かれるように。16. また陸標と星によって、かれら（人びと）は導かれます。17. それで創造する方（**アッラー**）が、創造しない者と同じなのですか。それでもあなた方は留意しないのですか。

18. たとえあなた方が、**アッラー**の恩寵を数えても、それらを数え上げることはできません。誠に**アッラー**はよく赦すお方であり、慈愛深いお方なのです。19. **アッラー**はあなた方が隠すことも、現すこともご存知です。20. かれら（非信者）が、**アッラー**の他に祈るものたちは、何も創造しません。しかもかれら（偶像）自身は創られたのです。21. （偶像は）死んでおり、生命はありません。だから、いつかれら、（非信者）が復活されるかを知るはずもありません。22. あなた方の神は、唯一の神（**アッラー**）です。でも来世を信じない人たちは、その心が（真理を）拒否し、高慢なのです。23. 疑いもなく、**アッラー**はあなた方が隠すことも、現すこともご存知です。**かれ**は高慢な人たちを愛しません。

〈アッラーの因果応報〉
24. あなた方の主は（ムハンマドに）何を啓示したのですかと、かれら（非信者）に尋ねられると、かれらは（それは）昔の物語ですと言います。25. かれらは復活の日、自分の重荷（罪）をすべて背負います。またかれらは、知識なく迷わせた人びとの重荷も負います。かれらの背負うものこそ、最悪なのです。26. かれら以前の人びとも悪巧みをしました。でも**アッラー**（の懲罰）は、かれらの建物の基礎から襲いました。屋根が上から落ち、想定外の方向からも苦痛が襲ったのです。27. それで復活の日、**かれ**はかれらに恥辱を与えて言います。あなた方が（**わたしに**）対立するために持ち出してきた、**わたし**の同位者たちは、どこにいるのですか。知識を授けられた人たちは言います。この（審判の）日、恥辱と災厄は非信者た

ちの上にあります。28. かれら（非信者）は自分自身に不正をしている間に、天使たちが（生命を）召した人たちですが、かれらは（**アッラー**への）服従を表明して、わたしたちは悪を行ないませんでしたと（言います）。いいえ（とんでもない）、**アッラー**は、あなた方がしてきたことをすべてご存知です。29. だから地獄の門を入り、その中に永遠に住みなさい。高慢な人たちの住まいは、何と哀れなことでしょうか。

30.（**アッラー**を）意識する人たちは尋ねられました。あなた方の主は、何を啓示したのですか。かれらは言います。（あらゆる）最善のものですと。現世で善行をする人たちには良いことがあり、来世の住まいはさらに良いのです。（**アッラー**を）意識する人の住まいの、何とすばらしいことか。31. かれらは、川が下を流れる永遠の楽園に入ります。その中で、かれには何でも欲しいものがあるのです。このように**アッラー**は（**アッラー**を）意識する人たちを報います。32. 天使たちが善良な人たちを召すとき、こう言います。あなた方に平安あれ、あなた方がしてきたことのために、楽園に入りなさいと。33.（一方）かれら（非信者）は、天使たちがやって来るか、またはあなたの主の命令（懲罰）が下るまで、待っているだけです。このように、かれら以前の人びとも（同様に不正を）しました。**アッラー**がかれらに不正したのではなく、かれらは自分自身に不正をしたのでした。34. かれらがしてきたことの悪がかれらを襲い、笑い草にしてきたことがかれらを取り囲んだのでした。

35.（**アッラー**に）同位者を配する人たちは言います。もし**アッラー**が望むなら、わたしたちは**かれ**の他に何ものも崇拝しませんでした。わたしたちも、わたしたちの先祖も（しませんでした）。またわたしたちは、**かれ**（の命令）なくしては、何も禁じなかったでしょう。このようにかれら以前の人びとも、言いました。使徒たち（の責務）は、はっきりと（啓示を）伝えることだけです。36. 確かに**われら**は、すべての共同体に使徒を遣わし、**アッラー**に仕えて、邪神を避けなさいと（命じました）。それでかれらの中には、**アッラー**が導いた人もあり、また、迷誤が当然の人もありました。

だから地上を旅して、（真理を）拒否した人の最後がどのようであったかを見なさい。37.たとえあなた（ムハンマド）が、かれらの導きを望んでも、**かれ**が迷うに任せた人たちを、**アッラー**は導きません。かれらに援助者はありません。38.かれらは**アッラー**にかけて強く誓います。**アッラー**は死者を復活させないと。いいえ。これは**かれ**が果たすべき真実の約束です。でも人びとの多くは知りません。39.**かれ**はかれらが（現世で）仲たがいしていたことを、かれらにはっきりさせます。また不信心の人たちは、自分が嘘つきであったことを知ります。40.**われら**がある事を望むとき、**われら**の言葉としては、**われら**がそれに有れと言うだけで、その通りになるのです。41.迫害を受けた後、**アッラー**の（道の）ために移住した人たちには、**われら**は現世で良い住みかを与えます。そして実に、来世での報奨は、はるかに大きいのです。もしかれらに分かるならば（よかったのに）。42.かれら（移住者）は忍耐強く、かれらの主に頼りきる人たちなのです。

43.**われら**があなた（ムハンマド）以前に遣わしたのは、（天使でなくて）人間にほかなりません。**われら**はかれらに啓示したのです。だからあなた方がもし（そのことを）知らないなら、教え（啓典）を与えられている民（ユダヤ教徒とキリスト教徒）に聞きなさい。44.明証と書巻とを持って、**われら**があなたに教えを啓示したのは、（以前）かれらに啓示されたものを、人類に解明するためです。かれらはきっと熟考するでしょう。

45.悪を企てる人たちは、**アッラー**が、かれらを大地に飲み込ませたり、かれらが想定しない方向から苦痛で襲わないと、（確かに）安心できるのでしょうか。46.または、かれらがあちこち往来する間に、**かれ**が（突然）かれらを捕まえないと、（安心できるのでしょうか。）かれらは（**アッラー**から）逃れられません。47.もしくは**かれ**は、徐々に（非信者の運勢を）衰弱させて[243]、かれらを捕まえます。実にあなた方の主は親切なお方で、慈愛深いお方です。48.かれらは**アッラー**が創造したものを見なかったの

---

243 13:41参照。

でしょうか。その影[244]は右や左に動いて、**アッラー**に謙虚にひれ伏します。49. 諸天と地にあるすべての生き物や天使たちは、**アッラー**にひれ伏し、かれらは高慢ではありません。50. かれらは、自分の（遥か）上におられるかれらの主を畏怖し、命じられることをかれらは実行するのです。

❧**サジダ**❧

〈唯一の創造主、アッラーのみに仕えること〉
51. **アッラー**は言いました。二神をとってはいけません。確かに**かれ**は、唯一神です。だからあなた方は**わたし**だけを畏れなさいと。52. **かれ**に諸天と地にあるものは属し、**かれ**に対し永遠の服従があります。それなのにあなた方は、**アッラー**以外を意識するのですか。53. あなた方にあるどんな恩恵も、**アッラー**からなのです。それで逆境があなた方を襲うと、あなた方は**かれ**に助けを願います。54. そして**かれ**があなた方から逆境を除くと、見なさい、あなた方の中のある一派は、かれらの主に同位者を配し、55. **われら**がかれらに与えたもの（恩恵）を忘れてしまうのです。それで（現世を）楽しんでいなさい。でもすぐにあなた方は知るのです。

56. またかれらは、**われら**が与えた糧の一部を、自分たちが知らないもの（偶像）に供えます。**アッラー**に誓って（言います）。あなた方は、自分たちが捏造してきたものに関し、詰問(きつもん)されるでしょう。57. かれらは、**アッラー**に娘を配します。**アッラー**に賛美あれ。かれら自身には、息子を望むのに。58. かれらの一人が女児との知らせが届くと、かれの顔は暗くなり、悲しみに沈みます。59. かれに与えられた知らせが悪いために、かれは人目を避けるのです。恥辱を忍んでそれ（女児）をかかえこむか、それとも土の中にそれを埋めるか。かれらの判断こそ、悪です。60. 来世を信じない人たちは、悪の様相で、**アッラー**こそは、最高の姿なのです。実に**かれ**は、偉力大で英明な方です。61. もし**アッラー**が、かれらの不正のために人間を罰するなら、**かれ**は地上に一切の生き物を残さなかったでしょう。でも

---

244 ただしジンと天使には、影がないとされる。

かれは定められた期限まで、かれらを猶予するのです。だから、かれらの期限が来るときは、一刻も遅らせたり、早めたりはできません。62. かれらは自分の好まないもの（娘）を**アッラー**に割り当て、最善（息子）は自分のためにあると、かれらの舌は虚言を吐くのです。疑いもなく、かれには（地獄の）火があります。（その中に）かれらは見捨てられるでしょう。

63. **アッラー**（自ら）に誓って（言います）。**われら**はあなた（ムハンマド）以前にも、諸民族に（使徒たちを）遣わしました。ところが悪魔は、かれら（諸民族の中の非信者）の行ないを立派に思わせ、今も、かれ（悪魔）はかれらの擁護者です。かれらには厳しい苦痛があります。64. **われら**があなたに啓典を啓示したのは、ただかれらが仲たがいしていたことについて解明するためであり、信者への導きと慈愛としてだけです。

65. **アッラー**は空から雨を降らせ、それで大地が死に果てているときには、命を与えます。確かにその中には、耳を傾ける人びとへの印があります。66. また家畜の中にも、あなた方への教訓があります。**われら**はそれらの腹の中の消化物（栄養素）と血液の間から、あなた方に飲料（ミルク）を与えます。ミルクは飲む人たちにとって、清潔でおいしいのです。67. またナツメヤシやブドウの果実から、あなた方は果汁や良い糧を得ます。確かにその中には、理性ある人びとへの印があります。68. またあなたの主は、蜜蜂に啓示しました。山や樹木、かれら（人びと）の建造物に巣を作りなさい。69. それで各種の果実から（蜜を）吸い、あなた（メス蜂）の主が容易にした道に従いなさい。かの女（メス蜂）たちの腹の中からは、種々の色合いの飲料（蜂蜜）が出て、その中には人間を癒すものがあります[245]。確かにこの中には、熟考する人びとへの印があります。

70. **アッラー**はあなた方を創り、それからあなた方を死なせます。またあ

---

245 メス蜂のことであるから、「吸い」、「あなたの（主）」、「従いなさい」、「かの女たちの（腹）」はアラビア語で女性形が使用されている。

なた方の中には、知識を得た後、何も知らなく（記憶がなく）なるほど弱体化する年齢に戻される人もいます。真に**アッラー**は、全知かつ全能です。71.また**アッラー**は、あなた方の中のある人には、他の人以上に糧を与えます。ところが寵愛を受けた人たちは、それ（糧）において平等となるように、自分たちの糧をその右手が所有する人（奴隷）に、分け与えようとしません[246]。かれらは**アッラー**の恩寵を否定するのでしょうか。72.また**アッラー**はあなた方のために、あなた方の間から配偶者を用意し、あなた方のために、配偶者から子供や孫をもうけます。そして良いものから（先にして）、あなた方に授けます。それでもかれらは虚偽（偶像）を信じ、**アッラー**の恩寵を忘れるのです。73.かれらは**アッラー**以外のものに仕えるが、それらは諸天と地の間で、かれらのために何の糧も所有せず、またそのような能力も持ち得ません。74.だから**アッラー**に対して、類例を作り出してはいけません。確かに**アッラー**はすべてご存知です。でもあなた方は知らないのです。

75.**アッラー**は次の例えを示しました。主人のいるある奴隷がいて、かれは何の力も持っていません。（他方）**われら**が良い糧を授けた人がいて、かれはこっそりとまた公然とそれ（糧）から施します。かれらは同じでしょうか[247]。**アッラー**にこそすべての称賛あれ。しかしかれら（人びと）の多くは分からないのです。76.また**アッラー**は、二人の例えを示しました。一人は物言えない人で、かれには何の力もなく、その主人にとっては重荷です。どこに差し向けても善いことをもたらさない。（かれと比べて）正義を勧め、まっすぐな道を踏む人とは同じでしょうか。77.諸天と地の、見えない世界は、**アッラー**に属します。（審判の）時の命令（の到来）は、目の瞬きのようなものです。またはもっと早いでしょう。確かに**アッラー**は、すべてに対して全能なのです。78.**アッラー**はあなた方が何も知らな

---

246 ここは、人間の主人はその奴隷と同等になろうとはしないのに、なぜ多神教徒は、創造主アッラーにかれの奴隷（被創造物）を同位に配するのか、という設問でもある。
247 何も力を持たない奴隷とは偶像の比喩で、人々に恩恵をもたらす創造主アッラーと比較されている。

いとき、あなた方を母の胎内から生まれさせ、聴覚や視覚や心を授けました。あなた方は、感謝するでしょう。79. かれらは、空中ですいすいと飛ぶ鳥を見ないのでしょうか。**アッラー**の他に、それらを支えるものはないのです。確かにこの中には、信者への数々の印があります。

80. **アッラー**があなた方のために、家に安住の所を設け、あなた方のために家畜の皮で造った家を設けました。そして自分の旅のとき、また野営のとき、それを（持ち運びに）軽便にしました。羊、ラクダや山羊の毛は、（現世の）一時的な家具類と快楽のためです。81. また**アッラー**は、あなた方のために**かれ**の被創造物で日陰を設け、あなた方のために避難所としての山々を設け、またあなた方のために灼熱から自分を守る衣服と、攻撃から自分を守る衣服を作りました。こうして、あなた方が（**アッラー**に）服従するよう、**かれ**はあなた方に対し恩寵を全うするのです。82. だから、たとえかれらが背き去っても、あなた（の責務）は、はっきりと（啓示を）伝えることだけです。83. かれらは**アッラー**の恩寵を知ったうえで、なおそれを拒否しています。（結局）かれらの多くは忘恩の人たちなのです。

〈審判の日とアッラーの報奨〉
84. その（審判の）日、**われら**はすべての共同体から、一人の証人を復活させます。そのとき、不信心な人たち（の言い訳）は許されず、また行ないを改めることも認められません。85. 不正を行なった人たちが苦痛を目前にしても、かれらのためにそれは軽減されず、また猶予もされません。86. そこで多神教徒たちが、かれらの多神（邪神）に会うと、（次のように）言います。わたしたちの主よ、これらが、わたしたちが**あなた**の他に祈っていた多神です。でもかれら（多神）は、かれら（多神教徒）に言葉を投げ返して言います。あなた方は本当に嘘つきですと。87. その日、かれらが捏造(ねつぞう)していたもの（多神）は、**アッラー**に帰依を申し出て、（一方）かれら（多神教徒）を捨て去るでしょう。88. 不信心かつ**アッラー**の道から（人びとを）妨げた人たちに、**われら**は苦痛の上に苦痛を加えるでしょう。なぜなら、かれらは腐敗を広げていたからです。

89. その（審判の）日、**われら**はすべての共同体から、かれらに対する一人の証人を同胞から復活させます。また**われら**は、あなたをこれら（マッカの人びと）に対する証人とします。そのために**われら**は、あなたにすべての事物の識別として、またムスリム（**アッラー**に従う人）たちへの導きと慈愛と吉報として、啓典を啓示したのです。

90. 真に**アッラー**は公正と善行、そして近親者への供与を命じ、またあらゆるみだらな行為と違法行為、そして横暴な行為を禁じます[248]。あなた方が留意するように、**かれ**は諭すのです。91. あなた方が**アッラー**と約束を結んだときは、約束を果たしなさい。誓った後から、それを破ってはいけません。確かにあなた方は、**アッラー**を保証に立てたのです。真に**アッラー**は、あなた方の行なうことをご存知です。92. 固く紡いだ紡績糸をばらばらにする女のように、あなた方の間で、一族が（他の）一族よりも多数であるからといって、自分たちの誓約を悪用して（裏切って）はいけません。ただ**アッラー**は、それであなた方を試みるだけなのです。**かれ**は復活の日、あなた方が仲たがいしてきたことを明らかにするでしょう。

93. もし**アッラー**が望むなら、**かれ**はあなた方をひとつの共同体にしたでしょう。でも**かれ**は望む人を迷うに任せ、また**かれ**が望む人を導きます。あなた方は、自分たちがしてきたことについて問われます。94. あなた方の間で、自分の誓いを悪用してはいけません。さもないと踏み締めた足場は滑り、あなた方は、**アッラー**の道から（人びとを）妨げたために、苦難を味わうことになります。あなた方には酷い苦痛があるのです。95. わずかな代価で**アッラー**の印（啓示）を売ってはいけません。もしあなた方が理解するなら、**アッラー**の御元にあるもの（報奨）こそ、あなた方のために最良なのです。96. あなた方の持つものは、すべて消滅します。でも**アッラー**の

---

248 この一句は、イスラーム法の要諦としてよく引用される。また特に、正義感（公正、公平、正義）の重視は、イスラーム道徳上も重要な徳目である。資料２．参照。

御元のものは残ります。**われら**は耐え忍ぶ人に、かれらがしてきた最も優れた行ないによって、報奨を与えます。97.誰でも善行の信者ならば、男でも女でも、**われら**は善い生活を与えます。**われら**は、かれらがしてきた最も優れた行ないによって報奨を与えます。

〈アッラーの恩寵に感謝すること〉

98.あなた（ムハンマド）がクルアーンを読誦するときは、**アッラー**に拒否された悪魔からの加護を求めなさい。99.確かにかれ（悪魔）には、信仰し、かれらの主に頼りきる人たちに対する権能はありません。100.かれ（悪魔）の権能は、ただかれを保護者とする人たち、また（悪魔のせいで）**かれ**に同位者を配する人たちに対してだけです。101.**われら**が一節を他の一節に替えるときも、**アッラーはかれ**（自ら）が啓示されたことをすべてご存知です。かれら（マッカの多神教徒）は、あなたが（クルアーンを）捏造したにすぎないと言います。でもかれらの多くは分からないのです。102.言いなさい。清魂（天使ジブリール）が真理をもって、あなたの主からそれ（啓示）を徐々にもたらしたのは、信仰する人たちを強固にするためであり、またムスリム（**アッラー**に従う人）たちへの導きであり、吉報なのです。103.また確かに**われら**は、かれらが（こう）言うのを知っています。人間がかれ（ムハンマド）に教えているにすぎないのですと。（ムスリムになったギリシア人がムハンマドにクルアーンを教えたと中傷して）かれらの挙げた人の言語は外国語ですが、これ（啓示）は明瞭なアラビア語です。104.真に**アッラー**の印を信じない人たちは、**アッラー**は導きません。かれらには厳しい苦痛があるでしょう。105.**アッラー**の印を信じない人たちは、ただ嘘を捏造する人で、かれらこそ虚言の人たちです。106.ただし**アッラー**を信仰した後に棄教した人でも、強制された人で、また心は信仰で安心大悟の人は別です[249]。でも（それ以外の）不信心に胸を開く人、

---

249 イスラーム初期に改宗したアンマール・イブン・ヤースィルは教友の一人だが、マッカでは気を失って棄教寸前までに迫害された。しかしその心は動じずに、預言者に認められた。このような時に、この啓示が降りたとされる。なお安心大悟は信仰の究極に求める境地で、それがイスラームにおける幸福感でもある。89:27、資料2.参照。

かれらには**アッラー**の激怒があり、酷い苦痛があるでしょう。107. なぜならかれらが、来世よりも現世の生活を愛しているためで、**アッラー**は信仰を拒否する人びとを導きません。108. これらは、**アッラー**がその心や聴覚や視覚を封じた人で、かれらこそ留意しない人びとなのです。109. 疑いもなく、かれらは来世における損失者です。110. それで試練に晒された後に移住し、それから奮闘努力し、またよく耐え忍んだ人たちに対しては、確かにあなたの主はよく赦すお方で、慈愛深いお方なのです。111. その（審判の）日、すべての人びとは自身のために嘆願しますが、すべての人びとは、（自分が）行なったことにより十分に報われ、不当に扱われることはありません。112. **アッラー**は、平穏無事でいた町の例えを示しました。その糧が四方八方から豊かに供給されても、**アッラー**の恩寵については忘恩でした。だからかれらがしてきたこと（忘恩）のために、**アッラー**は飢えと恐れを経験させたのです。113. また確かに使徒が、かれらの間から遣わされましたが、かれらはかれ（使徒）を拒否しました。それでかれらが不正を行なっている最中に、苦痛（懲罰）がかれらを襲いました。

114. だから**アッラー**があなた方に授けた、合法で良いものを食べなさい。そして**アッラー**の恩寵に感謝しなさい。もしあなた方は**アッラー**に仕えるならば。115. **かれ**は、あなた方に死肉、血、豚肉、そして**アッラー**以外の名を唱えられ（屠畜された）ものだけを禁忌としました。ただし（生存の）必要に迫られ、（また）故意でもなく過剰でもない場合は、**アッラー**はよく赦すお方で、慈愛深いお方なのです[250]。116. あなた方の舌がつく嘘で、これは合法（ハラール）だ、またこれは禁忌（ハラーム）だと言ってはいけません。これは**アッラー**について嘘を捏造することになります。かれらは決して成功しないのです。117. わずかな享楽だけで、（最後に）かれらには厳しい苦痛があるでしょう。118. そしてユダヤ教徒には、われらは以前あなたに告げたものを禁じました[251]。**われら**がかれらを損なったわけで

---

250 2:173参照。
251 ユダヤ教徒への食物禁忌に関しては6:146参照。

はありません。でもかれらが自分自身を損なったのです。119. それで無知のために悪を行なった後に改心し、その身を修める人たちに対しては、確かにあなたの主はその後、よく赦すお方であり、慈愛深いお方なのです。

120. 誠にイブラーヒームは、**アッラー**に従順で、純正な模範でした。かれは、多神教徒の仲間ではなく、121. **かれ**の恩寵に感謝する人でした。**かれ**がかれを選び、まっすぐな道に導きました。122. **われら**は現世で、かれに良い恵みを授けました。そして確かにかれは来世でも、正しい人びとの中に入るのです。123. そこで**われら**は、あなた（ムハンマド）にこう啓示しました。純正なイブラーヒームの宗旨に従いなさい。かれは、多神教徒たちの仲間ではありませんでしたと。124. 安息日は、それについて異論ある人たち（ムーサーに抗するユダヤ教徒）に対し、（義務として）設けられたものにすぎません。そして確かにあなたの主は、かれらが論争していたことについて、復活の日にかれらの間を裁くのです。

125. 英知と良い諭しで、（人びとを）あなたの主の道に招きなさい。最も丁重な態度でかれらと論議しなさい。確かにあなたの主、**かれ**は、**かれ**の道から迷う人をご存知であり、また導かれている人もご存知です。126. もしあなた方が報復するなら、あなた方が処せられたと同じように報復しなさい。でもあなた方がもし耐え忍ぶなら、それは耐え忍ぶ人たちにとって最も善いのです。127. 耐え忍びなさい。あなたの忍耐は、**アッラー**からのものしかないのです。かれらのために悲しんではいけません。またかれらが悪巧みすることのために、悩んではいけません。128. 真に**アッラー**は、（**かれ**を）意識する人たちと善行の人たちと共にいるのです。

17. 夜の旅章　سورة الإسراء

マッカ啓示
111節

預言者ムハンマドにおとずれた奇跡のひとつが、この夜の旅です。それ

はマディーナ移住の前年、621年7月28日のことでした。ムハンマドはマッカから天馬に乗って、エルサレムまで飛んで、その後エルサレムから昇天しました[252]。そしてかれは再び天馬に乗って、明け方までにはマッカに戻りました。また本章では、さまざまな人間関係上の教え――両親、子供、近親、孤児、取引、そして一般的な生活態度など――も展開されます(22～39節)。イスラーイールの子孫の不信心から始まり、その後の改心により救われた話で終わる本章は、「イスラーイールの子孫章」としても知られています。

慈愛あまねく、慈愛深いアッラーの御名において

〈アッラーの恩恵を信じない人びとの問題〉

1.◆**15部**◆かれの僕(ムハンマド)を、禁忌のあるマスジド(マッカ)から、**われら**が周囲を祝福した至遠のマスジド(エルサレム)に、夜間、旅をさせた方(**アッラー**)に賛美あれ[253]。これ(旅)は、**われら**が数々の印をかれ(ムハンマド)に見せるためのものです。確かに**かれ**は全聴にして、すべてをお見通しなのです。2.また**われら**は、ムーサーに啓典を授け、イスラーイールの子孫への導きとしました。(だから)**わたし**の他に保護者を持ってはいけません。3.**われら**がヌーフと一緒に(方舟で)運んだ人の子孫よ。確かにかれ(ヌーフ)は感謝する僕でした。

4.また**われら**は啓典(律法)の中で、イスラーイールの子孫に対して申し渡しました。あなた方は地上で二度(悪で)腐敗させ、甚だしく傲慢になると。5.それで二度の中、最初の(悪)に対する約束(懲罰の時)が来たとき、**われら**は、**われら**の僕の中、強大な力を持つ人たち[254]をあなた方に

---

252 第1天にはアーダム、第2天にはイーサーとヤフヤー、第3天にはユースフ、第4天にはイドリース、第5天にはハールーン、第6天にはムーサー、第7天にはイブラーヒームらがいた。最後に、第6天に根を張り、第7天までその枝葉が伸びるシドラト・アルムンタハー(樹木名)に到着すると、そこで最終的にアッラーから一日5回の礼拝をすることを命じられた。
253 この「夜の旅」と「昇天」後の数年間、エルサレムがマッカにいたムスリムたちのキブラ(礼拝の方向)となったと言われている。そして624年、マディーナにおいて再び、マッカがキブラと最終的に定められた。2:142～148参照。
254 「強大な力を持つ人たち」とは、バビロニアかアッシリア軍などが挙げられるが、重要なことはイスラーイールの子孫の精神的・道徳的退廃(罪)に対して懲罰が定められたということ。

対して遣わすと、かれらは家々を強襲しました。つまり約束は果たされたのでした。6.それから**われら**は、かれらに対してあなた方に勝利を与え、あなた方を財産と子孫で増強し、大勢力としました。7.（結局）もしあなた方が善を行なうなら、自分自身のために善を行ない、悪を行なうなら、それも自分自身のためです。それでもう一方の約束（2度目の懲罰の時）が来たとき、あなた方の顔は曇り、かれら（強大な力を持った人たち）は最初の（懲罰の）ときのように（エルサレムの）マスジドに侵入し、自分が制圧したものを完全に破壊したのです。8.あなた方の主は、あなた方に慈愛を与えます。でもあなた方が（罪を）繰り返すなら、**われら**も（懲罰を）繰り返します。**われら**は非信者たちのために、牢獄としての地獄を設けたのです。

9.本当にこのクルアーンは、最も正しいもの（イスラーム）に導きます。また善行をする信者たちに吉報を与えます。かれらには偉大な報奨があります。10.また来世を信じない人たちには、**われら**はかれらのために、厳しい苦痛を準備しました。11.人間は善いことのために祈るように、悪いことのために祈ります。そして人間はいつも軽率なのです。12.**われら**は二つの印として夜と昼を設け、夜の印を暗くしました。一方、昼の印は明るくしたので、あなた方は、自分の主からの恩恵を求め、また年数と（時間の）計算を知るのです。**われら**はすべてのことを詳細に説き明かしました。13.すべての人間に、**われら**はその鳥[255]（運命）を首に結び付けました。そして復活の日には、かれ（各人）のための（所業）記録を持ち出すので、かれはそれが開かれているのを見るのです。14.あなた方の（全）記録を読みなさい。今日（審判の日）は、あなた自身（の記録）が自分に対する清算者として事足ります。

15.誰でも導かれた人は、ただ自分の益のために導かれ、また誰でも迷い去った人は、ただ自分を害して迷い去るのです。重荷を負う人は、他人の重荷

255　鳥で吉凶を占うアラビアの古い慣行から来る表現だが、意味上は運命。

は負いません[256]。**われら**は一人の使徒を遣わすまでは、決して苦痛を与えません[257]。16. **われら**が一つの町を滅ぼそうとするとき、**われら**はかれらの中の裕福な人たちに（先ず信仰を）命じるが、かれらは服従しません。それで（**アッラー**の）言葉がそれ（町）に関して正しいと証明されると、**われら**はそれを徹底的に壊滅するのです。17. ヌーフの後、いかに多くの世代を、**われら**は滅ぼしたことでしょう。あなたの主は、その僕の罪のすべてを十分知り尽くし、すべてを十分洞察する方なのです。18. 誰でも束の間（現世の生活）を望む人には、**われら**はかれのために急ぎ、**われら**が欲するものを、**われら**が望む人に与えます。さらに**われら**は、かれのために地獄を準備しました。かれはそこで焼かれ、恥辱を被り、（**アッラー**に）拒否されるでしょう。19. 他方、誰でも来世を望み、信者としてそのために奮闘努力する人、これらの人たちの努力は受け入れられます。20. **われら**はすべての人に、こちらの人にも、またあちらの人にも、あなたの主の賜物を広く与えます。あなたの主の賜物には、限界はありません。21. 見なさい。いかに**われら**がある人たちを他よりも寵愛するかを。そして来世では、もっと偉大な位階があり、もっと膨大な恩恵があるのです。

〈アッラーとの約束：ムスリムへの法規定〉

22. **アッラー**とは別に、神を作ってはいけません。さもないと、あなた方は恥辱を被り、見捨てられるでしょう。23. またあなたの主は、告げられました。**かれ**の他に崇拝してはいけません。また親孝行（しなさい）。もしかれら（両親）の一方もしくは両方が、あなたの元にいながら高齢に達しても、かれらに（辛抱を切らして）舌打ちをせず、言葉を荒立てず、敬意を払って話しなさい。24. そして慈しみの心から、かれら（両親）に謙虚の翼を低く垂れて言いなさい。わたしの主よ、幼き頃、わたしを愛育してくれたように、かれらの上に慈愛をお授けくださいと。25. あなた方の主は、あなた方の心の中にあるものをよくご存知です。もしあなた方が善

---

256 この一句によって、いわゆる代理贖罪はイスラームでは認められないこととなった。
257 使徒の派遣が破壊に先行することは、6:131参照。

いなら、**かれ**は改心する人たちをよく赦すお方です。26. また近親者に、当然与えるべきものを与えなさい。困窮の人や旅人にも。一方（施しでも）浪費してはいけません。27. 本当に浪費家は、悪魔の兄弟です。（なぜなら）悪魔はかれの主に対して忘恩だからです。28. たとえあなたが（すぐに施せず）かれらから顔を背けても、あなたの主からの慈愛をあなたは求めて期待しているので、かれらを気楽にさせる言葉をかけなさい。29. あなたの（施しの）手を、自分の首に縛り付けて（けちであって）はいけません。また（自分の）限界を越えて手を開いてもいけません。さもないと、あなたは非難され（るか）、困窮に陥るでしょう。30. 実にあなたの主は、**かれ**が望む人に糧を広げ、また制限します。確かに**かれ**は、**かれ**の僕に関して、すべてを知り尽くし、十分洞察する方なのです。

31. 貧困を恐れて、あなた方の子供を殺してはいけません。**われら**が、かれらとあなた方に糧を与えるのです。かれらを殺すことは、本当に大罪です。32. 姦淫に近づいてはいけません。それはみだらな行為で、悪い道なのです。33. **アッラー**が侵してはならないとされた生命を、正当な権利なくしては殺してはいけません[258]。誰でも不当に殺害されたなら、**われら**はかれの相続人に権能を与えます。ただしかれ（相続人）は、殺害（同害報復）において過剰であってはいけません。（すでに）かれ（相続人）は、（**アッラー**に）支援されているからです。34. また最善の意図からでない限り、孤児が成人に達するまでは、その財産に近づいてはいけません。その（**アッラー**との）約束を果たしなさい。その約束は（審判の日に）尋問されます。35. それからあなた方が計量するときは、その計量を十分にしなさい。また正しい秤で計量しなさい。それは（現世において）最善で、（来世では）最高の結果となります。36. またあなたは、自分の知識のないことに従ってはいけません。実に聴覚と視覚と心、これらすべては（審判の日に）尋問されるのです。37. また横柄に地上を歩いてはいけません。あなたは大地を裂くこともできず、また山の高さ（ほど巨大）にもなれません。

---

258 この句も、自殺禁止の趣旨に解されている。

38. これらすべて（子供の殺害から横柄な態度まで）は、あなたの主の御元において悪であり、憎まれるのです。

39.（ムハンマドよ）これらはあなたの主が、あなたに啓示した英知です。**アッラー**に別の神を配してはいけません。さもないとあなたは地獄に投げ込まれ、恥辱を被り、（**アッラー**に）拒否されるでしょう。40. あなた方の主は、あなた方（多神教徒）に男児を授け、（**アッラー**自らは）天使の中から女児をもうけたのか。本当にあなた方はひどい言葉を口にします。

〈ムハンマドはアッラーの預言者：夜の旅という印〉
41. 確かに**われら**はこのクルアーンの中で、かれら（多神教徒）が留意するようにさまざまに説きました。でもそれは、かれらの離反を増すだけでした。42. 言いなさい。もしかれらが言うように、**アッラー**の他に神々がいるなら、それら（神々）は玉座の占有者になる道を求めたはずです。43. **かれ**に賛美あれ。**かれ**は、かれらが唱えるものの（はるか）上に、高くおられます。44. 七つの諸天と地、またそれらの間にあるものは、**かれ**を賛美します。**かれ**を称賛（の言葉）をもって賛美しないものは何もありません。ただしあなた方は、それらがどのように賛美しているかを理解していません。本当に**かれ**は忍耐強く、よく赦されるお方なのです。

45. あなた（ムハンマド）がクルアーンを読誦したとき、**われら**はあなたと来世を信じない人たちとの間に、見えない壁を設けました。46. **われら**は、かれらの心に覆いを被せ、耳に重荷を入れ（て鈍くし）たので、かれらはそれ（クルアーン）を理解しません。それであなたがクルアーンの中で、あなたの主についてだけ語ると、かれらは離反して背を向けます。47. **われら**は、かれらがあなたに耳を傾けるときや、またかれらが密かに話し合うときに、どうやって聞き耳を立てるかを、一番よく知っています。不正の人たちは言います。あなた方は、魔術をかけられた人（ムハンマド）に従っているにすぎないと。48. 見なさい、かれらは一体あなたについて、どのような例えを挙げる（何だと思っている）か。かれらは迷い去った

ので、道を見い出せません。49. かれらは言います。わたしたちが（死んで）骨になり砕けた塵になった後、本当に新たな被造物として復活するのでしょうか。50. 言いなさい。あなた方が石や鉄であっても、51. またはあなた方の胸の中にある、どんな巨大な被造物でも（復活します）。するとかれらは言います。誰がわたしたちを甦らせるのか。言いなさい。最初にあなた方を創造した方です。かれらはあなたに向かって、頭を振って言います。それはいつなのか。言いなさい。それは近いのです。52. その（審判の）日、**かれ**はあなた方を呼び出します。するとあなた方は、**かれ**への称賛をもって応えます。そしてあなた方は思うのです。（現世あるいは墓の中に）とどまったのは、ほんのわずかにすぎなかったと。

53. **わたし**の僕に言いなさい。最善のこと[259]を言いなさいと。悪魔は、かれら（人びと）の間に不和の種を蒔きます。確かに悪魔は、人間の公然の敵なのです。54. あなた方の主は、あなた方を最もよくご存知です。もし**かれ**が望めば、あなた方に慈愛を与えます。もしくは、**かれ**が望めば、あなた方に苦痛を与えます。**われら**は、かれら（非信者）の保護者として、あなたを遣わしたのではありません。55. あなたの主は、諸天と地にいる全員を、最もよくご存知です。確かに**われら**は、預言者たちの中のある人に、他の人よりも多く与えました。**われら**は、ダーウードに詩篇を授けました[260]。56. （多神教徒に）言いなさい。**かれ**の他にあなた方が主張していたもの（天使など）[261]を呼びなさい。かれらはあなた方から災厄を除く力もなく、またそれを転移することもできません。57. かれらが呼ぶ（祈る）もの（天使など）は、かれらの主に最も近いものでさえ、主への方途を求めています。そしてかれらは、**かれ**の慈愛を期待し、**かれ**の苦痛を恐れて

---

259 同様の発想は、16:125、29:46参照。ここで「最善」とは特に、アッラーの教えとその信仰に関する内容を指す。
260 4:163-166参照。
261 アッラーと並置されるのは普通には多神であるが、天使たちや特定の預言者（イーサーら）やジンも崇められていた。天使であれば主の苦痛を恐れることはないという主張もあるが、17:57においてそれは否定されている。他方、多神や偶像は主への道を求めたりはしないとする。参考文献23、巻21、232-234頁参照。

います。あなたの主の苦痛は、真に用心すべきものです。58.復活の日の前に、**われら**が破壊しない町はありません。また激しい苦痛で処罰しない町もありません。それは（天の）書板に詳細に記されているのです。

59.**われら**が印を送るのを、止めるものはありません。ただし以前の人びとがそれ（印）を拒否したことは別として。**われら**は以前サムードに、明らかな印として雌ラクダを授けました。でもかれらはそれに、不正をしたのです。**われら**は警告する以外（の目的）で、印を送ることはありません。60.**われら**があなたに告げたときのことです。確かにあなたの主は人間を取り囲むと。**われら**があなたに見せた光景（夜の旅と昇天）は、ただ人間への試練にすぎません。クルアーンの中で呪われた木（地獄のザックーム）も（試練です）。**われら**はかれらに恐怖心を与えるけれど、かれらは乱心を増すばかりなのです。

〈アッラーとの約束は果たされること：忘恩の人と審判の日〉

61.**われら**が天使たちに、アーダムに頭を下げなさいと告げたとき、かれらは頭を下げました。イブリース（ジンで悪魔）を除いて。かれ（イブリース）は言いました。**あなた**が土から創造した者に、わたしが頭を下げるのでしょうか。62.かれ（イブリース）は言いました。**あなた**は、わたしよりも栄誉を与えたこれ（アーダム）を見ましたか。もし復活の日まで、わたしに猶予を与えるなら、少数の人たちを除いて、かれ（アーダム）の子孫を支配するでしょう。63.**かれ**は言いました。去りなさい。もしかれらの中、あなたに従う人があれば、本当に地獄があなた方への十分な応報です。64.あなた（イブリース）の声で、かれら（アーダムの子孫）の中のできる限りの人を挑発し、あなたの騎兵や歩兵で、かれらを攻撃してみなさい。また（非合法な）財産や（姦淫による）子作りにおいて協力者となり、かれらと（復活や応報はないという）約束を結んでみなさいと。ただし悪魔は妄想を約束するにすぎません。65.確かにあなたには、**わたし**の僕に対して何の権能もありません。一方あなたの主は、保護者として十分なのです。

66. あなた方の主は、あなた方が**かれ**の恩恵を得る（貿易など）ことができればと、あなた方のために、船を海に航行させる方です。真に**かれ**は、あなた方に対して慈愛深いお方なのです。67. 海上で災難があなた方を襲うと、**かれ**の他にあなた方が祈るものは立ち去ります。一方**かれ**が陸へあなた方を運ぶと、あなた方は背き去ります。（結局）人間は忘恩なのです。68. （陸に上がった）あなた方は、**かれ**が大陸の一隅にあなた方を飲み込ませないなどと、安心できるのでしょうか。またはあなた方に対し、砂嵐を送らないと。しかもあなた方は、自分のために守護者を見出すこともできません。69. または**かれ**が別のとき、あなた方をその中（海上での災難）に戻さないと、安心できるのでしょうか。また**かれ**が暴風を送り、忘恩のために、あなた方を溺れさせないと。そうなるとあなた方は、**われら**に逆らって、あなた方を支援する人を見出すこともできません。70. 真に**われら**は、アーダムの子孫に栄誉を与え、また**われら**は陸と海においてかれらを運び、数々の良い糧を授け、**われら**が創造した多くのものよりも寵愛しました。

71. その（審判の）日、**われら**はすべての人間を、その指導者と共に召集します。そして誰でも右手に自分の記録を渡される人は、その記録を（喜んで）読みます。かれらはナツメヤシの種皮の一筋ほども、不当に扱われないのです。72. でも現世で（真理に）盲目だった人は、来世でも盲目となるでしょう。そしてますます道から迷い去るのです。73. かれらは、**われら**があなた（ムハンマド）に啓示したものから、あなたを遠ざけて、**われら**に対して、それ（啓示）以外のものを、あなたに捏造させようとしたのです[262]。そうすれば、かれらはあなたを友人としていたでしょう。74. もし**われら**があなたを強固にしていなければ、あなたはかれらに少々傾いていたでしょう。75. そのとき**われら**は、あなたにこの（世の）生活

---

262 捏造させようとする例としては、ターイフの町のサキーフ族は、イスラームを完全に受け入れる前に、かれらの神アルラートを１年間崇拝できるよう求め、あるいはかれらの土地をマッカのように禁忌のある土地にすることを預言者に求めた。またマッカの多神教徒たちは預言者にかれらの偶像に触れたり、偶像を黙認するように求めたと言われている。

で2倍、また死んでから2倍（の懲罰）を経験させていたでしょう。しかもあなたは、**われら**に逆らって、あなたを援助する人を見出すこともできません。76. 確かにかれら（多神教徒）は、あなたをこの地（マッカ）から脅かして立ち退かせ、追い立てようとしました。でもそうしていたら、かれらは（懲罰を受け）ほんのわずかな間しか、あなたの後に留ることはなかったでしょう。77. これはあなた以前に、**われら**が遣わした使徒たちの慣行でした。そしてあなたは、**われら**の慣行に変化を見出しません。

78. 太陽が傾くとき（正午すぎ）から夜の闇まで、（定時の）礼拝の務めを守り、また暁には（クルアーンを）読誦しなさい。確かに暁の読誦には立証人（天使たち）がいます。79. また夜には、あなた自身の（義務の）追加として、深夜礼拝を務めなさい。（そうすれば）あなたの主は、あなたを栄誉ある地位に高めるでしょう。80. そして言いなさい。わたしの主よ、わたしを正しい入り方で（マディーナに）入らせ、また正しい出方で（マッカから）出させ、**あなた**自身から助けとなる権能をわたしに授けてください。81. 言いなさい。真理は来て、虚偽は消え去りました。確かに虚偽は滅びるものです。

82. **われら**はクルアーンから、信者にとって癒しであり、慈愛であるものを降ろしました。でも不正を行なう人びとにとっては、損失を増すだけです。83. **われら**がある人に恩恵を授けると、かれは身を反って、（威張って）、外方（そっぽ）を向くが、災厄が襲えば、かれは絶望してしまうのです。84. 言いなさい。各人は自分の仕方で行ないます。でもあなた方の主は、誰が正しい道によく導かれているかを、最もご存知なのです。

〈ムハンマドを信じない人びとの問題〉
85. またかれらは、清魂について、あなた（ムハンマド）に問います。言いなさい。清魂はわたしの主が扱われる事柄です[263]。そしてあなた方はわずかな知識しか授かりませんでした。86. もし**われら**が望むなら、あなたに啓示したものを取り上げることもできます。そうなればあなたは、**われ**

らに対して、あなたを守る人を見出すこともできません。87. ただし、あなたの主からの慈愛があれば別です。確かにあなたへの**かれ**の寵愛は絶大です。88. 言いなさい。たとえ人間とジンが集まって、このクルアーンと同じようなものを、もたらそうとしても、それと同じようなものを、もたらすことはできません。互いにどれほど力を合わせても、そうなのです。89. 実に**われら**は人びとに、このクルアーンの中で、あらゆる例えを通して説明しました。でも人びとの多くは、ただ不信心以外は拒否するのです。90. かれらは言います。わたしたちに、あなた（ムハンマド）が地から泉を涌き出させるまでは、あなたのことは信じません。91. または、あなたがナツメヤシやブドウの果樹園を所有し、それらを通じて川を溢れ出させるまでは（信じません）。92. またはあなたが（起こると）主張したように、大空を粉々にして、わたしたちに落とすまでは。またはあなたが**アッラー**と天使たちを、（わたしたちの）面前に連れて来るまでは。93. またはあなたが黄金の装飾の家を持つまでは。または天に昇って、わたしたちが読む啓典を、あなたが降してくるまでは、あなたの昇天も信じません。（ムハンマドよ）言いなさい。わたしの主に賛美あれ、わたしは一人の人間の使徒にすぎないのではないか。94. それで導きがかれらに届いたとき、人びとを信仰することから妨げたのは、かれらがこう言ったことだけでした。**アッラー**は（ただの）人間を使徒として遣わしたのですかと。95. 言いなさい。もしこの地上を安心して歩く天使たちがいたのであれば、**われら**は天からの使徒としての天使を、かれら（人間）に遣わしたことでしょう。96. 言いなさい。**アッラー**は、わたしとあなた方との間の立証者として十分なのです。確かに**かれ**は、**かれ**の僕に関して、すべてを知り尽くし、十分洞察する方なのです。

97.（ムハンマドよ）誰でも**アッラー**が導く人は、導かれた人なのです。

---

263 マッカ初期の啓示であるので、ここの「清魂」は天使ジブリールとも解されている。一般論としては、魂は人の生死も左右するもので、そのような重要な事柄は人間の扱える問題ではない。本節ではこのように人の力を超越した働きを絶対主に正面から認めることが求められているが、それも信仰上、必須の一部分であることを確認しておきたい。

また誰でも**かれ**が迷うに任せた人たちには、**かれ**の他に保護者はいません。そして**われら**は復活の日に、かれらを集めますが、その顔を（地面の）上にして、目は見えず、また口はきけず、耳は聞こえないのです。かれらの住まいは地獄です。そしてその火が弱まる度に、**われら**はかれらに烈火を増します。98.これはかれらの（不信仰への）応報です。なぜなら、かれらが**われら**の印を拒否して、こう言ったからです。わたしたちが（死んで）骨になり、砕けた塵になった後、本当に新たな被造物として復活するのでしょうかと。99.かれらは、諸天と地を創造した**アッラー**が、かれらと同じようなもの（人間）を、（再び）創造できることくらい（造作もないことが）、分からないのでしょうか。また**かれ**は、かれらのために（猶予の）期限を設けました。それについては、疑いの余地はありません。でも不正を行なう人たちは、ただ不信心以外は拒否するのです。100.言いなさい。たとえあなた方が、わたしの主の慈愛の宝庫（糧）を持っていても、あなた方はそれを費やすことを恐れて、それにしがみつきます。つまり人間はけちなのです。

101.確かに**われら**はムーサーに、明証として九つの印[264]を授けました。だからイスラーイールの子孫に聞きなさい。かれ（ムーサー）がかれら（エジプト人）のもとに来たとき、フィルアウンはかれに言いました。ムーサーよ、わたしはあなたが魔術にかけられた人だと思う。102.かれ（ムーサー）は言いました。あなたはこれら（印）を明瞭な証拠としてもたらしたのは、諸天と地の主をおいて他にいないことをよく知っています。フィルアウンよ、あなたは必ず破滅すると、わたしは考えます。103.そこでかれ（フィルアウン）は、かれら（イスラーイールの子孫）をこの国から追放しようとしました。ところが**われら**は、かれとかれに従う人たちをまとめて溺れさせたのです。104.**われら**はかれ（フィルアウン）の死後、イスラーイールの子孫に言いました。この地に住みなさい。でも来世の約束が来るとき、**われら**はあなた方を（善人も悪人も）、全員の集まりに一緒に連れ出します。

264　九つの印については、7:107,108,130,133、27:12など参照。

105. **われら**がそれ（クルアーン）を真理をもって啓示したので、それは真理と共に降りました。そして**われら**は、ただ吉報の伝達者と警告者として、あなた（ムハンマド）を遣わしました。106. **われら**が読み上げるのを分割したのは、あなたがそれを人びとに間隔をおいて読誦するためです。だから**われら**はそれを段階的に啓示したのです。107. 言いなさい。あなた方がこれ（クルアーン）を信じても、また信じなくても、それ以前に知識を与えられた人たちは、それが読誦されると、かれらは顎髭まで（地につけて）ひれ伏します。108. そしてかれらは言います。わたしたちの主の栄光を賛美します。確かに主の約束は果たされました。109. かれらはを顎髭まで（地につけて）涙を流して、謙虚な心を高めるのです。 ✿ **サジダ** ✿ 110. 言いなさい。**アッラー**を呼びなさい。または慈愛深いお方を呼びなさい。なんと**かれ**を呼んでも、最善の美称はすべて**かれ**に属します。またあなたの礼拝においては、大声で唱えてはいけません。また小さすぎてもいけません。その間のやり方を求めなさい。111. また言いなさい。**アッラー**にこそすべての称賛あれ。**かれ**は子を持たず、**かれ**にはその王権における同位者もありません。また**かれ**には保護者を必要とする弱さもありません。だから**かれ**の偉大さを高揚しなさい。

---

18. 洞窟章　سورة الكهف

マッカ啓示
110節

迫害を逃れる青年たちの物語が、最後の審判の真実性を示すものとして語られるので、それにちなんで本章が命名されました（9〜26節）。彼らは309年の眠りから覚めて、真実を知るのです。賢者アルヒドル（60〜82節）、アレキサンダー大王とも預言者たちの一人とも見なされるズー・アルカルナイン、最後の審判の前に出現するとされるヤアジュージュとマアジュージュ（ゴグとマゴグ）の人びと（83〜101節）などが登場します。

慈愛あまねく、慈愛深いアッラーの御名において

〈信仰心をめぐる試練：洞窟の青年たちと復活〉

1. **アッラー**に、すべての称賛を捧げます。**かれ**は、**かれ**の僕にこの啓典を啓示した方です。またその（啓典）中には、一切の歪みはありません。2.（啓典は）真実で、**かれ**の御元からの激しい懲罰を警告するためであり、善行に勤しむ信者たちには、最善の報奨があるとの吉報を伝えます。3. かれらは永遠にその（報奨）中に住むでしょう。4. またそれ（啓典）は、**アッラー**は子を持ったと言う人たちに警告を与えます。5. かれらはそれに関する知識を持たず、またかれらの先祖にもありませんでした。かれらの口から出る言葉は、ひどいものです。かれらはただ嘘を言うだけなのです。6. もしかれらがこの話（クルアーン）を信じないなら、きっとあなたは悲嘆にくれて、かれらの（悪い）所業に苦しめられて、かれらに続いて自分の身を滅ぼすことでしょう。7. 確かに**われら**は、地上の（すべての）ものを（人びとに魅力ある）装飾としました。それはかれらの中、誰が行ないに最も優れているかを試みるためです。8. しかし**われら**は、この（地）上にあるすべてのものを、不毛の塵にするのです。

9. それであなたは、洞窟の仲間たちとその碑文[265]のことを考えましたか。それらは**われら**の印の中でも驚嘆すべきものでした。10. かの青年たちが、洞窟に逃れ隠れたときこう言いました。わたしたちの主よ、**あなた**の御元から慈愛を与え、わたしたちのために、この事態からの抜け出し方を教えてください。11. それから**われら**は、洞窟の中で何年もの間、かれらの聴覚を封じました（眠らせました）。12. さらに**われら**は、かれらを目覚めさせ、二団[266]のどちらが、かれらの（滞在）期間をよく計算できるかをはっきりさせました。

13.（ムハンマドよ）**われら**は、あなたに真実をもってかれらの物語を語ります。かれらは主を信じる青年たちであったので、**われら**は導きを増や

---

265 アルラキームというアラビア語の単語はさまざまに解釈されてきた。洞窟のある山の名前、かれらの犬の名前、あるいはかれらの名を記した記録などである。
266 本章18:19参照。

しました。14. かれらが（目覚めて）起き上がったとき、**われら**はかれらの心を堅固にすると、かれらは言いました。わたしたちの主は、諸天と地の主です。わたしたちは、**かれ**以外の神を呼ぶことはありません。もしわたしたちがそう言ったなら、実にとんでもないことです。15. これらの、わたしたちの人びと（多神教徒）は、**かれ**の他に神々を配しました。（それなら）なぜかれら（神々）は、かれら（多神教徒）に対して、一つも明らかな権能をもたらさないのか。**アッラー**について嘘を捏造するよりも、不正を行なう人がいるでしょうか。16.（今こうして）あなた方（周囲の青年たち）は、かれら（多神教徒）とかれらが**アッラー**の他に仕えるもの（神々）を避けたのだから、洞窟に逃げるのがよい。あなた方の主は、あなた方のために、**かれ**の慈愛を広げ、この事態からの抜け出し方を教えてくださるでしょう。

17. あなた（ムハンマド）は見るでしょう。かれら（青年たち）が（洞窟の）開かれた場所にいたとき、太陽が昇り、それはかれらの洞窟（の中）から離れて右に逃れ、それが沈んだときは、かれらから離れて左に傾きます。これは**アッラー**からの印です。誰でも**アッラー**が導く人は、導かれた人なのです。一方、誰でも**かれ**が迷うに任せた人たちについては、あなたは正しく導く保護者を見いだせません。18. またあなたは思うでしょう。かれらが眠っていたのに、（少し目が開いているので）目覚めていたと。（確かに）洞窟の入口でかれらの犬が両前足を伸していたとき、**われら**はかれらを（両目を開けたまま）左右に寝返りさせました。もしあなたがかれらを見ていたら、あなたはかれらの（外見の）恐しさのせいで、飛んで逃げ去ったことでしょう[267]。

19. それから**われら**は、互いに質問させるため、かれらを目覚め（復活）させました。かれらの中のある人が言いました。あなた方は（洞窟に）ど

---

267 青年たちの眠りは、人類の「（一時的な）死」を象徴し、青年たちの目覚めは、最後の日における人類の「復活」を例えたもの。アッラーはこの奇跡的な目覚めを邪魔させないように、洞窟の入り口に犬を配置したとされる。

れほどいたのですか。かれらは言いました。わたしたちは一日、もしくは一日未満留まりました。かれらは言いました。あなた方がどれだけいたかは、あなた方の主が最もよくご存知です。そこであなた方の中の一人を、あなた方のこの銀貨を携えて、その町に送り出しなさい。かれに清潔な食べ物を見つけさせて、そこからあなた方のために食糧を持って来させなさい。かれに慎重にさせて、あなた方のことを誰にも気づかせてはいけません。20. もしかれら（町の人びと）が、あなた方のことを知れば、あなた方を石打ちの刑にするか、またはあなた方をかれらの宗旨へと戻らせるでしょう。（そうなれば）あなた方は永遠に成功しません。

〈知識と富をめぐる試練：議論好きの人びと〉

21. このように、**アッラー**の約束（復活）が真実であり、またその（最後の審判の）時についても疑いのないことを、かれら（人びと）が気づくように、**われら**はかれら（洞窟の青年たち）について明るみに出したのです。（しかし）かれら（人びと）は、かれらの事柄について互いに議論しました。そしてかれら（ある人たち）は言いました。かれら（洞窟の青年たち）の上に（記念の）建物を建てなさい。（ただし最後は）かれらの主が、かれらについて最もよくご存知です。かれらの場を仕切る人たちは言いました。わたしたちは、かれらの上にマスジドを建立することにしようと。22. かれら（ある人たち）は言います。（洞窟の青年たちは）三人で、4番目はかれらの犬です。またかれら（別の人たち）は、見えないことを憶測してこう言います。五人で、かれらの6番目は犬です。またかれら（別の人たち）は言います。七人で、かれらの8番目は犬です。（ムハンマドよ）言いなさい。わたしの主が、かれらの数を最もよくご存知ですと。かれらについて（真相を）知る人はごく少数にすぎません。だからはっきりとわかる議論の他は、かれら（洞窟の青年たち）について議論してはいけません。またかれらについて、誰にも問いかけてはいけません。23. また何事でも、わたしは明日それをします、と断言してはいけません[268]。24. ただし、もし**アッラー**が御望みなら（イン・シャー・アッラー）と（言わない限り）[269]。あなたが忘れたときは、あなたの主を思い出しなさい。そして言

いなさい。きっとわたしの主は、これよりも正しい道に近づくように、わたしを導いてくださることでしょうと。25. それでかれらが洞窟にいたのは、300年間と（言い、また誰かが）それに9年間を追加しました[270]。26.（ムハンマドよ）言いなさい。かれらがどれだけいたかは、**アッラー**が最もよくご存知です。**かれ**に諸天と地の見えない世界は属します。**かれ**は何とよく見る方であり、よく聞く方であることか。かれら（議論する人びと）には、**かれ**の他には擁護者はなく、また**かれ**は、**かれ**の裁決に誰も参与させません。

27. あなた（ムハンマド）に啓示された、あなたの主の啓典を読み上げなさい。誰も**かれ**の言葉を変えることはできません。またあなたには、**かれ**の他に避難所もありません。28. そしてあなた自身、朝な夕なに、**かれ**の尊顔を求めて、かれらの主に祈る人たちと共に、忍耐強くありなさい。また現世の生活の栄華を望むために、あなたの目を、かれら（祈る人たち）からそらせてはいけません。また**われら**を思い出すことを、おろそかにさせた人の心に従ってはいけません。かれは自分の妄欲に従い、自分のことで則(のり)を越える人なのです。29. 言いなさい。（今）真実はあなた方の主から来ました。だから誰でも望みのままに信仰させ、また誰でも望みのままに拒否させなさい。確かに**われら**は、（地獄の）火を不正を行なう人たちのために準備しています。その（火の）覆いは、かれらを取り囲むのです。もしかれらが助けを求めて叫べば、かれらの顔を焼く、溶けた真ちゅうのような水が与えられます。何と悪い飲み物と寝所を与えられることでしょうか。30.（他方）信仰して善行に勤しむ人たちについて言えば、本当に**われら**は善行者への報奨を、無意味にはしません。31. これらの人、かれらには川が下を流れる永遠の楽園があるのです。かれらはそこで黄金の腕輪で身を飾り、緑色の高級絹や錦織物の衣服を着て、ソファーに寄りかか

---

268 預言者ムハンマドが、ユダヤ教徒から三つの質問（眠れる青年たち、本章の後段に出てくる賢者アルヒドルやズー・アルカルナイン）を受けたとき、その返答を明日すると約束したが、実際は15日後にしか啓示は来なかった。
269 すべてはアッラーの御意思次第であることを、何かにつけて触れることは意識の確認と高揚のために大切とされ、それはムスリムの間で慣用となっていることは周知であろう。
270 太陽暦で300年間は太陰暦で309年間の意味。

ります。何とすばらしい恩寵で、良い寝所でしょうか。

32. かれら（マッカの多神教徒）のために、二人の例えを挙げなさい。**われら**は、かれらの一人に、二つのブドウ園を与え、ナツメヤシでそれらを囲み、二つの園の間に穀物地を設けました。33. 二つの園は収穫をもたらし、少しも不作はありませんでした。また**われら**は、それら（二つの園）の中に川を流れさせました。34. かれには（豊かな）実りがありました。それでかれは、かれの友人と話しているときに、こう言いました。わたしは富においてあなたに優り、また人（家族の人数）でも優勢です。35. そしてかれは自分の園に入りました。自分自身に不正をしながら、こうかれは言いました。わたしは、これが荒廃するとは絶対に思いません。36. また（審判の）時が来るとも思いません。たとえわたしの主に戻るとしても、これ（自分の楽園）よりも良いものを見つけるでしょう。

37. その友人は、かれと話しているときに、こうかれに言いました。あなたは信じないのですか。土からあなたを創り、さらに一滴（の精液）からあなたを創り、さらにあなたを人間に形作った方を。38. しかしわたしにはとっては、**かれ**、**アッラー**はわたしの主です。わたし**かれ**に何も同位に配しません。39. だからあなたが自分の園に入るときは、（こう）言うべきではないでしょうか。すべては**アッラー**の御望みのまま（マー・シャー・アッラー）、**アッラー**の他には何の力もありませんと。たとえわたしがあなたよりも富と子供において劣ると、あなたが思ったとしても。40. わたしの主は、あなたの園に優るものを、わたしに与えるかも知れません。またあなたの園に、空から災害をもたらし、平らな土にする（何もかもなくなる）かも知れません。41. またはその（園内の）水が深く浸み込んで、再びそれ（園）を使うことができなくなるかもしれません。42. その後、かれの果実は全滅しました。ブドウ棚が崩れ落ちるとかれは、それに費やした労苦を思い、手の平を握りしめました。そしてかれは言いました。本当に、わたしの主に同位者を配さなければよかったのにと。43. かれには**アッラー**の他に援助する一団もなく、自分を守ることもできませんでした。

44. こんなとき、（唯一の）救いは真の主、**アッラー**にあります。**かれ**は報奨を与える最善の方であり、また最後（の成功）を与える最善の方なのです。

〈人間の不正とイブリースの問題〉
45. この世の生活の例えを、かれらに示しなさい。（例えば）**われら**が空から降らす水（雨）ようなもので、大地の植物はそれ（水）を吸収して、それから風に吹き散らされて、乾いた屑となります。**アッラー**はすべてに対して全能なのです。46. 富と子供は、この世の生活の虚飾です。でも永遠に残る善行は、あなたの主の御元では、最善の報奨となり、また最善の希望となるのです。47. **われら**が山々を動かす（粉々にする）その（最後の）日、あなた方は大地が平らになるのを見るでしょう。また**われら**はかれらを召集して、誰も（現世に）残しません。48. そしてかれらは、あなたの主の御前に整列します。**われら**があなた方を最初に（生命を与え）創ったように、確かに（復活させて）**われら**の御元に来ました。ただし、あなた方は**われら**が、あなた方のために会見など設けていないと主張していました。49. あなたは（所業記録の）書板が（前に）置かれ、その中にあるものを、恐れる罪深い人たちを見るのです。かれらは言います。ああ、情けないこと。これは何という書板でしょうか。小さなことも大きなことも、もれなく数え上げられています。かれらは自分たちが行なったことを眼前に見るのです。あなたの主は誰一人不当に扱いません。

50. **われら**が天使たちに、アーダムに頭を下げなさい、と言ったときのことです。かれらは頭を下げました。ただしイブリースを除いて。かれはジンの仲間で、かれの主の命令に背きました。それなのに、あなた方は**わたし**ではなく、かれ（イブリース）とかれの子孫を擁護者とするのか。かれらはあなた方の敵ではないか。不正を行なう人たちは、何と最悪の取り換えをするのか。51. **わたし**は、諸天と地の創造、またかれら自身の創造を、かれらに目撃させませんでした。また**わたし**が（人びとを）迷わせる者たちを、（**わたし**の）支援者にすることもありません。52. その（最後の）日、**かれ**は言います。あなた方が主張していた、**わたし**の同位者たちを呼びな

さい。それでかれらは、かれら（同位者たち）を呼んでも、かれらは応えないでしょう。そして**われら**はかれらの間（同位者とその崇拝者）に、深い淵(ふち)を設けます。53. 罪深い人たちは（地獄の）火を見て、その中に落ちると思っても、それから逃れる術(すべ)のないことに気づくのです。

54. 確かにこのクルアーンの中で、**われら**は人間のために、あらゆる例えを詳細に説明しました。でも人間は最も口論好きです。55. かれら（マッカの多神教徒）に導きが届いたとき、かれらが信仰することや、かれらが主に赦しを請うことについて、人びとを妨げるものは何もありませんでした。ただし昔の慣行が（現世での懲罰として）かれらを襲うか、または眼前に（来世の）苦痛が襲うことを除いて。56. **われら**はただ吉報の伝達者として、また警告者として、使徒たちを遣わしたにすぎません。でも不信心な人たちは、真理に反論するため、虚偽をもって議論をします。そしてかれらは、**わたし**の印やかれらに警告したことを笑い草とするのです。

57. かれの主の印を説かれた人が、それ（印）から背き去り、自分の手がもたらしたもの（罪）を忘れるよりも、不正を行なう人がいるでしょうか。確かに**われら**は、かれらの心に覆いを被せ、耳に重荷を入れ（て鈍くし）たので、かれらはそれ（クルアーン）を理解しません。たとえあなたが導きへと呼びかけても、かれらは決して導かれないでしょう。58. ただしあなたの主は、よく赦される慈愛の主なのです。もし**かれ**が（現世において）、かれらが稼いできたものによって審問するなら、**かれ**はかれらへの苦痛（懲罰）を急いだことでしょう。でもかれらには定められた（猶予の）時期があります。かれらは**かれ**の他に、避難所を見いだせません。59.（その実例が）かの町々であり、かれら（人びと）が不正を行なった（現世でも信仰拒否を明らかにした）とき、**われら**は滅ぼしました。（つまり）**われら**は、かれらの破滅の時期を設けたのです。

〈知識をめぐる試練：アルヒドルの物語〉
60. ムーサーがかれの若い従者（ユーシウ[271]）にこう言ったときのことです。

わたしは二つの海[272]が合流する所に行き着くまでは、何年かかっても（旅を）止めません[273]。61. ところがかれらが（気づかない間に）、それら（二つ海）の間の合流地点に辿り着いたとき、かれらは自分たちの（食用の）魚を忘れていたら、それは海に向かってさっと逃げてしまいました[274]。62. かれらが（そこを）すぎて（さらに）行ってから、かれ（ムーサー）はかれの従者に言いました。わたしたちの昼食を出しなさい。わたしたちはこの旅で、本当に疲れ果てました。63. かれ（従者）は言いました。あなたは、わたしたちが（合流地点の）あの岩の上で休んでいたとき、（魚が逃げたのを）見ませんでしたか。わたしがその魚に注意をはらうことを、悪魔が忘れさせたのです。それは、海に逃げたのでしょう。不思議なことでした。64. かれ（ムーサー）は言いました。あそこが、わたしたちが探し求めていた所です。かれらは、もと来た道を引き返しました。

65. するとかれらは、**われらのひとりの僕**（アルヒドル[275]）に出会いました。**われら**はかれ（アルヒドル）に、**われら**の御元から慈愛を与え、また知識を教えました。66. ムーサーはかれに言いました。あなたが（**アッラー**から）正しい道として教えられたことを、わたしに教えてほしいので、あなたについて行かせてください。67. かれ（アルヒドル）は言いました。あなたは、わたしと一緒にいることに耐えられないでしょう。68. あなたは分からな

---

271 ユーシウ（ヨシュア）はカナーンの地を征服した、ユダヤ人指導者で、ムーサーの後継者となった。
272 二つの海とは、紅海とインド洋、地中海と大西洋、あるいはヨルダンのアカバ湾と紅海などいろいろに言われている。また淡水と海水の説もある。
273 イスラーイールの民がムーサーに、最も知識ある者は誰かと尋ねたとき、アッラーではなく、ムーサー自身であると答えたことに、アッラーは気を悪くされた。そこでアッラーは、より知識ある者（賢者アルヒドル）がいることをムーサーに伝え、彼に会うように命じたとされる。
274 食用のための魚は、合流地点にあった「生命の泉」に触れると蘇生して逃げたとされる。これは「知識の泉」を持つ賢者アルヒドルがいる印であったが、ムーサーたちは気がつかずここを通りすぎてしまったのであった。
275 アルヒドル、もしくはハディルは緑色の意味。クルアーンにこの名前は出てこないが、民間説話では有名で、アレキサンダー大王の大臣とも言われる。「生命の泉」から水を飲んだので、最後の審判の日まで生きているとされる。

いということに関して、どのくらい辛抱がきくのでしょうか。69. かれ（ムーサー）は言いました。もし**アッラー**が御望みなら、わたしが忍耐強いこと、そしてあなたの命令に背かないことを、あなたは知るでしょう。70. かれ（アルヒドル）は言いました。もしあなたがわたしについて来るのであれば、わたしがあなたに話すまでは、何事についても、わたしに尋ねて（物言うこと）はいけません。

71. そこでかれら（アルヒドルとムーサー）は出発しました。かれらが舟に乗り込むと、かれ（アルヒドル）はそれに穴を開けました。するとかれ（ムーサー）は言いました。あなたがそれに穴を開けたのは、人びとを溺れさせるためですか。本当にあなたはとんでもないことをしました。72. かれ（アルヒドル）は言いました。あなたは、わたしと一緒にいることに耐えられない、と言いませんでしたか。73. かれ（ムーサー）は言いました。わたしが忘れたことを責めないでください。また事を難しくして、わたしを悩ませないでください。74. それからかれらは（旅を）進めました。ある男の子に出会うと、かれ（アルヒドル）は、かれ（男の子）を殺してしまいました。かれ（ムーサー）は言いました。あなたは、人を殺したわけでもない人を、殺すのですか。本当にあなたはひどい[276]ことをしました。75. ◆**16部**◆かれ（アルヒドル）は言いました。あなたは、わたしと一緒にいることに耐えられないと言いませんでしたか。76. かれ（ムーサー）は言いました。今後わたしが、何か（あなたのすること）について、あなたに尋ねたなら、わたしを同行させないでください。確かにあなたは、わたしからの（辞退の）申し開きを受け取ったのです。77. さらにかれらは（旅を）進めました。ある町の住人の所まで来ると、かれら（二人）は、そこの人びとに食べ物を求めました。ところがかれら（人びと）は、かれらをもてなすことを拒否しました。次いでかれら（二人）は、今にも崩壊しそうな壁を見付けたので、かれ（アルヒドル）はそれを直しました。かれ（ムーサー）は言いました。もし請求したなら、それ（修理）に対する謝礼がも

---

[276] 本節18:74は15部の終わりなので、クルアーン全体である30部のちょうど半分に当たる。

78. かれ（アルヒドル）は言いました。これでわたしとあなたはお別れです。（そこで）あなたが耐えられなかったことの解釈を、あなたに伝えましょう。
79. 舟については、それは海で働くある貧しい人たちのものでした。（一方）わたしがそれを役立たないようにしたのは、すべての舟を強奪する王が、かれらの背後にいたためでした。80. 男の子については、かれの両親は信者でしたが、わたしたち（アルヒドルと両親）は、かれ（男の子）の反抗と不信心が、かれら（両親）の負担になることを恐れたのでした。81. そこでわたしたち（アルヒドルと両親）は、かれら二人のために望みました。かれら二人の主が、かれ（その男の子）に代えて、より優れ純粋で情け深い子を与えますようにと。82. あの壁については、その町の二人の孤児のものでした。その（壁の）下には、かれら（孤児たち）のための財宝がありました。（そうした遺産を残した）かれらの父親は、（信仰）正しい人物でした。そこであなたの主は、かれらが成年に達して、その財宝を掘り出すことを望まれました。（そう望まれたことは）あなたの主からの、慈愛なのです。それ（舟のこと以来の、もろもろの事柄）は、わたしが勝手に行なったことではありません。これがあなたの耐えられなかったこと（物言わないこと）の解釈です。

〈専制権力をめぐる試練：ズー・アルカルナインの物語と最後の日〉
83. かれら（ユダヤ教徒）は、ズー・アルカルナイン[277]について、あなた（ムハンマド）に問うでしょう。言いなさい。わたしはあなた方に、かれについてある物語を話しますと。84. 確かに**われら**は、地上においてかれ（の権勢）を打ち立て、かれにあらゆることについての道筋を与えました。85. そこでかれは、ある（東西の）道筋を辿りました。86. かれが太陽の沈む（西端の）所に来ると、それ（太陽）が泥の泉（暗黒の海）に没するの

---

[277] 二つの角の所有者という意味だが、ギリシアもしくはローマ人のアレキサンダー大王に比定されている。イブラーヒームに従い、ムスリムであった。その大臣が、アルヒドルである。

を見いだしました。またその近くに、ある（多神教の）民族を見つけました。**われら**は言いました。ズー・アルカルナインよ、（そこに）侵入して、あなたがかれらを懲しめてもよい。またはかれらを親切に待遇してもよい。87. かれは言いました。誰でも不正を行なう人には、わたしたちは苦痛を与え、その人はかれの主に帰らされます。**かれ**はひどい苦痛をもって、かれを罰するでしょう。88. 他方、誰でも信仰して、善行に勤しむ人には、善い報いがあります。わたしたちは、かれに容易なことを命じるでしょう。89. それからかれは、また別の道筋を辿りました。90. かれが太陽の昇る（東端の）所に来たとき、それ（太陽）がある民族の上に昇るのを見いだしました。**われら**はかれらに、それから身を守るもの（屋根や衣服）を設けませんでした。91. このよう（な次第）でした。確かに**われら**は、かれ（ズー・アルカルナイン）について、すべて熟知しているのです。

92. さらにかれは、また別の道筋を辿りました。93. かれが二つの山の間に来たとき、それらの山すそに、ほとんど言葉がわからない、ある民族を見出しました。94. かれらは言いました。ズー・アルカルナインよ、ヤァジュージュとマァジュージュ[278]は、この地における罪深い人びとです。そこでわたしたちは、あなたのために貢ぎ物をするので、わたしたちとかれらとの間に、防壁を築いてくれませんか。95. かれは言いました。わたしの主が、わたしに打ち立てたもの（権勢）は優れています。それでもあなた方が、労力で助けてくれるなら、わたしはあなた方とかれらとの間に、防壁を築きましょう。96. 鉄の塊(かたまり)をわたしの所に持って来なさい。二つの山の崖を（鉄で埋めて）平らにしたとき、かれは言いました。（鉄を火で）吹きなさい。それが（鉄が溶けて）火になるまで。かれは言いました。溶けた銅を持って来なさい。わたしはそれをその（鉄の）上に注ぎ（固め）ます。97. これでかれら（ヤァジュージュとマァジュージュ）は、それ（防壁）を乗り越えることもできず、またそれに穴を掘ることもできません。98. かれは

---

278 ヤァジュージュとマァジュージュは、ヌーフの三人の息子の一人であるヤーフスの子孫。なおヌーフの息子の一人サームの子孫はアラブの祖先、ハームの子孫はアフリカの祖先とされる。11:40脚注参照。

言いました。これは、わたしの主からの慈愛です。ただし、わたしの主の約束（最後の日）が来たとき、**かれ**はそれ（防壁）を平らに（粉々に）します。わたしの主の約束は真実です。99. その（最後の）日、**われら**は、波のように互いに押し寄せ合うかれらを放っておきます。そのときラッパが吹かれ、それで**われら**はかれら全員を召集します。100. その日**われら**は、非信者たちの眼前に地獄を見せます。101. かれらは**われら**に留意することに目が覆われ、聞くこともできなかった人たちです。102. 不信心な人たちは、**わたし**の他に**わたし**の僕を擁護者とすることができると考えるのでしょうか。確かに**われら**は、非信者たちのための住みかとして、地獄を準備しました。

103. 言いなさい。わたしたち（ムハンマドや信者たち）があなた方に、行ないにおける（最大の）損失者について伝えましょうかと。104. （つまり）現世の生活における、かれらの努力が（正道から）逸れているのに、かれらは自分では正しいことをしていると考えている人たちです。105. これらの人たちは、かれらの主の印と**かれ**との会見を信じない人たちです。だからかれらの行ないは、無益となります。そして**われら**は審判の日、かれらのために目方をまったく与えないのです[279]。106. それがかれらの応報、つまり地獄なのです。なぜならかれらは信仰を拒否し、**わたし**の印や**わたし**の使徒たちを笑い草にしたからです。107. 確かに信仰して善行に励む人たち、かれらには住みかとして天国の楽園[280]があります。108. かれらはそこに、永遠に住みます。かれらはそこから移動することを望まないでしょう。

109. 言いなさい。たとえ海が、わたしの主の言葉を記すための墨であっても、わたしの主の言葉が尽きる前に、海は使い尽くされます[281]。たとえ**わ**

---

279 不信心に固まる人たちは、不信仰であり道を逸脱しているという悪行が倍増して清算されるので、少々の善行は水の泡になるということ。2:217, 3:21～22, 5:5,53, 6:88, 9:17など参照。
280 ここの「天国」はフィルダウスだが、それは外来語（ギリシア語、シリア語など）でイスラーム以前にアラビア語に入ったもの。クルアーンには2回出てくるが、それ以外の大半の場合では、「楽園（ジャンナ、ジャンナート）」の用語が「天国」として援用される。

れらがそれ（海）と同じものを補充しても（足りません）。110.言いなさい。わたしはあなた方と同じような人間にすぎません。あなた方の神は、唯一の神（**アッラー**）であるということが、わたしに啓示されました。だから誰でも、かれの主との会見を願う人には、正しい行ないをさせなさい。そしてかれの主への崇拝行為において、何一つ同位のものを配してはいけません。

19. マルヤム章　سورة مريم

マッカ啓示
98節

多くの預言者が登場して、アッラーの正しい導きがいかに示されたのかが説かれます。その中で、イーサーの母であるマルヤムも出てきます(16〜40節)。マディーナ移住前、マッカからキリスト教国であったエチオピアに、ムスリムたちが避難した時に本章が読誦されたところ、エチオピア国王は大変感激したと言われています。また天使たちはアッラーの娘であるとか、そもそもアッラーに子があるといった多神信仰が排斥されています(66〜92節)。

慈愛あまねく、慈愛深いアッラーの御名において

〈ザカリーヤーとマルヤムへの吉報〉

1.カーフ・ハー・ヤー・アイン・サード。
2.（これは）**かれ**の僕ザカリーヤーについての、あなたの主の慈愛に関する想起です。3.かれが、かれの主を、人知れず呼んだときのことです。4.かれは言いました。わたしの主よ、本当にわたしの骨は弱まり、頭（髪）は白く燃え尽きましたが、**あなた**へのわたしの祈りが、祝福されなかったことはありませんでした。5.本当にわたしは、わたしの（死）後の近親者（後継者）たちのことを、（不信仰になるのではないかと）恐れます。そして

---

281 「たとえ海が墨で、樹木が筆であっても」というのは、筆舌を尽くすという意味の慣用句として、一般に現代でも用いられる。それほどクルアーンの表現や発想が文化の基層になっているという一例である。

わたしの妻は不妊です。それで**あなた**の御元から、後継者をわたしに授けてください。6.かれ（後継者）はわたしを継ぎ、またヤアクーブ（ユースフの父親）の家を継ぎます。わたしの主よ、かれを（**アッラー**にとって）喜ばしい人としてください。7.ザカリーヤーよ、本当に**われら**はあなたに、ヤフヤーという名の息子の吉報を伝えます。**われら**は、かれ（ヤフヤー）以前には（誰にもその）名は授けませんでした。8.かれは言いました。わたしの主よ、どうしてわたしに息子があるでしょうか。わたしの妻は不妊です。しかもわたしは極めて高齢になりました。9.（天使を通して）**かれ**は言いました。そうであっても、あなた（ザカリーヤー）の主は言いました。それは**わたし**にとっては容易なこと。確かに**わたし**はあなたが無であったときに、あなたを創造しましたと。

10.かれは言いました。わたしの主よ、わたしに印を与えてください。**かれ**は言いました。あなたの印とは、健康体でありながら、あなた（ザカリーヤー）が三（昼）夜、人に話せなくなることです。11.そこでかれは礼拝室を出て、かれの人びとの所に来ると、朝な夕なに（**アッラー**を）賛美しなさいと、かれらに合図しました。

12.（**アッラー**が言いました）ヤフヤーよ、啓典をしっかりと守りなさい。**われら**は、幼少の頃、かれ（ヤフヤー）に英知を授けました。13.さらに**われら**の御元から温情と清純さを（授けました）。かれ（ヤフヤー）は（**アッラー**を）意識し、14.かれの両親に孝行で、威張ることなく、反抗することもありませんでした。15.かれ（ヤフヤー）が生まれた日、かれが死去する日、かれが復活する日に、かれの上に平安がありますように。

16.またこの啓典の中で、マルヤムの物語を話しなさい。かの女が家族から離れて東側に籠ったとき、17.かの女はかれらに対して幕を垂れました。すると**われら**は**われら**の魂（天使ジブリール）を遣わしました。そしてかれ（天使）はかの女のために、健全な人の装いをしました。18.かの女は言いました。あなた（天使）から慈愛深いお方のご加護を祈ります。もし

あなたが（**アッラー**を）意識しているなら（近づいてはいけません）。
19. かれは言いました。わたしは、あなたに清純な息子を贈る（知らせの）ために、あなたの主から遣わされた使徒にすぎません。20. かの女は言いました。どうしてわたしに息子があるでしょうか。男性がわたしに触れたことはなく、わたしは不貞でもありません。21. かれ（天使）は言いました。そうであっても、あなたの主は言いました。それは**わたし**にとっては容易なこと。それで**われら**は、かれ（息子）を人類への印とし、**われら**からの慈愛とするのですと。（これは）定められた命令でした。22. こうしてかの女は、かれ（息子）を妊娠したので、（誰にも知られないよう）遠い所に籠りました。23. それから分娩の苦痛のため、ナツメヤシの幹に寄りかかると、かの女は言いました。こうなる前に、わたしは死んで、忘却の彼方(かなた)に忘れ去られていたらよかったのに。24. そのときかれ（天使）が、かの女を下の方から呼びました。悲しんではいけません。確かにあなたの主は、あなたの足元に小川を流しました。25. またナツメヤシの幹を、あなたの方に揺り動かしなさい。新鮮で熟したナツメヤシの実が落ちてくるでしょう。26. 食べて飲んで、あなたの目を冷やしなさい（喜びなさい）。もし誰か人を見たなら言いなさい。わたしは慈愛深いお方に、斎戒（サウム）を約束しました[282]。だから今日は、誰とも話せませんと。

27. それからかの女は、かれ（息子）を抱いて、かの女の人びとの元に来ました。かれらは言いました。マルヤムよ、あなたは、何と大変なことをしでかしたのか。28. ハールーンの姉妹（マルヤム）よ[283]、あなたの父は悪い人（不倫）ではありませんでした。母も不貞ではありませんでした。29. するとかの女はかれ（息子）を指さしました。かれらは言いました。

---

282 「斎戒（サウム）」は、控えることを意味するが、それは食物であったり、言葉であったりする。イスラーイールの民には、崇拝に励む者は話を慎む習慣があった。
283 ムーサーの兄ハールーンはマルヤムよりはるか以前の人であり、両名に直接的な血縁はない。それだけにその解釈はさまざまで、ハールーンが「正しい人」なので「正しい人の姉妹」と呼ばれたという説や、マルヤムの時代の人びとは、かれら以前に生きた預言者たちや偉人たちに因んで名づける慣行があったという見解、またマルヤムはハールーンの子孫（広くはイムラーン家の末裔）という意味で、由緒正しい血筋にあるとするものもある。

どうやって揺かごの中の赤ん坊に、わたしたちが話しかけられるでしょうか。30. かれ（息子）は言いました。わたしは、確かに**アッラー**の僕です。**かれ**は、わたしに啓典を与え、わたしを預言者にしました。31. **かれ**は、わたしがどこにいても祝福してくれます。そしてわたしが生きている限り、わたしに礼拝と定めの施しを命じました。32. またわたしの母への孝行も（命じました）。**かれ**はわたしを、威張って（**アッラー**に）感謝しない人にはしませんでした。33. わたしが生まれた日、わたしが死去する日、わたしが復活する日に、わたしの上に平安がありますように。

34. それはマルヤムの子イーサーです。かれら（啓典の民）は疑念を持ちますが[284]、（これは）真実の言葉（物語）です。35. **アッラー**において、**かれ**が子を持つことはありえません。**かれ**は、はるかに至高なのです。**かれ**が万事を定めるとき、有れと言えば即ち有るのです。36. 確かに**アッラー**は、わたし[285]の主であり、またあなた方の主です。だから**かれ**に仕えなさい。これこそがまっすぐな道なのです。37. それなのにかれら（啓典の民）の間で、諸宗派が（イーサーに関する）意見を異にします。絶大なる日の立証こそ、不信仰な人たちにとって災いです[286]。38. かれらが**われら**（の所）に来る（審判の）日、どれほどよく聞こえ、どれほどよく見えることでしょうか。でも不正を行なう人たちは、今も明白な迷いの中にいるのです。39. あなた（ムハンマド）は後悔の日（審判の日）について、かれらに警告しなさい。（なぜなら）かれらが不注意で、不信心である間に、万事は決定されるからです。40. 確かに**われら**は、大地とその上にあるすべての人たちを相続します。そして**われら**に、かれらは帰らせられるのです。

---

284 ユダヤ教徒は、イーサーは大工ユースフと血の繋がった息子であるとし、キリスト教徒は、イーサーは神の息子であるとする。両方とも否定されて、ここに真実が語られているという趣旨である。
285 「わたし」は、イーサーなのか、ムハンマドなのか、両説ある。
286 審判の日には、自分の意に反して、自分の手足などが真実を立証する。24:24 など参照。

〈アッラーのみに仕えた預言者たち〉

41. またこの啓典の中で、イブラーヒームの物語を話しなさい。確かにかれは誠実な人で預言者でした。42. かれが、かれの父（アーザル）にこう言ったときのことです。わたしの父よ、なぜあなたは聞きもせず、見もせず、ご利益もないもの（偶像）に、仕えるのですか。43. わたしの父よ、あなたには来なかった知識が、確かにわたしに来ました。だからわたしに従うように。わたしはあなたを正しい道に導くでしょう。44. わたしの父よ、悪魔に仕えてはいけません。本当に悪魔は、慈愛深き方に対する反抗者です。45. わたしの父よ、真にわたしは慈愛深き方からの苦痛が、あなたを襲うことを恐れます。それであなたが、悪魔の仲間になることを心配します。46. かれ（父）は言いました。イブラーヒームよ、あなたはわたしの神々を拒否するのか。もしそれを止めないなら、あなたを石打ちの刑にします。永久にわたしから離れ去りなさい。47. かれは言いました。あなたに平安がありますように。わたしはあなたのために、わたしの主に赦しを求めます。確かに**かれ**は、わたしに常に寛大なのです。48. わたしは、あなた方とあなた方が**アッラー**の他に祈るもの（偶像）を離れ、わたしの主に祈ります。わたしの主への祈りにおいて、わたしが（あなた方のようには）不幸になることはないでしょう。49. それでかれが、かれらと**アッラー**の他にかれらが仕えるものを離れたとき、**われら**はかれにイスハークとヤアクーブを授けました。そして**われら**は、かれらをそれぞれ預言者にしました。50. また**われら**は、かれら（3名）に**われら**の慈愛を与え、崇高な真実を伝える舌を与えました。

51. またこの啓典の中で、ムーサーの物語を話しなさい。確かにかれは、選ばれた使徒であり預言者でした[287]。52. **われら**は、（シナイ）山の右側からかれに呼びかけ、そっと話すため、かれを近くに招き寄せました。53. また**われら**は、**われら**の慈愛から、かれ（ムーサー）の兄ハールーン

---

[287] アッラーの言葉を人びとに伝えるのが預言者で、その教えをさらに広める役目が使徒に与えられる。アーダムは初の預言者であったが、ヌーフが預言者に加えて使徒の責務も負った最初の人であった。2:98脚注参照。

を預言者としてかれに授けました。54. またこの啓典の中で、イスマーイールの物語を話しなさい。確かにかれは、約束に忠実な使徒であり、預言者でした。55. かれは、その一族に礼拝と定めの施しを命じ、かれの主の御元において喜ばれていました。56. またこの啓典の中で、イドリースの物語を話しなさい[288]。確かにかれは、誠実な預言者でした。57. そして**われら**はかれを、高い地位に上げました。

58. これらの人たちは、預言者たちの中でも**アッラー**が恩寵を授けた人たちで、(預言者たちとは) アーダムの子孫であり、**われら**がヌーフと一緒に (方舟で) 運んだ人たちの子孫であり、イブラーヒームとイスラーイールの子孫であり、**われら**が導いて選んだ人たちです。かれらに慈愛深き方の印が読誦されるたびに、かれらはひれ伏して涙を流します。**サジダ**
59. すると、かれの後の継承者たちは礼拝を怠り、妄欲に従ったので、やがて破滅 (の懲罰) に会うことになるでしょう。60. ただし改心して信仰し、善行に勤しむ人は別です。これらの人たちは楽園に入り、少しも不当な扱いを受けることはありません。61. 慈愛深いお方が、**かれ**の僕たちに、目には見えませんが約束した永遠の楽園に。確かに**かれ**の約束は、完遂されます。62. かれらは、そこで無駄話を聞かず、平安あれ (という言葉) だけがあります[289]。そこでかれらには、朝な夕なに、自分たちの糧があります。63. これが楽園です。(**アッラー**を) 意識する**われら**の僕たちに、**われら**が相続として与えるのです。

64. われら (天使) は、あなたの主の命令による以外は降りてきません。**かれ**にわたしたち以前のこと、わたしたち以後のこと、その間の (すべての) ことがあります。そしてあなたの主は忘れません。65. (**アッラー**は) 諸天と地およびその間にあるすべてのものの主です。だから**かれ**に仕え、**かれ**への奉仕のために堅固でいなさい。あなたは**かれ**と同名 (同等) のも

---

288 イドリースについては、21:85参照。
289 ここは「平安あれ」という挨拶ではなく、一般に「平穏な話」とする解釈もある。楽園では挨拶以外に、種々の会話もある。

のを知っていますか。

〈非信者への警告〉

66.ある人（マッカの多神教徒）は言います。わたしが死んで、甦ることなどあるのか。67.その人は思い出さないのか。**われら**が以前、かれが無であったときに、かれを創造したことを。68.だからあなたの主に誓って、**われら**は、かれら（非信者）と悪魔たちを召集します。それから**われら**は、かれらを地獄の周囲に、ひざまずいた格好で連れ出します。69.それから**われら**は、すべての諸派（シーア）から、慈愛深き方に最も強く背く人たちを引きずり出します。70.真に**われら**は、そこ（地獄）で焼かれるに相応しい人たちを熟知しています。71.そしてあなた方で、それ（地獄）を通り越せる人はいません[290]。これがあなた方の主の定めた天命です。72.それで**われら**は、（**アッラー**を）意識する人たちを救い出し、不正を行なった人たちは、ひざまずいた格好でそこに放っておくのです。

73.明瞭な**われら**の印が、かれらに読誦されるとき、不信心な人たち（マッカの多神教徒）は信仰する人たちに向かって言いました。二団の中で、どちらがより良い住い（生活水準）や、優れた集い（仲間）を持っているのかと。74.**われら**は、かれら以前にも、富と外見において、かれらよりも優れた世代を、いくつ滅ぼしたことか。75.（ムハンマドよ）言いなさい。誰でも迷いにある人は、慈愛深いお方が、その人のために（命を）延ばしますように。かれらに警告された（現世の）苦痛、またはその（来世の審判の）時に、かれらが直面するときまで。やがてかれらは、誰がより悪い立場にあり、より弱い勢力であるかを知るのです。76.導きを受け入れた人たちには、**アッラー**は導きを増します。また（来世に意義が）永続する善行は、あなたの主から見て報奨において最善で、また帰り所も最善（を保証するの）です。77.あなたは**われら**の印を拒否して、こう述べた人を

---

290 「あなた方」を非信者とするか、それとも一般的に人びととするか、解釈が分かれる。それ以外にもいくつか解釈があるが、ここでは文脈から「非信者」として読み通した。参考文献23、巻22、243-245頁。

見ましたか。確かにわたしは、（来世でも）富と子供とを与えられるでしょうと。78.かれは目に見えない世界を、目にしたのでしょうか。それとも慈愛深いお方の、確約を得たのでしょうか。79.そうではありません。**われら**はかれの言うことを（すべて）記録し、かれに対する苦痛（懲罰）を先延ばしにするのです。80.**われら**はかれの言うことを（すべて）受け止め、かれはただ一人で**われら**の所に来るのです。

81.かれら（非信者）は、自分たちに威力を与えるため、**アッラー**の他に神々をとります。82.そうではありません。かれら（神々）は、かれら（非信者）の崇拝を拒否し、かれらの敵になります。83.あなた（ムハンマド）は、**われら**が非信者たちに、かれらを誘惑する悪魔たちを遣わしたことが、見えないのですか。84.だからかれらに対して、（懲罰を）急いではいけません。ただ**われら**は、かれらのために（猶予の日）数を、数えているだけです。85.その（審判の）日、**われら**は（**アッラー**を）意識する人たちを、慈愛深き方（の御元）に集団で召集します。86.また**われら**は罪深い人たちを、喉の渇いたもの（家畜）のように、地獄へと追い立てます。87.慈愛深き方からお許しを得た人でない限り、かれら（人びと）は執り成す力を持ちません。

88.またかれらは言います。慈愛深き方は、子をもうけたと[291]。89.本当にあなた方は、とんでもないことを言いました。90.諸天は引き裂かれ、大地は割れて、山々は崩れ落ちるほどのことです。91.（なぜなら）それはかれらが、慈愛深き方に対して、子があると言ったからです。92.慈愛深きお方が、子を持つことはありえません。93.諸天と地においては、慈愛深き方（の御元）に僕として来ない人は一人もいません。94.確かに**かれ**は、かれらを（すべて）把握し、かれらの数を数え上げます。95.そしてかれらは全員、審判の日に一人で**かれ**（の御元）に来るのです。

---

291 ユダヤ教徒、キリスト教徒やマッカの多神教徒たちがアッラーに子（特に多神教徒は娘たちを）を配していたこと。

96. 信仰して善行に励む人たちには、慈愛深いお方は、かれらに情愛を与えます。97. **われら**が、それ（クルアーン）をあなた（ムハンマド）の言語で分かりやすくしたのは、あなたが、それをもって（**アッラー**を）意識する人たちに吉報を与え、それをもって議論好きの人びとに警告するためです。98. かれら以前にいかに多くの世代を、**われら**は滅ぼしたことでしょうか。あなたは、かれらの中の一人でも（今）見かけることができますか。または、かれらのつぶやく声であっても聞くことができますか。

20. ター・ハー章　سورة طه

マッカ啓示
135節

　神秘的な略語の「ター・ハー」で始まっている本章は、2代目カリフのウマルがその読誦を聞いてイスラームに入信したとされます。全体を通じて、エジプトでのムーサーの生い立ちや、彼のフィルアウンへの説諭、そして出エジプトの大団円の物語に発展します。またイスラーイールの民が子牛の偶像を作る話も出てきます（85〜97節）。

　　　　　慈愛あまねく、慈愛深いアッラーの御名において
〈アッラーの印とムーサーとの約束〉
1. ター・ハー[292]。
2. **われら**があなたに、クルアーンを啓示したのは、あなたを悩ますためではありません。3. ただ（**アッラー**を）畏れる人への諭しに他なりません。
4. それは大地と最も高い諸天を創造された方からの啓示です。5. 慈愛深き方は、玉座に鎮座されます。6. 諸天の中にあるもの、地の中にあるもの、それら（天地）の間にあるもの、土壌の下にあるもの、これらは（すべて）

292　章初めの文字は多くの議論を呼んできたが、真の意味は「アッラーこそがご存知」である。2:1脚注参照。ターハーは、預言者ムハンマドの別名であるという説、イエメン方言で「おお人よ」の意味であるという説、あるいはターは清浄さ（タハーラ）、ハーは導き（ヒダーヤ）の意味だという説もある。参考文献23、巻23、2‐4頁参照。

かれのものです。7. たとえあなたが大声で言葉を発しても、確かに**かれ**は、秘密にされたり、さらに隠されていることも知っているのです。8. **アッラー**、**かれ**の他に神はいません。**かれ**にこそ最上の美称があるのです。

9. ムーサーの物語が、あなたに届きましたか。10. かれが火を見たとき、かれの家族にこう言いました。ここにいなさい。わたしは火を見ました。おそらくわたしは、あそこからあなた方のために燃え木を持ち帰るか、またはあの火の所で、導きを得るかもしれません。11. それでかれがそこに来たとき、呼ばれました。ムーサーよ、12. 真に**わたし**はあなたの主です。だから靴を脱ぎなさい。本当にあなたは、トゥワーの聖なる谷[293]にいるのです。13. **わたし**はあなたを選びました。だから啓示されることを聞きなさい。14. 真に**わたし**は、**アッラー**です。**わたし**の他に神はいません。だから**わたし**に仕え、**わたし**を唱えるために礼拝の務めを守りなさい。15. 確かに（最後の審判の）時は来ます。それ（審判の時）を隠しておきたいのは、すべての人が努力したところに応じて、報いを受けられるようにするためです。16. だから、それ（審判の時）を信じないで、自分の妄欲に従う人たちが、あなたをそれから逸(そ)らせないようにしなさい。さもないと、あなたは破滅するでしょう。

17. あなたの右手にある、それは何か、ムーサーよ。18. かれは言いました。これは杖です。わたしはこれに寄りかかり、また羊のためにこれで（木の葉を）打ち落とし、またその他の用のために使います。19. **かれ**は言いました。ムーサーよ、それを投げなさい。20. かれがそれを投げると、それは素早く這い回る蛇となりました。21. **かれ**は言いました。それを捕まえなさい。恐れてはいけません。**われら**はそれを元のよう（杖）に戻します。

---

293 シナイ山にある谷とされる。ただし「トゥワー」は地名の解釈だけではなく、二重（ムサンナー）と同義のスワー（スナーが訛った）の意味にとり、「ムーサーは二度呼ばれた」あるいは「二重に聖視された」と解釈する説もある。ちなみにトゥワーという峡谷名は今は残っていない。参考文献23、巻23、18頁参照。なおここではムーサーとの関連で「聖」とされるが、それはイスラーム唱道以前のことであり、イスラームに「聖」概念がない点については、参考文献16参照。

22. そしてあなたの手を、脇の下に入れなさい。もう一つの印として、何の病気もないのに、それは白くなります。23. これは**われら**が最大の印を、あなたに示すためです。24. あなたはフィルアウンの元に行きなさい。本当にかれは極悪非道です。25. かれは言いました。わたしの主よ、わたしの胸を広げてください[294]。26. わたしの任務を容易にしてください。27. わたしの舌のもつれをほぐして[295]、28. かれらがわたしの言葉を、理解できるようにしてください。29. またわたしのために、わたしの家族の中から、補佐する者を設けてください。30. わたしの兄ハールーンを。31. (そして)かれをもってわたしを強固にしてください。32. (また)わたしの任務にかれも共同させてください。33. それはわたしたちが、**あなたを多く賛美し、34. あなた**を多く唱念するためです。35. 真に**あなた**は、わたしたちをすべてお見通しなのです。

36. **かれ**は言いました。ムーサーよ、確かにあなたの願いは受け入れられました。37. 確かに**われら**は、別のときにもあなたに恵みを授けました。38. それは**われら**が、あなたの母にこのように命じたときです。39. かれ(ムーサー)を箱の中に入れて、(ナイル)川に投げなさい。それで川がかれを岸にうち上げ、**わたし**に対する敵と、かれに対する敵に、かれを拾い上げさせなさい。そうしたら**わたし**はあなた(ムーサー)の上に、**わたし**の愛を注ぎ、また**わたし**の注視の下で育てられるのです。40. あなたの姉が歩み出て、かれを養育する人を教えましょうか、と言いました。こうして**われら**は、あなた(ムーサー)の母が自分の目を冷やし(喜び)、悲しくならないように、あなたをかの女に返しました。後になり、あなたは人を殺しました[296]。しかし**われら**は(殺人の)苦悩からあなたを救い、またあなたを(別のことで)試しました。それから長年の間、あなたはマドヤンの民の中に滞在し、その後、定めに従って(トゥワーの清い谷へと)来たのです、ムーサーよ。41. **わたし**はあなたを、**わたし**のために選びました。

---

294 「胸を広げる」とは、激励され元気づくこと。寛大さを意味することもある。
295 ムーサーは幼年の頃、舌に火傷を負っていた。
296 若き日、ムーサーは仲間を助ける際、意図せず非信者を殺害してしまった。28:15〜21参照。

42.あなたとあなたの兄弟は、**わたし**の印を持って行きなさい。そして**わたし**を想起することを怠ってはいけません。43.あなた方二人はフィルアウンの元に行きなさい。実にかれは極悪非道です。44.ただしかれに丁寧な言葉で話しなさい。きっとかれは留意するか、または（**アッラー**を）畏れるでしょう。

45.かれら二人は言いました。わたしたちの主よ、本当にわたしたちは、かれ（フィルアウン）が自分たちにすぐさま危害をなし、非道なことをするのを恐れます。46.**かれ**は言いました。恐れることはありません。本当に**わたし**は、あなた方二人と共にいます。**わたし**は（いつでも何でも）聞いて、見ているのです。47.だからあなた方二人は出かけて、かれに言いなさい。確かにわたしたちは、あなたの主の使徒たちです、だからわたしたちと共に、イスラーイールの子孫たちを（約束の地に）送り出し、かれらを苦しめてはいけません。確かにわたしたちは、あなたの主から印を持って来ました。導きに従う人には、平安がありますように。48.確かに、拒否し背き去った人には苦痛があると、わたしたちに啓示されたのです。

〈フィルアウンの横暴と不信仰〉
49.かれ（フィルアウン）は言いました。あなた方二人の主とは誰なのか。ムーサーよ。50.かれ（ムーサー）は言いました。わたしたちの主こそは、全存在に形を与えた方で、さらにそれに導きを与えた方です。51.かれは言いました。それなら過ぎ去った世代はどうなるのか。52.かれは言いました。その知識は、**アッラー**の御元の書板にあります。わたしの主に誤りはなく、忘れることもありません。53.**かれ**はあなた方のために、大地を広げ、そこに道をつけ、また空から水（雨）を降らせた方です。それによって、**われら**は多種多様な対（雌雄）の植物をもたらしました。54.食べて、あなた方の家畜を放牧しなさい。実にその中には、知性ある人たちに数々の印があります。55.**われら**はそれ（土）からあなた方を創り、それ（土）へとあなた方を帰らせ、またそれ（土）からもう一度引き出す（復活させる）のです。

56.確かに、**われら**はかれ（フィルアウン）に、すべての**われら**の印を示しましたが、かれはそれらを嘘呼ばわりして拒否しました。57.かれ（フィルアウン）は言いました。あなたは魔術で、わたしたちの国から、わたしたちを追い出すために来たのか。ムーサーよ。58.それならわたしたちも、それと同じくらいな魔術を、あなたにもたらそうではないか。そしてわたしたちもあなたも破ることのない（同意できる魔術競演の）中間的な場所を、わたしたちとあなたの間で約束しましょう。59.かれ（ムーサー）は言いました。あなたとの約束は祭日で、そうして日が昇ったときに、人びとが集まれる日です。

60.一旦フィルアウンは立ち去り、その後かれは自分の企み（魔術師たち）を集めて来ました。61.ムーサーはかれらに言いました。あなた方は何という災いか。**アッラー**に対して虚偽を捏造してはいけません。さもないと、**かれ**が苦痛をもって、あなた方を消滅させるでしょう。嘘を捏造する人は必ず失敗します。62.そこでかれらは互いに作戦を議論したが、かれらは密談しました。63.かれらは言いました。確かに二人は魔術師です。かれらは魔術をもって、あなた方の国から、あなた方を追い出し、あなた方の最良の（伝統的な）生活様式を根絶しようとしているのです。

64.それでは、あなた方の企みを集めて、列を作り（参加し）なさい。今日勝利を得る人は、確かに繁栄するのです。65.かれらは言いました。ムーサーよ、あなたが投げるのか、それともわたしたちが先に投げようか。66.かれは言いました。いや、あなた方が先に投げなさい。すると見なさい。かれには縄と杖が、魔術で動いているのように見えました。67.だからムーサーは、心に恐れを感じました。68.**われら**は言いました。恐れるに足りません。真にあなたの方が上手(うわて)です。69.あなたの右手にあるものを投げつけなさい。かれらが作ったものを飲み込むでしょう。かれらは、魔術師の仕掛けを作ったにすぎません。どこに行っても魔術師は繁栄しません。

20:70

70. すると魔術師たちは、身を投げ出してひれ伏しました。かれらは言いました。わたしたちは、ハールーンとムーサーの主を信じますと。71. かれ（フィルアウン）は言いました。わたしがあなた方に許す前に、かれを信じるのか。本当にかれは、あなた方に魔術を教えた師匠でしょう。（ならば）あなた方の両手と両足を互い違いに切断して、ナツメヤシの幹に張りつけにしよう。あなた方はわたしたちの中、誰の与える苦痛がより厳しく、より永続するかを知っているのです。72. かれら（魔術師）は言いました。わたしたちが、自分たちに届いた明らかな印と自分たちを創造した方を差し置いて、あなたを選ぶことはありえません。だからあなたの思うままに命じてください。ただしあなたは、現世の生活について、命じるだけです。73. 真にわたしたちが、わたしたちの主を信仰するのは、ただわたしたちの罪と、あなたがわたしたちに強要した魔術に対して、赦しを請うためです。**アッラー**は最善で、永遠に生きる方なのです。

74. 本当に罪深い人として、かれの主の所に来る人、かれには地獄があります。その中でかれは死にもせず、生きもしないのです。75. 他方、誰でも信者として、多くの善行をして**かれ**の所に来る人、かれらには高い位階があります。76.（かれらは）川が下を流れる永遠の楽園の中に、永久に住み続けます。これは、自らを清めた人への報いなのです。

77. 確かに**われら**はムーサーに啓示しました。**わたし**の僕たち（イスラーイールの民）と一緒に夜に旅立ち、かれらのために、海の中に乾いた道を（あなたの杖で）打ち開きなさい。（フィルアウンの軍勢に）追い付かれるのを恐れたり、また（海を）怖がらなくてもよい。78. それでフィルアウンは、かれの軍勢を率いて、かれら（イスラーイールの民）を追いました。ところが海水が、かれらを水中に沈め覆ってしまったのです。79. このようにフィルアウンはかれの民を迷い去らせて、正しく導きませんでした。

〈サーミリーの偶像と不信仰〉
80. イスラーイールの子孫よ、**われら**はあなた方をあなた方の敵から救い、

また（シナイ）山の右側で、あなた方と約束を結び、マンナとウズラ[297]をあなた方にもたらしました。81. **われら**があなた方に糧として授けた善いものを食べ、（禁忌の）掟を越えてはいけません。さもないと、**わたしの**怒りがあなた方の上に落ちるでしょう。**わたし**の怒りが落ちる人は滅びます。82. 一方で**わたし**は、改心して信仰し、善行に勤しみ、さらに導かれる人を、よく赦すのです。

83. ムーサーよ、なぜあなたは自分の民から離れ、（シナイ山へ）先を急いだのか。84. かれ（ムーサー）は言いました。かれらはわたしの（シナイ山への）道のりで、後から来るだけでした。だからわたしの主よ、**あなた**の喜びのために、わたしは**あなた**の元へと急ぎました。85. **かれ**は言いました。確かに**われら**はあなたのいない間に、あなたの民を試みました。するとサーミリー[298]がかれらを迷わせたのです。86. ムーサーは、怒り悲しんで、かれの民の元に帰り言いました。わたしの民よ、あなた方の主は、あなた方にありがたい約束を結びませんでしたか。あなた方への期間（わたしがいなかった期間）が、余りに長かったのですか。または、あなた方は自分たちの主の怒りが、自分たちの上に落ちることを望んだのですか。それであなた方は、わたしとの約束を破ったのですか。87. かれらは言いました。わたしたちは意図的に、あなたとの約束を破ったのではありません。でもわたしたちは、（エジプトの）人びとの装飾品の重荷を負わされたので、それらを（火の中に）投げ入れたのです。サーミリーも投げ込みました。88. そこでかれは、かれら（イスラーイールの民）のために、（火で溶けた装飾品から）低い声で鳴く子牛の体（魂のない偶像）を造り、言いました。これはあなた方の神で、またムーサーの神ですが、かれは忘れたのです。89. かれらはそれが、かれらに言葉を返さず（何も答えず）、害も益も持たらさないことが分からないのか。

---

297 マンナとウズラについては、2:57、7:160参照。
298 サーミリーは日本語ではサマリア人で、歴史的にはかれらは紀元前にアッシリア方面からパレスチナの地に移住して来て、イスラーイールの民と混血した人たちとされる。しかし本節に出てくる「サーミリー」がそれとは限らず、その正体に関しての定説はない。

90. 確かに以前、ハールーンはかれらに言いました。わたしの民よ。あなた方はそれによって試されているだけなのです。真にあなた方の主は、慈愛深いお方です。だからわたしに従い、わたしの命令に従いなさい。
91. かれらは言いました。わたしたちはそれ（子牛の偶像）への奉仕をやめません。ムーサーがわたしたちの元に帰って来るまでは。

92. かれ（ムーサー）は言いました。ハールーンよ、かれらが迷い去るのを見たとき、何があなたを（わたしの後に付いて来ないように）妨げたのですか。93. わたしに従わないのですか。わたしの命令に背いたのですか。94. かれは言いました。わたしの母の子よ、わたしの髭や頭をつかまないでください。本当にわたしは、あなたが（こう）言うのではないかと恐れました。あなた（ハールーン）はイスラーイールの子孫の間を分裂させ、わたし（ムーサー）の言葉を守りませんでしたと。95. かれ（ムーサー）は言いました。ではサーミリーよ、あなたの目的は何ですか。96. かれは言いました。わたしは、かれらの見なかったものを見ました。だから使徒（天使）の足跡から一握りのそれ（土）を取って、それを（子牛の偶像）に投げつけたのです[299]。わたしの心が、そうわたしに示唆したのです。97. かれ（ムーサー）は言いました。出ていきなさい。あなたは生涯を通じて、（会う人びとが）触れてはいけない（不可触な賤民だ）と言うことになるでしょう。確かにあなたには、決して破れない約束（懲罰）があります。あなたが奉仕していた神（子牛の偶像）を見なさい。本当にわたしたちは、それを砕いて海の藻屑とするでしょう。98. （人びとよ）確かにあなた方の神は**アッラー**だけです。**かれ**の他に神はいません。**かれ**はすべてを（**アッラー**の）知識の中に包み込まれます。

299　ムーサーをシナイ山へ連れて行くとき（あるいはフィルアウンを退治するために赴いたとき）に、天使ジブリールが通ったとされる道にあった土には、子牛の偶像に生命を与える力があるとサーミリーが勝手に思い込んでいた。だから生命（魂）を与えることができる真の神は、アッラーのみであることが、次の98節で強調される。

99.（ムハンマドよ）このように**われら**は、あなたに以前起こった物語を語ります。確かに**われら**は、あなたに**われら**からの諭しを与えました。100.誰でもそれに背く人は、復活の日に重荷を負うのです。101.（かれらは）永遠にその（重荷の）下にいるのです。何と復活の日の重荷は、かれらにとって最悪なのでしょう。102.ラッパが吹かれる日、この日**われら**は、青い目（盲目）の罪深い人たちを召集します。103.かれらは互いにつぶやいて、あなた方は10日しか（現世に）いませんでしたと言います。104.**われら**は、かれらが言うことを最もよく知っています。かれらの中で言動ともに最良の人は、あなた方の滞在は1日しかなかった、と言うでしょう。

〈アッラーの印と審判の日の約束〉

105.かれらは山について、あなたに問うでしょう。言いなさい。わたしの主はそれを粉砕します。106.**かれ**はそれを平地にし、107.そこには歪みもでこぼこも見ないでしょう。108.その（審判）日、かれらは呼び手[300]に従い、そこから逃げることはできません[301]。慈愛深いお方の御前では、声は低くなり、あなたはかすかな音を聞くだけです。109.その日、慈愛深いお方がお許しを与え、**かれ**が言葉を受け入れた人を除いて、執り成しは役に立ちません。110.**かれ**は、かれらの前にあることも、後ろにあることも（すべて）知っています。でもかれらは、**かれ**を了解できません[302]。111.かれらの顔は、永生にして（全存在を）扶養する方の御前でうつむきます。不正を背負った人は確かに失敗します。112.でも善行に努めた信者であれば、かれは（報奨の）不正も目減りも恐れることはありません。113.このように**われら**は、クルアーンをアラビア語で啓示し、その中であらゆる警告を明らかにしました。そうすることで、かれらは（**アッラー**を）意識し、かれらにとっての戒め（想起）となるのです。

---

300 呼び手は天使ジブリールで、ラッパの吹き手は天使イスラーフィール。
301 原文は、「かれには歪みはない」であり、「かれから逃れられない」あるいは、「かれの呼び声は乱れがない」の両様に理解される。
302 原文は「それを了解できません」であり、「それ」は「アッラー」、あるいは「かれの前にあることも、後ろにあることも」の両様に理解される。

114. **アッラー**は至高であり、かつ真の王です。それであなたへの（各々の）啓示が完了する前に、クルアーン（の復唱を）を急いではいけません。（むしろこのように）言いなさい。わたしの主よ、わたしの知識を深めてくださいと。115. 確かに**われら**は、以前にアーダムと約束しました。でもかれは失念したのです。**われら**はかれに、固い決意を見出せませんでした。116. **われら**が天使たちに対し、アーダムにひれ伏しなさいと言ったとき、かれらはひれ伏しました。ただしイブリースを除いて。かれは拒否したのです。117. それで**われら**は言いました。アーダムよ、本当にこれは、あなたとあなたの妻の敵です。だからかれに、あなた方二人をこの楽園から追い出させて、あなたが苦しむようなことになってはいけません。118. 本当にここ（楽園）では、あなた方には空腹もなく、裸になることもありません。119. またここでは喉の渇きもなく、太陽の灼熱にさらされることもありません。120. でも悪魔は、かれにささやいて言いました。アーダムよ。わたしはあなたに永遠の木と、衰えることのない王権を見せましょうかと。121. それでかれら二人が（永遠の命を求めて）それから食べると、かれらの恥部があらわになり、かれら二人は楽園の木の葉で覆い始めました。こうしてアーダムはかれの主に背き、誤ちを犯したのです。122. その後、かれの主はかれを（預言者として）選んで、かれに戻って（赦し）、導きました。

123. **かれ**は言いました。あなた方二人は一緒にそこから出て行きなさい。あなた方は互いに敵です。それで、もしあなた方（二人だけでなく、広く人びと）に、**わたし**から導きが来れば、誰でも**わたし**の導きに従う人は、迷うこともなく不幸になることもありません。124. でも、誰でも**わたし**の戒め（想起）に背を向ける人、かれには窮屈な生活があり、審判の日にはかれを盲目で召集する。125. かれは言います。わたしの主よ、わたしは（現世で）目が見えたのに、なぜ**あなた**はわたしを盲目として召集するのですか。126. **かれ**は言います。そうなっているのだ。**われら**の印があなたに来たとき、あなたはそれらを無視したではないか。同じようにその日、あな

たは無視されるのだ。127. 同様に、**われら**は掟破りの人と、かれの主の印を信じない人に報います。真に来世（地獄）における苦痛は、より激しく、永続するのです。

128. かれら（マッカの多神教徒）以前に、**われら**がいかに多くの世代を滅ぼしたかということが、かれらには導きとならなかったのでしょうか。かれらはかれら（滅ぼされた人びと）の住んでいた所を（今）歩いています。確かにこの中には、理性ある人びとへの印があります。129. そしてあなたの主からの、（猶予の）言葉が前もって下されていなかったなら、懲罰は避けられなかったでしょう。また（各人には）定められた（猶予の）期限があるので、130. かれらの言うことを耐え忍びなさい。そして日の出前と日の入り前に、あなたの主を称賛（の言葉）をもって賛美しなさい。また夜間も、昼の端々にも賛美しなさい[303]。あなたは、（喜悦と報奨で）満たされるでしょう。131. **われら**がかれら（マッカの多神教徒）の何人かに与えた、この世の生活の栄華へと、あなたの両目を（物欲しげに）向けてはいけません。**われら**は、それによって、かれらを試みました。あなたの主の糧こそ、最善で永続するのです。132. またあなたの家族に礼拝を命じ、そして（あなた自身が）それを堅持しなさい。**われら**は、あなたに糧を求めません。**われら**が、あなたに糧を与えるのです。結果（楽園）は、（**アッ**

---

303 ここは結局一日５回の礼拝に関係するものの、細かく見ると諸説がある。少し長くなるが、重要な問題であり詳述する。「日の出前」、「日の入り前」、「夜間」、「昼の端々」と四つの時間帯が言及されるので、5回の礼拝時間との関係をどう理解するかが問題となる。第1の見方は、「日の出前」と「日の入り前」ということで昼を含めて３回の礼拝（ファジュル、ズフル、アスル）を指し、「夜間」で日没直後と夜の２回の礼拝（マグリブ、イシャー）を指すので、最後の「昼の端々」は、明け方（ファジュル）と午後（アスル）の礼拝を念のために再度言及しているとする。第２には、第１とほぼ同じだが、最後の「昼の端々」は随意の礼拝と見る。第３には、「日の出前」と「日の入り前」とは明け方（ファジュル）と午後（アスル）の礼拝をそれぞれ指し、「夜間」は夜の礼拝（イシャー）、「昼の端々」は午前の終わりと午後の終わりと解釈して、昼の礼拝（ズフル）と日没直後の礼拝（マグリブ）をそれぞれ指すとする。アル＝ラーズィーは、一日５回の礼拝に疑義を申し立てる人々に対して忍耐を説きつつ、第1の見方を支持している。参考文献23.巻23、132-133頁、参照。さらには別の整理として、第3の理解と前半は重なるが、「夜間」の礼拝でイシャーとマグリブの両方を指すと理解した上で、「昼の端々」とは、午前の終わりと午後の始まりであり同一のものを指しており、それは昼の礼拝（ズフル）であると解釈するものもある。参考文献５.第2巻、373頁参照。

ラーを)意識する人にあります。

133. かれらは言います。なぜかれ（ムハンマド）は、わたしたちにかれの主から、印をもたらさないのですかと。（では）以前の書巻にある明証が、かれらに届きませんでしたか。134. もし**われら**が、かれ（ムハンマド）以前に、苦痛をもってかれらを滅ぼしていたなら、かれらはこう言ったことでしょう。わたしたちの主よ、なぜ**あなた**はわたしたちのために、使徒を遣わさなかったのですか。そうすれば、わたしたちは軽蔑され恥辱を受ける前に、**あなた**の印に従っていたでしょうと。135. 言いなさい。誰しも（結果を）待っています。だからあなた方も待ちなさい。やがてあなた方は、平衡の取れた道を歩む人びとは誰か、また導かれた人びとは誰かを知るのです。

21. 預言者章 سورة الأنبياء

マッカ啓示
112節

本章全体を通じて、15名の預言者たちの苦難とアッラーの慈愛や導きの物語が説かれています。そして彼らを通じて示されてきた、アッラーの本源的な絶対的統一性も改めて確認されます(22～23節)。なお16～21章のテーマは、蜂、ズー・アルカルナインの話、預言者は詩人でないことなどでしたが、これは25～32章で蟻、蜘蛛、ギリシア人、詩人などが扱われるのと対をなしています。

慈愛あまねく、慈愛深いアッラーの御名において
〈クルアーンは人類への諭し〉

1. ◆**17部**◆人類には（所業の）清算（の日）が近づいているが、かれら（非信者）は無関心に背き去ります。2. かれらの主から新しい啓示（クルアーン）が来ても、かれらはそれをふざけて聞くだけです。3. かれらの心は散漫なのです。そして不正を行なう人たちは、密談を人知れずして言います。これ（ムハンマド）は、あなた方と同じような人間ではないですか。あな

た方は目で見ていながら、（かれの）魔術にかかったのですか。4. かれ（ムハンマド）は言いました。わたしの主は、天と地の間にある言葉（のすべて）を知っています。**かれ**は全聴かつ全知なのです。5. かれら（各人）は言いました。いや、（クルアーンは）夢の寄せ集めです。いや、かれの捏造です。いや、かれは詩人です。（もし真に使徒なら）先祖に伝えられたものと同じような印（奇跡）を、わたしたちに持って来ればいい。6. かれら以前に**われら**が滅ぼした町にも、信仰する人はいませんでした。それなのに、かれらは信仰するのでしょうか。7. あなた（ムハンマド）以前に、**われら**が啓示を授けて遣わした使徒たちも、人間なのでした。もしあなた方が知らないなら、教え（啓典）を与えられている民（ユダヤ教徒とキリスト教徒）に聞きなさい。8. **われら**はかれら（使徒たち）を、食物を取らない身体にしたわけではありませんでした。またかれらは永遠に生きることはありませんでした。9. **われら**はかれらとの約束を果たしました。そして**われら**が望む人たちを救い、掟破りの人たちを滅ぼしたのです。

10. 確かに**われら**は、あなた方に啓典を啓示しました。その中にはあなた方への諭し（戒め）があります。それでもあなた方は理解しないのですか。11. **われら**はいかに多くの、不正を行なっていた町を滅ぼして、その後に別の民を立てたことか。12. それでかれらが**われら**の威力を感じると、見なさい。かれはそれから逃げようとします。13. 逃げてはいけません。あなた方は、快楽に溺れたもの（資財など）や、自分たちの住まいに戻りなさい。あなた方は尋問されるのです。14. かれらは言いました。ああ、情けない、本当にわたしたちは不正な人間でした。15. そしてかれらのこの叫び声は、**われら**がかれらを根こそぎ刈り取り、消滅させるまで止みませんでした。

16. **われら**は、天と地またその間にあるものを、戯れに創ったのではありません。17. もし**われら**が、（子をもうける）気まぐれを求めるならば、**われら**自身でそうしたでしょう[304]。**われら**がそうでもしていたのか。18. いいえ、**われら**が真理を虚偽に投げつけると、その頭を砕きます。見なさい。

それ（虚偽）は消滅します。あなた方が（**アッラー**に同位者を）主張することこそ災いです。19. 諸天と地のすべての者は、**かれ**に属します。また**かれ**の側近にいる者（天使）は、**かれ**に仕えて、高慢でもなく、疲れも知りません。20. かれらは毎日毎晩、（**アッラー**を）賛美し、休むことを知りません。

21. それともかれら（多神教徒）は、（死者を）甦らすことのできる神々を、地上で得たのでしょうか。22. もしそれら、（天地）の間に**アッラー**以外の神々がいたなら、それらは破滅していたことでしょう。だから、かれらが主張するものの（はるか）上におられ、玉座の主である**アッラー**を賛美しなさい。23. **かれ**は、**かれ**が行なうことについて尋問されません。一方、かれらこそ尋問されるのです。24. それともかれらは、**かれ**の他に神々を得たのか。（ムハンマドよ）言いなさい。あなた方（多神教徒）の（神々がいるという）証拠を持ってきなさい。これ（クルアーン）はわたしと一緒にいる人びとへの啓典であり、またわたし以前の世代への啓典なのです[305]。ところがかれらの多くは、この真理を認識せず、背き去ります。25. あなた以前にも**われら**は、**わたし**の他に神はいない、だから**わたし**に仕えなさいと、かれ（使徒）に啓示しない限りは、いかなる使徒も遣わしませんでした。26. かれら（多神教徒）は言いました。慈愛深き方は、子をもうけられましたと。**かれ**に賛美あれと。そうではなく（天使は**アッラー**の娘ではなく）、栄誉ある僕なのです。27. かれら（天使たち）は、**かれ**より先に話すこともなく、また**かれ**の命令によって行動するだけです。28. **かれ**は、かれら（天使たち）の前にあるものも、後にあるものも知っています。そして**かれ**がお許しになった者を除いて、かれらが執り成しすることはできません。そしてかれらは、**かれ**に畏怖の念を持つ者なのです。29. もしかれらの中に、本当にわたしは、**かれ**とは別の神であると言う者

---

304 イエスは神の子というのに対抗して、人間の手は借りずに、という意味。ちなみに、「気まぐれ（ラフウ）」はイエメン方言で、子供という意味。参考文献23、巻23、147頁。

305 「以前」には律法や福音書その他の啓典があったが、どれを取ってもクルアーンと同じなのは、アッラーは唯一であると説かれてきたということ。

があれば、その者を**われら**は地獄で報います。このように**われら**は、不正を行なう者たちに報いるのです。

30. 不信心な人たちは分からないのでしょうか。諸天と地は、一緒に合わさっていましたが、**われら**はそれらを分け、水からすべての生きものを創ったのです。かれらはそれでも信仰しないのでしょうか。31. そして**われら**は大地に山々をしっかりと据えました。それ（大地）が、かれら（不信心な人たち）の下で、ぐらつかないようにするために。また**われら**はそこ（山々の間）に、広い道を設けました。これにより、かれらは導かれるでしょう。32. さらに**われら**は、空を（落下しないよう）守られた屋根としました。それでもかれらは、これらの印から背き去ります。33. **かれ**こそは夜と昼、また太陽と月を創造した方です。それらはすべて、軌道を移動しています。34. **われら**はあなた以前から、一人として永遠に生きる者を創造しませんでした。あなたは死ぬのに、かれら（非信者）は永遠に生きるのですか。35. すべての人は死を味わいます。**われら**は試練として悪と善で、あなた方を試みます。そして（最後は）**われら**に帰されるのです[306]。36. 不信心な人たちはあなた（ムハンマド）を見ると、こう笑い草にするだけです。これがあなた方（多神教徒）の神々について、言及する（論難する）者ですかと。かれらは慈愛深き方の言及（その諭し）を拒否する者なのです。

37. 人間は、せっかちに創られました。**わたし**は（遅れずに）**わたし**の印を示すので、**わたし**を急かしてはいけません。38. またかれらは言います。あなた方の言葉が真実なら、この約束（懲罰）が果たされるのはいつですかと。39. もし不信心な人たちが、かれらの顔からも背からも、（地獄の）火を避けることができず、またかれらが（誰からも）助けてもらえない時を知っていたなら（よかったのに）。40. いいえ、それ（懲罰）は突然かれらを襲い、かれらをうろたえさせます。かれらはそれを押し戻せず、猶予もされないでしょう。

---

306 ムスリムが恐怖として意識するのは、死ではなく、最後の審判のみである。資料2.参照。

〈拒否された預言者たちとアッラーの慈愛〉

41.あなた（ムハンマド）以前の使徒たちも、確かに笑い草にされました。でも笑い草にした人は、笑い草にしていたことに取り囲まれるのです。
42.言いなさい。慈愛深き方（の怒り）から、昼夜、誰があなた方を守れるのか。それでもかれらは、主の教えに背くのです。43.それともかれらには、**われら**（の怒り）から守ってくれる神々があるのか。かれら（神々）は、自分自身も助けられず、（したがって）**われら**からも守れません。44.そうではなく、**われら**がこれらの（不信心な）者やその先祖たちを、享楽させ長生きさせたのです。**われら**がこの土地（アラビア半島）に来て、端々からそれ（非信者の土地）を切り崩しているのを見ないのですか。それでもかれらが支配者なのですか。45.言いなさい。わたしは啓示によって、あなた方に警告するだけです。でも耳が聞こえない人は、警告されても、その呼びかけが聞こえません。46.もしあなたの主のひと吹きの苦痛が、かれらに触れるなら、かれらは言います。ああ、情けない。わたしたちは本当に不正をしてきましたと。47.**われら**は復活の日のために、公正な秤を設けます。いかなる人も不当に扱われません。たとえ、からし一粒の重さであっても、**われら**はそれを（計算に）持ち出します。**われら**は清算者として十分なのです。

48.確かに**われら**はムーサーとハールーンに、識別と光明、それから（**アッラー**を）意識する人（信者）たちのための教えを授けました。49.（信者は）目に見えないかれらの主を畏れ、かれらは（審判の）時を恐れます。50.そしてこれこそが**われら**が降ろし、祝福された啓示（クルアーン）です。あなた方は、それでも拒否するのでしょうか。

51.確かに**われら**は随分以前に、イブラーヒームに正しい判断力を授けました。**われら**はかれについて、最もよく知る者です。52.かれが、かれの父とかれの人びとに（こう）言ったときのことです。あなた方が没頭するこれらの偶像は何ですか。53.かれらは言いました。わたしたちは、わた

したちの先祖が、それらの崇拝者であるのを見ました。54.かれは言いました。あなた方とあなた方の先祖は、明らかに誤っていました。55.かれらは言いました。あなたは真理をもたらしたのか。それともあなたは（真理を）もてあそんでいるのか。56.かれ（イブラーヒーム）は言いました。とんでもない。あなた方の主は諸天と地の主で、それら（天地）を創造した方です。そしてわたしは、それに対する証人の一人なのです。57.**アッラー**に誓って、わたしはあなた方が背を向けて去った後、あなた方の偶像たちに策略を企てます。58.そこでかれは、そこに帰って来るであろうと（思って）、かれらのために一体の巨像を除き、それら（偶像）をバラバラに壊しました。59.（帰ってきて）かれらは言いました。誰がわたしたちの神々を、こんなにしたのでしょうか。実にその人は不正な人です。60.かれに（こう）言う者がいました。わたしたちはイブラーヒームという若者が、それら（偶像）に言及（論難）するのを聞きました。61.（そこで）かれらに（こう）言う者がいました。それなら、その者を人びとの目の前に連れてきなさい。かれらが目撃できるように。62.（そこで）かれらに（こう）言う者がいました。あなたがこれをしたのですか、イブラーヒームよ。63.かれは言いました。いや、この大きいの（巨像）がしたのです。もしそれら（偶像）が話せるなら、聞いてみなさい。64.するとかれら（人びと）は、自分自身に向かって言いました。本当にあなた方は不正な人たちです。65.その後かれらは、手のひらを返して（言いました）、あなたはこれら（偶像）が話せないのを知っていたのだ。66.かれ（イブラーヒーム）は言いました。あなた方は、**アッラー**を差し置いて、あなた方に何の益も害ももたらさないものに仕えるのですか。67.何ということだ、あなた方も、あなた方が**アッラー**を差し置いて仕えるものも（罪を知れ）。あなた方は、まだ理解しないのですか。68.かれらは言いました。かれを火あぶりにしよう。そしてあなた方の神々の仇を取ろう。もし（事態を正）すというなら。69.**われら**は言いました。火よ、冷たくなれ。そしてイブラーヒームに、平安あれ。70.かれらは、かれに悪巧みをしようとしましたが、**われら**は、かれらを最悪の失敗者にしました。71.**われら**はかれとルートを救って、すべての世界のために、**われら**が祝福した地に送りました。72.そしてか

れにイスハークと、さらにヤアクーブを贈り物として授け、**われら**はそれぞれを正しい者にしました。73.そして**われら**はかれらを、**われら**の命令によって（人びとを）導く指導者にしました。また**われら**はかれらに、善行に励み、礼拝の務めを守り、定めの施しをするよう啓示しました。そしてかれらは、**われら**に仕える者でした。74.また**われら**はルートに判断と知識を授け、破廉恥な行ない（特に男色）をしていた町から、かれを救いました。確かにかれらは、掟破りの邪悪な人びとでした。75.**われら**はかれ（ルート）を、**われら**の慈愛の中に入れました。真にかれは正しい者でした。

76.またヌーフを（思い出しなさい）。以前かれが祈ったとき、**われら**はかれに応え、かれとかれの家族を、大災害から救いました。77.**われら**は、**われら**の印を拒否した人びとから、かれ（ヌーフ）を助けました。本当にかれらは邪悪な人びとでした。そこで**われら**は、かれら全員を溺れさせました。

78.またダーウードとスライマーンを（思い出しなさい）。かれらがある耕地について裁決しました。それはある人の羊が夜の間に草を食べたときですが、**われら**はかれらの裁決の立証者となりました。79.**われら**はスライマーンに、それを理解させました[307]。そして二人に判断と知識を授けました。また**われら**はダーウードに山々や鳥たちを従わせ、共に（**アッラー**を）賛美させました。（すべては）**われら**のなせる業でした。80.また**われら**は、戦争においてあなた方の身を守るために、かれに甲冑（かっちゅう）の作り方を教えました。それでもあなた方は感謝しないのですか。81.またスライマーンには（**アッラー**がかれに伴わせた）猛威を奮（ふる）う風があり、**われら**が祝福する大

---

307 ダーウードは、耕地を荒らした羊の持ち主に対して、賠償としてその羊を耕地の持ち主に渡すように裁決した。一方、当時11歳の息子スライマーンの判断は、それでは過酷であるとして、羊の持ち主は、耕地を元の状態に戻すまで耕地で働くものとした。また耕地の持ち主は、その間羊を預かることによって損害賠償（羊の乳、羊毛、子羊など）を受けられるものとし、復旧後は羊を返却することとした。ダーウードはスライマーンの判断に同意した。

地に対して、かれ（スライマーン）が出す指令によって吹かせました。**われら**はすべてのことを知る者です。82. また悪魔たちの中にも（**アッラー**が従わせたので）、かれ（スライマーン）のために潜水したり、その他の仕事をしている者もいました[308]。**われら**は、かれらの守護者でした。

83. またアイユーブを（思い出しなさい）。かれはかれの主に祈りました。本当に災厄（病）がわたしに襲いかかりました。そして**あなた**は慈愛ある方の中で、最も慈愛深いお方なのです。84. そこで**われら**はかれに応えて、その災厄を除きました。またかれに家族と、それに加えて、かれらと共にいた者（亡くなった子供たち）と同じものを授けました。（これは）**われら**からの慈愛であり、また（**アッラー**に）仕える人たちに対する戒め（想起）です[309]。85. またイスマーイール、イドリース、ズー・アルキフル[310]を（思い出しなさい）。全員がよく耐え忍ぶ人たちでした。86. **われら**はかれらを、**われら**の慈愛の中に入れました。真にかれらは正しい人たちでした。87. またズー・アルヌーン[311]を（思い出しなさい）。かれが怒って出かけ、**われら**がかれに定めを下すことはないと思っていたとき、（結局）暗闇の中で、かれは（こう）祈りました。**あなた**の他に神はいません。**あなた**を賛美します。本当にわたしは不正を行なう人でしたと。88. それで**われら**はかれに応えて、かれをその苦難から救いました。このように**われら**は、信者たちを救うのです。89. またザカリーヤーを（思い出しなさい）。かれが、かれの主に（こう）祈ったときのことです。わたしの主よ、わたしを一人のまま（子供なしで）放って置かないでください。真にあなたは最善の相続者でありますと。90. それで**われら**はかれに応えて、かれにヤ

---

308 「潜水」は海中の宝石を採取し、「その他の仕事」とは建築などであると説明される。古代より真珠や珊瑚も珍重された。潜水は魚採りでない点、日本と異なる。
309 アイユーブとその家族に関しては、38:41～43参照。
310 イスマイールはイブラーヒームの息子で自分の身を犠牲に呈する決心に耐えた。イドリースはヌーフの祖父であり、ズー・アルキフル（アルキフルは南イラクの村落名）はバビロン捕囚時代に活動したユダヤ人預言者エゼキエル（38:48参照）とされる。
311 ズー・アルヌーン（ヌーンは魚の意味）はユーヌスのことで、大魚に食われる話で知られる。アッラーの定めで魚の腹に閉じ込められるとは思ってもみなかった、また「暗闇の中」とは、大魚の腹の中、深海の中、深夜の中などに解される。37:139～148参照。

フヤーを授け、また妻（の不妊）をかれのために治しました。確かにかれらは、互いに善行に急ぎ、希望と畏怖をもって、**われら**に祈りました。かれらは、**われら**に対し（常に）謙虚でした。91. また自分の貞節を守った女性（マルヤム）を（思い出しなさい）。**われら**はかの女に**われら**の霊魂を吹き込み、かの女とその子（イーサー）を、すべての世界のための印としました。

〈ムハンマドは全世界のための慈愛〉
92. 確かにあなた方の共同体は、一つの共同体です。そして**わたし**はあなた方の主です。だから**わたし**に仕えなさい。93. それなのにかれらは自分たちの団結を、かれらの間で切り崩しました。（間もなく）全員**われら**に帰るのです。94. 善行に励む信者は誰でも、かれの努力が拒否されることは決してありません。確かに**われら**は、かれのために記録します。95. **われら**が滅ぼした町（住人）へは、かれらは戻らないように、禁じられました[312]。96. ヤァジュージュとマァジュージュ[313]が（防壁から）解放されて、（非信者が）どの丘であれ勢いよく降りて来るときまでは。97.（これは前兆であり）真実の約束は近いのです。見なさい。不信心な人たちの目が（地獄の恐怖のために）思わずすわって（こう言うのです）、何と情けない。真にわたしたちは、これ（約束）に留意しませんでした。いいえ、わたしたちは不正を行なう人たちでした。98. 確かにあなた方（非信者）も、**アッラー**の他にあなた方が仕えるものも、地獄の燃料です。あなた方はそこに行くのです。99. もしこれらが神々だったなら、そこに来ることはなかったでしょう。でも（かれらは）全員、その中に永遠に住むのです。100. かれらはその中でうめき、そこでは（何も）聞こえません。

101. 確かに**われら**から善（楽園）が先に許された人たちは、そこ（地獄）から遠く離されました。102. かれらはそこのわずかな音も聞かないのです。

---
312 ここは他に、「かれは悪行（あるいは現世）に戻ることは禁じられた」という解釈もある。
313 ヤァジュージュとマァジュージュについては、18:94参照。

そしてかれらは、自らの精神が望んでいたものを永遠に享受するのです。103. 最悪の恐怖（最後の審判）が、かれらを悩ますこともありません。天使たちは出迎えて（言います）。これが約束された、あなた方の（審判の）日です。104. その日**われら**は、（書記の天使スィッジルが）記録のために巻物を巻くように、天を巻き上げます。**われら**は最初の創造をしたように、それを繰り返すことができます。（これは）**われら**の約束です。確かに**われら**は実行するのです。

105. **われら**はその戒め（ムーサーへの十戒）と同様、（ダーウードへの）詩篇の中に、確かに**わたし**の正しい僕がこの大地を継ぐと記しました。106. 間違いなくこの（クルアーン）の中には、（**アッラー**に）仕える人たちへのお告げがあります。107. **われら**があなた（ムハンマド）を遣わしたのは、すべての世界の慈愛としてだけです。108. 言いなさい。わたしに啓示されたのは、あなた方の神は唯一の神であるということです。それであなた方は（唯一の神に）服従しますか。109. もしかれらが背き去るなら、言いなさい。わたしは、あなた方に平等に知らせました。でもわたしはあなた方に約束されたことが、近いか遠いか知りません。110. 確かに**かれ**は、公然の言葉も、あなた方が隠すこともご存知です。111. でもわたしは、それ（懲罰までの猶予）があなた方への試練であり、（あるいは）一時の享楽であるかどうかは知りません。112. かれは言いました。わたしの主よ、真理によって裁いてください。わたしたちの主は、慈愛深いお方なのです。あなた方（非信者）が口にすることに対して、助けを嘆願いたします。

22. 巡礼章　سورة الحج

マディーナ啓示
78節

この章以下の4章は、諸儀礼や勤行を多く扱っています。本章は巡礼(26〜37節)を扱い、巡礼月10日に行なわれる犠牲の儀礼を含む大巡礼がテーマになっています。その他、自衛としての戦争も扱っています(39〜40節)。

そこでは、イスラームの礼拝所であるマスジド以外にも、キリスト教の教会やユダヤ教のシナゴーグの安全も同等に守られるべきことが説かれています。

慈愛あまねく、慈愛深いアッラーの御名において

〈アッラーの創造と復活と審判は真実〉

1.人びとよ、あなた方の主を意識しなさい。その（審判の）ときの激震は壮絶なものです。2.その日、あなた方は見るでしょう。すべての養母は養育するもの（乳幼児）を忘れ、すべての妊婦はその重荷（胎児）を流すのを。またあなたは酔いしれた人びとを見るが、かれらは酔っていません。そうではなく、**アッラー**の苦痛が激しいから（そう見えるだけ）です。3.そして人びとの中には、知識もなく**アッラー**について議論し、あらゆる反抗的な悪魔に従う人もいます。4.かれ（悪魔）については（こう）書き記されました。誰でもかれを友とする人は、かれはその人を迷い去らせ、（地獄の）火炎の苦痛に導くのですと。

5.人びとよ、たとえあなた方が復活について疑っても、確かに**われら**は土からあなた方を創造しました。さらに一滴の液体（精液）から、次に血の塊（胚子）から、次に（人間に）形作られた肉の塊（胎児）と、形作られなかったもの（未熟児）を（創造しました）。あなた方に（**アッラー**の偉力を）明証するためです。そして**われら**が定めた期限の間、胎内に留まらせて、それから新生児としてあなた方を出生させ、その後あなた方は成人するのです。あなた方の中には（若くして）命を奪われる人も、またよく知っていたことを忘れるほど、老齢に達する人もいます。またあなたは不毛の土地を見るでしょう。でも**われら**がそれに水（雨）を降らせると、それは震え膨らんで、すべての種類の生き物が生き生きと成育します。6.これは**アッラー**こそが、真実だということです。そして**かれ**は死者に生命を与え、すべてに対して全能なのです。

7.その（審判の）ときは来ます。それについて疑いの余地はなく、**アッラー**

は、墓の中の人を復活させるのです。8.でも人びとの中には、**アッラー**について知識もなく導きもなく、また光明の啓典もないまま議論し、9.（高慢に）かれの側面をひねって（そっぽを向いて）、**アッラー**の道から（人びとを）迷わせようとする人がいます。かれには、現世において恥辱があり、また復活の日には、**われら**は（地獄の）火の苦痛を味わうようにさせます。10.これはあなたの両手がため込んだもので、**アッラー**は**かれ**の僕に対し、決して不正をしません。

11.また人びとの中には疑いながら、**アッラー**に仕える人がいます。かれに善いことが起これば、かれはそれに満足します。でも試練がかれに振りかかると、その顔を背けます（従来通りに戻る）。かれは現世と来世とを失うのです。それは明らかな損失なのです。12.かれが**アッラー**の他に祈るもの（偶像）は、かれに害も益も与えません。それは遠く迷い去ったものなのです。13.かれは益より、害に近いものに祈るのです。何と悪い擁護者であり、悪い仲間なのでしょうか。14.**アッラー**は信仰して善行に励む人たちを、川が下を流れる楽園に入らせます。確かに**アッラー**は、御望みのまま行なうのです。15.誰でも現世と来世において**アッラー**が、かれ（ムハンマド）を助けないと考えるなら、その人に天へ縄をつなげさせて、（**アッラー**の助けを）切り離させなさい[314]。それからその方法が、その人が怒るもの（**アッラー**の助け）を追い払うことができるか、かれに分からせてみなさい[315]。16.このように、**われら**は明らかな印として、それ（クルアーンの啓示）を降ろしました。そして**アッラー**は御望みの人を導きます。

17.真に信仰した人（ムスリム）たち、ユダヤ教徒たち、サービア教徒たち[316]、キリスト教徒たち、マギ教徒[317]たち、多神教徒たちについては、**アッ**

314　ここは、（地上と切り離して）天に昇らせる、あるいは、（怒りから切り離し）その人に首を吊らせなさい、といった解釈もある。
315　怒りは消えず、分からせることはできない、そしてアッラーからのムハンマドへの助けは続くということ。
316　サービア教については、2:62参照。

ラーは復活の日に、かれらの間を裁決します。確かに**アッラー**は、すべてのことの立証者なのです。18.あなた（ムハンマド）は、諸天にあるもの、大地にあるもの、すべてが**アッラー**にひれ伏すのを見ないのですか。太陽、月、群星、山々、木々、動物たち、多くの人間がいます。ただし（人間の）多くには、苦痛が当然です。また**アッラー**が屈辱を与える人といえば、その人を尊敬するものはいません。確かに**アッラー**は御望みのまま行なうのです。〰**サジダ**〰19.これら敵対する両者（信者と非信者）は、かれらの主について議論します。それで信仰を拒否した人には、火の衣服が切り取られ、熱湯が頭上から注がれます。20.腹の中のものも皮膚も、それで溶かされるのです。21.その上、かれらには鉄の鞭（むち）（による苦痛）もあります。22.苦しさのため、かれらがそこから出ようとするたびに、その中に押し戻されます。（そこで地獄の）火の苦痛を味わいなさいと（言われるのです）。23.真に**アッラー**は、信仰して善行に励む人たちを、川が下を流れる楽園に入らせます。かれらはそこで、黄金の腕輪と真珠で身を飾り、かれらの衣服は絹製です。24.かれらは善良な言葉へと導かれ、あらゆる称賛に価するお方の道に導かれたのです。

〈全人類に向けた巡礼と犠牲の定め〉

25.確かに信仰を拒否し、**アッラー**の道から（人びとを）妨げる人たち、またそこ（マッカ）の居住者であっても非居住者（外来の砂漠民）であっても、等しく人類のために**われら**が設けた禁忌のあるマスジドから（人びとを）妨げる人たち、それとそこで不正（偶像崇拝）による冒瀆（ぼうとく）を望む人には、**われら**は厳しい苦痛を味わうようにさせます。26.また**われら**がイブラーヒームのために、家の位置を定めたときのことです。**わたし**に何も（神々を）配してはいけません、回巡する人たちのために、また立礼し、屈折礼し、平伏礼する人たちのために、**わたし**の家を清めなさい（と命じました）。27.人びとに、巡礼（ハッジ）するよう呼びかけなさい。かれら

---

317 ペルシア語のマグーシュに由来する名称だが、拝火教であり、ゾロアスター教を指すとされる。

は歩いてあなたの所にやって来ます。またすべての（遠路のために）痩せたラクダに乗って、あらゆる深い谷間からやって来ます[318]。28.それはかれらが自らのご利益に預かり、**かれ**がかれらに糧として与えた家畜に対して、定められた日々[319]に、**アッラー**の御名を唱える（犠牲の）ためです。だからあなた方はそれ（犠牲の肉）を食べ、また不遇な人たちや貧乏な人にも食べさせなさい。29.そうしてかれらの汚れを清めさせ[320]、誓いを果たさせ、そして古来の家（カアバ）を回巡させなさい[321]。

30.以上（が定め）です。誰でも**アッラー**の禁忌（の命令）を尊重する人は、かれの主の御元（来世）がかれにとって最善なのです。それから家畜はあなた方に（明示的に）読み聞かされたものを除いて、合法となりました。だから偶像の汚れから離れ、虚偽の（偶像のための）言葉を避けなさい。31.**アッラー**のみを崇めて純正でなければならず、神々を**かれ**に配してはいけません。**アッラー**に神々を配する人は、まるで空から落ちて、鳥がさらった人のようです。または、風が遠い所に吹き飛ばした人のよう（に無力）です。

32.以上（が定め）です。**アッラー**の儀礼を尊重する人（にとっては）、それは心の敬虔さからくるものです。33.その（犠牲の家畜）中には、定めの期限（一生涯）の間、あなた方にとっての便益があります。またそれらの（巡礼における）屠畜の場所は、古来の家（カアバ）の近辺なのです。34.**われら**はすべての共同体に糧として与えた家畜に対して、かれらが**アッラー**の御名を唱えるよう儀礼を定めました。真にあなた方の神は、唯一の

318　徒歩で来るのは乗り物で来るよりも、10倍の功徳があるとされる。ここで乗り物よりも、徒歩が先に言及されている理由である。
319　犠牲の行なわれる日は巡礼月10日であるが、11日から13日までは供犠の日々と呼ばれて、犠牲が継続される。
320　巡礼中は体内から出てくる汚物として、爪を切ったり散髪することが禁止されるイフラームの状態が、巡礼月10日には解禁となり剃髪するのが儀礼となった。またそれはアッラーへの恭順の証であり、屠畜の発想と同様、人間の頭髪による犠牲の意味があるとされる。
321　ここでは犠牲の後の、大挙の回巡（タソーノ・アルイファーダ）を指しており、到着時の回巡（タワーフ・アルクドゥーム）とは別。

神です。だから**かれ**に服従しなさい。あなた（ムハンマド）は、謙虚な人たちに吉報を伝えなさい。35. これらの人たちは、**アッラー**の御名が唱えられると心が畏怖に満ちる人たちであり、かれらを悩ますことに耐え忍ぶ人たちで、礼拝の務めを守り、**われら**が恵んだものから施す人たちです。

36. またラクダ（または牛の犠牲）を、**われら**はあなた方のために、**アッラー**の儀礼の一部としました。その中には、あなた方への便益があります。だから（供犠のために家畜が）並んだら、それらに対して、**アッラー**の御名を唱えなさい。そしてそれらが横に倒れた（屠畜された）なら、あなた方はそれ（犠牲の肉）を食べ、また物乞いしない人と、物乞いする人に食べさせなさい。このように、あなた方が感謝するように、**われら**はそれら（家畜）をあなた方に従わせました。37. それらの肉や血が、**アッラー**に達するのではありません。しかしあなた方の敬虔さ（篤信ぶり）が、**かれ**に届くのです。**かれ**があなた方を導いたことに対して、**アッラー**の偉大さを賛美するために、**かれ**はそれら（家畜）をあなた方に従わせました。それで善行の人たちに吉報を伝えなさい。

38. 誠に**アッラー**は、信仰する人たちを守ります。誠に**アッラー**は、忘恩な裏切り者たちを好みません。39. 戦闘を仕掛けられた人たちには、かれらが不正を犯されたので、（戦いが）許されました。確かに**アッラー**は、かれらの勝利を助ける力量があります。40. かれら（信者たち）は正当な理由もなく、自分たちの家から追い出された人たちで、かれらは、わたしたちの主は**アッラー**です、と言っただけでした。もし**アッラー**が、ある人びと（非信者たち）を、他の人びと（信者たち）によって抑制しなければ、修道院もキリスト教会もユダヤ教会も、**アッラー**の御名が多く唱念されているマスジドも、打ち壊されていたことでしょう。確かに**アッラー**は、**かれ**を助ける人を助けます。真に**アッラー**は、強力かつ偉力大なのです。41. かれらは、たとえ**われら**がこの地上で権勢を与えても、礼拝の務めを守り、定めの喜捨をなし、（人びとに）良識を命じ、邪悪を禁じる人たちです。確かに万事の結末は、**アッラー**が統括されるのです。

〈アッラーの力量と信者の奮闘努力〉

42. たとえかれらが、あなた（ムハンマド）を嘘つき呼ばわりしても、かれら以前、ヌーフの民も、アードもサムードも、（使徒たちを）嘘つき呼ばわりしました。43. またイブラーヒームの民も、ルートの民も、44. マドヤンの住人も。またムーサーも嘘つき呼ばわりされました。それでも**わたし**は非信者たちに（懲罰の日まで）猶予を与え、その後**わたし**は、かれらを捕まえました。**わたし**の拒絶はどれほどであったのか。45. **われら**は、どれだけ多くの悪に溺れる町を滅ぼしたことか。それは屋根から潰れ（残骸が残り）ました。また見捨てられた井戸や、そびえ立つ城（の残骸）も。46. かれら（マッカの多神教徒たち）は理解する心と聞く耳を持って、地上を旅しなかったのか。実は、かれらの目が盲目だったのではなく、その胸の中の心が盲目だったのです。

47. かれらはあなた（ムハンマド）に、苦痛（懲罰）を急がせます。でも**アッラー**は**かれ**の約束を破りません。本当にあなたの主の御元における1日は、あなた方が計算する1,000年のようです。48. **わたし**は、どれだけ多くの悪に溺れる町を猶予したことか。それから**わたし**は、それ（町）を捕まえました。結局、**わたし**に帰り所はあるのです。

49. 言いなさい。人びとよ、わたし（ムハンマド）はあなた方のための、明らかな警告者にすぎません。50. 信仰して善行に勤しむ人たちには、赦しと気前のよい糧があります。51. でも**われら**の印に努めて反抗する人たちは、地獄の火の仲間です。52. あなた以前に、**われら**が遣わした使徒や預言者で、かれが（読誦を）望んだときに、悪魔がその望み（読誦）の中に、（誘惑を）投げ入れなかったことはありません。でも**アッラー**は、悪魔が投げるものを取り除き、**アッラー**は**かれ**の啓示を確定するのです。真に**アッラー**は、全知かつ英明です。53. それで**かれ**は、悪魔が投げかけるものを、心に病のある人たちや、かたくなな心の人たちへの試練とします。確かに不正を行なう人たちは、（真理から）遠くかけ離れているのです。

54. また知識を与えられている人たちは、それ（啓示）があなたの主からの真理であることを知り、それを信じ、かれらの心はそれに謙虚に従います。確かに**アッラー**は、信仰する人たちをまっすぐな道に導く方です。
55. 一方で、不信心な人たちは、突然（審判の）ときが、かれらにやって来るか、災厄の日[322]の苦痛が来るまでは、それに対する疑いを止めません。
56. その（審判の）日、（統括の）大権は**アッラー**のものです。**かれ**は、かれらの間を裁決します。それで、信仰し善行をした人たちは、安楽の楽園に入れられます。57. （他方）不信仰で、**われら**の印を拒否した人たちには、恥ずべき苦痛があるのです。

58. **アッラー**の道に移住し、その後（戦いで）殺され、または死んだ人たちには、**アッラー**は善美な糧を与えます。確かに**アッラー**こそは、糧を与える最善の方なのです。59. **かれ**は、かれらが喜ぶ入り方で、かれらを（楽園に）入らせます。確かに**アッラー**は、全知にして寛大な方なのです。60. （約束は）このようです。また誰でも同害報復をしたのに対して抑圧されるなら、**アッラー**はかれを助けます。本当に**アッラー**はよく免じられる方で、よく赦すお方です。61. （真実は）このようです。なぜなら**アッラー**は夜を昼の中に入らせ、昼を夜の中に入らせる方だからです。確かに**アッラー**は、全聴かつ全視なのです。62. （真実は）このようです。なぜなら**アッラー**こそ真実であり、**かれ**の他にかれらが祈るものは、偽物だからです。真に**アッラー**こそ、至高かつ至大です。

63. **アッラー**が空から水（雨）を降らせ、翌朝には大地が緑になるのを、あなたは見ないのですか。誠に**アッラー**は、繊細で（何事も）よく知っている方です。64. 諸天にあるもの、大地にあるものすべては、かれのものです。**アッラー**こそは、豊かに満ち足りている方で、称賛されるべき方です。65. あなた（ムハンマド）は、**アッラー**が地上のものをあなた方に従

---

322 ここは「不妊の日」という表現だが、戦闘で子弟を失った女性が不妊のような状態となり悲しむ様子を比喩として使っている。

わせることや、**かれ**の命令によって航海している船を見ないのですか。また**かれ**は、**かれ**のお許しなくして、空が地上に落ちないように支えているのを見ないのですか。確かに**アッラー**は、人間に優しく、慈愛深いお方なのです。66. **かれ**こそは、あなた方に生を授けました。それから死を与え、それから甦らせる方です。本当に人間は、忘恩なのです。

67. **われら**はすべての共同体に、それらが行なう儀礼を設定しました。だからそれに関し、かれら（非信者たち）にあなた（ムハンマド）と議論させないように。（そして）あなたの主に招き入れなさい。確かにあなたは、正しい導きの上にいるのです。68. でもかれらが、あなた方と議論するなら、（こう）言いなさい。**アッラー**は、あなた方が行なうことを最もよく知っています。69. **アッラー**は復活の日に、あなた方が仲たがいしたことについて、あなた方を裁決するのです。70. あなたは**アッラー**が、天と地にあるものを（すべて）知っていることを、知らないのですか。それは（すべて）書板にあり、確かに**アッラー**にとっては容易なことです。

71. かれらは**アッラー**を差し置いて、**かれ**が何の権能も与えていないものや、かれらがそれについて何の知識もないものを、崇拝しています。不正を行なう人たちには、援助者はいません。72. **われら**の明らかな印がかれらに読誦されると、信仰しない人たちの顔に拒絶の色が浮かぶのを、あなた（ムハンマド）は認めるでしょう。かれらは今にも、**われら**の印を読誦する人に向けて、攻撃しようとしています。言いなさい。わたしはそれよりも悪いものを、あなた方に告げようか。それは（地獄の）火で、**アッラー**は信仰しない人たちにそれを約束しました。何と悪い先行きか。73. 人びとよ、ひとつの例えをもたらすので、それを聞きなさい。本当にあなた方が**アッラー**を差し置いて祈るものたちは、たとえかれらが束になっても、一匹のハエも創れません。またそのハエが、かれらから何かを奪い去っても、それを取り戻すこともできません。求める者（人びと）も、求められる者（偶像）も、全く力がないのです。74. かれらは、**アッラー**の真の力量が分かっていません。確かに**アッラー**は強力かつ偉力大なのです。

75. **アッラー**は、天使たちと人間の中から、使徒たちを選びます。確かに**アッラー**は全聴で、全視なのです。76. **かれ**は、かれらの前にあるもの（来世）も、かれらの後ろにあるもの（現世）も知っています。そして**アッラー**に万物は帰るのです。77. 信仰する人たちよ。屈折礼し、平伏礼して、あなた方の主に仕えなさい。そして善に努めなさい。（そうすれば）あなた方は成功するでしょう。 ☙ **サジダ** ☙ 78. **アッラー**に向けて、誠を尽くして奮闘努力しなさい。**かれ**はあなた方を（信者として）選ばれましたが、この教え（イスラーム）に、あなた方にとっての困難は設けませんでした。あなた方の先祖イブラーヒームの宗旨（と同じ）です。（だから）**かれ**は以前も、この（啓示）においても、あなた方をムスリム（**アッラー**に従う人）と名づけました。そうして使徒（ムハンマド）は、あなた方の証人となり、あなた方は他の人びとの証人なのです。だから礼拝の務めを守り、定めの施しを行ない、**アッラー**の庇護を求めなさい。**かれ**は、あなた方の擁護者です。何と優れた擁護者、優れた援助者でしょうか。

---

23. 信者たち章　سورة المؤمنون

マッカ啓示
118節

初めの節で「信者たち」の言葉が入ってきます。信者は真理の勝利を信じ、過ちは直ちに悔悟して、徳と善行を積むことのみが務めであることが強調されます（1〜11節）。また現世の一時的なことに対して、来世の生活は確実堅固なことも疑いないことが強調され、非信者はこういった真理を拒む者であるとされます（84〜90節）。まさしく信仰の中軸となる内容です。

　　　　慈愛あまねく、慈愛深いアッラーの御名において
〈アッラーの約束と創造〉
1. ◆**18部**◆信者たちは、確かに勝利を勝ちとるのです。2. かれらは、かれらの礼拝において謙虚であり、3. 無駄話を避け、4. 定めの施しを行ない、5. 自分の貞操を守る人たちです。6. ただし、かれらの配偶者と、かれらの

右手に所有する者（女性奴隷）は別です。かれらは、責められる人たちではありません[323]。7. でも、法を越えて求める人は、掟破りの人たちです。8. またかれらは、信託[324]と約束に忠実な人たちで、9. 自分たちの礼拝を守る人たちです。10. これらの人こそ相続者として、11. 楽園（フィルダウス）[325]を継ぐ（住む）人たちです。かれらはそこに、永遠に住むでしょう。

12. 確かに**われら**は、土の精髄から人間を創りました。13. 次に**われら**は、一滴の液体（精液）として、それを丈夫な場所に置き（着床させ）ました。14. 次に**われら**は、一滴の液体から、一つの血の塊（胚子）を創り、さらにその血の塊から肉の塊（胎児）を創り、次に**われら**は、その肉の塊から骨を創り、さらに**われら**は肉でその骨を覆い、その後**われら**は、それを別の被造物[326]として育て上げました。**アッラー**に称賛あれ、最も優れた創造者に。15. その後、あなた方は必ず死にます。16. そして復活の日に、甦るのです。

17. 確かに**われら**は、あなた方の上に、七つの（天の）道[327]を創りました。**われら**がその創造について、無関心であったことはありません。18. **われら**は空から適量の水（雨）を降らせ、それを地中に蓄えさせます。また**われら**は、それを無くす力もあります。19. **われら**はそれ（水）で、あなた方のためにナツメヤシとブドウの園を育てました。その（園の）中には多くの果実があって、あなた方はそれを食べます。20. またシナイ山に生息する1本の（オリーブの）木があって、油が採れ、食べものに味わいを付けます。21. また確かに家畜にも、あなた方への教訓があります。**われら**はそれらの腹の中にあるものを、あなた方に飲ませます。それらの中には多くの便益があり、あなた方はそれ（家畜の肉）を食べ、22. またそれら

---

323 奴隷女性との結婚は、信者（2:221）、婚資（4:25）、貞節（5:5）などの諸条件がある。
324 信託（アマーナ）はクルアーンには2回登場する。70:32参照。信義や信頼と同義。
325 フィルダウスについては、18:107参照。クルアーンで2回しか使用されない用語。
326 「別の被造物」とは、肉や骨の塊としての存在から、魂を吹き込んで「人間」としたという説や、人間の幼少期から成長する諸段階を指すという説がある。
327 あるいは、「七層」の意味。

に乗ります。船によって運ばれるように。

〈アッラーと預言者たちを拒否する人びと〉

23. 確かに**われら**は、ヌーフをかれの民に遣わしました。かれは言いました。わたしの人びとよ、**アッラー**に仕えなさい。**かれ**の他に、あなた方に神はいません。あなた方は、**かれ**を意識しないのですか。24. でも不信心な人びとの中の指導者たちは言いました。これはあなた方と同じ人間ではないですか。かれ（ヌーフ）はあなた方の上に（立って）、偉そうに振る舞いたいのでしょう。もし**アッラー**が望むなら、**かれ**は天使たちを遣わしていたはずです。わたしたちは、先祖からも、こんなことを聞いたことがありません。25. この男は気が狂った人間にすぎません。だから、しばらく待ってみよう。26. かれ（ヌーフ）は言いました。主よ、どうかお助けください。かれらはわたしを嘘つき呼ばわりします。27. それで**われら**は、かれに啓示しました。**われら**の目の前で、**われら**の啓示に従って、方舟を作りなさい。**われら**の命令が届いて、かまど（をひっくり返すように、大地）の水があふれ出たら、すべての雌雄（生き物の各一対）と、あなた（ヌーフ）の家族を乗り込ませなさい。ただし（すでに溺死宣告の）言葉が出された人[328]を除いて。不正を行なった人たちのために、**われら**に（赦しを）嘆願してはいけません。かれらは溺れる（定めにある）のです。28. そしてあなた（ヌーフ）が乗り込んだなら、あなたと、あなたと一緒に乗り込んだ人たちに言いなさい。不正な人たちから、わたしたちを救った**アッラー**に賛美あれ。29. 言いなさい。主よ、祝福された地点に、わたしを降ろしてください。そして**あなた**は、降ろすに当たって最善の方なのです。30. 確かにこの中には、さまざまな印がありますが、**われら**は（人びとを）試しているのです。

31. それから、かれらの後に、**われら**は別の世代（アードの民やサムードの民）を育てました。32. また、**われら**はかれらの間に、かれらの中から

328　11:40参照。

使徒を遣わして（言いました）。**アッラー**に仕えなさい。**かれ**の他にあなた方に神はいません。あなた方は（**アッラー**を）意識しないのですか。33. すると、不信心で来世での（**アッラー**との）会見を拒否し、現世の生活で贅沢を与えられていた人たちの中の、指導者たちは言いました。これはあなた方と同じ人間ではないですか。かれはあなた方が食べるものを食べ、あなた方が飲むものを飲みます。34. だから、あなた方が自分と同じ人間に従うなら、失敗者になるでしょう。35. かれは、あなた方が死んで、土と骨になってから甦らされることを、あなた方に約束するのですか。36. あなた方に約束されたことは、何と遠いことか（それは起こり得ません）。37. わたしたちには、現世の生活の他にはないのです。わたしたちは、死んでまた生きる（世代を重ねる）だけで、甦らされることはありません。38. かれは、**アッラー**について、嘘を捏造した人間にすぎず、わたしたちは、かれの信者ではありません。

39. かれは言いました。わたしの主よ、どうか助けてください。かれらはわたしを嘘つき呼ばわりします。40. **かれ**は言いました。しばらくしたら、かれらは必ず後悔します。41. それで真理をもって一声（懲罰）がかれらを襲い、**われら**はかれらを枯れ屑のようにしました。だから、不正を行なう人たちは（慈愛から）遠ざけられるように。42. それから、かれらの後に、**われら**は別の世代を育てました。43. どの共同体も、その定められた期限に、先んずることも遅れることもできません。44. そこで**われら**は、継続的に**われら**の使徒たちを遣わしました。ただし、その使徒がある民へとやって来るたびに、かれらはかれを嘘つき呼ばわりしました。そこで、**われら**は次々に（非信者の運命の）後を追わせ（滅ぼし）、**われら**はかれらを（昔の）語り草にしました。だから、信仰しない人は（慈愛から）遠ざかりなさい。

45. また、**われら**は**われら**の数々の印と明らかな権能を授けて、ムーサーとかれの兄ハールーンを遣わしました。46. フィルアウンとかれの指導者たちについては、かれらは高慢で思い上がった人たちでした。47. かれらは言いました。わたしたちと同じ人間にすぎないかれら二人を、（どうし

て使徒として）信じられようか。しかも、かれらの民はわたしたちにとっての奴隷ではないですか。48.それで、かれらはかれら二人を嘘つき呼ばわりし、滅ぼされた民となったのです。49.確かに、**われら**はかれら（イスラーイールの子孫）が正しく導かれるように、ムーサーに啓典（律法）を授けました。50.また、**われら**はマルヤムの子（イーサー）と、かれの母（マルヤム）を一つの印[329]となし、かれら二人を泉の湧き出る安静な丘の上に住まわせました。

〈クルアーンを拒否する人びと〉

51.使徒たちよ、善いものを食べ、（正しく）善い行ないをしなさい。確かに、**わたし**はあなた方が行なうことを熟知しています。52.誠に、あなた方のこの共同体は、（団結して）一つの共同体なのです。そして、**わたし**はあなた方の主です。だから、**わたし**を意識しなさい。53.それなのに、かれらは自分たちの共同体を、かれらの間で諸党派に切り崩しました。しかも、各派は自分たちのものに満足しています。54.だから、かれらを迷い（深い無知）の中に、しばらく放っておきなさい。55.かれらは（こう）思っているのか。**われら**がかれらの財産と子供を与えることで、56.**われら**がかれらのために善を急いでいると。いや、かれらは気づかないのです。57.（他方）畏怖の念から、かれらの主を恐れる人たち、58.また、かれらの主の啓示を信じる人たち、59.また、かれらの主に（何ものも）配しない人たち、60.また、かれらの主に帰ることを心に畏れ、与えるものを与える人たち、61.これらの人たちが善に急ぎ、その先頭に立つ（先に善を行なう）人たちなのです。62.**われら**は、誰にもその能力以上の重荷を負わせません。そして、**われら**には真実を語る書板があるので、かれらは不当に扱われません。63.ところが、かれら（非信者たち）の心は、これ（クルアーン）をめぐって深い無知の中にあります。また、かれらにはそれ以外にもさまざまな行為があります。64.**われら**がかれらの中の贅沢な人た

---

329 父親なしでの誕生という「一つの印」である。そして「安静な丘の上」でイエスを出産することとなった。

ちを苦痛で襲うと、やはり、かれらは助けを求めて泣きます。65.（審判の日の）今日、あなた方は泣き叫んではいけません。あなた方が**われら**から、助けられることはないのです。66.確かに、**われら**の啓示は、あなた方に何回も読誦されましたが、あなた方は踵を返して逃げ、67.高慢にも、これ（クルアーン）について夜中、暴言を吐いていました。

68.それで、かれらはこの言葉（啓示）を熟考しないのですか。または、かれら（非信者たち）の先祖に来なかったものが、かれらに来たと考えるのですか。69.それとも、かれらへの使徒を認めず、かれ（使徒）を拒否するのですか。70.または、かれは気が狂った人だと言うのですか。そうではありません。かれはかれらに真理をもたらしましたが、かれらの多くは真理を嫌うのです。71.もし真理がかれらの妄欲に従っていたなら、諸天と地とその間のもの（すべて）は退廃していました。それはあり得ません。**われら**はかれらへの諭しをもたらしましたが、かれらはその諭しから背き去ったのです。72.または、あなた（ムハンマド）は報酬をかれらに求めるのですか。あなたの主の報酬こそ最善です。**かれ**は糧を与える最善の方なのです。73.まさしくあなたは、まっすぐな道にかれらを招き入れます。74.でも、来世を信じない人たちは、その道から逸れます。75.もし**われら**が、かれらを慈愛に浴させ、かれらから災厄を除いても、かれらは反抗に固執して、さ迷い続けるでしょう。76.確かに、**われらはかれら**を苦痛で襲いましたが、かれらはかれらの主に帰順せずに、また謙虚にもなりません。77.（それも）**われら**が激しい苦痛への門をかれらに開くまでのこと。見なさい。かれらはその中で絶望するのです。

78.**かれ**こそは、あなた方のために聴覚と視覚と心を育てた方です。（でも）あなた方はまず感謝しません。79.**かれ**こそは、地上であなた方を増やした方です。そして、あなた方は**かれ**の御元に集められます。80.**かれ**こそは、生命を与え、また死なせる方です。また、**かれ**に夜と昼の交代（の権能）は属します。それなのに、あなた方は理解しないのですか。81.いいえ、かれらは（滅亡した）昔の人が言ったのと、同じようなことを言っていま

す。82. かれらは言いました。わたしたちが死んで土と骨になって、本当に復活されるのでしょうか。83. 間違いなくわたしたちも、そして以前にはわたしたちの先祖も、これ（復活）を約束されていました。でも、これは昔の物語にすぎません。

84. 言いなさい。大地とそこにいるすべての命あるものは、誰のものですか。もし知っているなら。85. かれらは**アッラー**のものですと、（口先では）言うでしょう。（ムハンマドよ）言いなさい。あなた方はまだ気づかないのですか。86. 言いなさい。七つの諸天の主で、偉大な玉座の主は誰なのですか。87. かれらは**アッラー**と（口先では）言います。言いなさい。あなた方は（**アッラー**を）意識しないのですか。88. 万物の支配権は誰の手にあるのですか。**かれ**は（すべてを）守護し（誰からも）守護されません。もしあなた方が（そういうことを）知っているなら（いいのだが）。89. かれらは**アッラー**と（口先では）言います。言いなさい。それなら、あなた方はどうして惑わされたのですか。90. 確かに、**われら**は真実をもたらしました。だから、かれらが嘘つきなのです。91. **アッラー**は子をもうけません。また、**かれ**には他の神もいません。もしそうであったら、それぞれの神は、かれらが創ったものを独り占めして、互いを支配しようとするでしょう。かれら（多神教徒たち）が配するものの上に、高くおられる**アッラー**に称賛あれ。92. （**アッラー**は）目に見えないものと見えるものをすべて知り、かれらの配するものの上に高くおられるのです。

〈アッラーの約束と警告〉

93. 言いなさい。わたしの主よ、もしかれら（非信者たち）に約束されたこと（懲罰）を、**あなた**がわたしに示されるなら、94. わたしの主よ、わたしを不正の人びとの中に入れないでください。95. 間違いなく、**われら**はかれらに約束したものを、あなたに示すことができます。96. 善行で悪を撃退しなさい。**われら**はかれらが配するもの（多神）を熟知しています。97. そして言いなさい。わたしの主よ、悪魔たちの挑発に対して**あなた**の加護を願います。98. わたしの主よ、かれら（悪魔たち）が、わたしに近

づかないように**あなた**の加護を願います。

99. かれらの中の一人に死が訪れると、かれは言います。わたしの主よ、わたしを送り返してください[330]。100. わたしが（現世に）やり残してきたものについて、改めますと。いいえ（とんでもないこと）。それはその人の言葉以上ではあり得ません。（というのも）かれらが甦（よみがえ）らされる（復活の）日まで、かれらの後ろには（戻れない）壁（バルザフ）[331]があります。101. ラッパが吹かれると、その日かれらの間の関係は途絶え[332]て、もはや互いに尋ね合わないのです。102. それで、（善行の）目方が重い人たちは成功します。103. でも、目方が軽い人たちは自らを破損し、地獄の中に永遠に住むのです。104. 火がかれらの顔を焼き、その（苦痛の）中で唇を歪めます。105. **われら**の印が、あなた方に何回も読誦されませんでしたか。でも、あなた方はそれらを拒否してきたではないですか。106. かれらは言います。わたしたちの主よ、（妄欲のために）苦境[333]がわたしたちを襲ったせいで、わたしたちはさ迷う人びととなったのです。107. わたしたちの主よ、わたしたちをここから出してください。もしわたしたちが（悪に）返るなら、本当に不正の人びとです。108. **かれ**は言います。行ってしまえ、そしてその（地獄の）中に入っておれ。**わたし**に話しかけてはならない。109. 確かに、**われら**の僕の一団（信者）は（こう）言いました。わたしたちの主よ、わたしたちは信じます。だから、わたしたちを赦し、慈愛を与えてください。**あなた**は最もよく慈愛を与える方です。110. でも、あなた方（非信者）はかれらを笑い草にしました。あなた方はかれらを笑っていたので、**われら**の諭し（警告）を忘れたのです。111. 真に（審判の）今日、**われら**はかれらを報いました。なぜなら、かれらは耐え忍んだからです。

---

330 魂を送り返す、もしくは現世に送り返すこと。
331 バルザフは、言葉としてはペルシア語起源とされる。イスラームにおいては、現世と来世の間の壁・障害、もしくは死と復活の中間段階を指すこともある。
332 マッカのクライシュ族は、血縁を重視したが、それは無意味となる。
333 「苦境（シクワ）」は、ただ不幸や不運というよりは、自分の強欲などがもたらした悪い結果、あるいはその苦境の状態を指す。参考文献23、巻24、125頁。クルアーンではここで1回だけ登場する単語である。

かれらこそ成功者なのです。112. **かれ**は言いました。あなた方（非信者）は地上に何年滞在していましたか。113. かれらは言いました。わたしたちは1日か、1日未満滞在していました。記録者（天使）にお尋ねください。114. **かれ**は言いました。あなた方が滞在したのは、ほんのわずかです。あなた方が知っていたならば（良かったのに）。115. あなた方は**われら**が戯れにあなた方を創ったと、考えていたのでしょうか。また、あなた方は**われら**の元に帰されないと、考えていたのでしょうか。

116. 真実の王である**アッラー**の、なんと至高であることか。高貴な玉座の主である**かれ**の他に神はいません。117. 何の証拠もない他の神を**アッラー**と共に祈る人について、かれの清算はかれの主の御元にあるだけです。確かに、非信者たちが成功することはないのです。118. （ムハンマドよ）言いなさい。わたしの主よ、お赦しください、そして、慈愛を与えてください。**あなた**は最もよく慈愛を与える方なのです。

24. 御光章 (みひかり) سورة النور

マディーナ啓示
64節

　アッラーの創造の中でも信者にとって自然の光は、格別なものであると共にアッラーの象徴としても語られます(35～40節)。それは礼拝に努め、その他の美徳を養う中で達成される正しい道を照らすものだからです。例えば、家庭生活、性生活、集団生活などの諸例が引かれて、そこに教導される生き方を示す光となります。姦淫の刑罰、姦淫による離婚、姦淫の中傷禁止(2～25節)の他、男女の服装や家庭内での作法の問題(30～31節、58～61節)などが扱われています。

　　　　　慈愛あまねく、慈愛深いアッラーの御名において
〈アッラーの恩恵と慈愛：姦淫と虚言〉
1. （この）章は**われら**が啓示し、義務として定めたものです。あなた方が留意するように、この中に、はっきりと数々の印を啓示しました。2. （信

者で）姦淫[334]した女性と男性については、各人を100回鞭[335]で打ちなさい。あなた方が**アッラー**と最後の日を信じるなら、**アッラー**の教えに順じて、かれら二人に情けをかけてはいけません。そして信者の一団を、かれら二人の苦痛（処罰）に立ち会わせなさい。3.姦淫した男性は、結婚[336]することはできません。ただし、姦淫の女性または多神教徒（の女性）は別です。また姦淫した女性も、結婚することはできません。ただし、姦淫の男性または多神教徒（の男性）は別です。このこと（姦淫した男女との結婚）は、信者に禁じられています[337]。4.貞節な女性を（姦淫の罪で）問責して4名の証人を上げられない人たちには、80回鞭で打ちなさい。かれら（嘘の証人）の証言を受け入れてはいけません。かれらは掟破りの人たちなのです。5.ただし、その後、改心して身を正す人たちは別です。誠に**アッラー**はよく赦すお方であり、慈愛深いお方なのです。

6.自分の妻を（姦淫の罪で）問責し、自分以外に証人のない人たちについては、各自に自分が真実の証言者であることを、4度**アッラー**にかけて誓言させなさい。7.そして5度目には、もし自分の言葉が虚偽なら、**アッラー**の怒りが自分の上に下るようにと。8.一方、かの女からその苦痛（刑罰）を回避させるには、かれ（夫）が嘘つきであることを、4度かの女に**アッラー**にかけて誓言させ、9.5度目には、もし（夫が）真実の証言者であるなら、**アッラー**の怒りが自分の上に下るように（と誓言させなさい）。

---

334 「姦淫」とは、正規の婚姻以外のあらゆる性交渉を含む。既婚者の場合は、預言者の慣行（スンナ）により、鞭打ち刑以上に石打ち刑に処せられる。また、姦淫の男女は家に監禁される旨の啓示（4:15）は、本章24:2の規定により廃棄されたと解釈されている。なお、みだらな行為は多神教や（6:15）違法行為と並んで（16:90）アッラーが厳禁された重大な冒瀆の行為である。
335 「鞭打つ（ジャラダ）」という動詞は皮膚を打つという意味で、元来は鞭よりは履物や着物で打つのが多かったとされる。
336 「結婚（ナカハ）」は、ここではナカハの原義としての「性交渉を持つ」ことを指すと解釈する人たちもいる。つまり、姦淫した者は同じく姦淫した者、もしくは多神教徒としか接触できないと解するのである。
337 他方、独身信者の結婚は勧められている（本章24:32）ので、信者の結婚制限に関するこの節（本章24:3）は廃棄されたと解釈されている。

10. もし**アッラー**の恩恵や慈愛があなた方になく、**アッラー**はいつもよく赦され、英明な方でなかったなら（すでに懲罰を受けていたでしょう）。11. 確かに、この虚言[338]を広めたのはあなた方の中の一団です。これはあなた方にとって悪ではなく、逆にあなた方にとって善い部分もあります。（なぜなら）かれらは自分で稼いだ罪を負い、中でも大きく関与した者には重大な苦痛が与えられるからです。12. あなた方がそれ（虚言）を聞いたとき、なぜ男性であれ女性であれ、信者（同士）は自分たちのことを善い方向に考えて、それは明らかに虚言であると言わなかったのですか。13. なぜ、かれらはそれ（虚言）について4名の証人を挙げなかったのですか。かれらが証人をもたらさないなら、これらの人たちは**アッラー**の御元において嘘つきとなります。

14. もし**アッラー**の恩恵や慈愛が、現世と来世であなた方になかったなら、それ（虚言）について、あれこれ口にしたせいで、重大な苦痛があなた方を襲っていたでしょう。15. あなた方が舌先でそれを取り上げたとき、あなた方は、（何が真実か）知らないことを言ったのです。**アッラー**の御元では重大なことであったにも関わらず、あなた方はそれを軽く見ました。16. あなた方はそれを聞いたとき、なぜ（こう）言わなかったのですか。これはわたしたちが口にすべきことではありません、**アッラー**に賛美あれ、これは重大な中傷ですと。17. もしあなた方が信者なら、**アッラー**はこのようなことを繰り返さないようにと諭します。18. **アッラー**はあなた方のために印を解き明かします。確かに**アッラー**は、全知であり、英明なのです。19. 信仰する人たちの間に、このみだらな行為（のうわさ）が広まることを好む人たちには、現世でも来世でも厳しい苦痛があります。**アッラー**はご存知ですが、あなた方は知りません。

---

338 預言者ムハンマドの妻アーイシャが姦淫の罪を犯したという虚言。627年、遠征から帰る際、同行していた彼女が砂漠の中で集団からはぐれたが、後から来たムスリムが彼女をラクダに乗せてマディーナに無事帰還したので、このように噂した偽信者がいたということ。預言者は妻の潔癖を認めて、この事件は解決された。

20.もし**アッラー**の恩恵や慈愛があなた方になく、**アッラー**はいつも親切で、慈愛深いお方でなかったなら（懲罰を受けていたでしょう）。21.信仰する人たちよ、悪魔の歩みに従ってはいけません。もしあなた方が悪魔の歩みに従うなら、かれはみだらな行為と邪悪を、あなた方に命じるでしょう。もし**アッラー**の恩恵や慈愛があなた方になかったなら、あなた方は誰も清純になれませんでした。でも、**アッラー**は御望みの人を清めます。**アッラー**は全聴かつ全知なのです。

22.あなた方の中で、恵まれて権能のある人たちは、その近親や困窮者や、**アッラー**の道のため移住した人たちのために施さない、と誓ってはいけません。かれら（中傷者）を見逃し、目をつぶってあげなさい[339]。（他方で）**アッラー**が、あなた方を赦されることを望まないのですか。真に**アッラー**はよく赦すお方であり、慈愛深いお方なのです。

23.貞淑で純真な女性の信者を中傷する人たちは、現世でも来世でも、（**アッラー**に）拒否されます。かれらには重大な苦痛（懲罰）があります。24.その（審判の）日、かれらの舌と手と足は、意に反してかれらが行なってきたことを立証します。25.その日、かれらが受けるべき（善悪の）報いを（すべて）**アッラー**が支払うと、かれらは**アッラー**こそが、明らかな真実であることを知るのです。26.邪悪な女性は邪悪な男性に、また邪悪な男性は邪悪な女性にふさわしい。（他方）善良な女性は善良な男性に、また善良な男性は善良な女性にふさわしい。これら（善男善女）の人たちは、かれら（邪悪な男女）がうわさすることとは無縁です。かれら（善男善女）には、赦しと気前のよい糧があるでしょう。

〈日常の作法：家の出入り、しぐさ、身だしなみ、結婚など〉
27.信仰する人たちよ、家の住人の許可を得ずに、また挨拶しないで、自

---

339 アブー・バクルは近親者にアーイシャに対する中傷に加わった者がいたので、彼にはもはや施さないと言ったことが背景にある。アブー・バクルへの諌めになっている。

宅以外の家に入ってはいけません。それはあなた方にとって善いことです。きっと覚えておくように。28. たとえその中（家）に誰もいなくても、許可を得るまで、あなた方はその中に入ってはいけません。もし帰るよう言われたときは、帰りなさい。それがより潔白です。**アッラー**は、あなた方が行なうことを（すべて）ご存知なのです。29.（ただし）誰も住んでいないが役に立つ家（宿舎など）に入っても、あなた方にとって罪ではありません。**アッラー**は、あなた方が現すことも隠すことも、ご存知なのです。30.（ムハンマドよ）、信仰する男たちにかれらの視線を低くし（ちらちら見ないで）、貞操を守るように言いなさい。それがかれらにとっては一段と潔白です。**アッラー**はかれらが行なうことを熟知します。31. 信仰する女たちの視線を低くし、貞節を守るように言いなさい。外に表れるもの[340]以外は、かの女たちの美を目立たせてはいけません。そして覆い布（フムル）[341]をその胸の上に垂れて、かの女たちの美を目立たせてはいけません。ただし、自分の夫、父親、夫の父親、自分の息子たち、夫の息子たち、自分の兄弟、兄弟の息子たち、姉妹の息子たち、自分（と同じ信者）の女たち、自分の右手が持つ者（奴隷）、性欲を持たない従者、または女性の体に意識をもたない幼児を除いて。また、かの女たちが隠す美を知らせるため、かの女らの足を（足首飾りで）打ち鳴らしてはいけません。信仰する人たちよ、共に**アッラー**へと悔い戻りなさい。そうすれば、あなた方は成功するでしょう。

32. あなた方（信者）の中で独身の者、また、あなた方の男性の奴隷と女性の奴隷で、行ないの正しい者は結婚させなさい。もしかれらが貧しいな

---

340 「外に表れるもの」とは一般には、顔と手と解されている。例えば「ある部分を除いて彼女の身体を見せることはよくない。そして彼（預言者）は、顔と両手を指しました」（アブー・ダウド『スナン』）とある。他方、イスラーム法学上例外もあるが、原則として、ハンバリー派、シャーフィイー派は全身を覆うべきだとし、ハナフィー派、マーリキー派は顔や手を覆うことは求められていないとして、見解は分かれている。
341 「フムル」とは頭や肩を覆うスカーフやショール等。なお、「ヒジャーブ」の用語はクルアーンには 7 回出てくるが、いずれも隠すための帳や壁という意味で使用されており、頭巾や肩掛けの意味合いはない（7:46、17:45、19:17、33:53、38:32、41:5、42:51）。

ら、**アッラー**は**かれ**の恩恵によって、かれらを裕福にします。**アッラー**は広大にして、すべてをご存知です。33.結婚ができない人たちは、**アッラー**が**かれ**の恩恵によって、かれらを富ませるまで、（操を守り）抑制させなさい。また、あなた方の右手が持つ者（奴隷）の中で（解放の支払いをして）証書を求める人については、かれらの中に善良さを認めるなら、その証書を与えなさい。そして、**アッラー**があなた方に与えた財産から、かれらに（支援を）与えなさい。また、かの女たちが貞節を守りたいと望むなら、現世のはかない財貨を求めるために、あなた方の女性の奴隷に売春を強制してはいけません。（しかし）かの女たちを誰かが強制しても、**アッラー**は強制された後に、よく赦すお方、慈愛深いお方なのです。

34.確かに、**われら**は（正しい道を）明らかにする啓示と、あなた方より以前に過ぎ去った人びとの事例、及び（**アッラー**を）意識する人たちへの教訓を啓示しました。

〈諸事を明瞭にするアッラーの御光：使徒に従うこと〉

35.**アッラー**は、諸天と地の光です。**かれ**の光を例えれば、ランプを置いた壁龕のようなものです。ランプはガラスの中にあり、ガラスは輝く星のようです。（そのランプは）祝福されたオリーブの木（の油）で灯されています。（その木は）東方（の産）でもなく西方（の産）でもなく、その油は火がほとんど触れないのに光を放ちます。光の上に光を添えます。**アッラー**は望みの人を、**かれ**の光に導きます。**アッラー**は人びとのために、このように例えられます。**アッラー**は、すべてのことをご存知なのです。

36.**アッラー**は家々（礼拝所）が高く立派に立てられ、（そこで）**かれ**の御名を唱念するように許され（命じ）ました。朝な夕な、その中で**かれ**を賛美するようにと。37.（また命じられたのは）交易や商売のために、**アッラー**を念じることや、礼拝の務めを守ることや、定めの施しをすることについて、人びとが惑わされてはならないということ。かれらは心も目も転倒するその（審判の）日を恐れます。38.**アッラー**はかれらが行なった最善のことについて、報います。また**かれ**の恩恵によって（報奨を）増やします。

アッラーは、御望みの人に際限なく糧を与えるのです。

39. 一方、不信心な人たちの行ないは、砂漠の中の蜃気楼のようなもので、喉が渇いた人はそれを水と思うけれど、そこへやって来て見いだすのは**アッラー**だけです。**かれ**はその人を完全に清算します。**アッラー**は、清算に迅速なのです。40. または（非信者は）、深海の暗黒のようなもので、波がかれらを覆い、その上に波があり、その上を雲が覆っています。暗黒の上に暗黒が重なります。かれが手を伸ばしても、かれはそれ（手）をほとんど見ることができません。**アッラー**が光を与えていない人には、どんな光もありません。

41. あなたは、諸天と地の中のものや翼を拡げて飛ぶ鳥が、**アッラー**を賛美[342]するのを見ないのですか。すべてのものが礼拝と賛美することを心得ています。**アッラー**はかれらの行なうことを、すべてご存知です。42. 諸天と地の大権は**アッラー**に属し、**アッラー**に帰り所はあるのです。43. あなた方は**アッラー**が雲を送り出し、それらを合わせて積雲にされると、その間から慈雨が降り出すのを見ないのですか。また、**かれ**は空から、そしてその中の山々から雹(ひょう)を降らせます。**かれ**は御望みの人をそれで撃ち、御望みの人をそれから守ります。稲妻の閃きは、ほとんど視覚を奪おうとします。44. **アッラー**は夜と昼を次々に交替させます。確かに、これらの中には、見る目を持つ人たちへの教訓があるのです。45. また、**アッラー**はすべての生き物を原水[343]から創りました。それらのあるものは腹ばいで歩き、あるものは2足で歩き、あるものは4足で歩きます。**アッラー**は御望みのものを創ります。確かに、**アッラー**は万事に対して全能なのです。

---

342 賛美はアッラーの至高であることを称えることで、事実上礼拝と重なる。日本語では称賛と賛美は似ているが、アラビア語では両者は語根（ハマダ、サバハ）も概念上も異なるので注意。ここでは高いところから鳥が賛美するので、その行為内容が明確に把握できる。
343 「原水」は個々の生物を創造した際の原素材になる液体である。通常の水であれば、一般名詞として定冠詞を付けることとなるが、ここでは一つの種類の、という意味であるので、定冠詞アルを伴っていない。

46. **われら**は、数々の明瞭にする啓示の言葉を降ろしました。**アッラー**は御望みの人を、正しい道に導きます。47. かれら（偽信者）は言います。わたしたちは**アッラー**と使徒（ムハンマド）を信じて服従すると。するとその後、かれらの一部は背き去ります。というのも、これらの人びとは（真の）信者ではないからです。48. そして、かれらの間を裁くために、かれらが**アッラー**と使徒の前に呼び出されると、見なさい。その一部は逃避します。49. もし、かれらが真実と共にあるなら、素直にかれ（ムハンマド）のところにやって来るでしょう。50. かれらの心には病が宿っているのか、または疑いを抱いているのか、または**アッラー**と**かれ**の使徒が、かれらを不公平に扱うかもしれないと恐れるのか。いいえ、かれらは不正を行なう人たちなのです。51. 信者たちについては、かれらの間を裁くために、かれらが**アッラー**と使徒の前に呼び出されると、わたしたちは聞いて従いました、と言うだけでした。このような人たちこそ成功者なのです。52. **アッラー**と**かれ**の使徒に服従して、（**アッラー**を）恐れて意識する人、このような人たちこそ勝利者なのです。

〈偽信者と善行の人、再び作法〉

53. （一方）かれら（偽信者）は、もしあなた（ムハンマド）が（出征を）命じたなら、出て行くことを**アッラー**にかけて必死になって誓います。言いなさい。誓わなくてもよい。（通常の）恭順こそ適正です。確かに、**アッラー**はあなた方が行なうことを、熟知しているのです。54. 言いなさい。**アッラー**に従い、使徒（ムハンマド）に従いなさい。もしあなた方が背き去っても、かれにはかれに負わされた務めがあり、あなた方にはあなた方に負わされた務めがあるだけです。それで、もしあなた方がかれに従うなら、正しく導かれるでしょう。使徒の責務は、ただ明瞭に（啓示を）伝えることだけなのです。

55. **アッラー**は、あなた方の中で、信仰して善行に勤しむ人たちに約束しました。かれら以前の人びとに継がせたように、この大地をかれらに継がせることを。そして、**かれ**はかれらのために選んだ宗教を確立し、かれら

の恐怖心を安心感に変えます。かれらは**わたし**に仕え、**わたし**に何ものをも配しません。そして、その後もなお不信心な人は掟破りなのです。56. それで、礼拝の務めを守り、定めの施しをして、使徒に従いなさい。そうすれば、あなた方は慈愛に預かるでしょう。57. あなた（ムハンマド）は不信心の人たちが、地上で（**アッラー**の計画から）逃げられると考えてはいけません。かれらの住まいは（地獄の）火です。何と悪い末路であることか。

58. 信仰する人たちよ、あなた方の右手が所有する者（奴隷）と、あなた方で思春期に達していない者は、（入室のとき１日のうち）三つの場合において、あなた方の許可を求めさせなさい。つまり早朝の礼拝の前、昼中に（暑くて）脱衣をしているとき、また夜の礼拝の後です。（これらの）３度は、あなた方のプライバシーのためです。これらの他は（許可を得ないで）互いに行き来しても、あなた方にも、かれらにも罪はありません。このように**アッラー**は、あなた方のために印を解き明かします。**アッラー**は全知にして英明なのです。59. あなた方の子供たちが思春期に達するときは、それまでの大人がそうしてきたように、（いつも）許可を求めさせなさい[344]。このように**アッラー**はあなた方のために印を解き明かします。**アッラー**は全知かつ英明な方です。60. 婚姻（性交渉）を望まない閉経後の女性は、その装飾を見せびらかさない限り、外衣を脱いでも責められることはありません。でも控え目にするのが、かの女らのために善いのです。**アッラー**は全聴かつ全知な方です。

61. （信者たちと一緒に食べなくても）盲人に責められることはありません。足の身障者にも責められることはありません。また、病人にも責められることはありません。あなた方（信者たち）について言えば、（次のところで）食べられます。自分の家、自分の父方の家、自分の母方の家、自分の兄弟の家、自分の姉妹の家、自分の父方のおじの家、自分の父方のおばの家、

344 　一般的な入室許可については、本章24:27参照。

自分の母方のおじの家、自分の母方のおばの家、あなた方が鍵を持っている所（家）、あなた方の友人（の家）。あなた方は一緒に、または別々に食べても責められることはありません。でも、家に入るときは、**アッラー**から祝福された善い挨拶の言葉で、互いに挨拶しなさい。このように、**アッラー**はあなた方のために印を解き明かします。あなた方は理解するでしょう。

62.（真の）信者とは**アッラー**と**かれ**の使徒を信じ、かれらがある集団的な要件で使徒と一緒にいるとき、かれ（ムハンマド）の許可を得るまでは立ち去らない人たちです。実に、あなたに許しを求めた人こそは、**アッラー**とその使徒を信じる人たちです。それから、かれらが自分の要件であなたに許可を求めたときには、あなたが望む人に許可を与え、かれらのために**アッラー**の赦しを請いなさい。確かに**アッラー**はよく赦すお方で、慈愛深いお方なのです。63.あなた方は使徒（ムハンマド）の呼びかけを、あなた方の互いの呼びかけのようにみなしてはいけません[345]。**アッラー**はあなた方の中で、こそこそと抜け出す人を知っています。だから、かれの命令に違反する人には試練が襲うか、または厳しい苦痛があることを警戒させなさい。64.確かに、諸天と地のすべては**アッラー**のものです。**かれ**はあなた方の状態を知っており、**かれ**の御元にかれらが帰される日、かれらの行なったことをかれらに知らせます。**アッラー**はすべてのことをご存知なのです。

25. 識別章　سورة الفرقان

マッカ啓示
77節

全章を通じて、物事を識別することが主題となっています。善と悪、正と邪、明と暗などがあり、これらを識別するところに信仰の要点があります。そして、この識別ができない人は誤道にあり、その地獄の末路が警告されます。識別はいたって鮮明なはずですが、多くの人はそれに気が付かないのです。だから、それに気付かせるクルアーンが、別名 アルフルカーン(識

別)」と呼ばれることとなりました[346]。

慈愛あまねく、慈愛深いアッラーの御名において

〈善悪の識別、信者と非信者、楽園と地獄〉

1.すべての世界への警告とするため、その僕(ムハンマド)に(善・悪や合法・非合法の)識別(クルアーン)を徐々に啓示されたお方(**アッラー**)に、称賛あれ。2.諸天と地の大権は、**かれ**のものです。**かれ**は子をもうけず、またその大権の共同者もなく、**かれ**はすべてのものを創造し、きっちりと計量します。3.しかしかれら(マッカの多神教徒たち)は、**かれ**の他に神々を奉ります。かれら(神々)は何も創らず、(他方)かれら自らが創られるのであり、(また)自らを害することも益することもできません。さらに、かれらには死も生も復活も、全く手が及びません。

4.不信心な人たちは(こう)言います。これ(クルアーン)は嘘にすぎません。かれ(ムハンマド)がそれ(嘘)を捏造して、他の人がそれを支援しましたと。しかし本当は、かれら(非信者たち)が不正と虚偽をもたらしたのでした。5.またかれらは言います。かれが昔の物語を(自ら)書き取り、朝な夕な、かれにそれ(昔の物語)が、口述されたのですと。6.言いなさい。諸天と地の奥義を知る方(**アッラー**)がそれを啓示しました。確かに、**かれ**はよく赦すお方で慈愛深いお方なのです。7.また、かれらは言います。この使徒(ムハンマド)はどうしたことだ、(普通の人と同じで)

---

345 ムハンマドの呼称を「アッラーの使徒、あるいは預言者」といった尊称で、丁寧に大声でなく低い声で呼ぶべきだということ。他にも、ムハンマドが信者たちへ呼びかける場合は、特別な緊急性や服従を求めるもので、一般の信者たちが互いに呼びかける場合とは異なること。さらに、ムハンマドのアッラーへの呼びかけ(ドゥアー)は、一般の信者たちとはその重みが異なることなどさまざまな解釈がある。

346 この章は17節を除いて、全節が対格のアンの音で終わる。それは4、17,18,19,33,48,72,73,76,78の各章でもほぼ同様。クルアーン全体は韻文であり、大半はヌーンかミームで終わるが、他方14章全体はさまざまな子音の所属格のイやインで終わることが多い。またすべてアーで終わる章(53,87,91,92)や、すべてラーで終わる章(54章)もある。比喩方法などクルアーンの修辞的研究(バラーガ)が後代に発達した。以上の音声分野は読誦を前提とするクルアーンにとって重要であるが、日本語には訳出できない部分である。

食べたり、市場を歩いたりしているのか。なぜ、かれに天使が遣わされ、かれと一緒に警告に当たらないのか。8. または、かれには財宝が授けられないのか。または、かれにはかれが（自由に）食べる果樹園がないのかと。不正の人たちは言います。あなた方は魔術をかけられた人に従っているにすぎません。9. かれら（非信者たち）があなた方のために、どのような事例[347]を持ち出したのかを見なさい。かれらは迷い去ってしまったので、道を見出すことができません。

10. **かれ**に称賛あれ。もし**かれ**が望めば、これらのものより優れたもので、川が下を流れる楽園や宮殿を、あなたに与えることができる方です。11. ところが、かれらは（審判の）ときを嘘呼ばわりします。**われら**はそのときを嘘呼ばわりする人に、燃え盛る火を用意しました。12. 遠く離れた所から見るときも、かれらはその（燃える火の）、怒り狂い唸るような音を聞くのです。13. 鎖に繋がれて、かれらがその狭い（地獄の片隅の）場所に投げ込まれるとき、かれらは（まだましだとして自分の）破滅を願い出ます。14. 今日になって1回だけの破滅を願ってもだめで、何回にもわたる破滅でも願うがいいでしょう。

15. 言いなさい。これ（地獄）が良いのか、それとも（**アッラー**を）意識する人に約束された永遠の楽園か。これ（楽園）はかれらにとっては、報いであり目的地です。16. かれらにはそこ（楽園）に望むものがすべてあり、かれらは永遠に住むのです。これはあなたの主の堅い約束です。17. **かれ**がかれら（非信者たち）と**アッラー**の他に、かれらが仕えるものたち（神々）を一緒に召集する（審判の）日、**かれ**は言います。あなた方が**わたし**の僕を迷い去らせたのか。あるいは、かれらがこの道を（自ら）踏み外したのか。18. かれらは言います。**あなた**に賛美あれ。**あなた**の他に擁護者を持つようなことは、わたしたちは絶対にするつもりはありません。しかし、

---

347 魔法にかけられている、あるいは、助ける天使や財宝や果樹園が必要だ、と言った上述の話のこと。

あなたが、かれらとかれらの先祖に（現世での）享楽を与えたので、全員諭し（啓示）を忘れ、滅亡したのです。19.（**アッラー**は言いました）確かに、かれら（神々）はあなた方が言ったことを（嘘として）拒否しました。だから、あなた方は（苦痛を）避けられず、また助けもありません。あなた方の中で（そのような）不正を行なう人には、誰でも**われら**は甚大な苦痛を与えます。

〈クルアーンと使徒たちを拒否する人びと〉

20.あなた（ムハンマド）以前にも**われら**は、食べたり、市場を歩いたりしない使徒たちを遣わしたことがありません。そして、**われら**はその何人かを、互いを試すために創りました。それで、あなた方は耐え忍べるでしょうか。あなたの主は、すべてをお見通しなのです。21.◆**19部**◆**われら**との会見を望まない人たちは言いました。なぜ天使たちが、わたしたちに遣わされないのですか。または（なぜ）わたしたちは、自分の主を見ることができないのですかと。かれは実に高慢であり、とても横柄でした。22.かれらが天使たちを見る（最後の）日とは、罪深い人たちにとっては吉報のない日です。かれら（天使たち）は言います。そこには（現世に戻ることが）禁じられた仕切り（障壁）[348]があると。23.**われら**はかれら（非信者たち）の行なったことを、塵のようにまき散らします。24.その（最後の）日、楽園の仲間は、もっと良い住まいと、もっと快適な休憩所にいます。25.その日、諸天と雲は裂けて、降臨する天使たちが続々と遣わされます。26.その日、支配の大権は、当然慈愛深き方のものです。だから、非信者たちにとっては多難の日です。27.その日、不正を行なった人はその手を噛んで言います。もしわたしが、使徒（ムハンマド）と共に（正しい）道を選んでいたなら（よかったのに）。28.何と情けないことか。わたしが、（非信者の）誰それを友としなかったなら（よかったのに）。29.確かに、かれは啓示が来た後に、わたしを迷わせました。悪魔は常に人間を

---

348 「障壁（ヒジュル）」の発想は、名詞でバルザフ（23:100、25:53、55:20）やサッドゥ（18:94、23:9）あるいは動詞で「仕切る（ハーラ）」（8:24、34:54）としてもクルアーン中には頻出する。

裏切りますと。

30. 使徒は言います。わたしの主よ、真にわたしの人びとは、このクルアーンを忌むべきものとして拒否します。31. それで**われら**はそれぞれの預言者に、罪深き人たちの中から敵をもうけました。でも、指導者や援助者としては、あなたの主がいれば十分です。32. 一方、不信仰な人たちは、こう言います。なぜクルアーンは一度に全てまとめて啓示されないのですかと。こうするのは、**われら**があなた（ムハンマド）の心を堅固にするためで、**われら**は徐々に（啓示を）降ろすのです。33. かれらが例え（議論）をあなたに持ってくるたびに、真理と最善の解釈[349]をあなたに与えます。34. その顔を伏せて地獄に集められる人たち、かれらは最悪の状況にあり、最も道に迷った人たちです。

35. 確かに、**われら**はムーサーに啓典を授け、その兄ハールーンを補佐として任命しました。36. **われら**は言いました。あなた方二人は、**われら**の印を拒否する民の所に行きなさい。その後、**われら**はかれら（拒否する民）を完全に破壊しました。37. また、ヌーフの民については、かれらが使徒たちを拒否したとき、**われら**はかれらを溺れさせて、人びとへの（教訓の）印としました。**われら**は不正を行なう人たちに、厳しい苦痛を準備しました。38. さらに、アードの民とサムードの民とラッスの民[350]と、その間の多くの世代です。39. **われら**はそれぞれの民に（警告の）実例をもたらし、それぞれを完全に破壊しました。40. 確かに、かれら（マッカの多神教徒たち）は災いの雨（石）が降った（ルートの民のサドゥームの）町を訪れ

---

349 タフスィール（解釈）はクルアーン中、ここで1回使用されるだけである（25:33）。他方、クルアーン中で「解釈」として頻出するのは、タァウィールである（3:7、12:44など）。その語源は、アウワル（初め、第一）であるので、本来意図されたものを解明するという性格の議論を招いた。場合によっては曲解もあったので、タァウィールはしばしば警戒心をもって見られた。こうしてタフスィールは広く尊敬され、その後発達した解釈学の名称として使用されることとなった。
350 アラビア半島中部ナジュド地方の町で、マディアン人の預言者シュアイブが遣わされたとされる。7:85,88,90,92、11:84,87,91,92,94、26:177,188,189、29:36参照。

ました。それで、かれらはそれを見なかったのか。いいえ、かれらは復活を望んでいなかったのです。41.かれらがあなた（ムハンマド）を見るとき、（こう言って）笑い草の的にするだけです。**アッラー**が使徒として遣わしたのは、この人ですか。42.かれはもう少しで、わたしたちの神々から自分たちを迷わすところでした。もし自分たちが、かれら（神々）にしっかりついていなかったら。でも、かれらは苦痛を見るとき、誰が最も道に迷ったかを知るのです。43.あなたは自分の妄欲を神（イラーハ）とする人を見ましたか。そうなのに、あなたはかれらの保護者になるつもりなのですか。44.それとも、かれらの多くが耳を傾けて理解するとでも思っているのですか。かれらは家畜のようなものにすぎません。いいえ、かれらはそれよりも道から迷っています。

〈アッラーの印と信者の特徴〉
45.あなたの主がどのように影（夜の帳(とばり)）を広げたかを、あなたは見なかったのですか。もし**かれ**が望めば、それを静止させました。さらに、**われら**は太陽をその（影の動きの）指標としました。46.その後、**われら**は自身の方へ、ゆっくりそれ（影）を引き寄せ（明るくし）ます。47.**かれ**こそはあなた方のために夜を覆いとし、休息のために睡眠[351]をもうけ、昼間を復活（のとき）とした方です。48.**かれ**こそは**かれ**の慈愛の前に、吉報の風を吹かせる方です。そして、**われら**は空から清浄な水（雨）を降らせます。49.それによって、**われら**は死んだ大地に生命を与え、**われら**が創った数多くの家畜や人間に飲ませます。50.かれらが（**アッラー**に）留意するために、**われら**はかれらの間にそれ（降雨）を実施しましたが、多くの人びとは感謝もしない（不信心の）ままに、拒むだけでした。51.もし**われら**が望めば、どの町にも警告者を遣わしました。52.（ムハンマドよ）だから、非信者に従ってはいけません。かれらに対し、これ（クルアーン）をもって大いに**奮闘努力**しなさい。

---

351 睡眠は小死とされ、精神は抜け出すが朝には戻って来る。死は大死とされ、復活の日まで魂が抜け出すものとして区別される。6:60参照。

53. **かれ**こそは、二つの海を解き放した方です。一つは甘くて美味く、もう一つは塩辛くて苦い。**かれ**は二つの間に障壁を設けて、通り越せない仕切りとしました。54. **かれ**こそは水から人間を創り、血縁と姻戚（の絆）をもうけました。真にあなたの主は、全能です。55. ところが、かれらは**アッラー**を差し置いて、益することも害することもできない者に仕えます。非信者はかれの主に、いつも背を向ける者です。56. **われら**はあなた（ムハンマド）を吉報の伝達者、また警告者として遣わしたにすぎません。57. 言いなさい。わたしはそれについて、あなた方に何の報酬も求めません。ただし、誰でも望む人は（施しをして）、主への道を取りなさい。58. また、死ぬことのない永生者（**アッラー**）を信頼して、称賛（の言葉）をもって**かれ**を賛美しなさい。**かれ**は**かれ**の僕たちの罪を、完全に熟知しているのです。

59. **かれ**は、諸天と地とその間にあるすべてのものを、6日の間に創造した方で、さらに、**かれ**は玉座の上にいる慈愛深き方です。だから**かれ**については、すべてを熟知する者に尋ねなさい[352]。60. かれら（非信者たち）が慈愛深き方に頭を下げなさいと言われたと、かれらは言います。慈愛深き方とは何ですか。わたしたちはあなた（ムハンマド）が命じるものに頭を下げるのですかと。そして、かれらは（真理からの）逃避を増すばかりです。～**サジダ**～ 61. **かれ**に称賛あれ。**かれ**は天に星座を設け、またその中に灯明（太陽）と照り輝く月を置きました。62. **かれ**こそは（**アッラー**に）留意して感謝しようとする人のために、夜と昼を交互に設けた方です。

63. 慈愛深きお方の僕とは、謙虚に地上を歩く人たちで、無知の人たち（非信者）が話しかけても、かれらは平安あれと応えます。64. また、かれらはかれらの主の御前に平伏礼して、立礼して夜を過ごす人たちです。

---

352 「すべてを熟知する者」とはアッラー自身のことで、「尋ねなさい」とは、当時の表現として「尋ねるまでもない」を意味した。それで義意を強めている。その場合当該部分を通しての意味は、「（アッラーは）慈愛深く、すべてを熟知している」となる。

65. また、かれらはこう言う人たちです。わたしたちの主よ、地獄の苦痛（懲罰）を、わたしたちから遠ざけてください。確かにその苦痛は過酷なもので永遠に続きます。66. 実にそれは悪い住まいで、悪い休憩所ですと。67. また、かれらが（金銭を）使うときには浪費をせず、けちでもなく、その間を適正に保つ人たちです。68. また、かれらは**アッラー**と共に他の神に祈らない人たちです。また、正当な理由がない限り、**アッラー**が禁じた殺生をしない人たちです。また、姦婬しない人たちです。もちろん、そのようなことをする人は、懲罰を受けます。69. 復活の日には、かれへの苦痛（懲罰）は倍加され、その恥辱の中に永遠に住むのです。70. ただし、改心し信仰して善行に励む人は別です。**アッラー**はかれらの悪行を、善行で置き変えます。**アッラー**はよく赦すお方で、慈愛深いお方なのです。71. 改心して善行に勤しむ人は、確かに**アッラー**に悔いて戻るのです。

72. また、（慈愛深きお方の僕とは）嘘の証言をしない人たちで、かれらは無駄話をしている側を通るときは、（それに係り合わないで）品位を持って通りすぎるのです。73. また、かれらはかれらの主の印が想起されると、耳が聞こえない人や目が見えない人のように振る舞わない人たちです。74. また、かれらは（祈って）こう言う人たちです。わたしたちの主よ、自分たちの目の癒し（心の安らぎ）となる妻たちと子孫たちをわたしたちに与え、わたしたちを（**アッラー**を）意識する人びとの模範にしてくださいと。75. これらの人は耐え忍んだことによって、最高の位階（楽園）を授けられます。また、そこで挨拶と平安の祈願で迎えられます。76. その中に永遠に住むのです。その住まいと休息所の何とすばらしいことか。77.（非信者に）言いなさい。もし（**アッラー**に）あなた方が祈らなくても、わたしの主はあなた方を気にしないでしょう。確かに、あなた方は拒否しました。やがて避けられない（懲罰が）来るのです。

26. 詩人たち章　سورة الشعراء

マッカ啓示
227節

　預言者ムハンマドが、当時アラビア半島を横行していた詩人とは異なることを説くのが、本章の主要なテーマとなっています(224〜226節)。また、多くの預言者たちが出てきます。ムーサーとハールーン(10〜68節)、イブラーヒーム(69〜89節)、ヌーフ、フード、サーリフ、ルート、シュアイブ(105〜191節)です。かれらの諸啓典も詩集ではなく、またクルアーンも真理を伝える啓示として、人間が創作した詩とは異なる点が強調されます(192〜201節)。

　　　　　　慈愛あまねく、慈愛深いアッラーの御名において

〈啓示を拒否した人の末路：諸民族の事例〉

【フィルアウンの民】

1. ター・スィーン・ミーム。
2. これは、明瞭な啓典の諸節（印）です。3. おそらく、あなた（ムハンマド）は、かれら（マッカの多神教徒たち）が信者にならないために、死ぬほど苦悩するのでしょう。4. もし**われら**が望めば天から印を啓示するので、かれらの首はそれに恐れ入って、垂れたままになります。5. でも、慈愛深き方から、かれらに新しい啓示がもたらされるたびに、かれらはいつも背き去るだけです。6. かれらは（啓典を）嘘であると拒否します。でも、かれらが笑い草にしてきた知らせ（真実）が、今にかれらに降りかかるのです。7. かれらはこの大地を見ないのでしょうか。**われら**がどれだけ多くの、貴い種類のものをその中に育てるかを。8. 確かに、その中には一つの印（教訓）があります。でも、かれらの多くは信じません。9. 真にあなたの主は偉力大であり、慈愛深いお方なのです。

10. あなたの主が、ムーサーに呼びかけて言ったときです。不正な民の所に行きなさい。11. それはフィルアウンの民です。かれらが（**アッラーを**）意識しないとはどうしたことか。12. かれは言いました。わたしの主よ、

かれらがわたしを嘘つき呼ばわりすることを恐れます。13. わたしの胸は狭まり（苦しくなり）、わたしの舌は縺れます。だから、ハールーンに（エジプトへの随行を説得できる者を）遣わしてください。14. また、かれらはわたし（ムーサー）に（殺人）罪を科しているので[353]、かれらがわたしを殺害するのを恐れます。15. **かれ**は言いました。いいえ、とんでもない。あなた方二人は**われら**の印を持って行きなさい。確かに、**われら**はあなた方と共に聞いています。16. だからあなた方二人は、フィルアウンの所に行って言いなさい。わたしたちは、すべての世界の主の使徒です。17. イスラーイールの子孫を、わたしたちと一緒に（エジプトから）出て行かせてくださいと。

18. かれ（フィルアウン）は言いました。わたしたちはあなた（ムーサー）が幼少のとき、わたしたちの間で育てたではないか。あなたの生涯の多くの年月を、わたしたちの間ですごしたではないか。19. それなのにあなたはあの行為（殺人）をしました。あなたは忘恩の人です。20. かれ（ムーサー）は言いました。わたしがそれをしたのは、誤って導かれていたときのことです。21. その後、わたしはあなた方（の報復）が恐ろしくなって、あなた方から逃避しました。でも、わたしの主はわたしに英知を授けて、使徒たちの仲間にしたのです。22. あなた（フィルアウン）がイスラーイールの子孫を奴隷化したのに、あなたがわたし（を見逃して）くれたことは（わたしへの）優遇なのですか。

23. フィルアウンは言いました。すべての世界の主とは何なのか。24. かれ（ムーサー）は言いました。諸天と地とその間の、すべてのものの主です。あなた方が（これを）確信するなら（よかったのに）。25. かれ（フィルアウン）は取り巻きの者に向かって言いました。あなた方は聞いたか。26. かれは言いました。あなた方の主であり、あなた方の先祖の主でもあります。27. かれは言いました。あなた方に遣わされたこの使徒は、誠に

353　28:15-20参照。

気狂いだ。28.かれは言いました。東と西とその間にあるすべての世界の主です。もしあなた方が理解するなら（よかったのに）。29.かれは言いました。あなたがわたし以外に神をとるなら、わたしはあなたを囚人にするだろう。30.かれは言いました。たとえ、わたしが明白な何かをあなたにもたらしても（囚人にするの）ですか。31.かれは言いました。あなたの言うことが真実なら、それを示してみろ。32.それで（ムーサー）は杖を投げると、見なさい、それは大蛇になりました。33.またかれの手を差し伸べると、見なさい、それは誰が見ても真っ白でした。34.かれ（フィルアウン）は取り巻きの参謀たちに言いました。確かに、これは熟練の魔術師である。35.かれは自分の魔術で、あなた方をこの国から追い出そうとしている。それであなた方はどう助言するのか。36.かれらは言いました。かれ（ムーサー）とその兄弟を（ここに）留めておいて、町々から（魔術師を）召集する者を遣わしましょう。37.かれらは腕の立つ魔術師全員を、あなたのところに連れて来るでしょう。38.そこで魔術師たちは、某日の決められたときに集められました。39.また民衆に向かっても告げられました。あなた方は集合しますか（しなさい）。40.（そして言いました）もし魔術師たちが勝つなら、わたしたち（民衆）はかれらに従います。

41.それから、魔術師たちはフィルアウンのところに来て言いました。わたしたちが勝者となれば、わたしたちには報酬があるでしょうか。42.かれ（フィルアウン）は言いました。当然です。その場合、あなた方は必ず側近となります。43.ムーサーはかれらに向かって言いました。あなた方が投げようとしているものを投げなさい。44.そこで、かれらは縄と杖を投げて言いました。フィルアウンの権勢にかけて、わたしたちは必ず勝利者になります。45.その後、ムーサーが杖を投げると、見なさい。それはかれらが偽造していたものを飲み込みました[354]。46.すると魔術師たちは身を投げ出して平伏し、47.言いました。わたしたちはすべての世界の主を信仰します。48.ムーサーとハールーンの主を。49.かれ（フィルアウン）

---

354 節数で数えると、ここでクルアーンの前半の終わりとなる。

は言いました。あなた方は、わたしが許していないのにかれを信じるのか。かれはあなた方に魔術を教えた、あなた方の師匠なのだろう。でもあなた方はすぐに思い知るだろう。わたしはあなた方の両手両足を互い違いに切断し、さらに一人残らず十字架に張りつけよう[355]。50. かれらは言いました。構いません。結局、わたしたちは主の元に帰ります。51. わたしたちは（フィルアウンの民の）最初の信者として、自分たちの主が自分たちの数々の罪を赦すことを望むだけです。

52. **われら**はムーサーにこう啓示しました。**わたし**の僕たちと一緒に夜の間に旅立ちなさい。あなた方には必ず追手がかかります。53. その後フィルアウンは町々に使者を遣わし（こう告げさせました）、54. これらの者（イスラーイールの子孫）はほんの少数の群れにすぎません。55. かれらはわたしたちにひどく怒っているでしょうが、56. わたしたちは、警戒を整え軍勢も多いのです。57. それで**われら**はかれら（フィルアウンの民）を果樹園や泉から追い出し、58. 財宝や栄誉ある地位から追放しました。59. このような次第でした。**われら**はイスラーイールの子孫たちに、それら（財宝や地位など）を継がせました[356]。60. それで、かれら（フィルアウンの軍勢）は日の出のとき、かれらを追って来ました。61. 両者が互いに姿が見えるようになると、ムーサーの仲間は言いました。わたしたちは追いつかれるでしょう。62. かれは言いました。決して（追いつかれません）。真にわたしの主はわたしと共におられます。**かれ**はわたしを導くでしょう。63. それで、**われら**はムーサーに啓示しました。あなたの杖で海を打ちなさい。するとそれ（海）は割れて、それぞれの割れた部分は、巨大な山のようになりました。64. また、**われら**は他の者（フィルアウンの軍勢）をそこに誘い込みました。65. そして、**われら**はムーサーとかれと共にいた人たち全員を救いました。66. さらに、**われら**は他の者を溺れさせました。67. 確かに、この中には一つの印（教訓）があります。でも、かれらの多

---

355 5:33参照。
356 7:137参照。

くは信じません。68.真にあなたの主は偉力大であり、慈愛深いお方なのです。

【イブラーヒームの民とヌーフの民】
69.イブラーヒームの物語を、かれら（マッカの多神教徒たち）に語りなさい。70.かれが自分の父と自分の人びとに、こう言ったときのことです。あなた方は何を崇拝するのですか。71.かれらは言いました。わたしたちは偶像を崇拝して、常にこれ（偶像）への奉仕に専念します。72.かれは言いました。あなた方が祈るとき、それらは聞いてくれるのですか。73.また、それらはあなた方を益するのですか、それとも害するのですか。74.かれらは言いました。いいえ、わたしたちの先祖がこうしているのを見ました。75.かれは言いました。それなら、あなた方が崇拝してきたものについて、あなた方は考えてみたのですか。76.あなた方もその先祖たちも（崇拝しました）。77.確かに、かれら（邪神）はわたし（イブラーヒーム）の敵ですが、すべての世界の主はそうではありません。78.**かれ**はわたしを創ったお方で、**かれ**はわたしを導きます。79.わたしに食料を与え、また飲料を授けるお方です。80.また病気になれば、**かれ**はわたしを癒します。81.**かれ**はわたしを死なせ、それから生き返らせるお方です。82.**かれ**は、審判の日にわたしの罪を赦すことを、わたしが嘆願するお方です。83.わたしの主よ、英知をわたしに授け、正しい人たちの仲間に入れてください。84.（そして）後世までわたしが語り継がれるようにしてください[357]。85.わたしを安楽の園を継ぐ人としてください。86.そして、わたしの父をお赦しください。確かに、かれは迷った人の仲間でした。87.またかれら（人びと）が復活する日、わたしに恥辱を与えないでください。88.その日には、財宝も子供たちも役に立ちません。89.ただし、正しい信心を持って**アッラー**の御元に来る人だけは別です。

---

357 ここは、「後世までわたしのために、真実の舌を作り給え」が直訳。本文のように業績を上げて自らが高い評価を得るのではなく、預言者ムハンマドの真実の舌（言葉）をわたしのために現実のものとしたまえ、と解釈する人もいる。

90. 楽園は（**アッラー**を）意識する人たちに近づけられます。91. 地獄の火は邪道に迷った人に現されます。92. かれらは言われます。あなた方が**アッラー**を差し置いて崇拝していたもの（偶像）は、どこにいるのですか。93. かれら（偶像）はあなた方を助けられるのですか、または、自分自身を助けられるのですか。94. 結局、かれら（偶像）も邪道に迷った人たちも、その（地獄）中に投げ込まれます。95. またイブリース（ジンで悪魔）の仲間も皆一緒に。96. かれらはその中で口論して言います。97. **アッラー**に誓って、確かに、わたしたちは明らかな迷いの中にいました。98.（なぜなら）わたしたちがすべての世界の主を、あなた方（偶像）と等しくしたのですから。99. わたしたちを迷わせたのは、罪作りなものに他なりません。100. 今となっては、わたしたちには執り成す者もなく、101. 親友もいません。102. わたしたちがもう一度（現世に）返ることができるなら、きっと信者の仲間となるでしょうと。103. 確かに、この中には一つの印（教訓）があります。でも、かれらの多くは信じません。104. 誠に**かれ**は偉力大であり、慈愛深いお方なのです。

105. ヌーフの民も使徒たちを信じませんでした。106. かれらの同胞のヌーフが、かれらにこう言ったときのことです。あなた方は（**アッラー**を）意識しないのですか。107. 確かに、わたしはあなた方への誠実な使徒です。108. だから、**アッラー**を意識して、わたしに従いなさい。109. わたしはこれに対してあなた方に報酬を求めません。わたしの報酬はすべての世界の主から（いただく）だけです。110. だから、**アッラー**を意識してわたしに従いなさいと。111. かれらは言いました。わたしたちはあなたを信じるものか。低俗な人たちが、あなたに従っているのに。112. かれ（ヌーフ）は言いました。かれらがしてきたことについて、わたしが何を知るでしょうか。113. かれらの清算はわたしの主に属します。もしあなた方が理解するなら（よかったのに）。114. わたしは信者たちを追い出しません。115. わたしは明白な一人の警告者にすぎません。116. かれらは言いました。あなたが（教化を）止めないなら、ヌーフよ、あなたは石打ちの刑にされるでしょう。117. かれ（ヌーフ）は言いました。わたしの主よ、わたしの

民はわたしを拒否しました。118. だから、わたしとかれらの間を裁決してください。わたしを救い、またわたしと共にいる信者たちを救ってください。119. そこで、**われら**はかれを救い、また満載した方舟の中で、かれと共にいた人たちを救いました。120. さらに、**われら**は後に残った人（非信者）たちを溺れさせました。121. 確かに、この中には一つの印（教訓）があります。でも、かれらの多くは信じません。122. 誠にあなたの主は偉力大であり、慈愛深いお方なのです。

【フードの民とサーリフの民】
123. アード（の民）も、使徒たちを嘘つき呼ばわりしました。124. かれらの同胞のフードが、かれらにこう言ったときのことです。あなた方は（**アッラー**を）意識しないのですか。125. 確かに、わたしはあなた方への誠実な使徒です。126. だから、**アッラー**を意識して、わたしに従いなさい。127. わたしはあなた方に、その報酬を求めません。わたしの報酬はすべての世界の主から（いただく）だけです。128. あなた方はあらゆる高地に、無意味な記念碑を建てるのですか。129. また、あなた方は永遠に生きようとして、堅固な要塞を建てるのですか。130. また、あなた方は武力を行使するとき、暴君のように武力を行使するのですか。131. **アッラー**を意識して、わたしに従いなさい。132. あなた方が知る（身近な）ものを、あなた方に授けた方（**アッラー**）を意識しなさい。133. かれは数々の家畜と子供たちをあなた方に授け、134. また果樹園や泉も（授けました）。135. 真に、わたしはあなた方に降りかかる絶大な日の苦痛を恐れます。136. かれらは言いました。あなたが警告しても、あなたが警告者のひとりでなくても、わたしたちにとっては同じことです。137. これは先祖の慣習にすぎません。138. だから、わたしたちは懲罰されるものではありません。139. 結局かれらがかれ（フード）を拒否したので、**われら**はかれらを滅ぼしました。確かに、この中には一つの印（教訓）があります。でも、かれらの多くは信じません。140. 誠にあなたの主は偉力大であり、慈愛深いお方なのです。

141. サムード（の民）も使徒たちを嘘つき呼ばわりしました。142. かれらの同胞サーリフが、かれらにこう言ったときのことです。あなた方は（**アッラー**を）意識しないのですか。143. 確かに、わたしはあなた方への誠実な使徒です。144. だから、**アッラー**を意識して、わたしに従いなさい。145. わたしはあなた方に、その報酬を求めません。わたしの報酬はすべての世界の主から（いただく）だけです。146. あなた方はここでいつまでも安全でいられるのですか。147. 果樹園や泉、148. 穀物畑や立派な実の付いたナツメヤシ[358]の園、149. また（岩）山に、あなた方が巧みに彫る家々も（安全なのですか）。150. だから、アッラーを意識して、わたしに従いなさい。151. あなた方は、則を越える人たちの命令に従ってはいけません。152. かれらは地上に腐敗を広げる人たちで、矯正する人たちではありません。153. かれらは言いました。あなたは魔術をかけられた人にすぎません。154. あなたはわたしたちと同じ人間にすぎません。もしあなたの言うことが真実なら、わたしたちに印（懲罰）をもたらしなさい。155. かれは言いました。ここに一頭の雌ラクダ[359]がいます。それ（雌ラクダ）はあなた方同様に、特定の日に水を飲むのです。156. だから、それに害を加えてはいけません。さもないと、絶大な日の苦痛（懲罰）があなた方を襲うでしょう。157. ところが、かれらはその膝の腱を切ったので、朝には後悔することになりました。158. その後、苦痛（懲罰）がかれらを襲ったのです。確かに、この中には一つの印（教訓）があります。でも、かれらの多くは信じません。159. 誠にあなたの主は偉力大であり、慈愛深いお方なのです。

【ルートの民とシュアイブの民】

160. （カナーン地方の町サドゥームの）ルートの民も、使徒たちを嘘つき呼ばわりしました。161. かれらの同胞ルートが、かれらにこう言ったときのことです。あなた方は（**アッラー**を）意識しないのですか。162. 確かに、わたしはあなた方への誠実な使徒です。163. だから、**アッラー**を意識して、

---

[358] ここは初期の実で、タルウと言われる。その後成長に即して6種類に区別され、それぞれに固有名詞が当てられるのは、砂漠生活の一端として関心が持たれる。
[359] イスラーム以前に神事に使われたラクダの種類に関しては、5:103参照。

わたしに従いなさい。164. わたしはあなた方に、その報酬を求めません。わたしの報酬はすべての世界の主から（いただく）だけです。165. あなた方は世の中の男性に近づき、166. あなた方の主が、あなた方のために、配偶者（妻）として創ったものを放置するのですか。いや、あなた方は無法な人びとです。167. かれらは言いました。あなたが（教化を）止めないなら、ルートよ、あなたは追放されるでしょう。168. かれ（ルート）は言いました。わたしはあなた方の行ないを嫌悪する者の一人です。169. わたしの主よ、わたしとわたしの家族を、かれらが行なっていることから救ってください。170. それで、**われら**はかれとかれの家族全員を救いました。171. ただし、後に残った老女（ルートの妻）は別です。172. さらに、**われら**は他の者（ルートの民）を滅ぼしました。173. **われら**は（破壊の）雨を、かれらの上に降らせました。警告されていた人たちに降った雨は最悪でした。174. 確かに、この中には一つの印（教訓）があります。でも、かれらの多くは信じません。175. 誠にあなたの主は偉力大であり、慈愛深いお方なのです。

176. （シナイ半島北部マドヤンの）森（アイカ）の人びと[360]も、使徒たちを嘘つき呼ばわりしました。177. シュアイブが、かれらにこう言ったときのことです。あなた方は（**アッラー**を）意識しないのですか。178. 確かに、わたしはあなた方への誠実な使徒です。179. だから、**アッラー**を意識して、わたしに従いなさい。180. わたしはあなた方に、その報酬を求めません。わたしの報酬はすべての世界の主から（いただく）だけです。181. 目一杯に計量し、人に損をさせてはいけません。182. 正確な秤で重さを計りなさい。183. 人のものを搾取してはいけません。また腐敗を広げる人となって、地上で悪を犯してはいけません。184. あなた方と前の世代の人たちを創った方を、意識しなさい。185. かれらは言いました。あなた（シュアイブ）は魔術をかけられた人にすぎません。186. あなたはわたしたちと同じ人間にすぎません。わたしたちは、あなたが嘘つきであると思います。187. も

---

360 「森の人びと」については、15:78, 38:13, 50:14参照。

しあなたの言うことが真実なら、空の一部をわたしたちの上に落としてみなさい。188.かれ（シュアイブ）は言いました。わたしの主は、あなた方がすることを最もよく知っているのです。189.でも、かれらはかれを拒否しました。すると、陰の日（ヤウム・アルズッラ）[361]の苦痛がかれらを襲いました。絶大な日の苦痛でした。190.確かに、この中には一つの印（教訓）があります。でも、かれらの多くは信じません。191.誠にあなたの主は偉力大であり、慈愛深いお方なのです。

〈クルアーンを拒否する人の末路：悪魔と詩人に従う人たち〉
192.確かに、それ（クルアーン）はすべての世界の主からの啓示です。193.信頼される魂（天使ジブリール）が、それを降ろしました。194.あなた（ムハンマド）の心の上に。そうすることで、あなたが警告者の一人となるように。195.明瞭なアラビアの言葉で（啓示しました）。196.確かに、それは先祖の幾多の書巻（ズブル）の中にも記されています。197.イスラーイールの子孫の学者たちがそれ（クルアーン）について知っていることは、かれら（マッカの多神教徒たち）にとって一つの印（真実）ではないのですか。198.もし**われら**がこれを非アラブ人に啓示したなら、199.かれがこれを読誦しても、かれらはそれを信じる人たちにはならなかったでしょう。200.このように、**われら**は罪深い人たちの心の中に、それ（クルアーン）を導き入れたのです。201.それでも、かれらは厳しい苦痛（懲罰）を見るまでは、それ（クルアーン）を信じないのです。202.そしてそれ（懲罰）は、かれらの気づかないうちに、突然襲いかかるでしょう。203.そのとき、かれらは言います。わたしたちは、猶予されないのですかと。204.かれらは**われら**の苦痛（懲罰）を急がせたいのでしょうか。205.あなたはどう思うのですか、たとえ**われら**がかれらに幾年も（の現世の生活を）享楽させたとしても、206.その後、かれらに約束されたこと（懲罰）がやって来たなら、207.享楽を与えられたことは、かれらにとって何が良

---

361 アッラーは灼熱で襲ってから雲を送られたので、人びとがその雲の下の陰に集まったところを、今度は火で襲って焼いてしまわれた。参考文献23、巻25、163-164頁。

かったというのでしょうか。208.**われら**は（人びとに）警告者を遣わさないで、いかなる町も滅ぼしたことはありませんでした。209.（警告者は）諭す（約束を思い出させる）ためであり、そして**われら**は不正なことは行ないません。

210.悪魔たちがそれ（クルアーン）をもたらすことはありません。211.それはかれらにとって妥当でなく、またかれらにはできません。212.確かに、かれらは啓示を聞くことから遠ざけられています[362]。213.だから、**アッラー**と共に、他の神を崇めてはいけません。さもないと、あなたも懲罰される人の仲間となります。214.あなたの近親者に警告しなさい。215.また、あなた（ムハンマド）に従う信者たちには、（親切に）翼を低く垂れてあげなさい。216.もしかれらがあなたに従わないなら言いなさい。あなた方が行なうことは、わたしには無関係ですと。217.そして偉力大かつ慈愛深きお方に、（すべて）依拠しなさい。218.**かれ**はあなたが（礼拝に）立つのを見ており、219.また（頭を床に付けて、周囲が見えない）平伏礼をする人たちの間での、あなたの諸動作を（も見ています）。220.**かれ**は全聴にして全知なのです。221.**わたし**があなた方に告げようか。悪魔たちは誰の上に下るのかを。222.かれらは酷い罪人全員の上に下るのです。223.その人たちは（悪魔に）耳を貸すのであり、かれらの多くは嘘つきです。224.また邪道に迷った人たちが、詩人たちに従います。225.あなたはかれらが、どこの谷間でもさ迷い歩いているのを見ませんか。226.また、かれらはかれら自身が行なわないことを口にします[363]。227.ただし、信仰して善行に勤しむ人たち、**アッラー**を多く唱念し、虐待された後には（反論して）自らを守る人たちは別です。不正を行なった人たちは、どんな所に帰るのかをやがて知るでしょう。

---

362 悪魔は、アッラーと天使たちの天上最高会議を聴聞できない。37:8参照。
363 これは詩人たちが、誇張や過剰な賛辞で謳うことを指している。

27. 蟻章 سورة النمل

マッカ啓示
93節

本章は、預言者スライマーンと蟻の話(18〜19節)から命名されました。ムーサーが見た光(1〜14節)、スライマーンとサバア(シバ)の女王(15〜44節)、サムード族の崩壊(45〜53節)など話題豊富です。要はアッラーへの信仰が正道への分岐点となります。また最後の日に出現するという獣に言及しています(82節)。

　　　　慈愛あまねく、慈愛深いアッラーの御名において
〈アッラーの印を見よ:ムーサーの例から〉

1.ター・スィーン。これらはクルアーンの諸節で、(真実を)明瞭にする啓典、2.(それは)信者たちへの導きと吉報、3.(一方)かれらは礼拝の務めを守り、定めの施しをなし、かれらこそ[364]は来世のあることを確信する人たちです。4.確かに、**われら**は来世を信じない人たちについて、その行ないが(妄欲により)立派に見えるようにしたので、かれらはさ迷い続けることでしょう。5.かれらは最悪の苦痛が科せられる人たちで、かれらは来世において、真にかれらこそは最大の損失者なのです。6.誠にあなた(ムハンマド)は、英明かつ全知な方(**アッラー**)の御元から、クルアーンを授かっています。

7.ムーサーがかれの家族に言ったときのことです。確かに、わたしは一点の火を見ました。わたしはそこから、あなた方に(**アッラー**の)お告げをもたらすでしょう。または、燃え盛るたいまつを持ち帰えることで、あなた方を暖められるかもしれません。8.かれがそこに来ると、こう呼ばれました。火[365]の側にいる者とその周りの者(ムーサーと天使たち)に祝福あれ。すべての世界の主、**アッラー**に、すべての称賛あれ。9.ムーサーよ、

---

364 「かれらこそ」は強調、確認のために、繰り返されている。5節も同様である。
365 ここの「火」は、導きの「光」と解釈する人もいる。

真に**われら**は**アッラー**であり、偉力大かつ英明なのです。10. さあ、あなたの杖を投げなさい。でもかれは、それが蛇のように震えているのを見ると、逃げだして振り返りませんでした。ムーサーよ、あなたは恐れてはいけません。誠に使徒たちは**われら**の前で恐れないものです。11. もちろん、不正を行なった後、悪を善で置き換える人も（恐れません）。真に**われら**はよく赦し、慈愛深いのです。12. また、あなたの手を（衣の）脇の下に入れなさい。何の病気（癩病）でもないのに、それは白くなります。（これは）フィルアウンとかれの民に示す九つの印[366]の（一部）です。確かに、かれらは掟破りの人びとなのです。

13. **われら**の印が目を覚ますようにかれらに届いたとき、かれらは言いました。これは明らかに魔術であると。14. かれらは心の中ではそれを認めながら、不正さと高慢さからこれを否認しました。だから、これら腐敗をもたらす人たちの末路がどうであったかを見なさい。

〈スライマーンと不信心なサバアの女王の物語〉

15. 確かに、**われら**はダーウードとスライマーンに知識を授けました。二人は言いました。信仰する数多くの**かれ**の僕の上に、わたしたちを優遇した**アッラー**にこそ称賛あれ。16. そして、スライマーンはダーウードを継承してこう言いました。人びとよ、わたし（スライマーン）は（**アッラー**によって）鳥の言葉を教えられ、またあらゆるものを授けられました。これは、明らかな寵愛です。17. また、スライマーンのために、ジンと人間と鳥たちの軍隊が動員され、かれらは部隊に編成されました。18. やがて蟻の谷へとやって来たとき、一匹の蟻が言いました。蟻たちよ、自分の住

---

366 ムーサーに与えられた九つの印は、フィルアウンの悪政に抵抗してアッラーの力を示すためであったが（17:101）、それらは、杖（7:107）、手（7:108）、さらに洪水、イナゴ、シラミ、カエル、血（すべて7:133）。残る二つについては議論が分かれる。飢饉と不作（7:130）やムーサーに恐怖心がなくなり、フィルアウンが無力化された（28:35）ことなど。ただしそれらに代えて、シナイ半島に渉る際に海が二つに割れた話を入れる人もいるが、一方ではそれはエジプトを去った、フィルアウンとの抗争後のこととして、九つの印の一つには入れない見解もある。全体では、16の印が上げられて論争されてきた。参考文献23、巻22、64-65頁.

みかに戻りなさい。スライマーンとその軍隊が、気づかずにあなた方を踏み潰さないように。19. すると、かれ（スライマーン）はその言葉に微笑んで言いました。わたしの主よ、わたしと両親に恵みを与えた**あなた**の恩寵に感謝し、**あなた**を喜ばせる善行をするように励ましてください。また**あなた**の慈愛で、わたしを**あなた**の正しい僕の中に入れてください。

20. またかれ（スライマーン）は、鳥たちを点検して言いました。なぜヤツガシラがいないのですか。それは欠席ですか。21. 明らかな理由を持って来ない限り、わたしは激しい苦痛でそれを処罰するか、または殺すでしょう。22. すると間もなくして、それは（やって来て）言いました。わたしは、あなた（スライマーン）が把握していないことを、把握しました。わたしは、サバアから確かな情報を持って来たのです。23. わたしはある婦人が、人びとを治めているのを発見しました。かの女にはあらゆるものが授けられて、立派な王座もあります。24. わたしはかの女とその民が、**アッラー**を差し置いて、太陽を崇拝しているのを見ました。悪魔がかれらに自分たちの行ないを立派だと思い込ませ、正道からかれらを閉め出しているので、かれらは正しく導かれていないのです。25. （また立派だと思わせたのは）かれらが**アッラー**を崇拝しないためでもあります。**かれ**は諸天と地の隠されたことを現し、（そして）あなた方が隠すことも現すことも知っておられるのに。26. **アッラー**、**かれ**の他に神はいません。**かれ**は偉大な玉座の主です。 **✿サジダ✿** 27. かれ（スライマーン）は言いました。あなた（ヤツガシラ）が真実を語ったのか、または嘘つきなのか、わたしには分かります。28. このわたしの書簡を持って行って、かれらに渡しなさい。そして引き上げて来て、かれらが何と返事するかを見てみなさい。

29. かの女（サバアの女王）は言いました。参謀たちよ、わたしの元に丁寧な書簡が届けられました。30. 実にそれはスライマーンからのもので、（こう記されています）慈愛あまねく、慈愛深い**アッラー**の御名において、31. あなた方はわたしに対して優越感を持たないように。（**アッラー**に）服従して、わたしの元に来るようにしなさいと。32. かの女は言いました。

参謀たちよ、直面するわたしのこの事案について、わたしに助言をください。あなた方が意見を出すまでは、わたしは何も決定しません。33. かれらは言いました。わたしたちは強力で、逞しい武力を持つ民です。命令はあなた次第です。どう命令なさるか、よくお考えください。34. かの女は言いました。確かに、王たちが町に入ると、かれらはそれを破壊して、その住民の最も高貴な人を（辱めて）最も卑しくします。このように、かれらはするでしょう。35. そこでわたしは、かれらに贈物を届けましょう。そして使者たちが（返事として）持ち帰るものを見ましょう。

36.（サバアの使者が）スライマーンを訪れると、かれは言いました。（何と）あなた方はわたしに財宝を与えようというのですか。しかし**アッラー**がわたしに与えたものは、**かれ**があなた方に与えたものよりも優れています。全くあなた方は、自分の贈物に粋がっているだけです。37. かれらの元に帰りなさい。わたし（スライマーン）はかれらが立ち向かえない軍隊でもって臨み、かれらを卑しい人にして、そこ（かれらの土地）から追い出すでしょう。そして、かれらの面目を失わせます。38. かれ（スライマーン）は言いました。参謀たちよ。あなた方の中、かれらが（**アッラー**に）服従してわたしの元に来る前に、誰がかの女の王座をわたしに持って来ることができますか。39. すると、ジンの中のイフリート（屈強で悪賢いジン）が言いました。あなたがその場所から立ち上がる前に、わたしはそれ（王座）をあなたに持って参ります。確かに、それについてわたしは有能であり信頼できる者です。

40. 啓典の知識を持つ者は言いました。瞬きを一度する間に、わたしはそれ（王座）をあなたの元に持って参ります。そしてそれがかれ（スライマーン）の元に置かれたのを見て言いました。これはわたしの主の恩恵で、わたしが感謝するのか、または忘恩なのかを試みるためです。誰でも感謝する人は、自分のために感謝しているのです。忘恩な人がいても、確かに、わたしの主は、最も高貴で豊かな方です[367]。41. かれ（スライマーン）は言いました。かの女の王座の装いを変えなさい。かの女が導かれているの

か、導かれていないのかを試してみましょう。42.そこで、かの女が到着すると（かの女は）尋ねられました。あなたの王座はこのようですか。かの女は言いました。それに似たものです。すると（スレイマーンが言いました）、わたし（スライマーン）はかの女より以前から知識を与えられ、（**アッラー**に）服従しています[368]。43.しかし、かの女が**アッラー**の他に崇めていたもの（太陽崇拝）が、かの女を（真実から）遠ざけました。確かに、かの女は不信心な民のひとりでした。44.（それから）かの女は宮殿に入るように言われました。でも、それを見たとき池だと思い（裾を上げて）かの女は両脛(すね)を露出しました。スライマーンは言いました。実はこれはガラス張りの宮殿です。かの女は言いました。わたしの主よ、確かに、わたしは自ら（太陽崇拝の）不正を犯しました。わたしはスライマーンと一緒に、すべての世界の主に服従します。

〈使徒たちを拒否した人びとの末路：サムードの民とルートの民の例から〉
45.確かに、**われら**はサムードの民に、かれらの同胞サーリフを遣わしました。**アッラー**に仕えなさいと（伝えるために）。ところが見なさい。かれらは二派に分かれて論争しました。46.かれは言いました。わたしの人びとよ、なぜあなた方は善よりも前に、悪を急ぐのですか。なぜあなた方は**アッラー**の赦しを請わないのですか。そうすることで慈愛にあずかれるのに。47.かれらは言いました。わたしたちはあなたとあなたの仲間を、不吉な予兆と見ています[369]。かれは言いました。あなた方の運命（の決定）は、**アッラー**の御元にあります。いや、あなた方は試みられている民です。48.この町には9人のならず者がいました。かれらは地上に腐敗を広げて、

---

367 感謝は道徳上、最重要な徳目のひとつに挙げられている。感謝が極まったものが、アッラーへの称賛でもある。35:30, 資料２.「イスラーム信仰について」参照。
368 サバアの女王（ビルキース）は、預言者スライマーンが見せた「王座の瞬間移動」というアッラーの奇跡を見極めることができなかった。また後述にあるように、宮殿がガラス張りになっていることも見極められなかった。啓典の知識を与えられたスライマーンが常に上手であり、ビルキースは最後にこの点に気づいて、アッラーに服従することになる。
369 ここは「鳥占いで」という表現だが、そのような習慣があったことについては、17:13 参照。「鳥」の言葉は、不吉な予兆に加えて、一般に運命も意味するようになった。

身を正しませんでした。49.かれらは言いました。かれ（サーリフ）とかれの家族を夜襲するように、**アッラー**にかけて共に誓おう。それから、かれの近親者[370]に言おう。わたしたちはかれの家族の殺害は目撃しませんでした。確かに、わたしたちは正直者ですと。50.かれらは悪巧みをしましたが、**われら**も図りました。でも、かれらは気づきませんでした。51.だから、かれらの悪巧みの末路がどんなものであったのか見なさい。**われら**は、かれらとかれらの民全員を滅ぼしてしまいました。52.これらは、かれらが不正を行なったために廃墟と化したかれらの住居跡です。確かに、この中には知識ある人びとへの一つの印（教訓）があります。53.でも、**われら**は信仰して（**アッラー**を）意識する人たちを救いました。

54.また、ルートを（を遣わしました）。かれがその民にこう言ったときです。あなた方は（悪と）知りながら、みだらな行為を犯すのですか。55.なぜあなた方は女性たちを差し置いて、情欲をもって男性たちに近づくのですか。いや、あなた方は無知の民です。56.◆**20部**◆しかし、かれの民の答えは、ただこれだけでした。ルートに従う一団をこの町から追い出せ。確かにかれらは純潔ぶる人たちだ。57.それで、**われら**はかれとかれの家族を救いました。ただし、かれの妻を除いて。**われら**はかの女を後方に残る人びととの仲間にしました。58.そして、**われら**はかれらの上に（石の）雨を降らせました。この雨は警告された人びとにとって、何とも災厄でした。

〈アッラーは真実であること：マッカの非信者へ〉
59.（ムハンマドよ）言いなさい。**アッラー**にすべての称賛あれ。また**かれ**が（預言者として）選んだ僕たちの上に平安あれ。**アッラー**の方が善いのか、もしくは、かれらが配する神々か。60.誰が諸天と地を創造したのか。また誰があなた方のために空から雨を降らすのか。それでもって、**われら**

---

[370] サーリフ殺害の罪を逃れようとしての発言である。殺害があった場合、相続人となる。近親者による同害報復については、2:178,179、5:45参照。

は喜ばしい果樹園を茂らせます。あなた方がその樹木を成長させるのではありません。**アッラー**の他の神（がそうするの）ですか。いや、かれらは道を外れる（同位者を配する）民なのです。61.誰が大地を堅固な住みかとし、そこに川を設け、また山々をしっかり設け、二つの海（淡水、塩水）の間に障壁を設けたのですか。**アッラー**の他の神（がそうするの）ですか。いや、かれらの多くは知らないのです。62.窮地にある人が祈るとき、誰がかれに応え、誰が災厄を除き、誰があなた方を地上の後継者とするのですか。**アッラー**の他の神（がそうするの）ですか。あなた方は少しも留意しません。63.誰が陸と海の暗黒（深層）の中で、あなた方を導くのですか。また、誰が**かれ**の慈愛（雨）の前の吉報として、風を送るのですか。**アッラー**の他の神（がそうするの）ですか。**アッラー**はかれらが同位に配するもの（偶像）をはるかに超越して、至高なのです。64.誰が創造を始め、さらにそれを繰り返すのですか。また誰が諸天と地からあなた方に糧を与えるのですか。**アッラー**以外の神（がそうするの）ですか。言いなさい。あなた方が真実を語っているなら、あなた方の証拠を持ってきなさい。

65.言いなさい。諸天と地の中において、**アッラー**の他に見えない世界を知る方はいません。また、かれらはいつ自分たちが復活するかも知りません。66.いや、かれらの知識は来世に及びません。いや、かれらはそれ（来世）に疑いを抱いています。いや、かれらはそれについて盲目なのです。67.不信心の人たちは言います。わたしたちやわたしたちの先祖が土になってから、本当に（復活して）連れ出されるのですか。68.確かに、わたしたちもわたしたちの先祖も、以前にこれを約束されました。（でも）これは昔の人の物語にすぎないのです。69.言いなさい。地上を旅しなさい。そしてこれら罪深い人たちの末路がどうであったかを観察しなさいと。70.あなた（ムハンマド）はかれら（マッカの多神教徒たち）について、悲嘆してはいけません。また、かれらが企てることに心を痛めてはいけません。71.かれらは言います。あなた方が真実を語るのなら、この約束（懲罰）はいつですか。72.言いなさい。あなた方が急いで求めているものは、あなた方のすぐ近くに迫っているかもしれません。73.確かに、あなたの

主は、人間に対して恩恵を与える方です。でも、かれらの多くは感謝もしていません。74.確かに、あなたの主は、かれらが胸に隠すことも、現すことも知っています。75.そして、諸天と地の中に隠されていて、明瞭な書板の中に（記されて）ないものは何もありません。

76.確かに、このクルアーンは、イスラーイールの子孫が（対立して）議論している多くのことについて語るものです。77.そして、それは信者たちに対する導きであり慈愛なのです。78.真にあなた（ムハンマド）の主は、**かれ**の決断によってかれらの間を裁決します。**かれ**は偉力大であり全知なのです。79.だから、あなたは**アッラー**を信頼しなさい。確かに、あなたは明白な真理の（道のり）上にいるのです。80.確かに、あなたは死者に聞かせることはできません。また、聞こえない人たちに呼びかけを、聞かせることもできません。かれらが背を向けて立ち去るときは。81.またあなたは、見えない人たちを迷いから導くことはできません。あなたが聞かせられるのは、**われら**の印を信じ、服従している人たちだけです。82.かれらに対してお言葉が実現される（最後の日の）時、**われら**は大地から一獣を出てこさせ、人間たち（の多く）が**われら**の印を信じなかったことを告げるでしょう。83.その日、**われら**はそれぞれの共同体から、**われら**の印を虚偽とした一群を集めて列に分けます。84.かれらが来たとき、**かれ**は言いました。あなた方は**われら**の印を十分把握できなかったのにそれらを拒否したのですか。あなた方は一体何をしていたのですか。85.そして、かれらが不正を行なったことについて、かれらに対して（裁決の）お言葉が下されるのです。そして、かれらは何も言えなくなるのです。

86.**われら**がかれらの休息のために夜を設け、ものが見えるように昼を設けたことを、かれらは見ないのですか。確かに、この中には信仰する人びとへのいろいろの印があります。87.ラッパが吹かれる（最後の）日、諸天にいる者も大地にいる者も、恐怖に襲われます。ただし、**アッラー**が望む者は別として。全員腰を低くして**かれ**（の御前）にやってきます。88.あなた（ムハンマド）は山々を見て、堅固であると考えるかもしれま

せん。でも、それは雲が通り過ぎていくように消え去ります。（これは）すべてを完成される、**アッラー**の御業なのです。確かに、**かれ**はあなた方の行なうことを熟知しています。89. 誰でも善と共に来る人は、それよりも善いものが与えられ、その（審判の）日、恐怖からの心配はないのです。90. 誰でも悪と共に来る人は、かれらの顔を下にして地獄の火に投げ込まれます。あなた方がしてきたこと以外に報われることがあるでしょうか。91. わたし（ムハンマド）はこの町（マッカ）の主に仕えなさいと命じられただけです。**かれ**はそれ（マッカ）を禁忌ある[371]ものとし、すべては**かれ**に属するのです。わたしは服従する人たちの一人であるようにも命じられました。92. またクルアーンを読誦するよう（にも命じられました）。そして、誰でも導きを受け入れる人は、自分自身のために導きを受け入れるのです。一方で、誰でも迷い去った人にはこう言いなさい。わたしは警告者の一人にすぎません。93. またこう言いなさい。**アッラー**にすべての称賛あれ。**かれ**はあなた方に数々の印を見せるでしょう。すると、あなた方もそれに気づくことになります。あなた方の主は、あなた方の行ないに不注意ではないのです。

28. 物語章　سورة القصص

マッカ啓示
88節

　　ムーサーに関する物語で始まるので、本章は「物語章」と名付けられました。マッカ期最後の時代の啓示で、啓示を受け入れるべきかということが、喫緊の課題となっていた時代です。ムーサーが生きていた当時の大富豪カールーンの傲慢とその滅亡が語られ（76〜82節）、永劫なるものはアッラー

371　禁忌（タブー）としては、戦闘、狩猟や樹木伐採、落とし物の無断拾得などの禁則がある。さらに巡礼期間は巡礼着が義務とされ、種々禁忌の項目は増える。また非信者の出入りは制限され、かれらの埋葬もない。なおマッカというときの地理的な範囲は現在のマッカ市より広く、同市を中心に東西南北約10キロの領域で、それは長い歴史の中で11回にわたり測量調査により改訂されてきた。また巡礼の禁則が適用される範囲はさらに広く、南北ではマッカ南方から北はマディーナ北方まで、約500キロ余りを含む広大な領域となる。

だけであることが強調されています(88節)。

慈愛あまねく、慈愛深いアッラーの御名において
〈ムーサーとフィルアウンの物語〉
1.ター・スィーン・ミーム。
2.これは、明瞭な啓典の諸節(印)です。3.**われら**は信仰する人たちのために真実をもって、ムーサーとフィルアウンの物語をあなた(ムハンマド)に読誦しましょう。4.確かに、フィルアウンはこの国において自分を最も高貴とし、その民を諸派に分け、その中の一派を抑圧して男児を殺し、女児は生かしておきました。実にかれは、腐敗を広めた人でした。5.**われら**は、この国で抑圧されている人たち(イスラーイールの子孫)に恵みを与えようと思い、かれらを(信仰の)指導者とし、(この国の)後継者にしようとしました。6.そして、この国にかれらを確立させて、フィルアウンとハーマーンとその軍隊に、かれら(イスラーイールの子孫)からかれら(フィルアウンとハーマーンら)が恐れていたこと[372]を見せつけようとしました。

7.そこで、**われら**はムーサーの母に啓示[373]して言いました。かれ(ムーサー)に乳を飲ませなさい。かれの(身の)上に危険を感じたときは、かれを川に投げ込みなさい。また心配して悲しんではいけません。**われら**は必ずかれをあなたに返し、かれを使徒のひとりとするでしょう。8.すると、フィルアウンの家族は、(やがて)かれらの敵となり悲しみの種となるかれを拾いあげました。実に、フィルアウンとハーマーンとかれらの軍隊は、罪深い人たちでした。9.フィルアウンの妻は言いました。(拾い上げたムーサーは)わたしとあなたが見て、喜ばしいものです。かれを殺してはいけません。わたしたちの役に立つこともあるでしょう。または養子にしても

---

372 イスラーイールの子孫(特に新生児)が将来フィルアウンやハーマーンを滅ぼすという占いのこと。
373 ムーサーの母が預言者でないことは確立された見解であるが、他方このように法的な性格でない事柄は啓示され得る。法的な教え(シャリーア)は、預言者だけに降ろされる。

よいでしょう。そして、かれらは（その行なっていることの意味に）気付きませんでした。10.翌朝、ムーサーの母の心は空洞のようになりました。もし**われら**がかの女の心を強くして、信者の一人にしなかったなら、かの女は危うくかれのことを打ち明けてしまうところでした。11.そして、かの女は（ムーサーの）姉に、かれ（の後）を追いなさいと言いました。それでかの女（ムーサーの母）は遠くからかれを見守っていたので、かれら（フィルアウンの人びと）は何も気づきませんでした。12.**われら**は前もって、かれ（ムーサー）に乳母（の乳）を（命令で）禁じておきました。それで、かの女（ムーサーの姉）は言いました。あなた方（フィルアウンの人びと）に、かれ（ムーサー）を養育する家族をお知らせしましょうか。かれらは丁重にかれを世話する人たちです。13.このように、**われら**はかれ（ムーサー）をその母に返しました。かの女の目は喜びを得て、悲しみも消え失せました。かの女は**アッラー**の約束が真実であることを知りました。でも、かれらの多くは知りません。

14.かれ（ムーサー）が立派に成人したとき、**われら**はかれに英知と知識を授けました。このように、**われら**は善行をなす人に報います。15.（あるとき）かれは人が注意していない間に町に入り、そこで二人の者が互いに争っているのを見かけました。一人は自分の一派の人（イスラーイールの子孫）で、もう一人はかれの敵側の人（エジプト人）でした。かれの一派の人が敵側の人に対してかれ（ムーサー）に加勢を求めました。そこでムーサーはかれ（敵）を拳で打って、殺してしまいました。かれ（ムーサー）は言いました。これは悪魔の仕業です。確かに、かれは人を惑わす明白な敵です。16.かれ（ムーサー）は言いました。わたしの主よ、実に、わたしは自ら不正を犯しました。どうかわたしをお赦しください。すると、**かれ**はかれを赦しました。誠に、**かれ**はよく赦すお方であり、慈愛深いお方なのです。17.かれは言いました。わたしの主よ、**あなた**がわたしに恩恵をくださったので、わたしはもう決して罪深い人たちの味方になることはないでしょう。18.翌朝、かれが町の中で恐れを抱きながら、辺りを警戒しているときのこと。見なさい、前日かれの援助を求めた人が（再び）か

れに助けを求めて叫びました。ムーサーはかれに言いました。あなたはよくよく間違いをしでかします。19. それでかれら二人の敵をかれ（ムーサー）が拳で打とうと決めたとき、かれ（敵）は言いました。ムーサーよ、あなたは昨日人を殺したように、わたしも殺そうとするのですか。あなたは地上において暴君になりたいだけです。そして、（世を）正そうとする人たちの一人となることは望まないのでしょう。20. すると、ある人が町の一番はずれから走って来て言いました。ムーサーよ。（フィルアウンの）参謀たちがあなたを殺そうと相談しています。だから（今すぐ）立ち去りなさい。わたしはあなたの誠実な助言者です。21. それで、かれは恐れを抱きながら辺りを警戒して、そこから逃げました。かれは言いました。不正の人びとからわたしをお救いくださいと。

22. かれ（ムーサー）はマドヤンの方に向けて進み、言いました。わたしの主は、わたしを正しい道に導いてくださるかもしれませんと。23. それからマドヤンの水場に来てみると、かれは一群の人びと（羊飼い）が（家畜に）水をやっているのを見ました。そして、かれらの片隅に二人の女性が、後方に控えているのを見ました。かれは言いました。あなた方二人はどうかなされたのですか。かの女ら二人は言いました。わたしたちはその羊飼いたちが（水場から）離れるまで、水をやることができません。そして、わたしたちの父は大変年老いています。24. そこで、かれはかの女ら二人のために（家畜に）水をやり、それから木陰に戻って言いました。わたしの主よ、**あなた**がわたしに授けるものなら、何であれ善いものを必要としています。

25. かの女ら二人の中の一人が、恥ずかしげにかれのところにやって来て言いました。わたしの父があなたをお招きしています。あなたがわたしたちのために、水をやってくれたことへのお礼をしたいそうです。そこで、かれがかれのところにやって来て、（ムーサーは）身の上話をしました。かれ（父）は言いました。心配なさるな。あなたは不正の民から逃れたのです。26. かの女ら二人の中の一人が言いました。わたしの父よ。かれを

雇いなさいませ。強健で信用できる人は、雇うのに最善です。27.かれ（父）は言いました。もしあなたが８年間わたしのために働いてくれるなら、わたしは二人の娘の中の一人を、あなたと結婚させたい。もし10年を満了したいなら、それもあなたの自由です。わたしはあなたに無理強いするつもりはありません。もし**アッラー**が御望みなら、わたしが正しい人間であることがあなたにも分かるでしょう。28.かれ（ムーサー）は言いました。それはわたしとあなたの間（の約束）です。二つの期間のどちらをわたしが満了するにしても、わたしにとって不当ではありません。**アッラー**はわたしたちが言うことの証人なのです。

29.その後、ムーサーが期間を満了して家族と一緒に（エジプトに）旅しているとき、トール山の側に一点の火を認めました。かれは家族に言いました。あなた方はここで待っていなさい。わたしは火を認めました。あそこからあなた方にお告げを持って来よう。または、火からたいまつを持って来てあなた方を暖めよう。30.ところが、かれがそこにやって来ると、谷間の右側の祝福された地点にある木から、かれを呼ぶ声がしました。ムーサーよ、真に**われら**はすべての世界の主、**アッラー**であるぞ。31.さあ、あなたの杖を投げなさい。でもかれ（ムーサー）はそれが蛇のように震えているのを見ると、逃げ出して振り返りませんでした。ムーサーよ、近寄りなさい。そして恐れてはいけません。誠にあなたは安全なのです。32.あなたの手を（衣の）脇の下に入れなさい。何の病気（癩病）でもないのに、それは白くなります。恐れに対しては、あなたの手を自分（の両脇）に引き寄せなさい。これらはあなたの主からのフィルアウンとかれの参謀たちに対する二つの証拠です。確かに、かれらは掟破りの人たちなのです。33.かれ（ムーサー）は言いました。わたしの主よ、わたしはかれらの一人を殺しました。だから、かれらがわたしを殺すのを恐れます。34.ただし、わたしの兄ハールーンはわたしよりも雄弁です。それで、わたしの言葉の正しさを確かめる補佐役として、かれをわたしと一緒に遣わしてください。わたしはかれらがわたしを嘘つき呼ばわりすることを恐れます。35.**かれ**は言いました。**われら**はあなたの兄をもって、あなたの片

腕を強力にします。また、あなた方二人に権威を授けましょう。そうすれば、かれらはあなた方に危害を加えられません。**われら**の印によって、あなた方二人とあなた方に従う人たちは勝利者となるのです。

36.ムーサーが**われら**の明白な印をもってかれらの所に来ると、かれらは言いました。これは捏造された魔術にすぎません。わたしたちは先祖からもこんなことを聞いたことがありません。37.すると、ムーサーは言いました。わたしの主は、誰が**かれ**の御元から導きをもって来たか、また誰が最後に（平安の）住まいを得るかをすべてご存知です。不正を行なう人たちは決して成功しないのです。38.フィルアウンは言いました。参謀たちよ。あなた方のためには、わたし以外の神をわたしは承知していません。だから、ハーマーンよ、わたしのために泥を燃やして（レンガを作り）高殿を築きなさい。ムーサーの神（**アッラー**）の元に登れるかも知れない。わたしはかれが嘘つきだと思う。

39.かれとかれの軍隊は地上において不当に高慢でした。そして、かれらは決して**われら**に帰されないと考えていました。40.だから、**われら**はかれとかれの軍隊を襲って海に投げ込みました。このように、不正を行なう人の末路がどんなものであったかを見なさい。41.**われら**はかれらを（地獄の）火に招く先達としました。そして、復活の日に、かれらが助けられることはありません。42.また、**われら**は現世において、かれらに（**アッラー**の）拒否を付きまとわせました。復活の日においても、かれらは嫌悪されるのです。43.確かに、昔の多くの世代を滅ぼした後、**われら**はムーサーに人類のための（真理への）洞察として、また導きと慈愛として、啓典を授けました。きっとかれらは留意するでしょう。

〈アッラーの慈愛と導きを得ること〉
44.**われら**がムーサーに命令を降ろしたとき、あなた（ムハンマド）は（シナイ山の）西側におらず、また（その）目撃者の一人でもありませんでした。45.でも、**われら**は（その後）多くの世代をもたらし、かれらに長生

きさせました。また、あなた（ムハンマド）がマドヤンの民の間に住んで、かれらに**われら**の印を読誦したのではありませんでした。でも、**われら**は（使徒たちを）遣わしてきました。46. また、**われら**が（ムーサーを）呼んだとき、あなた（ムハンマド）はシナイ（山）の傍らにいたわけではありませんでした。でも、（あなたもまた）あなたの主からの慈愛として（遣わされたの）です。あなた以前に一人の警告者もやって来なかった（マッカの）民に警告するために。そうすれば、かれらは留意することでしょう。47. もしそうしないなら、かれらの手が先になしたこと（罪）のために、かれらには災厄が襲いかかるでしょう。そのときになって、かれらは言うのです。わたしたちの主よ、もし**あなた**が使徒をわたしたちに遣わしていたなら、わたしたちは**あなた**の印に従い、信仰する人たちとなっていたのにと。48. でも、**われら**から真理がかれらに届くと、こう言いました。ムーサーに与えられたと同じようなものが、どうしてかれ（ムハンマド）に与えられないのですかと。かれらは以前にも、ムーサーに与えられたものを信じなかったではありませんか。かれらは言いました。二つ（律法とクルアーン）とも魔術で、互いに支え合っています。わたしたちは（どちらも）信じません。49. 言いなさい。それなら、**アッラー**の御元から導きの啓典で、これら二つよりも優れたものを持ってきなさい。あなた方が真実なら、わたし（ムハンマド）はそれに従います。50. そして、もしかれらがあなたに応えないなら、かれらは自分の妄欲に従っているにすぎないことを知りなさい。**アッラー**からの導きがなく、自分の妄欲に従う人よりも、道に迷う人がいるでしょうか。誠に**アッラー**は不正な人びとを導きません。

51. 確かに、**われら**はかれら（マッカの人びと）にも言葉を届けました。そうすることで、かれらは留意するでしょう。52. **われら**がそれ（クルアーン）以前に啓典を授けた人たちは、それを信じます。53. そして、それがかれら（クルアーン以前の人びと）に読誦されるとかれらは言います。わたしたちはそれを信じます。確かに、それはわたしたちの主から啓示された真理です。わたしたちはそれ以前からムスリム（**アッラー**に従う人）でしたと。54. これらの人たちには2倍の報奨が与えられます。なぜなら、

かれらは耐え忍び、善をもって悪を退け、**われら**が糧として与えたものから施したからです。55. また、かれらが馬鹿げた話を耳にするとき、かれらは背を向けて（拒否して）言います。わたしたちには、わたしたちの行ないがあり、あなた方には、あなた方の行ないがあります。あなた方の上に平安あれ。わたしたちは無知な人たちを相手にしません。

56. 確かに、あなた（ムハンマド）は誰であれ、自分が好む人を導くことはできません。でも、**アッラー**は御心のままに導きます。**かれ**は導かれる人を熟知しています。57. かれら（マッカの人びと）は言います。もしわたしたちが、あなた（ムハンマド）と一緒になってその導きに従うなら、わたしたちはわたしたちの土地から、つまみ出されるでしょうと。**われら**はかれらのために禁忌のある領域（マッカ）を確立して、**われら**からの糧として、すべての果実をそこにもたらしたではありませんか。でも、かれらの多くは分からないのです。58. **われら**は生活が豪勢で享楽に満ちた多くの町を、どれほど滅ぼしたことでしょうか。そういうところでは、かれら以後、かれらの住居はほとんど誰も住んでおりません。そして、**われら**こそが、相続者なのです。59. そして、あなたの主は町々をただ滅ぼす方ではありません。かれら（町々の人びと）の中に**われら**の印を読誦する使徒を遣わすまでは。また、**われら**はその人びとが不正な人びとでない限り、町々を滅ぼすことはありません。60. あなた方に現世の生活で与えられたものは、享楽とその虚飾にすぎません。しかし、**アッラー**の御元にあるものこそ、善美で永遠なのです。それでも、あなた方は理知を働かせないのですか。

〈アッラーに同位者はいないこと〉
61. **われら**が良い約束（楽園）を結び、それを実見する人と、**われら**が現世の生活の享楽を与えたが、復活の日には（地獄へと）召集される人とは、同類なのでしょうか。62. その日、**かれ**はかれらに呼びかけて言います。あなた方が言い張っていた、**わたし**の同位者（神々）はどこにいるのですか。63. （裁決の）言葉が明らかになった人（非信者）たちは言います。わたしたちの主よ、これらはわたしたちが迷わせた人たちです。（しかし）

わたしたちがかれらを迷わせたのは、わたしたち自身も迷っていたからです。（だから）わたしたちは、**あなた**に向かって（かれらとは）縁切りします。かれらはわたしたちを崇拝していたわけではありません。64.すると（かれらは）言われます。あなた方の同位者（神々）を呼びなさいと。かれらはそれら（神々）を呼ぶが、それらは応えません。かれらは苦痛を目の当たりにするでしょう。もしかれらが導かれていたなら（よかったのに）。65.その（審判の）日、**かれ**はかれら（非信者たち）を呼んで言います。あなた方は使徒たちに何と応えたのですか。66.その日、論証はかれらに曖昧となり、かれらは互いに尋ね合うこともできません。67.でも、改心して信仰し、善行に勤しんだ人は成功者の一人となるでしょう。68.あなたの主は、御心のものを創り、また選びます。（一方）かれらは選ぶことができません。**アッラー**に称賛あれ。**かれ**はかれらが同位を配するもの（偶像）のはるか上に高くおられます。69.また、あなたの主は、かれらの胸に隠すことも現すことも知っています。70.**かれ**こそは**アッラー**、**かれ**の他に神はいません。**かれ**にこの世とあの世におけるすべての称賛があり、裁決も**かれ**にあり、また**かれ**にあなた方は帰されるのです。

71.言いなさい。あなた方は考えましたか。もし**アッラー**が復活の日まで続く夜を設けたなら、**アッラー**の他に、どんな神があなた方に光を与えられるのですか。あなた方は聞かないのですか。72.言いなさい。あなた方は考えましたか。もし**アッラー**が復活の日まで続く昼を設けたなら、**アッラー**の他に、どんな神があなた方に休息するための夜を与えられるのですか。あなた方は見ないのですか。73.**かれ**の慈愛によって、**かれ**は夜と昼をあなた方のために設け、それであなた方は（夜に）休み、また（昼に）**かれ**の恩恵を求めることができます。（そして）おそらくあなた方は感謝するでしょう。74.その（審判の）日、**かれ**はかれらを呼んで言います。あなた方が言い張っていた、**わたし**の同位者（神々）はどこにいるのですか。75.**われら**はすべての共同体から、証人を出させて言うでしょう。あなた方の証拠を持って来なさい。そのとき、かれらは真理が**アッラー**だけのものであることを知ります。そして、かれらが捏造していたものは、か

れらから離れ去るのです。

〈カールーンの不信仰とその末路〉

76. 確かにカールーンは、ムーサーの民（イスラーイールの子孫）の一人でしたが、かれら（これらの子孫）を抑圧しました。また**われら**は、かれ（カールーン）に財宝を与えました。確かにその（宝庫の）鍵は、屈強な男たちの集団をもってしても重かったのです。かれの人びとが、かれに言いました。浮かれていてはいけません。誠に**アッラー**は、浮かれている人を好まれません。77. また**アッラー**があなた（カールーン）に与えられたもので、来世の住まいを請い求め、この世におけるあなたの（妥当な）分け前を忘れてはいけません。そして**アッラー**があなたに善くしてきたように、あなたも善行をしなさい。地上において、腐敗を広げてはいけません。誠に**アッラー**は、腐敗を広げる人を好まれません。78. かれ（カールーン）は言いました。これ（財宝）を授かったのは、わたしが持っている知識（能力）のおかげですと。（そう言うということは）**アッラー**がかれ以前に多くの世代を滅ぼしたことを、かれは知らないのですか。かれら（以前の世代）の中には、力はかれよりも強く、蓄えもより巨額なものもいました。罪深い人たちは、かれらの罪について問い正されないのです[374]。79. そこで、かれ（カールーン）は身を飾って、人びとの中に出て行きました。現世の生活を望んでいる人たちは言いました。ああ、カールーンに与えられたようなものが、わたしたちにも与えられたならばなあ。実にかれは、すばらしい幸運の持ち主です。80. でも知識を授けられた人たちは言いました。情けないことを言ってはいけません。信仰して善行に励む人にとって、**アッラー**の報奨こそ一段と優れています。そしてよく耐え忍ぶ人だけに、それは授けられるのです。81. その後**われら**は、かれ（カールーン）とかれの住まいを大地に飲み込ませました。結局、**アッラー**に対しては、かれを助ける一団もなく、また自分を守ることもできませんでした。82. 次の日には、

---

374 ここの解釈は区々に分かれている。罪はその方法や分量について問われることがない、あるいは、釈明の機会が与えられない、など。参考文献23、巻26、15-17頁参照。

その前日までかれの立場を望んでいた人たちは、言い始めました。ああ、誠に**アッラー**は、**かれ**が望む僕たちに糧を豊かに、あるいは制限して与えます。もし**アッラー**の恩寵がなかったなら、**かれ**はわたしたちを大地に飲み込ませていたでしょう。ああ、非信者たちは決して成功しないのです。

83. 来世の住まいとは、**われら**が、地上において優越することや腐敗を望まない人びとのためにもうけるものです。最後（の成功）は（**アッラー**を）意識する人たちに与えられるのです。84. 善行を持って来る人にはそれに優るものを与え、悪行を持って来る人には、かれらがしてきたことに応じてのみ報います。85. 確かに、クルアーンをあなた（ムハンマド）に命じた**かれ**は、あなたを帰る所[375]に戻されます。言いなさい。わたしの主は、誰が導きをもたらし、また誰が明白な迷いの中にいるのかを最もよくご存知です。86. ただあなたの主からの慈愛として、啓典があなたに届けられることは、あなたが予期しなかったことです。だから、決して非信者を支持してはいけません。87. あなたに啓示された後、**アッラー**の印から（非信者に）あなたを遠ざけさせてはいけません。あなたの主に（人びとを）招きなさい。そして、多神教徒の一人となってはいけません。88. また**アッラー**と一緒に、他の神に祈ってはいけません。**かれ**の他に神はいません。**かれ**の尊顔の他、すべてのものは消滅します。**かれ**に裁決はあり、また**かれ**にあなた方は帰されるのです。

29. 蜘蛛章　سورة العنكبوت

マッカ啓示
69節

本章41節において、多神教徒を蜘蛛に例える話があり、そこから命名されました。信者たちは試みられるが、アッラーの道において奮闘努力して、

---

[375] 一般にはアッラーの御元に帰ると解されるが、この啓示のあった当時、ムハンマドはマッカからの移住直後で失望の極にあったので、マッカに帰るとも解される。

堅固であるように諭されています。ヌーフ、イブラーヒーム、ルート、シュアイブなどの物語が引き合いに出され、アッラーの約束は真実で、結局はすべてがアッラーに戻る(マアード)との教えが示されています。またここから続く三つの章(30章、31章、32章)は、すべて同じ「アリフ・ラーム・ミーム」の3文字で始まります。

　　　　　慈愛あまねく、慈愛深いアッラーの御名において
〈アッラーの道において奮闘努力すること〉

1.アリフ・ラーム・ミーム。
2.人びとは、わたしたちは信じますと言えば、試みられることはなく、放って置かれると考えるのですか。3.確かに、**われら**はかれら以前の人びとも試みました。**アッラー**は誠実な人を知り、また**かれ**は嘘つきも知っています。4.もしくは悪を行なう人びとは、**われら**から逃れることができると考えているのですか。かれらがそう判断することこそ災いです。5.**アッラー**に会うことを切望する人よ、確かに、**アッラー**の期限はやって来ます。**かれ**は全聴にして全知なのです。6.(**アッラー**の道において)奮闘努力する人は、自分自身のために奮闘努力しているのです。**アッラー**は、すべてについて、何一つ求めません。7.**われら**は信仰して善行に勤しむ人には、かれらの悪行を取り消し、かれらが行なってきた最善のことに報いるのです。8.**われら**は人間に、親孝行するよう命じました。ただし、もしかれら(両親)があなたに知識がないものを**わたし**と同列に配するように強いるなら、かれらに従ってはいけません。**わたし**にあなた方の帰り所はあります。そのとき、**わたし**はあなた方の行なってきたことを告げるでしょう。9.信仰して善行に勤しむ人を、**われら**は必ず正しい人びとの中に入らせるのです。

10.人びとの中には、わたしたちは**アッラー**を信仰すると言う人がいます。ところが、かれが**アッラー**(の道)において苦難に会うと、かれは人びとからの試練をまるで**アッラー**の懲罰のようにみなすのです。でも、もしあなたの主からの助けが来ると、確かにわたしたちはあなた方(信者たち)と一緒でしたとかれらは言うのです。**アッラー**はすべての世界の人の胸の中にあるものを、最もよくご存知ではないのでしょうか。11.**アッラー**は

信仰する人たちも、偽信者たちをも知っておられます。12.不信仰の人たちは信仰する人たちに向かって言いました。わたしたちの道に従いなさい。わたしたちがあなた方の罪を負いましょうと。しかし、かれらは少しも、あなた方の罪を負うことはありません。確かにかれらは嘘つきです。13.一方、かれらは自分の重荷を負い、その他（かれらが迷わせた人）の重荷をも負うでしょう。復活の日には、かれらが捏造していたことについて、必ずかれらは問い正されるのです。

14.確かに、**われら**はヌーフをかれの民に遣わしました。かれはかれらの間に1,000年より50年少ない間（950年間）留まりました。そして、かれらが不正を行なっている間に、洪水がかれらを襲いました。15.ただし、**われら**はかれと方舟の仲間とを救い、それをすべての世界のための諭しとしました。16.また、イブラーヒームがかれの民にこう言ったときのことです。**アッラー**に仕え、**かれ**を意識しなさい。もしあなた方が理解するなら、それがあなた方のために最も善いのです。17.あなた方は**アッラー**を差し置いて偶像に仕え、虚偽を作りあげているにすぎません。あなた方が**アッラー**を差し置いて仕えるもの（偶像）たちは、あなた方に糧を与える力はありません。だから、**アッラー**から糧を求め、**かれ**に仕え、**かれ**に感謝しなさい。あなた方は**かれ**の御元に帰されるのです。18.もしあなた方が拒否するなら、（警戒しなさい）確かにあなた方以前の諸民族も拒否しました。使徒（の務め）は、ただ明瞭に（啓示を）伝えるだけです。19.かれらは**アッラー**がいかに創造を始め、それからそれを繰り返すかを見ないのですか。真にそれは**アッラー**には容易なことです。20.言いなさい。地上を旅して観察しなさい。**かれ**がいかに創造を始めたかを見なさい。やがて**アッラー**は、最後の創造（来世をもたらすこと）をします。確かに、**アッラー**はすべてのことに全能です。21.**かれ**は御心の人に苦痛を与え、御心の人に慈愛を与えます。そして、**かれ**にあなた方は帰されるのです。22.あなた方は地においても天においても、（**アッラー**を）妨害する（逃れる）ことはできません。そして、**アッラー**の他に、あなた方の擁護者も援助者もないのです。23.**アッラー**の印を信じず、**かれ**との会見を信じない

人は、**わたし**の慈愛を期待できず、かれらには厳しい苦痛があるのです。

24.かれ（イブラーヒーム）の民の返答はこう言うだけでした。かれを殺すか、または焼きなさい。でも、**アッラー**はかれを火から救いました。確かに、この中には信仰する人たちへの印があります。25.また、かれは言いました。あなた方が**アッラー**を差し置いて偶像に仕えるのは、現世の生活を愛して止まないからです。でも復活の日には、あなた方は互いに否認し合い、互いに拒否し合うでしょう。そして、あなた方の住まいは（地獄の）火であり、あなた方にはどんな救助者もありません。26.ルートはかれ（イブラーヒーム）を信じて言いました。わたしはわたしの主へと移り住みます（帰ります）。誠に**かれ**は偉力大かつ英明なのです。27.また、**われら**はかれ（イブラーヒーム）にイスハークとヤアコーブを授け、その子孫の間に預言者たち[376]と啓典を授けました。またかれには現世の報奨も与えました[377]。確かに、かれは来世においても、正しい人の仲間になるのです。

〈使徒たちを拒否した人びとの末路〉

28.またルートを（遣わしました）。かれはその民に言いました。あなた方はこのような淫らな行為を犯すのですか。あなた方より以前、どの民族もしたことがないのに。29.あなた方は男性に手を出し、道行く人を襲い、あなた方の集会でしてはならない悪行をするのですか。すると、かれの民はこう言うだけでした。あなたが真実を言うのなら、わたしたちに**アッラー**の苦痛（懲罰）をもたらしてみなさい。30.かれは言いました。わたしの主よ、腐敗の民からわたしを助けてください。31.それから、**われら**の使徒（天使）たちが、（子息誕生の）吉報を持ってイブラーヒームの所に来たとき、こう言いました。わたしたちはこの町の民を滅ぼします。実にこの民は不正を犯す人たちなのです。32.かれ（イブラーヒーム）は言いま

---

376 イブラーヒーム以降の預言者は全員、その子孫である。
377 「現世の報奨」とは、あらゆる宗教におけるイブラーヒームに対する称賛と解される。

した。ルートがそこにいます。かれらは言いました。わたしたちは、誰がそこにいるかを（あなたより）よく知っています。わたしたちはかれ（ルート）もかれの家族も必ず救います。ただし、かれの妻を除いて。かの女は後方に残る民の仲間です。33. **われら**の使徒（天使）たちがルートのところに来たとき、かれはかれら（人びと）に困り果てて、どうしていいか分かりませんでした。かれら（天使）は言いました。心配してはいけません。悲しんではいけません。確かに、わたしたちはあなたとあなたの家族を救います。ただし、あなたの妻を除いて。かの女は後方に残る民の仲間です。34. わたしたちはこの町の民の上に、天から懲罰をもたらすところです。なぜなら、かれらは掟に背いてきたからです。35. **われら**は理性ある人びとのために、明証となる印としてこれ（ルートの民の廃墟）を残したのです。

36. またマドヤン（の民）には、かれらの同胞シュアイブを（遣わしました）。かれは言いました。わたしの民よ、**アッラー**に仕え、最後の日（の報奨）を望みなさい。地上で悪を行なって、腐敗を広げてはいけません。37. ところが、かれらはかれ（シュアイブ）を嘘つき呼ばわりしました。すると、大地震がかれらを襲い、翌朝かれらは、家の中にひれ伏して（死んで）いました。38. また、アードとサムードについても、かれらの住まい（廃墟）からして、あなた方に明らかでしょう。自分たちの行ないが立派であると悪魔がかれらに思わせ、かれらを正道から踏み外させたのです。せっかくかれらは見識を与えられていたのに。39. また、カールーンとフィルアウンとハーマーン[378]については、ムーサーが明証をもってかれらの所にやって来ました。かれらは地上で高慢でしたが、かれらは**われら**に勝ることはできませんでした。40. それで、**われら**はかれらの罪によって、かれら全員を襲いました。かれらの中には**われら**が砂嵐を送った者（ルートの民の場合）、一声（で懲罰）が襲いかかった者（サムードの民の場合）、**われら**

---

378 しばしば前述されたが、カールーンはムーサーの従兄で、ハーマーンはフィルアウンの宰相であった。三人とも頑として非信者であった。

が大地に飲み込ませた者（カールーンの場合）、**われら**が溺れさせた者（ヌーフやフィルアウンの民の場合）がいました。これは**アッラー**がかれらを損なったのではありません。でも、かれらが自分自身を損なったのです。

41. **アッラー**を差し置いて、かれらが保護者にするものの例えは、（自ら）家を造る蜘蛛のようなものです。確かに（家の中でも）最も弱い家は、蜘蛛の家なのです。もしかれらが分かるなら（よかったのに）。42. 真に**アッラー**は、かれらが**かれ**を差し置いて祈るものを、すべてご存知です。**かれ**は偉力大であり、英明なのです。43. **われら**は人類のために、これらの例えを明示するのです。でも、知識ある人の他は、これを理解しません。44. **アッラー**は真理をもって[379]諸天と大地を創造しました。確かに、その中には信者への印があるのです。

〈クルアーンを信じて奮闘努力すること〉

45. この啓典（クルアーン）であなた（ムハンマド）に啓示されたものを読誦しなさい。そして礼拝の務めを守りなさい。確かに礼拝は、淫らな行為と悪行から遠ざけます。**アッラー**を唱念することこそ、偉大なのです。**アッラー**は、あなた方が行なうことをすべてご存知です。46. ◆**21部**◆また（信者たちは）啓典の民と論争してはいけません。それ（論争）がより良いものでない限りは。ただし、かれら（啓典の民）の中で不正を行なう人たちは別です。それでこう言いなさい。わたしたちは自分たちに啓示されたものを信じ、あなた方に啓示されたものも信じます。わたしたちの神とあなた方の神は、唯一です。わたしたちは**かれ**に服従しますと。47. このように、**われら**はあなたに啓典を啓示したのです。それで啓典を与えられた人びとは、この啓典（クルアーン）を信じます。また、これら（マッカの人びと）の中にも、それを信じる人がいます。非信者を除いては、誰も**われら**の印を否定しないのです。

---

379 「真理をもって」あるいは、「真理のために」とは、宇宙の万有が機能する大原理を顕在化し確証するために、ということ。アッラーの創造は、無目的ではない。多数既出だが、64:3など。

48. それ（クルアーン）以前に、あなた（ムハンマド）はいかなる啓典も読みませんでした。しかも、あなたの右手でそれを書きもしませんでした[380]。もしそうであったら、虚偽に従う人たちは、疑いを抱いたでしょう。49. いいえ、これ（クルアーン）は知識を与えられた人びとの胸の中において（保持される）明らかな印です。だから、不正な人びとを除いて（誰も）**われら**の印を否定しません。50. でも、かれらは言います。なぜかれの主から、かれに印（奇跡）がもたらされないのですか。言いなさい。（すべての）印（奇跡）は**アッラー**の御元にあるが、わたしは明白な警告者にすぎないのです。51. **われら**があなたに啓典（クルアーン）を啓示し、それがかれらに読誦されるということで十分ではないのですか。確かに、その中には信仰する人たちへの慈愛と諭しがあります。52. 言いなさい。**アッラー**はわたしとあなた方との間の立証者として十分です。**かれ**は諸天と地にあるものをすべて知っています。だから、虚偽を信じて**アッラー**を拒否する人びとは損失者なのです。

53. かれら（非信者）は苦痛（懲罰）を急ぐように、あなた（ムハンマド）に求めます。もし定められた期限がなかったなら、（すでに）苦痛はかれらに届いていたでしょう。しかし（来る時は）まったく気づかない間に、突然かれらを襲うのです。54. かれらは苦痛を急ぐように、あなたに求めます。（急がなくても）必ず地獄が非信者たちを取り囲むのです。55. その日、かれらの上から、また足元から苦痛が襲うとき、**かれ**は言います。あなた方がしてきたことを味わいなさい。

56. 信仰する**わたし**の僕よ、確かに、**わたし**の大地は広大です。だから、**わたし**だけに向かって、**わたし**だけに仕えなさい。57. 人は全員、死を味わいます。それからあなた方は、**われら**に帰されるのです。58. 信仰して善行に勤しむ人びとには、**われら**は川が下を流れる楽園に住まいを与え、永遠にそこに住まわせます。善行者が得るご褒美は何とすばらしいもので

---

380 ムハンマドは読み書きをしなかったということ。

しょうか。59. これらの人はよく耐え忍び、かれらの主に頼り切っています。60. 自分の糧を確保できない生きものが、どれだけいることでしょうか。**アッラー**が、かれらとあなた方に糧を与えます。**かれ**は、全聴かつ全知なのです。61. もしあなた（ムハンマド）がかれら（非信者）に、誰が諸天と地を創造し、太陽と月を従わせているのですかと問えば、かれらは**アッラー**だと言います。それならどうして、かれらは惑わされたのでしょうか。62. **アッラー**は**かれ**の僕の中で、**かれ**が望む人に豊かに糧を与え、また望む人にそれを切り詰めます。誠に**アッラー**は、すべてのことを熟知しています。63. もしあなたがかれらに、誰が空から水（雨）を降らせ、死の大地に生命を吹き込むのですかと問えば、かれらは**アッラー**と言います。言いなさい。**アッラー**にすべての称賛を捧げますと。でも、かれらの多くは理解しないのです。

64. 現世の生活は、遊びや戯れにすぎません。そして来世の住まいこそが（真実の）生活です。もしかれらが分かっていたなら（よかったのに）。65. かれらは船に乗っていると、**アッラー**に至誠の信心を尽くします。でも、**かれ**がかれらを陸に送ると、何とかれらは神々を配するのです。66. だから**われら**が与えたものに対して忘恩にさせ、享楽に溺れるにまかせておきなさい。かれらは今に分かるでしょう。67. かれらは**われら**が安全な禁忌のある場所（マッカ）を設けたことを見ないのですか。かれらの周囲では、人びとが略奪されているというのに（マッカが安全なのは**アッラー**の恩寵）。それでもかれらは虚構（神々）を信じ、**アッラー**の恩寵に感謝しないのですか。68. **アッラー**に対して嘘を捏造し、真理が届いたときにそれを拒否する人よりも、不当な人がいるでしょうか。地獄の中には、非信者たちの住みかがない（と考える）のですか。69. **われら**（の道）のために奮闘努力する人びとは、**われら**が**われら**の道に導きます。確かに、**アッラー**は行ないの善い人びと共にいるのです。

30. 東ローマ人章 سورة الروم

マッカ啓示
60節

東ローマ帝国がペルシア帝国に敗北した(613-14年)という冒頭の話から、本章は命名されました。その後ペルシアに対し、いずれ東ローマ帝国が勝利する、との預言通りとなり(622年)、またいずれムスリムは勝利するとの預言も、バドルの戦い(624年)で現実のものとなりました。イスラームは人間の天性に従うもので(30節)、それはやがて世界に広まるとされています(41～60節)。

慈愛あまねく、慈愛深いアッラーの御名において
〈アッラーの約束は果たされる〉
1.アリフ・ラーム・ミーム。
2.東ローマ人たちは敗北しました。3.(アラビア半島に)近接する地において。しかし、かれらはその敗北の後(ペルシア帝国を)打倒するでしょう。4.数年の間に。(敗北の)以前も以後も、万事は**アッラー**に属します。その(東ローマ人たちの勝利の)日、信者たちは喜ぶでしょう[381]。5.**アッラー**の助けがあったことについて(喜びます)。**かれ**は御望みの人を助けます。**かれ**は偉力大で、慈愛深いお方なのです。6.(勝利は)**アッラー**の約束です。**アッラー**は、**かれ**の約束を破りません。でも、ほとんどの人は知らないのです。7.かれらは現世の生活の表面を知るだけで、実にかれらは来世については留意しません。8.かれらは自分自身について、よく考えなかったのでしょうか。**アッラー**は諸天と地、そしてその間にあるすべてのものを、真理(目的)ならびに定められた期限をもってしか創造しませ

---

381 東ローマは別称ビザンツ(ドイツ語、英語ではビザンチン)、その語源は同地の地名であった。アラビア語では、「ルーム」であり、それは同地に住み着いたギリシア(ローマ)人の一部族名であった。当時のマッカの多神教徒たちは、多神教である拝火教のペルシア帝国を支持していた一方、ムスリムたちは唯一神教であるキリスト教の東ローマ帝国を支持していた。614年、ペルシア側は勝利してエルサレムまでも征服したが、627年、東ローマ側に敗北した。それは、マディーナ軍(信者)のマッカ軍(非信者)への大勝利となった、バドルの戦いと同時期であった。

んでした。しかし、人びとの多くはかれらの主との会見を否定するのです。

9. かれら（マッカの多神教徒たち）は地上を旅して、かれら以前の人びとの末路がどのようであったかを観察しなかったのですか。かれら（以前の人びと）は、かれら（マッカの多神教徒たち）よりも力において優れ、大地を耕して、かれらの建築よりもっと多く建設していました。そしてかれらの使徒たちが明証を持って、かれらの所に来たのです。だから、**アッラー**がかれらを損なったのではありません。かれらが（使徒たちを拒否して）自分自分を損なったのです。10. その後、悪を行なった人びとの末路は、最悪なものでした。かれらは**アッラー**の印を拒否し、それを笑い草にしていました。11. **アッラー**は創造を始め、さらにそれを繰り返し、それから**かれ**に、あなた方は帰されるのです。

12. （審判の）ときがやって来る日、罪深い人びとは絶望します。13. そして、かれらの神々（の中）には、かれらのために執り成す者はいません。だから、かれらが自らの神々を信じることはもはやないのです。14. （審判の）時がやって来る日は、かれらが分断される日なのです。15. そのとき、信仰して善行に勤しんだ人びとは、楽園に入ります。16. でも不信仰で、**われら**の印と来世での（**アッラー**との）会見を否定した人びとは、苦痛（懲罰）に立ち会わされます。17. だから、晩を迎えるときと暁を迎えるときに、**アッラー**を賛美しなさい。18. **かれ**にこそ、諸天と地におけるすべての称賛があるのです。また午後と真昼を迎えるときに（**アッラー**を賛美しなさい）[382]。19. **かれ**は死から生をもたらし、生から死をもたらします。また死の大地に生命を吹き込みます。そして、このように、あなた方も（墓から）外へ出される（復活する）のです。

382　17節と18節は一日５回の礼拝を示す。「晩を迎えるとき」はマグリノとイシャー、「暁を迎える時とき」はファジュル、「午後」はアスル、「真昼を迎えるとき」はズフルである。

〈アッラー以外に神は存在しないこと〉

20. **かれ**の印の一つは、**かれ**が土からあなた方を創ったことです。だから見なさい。あなた方人間は（地上に）拡散しています。21. また、**かれ**の印の一つは、**かれ**があなた方のために、あなた方自身から配偶者を創ったことです。あなた方がかの女の元で静穏を得られるように。そして、**かれ**はあなた方の間に愛と慈しみの心をもうけました。確かに、その中には熟考する人びとへの印があるのです。22. また、**かれ**の印の一つは、諸天と地の創造と、あなた方の言語と肌色の多様性です。確かに、その中には知識ある人たちへの印があるのです。23. また**かれ**の印の一つは、あなた方の夜と昼の睡眠と、**かれ**の恩恵を求めること（**アッラー**の糧を得ること）です。確かに、その中には聞く耳を持つ人びとへの印があるのです。24. また、**かれ**の印の一つは、稲妻をあなた方に見せて、恐怖と希望を引き起こし、空から水（雨）を降らせて、死の大地に生命を吹き込むことです。確かに、その中には理性ある人びとへの印があるのです。25. また、**かれ**の印の一つは、**かれ**の命令によって諸天と地をしっかり存立させていることです。それから、一声**かれ**があなた方を呼べば、見なさい。大地からあなた方は外へ出るのです。26. 諸天と地にあるものはすべて**かれ**に属します。すべては**かれ**に従順です。27. **かれ**こそは創造を始め、さらにそれを繰り返す方です。それは**かれ**にとって、より容易なことです。そして**かれ**に、諸天と地における最高の例えは属します[383]。**かれ**は偉力大であり、英明なのです。

28. **かれ**はあなた方に、あなた方自身（の日常生活）から例えを明示します。あなた方は自らの右手が所有する者たち（奴隷）を仲間にして、**われら**が与えたもの（糧）を等しくするのですか。（あるいはまた）あなた方が互いに恐れるように、かれら（奴隷）を恐れるのですか[384]。このように、**われら**は理性ある人びとに印を説き明かします。29. いいえ、不正を行なう

---

[383] 「例え」とは、アッラーの美称などの属性を指す。そして最高の属性は、アッラーの唯一性であり、アッラーに比べ得る何ものもないということである。

人びとは、知識もなくかれらの妄欲に従うのです。それで**アッラー**が迷うに任せたものを、誰が導けるでしょうか。かれらに援助者はないのです。

30. だから、あなたの顔を一心に教えに向けなさい。（その教えは）**アッラー**が人間に賦与された天性（の宗教）なのです[385]。**アッラー**の創造したものに変更はありません。それは正しい教えです。でも、ほとんどの人びとは知らないのです。31. **かれ**に向くことです。**かれ**を意識し、礼拝の務めを守り、多神教徒の仲間になってはいけません。32. かれらは宗教を分裂させて分派を作り、各派はかれら自らが持っているものに喜んでいるのです。33. 苦難が人びとを襲うと、かれらは**かれ**に向かって、かれらの主に祈ります。そして、**かれがかれ**からの慈愛をかれらに味わわせると、見なさい。かれらの一部は主に神々を配し、34. **われら**が与えたものに忘恩となるのです。それなら（現世の生活を）享楽していなさい。やがて、あなた方は知るでしょう。35. もしくは、かれらが**かれ**に神々を配するようにと語る（教える）権威を、**われら**がかれらに下したのでしょうか。

36. **われら**が人間に慈愛を味わわせると、かれらはそれに歓喜します。ところが、かれらの手がなしたことのために災厄がかれらを襲うと、見なさい。かれらは絶望してしまうのです。37. かれらは見ないのでしょうか。**アッラー**が御望みの人に糧を豊かに与え、そして（望みのままに）制限して与えるかを。確かに、その中には信仰する人びとへの印があるのです。38. それで、近親の者に正当な権利を与えなさい。また困窮の人や旅人にも。それは**アッラー**の尊顔(そんがん)を求める人たちにとって、最も善いことです。これらの人たちこそ（究極の）成功者なのです。39. 人の財産を通して利益を増やすために、あなた方が与えた利息は、**アッラー**の御元では何も増

---

384 アッラーと神々（偶像など）との関係が、人間とその奴隷との関係と対比されている。アッラーが神々を同位に置かないのは、ある人が自ら所有する奴隷を同等の仲間にしないのと同じとの趣旨。
385 天性（フィトラ）は万人に賦与されていて、イスラームはすべての人の教えであること。資料2.参照。

やしません。しかし、**アッラー**の尊顔を求めてする定めの施し（ザカート）については、その人たちは（利益が）倍増するのです。40.**アッラー**こそはあなた方を創造し、糧を与え、それからあなた方を死なせ、さらに生を与えた方です。あなた方の神々の中で、これらの一つでもできるものがいるのですか。**かれ**に賛美あれ。**かれ**はかれらが同位に配するものより、はるか上に高くおられるのです。

〈**アッラー**の約束は真実である〉
41.人間の手が稼いできたことのために、陸と海（の至る所）に腐敗が現れています。**かれ**がかれらの行なったこと（に対する報い）の一部をかれらに味わわせるのは、それによって、かれらが（**アッラー**へと）戻るかもしれないからです。42.言いなさい。地上を旅しなさい。そしてかれら以前の人びとの末路がどうであったかを観察しなさい。かれらのほとんどは多神教徒でした。43.それで**アッラー**から逃げられない（審判の）日が来る前に、あなたの顔を正しい教えに向けなさい。その日、かれら（人びと）は分断されます。44.不信心の人は、その不信心の重荷を負います。他方、正しい行ないをした人（信者）は、自分自身のために（善い結果を）準備してきたこととなります。45.つまり、**かれ**は信仰して善行に勤しむ人たちに、**かれ**の恩恵から報いるのです。確かに、**かれ**は信仰を拒否する人びとを好みません。

46.**かれ**の印の一つは、吉報の知らせとして、**かれ**が風を送ることです。また（風は）あなた方に**かれ**の慈愛を体験させるためです。つまり、**かれ**の命令によって（風は）船を進ませ、それによってあなた方は、**かれ**の恩恵を求めること（航海、漁業、貿易など）ができるのです。きっとあなた方は感謝するでしょう。47.確かに、**われら**はあなた以前にも、使徒たちをかれら（同胞）の民に遣わしました。かれら（使徒たち）はかれら（民）に明証を持ってきたのです。そして、**われら**は罪を犯した人びとに報復しました。また信仰する人びとを助けるのは、**われら**の務めでした。

48. **アッラー**こそは風を送る方で、雲を生起させる方です。それから、**かれ**は**かれ**が望むように空にそれ（雲）を広げて、散りばめると、あなたはその間から出てくる雨を見るのです。**かれ**が御望みの僕にそれ（雨）を降らせると、見なさい。かれらは歓喜します。49. ただし、かれらの上にそれ（雨）が降る前は、確かにかれらは絶望していたのです。50. **アッラー**の慈愛の跡をよく見なさい。どのように**かれ**が死の大地に生命を吹き込むのかを。確かに、**かれ**は死人に命を与えます。**かれ**はすべてに対して全能なのです。51. ところが**われら**が風を送って、それ（作物）が黄ばむのを見ても、その後かれらは信仰を拒否し続けるのです。52. 確かに、あなたは死人に聞かせることはできません。また、耳が聞こえない人が背き去るとき、かれらに掛け声を聞かせることもできません。53. また、あなたは目が見えない人を、過ちから導くこともできません。あなたは**われら**の印を信じて、従う人たち（ムスリム）だけに、聞かせることができるのです。54. **アッラー**こそはあなた方を弱いものから創り、弱いものの後に強いもの（成人）にし、さらに強いものとした後に、白髪の弱いもの（老人）にしました。**かれ**は御望みのものを創ります。**かれ**は全知かつ全能なのです。

55. （清算の）ときが確立するその（審判の）日、罪深い人たちは（現世もしくは墓の中に）一時しか留まらなかったと誓います。このように、かれらは常に欺かれていたのです。56. でも、知識と信仰を与えられた人たちは言います。あなた方は**アッラー**の書板（にある定め）に基づいて、復活の日まで留まりました。そして、これが復活の日です。ただし、あなた方は気づきませんでした。57. それでその日、不正を行なった人たちの言い訳は役に立たず、またかれらは、その過ちを説明する（改心して**アッラー**を喜ばす）ことも求められないのです。

58. 確かに、**われら**は人類のため、このクルアーンの中においてあらゆる例えを明らかにしました。一方で、あなた（ムハンマド）がかれらに印（奇跡）を持ってきても、信仰を拒否する人たちは言うのです。あなた方は虚偽に従う人たちにすぎないと。59. このように**アッラー**は、理解しない人

たちの心を封じます。60.だから耐え忍びなさい。誠に**アッラー**の約束は真実です。だからしっかりした信仰心のない人たちに、あなたは失望させられてはいけません。

---

31. ルクマーン章　سورة لقمان

マッカ啓示
34節

当時、預言者ではなかったが評判の高かった賢人ルクマーンの話であるので、それにちなんで命名されました。彼がその子供に教える内容は、唯一神、礼拝、親孝行、勧善懲悪、そして傲慢さのない態度などです(12〜19節)。また、アッラーの言葉は無限であるとの例えとして、すべての樹木がペンとなり、すべての海水がインクとなってもまだ書き尽くすには足りないといった表現が用いられています(27節)。

慈愛あまねく、慈愛深いアッラーの御名において

〈アッラーのみを信仰すること〉

1.アリフ・ラーム・ミーム。

2.これ（クルアーン）は英知の啓典の印（諸節）であり、3.善い行ないをする人たちへの、導きと慈愛なのです。4.かれらは礼拝の務めを守り、定めの施しをなし、そしてかれらこそ来世を確信する人たちです。5.これらの人たちはかれらの主の導きの上にあり、かれらこそ成功者なのです。6.人びとの中には娯楽話[386]を買い込んで、無知にも**アッラー**の道から（人びとを）迷わせ、それ（クルアーン）を笑い草にする人びとがいます。かれらには、恥ずべき苦痛（懲罰）があります。7.**われら**の印（諸節）がかれ（非信者）に読誦されると、かれはそれを聞こえないかのように、（また）耳が聞こえない人のように、高慢に背を向けます。かれには、厳しい苦痛を知らせなさい。8.確かに、信仰して善行に勤しむ人には安楽の園があり、

386　クルアーンからマッカの多神教徒の気を逸らせようとして、アルナドゥル・イブン・アルハーリスという男が、旅先からペルシアの昔話集などを買って喧伝したとされる。

9. 永遠にその中に住むのです。**アッラー**の約束は真実です。**かれ**は偉力大かつ英明なのです。10. **かれ**はあなた方に見える柱もない諸天を創り、大地があなた方をふらつかせないように、どっかりと山々を据えました。そしてそこに、多種多様な生き物を展開しました。また、**われら**は空から水（雨）を降らせ、地上にあらゆる見事な植物を生育させました。11. これが**アッラー**の創造です。だから**アッラー**以外のものが創造したものを、**わたし**に見せてみなさい。とんでもない。不正な人（非信者）たちは、明らかな迷誤の中にいるのです。

12. 確かに、**われら**はルクマーンに**アッラー**に感謝するよう英知を授けました。誰でも感謝する人は、そうすることが自分のためになるのです。忘恩な人に向かって、**アッラー**は満ち足りておられ、称賛される方なのです。13. さてルクマーンが、かれの息子に諭して言ったときです。息子よ、**アッラー**に同位者を配してはいけません。同位者を配することは、真に重大な不正なのです。14. そして**われら**は人々に対して、両親というものについて説きました。その母親は痛みに痛みを重ねてかれ（子）を（腹に）抱え、離乳までに２年かかります。だから**わたし**とあなたの両親に感謝しなさい。**わたし**に（最後の）帰り所があるのです。15. ただし、もしかれら（両親）があなたに知識がないもの（啓典に根拠がないもの）を、**わたし**と同列に配するようにさせるなら、かれらに従ってはいけません。でも（一般には）現世ではかれらに善良にして、**わたし**へと戻る人の道に従いなさい。**わたし**こそが、あなた方の帰り所なのです。**われら**はあなた方が行なってきたことを知らせるでしょう。

16. **わたし**（ルクマーン）の息子よ、たとえ、からし種一粒の重さであっても、それが岩の中、または諸天の上、または地下にあっても、**アッラー**はそれを持ち出します。誠に**アッラー**は、繊細で（何事も）よく知っている方です。17. わたしの息子よ、礼拝の務めを守り、善を勧め悪を禁じ、あなたに降りかかることを耐え忍びなさい。そうすることが望ましいのです。18. 他人にあなたの頬を（傲慢に）背けてはならない。また横柄に地

上を歩いてはいけません。確かに**アッラー**は、すべてのうぬぼれた自慢屋を好みません。19. そして穏やかに歩き、あなたの声を低くしなさい。最もぶざまな音は、ロバの鳴き声なのです。

〈アッラーの約束は真実である〉
20. あなた方は見ないのですか。**アッラー**が諸天にあり地にあるすべてのものを、あなた方のために従わせ、外面的にも内面的にも**かれ**の恩恵を十分に与えたことを。人びとの中には知識も導きも光明の啓典もないのに、**アッラー**について論争する人がいます。21. **アッラー**が啓示したものに従いなさい、とかれらに言うと、かれらはこう言い返します。いいえ、わたしたちは先祖たちのものに従いますと。何と、たとえ悪魔がかれらを、炎の苦痛に招いてもよいのですか。22. 誰でもかれの顔を**アッラー**に向けて善行に励む人は、堅固な取っ手を握った人で、万事の結末は**アッラー**にあるのです。23. 誰かが信仰しなくても、かれの不信仰があなた（ムハンマド）を悩ましてはいけません。**われら**にかれらの帰り所はあります。そのとき**われら**はかれらが行なってきたことを、かれらに知らせるでしょう。確かに**アッラー**は、（人間が）胸に抱くことをご存知です。

24. **われら**はしばらくかれらに享楽を与え、それから酷い苦痛を強いるのです。25. あなたがかれらに、誰が諸天と地を創造したのかと問えば、かれらは**アッラー**と言います。言いなさい。**アッラー**にすべての称賛あれ。でもかれらの多くは、知らないのです。26. 諸天と地のすべてのものは**アッラー**に属します。確かに、**アッラー**は豊かに満ち足りている方で、称賛されるべき方です。27. たとえ地上のすべての木がペンで、海（インク）に七つの海を加えても、**アッラー**の言葉が（書き）尽くされることはありません。真に**アッラー**は偉力大であり、英明なのです。28. あなた方の創造も復活も一つの魂（を扱う）にすぎません。誠に**アッラー**は全聴にして全視なのです。

29. あなたは見ないのですか。**アッラー**が夜を昼に入り込ませ、また昼を

夜の中に入り込ませ、太陽と月を従わせて、すべてが定められた期間を動いていることを。誠に**アッラー**は、あなた方の行なうことをご存知なのです。30. それは**アッラー**こそが真理だからです。かれを差し置いて、かれらが祈るものは虚偽であり、真に**アッラー**こそは至高にして至大なのです。31. あなたは見ないのですか。**アッラー**の恩恵によって船が海を進むのを。（それは）**かれ**が**かれ**の印をあなた方に示すためです。確かに、その中には辛抱し感謝するすべての人のための数々の印があります。32. 大波が大きな影のようにかれら（船乗り）を覆うとき、かれらは至誠を尽くして**アッラー**に祈ります。でも、**かれ**がかれらを無事陸地に運ぶと、かれらの中のある人は（信仰に）あやふやな状態になります。ただし、忘恩の裏切り者でない限り、誰も**われら**の印を否定しません。

33. 人びとよ、あなた方の主を意識しなさい。父がその子のために役に立たず、子もその父のために役に立たない（最後の）日を恐れなさい。誠に**アッラー**の約束は真実です。あなた方は現世の生活に欺かれてはいけません。また**アッラー**のことについて欺く人に、欺かれてはいけません。34. 確かに、**アッラー**だけに（審判の）ときの知識はあります。また**かれ**は雨を降らせ、胎内にあるものをも知っています。でも人間は明日自分が何を稼ぐかを知らず、どこの地で死ぬかも知りません。誠に**アッラー**は全知で（何事も）お見通しの方なのです。

32. 平伏礼章　سورة السجدة

マッカ啓示
30節

アッラーを敬慕する姿勢の「サジダ（平伏礼）」(15節)にちなんで、本章は命名されました。その趣意は、アッラーによる人間の創造と復活、また審判の日を知り、それらについて瞑想することで、信仰心を深めることにあります。

慈愛あまねく、慈愛深いアッラーの御名において

〈アッラーの偉力と創造と懲罰〉

1. アリフ・ラーム・ミーム。

2. この啓典（クルアーン）はその中に全く疑いの余地はなく、すべての世界の主から啓示されたものです。3. それなのに、かれらはかれ（ムハンマド）がそれを捏造したと言うのですか。いいえ、それはあなたの主からの真理で、あなた以前に一人の警告者も来なかった（マッカの）民に警告するためのものです。そうすることで、かれらは導かれるでしょう。

4. **アッラー**こそは6日の間に諸天と地、また、それらの間のすべてのものを創造し、さらに**かれ**はかれ自身を玉座の上に置かれます。あなた方には**かれ**の他に擁護者はなく、執り成す者もいません。それでも、あなた方は留意しないのですか。5. **かれ**は、天から地までのすべてのものを統制します。それから（復活の日）それ（すべて）は、1日で**かれ**へと昇ります。その（1日の）長さは、あなた方が計算する1,000年です。6. そのような方は、目に見えない世界と目に見える世界を（すべて）知っている方で、偉力大かつ慈愛深いお方なのです。7. **かれ**こそが創造したすべてを最も善美なものにし、土から人間の創造を始めました。8. さらに**かれ**は、卑しい水（精液）から抽出して、その（人間の）後継者をもうけました。9. さらに**かれ**は、かれ（人間）を形造り、**かれ**の魂をかれに吹き込み、そしてあなた方のために聴覚と視覚と心をもうけました。（それなのに）あなた方はほとんど感謝もしません。10. かれらは言います。地中に消え去ってから、確かにわたしたちはもう一度、新たに創造されるのでしょうか。いいえ、かれらは主との会見を、信じない人びとなのです。11. 言いなさい。あなた方のことを任された死の天使が、あなた方を刈り取って、それからあなた方を主に帰らせるのです。

12. あなた（ムハンマド）が見ていれば（凄さが分かったのに）。罪深い人たちがかれらの主の前で頭を垂れて、主よ、わたしたちは見て、聞いたので、（再び現世に）戻してください、わたしたちは善行に励みます、わた

したちはようやく確信しましたと（言う姿を）。13. もし**われら**が望むなら、すべての魂に導きを与えることもできました。しかし、ジン（幽精）と人間を一緒にして地獄を満たすという、**わたし**の言葉も真実なのです。14. だから（地獄を）味わいなさい。あなた方がこの日の会見を忘れていたので、**われら**もあなた方を忘れました。あなた方がしてきたことに対する、永遠の苦痛（懲罰）を味わいなさい。

〈アッラーに平伏すること〉
15. **われら**の印を信じる人とは、かれらにそれが述べられると身を投げだして平伏礼をし、かれらの主を称賛（の言葉）をもって賛美して、唱念する人たちです。かれらは高慢ではないからです。☙**サジダ**❧16. かれらはその寝床から（夜間）離れて、（地獄の）恐れと（お赦しの）願望を抱いて主に祈り、**われら**が与えたものから施します。17. かれらが行なってきたことに対する報奨として、かれらの目の癒しとなる（喜ばせる）隠されたもの（善果）を誰も知りません。18. では、信者が掟破りと同じでしょうか。かれらは同じではありません。19. 信仰して善行に勤しむ人びとは楽園が住まいで、それはかれらがしてきたことへの報奨なのです。20. でも掟破りの住まいは、（地獄の）火です。かれらがそこから出ようとするたびに、その中に引き戻されて、こう言われます。あなた方が否定してきた（地獄の）火の苦痛を味わいなさいと。21. **われら**は大きい苦痛の前に、手近な苦痛をかれらに味わわせます。そうすることで、かれらは（**アッラー**へ）戻ってくるかもしれません。22. かれの主の印が諭されたのに、それから背き去る人よりも不正な人がいるでしょうか。確かに**われら**は、罪深い人びとに報復するのです。

〈裁決の日を待つ〉
23. 確かに、**われら**はムーサーに啓典（律法）を授けました。だから、あなた（ムハンマド）はその会見について疑ってはいけません[387]。**われら**はそれ（律法）をイスラーイールの子孫たちの導きとしました。24. かれらがよく耐え忍び、**われら**の印を確信したときに、**われら**はかれらの間から、

われらの命令によって（人びとを）導く指導者をもうけました。25. 確かにあなたの主は、かれらが意見を異にしていたことについて、復活の日にかれらの間を裁決するのです。

26. かれら（非信者たち）に明らかにならなかったのですか。かれら以前に**われら**がどれだけ多くの世代を滅ぼしたかについて。かれらはかれら（滅ぼされた世代）の住まい（廃墟）を往来しているのです。確かに、その中には数々の印があります。それでもかれらは聞く耳を持たないのですか。27. また、**われら**が水を不毛の地に送り、それで穀物を育成させ、家畜およびかれら（非信者たち）自身が食べるのを見ないのですか。かれらは見る目を持たないのですか。28. かれらは言います。もしあなた方が言うことが真実なら、裁決はいつ来るのですか。29. 言いなさい。裁決の日に信仰しても、不信仰であった人びとには益にならず、またかれらは猶予もされないのです。30. だから、あなたはかれらから離れて待ちなさい。かれらもまた待っているのです。

33. 部族連合章　سورة الأحزاب

マディーナ啓示
73節

622年の移住後、ムスリムたちのマディーナ軍はマッカからの攻撃をよくしのぎました。5年後、ユダヤ人やアラブの諸部族は連合を組んでマディーナを攻撃しましたが、このときは塹壕作戦で防衛に成功しました（9～27節）。この一連の動向の中に、多くのアッラーの慈愛が見いだせたのです。また預言者の妻ザイナブは、貧民救済や戦闘員の看護でも知られ、一般に女性の社会における役割についても啓示がありました。それは名誉と尊厳を守り、中傷を避け、主体性を重んじるというものです（32～59節）。ムハンマドが最後の預言者であるとの言葉も出てきます（40節）。なお、33～39章

---

387 「その会見について」とは、ムーサーが啓典に出会った、つまり授かったと解するのが一般的だが、それをムハンマドも自らの啓典を授かる、と解するものもある。あるいはそのほか、種々の解釈が成立している。参考文献23、巻26、186-187頁。

のテーマは、最後の審判の日とアッラー称賛、ユーヌスの話ですが、それは10〜15章と対をなす形になっています。

慈愛あまねく、慈愛深いアッラーの御名において

〈アッラーへの信仰と戦い〉

1.預言者（ムハンマド）よ、**アッラー**を意識し、非信者や偽信者に従ってはいけません。確かに、**アッラー**は全知にして英明です。2.主からあなたに啓示されたところに従いなさい。間違いなく、**アッラー**はあなた方の行なうことを、知り尽くしています。3.**アッラー**にすべてを託しなさい。確かに、**アッラー**は保護者として万全なのです。4.**アッラー**はどんな男の体にも、二つの心臓[388]はもうけませんでした。また、**かれ**はあなた方が（相手が自分の母親の背中のようだと告げて）ズィハール離婚する[389]妻たちを、あなた方の母親とはしませんでした。さらに、**かれ**はあなた方の養子を、あなた方の実子ともしませんでした[390]。これらは、あなた方が口先だけで言っていたこと（虚偽）です。一方、**アッラー**は真実を語り、また（正しい）道に導きます。

5.かれら（養子）の実父（の姓）で、かれらを呼びなさい。それが**アッラー**から見て、最も正しいのです。たとえかれらの実父（の姓）が分からなくても、かれらは信仰上のあなた方の兄弟であり友人です。あなた方がそれ（呼び名）について誤ることがあっても、罪はありません。ただし、あなた方がわざとした場合は別です。**アッラー**はよく赦す方であり、慈愛深い

---

388 「二つの心臓」とは信心と不信心のことで、信者は同時に非信者や偽信者になり得ないこと。ただしこの啓示が降ろされた背景には、記憶力に優れた非信者が預言者を攻撃して、自分には二つの心臓があり、その一つで考えるだけでも預言者より優れていると主張したことがあった。
389 ズィハール離婚はイスラーム以前の制度。夫が妻に「あなたは私の母親の背中のようだ」と宣告することで、夫は妻に対する義務を放棄できた。一方、妻は夫と離婚できず、他の男性と再婚もできなかった。58:1〜4参照。
390 預言者が養子ザイドの元妻ザイナブと結婚したところ、非信者は預言者が息子の妻と結婚したとして非難した。そこでこの啓示がおりて、その非難は当たっていないとされたのである。本章33:37節参照。

お方なのです。6.預言者は信者たちにかれら自身よりも近く（愛すべき存在）、またかれの妻たちはかれら（信者たち）の母[391]です。また**アッラー**の書板では、実の血縁関係者は（マディーナの）信者（アンサール）や（マッカよりの）移住者（ムハージル）よりも、（相続上）親近です（権利があります）[392]。ただし、あなた方の親友のためには（相続において）親切にしなさい。これは書板に記されていることなのです。

7.また、**われら**が預言者たちから誓約を取ったときのことです。あなた（ムハンマド）からも、またヌーフ、イブラーヒーム、ムーサー、マルヤムの子イーサーからも（取りました）。**われら**は厳かにかれらから誓約を取りました。8.なぜなら、**かれ**が正直な人たちからさえも、かれらの正直さを求めるためでした。そして、**かれ**は非信者のためには、厳しい苦痛（懲罰）を備えました。

9.信仰する人たちよ、あなた方に与えられた**アッラー**の恩恵を思いなさい。大軍（部族連合軍）があなた方に攻め寄せて来たとき、**われら**はかれらに対し強風と、目に見えぬ軍勢（天使たち）を遣わしました。**アッラー**は、あなた方が行なうことを洞察しておられます。10.かれら（大軍）があなた方の上から、また下から襲って来たとき、目は反り返り、心臓は喉もとまで突き出て、あなた方は**アッラー**についていろいろと（悪い）想像をしました。11.こうして信者たちは試みられ、かれらは酷い動揺に揺さぶられました。12.そのとき、偽信者や心に病の宿っている人たちは言いました。**アッラー**とその使徒がわたしたちに約束したのは、ただの誤魔化しにすぎないと。13.また、かれらの一団は言いました。ヤスリブ（マディーナ）の民よ、あなた方にはとても対抗できるものではない、引き返しなさいと。また、かれらのある一団は預言者に（戦いからの帰還の）許しを願って言いました。本当にわたしたちの家は（危険に）晒されていますと。かれら

---

[391] 預言者の妻たちは、「信者の母」と綽名されていた。
[392] マディーナへの移住直後は、血縁によらず信仰上の兄弟同士で相続がされたが、本節によりその行為は廃棄され、血縁による相続となった。

は晒されているのではありません。ただ逃亡を望んだだけでした。14.も しかれら（大軍）が四方からそこに侵入して来て、裏切り（棄教）を呼び かけたなら、かれら（偽信者）は必ずこれを受け入れ、（ムスリムの敵と なることに）少しもためらうことはなかったでしょう。15.しかも、かれ らは決して背き去らないと、以前**アッラー**に誓っていたのでした。**アッラー** との約束には（必ず）応報があります。16.言いなさい。たとえ死や戦死 から免れても、逃亡はあなた方を益しません。あなた方は（現世の）束の 間を楽しむだけです。17.言いなさい。もし**アッラー**があなた方に災いを 望まれ、また慈愛を施そうと望まれたなら、誰がそれを止められるでしょ うか。**アッラー**の他には、かれらの擁護者も援助者もいないのです。

18.確かに、**アッラー**は知っています。あなた方の中で（戦いの）邪魔を した人たちと、またその同胞に向かって、わたしたち（偽信者）の方に来 なさいと誘った人たちを。かれらはほとんど戦いに出ませんでした。 19.（偽信者は）あなた方に対して、助力を惜しみます。そしてあなたは、 かれら（偽信者）に危険が訪れたとき、瀕死の人のように目玉をぐるりと 回して、あなたを凝視するかれらを見たのです。それで危険が去ると、か れらは唇を尖らせてあなた方を痛烈に非難し、良いもの（戦利品）を欲し がりました。これらの人は信者ではありません。だから、**アッラー**はかれ らの行ないを無効にされたのです。それは**アッラー**には容易なことでした。 20.かれら（非信者や偽信者）は、部族連合軍が撤退しなかったと考えて いるのです。もし部族連合軍が（また）来るなら、かれらは砂漠のアラブ 遊牧民の間に身をひそめて（遠くて安全なところから）、あなた方の知ら せを聞くことを願っています。たとえ、かれらがあなた方の中にいても、 ほとんどの人は戦わないでしょう。21.誠に**アッラー**の使徒は、**アッラー** と最後の日に望みをかける人と**アッラー**を多く唱念する人にとって、立派 な模範でした。

22.信者たちは部族連合軍を見たとき言いました。これは**アッラー**と**かれ** の使徒がわたしたちに約束されたもので、**アッラー**と**かれ**の使徒は真実を

語りましたと。それは、かれらの信心と服従の心をますます深めました。
23.信者たちの中には、**アッラー**と結んだ約束に忠実であった人たちが（多く）いました。そして、ある人はその誓いを果たし（殉教し）、またある人はまだ待っています。かれらは少しも（その信念を）曲げませんでした。
24.（このような試練によって）**アッラー**は忠実な人びとをその忠実さゆえに報い、また**かれ**が御望みなら、偽信者たちを罰し、あるいはかれらを赦すのです。真に、**アッラー**はよく赦す方であり、慈愛深いお方なのです。
25.**アッラー**が不信心な人たちを（砂嵐によって）怒りのうちに撤退させたので、かれらは何も得るものがありませんでした。信者たちには戦いにおいて**アッラー**がいれば万全です。**アッラー**は強力にして偉力大な方なのです。26.また、**かれ**はかれら（部族連合軍）を後援した啓典の民を、かれらの砦から追い払い、その心の中に恐怖を投じました。あなた方はある一団を殺し、またある一団を捕虜としました。27.また、**かれ**はかれら（啓典の民）の土地、住宅、財産、またあなた方の未踏の地を、あなた方に継がせました。**アッラー**は、すべてのことに全能なのです。

〈アッラーのお告げと婚姻〉
28.預言者（ムハンマド）よ、あなたの妻たちに言いなさい。もしあなた方が現世の生活とその虚飾を望むなら、こちらに来なさい[393]。わたしはあなた方に（糧を）提供するので、きっちり別れましょう。29.でも、あなた方が**アッラー**と**かれ**の使徒、そして来世の住まいを求めるなら、**アッラー**はあなた方の中で善行に勤しむ者に、偉大な報奨を準備しているのです。
30.預言者の妻たちよ、あなた方の中で明らかにみだらな行為を犯した人には、苦痛が倍加されます。**アッラー**にとって、それは容易なことです。
31.◆**22部**◆ そして、あなた方（妻たち）の中で、**アッラー**と**かれ**の使徒にしっかり従い善行に励む人には、**われら**は倍加した報奨を与えます。また、**われら**はかの女のために気前良い糧を準備しました。32.預言者の妻たちよ、あなた方は（他の）女たちと同じではありません。もしあなた方

---

393 預言者の勢力伸長を見て、要求を膨らませた妻たちがいたことが背景となっている。

がアッラーを意識するなら、心に病ある人が欲情をたくましくしないように、（男性と話すときは）言葉を優しくしてはいけません。そして良識に従ってものを言うように。33.あなた方の家に静かにして、（イスラームより）以前の無知な時代のように華美な飾りをしてはいけません。礼拝の務めを守り、定めの施しをなし、アッラーとかれの使徒に従順でありなさい。この家の人たちよ、アッラーはあなた方から不浄を払い、あなた方が清浄であることを望まれています。34.また、あなた方の家の中でアッラーの印（クルアーン）と英知（スンナ）から読誦されるものに留意しなさい。誠に、アッラーは親切にして、すべてをご存知なのです。35.ムスリムの男性と女性、信仰する男性と女性、敬虔な男性と女性、正直な男性と女性、忍耐強い男性と女性、謙虚な男性と女性、施しをする男性と女性、斎戒（断食）する男性と女性、貞淑な男性と女性、アッラーを多く唱念する男性と女性。確かに、これらの人のために、アッラーは罪を赦し、偉大な報奨を準備しました。

36.信仰する男性も女性も、アッラーとかれの使徒が何かを決めたときには、（自由に）選択すべきではありません。アッラーとかれの使徒に背く人は、明らかに道を誤った人です。37.アッラーが恩恵を授け、またあなた（ムハンマド）も親切を尽くした人（養子のザイド）に、あなたがこう言ったときのことです。妻（ザイナブ）をあなた（ザイド）自身の元に留め、アッラーを意識しなさいと。あなた（ムハンマド）はアッラーが公にすること（養子ザイドの妻との結婚の意図）を自分の中に隠し、人びとのことを恐れていました。むしろ、あなたはアッラーを畏れるべきでした。それで、ザイドがかの女（ザイナブ）について所要な手続きを済ませ（離婚し）たとき、われらはあなた（ムハンマド）をかの女と結婚させました[394]。こうすることで信者が所要の（離婚）手続きを終えたなら、自分の養子の（元）妻たちでも（結婚が）できることにしたのです。そして、アッラーの命令

---

394 預言者は養子であるザイドの妻ザイナブに心惹かれるものがあったが、それが知られることがないためにも離婚させないでいた。しかし結局離婚したので、預言者はザイナブを娶ることとなった。本節はその合法性を説いている。本章33:4参照。

は完遂されるのです。

38. **アッラー**が命令したことについて、預言者に責めはありません。これはあなた以前の人たち（使徒たち）に関する**アッラー**の慣行でもありました。**アッラー**の命令は、動かせない定めなのです。39.（使徒たちは）**アッラー**のお告げを伝え、**かれ**を畏れ、また**アッラー**以外の何ものをも畏れない人たちでした。**アッラー**は清算者として万全です。40. ムハンマドは、あなた方の男たちの誰の父親でもありません。しかし**アッラー**の使徒であり、また預言者たちの封印（最後の人）です。**アッラー**はすべてのことをご存知なのです。41. 信仰する人たちよ、**アッラー**を常に唱念しなさい。42. 朝な夕な、**かれ**を賛美しなさい。43. **かれ**こそは、あなた方を暗黒から光明に連れ出すために、天使たちともどもあなた方を祝福する方です。**かれ**は信者に慈愛深いのです。44. かれらが**かれ**に会う（審判の）日の挨拶は、平安あれ（サラーム）です。**かれ**はかれらのために、気前良い報奨を準備しました。

45. 預言者（ムハンマド）よ、確かに**われら**はあなたを証人として、また吉報の伝達者および警告者として遣わしました。46. また、**かれ**の許しをもって（人びとを）**アッラー**に招く人として、光明を行き渡らせる灯明としても（遣わしました）。47. だから、信者たちに**アッラー**からの偉大な恩寵があるとの吉報を伝えなさい。48. 非信者たちや偽信者たちに従ってはいけません。かれらの妨害を意にとめず、ただひたすら**アッラー**を信頼しなさい。**アッラー**は保護者として万全なのです。

49. 信仰する人たちよ、あなた方が信者の女性と結婚して、かの女に触れる前に離婚する場合は、かの女らについて定めの（待婚）期限を計算することはありません。かの女たちに贈与を与え、また面目を立てて、かの女たちを自由にしなさい（離婚しなさい）。50. 預言者（ムハンマド）よ、**われら**があなたの妻として許した人は、あなたが婚資を与えた妻たち、また**アッラー**があなたに授けた戦利品のうち、あなたの右手が所有する人（女

性の奴隷)、あなたと共に移住してきたあなたの父方のおじとおばの娘たちや母方のおじとおばの娘たち、また信仰する女性で自らを預言者に献上したいという人で、もし預言者がかの女と結婚を欲するなら（許されます）。これはあなただけ（特例）で、他の信者たちには許されません。**われら**はかれら（信者たち）の妻とその右手が所有する人について、かれらに命令したことを承知しているので、あなたが責められて困ることはないでしょう。**アッラー**はよく赦す方であり、慈愛深いお方なのです。

51. あなた（ムハンマド）は望むように、かの女たちの中から（自分との結婚を）先送りし、また受け入れてもかまいません。また、あなたが（寝床を共にすることを）退けていた人[395]を欲しても、責めはありません。これはかの女らを悲しませず、あなたがかの女たち全員に与えるもので、かの女たちの目を冷やす（喜ばせる）ためにより適切なのです。**アッラー**はあなた方が胸に抱くことを知っています。**アッラー**は全知にして度量が広いのです。52. （これ）以後[396]は、あなたに女性（との結婚）は許されません。また、たとえかの女たちの美貌があなたの気をひいても、妻たちを取り換えることもできません。ただし、あなたの右手が所有する人は別です。**アッラー**はすべてのことを監視しているのです。

〈アッラーの命令と作法〉
53. 信仰する人たちよ、預言者（ムハンマド）の家に入ってはいけません。ただし、あなた方が食事のために（入室の）許しを得て、その（食事の）準備を待つ必要がない場合は別です。でも、あなた方が呼ばれたときは入りなさい。そして食事が終わったなら、立ち去りなさい。世間話に長居してはいけません。このことが預言者に迷惑であっても、預言者はあなた方を（退出させることを）遠慮するでしょう。しかし、**アッラー**は真実を（告

---

395 預言者ムハンマドのある妻たちは、別の妻たちに対する嫉妬心からかれに対してきつく振る舞ったので、かれはかの女たちと寝床を共にすることを避けていた。本節により預言者に義務となっていたかれのすべての妻たちへの時間割当制が、任意になったと解される。
396 預言者ムハンマドには、当時９人の妻がいた。

げることを）遠慮されません。また、あなた方がかの女ら（ムハンマドの妻たち）に何ごとでも尋ねるときは、帳の後方からにしなさい。その方があなた方の心、またかの女らの心にとって一番清浄だからです。また、あなた方は**アッラー**の使徒を、悩ますようなことがあってはいけません。また、あなた方はどんな場合でも、かれ（ムハンマド）の（死）後に、かれの妻たちと結婚してはいけません。実に、それは**アッラー**の御元において大罪なのです。

54. あなた方が何かを現してもまた隠しても、**アッラー**はすべてのことをご存知です。55.（帳がなくても）かの女たち（預言者の妻）が（見られても）罪ではない人は、かの女たちの父とその息子たち、かの女たちの兄弟とその息子たち、かの女たちの姉妹の息子たち、（信者の）女性たちとかの女たちの右手が所有する人たちです。**アッラー**を意識しなさい。誠に、**アッラー**はすべてのことの立証者なのです。56. 真に、**アッラー**と天使たちは預言者（ムハンマド）を祝福します。信仰する人たちよ、あなた方はかれを祝福し、挨拶しなさい。57. 確かに、**アッラー**と使徒を害する人には、**アッラー**は現世でも来世でも激怒し、かれらのために恥ずべき苦痛を準備しました。58. また、男性の信者と女性の信者を、かれらが稼いできたもの以外によって害する人は、中傷（虚偽）と明白な罪を負ったのです。

59. 預言者（ムハンマド）よ、あなたの妻、その娘たち、また信者の女性たちにも、長衣を下まで垂らすように言いなさい。かの女たちが（男性から）知られ、害されないためにもそれがより適切なのです。**アッラー**はよく赦す方であり、慈愛深いお方なのです。60. もし偽信者、心に病のある人、そして町中[397]でうわさする人たちが止めなければ、**われら**はあなた（ムハンマド）にかれらを追放させます。そうすれば、かれらはあなたの隣人として、ほとんどいられないのです。61. かれらは拒否され、見つかり次第捕えられ、殺されるでしょう。62. これは昔の過ぎ去った人たちについて

---

397 マディーナの町のこと。

のアッラーの慣行で、あなたはアッラーの慣行には何の変更も見いだせません。

63. 人びとはあなた（ムハンマド）に（審判の）ときについて尋ねるでしょう。言いなさい。確かに、その知識はアッラーの御元にあります。どうしてあなたに分かるでしょうか。そのときは近いかもしれません。64. 確かに、アッラーは非信者を拒否し、かれらのために烈火を準備しました。65. かれらは永遠にその中に住み、保護者も援助者も見いだせないでしょう。66. その日、かれらの顔は火の中でひっくり返され、かれらは言うのです。ああ、わたしたちはアッラーに従い、また使徒に従えばよかったのに。67. また、かれらは言うでしょう。わたしたちの主よ、確かに、わたしたちは頭領や権力者たちに従っていましたが、かれらがわたしたちを、この（正しい）道から迷わせたのです。68. わたしたちの主よ、かれらの苦痛を2倍にして、完全に拒否してくださいと。

69. 信仰する人たちよ、ムーサーを軽蔑した人のようであってはいけません。そして、アッラーはかれらが（ムーサーについて）言った中傷から、かれ（ムーサー）を清めました[398]。アッラーの御元で、かれは高い栄誉を与えられています。70. 信仰する人たちよ、アッラーを意識しなさい。そして実直な言葉でものを言いなさい。71. かれはあなた方のためにその行ないを正され、もろもろの罪を赦します。アッラーとかれの使徒に従う人は、確かに偉大な勝利を達成する人なのです。72. 実は、われらは諸天と大地と山々に、信託（命令と禁忌の遵守）を申しつけました。でも、それらはそれ（信託）を担うことを辞退し、またそれについて恐れました。一方、人間はそれを担ったのです。実に、かれ（人間）は不適格で軽はずみでした。73. アッラーは偽信者の男性たちと女性たちや、多神教徒の男性たちと女性たちを処罰します。そして、アッラーは信仰する男性たちと女性た

---

398 ムーサーは普段から肌を人前で見せなかったので、非信者はかれの皮膚に病気があると中傷したが、沐浴の際にそうでないことが確かめられたという背景があった。

34. サバア章

سورة سبأ

マッカ啓示
54節

イエメンに住んでいたサバア[399]の民（27章ではサバアの女王ビルキースの物語で登場）の話にちなんで、本章は命名されました（15〜21節）。かれらは繁栄していたのに、アッラーへの感謝を怠り、一晩でダムが崩壊して滅亡したという話は、マッカの多神教徒たちへの警告となっています。また、ダーウードとスライマーンが、敬虔なアッラーの僕であったことも記されています。サバアの実話が、事例として預言者ムハンマドを激励することになったのでした。

慈愛あまねく、慈愛深いアッラーの御名において

〈アッラーの全能に称賛を〉

1.諸天にあり地にあるもの、すべてを所有される**アッラー**に称賛あれ。来世においても、**かれ**にこそすべての称賛はあります。**かれ**は英明にして、すべてお見通しなのです。2.**かれ**は大地に入るもの（水や種子や死体など）、またそれから出るもの（植物や鉱物など）をすべて知り、また天から降りるもの（雨や天使や啓示など）、そしてそこに昇るもの（魂など）すべてを知っています。**かれ**は慈愛深いお方で、よく赦すお方なのです。3.信仰のない人たちは言います。（審判の）ときは、わたしたちには来ないでしょうと。言いなさい。いいえ。わたしの主に誓って、それは必ずあなた方にやって来ます。**かれ**は目に見えない世界もご存知の方です。諸天においても地においても、わずかな塵の重さも、**かれ**から逃げられるものはありま

---

[399] サバァは南イエメンの町の名前（27:22も同様）。しかし章名として、サバィンとする場合も見られるが、それはサバゥンという先祖の名前と理解して、所属格に格変化させたものである。ただしアルラーズィーは、地名よりは人名とした方が、啓示の降ろされる対象としては自然だとしている。資料23、巻26、251頁。部族名とする場合はサバゥであり、それは二格変化であるので、章名としては地名と同じく、サバアとなる。

せん。またそれより小さいものも、大きいものも、明瞭な書板に記されないものはありません。4.それは**かれ**が信仰して善行をする人たちを報いるためです。これらの人たちにこそ、赦しと気前のいい恵みがあります。5.でも、**われら**の印を虚しくするのに努める人たち、これらの人たちには厳しい苦痛があるのです。

6.知識を授かった人たちなら、あなたの主からあなたに啓示されたものが真理で、それ（真理）が偉力大かつ称賛すべき方（**アッラー**）の道に導くものであることは分かるでしょう。7.そして非信者たちは言いました。あなた方が（死んで）粉々にされた後、新たな被造物になる（復活する）などと告げる人（ムハンマド）が誰かを示しましょうか。8.あるいは、かれは**アッラー**について嘘を捏造したのですか。それとも気が狂ったのですかと。いいえ。来世を信じない人びとは、苦痛と酷い迷いの中にいるのです。9.かれらはかれらの前後にある天と地を見ないのでしょうか。もし**われら**が望むなら、**われら**は大地にかれらを呑み込ませ、または大空の一部をかれらの上に落とすでしょう。真に、その中には改心して（**アッラー**に）帰る、すべての僕にとっての印があります。

〈ダーウードとスライマーンとサバアの民〉
10.確かに、**われら**はダーウードに恩恵を授け（こう言い）ました。山々よ、かれと共に（**アッラー**を）賛えなさい、また鳥たちも。**われら**はまた、かれのために鉄を軟らくして（言いました）。11.あなたは鎖よろいを造り、そのつなぎ目を正確に整えなさい、そして善行に勤しむように。実に、**わたし**はあなた方が行なうことをすべて見ているのです。

12.また、スライマーンには風で、一朝に1ヵ月分を、また一夕に1ヵ月分（の行路）を（旅させました）。また、**われら**はかれに溶けた銅の泉を湧き出させました。また、かれの主の許しによって、ジン（幽精）をかれの所で働かせ、かれらの中で誰でも**われら**の命令に背く者には、激しい火炎の苦痛を味わわせました。13.（この苦痛の恐怖によって）、かれら（ジ

ンたち）はかれ（スライマーン）のために、かれが望む宮殿や彫像や貯水池ほどもある洗面器、固定した大釜を製作しました。（**アッラー**は言いました）あなた方は働きなさい、ダーウードの一族よ、感謝して働きなさいと。でも、**わたし**の僕の中で感謝する者はわずかでした。14. **われら**がかれ（スライマーン）に死を命じたときも、かれらにその死を知らせたのは、大地の生き物（シロアリ）がかれの杖を食べることの他にありませんでした。それでかれが（遺体になって、もたれていた杖が折れて）倒れると、ジンたちは分かったのでした。もしかれら（ジンたち）が見えない世界（スライマーンが死ぬこと）を知っていたなら、恥辱の苦痛（大釜製作の諸作業など）に服することもなかったことを。

15. 確かに、サバアにおいてもかれらの住まいに一つの印がありました。右側と左側に二つの果樹園がありました（**アッラー**はかれらに言いました）。あなた方の主の糧から食べ、**かれ**に感謝しなさい。土地は豊かで、主はよく赦しますと。16. ところが、かれらは（**アッラー**から）背き去ったので、**われら**はかれらにダムから洪水を送り、その二つの果樹園を苦い果実、タマリスクの茂み、わずかなハマナツメの木（が残るだけ）の園に変えたのでした。17. そのように、**われら**はかれらが不信心であったために報いました。**われら**は信仰を拒否する人の他には、報復しないのです。

18. **われら**はかれら（サバアの民）と、**われら**が祝福した町との間に、（旅人が）見やすい町々を設け、その道のりを定めました。昼も夜も安全に旅をするようにと。19. それなのにかれらは言いました。わたしたちの主よ、わたしたちの（町と町の）道のりの間隔を遠ざけてください。こうしてかれらは（**アッラー**の祝福に感謝せず）自らに不正をしました。**われら**はかれらを完全に粉々にして散らし、（後世の）語り草としました。確かに、この中には忍耐して感謝する人たちへの印があります。20. 実に、かれらについてはイブリース（ジンで悪魔）の想定通りとなりました。（つまり）かれらは一部の信者を除いて（全員）かれに従ったのでした。21. しかし、かれ（イブリース）は、かれらに対して何の権威もありませんでした。**わ**

れらは来世を信じている人と、それについて疑っている人を識別しようとしたにすぎません。確かに、あなた方の主は、すべてのことを見守っているのです。

〈信者と非信者〉
22. 言いなさい。**アッラー**を差しおいて、あなた方（非信者）が（神であると）主張していたものたちに祈りなさい。かれら（神々）は、諸天においても地においても、塵の重さ（の力）もありません。また、かれら（神々）はそれら（諸天と地）において何の持ち分もなく、かれらの中には**かれ**への助力者もいません。23. **かれ**がお許しになった者を除いては、**かれ**の御元での執り成しは無益です。やがてかれらの（最後の審判についての）恐怖心が消えると（天使たちは）言います。あなた方の主は、何を言いましたか。かれらは（答えて）真理でしたと言います。**かれ**は至高にして至大の方なのです。24. 言いなさい。諸天と地からあなた方に糧を与えるのは誰なのですか。言いなさい。**アッラー**なのです。だから、わたしたちか、またはあなた方のどちらかが導かれており、どちらかが明らかに迷っているのです。25. 言いなさい。あなた方はわたしたちが犯した罪について問われません。また、わたしたちもあなた方が行なうことについて問われません。26. 言いなさい。わたしたちの主は一斉にわたしたちを召集し、真理によってわたしたちを裁きます。**かれ**は全知の裁決者なのです。27. 言いなさい。あなた方が同位者として**かれ**に配するものを、わたしに見せなさいと。いいえ、**かれ**こそは**アッラー**。偉力大であり英明な方です。28. **われら**は全人類への吉報の伝達者また警告者として、あなた（ムハンマド）を遣わしただけです。でも、ほとんどの人びとはそれが分からないのです。29. かれらは言います。あなたの言葉が真実なら、この約束（審判の日）はいつですかと。30. 言いなさい。あなた方への約束の日は、あなた方が一刻も遅らせることも、また早めることもできないのですと。

31. 信じない人たちは言います。わたしたちはこのクルアーンを信じないし、またそれ以前にあったもの（啓典）も（信じません）。不正な人たちが、

かれらの主の御前に立たされるとき、あなた（ムハンマド）は見るのです。かれらが互いに言い合うのを。無力な人たちは傲慢な人たちに言います。あなた方がいなかったら、わたしたちはきっと信者になっていたのに。32.傲慢な人たちは無力な人たちに言います。導きがあなた方に届いた後、わたしたちがあなた方を導きから逸らせたのですか。いいえ、あなた方が罪深い人たちだったのです。33.無力な人たちは傲慢な人たちに言い返します。いいえ、（これは）あなた方がわたしたちに、**アッラー**を信仰せず、**かれ**に同位者を立てるよう、夜となく昼となく命じる企てだったのです。かれらは苦痛（懲罰）を見ると、後悔の念を心に隠します。**われら**は信仰を拒否した人たちに、首かせを掛けます。かれらは自らが行なってきたこと以外（の罪）で、報復されるのでしょうか。34.**われら**が町に警告者を遣わすたびに、そこの豪勢な人たちは言うのでした。わたしたちはあなた方と共に遣わされたもの（啓示）を信じる者ではありません。35.また、かれらは言います。わたしたちは多くの財産と子供があるので、苦痛を受けることはありません。36.言いなさい。確かに、わたしの主は、**かれ**が望む人に豊かに糧を与え、また望む人にそれを切り詰めます。でも、ほとんどの人びとは知らないのです。37.あなた方を**われら**に近づけるのは、財産でも子供でもありません。信仰して善行に勤しむ人には、かれらが行なったことの倍の報奨があり、かれらは安全な天国の高殿に住むのです[400]。38.また**われら**の印（教え）を挫くのに努める人たちは、苦痛（懲罰）に立ち合わせられます。39.言いなさい。確かに、わたしの主は、**かれ**の僕の中から**かれ**が望む人に豊かに糧を与え、また望む人にそれを切り詰めます。**かれ**はあなた方が施したどんなものでも、すべて返します。**かれ**は最善の糧の供与者なのです。

〈アッラーと非信者の障壁〉
40.**かれ**がかれら（非信者たち）を一斉に召集する日。**かれ**は天使たちに向かって言います。かれら（非信者たち）はあなた方（天使たち）を崇拝

400　イスラームにおける幸福感については、資料2、13:29参照。

していたのですか。41.天使たちは言います。**あなた**に称賛あれ。**あなた**がわたしたちの擁護者です。かれらではありません。かれらはジン（幽精）を崇拝していました。かれらの多くは、ジンの信者でした。42.この（審判の）日、あなた方（ジンと非信者）は他の誰かを益し、また害する力を持ちません。**われら**は不正を行なっていた人（非信者）たちに言います。あなた方が嘘呼ばわりしていた、（地獄の）火の苦痛を味わいなさい。43.明白な**われら**の印が、かれら（非信者たち）に読誦されると、かれらは言います。これはある男が、あなた方の先祖が崇拝していたものからあなた方を妨げようと望んでいるのです。また、かれらは言います。これは捏造された嘘です。また、真理を拒否した人たちは、それ（真理）がかれらにやって来ると、これは明らかに魔術にすぎないと言うのです。44.**われら**はかれらが学び得る啓典をかれらに与えなかったし、またあなた（ムハンマド）以前に、どんな警告者もかれらに遣わさなかったのです。45.かれら以前の人びとも（真理を）嘘であるとしました。かれら（マッカの非信者）が得ていたもの（権勢や富など）は、**われら**がかれら（以前の人びと）に与えたものの10分の1にも達しないほどでした。ところが、かれらは**わたし**の預言者（ムハンマド）を嘘つき呼ばわりしました。**わたし**の怒りは何と激しかったことか。

46.言いなさい。わたし（ムハンマド）が一つだけ忠告するのは、あなた方（マッカの非信者）が**アッラー**の御前に、二人または一人で立ち、よく考えなさいということです。（つまり）あなた方の同胞（ムハンマド）は気狂いではなく、かれは激しい苦痛の前の、あなた方のための警告者にすぎないのです。

47.言いなさい。わたしはどんな報酬もあなた方に求めません。それはあなた方のものです。わたしの報酬は、**アッラー**からいただくだけです。**かれ**はすべてのことを立証する方です。48.言いなさい。真に、わたしの主は真理を投げかけ、見えない世界を知り尽くしています。49.言いなさい。真理は来ました。そして虚偽は無力なのです[401]と。50.言いなさい。たと

えわたしが迷っても、わたし自身（を損なう）だけです。でも導かれるなら、それはわたしの主がわたしに啓示するものによってです。確かに、**かれ**は全聴にして、至近の方なのです。

51. かれら（非信者たち）が恐怖におびえ、逃れる道もなく近い所から捕えられる姿を、あなたが見ていれば（よかったのに）。52. そのときかれらは言います。わたしたちはそれ（真理）を信じますと。でも、遠方（来世）からどのように（現世での導きや改心を）会得できるでしょうか。53. 以前にもかれらはそれ（真理）を信じませんでした。また、目に見えない世界について、遠方から憶測するのでした。54. そして、（審判のときには）かれらとかれらが望むもの（現世で信仰し善行を積むこと）との間は、さえぎられているでしょう。以前、かれらの同類に対して（善悪の識別が）なされたように。誠に、かれらは根深い疑いの中にいるのです。

35. 創造者章　سورة الفاطر

マッカ啓示
45節

本章は「諸天と地の創始者」としてのアッラーが語られるが、天使たちの外見（翼）についても示されているので、「天使章」との別名もあります。またアッラーと神々（偶像）が対比され（13〜14節、40〜41節）、信者と非信者が対比される（7〜10節、29〜39節）ことで、知者だけがアッラーを畏れることが諭されています（28節）。

慈愛あまねく、慈愛深いアッラーの御名において

〈万能のアッラーに称賛を〉

1. **アッラー**にすべての称賛あれ。諸天と地の創造者、二対、三対または四対の翼を持つ天使たちを使徒としました。**かれ**は創造において御心のまま

401　ここは「偽りは創造することもなく、繰り返すこともない」という言い方になっているが、それは「無力である」というときの表現。17:81参照。

数を増します。真に、**アッラー**はすべてに対して全能です。2.**アッラー**が人間に与えるどんな慈愛も阻止されることはなく、また**かれ**が阻止したどんなものも、その後にそれを解き放つものはないのです。**かれ**は偉力大であり、英明な方なのです。3.人びとよ、あなた方に対する**アッラー**の恩寵を想いなさい。**アッラー**の他に、空と大地からあなた方に糧を与える創造者がいるのでしょうか。**かれ**の他に神はいないのです。それなのに、あなた方はどうして迷わされているのですか。

4.かれらはあなた（ムハンマド）を嘘つきと言うが、あなた以前の使徒たちも嘘つき呼ばわりされました。確かに、すべてのことは**アッラー**に帰されるのです。5.人びとよ、**アッラー**の約束は真実です。だから、現世の生活に欺かれてはいけません。また、**アッラー**について欺く者に欺かれてはいけません。6.確かに、悪魔はあなた方の敵です。だから、敵として扱いなさい。かれ（悪魔）はかれらが燃えさかる（地獄の）火の仲間となるように、自分の一派を招いているだけなのです。7.不信仰の人たちには、激しい苦痛があります。でも、信仰して善行に勤しむ人たちには、赦しと偉大な報奨があるでしょう。8.（悪魔が）かれの悪行を立派であると思わせ、そうすることで、かれはそれを善とみなしているのでしょうか。誠に、**アッラー**は望みの人を迷わせ、また望みの人を導きます。だから、かれらのために嘆いて、あなた自身を損なってはいけません。**アッラー**はかれらが行なうことを知り尽くされています。

9.実に、**アッラー**こそは風を送る方です。そうすることで雲を起こし、それ（雲）を死んだ土地へと運び、死にはてた大地に命を吹き込みます。復活もまたこのようです。10.誰でも栄誉を願うなら、すべての栄誉は**アッラー**の元にあるのです。善い言葉は**かれ**の元に登って行き、正しい行ないはそれを高めます。でも、悪事を企む人たちには激しい苦痛（懲罰）があり、それらの企みは無効になるでしょう。11.**アッラー**は土から、さらに一滴の液体からあなた方を創り、次いであなた方を一組（の男女）としてもうけました。**かれ**の知識によらない限り、妊娠して分娩する女性はないので

す。また、書板の中にない限り、長命な人が年齢を重ねることはなく、かれの人生から（年齢が）減らされることもないのです。誠に、それは**アッラー**にとっては容易なことです。

12. 二つの海は、同じではありません。これ（一つ）は甘くて旨く、飲んで心地よい。また、これ（もう一つ）は塩辛くて苦い。そして、そのどちらからも、新鮮な肉を取って食べ、またあなた方が身につける種々の装飾品も採取できます。また、あなたはその（海の）中を、船がさっそうと進むのを見るでしょう。そうすることで、あなた方は**かれ**の恩恵を求め、感謝するかもしれません。13. **かれ**は夜を昼に入り込ませ、また昼を夜に入り込ませ、太陽と月を従わせて、すべてが定められた期間を動いています。これがあなた方の主、**アッラー**であり、**かれ**に大権は属します。でも、あなた方が**かれ**を差し置いて祈るものたちは、ナツメヤシの薄膜[402]ほども何も支配できません。14. あなた方がかれらに祈っても、かれらはあなた方の祈りを聞かず、たとえ聞いたとしても、あなた方に答えません。審判の日に、かれらはあなた方が（神々などを**アッラー**に）配したこと（シルク）を（自分には関係ないとして）否認するのです。そして、すべてをお見通しの方（**アッラー**）のようには、誰も（真実を）あなたに知らせることはできません。

15. 人びとよ、あなた方は**アッラー**を必要としています。一方、**アッラー**は豊かに満ち足りて、称賛すべき方なのです。16. もし**かれ**が望むなら、あなた方を退けて、新しい被造物をもたらします。17. これは**アッラー**にとって、難しいことではありません。18. 荷を負う人は、他人の荷を負うことはできません。もし荷を負わされる人が他人を呼んでも、近親者でさえ、その一部も負うことはできません。あなたが警告できるのは、目に見えないかれらの主を意識し、礼拝の務めを守る人だけです。誰でもその身を清める人は、ただ自分自身のために清めるのです。そして、**アッラー**に（す

---

402 キトミールと呼ばれるが、比喩的な表現で、「僅かなもの」の意味。

べての）帰り所はあります。19.目が見えない人と目が見える人は、同じではありません。20.暗黒と光明も、21.また影と灼熱も、22.また生と死も（同じではありません）。実に、**アッラー**はかれが望む人に聞かせます。あなたは墓の中にいる人に聞かせることはできません。23.あなた（ムハンマド）は一人の警告者にすぎないのです。24.真に、**われら**は吉報の伝達者として、また警告者として、真理を持たせてあなたを遣わしました。（またこれまでも）かれらの間に、一人の警告者が行かなかった民はいないのです。25.たとえかれらがあなたを拒否しても、かれら以前の人たちも拒否されてきたのです。使徒たちは明証と諸書巻と光明を与える啓典と共に、かれらの所にやって来ました。26.それで、**わたし**は不信心の人たちを捕まえました。**わたし**の怒りの何と激しかったことか。

27.あなたは見ないのですか。**アッラー**は大空から雨を降らせます。それで**われら**は色とりどりの果物を実らせ、また山々の層は色とりどりで、白や赤あるいは真っ黒いところもあります。28.また、人間も（野生の）動物も家畜も色とりどりです。**アッラー**の僕の中で、知識のある人だけが、**かれ**を畏れます。誠に、**アッラー**は偉力大で、よく赦す方です。29.確かに、**アッラー**の啓典を読誦する人、礼拝の務めを守り、**われら**が授けたものから密かに、また露わに施す人は、衰退のない商売を願っているようなものです。30.**かれ**は十分にかれらに報酬を払い、**かれ**の恩恵から余分に与えるのです。実に、**かれ**はよく赦す方で、よく報われる方なのです。

〈アッラーの啓典と警告〉
31.**われら**があなたに啓示した啓典は真理であって、それ以前のものを確証します。実に、**アッラー**は**かれ**の僕たちについて知り尽くしている方であり、監視する方なのです。32.その後、**われら**は僕の中から選んだ人に、この啓典を継がせました。そして、かれらの中には、自らの魂に不正をなした人も、中間の道をとる人もいました。また、かれらの中には、**アッラー**の許しのもとに、率先して種々の善行に勤しむ人もいました。それは偉大な恩寵です。33.かれらは永遠の楽園に入ります。その中でかれらは、黄

金の腕輪と真珠で身を飾り、かれらの衣装は絹製です。34. かれらは言います。**アッラー**にすべての称賛あれ。わたしたちから（あらゆる）悲嘆を取り除いてくだされた方。わたしたちの主は、よく赦す方、よく報われる方です。35. **かれ**の恩寵によって、わたしたちは永遠の邸宅に住み、そこで苦労することもなく、また疲れを覚えることもありません。36. でも、信仰を拒否した人たちに対しては、（地獄の）火があります。かれらには（地獄において）死ぬことも宣告されず、また苦痛も軽減されません。**われら**はすべての忘恩な人に、このように報いるのです。37. かれらはその中にあって泣き叫びます。わたしたちの主よ、わたしたちを（地獄から）出してください。わたしたちが（これまで）してきたことではなく、きっと善い行ないをします。（**アッラーは言います**）**われら**はあなた方を十分に長生きさせたではありませんか。その間に諭しを受け入れる人が留意するように。そして、警告者があなた方に遣わされました。だから（苦痛を）味わいなさい。不正な人たちには援助者はいないのです。

38. 確かに、**アッラー**は諸天と地の見えない世界をすべてご存知です。**かれ**は（人間が）胸の中に抱くこともすべてご存知です。39. **かれ**こそは、あなた方を地上の後継者とされた方です。誰でも信仰を拒否する人は、その不信心（の責め）は自分にあります。また、非信者たちの不信心は、かれらの主の御元で憎しみを増すだけであり、非信者たちの不信心はただ損失を増すだけなのです。40. 言いなさい。あなた方は、あなた方が**アッラー**を差し置いて祈る同位者（神々）を見たのですか。大地の何をかれらが創造したのか、または諸天に（その創造で**アッラー**と）協同の部分があるなら、**わたし**に見せなさい。それとも、（**アッラー**に同位者がいるという）明証を示す啓典を、**われら**がかれらに与えたのですか。いいえ、不正な人たちは、ただ妄想を約束しあっているにすぎません。

41. 誠に、**アッラー**は諸天と地が崩れないよう支えます。もしそれら（諸天と地）が崩れるなら、**かれ**の後にそれらを支えられるものはいません。真に、**かれ**は寛大で、よく赦す方です。42. かれら（非信者たち）は**アッラー**

にかけて、重々しい誓いを立てました。もし警告者が自分たちのところに来るなら、どんな民よりも立派に導かれるのですと。ところが、警告者がかれらの元に来ると、かれらはますます（信仰から）遠ざかるだけで、43.地上で高慢にふるまい、悪事の企みばかりをしていました。そして、悪事の企みは、その当人に振りかかるだけです。だから、かれらは昔の人びとの慣行（破滅）を待つしかありません。それで、あなた（ムハンマド）は**アッラー**の慣行に変更がないことが分かるでしょう。また、**アッラー**の慣行に逸脱もないことも分かるでしょう。44.かれらは地上を旅して、かれら以前の人たちの末路がどうなったかを見なかったのですか。かれら（以前の人たち）は、かれら（マッカの非信者）よりも力が優れていました。諸天にあり地にある何ものも、**アッラー**を妨害することはできないのです。真に、**かれ**は全知にして全能です。45.もし**アッラー**が、かれらが稼いできたことによって、人間を罰するなら、**かれ**は地表にはまったく生きもの（人間）を残さなかったでしょう。でも、**かれ**は定めの期限（審判の日）まで、かれらに猶予を与えます。そして、かれらの期限が来るとき、確かに、**アッラー**は**かれ**の僕たちを監視する方なのです。

36. ヤー・スィーン章　سورة يس

マッカ啓示
83節

　　冒頭の「ヤー・スィーン」から本章は命名されました。啓示と来世の話が主題で、最後の数節(77〜83節)では、復活の日について語られます。アッラーにすべては帰ることが強調される本章は、「クルアーンの心臓」とも称され、ムスリムの葬儀でよく読誦されています。

慈愛あまねく、慈愛深いアッラーの御名において
〈アッラーの記録の書板〉
1.ヤー・スィーン。
2.英明なクルアーンにかけて誓います。3.誠に、あなた（ムハンマド）は使徒の一人で、4.まっすぐな道の上にいます。5.偉力大かつ慈愛深いお方

の啓示（によって）、6. あなたは、先祖が警告を受けておらず、それで留意していない民に警告するのです。7. 真に（裁決の）言葉はかれらの多くに反して実現しましたが、かれらは信じないのです。8. **われら**はかれらに首かせをはめると、それが顎（あご）まであるので、かれらの頭は上向きになり（真実が見られなくなり）ました。9. また、**われら**はかれらの前面に障壁を設け、背面にも障壁を設け、さらに、かれらに覆いをしました。それでもう、かれらは見ることができません。10. あなたが警告しても警告しなくても、かれらにとっては同じで、かれらは信じないのです。11. あなたは、この諭し（クルアーン）に従い、目に見えない慈愛深いお方を畏れる人に警告するだけです。だから、その人に赦しと高貴な報奨の吉報を伝えなさい。12. 確かに**われら**は、死者に命を与え、またかれらが（現世で）行なったことや、かれらの足跡を記録します。**われら**はすべてを、明瞭な記録簿（書板）の中に数え上げるのです。

〈ある町の住民の話〉

13. その町[403]の住民（の話）を、例としてかれらに示すとよいでしょう。使徒たちがそこにやって来たときのことを。14. **われら**が二人の使徒を遣わしたとき、かれら（住民）は二人を嘘つき呼ばわりしました。そこで、**われら**は第三の者で強化しました。そしてかれら（使徒たち）は言いました。確かに、わたしたちはあなた方に遣わされた者です。15. かれらは言いました。あなた方はわたしたちと同じ人間にすぎません。慈愛深いお方は何も啓示されてはいません。あなた方は嘘をついているだけです。16. かれら（使徒たち）は言いました。わたしたちがあなた方に遣わされた者であることは、わたしたちの主がご存知です。17. わたしたちの務めは明らかな（啓示の）伝達のみです。18. かれら（住民）は言いました。わたしたちにとってあなた方は不吉な兆候[404]です。もし止めないなら、あなた方を石打ちにするでしょう。そして、わたしたちの厳しい苦痛が襲う

403　通説では、シリアの町アンターキーヤを指すとされる。
404　不吉が鳥で占われる話は、17:13、27:47参照。

のです。19. かれら（使徒たち）は言いました。あなた方自身が不吉な兆候なのです。あなた方は諭されているのです。いいえ、あなた方は掟破りの民です。20. そのとき、町のはずれから一人の男が走って来て言いました。人びとよ、これらの使徒たちに従いなさい。21. あなた方に何の報酬も求めない人に従いなさい。かれらは正しく導かれています。22. わたしを創った方に仕えないなど、どうしてできるでしょう。あなた方も**かれ**に帰されるのです。23. **かれ**を差しおいて、他の神々を配することができるでしょうか。もし慈愛深いお方がわたしに災いを望むなら、かれら（神々）の執り成しは少しも役に立たず、またわたしを救うこともできません。24.（そうしたら）わたしは明らかな間違いを犯したことになります。25. わたしは、あなた方の（創造）主を信じます。だからわたしの言うことを聞きなさい。

26. かれは楽園に入りなさいと言われました。かれは言いました。人びとが知っていればよかったのに。27. わたしの主がわたしを赦し、栄誉ある者の中に置いたことを。28. ◆**23部**◆かれの後、**われら**はかれの民に対して、天から軍勢（天使たち）を遣わしはしませんでした。またそうしようともしませんでした。29. ただ一声叫ぶだけで、かれらは消え失せてしまったのです。

30. ああ、哀れな僕たちよ。かれらは使徒が来るたびに笑い草にしていたのです。31. かれらは気づかないのですか。**われら**がかれら以前に多くの世代を滅ぼし、かれらはもう帰ってこないということを[405]。32. 確かに、（審判の日には）一人残らず**われら**の前に召集されるのです。33. かれらへの印の一つには死んだ大地があります。**われら**がそれ（死んだ大地）に命を与え、穀物をそれから生長させて、それをかれらが食べるのです。34. また、**われら**はそこ（大地）にナツメヤシやブドウの園を設け、その間に泉を湧

---

405 ここは、アッラーの破壊はすさまじく、家系を辿って先祖に遡ることもできないという意味にも解釈されている。

き出させるのです。35. かれらはその果実を食べますが、それはかれらの手が作り出したものではありません。それでもかれらは感謝しないのでしょうか。36. **かれ**の栄光を賛美します。**かれ**は大地に生えるもの、かれら自身も、かれらが知らないものも、すべて雌雄に創った方です。37. また、かれらへの印の一つには夜があります。**われら**がそれ（夜）から昼を退かせると、見なさい、かれらは真っ暗闇の中にいるのです。38. また、太陽は定められた期間を運行します。これも偉力大かつ全知な方の命令なのです。39. また、月には宿（周期）[406]を定めました。それはナツメヤシの古枝のように（細い三日月に）なって戻りました。40. 太陽が月に追いつくことはなく、夜は昼の先を越すことはできません。そして、すべては軌道を泳いでいるのです。

〈舟で沈められるような人たちの顛末〉

41. **われら**がかれら（ヌーフたち）の子孫を、満載した方舟によって運んだことも印の一つです。42. また**われら**はかれら（人びと）のために、それ（方舟）と似たような、かれらが乗る物を創りました。43. **われら**が望むなら、（ヌーフの民のように）かれらを溺れさせることもできます。そうなれば、かれらを助ける者はなく、またかれらは救われないのです。44. ただし、**われら**の慈愛による束の間の享楽は別として。45. あなた方の前にあるもの（来世）と、後ろにあるもの（現世）を意識しなさい。そうすれば、あなた方は慈愛にあずかるでしょう、とかれらに言われると、46. かれらの主からの数々の印が届いても、かれらはそれから背き去るのです。47. また、**アッラー**があなた方に授けたものから施しなさいと言われると、不信仰な人たちは信仰する人たちに言います。もし**アッラー**が望むなら、**かれ**がその人を養うはずなのに、どうしてわたしたちが養うべきなのでしょうか。あなた方は明らかに誤っていますと。

48. またかれらは言います。あなた方の言うことが真実なら、この約束（審

406　昼間に月が姿を隠す情景を、「宿」に入ったと比喩的に表現している。

判）はいつなのですか。49. かれらは一声の叫びを待っているにすぎず、それ（一声の叫び）はかれらが論争している間にかれらを襲うのです。50. そのとき、かれらは遺言することもできず、また家族のところに帰ることもできません。

51. そしてラッパが吹かれると、かれらは墓場から（出て）、かれらの主の御元に急ぎます。52. かれらは言います。ああ、情けない。わたしたちを寝所（墓場）から呼び起こしたのは誰でしょう。これは慈愛深いお方が約束したことであり、使徒たちは真実を語りましたと。53. ただ一声の叫びが鳴り響けば、かれらは一人残らず**われら**の前に召集されるのです。54. その（最後の審判の）日、誰も不当な扱いを受けず、あなた方は自分の行なってきたことに対してのみ報いられます。55. 確かに楽園の仲間たちは、この日、喜びに忙殺されます。56. かれらはその配偶者たちと、木陰の寝床によりかかります。57. そこでかれらには、果実やかれらが望むものが何でもあるのです。58. 平安あれ、との言葉も、慈愛深い主からあります。59. 罪人たちよ、今日あなた方は離れて控えなさい。60. アーダムの子孫よ、悪魔に仕えてはならないと、**わたし**はあなた方に命令しませんでしたか。かれ（悪魔）はあなた方の公然の敵です。61. あなた方は**わたし**に仕えなさい。それこそが正しい道です。62. 確かにかれ（悪魔）は、あなた方の大部分を迷わせました。どうしてあなた方は悟らなかったのか。63. これはあなた方に約束されていた地獄です。64. あなた方は信仰を拒否してきたので、今日そこで焼かれなさい。

65. その日、**われら**はかれらの口を封じます。すると、その手が**われら**に語り、かれらの足はかれらが稼いできたことを立証するのです。66. **われら**が望むなら、かれらの両目を盲目にできます。かれらは道を先んじようとするが、どうして見通すことができるでしょうか。67. **われら**が望むなら、かれらをその場所で変形することもできます。そうなれば、かれらは進む

---

407 脆弱な幼児から成人を経て、脆弱な老人へと戻ること。

ことも戻ることもできません。68.誰でも**われら**が長生きさせる人には、**われら**は創造を逆転します[407]。それでも、かれらは分からないのでしょうか。

〈アッラーの技量〉
69.**われら**はかれ（ムハンマド）に、詩を教えませんでした。また、かれは詩人にふさわしくありませんでした。これは諭し（啓示）であり、明瞭なクルアーンです。70.（クルアーンは）命ある者に警告を与えるためにあり、（それによって）非信者たちに対する言葉（裁決）が実現されるのです。

71.かれらは見ないのですか。**われら**がかれらのために、**われら**の手ずから創った、かれらが所有する家畜を。72.**われら**はそれら（家畜）をかれらに従わせました。かれらの何人かはそれらに乗り、そして何人かは食べます。73.また、その中には、かれらのために役に立つものや飲み物もあります。それでもかれらは感謝しないのですか。74.かれら（マッカの多神教徒たち）は**アッラー**を差し置いて他に神々を選び、何とか助けられようとします。75.それら（神々）はかれらを助けられず、（逆に）かれらはそれら（神々）のために軍勢を整えているのです[408]。76.（だから）あなたはかれらの言うことで、悲しんではいけません。確かに**われら**は、かれらの隠すことも現すことも知っています。

77.人間は考えないのですか。**われら**は一滴の液体からかれを創ったことを。それなのに見なさい。かれは公然と歯向かっています。78.また、かれは**われら**に例えを示す（口論する）けれど、かれ自身の創造のことを忘れています。かれは言います。誰が朽ち果てた骨に命を与えることができるでしょうか。79.言いなさい。最初に創った方が、かれらを生き返らせます。**かれ**はすべての被造物を知り尽くしています。80.**かれ**は緑の木から、あなた方のために火をもうけ、あなた方はそれから火を起こすのです。

---

408 ここは、神々が非信者のために全兵力を集めても助けられない、とする解釈もある。

81.諸天と地を創造した**かれ**が、これらに類するものを創造できないことがあるでしょうか。いいえ、**かれ**こそは全知の創造者です。82.**かれ**が何かを望むと、**かれ**の有れという命令で、それは有るのです。83.その御手ですべてを支配する**かれ**にこそ、すべての賛美あれ。あなた方は**かれ**の御元に帰されるのです。

37. 整列者章　سورة الصافات

マッカ啓示
182節

本章は最初の言葉である「(天使の)整列」にちなんで命名されました。天使はアッラーの娘だという多神教徒の言いがかりは、否定されています(149～157節)。また来世が詳述され(19～68節)、多くの預言者の事例が叙述されています(75～148節)。これはムハンマドの宣教を鼓舞する狙いもあると解されます。

慈愛あまねく、慈愛深いアッラーの御名において
〈迷いと苦痛〉

1.整列する者(天使)たちにかけて。2.また(非信者を)追い立てる者(天使)たち[409]と、3.諭し(クルアーン)を読み聞かせる者(天使)たちにかけて。4.確かにあなた方の神は唯一で、5.諸天と地、そしてその間にあるすべてのものの主、また日の出をつかさどる主です。6.真に**われら**は、星々で下層の天を飾り、7.(**アッラー**に)逆らうすべての悪魔に対する守りとしました。8.かれら(悪魔たち)はどこからでも撃たれ、(**アッラー**や天使たちの)最高会議を盗聴できません。9.撃退されて、かれらには永久の苦痛があるのです。10.少し盗聴した者があっても、光り輝く炎(流星)が追跡するのです。

---

409 「追い立てる」とは、天使が非信者を譴責し非難する様子。ここは「しかりつける」とも訳せるところである。

11. かれら（マッカの多神教徒たち）に問いなさい。かれら（人間）は強く創られているのか。もしくは**われら**が創ったもの（天地や天使などがより強いの）か[410]。確かに**われら**は粘り気のある土でかれら（人間）を創ったのです。12. あなた（ムハンマド）は（クルアーンや復活に）驚いているというのに、かれらは笑い草にします。13. 警告されても、かれらは警告を受け入れません。14. また、かれらは印を見ても笑い草にするばかり。15. そして、かれらは言います。これは明らかな魔術に違いない。16. わたしたちが死んで、土と骨になってから復活するのでしょうか。17. 遠い祖先たちも、そうでしょうかと。18. 言いなさい。その通り。そしてあなた方は卑しめられるのですと。19. それは、ただ一つの叫び声です。そのときかれらは目の当たりにして、20. こう言うのです。ああ情けない、これが審判の日なのかと。21.（**アッラー**は言われる）これがあなた方が拒否してきた裁決の日です。22. 不正な人たちや、それと同類の人たちを集めなさい。またかれらが崇拝していた神々を集めなさい。23. **アッラー**を差し置いて（崇拝していた神々を）。かれらを地獄の道に連れて行きなさい。24. かれらを待たせておきなさい。かれらは尋問されます。25. あなた方はどうして助け合わないのか。26. いいえ、今日ばかりは、かれらも（審判に）降伏するのです。27. かれらは互いに近づき尋ね合います。

28. かれら（従った人たち）は言います。確かに、あなた方（従われた人たち）は右から[411]来ました。29. かれら（右からの人たち）は言います。いいえ、あなた方は信者ではありませんでした。30. また、わたしたちはあなた方に対する権能もありませんでした。そうではなく、あなた方はすでに反逆の民でした[412]。31. それで主の言葉（裁決）がわたしたちに反して実現した今、わたしたちは（苦痛を）味わうのです。32. わたしたちは

---

[410] 他の強固な創造物と比べ脆弱な人間を復活させることは、アッラーにとって造作もない。
[411] 「右から」とは、力のある方向から、もしくは宣誓をした人の方向とされる。つまりかれらは、信者であると言い張っていた者たちである。
[412] ここは、従われた人たちが、従った人たちの不信仰につき、自分たちの責任はないと主張している。

あなた方を迷わせてきましたが、わたしたち自身も迷っていたのです。33. こうしてその（審判の）日、かれらは共に苦痛を受けます。

34. このように、**われら**は罪深い人たちを処分します。35. 確かに、かれらは**アッラー**の他に神はいませんと告げられると、高慢になったのでした。36. そしてかれらは言います。気狂い詩人のために、わたしたちの神々を捨ててなるものかと。37. いいえ。かれ（ムハンマド）は真理をもたらして（以前の）使徒たちを確証しました。38. 確かに、あなた方は厳しい苦痛を味わいます。39. あなた方は自分たちがしてきたことを除いては、（不当に）報復されることはないのです。

〈大勝利の達成〉
40. だが**アッラー**の忠実な僕たちは別です。41. それらの人には親しんだ糧があり、42. 果実もあり、栄誉に浴し、43. 安楽の園の中で、44. 寝床の上で向かい合います。45. 泉からくんだ杯は、かれらに回され、46. 真白で、飲む人に美味。47. これは頭痛も酔いも起こさないのです。48. またかれらの側には、大きい目を伏せがちにした乙女がいます。49. かの女らは注意深く守られた卵[413]のようです。

50. やがてかれらは、互いに尋ね合います。51. かれらの一人が言います。わたしに一人の親しい連れがいました。52. かれは言っていました。あなたまで（復活の日を）信じているのですか。53. わたしたちが死んで土と骨になってから、本当に裁かれるのでしょうかと。54. そこでかれ（その一人の信者）は（楽園で）言いました。（地獄を）見下ろしてみましょう。55. そこでかれらが見下ろすと、地獄の火の真ん中にかれ（復活を拒否していた連れ）の姿が見えました。56. かれ（その信者は）は言いました。**アッラー**にかけて、あなたはもう少しでわたしを破滅させるところでした。57. もしわたしの主の恩寵がなかったなら、わたしは必ず（地獄に）引き

---

413 美しい女性のことをアラブでは、塵芥から守られたダチョウの卵のようだと表現した。

立てられた人たちの中にいたでしょう。58. わたしたち（楽園の仲間）は死ぬことはないのですか。59. 最初の死だけで、わたしたちが苦痛を受けることはないのでしょうか。60. 実にこれは、大勝利です。61. このようなことのために、誰でも務めるべきです。

62. （**アッラー**は言う）それ（楽園）は結構な歓待ではないのか。それとも（地獄の）ザックームの木か。63. **われら**はこの木を、不正を行なう人たちへの試みとしました。64. それは地獄の火の底に生える木で、65. その実は悪魔の頭のよう。66. かれらはそれを食べて、腹はそれで一杯。67. さらにかれらの上には、沸騰する湯を注ぎ足され、68. それから地獄の火に帰り着くのです。69. かれらは先祖の迷っていたのを知りながらも、70. その足跡を急いで追っていました。71. 昔の大半の先祖たちも、確かに迷っていました。72. だが**われら**は、かれら（同胞）の中から警告者たちを遣わしました。73. 見るがいい。警告された人たちの最後がどうであったのかを。74. ただし、**アッラー**の忠実な僕たちは別なのです。

〈預言者たちの諸例〉
75. （かつて）ヌーフは、**われら**に嘆願しました。（それに対して**アッラー**は）何とすばらしい答え方をしたことか。76. **われら**は、かれとその家族を大難から救ったのです。77. そして**われら**は、かれの子孫を生き残らせた。78. また**われら**はかれのために、後の諸世代の間にこう（言い）残した。79. すべての世界の中で、ヌーフに平安あれと。80. このように**われら**は、正しい行ないの人たちに報います。81. 真にかれは、信心深い**われら**の僕でした。82. それから**われら**は、その他の人たちを溺れさせました。

83. またかれ（ヌーフ）と信教を共にする一派の中に、イブラーヒームがいました。84. かれが正しい信心をもって、かれの主の元にやって来たとき、85. 自分の父とその一族に向かって言いました。あなた方が崇拝するものは何ですか。86. **アッラー**を差しおいて、偽りの神々をあなた方は望むのですか。87. すべての世界の主について、あなた方はどう考えるのですか。

88. そのとき、かれ（イブラーヒーム）は星々を一目見て、89. 言いました。わたしは病んでしまった[414]。90. そこで、人びとはかれに背を向けて去りました。91. そのときかれは、かれらの神々（偶像）に向かって言いました。あなた方は食べないのですか。92. あなた方が話さないとはどういうことですか。93. そこでかれはそれら（偶像）を右手で打ちました。94. そのとき人びとは、慌ててかれのところにやって来ました。95. するとかれは言いました。あなた方は自分たちが彫刻したものを崇拝するのですか。96. 一方、**アッラー**は、あなた方を創り、またあなた方が造るものをも（創ります）。97. 人びとは言いました。かれのために薪を積み、燃え盛る火の中にかれを投げ込むのだ。98. かれらはかれに企みを巡らせようとしたが、**われら**はかれらを侮蔑される人たちとしたのでした。

99. かれ（イブラーヒーム）は言いました。わたしは主の御元に行くのだ、必ず**かれ**はわたしを導くであろう。100. わたしの主よ、正しい人（息子）をわたしに授けてくださいと。101. それで、**われら**は寛容な男の子の吉報（懐妊）を伝えました。102. かれ（イスマーイール）がかれ（イブラーヒーム）と共に働く年頃になったとき、かれは言いました。息子よ、わたしはあなたを犠牲に捧げる夢を見ました。さて、あなたはどう考えますか。かれ（イスマーイール）は言いました。わたしの父よ、あなたは命じられたようにしてください。もし**アッラー**が望むなら、あなたはわたしが（犠牲になって）耐え忍ぶ者であることはお分かりでしょう。103. そこでかれら両人は服従して、かれ（イブラーヒーム）がかれ（息子）の額を伏せさせたとき、104. **われら**は告げました。イブラーヒームよ、105. 確かに、あなたはあの夢を実践しました。**われら**は、このように正しい行ないをする人たちに報います。106. 確かにこれは、（両名の信心の）明らかな試みでした。107. **われら**は大きな犠牲（天からの巨大な羊）でそれ（イスマーイールの犠牲）に代え、108. **われら**はかれのために、後の諸世代の間にこう残しました。109. イブラーヒームに平安あれと。110. このように、**われら**

---

414 通説では、イブラーヒームが偶像崇拝を見て心が病んだと理解する。

は正しい行ないをする人たちに報います。111.真にかれは**われら**の信心深い僕でした。

112.また**われら**は、正しい人の一人で預言者である、イスハークの吉報をかれ（イブラーヒーム）に伝えました。113.そして**われら**は、かれとイスハークを祝福しました。だが、かれらの子孫の中には正しい行ないをする者もあり、また明らかに自らを損なう者もいました。114.確かに**われら**は、ムーサーとハールーンに恩恵を施しました。115.またかれら両人とその民を大難から救い出し、116.**われら**が助けたために、かれらは（大難を）乗り越えることができました。117.なお**われら**はかれら両人に、（物事を）明瞭にする啓典を授け、118.かれら両人を正しい道に導きました。119.**われら**はかれら両人のために、後の諸世代の間にこう残しました。120.ムーサーとハールーンに平安あれと。121.このように**われら**は、正しい行ないをする人たちに報います。122.真にかれら両人は、**われら**の信心深い僕でした。

123.確かにイルヤースも、使徒たちの一人でした。124.かれがその民にこう言ったときのことです。あなた方は（**アッラー**を）意識しないのですか。125.あなた方はバァル神[415]に祈って、最高の創造主を見捨てるのですか。126.**アッラー**こそあなた方の主、あなた方の先祖の主ではないのですか。127.だが、かれらはかれ（イルヤース）を嘘つき呼ばわりしました。だから、かれらは必ず（処罰のために）喚問されるでしょう。128.ただし、**アッラー**の忠実な僕は別です。129.**われら**はかれのために、後の諸世代の間にこう（言い）残しました。130.イルヤースに平安あれと。131.このように**われら**は、正しい行ないをする人たちに報います。132.真にかれは**われら**の信心深い僕でした。

133.ルートも使徒たちの一人でした。134.**われら**はかれとその家族全員

---

415 イスラーイールの民が崇めた神で、シリアの太陽神ともされる。

を救いました。135. ただし、後方に残る人たちの仲間となった老婆（妻）の他は。136. そうして、**われら**は他の人たちを滅ぼしてしまいました。137. あなた方（マッカの多神教徒たち）はかれらの（廃墟の）傍らを通っています。昼や、138. 夜に。それでもあなた方は悟らないのか。139. 確かにユーヌスも、使徒たちの一人でした。140. 満載の舟にかれが逃れたとき、141. かれは籤(くじ)を引いて、負けてしまいました。142. それで（自らを海に投げ出すと）大魚がかれを丸飲みにしました。かれは（**アッラー**の命令に背き）自責に感じる罪を犯していたのです。143. もしかれが（改心して**アッラー**を）賛美する人でなかったなら、144. 人びとが復活する日まで、必ずかれは大魚の腹の中に留まっていたでしょう。145. それで**われら**は、荒れ果てた岸辺にかれを投げ出しました。かれは病んでいたのです。146. **われら**はかれの上に1本のウリ科の木[416]を生育させ（影を作り）ました。147. そして、**われら**は10万人、またはそれ以上（の民）にかれを（再び）遣わしました。148. すると、かれらが信仰に入ったので、**われら**はしばしの間、現世の享楽を許しました。

〈預言者ムハンマドの立場〉

149. かれら（マッカの多神教徒たち）に問いなさい。あなたの主は娘を持ち、かれらは息子を持つというのか。150. それとも**われら**が天使たちを女に創るのを、かれらは実見したのか。151. いや、かれらの言うことは作りごとです。152. **アッラー**が御子を持つとは、確かにかれらは嘘つきです。153. **かれ**は息子よりも、娘を選ぶというのか。

154. どうしたのか。あなた方（マッカの多神教徒たち）はどう判断するのか。155. あなた方は相変わらず、諭しに留意しないのか。156. それとも、あなた方に明瞭な権能があるのか。157. あなた方の言うことが真実なら、あなた方の啓典を出してみなさい。

416　カボチャとも言われる。

158. かれら（マッカの多神教徒たち）は、**かれ**とジン（幽精）は親類であるとしています。しかしジンは、自分たちが必ず（処罰のために）喚問されることを知っています。159. **アッラー**に称賛あれ。（**アッラー**は）かれらが配するものから、はるかに超越しています。160. ただし**アッラー**の忠実な僕たちは別で、そのようなことはしません。161. それであなた方にしても、あなた方が崇拝するものでも、162. **かれ**に歯向かって（信者たちを）誘惑することができるのでしょうか。163.（ジンに惑わされるのは）燃え盛る地獄の火で焼かれる人たちだけです。164.（天使たちは言います）わたしたちにはおのおの定めの場所がない者はいません。165. わたしたちは整列して、166.（**アッラー**を）賛美します。

167. また、かれら（非信者たち）はいつも言っていました。168. もしわたしたちが昔の人びとから諭しを得ていたなら、169. わたしたちも、確かに**アッラー**の忠実な僕だったでしょう。170. ところが、かれらはそれ（クルアーン）を拒否するのです。だが間もなく、かれらは知るでしょう。171. 真に**われら**の言葉は、**われら**の僕である使徒たちにすでに下されています。172. 確かにかれら（使徒たち）は、必ず助けられるのです。173. 確かに**われら**の軍勢は、必ず勝利を得るのです。174. あなたは、かれらからしばらくの間遠ざかって、175. かれらを観察しなさい。やがて、かれらは目覚めるでしょう。176. ところが何と、かれらは**われら**の苦痛を急ぎ求めています。177. だがそれ（苦痛）がかれらの広場[417]に下ると、それまで警告を受けていた人たちにとっては、最悪の朝となるでしょう。178. それであなたは、かれらからしばらくの間遠ざかって、179. かれらを観察しなさい。やがて、かれらも目覚めるでしょう。180. 賛美あれ。あなたの主、栄光の主は、かれらが並置するものからはるかに超越しています。181. 使徒たちに平安あれ。182. そして、すべての世界の主、**アッラー**に称賛あれ。

---

417 「広場」とは、民衆の意味の隠喩とされる。

38. サード章　سورة ص

マッカ啓示
88節

　本章冒頭の略号である文字「サード」が章名となりました。精神界の働きを，現世の諸事例に引き当てて説明する方法がとられています。そのために、ダーウードやスライマーンといった王であり預言者であった人たちの話が多く出てきて、彼らが過去の過ちを悔い改めるという、為政者の姿勢の問題も言及されます(21～25節、31～35節)。非信者たちのあり方も触れられ、その原型のような悪魔イブリースも登場します(71～85節)。最後にクルアーンの真実さが強調されます(86～88節)。

　　　　　　慈愛あまねく、慈愛深いアッラーの御名において
〈敵対する多神教徒〉
1.サード。諭しに満ちたクルアーンにかけて。2.いや、信仰のない者たちは、高慢で敵対的です。3.**われら**はかれら以前に、どんなに多くの世代を滅ぼしたことでしょう。かれらは、もはや逃げ遅れとなってから叫び始めます。4.またかれらは、自分たちの中から警告者が出たことに驚きます。非信者たちは言います。これ（ムハンマド）は魔術師で、嘘つきだ。5.かれは多くの神々を、ひとつの神にしてしまうのか。これは全くの驚きだ。6.そして、かれらの指導者たちは立ち去りながら、（仲間に言います）行きなさい。そしてあなた方の神々を守り通しなさい。これ（多神教の教え）が、望まれることなのです。7.わたしたちはこれまでの教えで、こんなこと（唯一神教）を聞いたことがありません。これは作り話にすぎません。8.わたしたちの間で、あんな男にだけお告げが下ったと言うのですか。いや、かれらは**わたし**の諭し（警告）に、疑いを抱いています。いや、かれらはまだ**わたし**の苦痛を味わったことがないのです。

9.それともかれらは、偉力大で恵み多いあなたの主の、慈愛の宝庫を持っているのですか。10.かれらは諸天と地、そしてその間のすべての大権を持っているのですか。それならかれらに（天の玉座まで）綱を登らせなさい。

11. そこでは、その諸党派の軍勢は敗北するのです。12. かれら以前にも、ヌーフの民、アード（の民）、および勢力を張ったフィルアウンも、13. またサムード（の民）、ルートの民、および森の人びとも諸党派となり、14. 全員が使徒たちを嘘つき呼ばわりし、それで**わたし**からの苦痛が確実に下ったのです。15. これらの者も、かの一声を待つだけで、それには一刻の猶予もないのです。16. かれらは言います。主よ、わたしたちの授かる分を、清算の日以前に急いでくださいと。

17. あなたはかれらの言葉を耐え忍びなさい。そして**われら**の僕である剛腕なダーウードを思いなさい。実にかれは常に（**アッラー**の御元に）帰りました。18. **われら**は山々を従わせ、かれと共に朝夕に賛美させ、19. また鳥類も集まって、すべてのものが常に（**アッラー**の御元に）帰りました。20. そこで**われら**はかれの王国を強化し、英知と歯切れの良い話法をかれに授けました。21. あなたは争議する者の話を聞きましたか。かれらが礼拝室（ミフラーブ）の壁を乗り越えて、22. ダーウードのところに入って来たので、かれは驚きました。かれらは言いました。恐れないでください。これが訴訟の当事者の双方です。一方が他方に不正を働きました。真理によってわたしたちの間を裁いてください。不公平がないように、わたしたちを公正な道に導きください。23. これは、わたしの兄です。かれは99頭も雌羊を持っており、わたしは1頭しか持っていませんでした。ところがかれは、それも自分に任せなさいと言って、わたしを言い負かしたのです。

24. かれ（ダーウード）は言いました。かれ（兄）があなたの羊を取ろうとしたのは、実に不当です。確かに共同で仕事をする者の多くは、互いを不当に扱います。信仰して善行に勤しむ者は別だが、それは稀ですと。（そのとき）ダーウードは、**われら**がかれを試みたことを悟り、主の赦しを請い、礼拝にひれ伏し、改心して主の御元に帰りました[418]。☙**サジダ**❧25. そ

---

[418] ダーウードがなぜ赦しを求めたのか定説はない。例えば、礼拝室を乗り越えて二人が突然入って来た時、その人たちを一方的に悪人だと思い込んだからだともされる。

れで**われら**は、かれを赦しました。かれは**われら**の御元で側近にあり、そこが最善の帰り所なのです。26.ダーウードよ、**われら**はあなたを地上の代理者にした。だから人びとを、真理によって裁き、妄欲に従って**アッラー**の道を踏みはずしてはいけません。**アッラー**の道から迷う者は、清算の日を無視したので、激しい苦痛に会うのです。

〈ダーウード以降の諸例〉
27.**われら**は天と地、そしてその間にあるものを、無目的には創りませんでした。それは信仰のない者の憶測です。かれら信仰のない者は、どれほど(地獄の)火を味わうことか。28.**われら**が信仰して善行に勤しむ者を、地上で腐敗を広める者と同じに扱うでしょうか。**われら**が(**アッラー**を)意識する者を、信仰破りの者と同じに扱うでしょうか。29.(クルアーンは)**われら**があなたに啓示した祝福された啓典で、かれらがその印を熟慮するためであり、また心ある者たちへの諭しなのです。

30.**われら**はダーウードにスライマーンを授けました。何と優れた僕でしょう。かれは改心して、常に(**アッラー**に)帰りました。31.(ある日の)夕暮れ時、俊足の馬がかれに献上されて、32.かれは言いました。確かにわたしは、主を念ずることよりも(夕刻の礼拝を忘れて)、夜の帳が降りるまで、素晴しい物(駿馬)を愛してしまったのです。33.その馬を連れて来なさい。すると、かれは(馬の)足と首を叩いた(切り落とした)のでした[419]。34.また**われら**はスライマーンを試み、一つの体をかれの王座に投げ込みました[420]。その後かれは(健康を)回復し、35.言いました。主よ、わたしを赦してください。そして、わたしの後には誰も持ち得ない

---

419 礼拝を忘れたことへの償いとして馬を殺した。しかしアッラーはその後、スライマーンに風を送り、また王国の繁栄という賜物を贈った。
420 スライマーンは権力の源泉である指輪を悪魔に取られてしまったが、その後それを取り戻して王権を回復した。ここではこの顛末を語っているが、「一つの体」とはこの悪魔と解される。あるいはスライマーンは病気のため、王座に座った姿が骸骨のようであったので、その体を指すとも解される。健康回復後に自分の指輪を悪魔から取り戻した。参考文献23、巻27、207-209頁。

ほどの王国をわたしに与えてください。実に**あなた**は豊かに与える方です。36. そこで**われら**は、風をかれに従わせました。それはかれの思うままに、その命令によって望む所に静かに吹きます。37. また悪魔たちも、(その中の)あらゆる大工や潜水夫も、38. その他に鎖に繋がれた者も(スライマーンに従わせ)ました。39. (**アッラー**は言いました)これ(王国)は**われら**の賜物です。だから、あなたが与えようと(与えるのを)控えようと、数えることなく好きにしなさい。40. かれは**われら**の元で側近にあり、そこが最善の帰り所なのです。

41. **われら**の僕、アイユーブを思い起こしなさい。かれは主に向かって、悪魔がわたしを疲労と苦痛で襲うのですと叫びました。42. (**アッラー**の命令は)あなたの足で(大地を)踏みなさい。そこには冷たい沐浴と飲むための(水)があるでしょう。43. **われら**は慈愛として、かれに家族とそれに似たものを与え[421]、思慮ある者への教訓としました。44. (**アッラー**は言いました)一握りの草を手に取って、それで(妻を)打て。あなたの誓いを破ってはならない[422]。**われら**は、かれがよく耐え忍ぶことを知りました。何と優れた僕ではないか。かれは常に(**われら**の御元に)帰った。

45. また**われら**の僕の、イブラーヒームとイスハークとヤアコーブを思い起こしなさい。(かれらは)強力であり、洞察力もありました。46. **われら**は、かれらが(来世の)住まいにつき至誠を尽くして念じているので、かれらを信仰専一にしてやりました。47. 本当にかれらは、**われら**の御元において選ばれた優れた者でした。48. またイスマーイールとアルヤサアとズー・アルキフルを思い起こしなさい。かれらは皆、優れた者でした。49. これは一つの教訓です。本当に(**アッラー**を)意識する者のためには、幸せな帰り所があります。50. (それは)永遠の楽園であり、その門はか

---

421 死んだ子供をよみがえらせ、さらには似たものを加えたという意味。
422 妻が悪魔に唆されたことにつき、当初アイユーブは鞭で100回打つことを誓ったが、その後そのような性急な決心を悔いた。この事態に対して、ここでは草を使うというアッラーの命が下ったということ。

れらのために開かれます。51. その中でかれらは（安楽に寝床に）寄りかかり、たくさんの果実や飲み物が、望み放題です。52. また側には、目を伏せがちな同じ年頃の（女性）がいます。53. これらは清算の日のために、あなた方に約束されるものです。54. 本当にこれは、尽きることのない賜物です。

〈非信者と地獄〉

55.（**アッラー**を意識する者は）このようです。だが反逆者には、悪い帰り所があるでしょう。56. それは地獄です。かれらはそこで焼かれるのです。何と悪い寝所でしょうか。57.（実に）こういうことです。かれらは煮え立つ湯と膿を味わわされ、58. その他これに類する苦痛も受けます。59. これはあなた方と一緒に、やみくもに突き進む一群です。かれらに歓迎の言葉はない。（地獄の）火で焼かれるだけです。60. かれら（地獄の火の仲間）は（かれらの指導者たちに）言います。いや、歓迎されないのは、あなた方だ。わたしたちに、これ（地獄の火）を差し向けたのはあなた方だ。何と悪い住まいでしょうか。61. そしてかれらは言います。主よ、わたしたちをここに連れて来た者には、（地獄の）火で倍の苦痛を加えてください。62. かれら（地獄の火の仲間）は言います。わたしたちが悪人と思っていた人びとを見かけないのはどうしたことか。63. わたしたちが笑い草にしていた者（も見かけない）。（わたしたちの）目がかれらを見落としたのか。64. 実にこれは実際に起こることで、（このように地獄の）火の仲間は言い合うのです。

65. 言いなさい。わたしは警告者にすぎない。唯一の方、征服する方である**アッラー**の他には神はない。66. 諸天と地、そしてその間のすべての主、偉力大でよく赦す方。67. 言いなさい。これは偉大な知らせです。68. だがあなた方は、それから背き去る。69. 最高位の者（天使）たちの論議については、わたしは何の知識もない。70. わたしに啓示されたのは、ただわたしが明瞭に警告するためです。

71. あなたの主が、天使たちに、**わたし**は土から人間を創ると言いました。72. それで**わたし**がかれ（人間）を形作り、それに**わたし**の魂を吹き込んだなら、あなた方は跪(ひざまづ)いてかれに平伏礼しなさい。73. すると天使たちは、皆一斉に平伏礼したが、74. イブリースだけはそうしませんでした。かれは高慢で、信仰を拒む者でした。75. **かれ**は言いました。イブリースよ、**わたし**が手ずから創ったものに平伏礼することから、何があなたを妨げたのか。あなたは高慢なのか、それとも偉ぶる者なのか。

76. かれ（イブリース）は言いました。わたしはかれ（人間）より優れています。**あなた**は火でわたしを創りましたが、かれは土で創りました。77. **かれ**は言いました。それならあなたは、ここから出て行きなさい、実にあなたは、石で追われる身なのだ。78. そして**わたし**の拒否は、あなたに対して審判の日まで続くでしょう。79. かれ（イブリース）は言いました。主よ、かれら（人間）が復活する日まで、猶予を願います。80. **かれ**は言いました。それではあなたを猶予しよう。81. 定められた時まで。82. かれは言いました。それでは、**あなた**の剛力にかけて誓います。わたしはかれら（人間）すべての者を誘惑しましょう。83. かれらの中の、**あなた**の選んだ僕を除いて。84. **かれ**は言いました。それは（**アッラー**からの）真実である。**わたし**からは、真実を言うだけだ。85. **わたし**は、あなたとあなたに従うすべての者で、地獄を満たすことでしょう。

86. 言いなさい。わたし（ムハンマド）はこれ（クルアーン）に対し何の報酬もあなた方に求めない。またわたしは、詐欺を図る者ではない。87. これはすべての世界に対する諭しに他ならない。88. （最後の）ときが来たら、あなた方はその知らせ（が真実であること）を、間違いなく知るでしょう。

39. 集団章　سورة الزمر

マッカ啓示
75節

　　最後の審判を経て、楽園へ行く人たちと地獄へ行く人たちに分かれて進行することとなります。かれらが集団で行進する様が描写されているところから、本章が命名されました(71〜75節)。人間には選択する能力が与えられており(41節)、その正しい選択のために時間的猶予が与えられているが、最後の日は突然やってくることが諭されています(53〜61節)。

　　　慈愛あまねく、慈愛深い**アッラー**の御名において
〈**アッラー**の元に帰ること〉
1.この啓典の啓示は、偉力大で英明な**アッラー**から（下されたもの）です。
2.本当に**われら**は真理によって、あなたにこの啓典を下しました。それで**アッラー**に仕え、信心の誠を尽くすように。3.信心の誠を尽くして仕えるのは、**アッラー**にとっては当然ではないのか。だが**かれ**を差し置いて（他に）保護者を求める者は、わたしたちがかれら（神々）に仕えるのは、ただわたしたちが**アッラー**の御側に近づくためである（と言います）。本当に**アッラー**はかれらに異論がある諸点について、必ずその間を裁決します。**アッラー**は、嘘つきで恩を忘れる者を導きません。4.**アッラー**が子を持とうと御望みなら、御自分が創るものの中から、望みの者を選ぶのです。**かれ**に賛美あれ。かれは**アッラー**、唯一にして（全世界の）征服者です。5.**かれ**は真理をもって諸天と地を創造し、夜をもって昼を覆い、また昼をもって夜を覆わせ、太陽と月を服従させて、すべてが定められた期間に従って動いています。確かに**かれ**は、偉力大でよく赦すお方です。

6.**かれ**はあなた方を一人の者から創り、それからその配偶者を創り、また**かれ**は（雌雄で合計）8頭の家畜[423]をあなた方に遣わしました。**かれ**はあ

423　羊、山羊、ラクダ、牛の各雌雄で8頭。6:143参照。

なた方を母の胎内に創り、三つの暗黒[424]の中において、創造につぐ創造をしました[425]。このように、あなた方の主**アッラー**に、大権は属します。**かれ**の他に神はないのです。それなのにあなた方はどうして背き去るのか。
7. もしあなた方が信じなくても、**アッラー**はあなた方を必要としません。だが**かれ**は、僕たちの不信心を喜びはしない。しかし感謝するなら、**かれ**は喜びます。重荷を負う者は、他の者の重荷を負うことはありません。やがてあなた方は、自分の主の御元に帰るのです。そのとき**かれ**は、あなた方の（現世における）行ないのすべてをお告げになります。真に**かれ**は（人びとの）胸に抱くことを熟知します。

8. 人間は災厄に会えば、主に祈り、改心して**かれ**に戻ります。だが**かれ**が恩恵を**かれ**の御元から授けると、先に祈ったことを忘れて、**アッラー**に同位者を配し、**かれ**の道から（人びとを）迷わせるのです。言いなさい。あなたは、束の間の不信心（の生活）を享受するがよい。確かにあなたは地獄の火の仲間である。9. いや、夜間も敬虔に平伏礼し、あるいは立って礼拝に打ちこんで、来世に備え、また主の慈愛を請い願う者（と非信者は同じ）なのか。言いなさい。知っている者と、知らない者と同じであろうか。（しかし）諭しを受け入れるのは、思慮ある者だけなのです。

10. （ムハンマドよ）言いなさい。信仰する**わたし**の僕たちよ、主を意識しなさい。現世において善行をなす者には、善いこと（報奨）があります。**アッラー**の大地は広大なのです。よく耐え忍ぶ者は、真に惜しみない報奨を受けます。11. 言いなさい。わたしは**アッラー**に、信心の誠を尽くして仕えるよう命じられ、12. またわたしはムスリムの先達であるよう命じられているのです。13. 言いなさい。わたしがもし、主に背くようなことがあれば、偉大な日の苦痛が恐ろしい。14. 言いなさい。わたしは**アッラー**に、信心の誠を尽くして仕えます。15. **かれ**を差しおいて、あなた方が欲する

---

424 「三つの暗黒」とは、腹、子宮、胎盤。
425 「創造につぐ創造」とは、精液、血塊、そして肉塊。23:13,14参照。

ものに仕えるがいい。言いなさい。誠に失敗者とは、審判の日に、自らの魂とその家族を失う者である。確かにそれは明らかな失敗だ。16.かれらの上には火の覆いがあり、かれらの下にも（火の）床があろう。このようにして、**アッラー**は、僕に恐怖心を起こさせます。僕たちよ、だから**わたし**を意識せよと。

17.邪神を避けて崇拝せず、改心して、**アッラー**の元に帰る者には吉報があるでしょう。だから**わたし**の僕たちに吉報を伝えなさい。18.お言葉を聞いて、その中の最も良いところに従う者たちに。これらは**アッラー**が導かれた者であり、これらこそ思慮ある者たちです。19.だが苦痛のお言葉が下った者はどうか。あなたは（地獄の）火の中の者を、救えるのか。20.（他方）主を意識する者に対しては、館の上に館が建てられた高い建物があり、その下には川が流れています。これは**アッラー**の約束で、**アッラー**は決して約束を破らないのです。

〈クルアーンは真理〉

21.あなたは見ないのか、**アッラー**が天から雨を降らし、それを導いて地中の泉とし、それから色とりどりの植物を生やし、やがてそれらが枯れてあなたの目前で黄色になると、それからそれをぼろぼろの屑にします。実にこの中には、思慮ある者への諭しがあります。22.**アッラー**が胸をイスラームへと開いて従うようにし、主からの御光を受けた者がいます。だから、災いなるかな、**アッラー**を念じるのに心を固くする（啓示を拒む）者こそ、明らかに迷える者です。23.**アッラー**は最も美しい教え（クルアーン）を、互いに似た（一貫した比喩を）繰り返す啓典で啓示しました[426]。主を意識する者は、それによって皮膚は震えます。そのとき、**アッラー**を唱念すれば皮膚も心も和ぎます。これが**アッラー**のお導きです。**かれ**は御心に適う者を導きます。だが**アッラー**が迷うに任せた者には、導き手はないのです。

---

426 クルアーンの繰り返し論法を明白に告げている点、重要な一節である。資料４.参照。

24.それで審判の日のひどい懲罰を、顔に受けて守るしかない者はどうでしょう。不正な者に対しては言われるでしょう。あなた方が稼いだものを味わえ。25.かれら以前の者も（啓示を）拒否しました。それで思いがけないところから、懲罰がかれらに下りました。26.**アッラー**は現世の生活において、かれらに屈辱を味わわせます。だが来世における懲罰は更に大きい。ああ、かれらがそれを知っていたならば。

27.また**われら**はあらゆる比喩を人びとのために、このクルアーンの中で提示しました。かれらが諭しを受け入れればよいと思って。28.少しも曲がったところのない、アラビア語のクルアーンであり、恐らくかれらは（**アッラー**を）意識するでしょう。29.**アッラー**は一つの比喩を提示します。多くの互いに争う主人に侍る者と、一人の主人に忠実に仕えている者、この二人は比べてみて同じでしょうか。**アッラー**に称賛あれ。だが、かれらの多くは分からないのです。

30.確かにあなたは死ぬこととなるのです。かれらもまた死ぬのです。31.それから審判の日に、あなた方は主の御前で言い争います。32.◆**24部**◆**アッラー**について嘘をつき、また自分のもとに真理が来ると、それを拒否する者以上に不正な者があるでしょうか。地獄には、不信心な者への住まいがないとでも言うのか。33.だが真理をもたらす者、またそれ（真理）を確認（して支持）する者、これらは（**アッラー**を）意識する者です。34.かれらは**アッラー**の御元で、何でも望むものが得られるでしょう。これは善行をなす者への報奨です。35.それで**アッラー**は、かれらが行なった最悪のもの[427]は放免し、かれらが行なった最善のものについて報奨を与えるのです。

36.**アッラー**はその僕にとって、万全ではないでしょうか。だがかれらは

---

427 「最悪のもの」とは入信後の罪、あるいは大罪ともされるが、諸説ある。参考文献23、巻27、280-281頁。

かれ以外（の神々）をもって、あなたを脅そうとするのです。**アッラー**が迷うに任せた者に、導く者はいません。37.**アッラー**が導く者を、迷わせる者は誰もいません。**アッラー**は偉力大で、応報の主ではないですか。38.もしあなたがかれらに、諸天と地を創ったのは誰かと問えば、かれは必ず**アッラー**と言うでしょう。言いなさい。それならあなた方は考えないのか。**アッラー**の他にあなた方の祈るもの（邪神）たちを。もし**アッラー**がわたしに対し災厄を御望みなら、かれら（邪神）は**かれ**の災厄を除くことができるのか。または、**かれ**がわたしに対し慈愛を御望みなら、かれら（邪神）は**かれ**の慈愛を抑えることができるのか。言いなさい。わたしには、**アッラー**で十分です。信頼しようとする者は、**かれ**を信頼すると。39.言いなさい。わたしの人びとよ、あなた方は好きなように行なえ。わたしもそうする。やがてあなた方は知るでしょう。40.誰に恥ずべき（現世の）苦痛が来るのか、また誰に永遠の苦痛が下るのかを。

41.**われら**は人びとのため、真理によってあなたに啓典を下しました。それで誰でも導きを受ける者は自分を益し、また誰でも迷う者は自分を損なうだけです。あなたはかれらの後見人ではありません。42.**アッラー**はかれら（人間）が死ぬとその魂を召集し、また死なない者も睡眠の間に（魂を召集し）、**かれ**は死の宣告をした者の魂をそのまま（戻さずに）引き留め、その他のものは定められた時刻に送り返します。真にこの中には、熟慮する者への種々の印があるのです。43.かれらは**アッラー**以外に、執り成す者を求めるのか。言いなさい。かれら（邪神たち）には何の力もなく、また何も理解しないではないか。44.言いなさい。執り成しのすべては、**アッラー**に属するのです。諸天と地の大権は**かれ**のものです。やがてあなた方は、**かれ**の元に帰されるのです。

45.**アッラー**だけが言及されると、来世を信じない者たちの心は嫌気を覚えます。だが**かれ**ではなく、他（の神々）が述べられると、見よ、かれらは喜ぶのです。46.（祈って）言いなさい。おお**アッラー**よ、諸天と地の創造者、目に見える世界と目に見えない世界を知っているお方、**あなたは**、

僕たちの間で意見を異にすることについて、お裁きになります。47. もし悪を行なう者が、地上のすべてのものに加えて、なおそれに類するものを所有するなら（倍持っているとすれば）、審判の日における苦痛の困難から逃れる身代金にしようと思うのでしょう。そのときかれらが思い及ばなかったことが、**アッラー**からかれらに示されるでしょう。48. かれらはその稼いださまざまな悪事に出合い、笑い草にしていたものが、かれらを取り囲むでしょう。

〈突然の審判と来世〉

49. 人は災厄に会うと、**われら**に祈ります。だが**われら**がそれを恩恵に変えると、実は自分の知識によっていたと言うのです。いや、これも一つの試みです。だがかれらの多くは理解していない。50. かれら以前の者も、このように言っていました。だがかれらの稼いだものは、益するところなどなかったのでした。51. そしてかれらが稼いだ悪（の報い）が、かれらを襲ったのです。これらの不正を行なった者は、かれらが稼いだ悪（の報い）にやがて直面します。かれらは、逃れられないのです。52. かれらは、**アッラー**が御望みの者に糧を広げ、あるいは制限して与えることを知らないのか。実にこの中には、信仰する民への印があります。

53. 則(のり)を越えて、自らを害した**わたし**の僕たちに言いなさい。それでも**アッラー**の慈愛に対して、絶望してはならない。**アッラー**は、確かにすべての罪を赦されます。**かれ**はよく赦すお方、慈愛深いお方なのです。54. あなた方は懲罰が来る前に、主に改心して帰り、**かれ**に服従しなさい。その後では、あなた方は助からない。55. あなた方が気づかない中、突然懲罰がやって来る前に、主からあなた方に下された最も善い（教え）に従え。56. 心でこのように言わないように。ああ情ない、わたしは**アッラー**の側(がわ)（自分の義務）を怠っていた。本当にわたしは嘲笑者の一人であった。57. または、もし**アッラー**がわたしを導いていたなら、わたしは必ず（**アッラー**を）意識していたものを。58. また懲罰を見たとき、わたしがもう一度（現世に）帰れるなら、わたしは必ず善い行ないをする者の一人になるでしょうと。

59. いやそうではない。確かに**わたし**の印は下ったのです。だがあなた方はそれを拒否した。そして、高慢で不信心な一人となったのだ。

60. 審判の日、あなたは**アッラー**に対し虚偽を語った者たちを見るでしょう。かれらの顔は黒くなっています。地獄には高慢な者の住まいがないと言うのでしょうか。61. だが**アッラー**は、**アッラー**を意識した者を安全な避難場所に救います。かれらは災厄に会うこともなく、憂いもないのです。62. **アッラー**は、すべてのものの創造者であり、またすべてのものの管理者です。63. 諸天と地の鍵は、**かれ**のものです。**アッラー**の印を拒否した者こそ、失敗者なのです。

64. 言いなさい。あなた方（多神教徒）は、**アッラー**を差し置いて他に仕えるよう、わたしに命じるのか、無知な者たちよ。65. すでにあなた（ムハンマド）には、啓示が降ろされました。あなた以前の者たちにしたように。もしあなたが（邪神を**アッラー**に）配したなら、（現世における）あなたの行ないは虚しいものになり、必ず失敗者となるでしょう。66. いや、**アッラー**に仕えて、感謝する者となりなさい。67. かれらは、**アッラー**の真の力量を分かっていません。審判の日において、**かれ**は大地のすべてを一握りにし、その右手に諸天を巻くでしょう。**かれ**に称賛あれ。**かれ**は、かれらが配するものの、はるか上に高くおられます。68. ラッパが吹かれると、諸天にあるもの、また地上にあるものも、**アッラー**が御望みになる者の他は気絶します。次にラッパが吹かれると、見よ、かれらは起き上って見回します。69. そのとき大地は、主の御光で輝き、（行状の）記録が置かれ、預言者たちと証人たちが連れ出され、公正な判決がかれらの間に宣告されて、（少しも）不当な扱いはされません。70. 人びとは、その行なったことに対して、十分に報いられるでしょう。**かれ**は、かれらの行なったすべてを最もよく知っておられます。

71. 非信者は集団（ズマル）をなして地獄に駆られ、かれらがそこに到着すると、地獄の諸門は開かれます。そして門番が言います。あなた方（の

同胞）から使徒は、来なかったのですか。（そして）主からの印をあなた方のために読誦し、またあなた方のこの会見の日のことを警告しなかったのですか（と問う）。かれらは（答えて）言います。その通り（来たの）です。しかし非信者に対する苦痛（懲罰）の言葉が、現実のものとなるのですと。72. かれらは言われます。あなた方は地獄の門を入れ。永遠にその中に住みなさい。何と哀れなことよ、高慢な者の住まいとは。

73. またかれらの主を意識したものは、集団をなして楽園に連れられて行きます。かれらがそこに到着した時、楽園の諸門は開かれるのです。そしてその門番は、あなた方に平安あれ、あなた方は立派であった、ここにお入りなさい、永遠の住まいに、と言います。74. かれらは言います。**アッラー**に称賛あれ。**かれ**はわたしたちへの約束を果たし、わたしたちに大地を継がせ、この楽園の中では、好きなところに住まわせてくださいます。何と結構なことよ、（善行を）実行してきた者への報奨は。75. あなたは見るでしょう、天使たちが八方から玉座を囲んで、主を称えて賛美するのを。人びとの間は公正に裁かれ、すべての世界の主、**アッラー**にこそすべての称讃あれと、唱えられるのです。

40. 赦すお方章　سورة غافر

マッカ啓示 85節

初めの3節に、「罪を赦すお方」とあるのにちなんで、命名されました。またフィルアウンのエジプトの民が信仰を告白しますが(28〜45節)、そのため「信仰者章」ともいわれます。信心と徳行のより個人的な努力が主題となっています。そしてこの章から7章続いて、ハー・ミームの略語で始まります。その意味は従来からいろいろ議論はあっても、決定的な説はありません。それはアッラーのみがご存知であると締めくくられるのが常です。なお40〜46章は、クルアーンの啓示や改心への赦しがテーマになりますが、この章グループは、6〜9章で同様のテーマを扱ったのと対をなしています。

慈愛あまねく、慈愛深いアッラーの御名において

〈アッラーの赦しと改心、復活の日の近いこと〉

1. ハー・ミーム。
2. この啓典は、偉力大な全知のアッラーから降ろされたものです。3. 罪を赦すお方であり、改心を受け入れるお方で、(他方)苦痛を与えるときは激しく、(また)恵みは豊かな方です。かれの他に神はなく、誰でもその行き先はかれの御元です。4. 不信心な人以外は、誰もアッラーの印について議論しないのです。だから(ムハンマド)、かれら(不信仰な人)が諸都市を往来する(商売する)のに、惑わされてはいけません。5. かれら以前にもヌーフの民がいて、その後の人びとも(使徒を)嘘つき呼ばわりしました。そしてこれら(不信心)の者たちは、かれらの使徒に対して企てて、かれらを捕まえては無駄な議論を持ち掛け、それで真理を非難しました。そこでわたしはかれらを捕えたのです。わたしの与えた苦痛は何と厳しかったことよ。6. このように、あなた方の主のお言葉は、不信心の者たちの上に現実となります。確かにかれらは(地獄の)火の住民です。

7. (主の)玉座を担う者たち、またそれを取り囲む人たちは、主を称賛をもって賛美し、かれを信奉し、信じる人のために御赦しを請いながら(言います)。主よ、あなたの慈愛と知識は、すべてのものの上にあまねく及びます。改心してあなたの道に従う者たちを赦し、かれらを地獄の火の苦痛から御守りください。8. 主よ、あなたがかれらに御約束なされた永遠の楽園に、かれらを入れてあげてください。またかれらの先祖、配偶者と子孫の中の正しい者を。真にあなたは、偉力大で英明です。9. かれらを悪から御守りください。その日、あなたが諸悪から御守り下された者は、確かにあなたの慈愛に浴した者であり、それは偉大な勝利なのです。

10. 確かに不信心の者たちは、(次のように)言われるでしょう。あなた方の互いの嫌悪よりも、アッラーからのあなた方への嫌悪ははるかに大きい。(というのも)あなた方は、信仰に呼び掛けられたのに、拒否したからです。
11. かれらは言うでしょう。主よ、あなたはわたしたちを二度死なせ、二

度甦らせました[428]。今わたしたちは、罪を認めました。何とか脱出する道はないですか。12.（回答は）そんなことになったのは、唯一の**アッラー**を信奉するようにとの呼びかけを拒否して、**かれ**に同位者が配されるときには、（それらを）信じたから。裁決は、至高にして至大な**アッラー**のものなのです。

13.**かれ**こそは種々の印をあなた方に示し、あなた方のために天から御恵みを下される方です。だが、改心して（主に）帰る人だけが、留意するのです。14.それであなた方は、**アッラー**だけに至誠の信心を尽くして、**かれ**に祈りなさい。たとえ非信者たちが忌み嫌っても。15.**かれ**は至高の位階におられる玉座の主。**かれ**は僕（しもべ）の中、お望みの者に、命令により魂（啓示）を遣わし、（人びとに）会見の日を警告なされます。16.この日、かれらが（墓から）放出されるとき、何事も**アッラー**に隠しだてはできません。その日（万事差配の）大権は、誰にあるのか。唯一なるお方で征服者である、**アッラー**のもの。17.その日、各人は稼いだことによって報いられる、（応報上）不正のない日です。誠に**アッラー**は、清算に迅速なのです。

18.だからあなたは、近づいているその日について、かれらに警告しなさい。そのときかれらの心臓は喉元に上がってふさぎ、息を止めるでしょう。悪行の者には一人の友もなく、執り成す者がいたにしても、（聞いてもらって）取り上げられることはない。19.（**アッラー**は）盗み見る目も、胸に隠すことをも、すべて知っております。20.**アッラー**は、真理によって御裁きになります。だが**かれ**の他にかれらが祈るもの（偶像など）たちは、何も裁くことはできません。実に**アッラー**は、全聴にして、すべてを洞察されています。

---

428 二度甦るとは、現世への誕生と来世への復活である。二度死ぬとは、一般には現世への誕生前の死の状態と現世での死を指すとされる。

〈悪の醜いこと、ファラオの下での証言〉

21. かれらは地上を旅して、かれら以前の者の最後がどうだったかを見てこなかったのでしょうか。かれらは、これら（マッカの多神教徒）よりも有力で、地上に残す遺跡においても優れていました。しかし**アッラー**は、かれらをその罪のために、破壊したのです。そのとき**アッラー**から、かれらを守れる人は一人もいませんでした。22. つまりかれらの使徒たちが何回も明証をもたらしたのに、かれらはそれを拒否したので、**アッラー**はかれらを破壊したのでした。誠に**かれ**は強力で、激しい苦痛を与えます。

23. 先に**われら**は、**われら**の印と明らかな権威をもってムーサーを遣わしました。24. フィルアウンとハーマーンとカールーンに[429]。だがかれらは、（ムーサーは）嘘つきの魔術師だと言いました。25. かれが**われら**の元から真理をもたらしたのに、かれらはかれと共に信仰している人の男児を殺し、女児を生かしておけと言いました。だが非信者の企みは、失敗に終わる他ないのです。26. フィルアウンは言いました。ムーサーを殺すことは、わたしに任せなさい。そしてかれには、かれの主に祈らせておけばよい。かれがあなた方の宗教を変えて、国内に災厄を引き起こしはしないかと、わたしは心配でなりません。27. ムーサーは言いました。確かにわたしは、清算の日を信じないすべての高慢な人に対して、わたしの主、また、あなた方の主（の守護）に祈るのです。

28. フィルアウンの一族の中で、ひそかに信仰している一人の信者が言いました。あなた方の主からの明証をもたらして、わたしの主は**アッラー**であると言っただけで、人一人を殺そうとするのですか。もしその人が嘘つきであれば、その嘘はその人の身の上に降りかかり、その人が真実を言っているのならば、その人が警告することの一部分があなた方の身の上に降りかかるでしょう。真に**アッラー**は、法外な嘘つきを導きません。29. わ

---

429 カールーンはムーサーの一族（28:76〜81、29:39〜40）、ハーマーンはフィルアウン配下の軍指導者（28:6〜8、29:39〜40）。

たしの人びと（フィルアウンの一族でひそかに信仰する人）よ、今、主権はあなた方のものであり、あなた方はこの地上の主人です。だが**アッラー**の剛力が下ると、誰がわたしたちを救えるでしょうか。（これに対し）フィルアウンは言いました。わたしは（自分の）考えるところを、あなた方に言うだけです。また（それが）あなた方を、正しい道に導くのです。

30. そこでその信仰する人は言いました。人びとよ、わたしは、（預言者を拒否した）人びとの（運命の）日のようなものが、あなた方に（下るのが）恐ろしいのです。31. またヌーフ、アード、サムードの民と、その後の諸民族を襲ったような運命を（恐れます）。真に**アッラー**は、その僕に対し不正をお望みになりません。32. 人びとよ、わたしはあなた方のために、あなた方が互いに呼び合う日を恐れます。33. その日あなた方は、背を向けて逃げるでしょう。しかし**アッラー**からあなた方を守る人はいません。**アッラー**が迷うに任せられる人には、導き手はいないのです。34. 本当に以前ユースフが明証をもたらしたときも、かれがもたらしたものについて、あなた方は疑いを抱いて止みませんでした。かれが死んだとき、あなた方は、かれの後に**アッラー**は使徒を遣わさないだろうと言いました。このように**アッラー**は、法外な懐疑者を、迷うに任せられます。35. 何の権威も与えられないのに**アッラー**の印について言い争う者は、**アッラー**からもまた信者たちからも、ひどく忌み嫌われるでしょう。このように**アッラー**は、すべての高慢で横暴な人の心を封じます。36. フィルアウンは（大臣に命じて）言いました。ハーマーンよ、わたしのために高い塔を建てて、わたしが綱で到達出来るようにしなさい。37. 諸天（へ）の綱があればムーサーの神を見るでしょう。どうせ、かれ（ムーサー）は嘘をついているに違いないのだ。このようにフィルアウンには、自分の悪い行ないが立派に見えて、（正しい）道から締め出されてしまったのでした。フィルアウンの企みは、破滅をもたらすだけでした。

38. 例の信仰する人は言いました。人びとよ、わたしに従いなさい。正しい道にあなた方を導きます。39. 人びとよ、現世の生活は束の間の享楽に

すぎません。本当に来世こそは永遠の住まいです。40.悪事を行なった者は、それと同じ報いをうけます。だが善行をする人は、男でも女でも信者なら全員が楽園に入り、そこで限りない御恵みを与えられます。41.人びとよ、これはどうしたことか。わたしはあなた方を救おうと招くのに、あなた方は地獄の火にわたしを招くとは。42.あなた方は、**アッラー**を敬わ(うやま)ないで、わたしの知らないものを**かれ**と一緒に配するよう勧めます。だがわたしはあなた方を、偉力大でよく赦す方に招くのです。43.間違いもなく、あなた方が祈るようにと、わたしを誘うものは、現世でも来世でも、祈られるに値するものではありません。本当にわたしたちの帰る所は**アッラー**の御元で、無法の徒は地獄の火の仲間です。44.（フィルアウンたちよ）わたしが言ったことを、やがて思い出すでしょう。だからわたし（自身）のことは**アッラー**に委ねています。**アッラー**は僕(しもべ)たちのことを、洞察されています。

45.そこで**アッラー**は、かれらの企みの災厄から、かれ（ムーサー）を救われ、最悪の苦痛がフィルアウンの一族を取り囲みました。46.かれらは朝な夕なに地獄の火にさらされ、それからそのときが確立される日、フィルアウンの一族を、最も激しい苦痛に投げ込め（と仰せられるでしょう）。47.かれらは地獄の火の中で互いに口論します。弱者たちは、高慢であった者たちに言います。わたしたちは、あなた方に従っていました。あなた方は地獄の火の一部を、わたしたちから取り除いてくれてもよいではありませんか。48.高慢であった者は（答えて言います）。実はわたしたちは、皆その（地獄の）中にいるのだ。**アッラー**は僕(しもべ)たちの間を、もう判決されてしまった。49.そこで、地獄の火の中にいる人たちは、地獄の監視者（天使）に言います。この苦痛が1日（でも）わたしたちから軽くなるよう、あなたの主に嘆願してください。50.かれら（天使）は言います。使徒が、あなた方に明証を持って行かなかったのですか。かれらは（答えて）言います。その通りです。かれら（天使）は言います。それなら祈るがいい、しかし非信者の嘆願は、無駄になるだけです。

〈アッラーの助け、印、その否定と破滅〉

51. 確かに現世の生活においても、また証人たちが（証に）立つ日においても、**われらは必ずわれら**の使徒たちと信仰する人たちを助けます。
52. その日、悪行をした者たちの弁解は無益で、かれらは拒否されて、悪い住まいがあるだけです。53. **われらは**ムーサーにしっかりと導きを授け、イスラーイールの子孫に、その啓典を継がせました。54.（それは）心ある人への導きであり、諭しです。55. だから耐え忍びなさい。**アッラー**の約束は真実です。あなたは罪科の赦しを請い願い、朝な夕なに、主を称賛をもって賛美しなさい。56. 何の権威も授かっていないのに**アッラー**の啓示について論争するのは、とんでもない自信過剰だけを胸の中に抱く者です。だからあなた方は、**アッラー**の加護を請いなさい。本当に**かれ**は全聴にして、すべてを洞察される方なのです。

57. 諸天と地の創造は、人間の創造などよりもはるかに偉大です。だが人びとの多くはそれを知りません。58. 視覚のある人とない人とは同じではなく、また信仰して善行に勤しむ人と、悪行の者たちとは同じではありません。諭しに留意する人は、あまりいません。59. 確かにそのときは、確実に来るのです。それに疑いの余地はありません。だが人びとの多くは信じません。60. それであなた方の主は、仰せられます。**わたし**に祈りなさい。**わたし**はあなた方に答えるであろう。だが**わたし**に仕えない尊大な人たちは、必ず恥辱まみれで、地獄に落ちるであろうと。

61. **アッラー**こそは、あなた方のために夜を設けて憩いのときとされ、またものが見えるように昼を設ける方です。**アッラー**は人間に対し、本当に寵愛深くあられます。だが人びとの多くは感謝しません。62. これこそは、あなた方の主**アッラー**、すべての世界の創造の主です。**かれ**の他に神はないのです。それなのにどうして、あなた方は迷妄なのですか。63. **アッラー**の印を否定する人は、このように迷わされます。64. **アッラー**はあなた方のために大地を安住の場所とされ、大空を天蓋とされ、また、あなた方に姿を授けて、見事な形に作り、いろいろな善い御恵みを与えられた方です。

これが、あなた方の主、**アッラー**です。すべての世界の主**アッラー**に、称賛を。65. **かれ**は永生で、**かれ**の他に神はないのです。だから**かれ**に祈り、**かれ**に信心の至誠を尽くしなさい。すべての世界の主**アッラー**に、称賛を。

66. 言ってやるがいい。わたしはあなた方が、**アッラー**を差し置いて崇拝するものに、仕えることを禁じられました。主からの明証が、わたしに下され、すべての世界の主に、服従するよう命じられたのです。67. **かれ**こそは、土からあなた方を創り、次いで一滴（の精液）から、次いで一塊（の血）にして、そして幼児としてあなた方を出生させ、それから成熟させ、それから老いさせる方です。あなた方の中には早くに死ぬ者もいるが、（そうでない人が）既定の時期にまで達せられるということは、あなた方が（事態を）よく理解するためです。68. **かれ**こそは生を授け、また死を授ける方。**かれ**が一事を決められれば、それに対し、有れ、と言われる、そうすると、すなわち有るのです。

69. あなた方は**アッラー**の啓示について、議論する人を見なかったのですか。かれらは何と（信仰から）離されたことでしょう。70. これらは啓典を虚偽であるとし、また**われら**が遣わした使徒たちのもたらすものを虚偽であるとする人。やがてかれらは思い知るでしょう。71. 首かせがはめられ、また鎖が巻かれ、かれらが引き回されるとき、72. 沸騰する湯の中に、それから地獄の火の中に（投げ込まれ）熱せられるとき、73. そのとき、かれらに言われます。あなた方が崇拝していた神々は、どこにいるのか。74. **アッラー**を差し置いていたのか。かれらは（答えて）言いました。かれら（神々）は、わたしたちを置き去りにしました。いや、わたしたちが以前祈っていたのは、何でもなかったのですと。このように**アッラー**は不信心の者を迷うに任せます。75. それもあなた方が地上で、不当に享楽して、満足気であったためです。76. あなた方は地獄の門を入り、その中で永遠に住め。何と高慢の者の住まいの酷いことか。

77. あなた方は耐え忍びなさい。真に**アッラー**の約束は、確かです。**われ**

らがかれら（非信者）に（現世で）約束した一端を、あなたに示すこともあるでしょう。またはあなたを（その前に）召すことも。だがどちらにしても、かれらは**われら**の元に帰されるものなのです。78.**われら**はあなた以前にも、使徒たちを遣わしました。そのある人についてはあなたに語り、またある人については語っていません。だがどの使徒も、**アッラー**の御許しによる他、印をもたらすことはないのです。そして**アッラー**の大命が下れば、真理にもとづいて裁かれます。そのとき、虚偽に従った者たちは滅びるのです。

79.**アッラー**は、あなた方のために家畜を創った方で、あなた方はそれを乗用に、あるいは食用に用います。80.それらには、あなた方のためにさまざまな便益があり、あなた方の胸に抱く望みもそれらによって満たし、またその背や船によってあなた方は運ばれます。81.そして**われら**は種々の印を、（絶えず）あなた方に示します。一体**アッラー**の印のどれを、あなた方は否定するのでしょうか。

82.かれらは地上を旅して、観察しなかったのでしょうか。かれら以前の者の結末がどうであったかを。かれら（滅ぼされた民）は、これら（マッカの多神教徒）よりも多数で、力も優れ、地上の遺跡も多い。それでも、かれらの稼いだことは、何の役にも立たなかったのです。83.かれらの使徒たちが種々の明証をもってかれらのところに来たとき、かれらは自らが持っている知識を（正しいものとして）喜ばしく思いました[430]。そしてかれら（マッカの多神教徒）の嘲笑していたことが、かれら（自身）を取り囲んでしまったのです。84.それからかれらは、**われら**の苦痛を見るときになると、わたしたちは唯一である**アッラー**を信じます、そして**かれ**に並べて配していたものを拒否しますと言います。85.しかし**われら**の苦痛を見てからの信仰は、かれらの役には立たないのです。（これは）**アッラー**

---

430 ここは、多神教徒が自分たちの誤った信条（知識）を誇っていた（喜んだ）と解する説もある。またさらには、多神教徒は使徒たちの言うこと（知識）を嘲笑した（喜んだ）と解する説もある。さらに異説は、参考文献23、巻28、92頁参照。

の僕に対してなされた、**かれ**の（いつもの）慣行です。そして、非信者たちは滅び去ったのです。

41. 解説された章　سورة فُصِّلَتْ

マッカ啓示
54節

本章の３節と44節に「解説された（フッスィラット）」とあるので、それにならって命名されました。アッラーの偉大さと威力を示し確認する内容であり、アッラーは６日間で全存在を創造されたこと（9～12節）やその偉業の真実である印は、宇宙と人間の間に示されている（53節）と出てきます。

　　　　　慈愛あまねく、慈愛深いアッラーの御名において
〈啓典は解説—非信者への苦痛〉
1. ハー・ミーム。
2.（これは）慈愛あまねく、慈愛深いお方からの啓示です。3.印(しるし)が詳細に解説された啓典、理解ある民へのアラビア語のクルアーンで、4.吉報と警告（を伝えるもの）です。だがかれらの多くは、背き去って聞こうとはしないのです。5.そしてかれらは言います。わたしたちの心は、あなた（ムハンマド）が招くことに対して覆われて、またわたしたちの耳は聞こえず、しかもわたしたちとあなたの間には幕がかかっている。そこであなたは自分の（望みの）ことを行なえ。わたしたちも自分の（望みの）ことを行なうのだと。

6. 言ってやるがいい。わたしは、あなた方と同じ人間にすぎないのです。ただ、あなた方の神は、唯一の神であることがわたしに啓示されました。だから**かれ**に向かってまっすぐに向かい、また**かれ**にお赦しを請いなさい。多神教徒こそ災いであり、7.かれらは定めの施しを行なわず、何とかれらは来世を否定する人。8.確かに真に信仰して善行に務める人には、尽きることのない報奨があります。

9. 言ってやるがいい。あなた方は、2日間で大地を創られた**かれ**を、どうして信じないのでしょうか。しかも**かれ**に同位者を立てるのですか。**かれ**こそは、すべての世界の主です。10.**かれ**は、そこに（山々を）どっしりと置いて大地を祝福なされ、（大地創造の2日間を含む）4日間で、その中のすべての求めるもの（の必要）に応じて、お恵みを定めました。11. さらに**かれ**はまだ煙であった天に向かい、天地に対して、両者は好むと好まざるとに関わらず、（**アッラー**に）来たれ（姿を現せ）と言いました。そこでそれら（天地）は、わたしたちは喜んで参りますと言いました。12. こうして**かれ**は、2日の間に七層の天として完成させました。そしてそれぞれの天に命令を下し、一番下の天を、**われら**は照明で飾り、（悪魔に対する）防護しました。これは、偉力大で全知なる方のお図らいなのです。

13. それでもかれらが、背き去るならば言ってやるがいい。あなたたちに、アード（の民）とサムード（の民）が（襲われた）雷のような雷を警告すると。14. そのとき使徒たちは、かれらの前から、また後ろからかれらのところにやって来て、**アッラー**の他に何ものにも仕えてはならないと告げました。かれらは言いました。わたしたちの主がお望みならば、必ず天使を遣わしたはずだ。だからあなた方が持って来たもの（啓示）を、わたしたちは信じない。15. アードについては、不当にも地上で高慢になり、誰が、わたしたちよりも強力かなどと言っていました。かれらを創った**アッラー**こそ、かれらより強力だということを考えないのでしょうか。しかも**われらの**印を拒否するとは。16. だから**われら**は、悲惨な数日間、強風をかれらに送って、現世の生活において屈辱の苦痛を味わわせました。だが来世の苦痛はさらに屈辱を加え、また誰にもかれらは助けられないのです。17. また**われら**はサムードを、導きました。だがかれらは導かれるよりも、目が見えない方を好みました。それで、かれらが稼いでいたもののために、侮辱的な苦痛の雷がかれらを襲ったのです。18. だが、**われら**は信仰して（**アッラー**を）意識する人は救いました。

19. その日、**アッラー**の敵は地獄の火へと集められ、列に並ばされます。
20. そこにかれらが来ると、その耳や目や皮膚は、かれらの行なってきたことを、かれらに反して証言します。21. するとかれらは、その皮膚に向かって言います。なぜわたしたちに反して証言をするのか。それら（皮膚）は言います、あらゆるものが語れるようにされた**アッラー**が、わたしたちに語らせるのです。**かれ**は最初にあなた方を創り、そして**かれ**の御元に帰らせるのですと。22. また、あなた方は、自分の耳や目や皮膚が、あなた方に反するような証言など出来ない（と思い）、自分を隠すこともしませんでした。あなた方は自分のしていたことについて、**アッラー**はよく知らないと考えていました。23. だからあなた方の主について考えていたことが、あなた方を破滅に落とし入れ、あなた方は失敗者となったのです。24. そこでかれらが耐え忍ぶとしても、地獄の火がかれらの住まいであり、またかれらが（赦しを）お願いしても、そのような願いは受け入れられないのです。

25. **われら**は、かれらに仲間（としての悪魔）をあてがっておいたので、かれら以前（現世）のことも以後（来世）のことも、かれらには立派に見えるようにしました。そうしたら、かれら以前に過ぎ去ったジンと人間の諸世代に下された言葉通りに、かれらに現実となったのです。実にかれらは敗北者となったのです。26. 非信者は言います。クルアーンに耳を傾けないで、その（読誦）中に馬鹿げた無駄話をしまくりなさい。そうすれば、あなた方は優勢に立てるでしょう。27. そこで**われら**は、不信心な人に激しい苦痛を味わわせ、かれらの最悪な行ないに応報します。28. それは**アッラー**の敵への報いで、それは地獄の火です。その中が、かれらのための永遠の住まいです。**われら**の印を拒否していたことに対する報いなのです。29. すると不信心の者は言います。主よ、ジンと人間の中で、わたしたちを迷わせた者に会わせてください。わたしたちの足下に踏みつけて、卑しい中でも最低な人にしてやりますと。

30. （一方）確かにわたしたちの主は**アッラー**ですと言って、まっすぐに（**アッ**

ラーに）向かう者たち。かれらには天使が降りてきて、恐れてはならない、また悲しんではならない、あなた方に約束されている楽園への吉報に喜びなさい（と言うのです）。31.（さらに言う）わたしたちは現世の生活においても、また来世においても、あなた方の擁護者です、そこ（来世）ではあなた方は望むものを得て、そこではあなた方の求めるものが得られるのです、32. よく赦され、慈愛深いお方からの歓待なのです（と言う）。

〈最善は信者〉
33. 人びとを**アッラー**の元に呼び、善行を施し、確かにわたしはムスリムですと言う者ほど、美しい言葉を語る人があるでしょうか。34. 善と悪とは同じではありません。（悪に対して）一層善行で悪を追い払いなさい。そうすれば、互いの間に敵意がある人でも、親しい友のようになります。35. だがよく耐え忍ぶ者たちの他には、それは成し遂げられないでしょう。格別幸運な人たちの他には、それを成し遂げられないでしょう。36. それからもし、悪魔からの悪のそそのかしがあなたの心に触れたならば、**アッラー**のご加護を求めなさい。真に**かれ**は全聴にして全知です。

37. **かれ**の印の中には夜と昼、また太陽と月がある。それで太陽にも月にも、ひれ伏すようなことをしてはならない。それら（両方）を創られた、**アッラー**にひれ伏しなさい。あなた方が本当に**かれ**に仕えるのであれば。38. たとえかれら（非信者）が高慢であっても、主の御元にいる人たちは、夜も昼も**かれ**を賛美し、手を緩める(ゆる)ことはありません。๛ **サジダ** ๛ 39. **かれ**の印の一つを、あなたは荒れ果てた大地に見ます。**われら**がその上に雨を降らせると、震えだし、盛り上がります。確かにそれに生命を与えた方は、まさに死者を甦らせる方です。**かれ**は、あらゆることに全能です。

〈啓示は導きと癒し—信者への報奨〉
40. **われら**の印の曲解者は、**われら**から隠られません。地獄の火に投げ込まれる人となるのがよいのか、それとも審判の日に安心して来られる人となるのがよいのか。あなた方が好む通りにしなさい。確かに**かれ**は、あ

なた方の行なうことを洞察されます。41. 諭し（クルアーン）がかれらの元に来たとき、それを拒否した者は[431]。本当にそれ（クルアーン）は偉大な啓典であり、42. 虚偽は前からも後ろからも近づくこともなく、英明で称賛すべき方からの啓示なのです。43. あなたに言われたことは、あなた以前の使徒たちが言ったことと同じです。本当にあなたの主は、赦しの主であるとともに、厳しい罰の主です。44. **われら**がクルアーンを外国語で下したならば、かれらはきっと、なぜその諸節がはっきり解説されていないのですか、（また）何とアラブ人（の使徒）に外国語（の啓示）なのですかと言うでしょう。言ってやるがいい。それは信仰する人にとっては導きであり、癒しです。だが信じない者には、その耳の中は空洞で、またそれについて視覚はないのです。かれらは、遠い所から呼びかけられる（ようなも）のです。45. **われら**は確かにムーサーに啓典を授けましたが、それについて異論が起こりました。もしあなたの主からの（猶予の）言葉が前もって下されていなかったならば、かれらの間のことは（すでに）裁決されていたでしょう。かれらはそれ（啓典）について、根深い疑いを抱いているのです。

46. 善行をする人は自分を益し、悪行をする人は自分を損ないます。あなた方の主は、その僕を不正に取り扱われません。47. ◆**25部**◆（審判の）時に関する知識は、**かれ**だけがお持ちです。**かれ**が知らないで、一つの果実もその皮から出てくるものはありません。また女性が子を宿すことも、分娩することもありません。その日、**かれ**はかれら（多神教徒）に尋ねます。**わたし**の同僚としたもの（偶像）は、どこにいるのかと。かれらは言います。**あなた**に申し上げますが、わたしたちの中で見た者はおりませんと。48. かれらが先に拝していたものたちは、かれらを捨てて隠れてしまい、そこでかれらは逃げ場もないと分かるのです。

49. 人間は善（幸福）を祈って、疲れることを知りません。だが悪（不幸）

---

431 述部は「滅ぼされた」や「不信心のために報いを受けた」などと解される。

に見舞われると、落胆し絶望するのです。50. かれが不幸に会った後、**われらの慈愛を味わわせると、かれらは必ず言います。これはわたしのもの（自力）だ、（審判の）ときが来るとは考えられない、また主に帰されても、わたしは**かれ**の元で褒美をもらうのだと。だが**われら**はこれら不信心の者に対し、その行なったことを示し、必ず酷い苦痛を味わわせます。51. **われら**が人間に恩恵を与えれば、かれらは背を向けて遠ざかります。だが一度不幸に会えば長々と祈るものです。52.（ムハンマドよ）言ってやるがいい。あなた方には見えないのか、それ（クルアーン）は**アッラー**からのものであるのに、あなた方は信じないのか、遠く離れ去って分裂する人ほど、酷く迷った者があろうか。53. **われら**は、**われら**の印が真理であることが、かれらに明白になるまで、空の彼方において、またかれら自身の中においても、見せ示すのです。真にあなた方の主はすべてのことの立証者ですが、そのことだけでも十分ではないでしょうか。54. ああ、かれらは主との会見について疑っているのでしょうか。確かに**かれ**こそは、すべてのものを取り囲む方であるというのに。

42. 協議章　سورة الشورى

マッカ啓示
53節

　本章は、信者にとってアッラーの呼びかけに応じることや礼拝することなどと並んで、協議することの重要性が語られる38節にちなんで命名されました。預言者は継続していること（3節）、あるいは信者は分裂してはならないことの重要性（13節）が語られます。そしてさまざまな啓示の在り方が説明されます（51～53節）。

　　　　　慈愛あまねく、慈愛深いアッラーの御名において
〈啓示と創造：アッラーは帰り所〉
1. ハー・ミーム。2. アイン・スィーン・カーフ。
3. このように（**アッラー**は）あなた（ムハンマド）と、あなた以前の者たちに啓示します。**アッラー**は偉力大で英明です。4. 諸天にあり地にあるす

べてのものは、**かれ**のものです。**かれ**は至高にして偉大です。5. 諸天はその上の方から（**アッラー**の偉大さのために）ばらばらに裂けんばかりになり、天使たちは主を称賛をもって賛美し、地上のもののために赦しを請い願うのです。ああ、確かに**アッラー**こそは、よく赦すお方で慈愛深いお方なのです。6. それでも**かれ**の他に保護者を求める人がいますが、**アッラー**はかれらを監視します。だからあなたは、かれらの保護者ではありません。

7. またこのようにアラビア語でクルアーンをあなたに啓示したのは、あなたが諸都市の母（マッカ）とその周辺の人に警告し、また疑いの余地のない召集の日について警告するためです。（その日）一団は楽園に、また一団は地獄の火の中へ（入ります）。8. もし**アッラー**がお望みなら、かれらを一つの共同体にしたでしょう。だが**かれ**は、御心に適う者を慈愛の中に入れ、（一方）悪い行ないの人には、保護者も援助者もいません。9. もしくはかれらは、**かれ**を差し置いて保護者を求めるのでしょうか。だが**アッラー**こそ保護者であり、また死んだものに生を授ける方、すべてのことに全能なお方です。10. 何事によらず、あなた方に異論があったとき、その決定をするのは**アッラー**です。こうされたのは、わたしの主、**アッラー**なのです。**かれ**をわたしは信頼し、**かれ**にわたしは改心して帰るのです。11. 諸天と地の創造者。**かれ**はあなた方のために、あなた方の間から夫婦を、また家畜にも雌雄を創りました。このようにして、あなた方を繁殖させます。何も**かれ**に似たものはありません。**かれ**は全聴にして、すべてを見通すです。12. 諸天と地のすべての鍵は、**かれ**に属します。**かれ**は御心に適う人に恵みを広げ、また縮めます。真に**かれ**は、すべてのことを知り尽くすのです。

13. **かれ**があなた方（人びと）に定めた教えは、ヌーフに命じられたものと同じです。**われら**はそれをあなた（ムハンマド）に啓示し、またそれをイブラーヒーム、ムーサー、イーサーに対しても命じました。（命じたのは）その教えを打ち立て、その間に分派を作ってはならない（ということ）。あなたが呼び掛けるもの（イスラームの教え）は、多神教徒にとっては重

大なのです。**アッラー**は御心に適う人を自分の方に選び、また改心して（主に）帰る人を**かれ**（の道）に導きます。14.（しかし）かれらの間の妬み心によって分派が生じたのは、知識がかれらに下ってからでした。もしあなたの主からの（猶予の）言葉が前もって下されていなかったならば、かれらの間は（すでに）裁決されていたことでしょう。かれらの後にそれ（啓典）を引き継いだ人は、根深い疑いを抱いているのです。15. だからあなたは命じられたように、（人に）呼び掛け、まっすぐ正しくして、かれらの妄欲に従ってはいけません。そして言ってやるがいい。わたしは**アッラー**が下した（いずれであれ）啓典を信奉する、わたしはあなた方の間に公正をもたらすよう命じられた、**アッラー**はわたしたちの主であり、あなた方の主です、わたしたちにはその行ないがあり、またあなた方にもその行ないがあります、わたしたちとあなた方との間に議論はないのです、**アッラー**はわたしたちを（一緒に）召集するでしょう、**かれ**こそが（わたしたちの）帰る所なのですと。

16. **かれ**が（人びとに）応じられる[432]ようになってから**アッラー**について論争する人は、かれらの主の御元では無意味で、かれらには（**アッラー**の）お怒りと、激しい苦痛があるのです。17. **アッラー**こそは、真理の啓典と秤を下した方です。そのとき（最後の審判）が近いということを、あなた方に理解させるものは何でしょうか。18. それを信じない人はそれを急がせるが、信仰する人はそれが真理であることを知っていて恐れます。確かにそのときについて論争する人は、遠く迷っている人たちなのです。

〈善と悪への応報〉
19. **アッラー**はその僕に対してやさしく、御心に適う者に恵みを与えます。**かれ**は、強力で偉力大な方です。20. 来世の収穫を願う者には**われら**はそ

---

432 「応じられる（ウストゥジーバ）」とは、人びとにアッラーのことが周知されるということで、心より服従して帰依されるのとは異なり、議論の余地が残された段階を指している。ただしこの部分はムハンマドが人びとに、「従われる」ようになってから、とも解釈される。

の収穫を増し、また現世の収穫を願う者には、**われら**はそこから（増加のない割り当てだけを）与えます。だがその者には、来世での分け前はありません。21. それともかれらに仲間（悪魔たち）がいて、**アッラー**がお許しにならない宗教を、かれらのために定めたのでしょうか。もし決定的な（猶予の）お言葉がなかったならば、かれらのことはとっくに裁かれていたのです。悪い行ないの人は、真に厳しい苦痛を受けるでしょう。22. あなたは不正な人たちが、その稼いだこと（の罪）のために、恐れ戦くのを見るでしょう。（懲罰は）かれらに対して、現実のものになるのです。しかし信仰して善行に勤しむ人は、楽園の庭園にいて、かれらの主の御元から望むところのものが得られます。それこそは、偉大な恩寵です。23. それは信仰して善行に勤しむ僕に対し、**アッラー**が伝える吉報です。言ってやるがいい。わたしはそれに対して何の報酬もあなた方に求めず、ただ近親（ムハンマドの属するクライシュ族として）の友誼（マワッダ）だけを求める。誰でも善行をする人には**われら**はさらに善いものを与える。真に**アッラー**はよく赦す方で、よく報われる方であると。

24. それともかれらは、かれ（ムハンマド）は**アッラー**について嘘を捏造したと言うのでしょうか。**アッラー**がお望みならば、あなたの心を封じることができ、また**アッラー**はそのお言葉によって虚偽を消し、真理を確実にすることもできます。確かに**かれ**は、胸の中に抱くことも知り尽くしています。25. **かれ**こそは、僕たちの改心を受け入れ、さまざまな罪悪を赦し、あなた方の行なうことを知っております。26. **かれ**は信仰して善を行なう人に答えて恩寵を増やすが、非信者に対しては激しい苦痛を科します。27. もし**アッラー**が、その僕たちに対し膨大な糧を授けるならば、かれらは地上で傲慢になるでしょう。しかし、**かれ**は望むものを適量下すのです。実に**かれ**はその僕たちを熟知し、監視するお方です。28. **かれ**こそは（人びとが）絶望した後に雨を降らせ、その慈愛を広めるお方。**かれ**は称賛すべき擁護者です。

29. 諸天と地の創造と、その間に撒き散らされた生き物たちは、**かれ**の種々

の印の一部なのです。また**かれ**には、お望みのときに一斉にかれらを召集される権能があります。30.あなた方に降りかかるどんな不幸も、あなた方の手が稼いだものです。それでも**かれ**は、多くを赦します。31.あなた方は地上において、**かれ**を逃れることはできません。あなた方には、**アッラー**の他にどんな擁護者も援助者もいないのです。32.また**かれ**の印の一つは船で、それはちょうど海の中の山のようです。33.もし**かれ**がお望みなら風を静め、それは海面に動かないで止まってしまいます。真にこの中には、よく耐え感謝する人への、種々の印があります。34.または**かれ**は、かれら（人びと）が自ら稼いだこと（罪）のために、それらを難破させることもできます。だが（その罪の）多くを赦します。35.**われら**の種々の印について議論する人には、逃れる場もないことを知らしめるためです。

〈最後の日と帰依：アッラーは人に直接は語られない〉
36.あなた方に与えられるすべてのものは、現世の生活における（一時の）享楽（にすぎない）。信仰して主を信頼する人にとっては、**アッラー**の御元にあるものこそ、最も善であり、はるかに永続するのです。37.（同様に）大罪やみだらな行為を避ける人、怒っても赦す人、38.また主に答えて礼拝の務めを守る人、互いに事を相談し合う人、**われら**が授けたものから施す人、39.迫害に会った時、助け合う人（にとっても）。40.悪に対する報いは、それと同害の悪です。だが寛大にして和解する人に対して、**アッラー**は報酬をくださります。真に**かれ**は不正な人をお好みになりません。41.不当なことをされた人が自衛しても、これらの人に対して責めはありません。42.責められるのは、他人に不正を行ない、また不当な欲望で地上を荒らす人たち、かれらに対しては（**アッラー**）から厳しい苦痛があるのです。43.だが耐え忍んで赦してやること、それこそ（イスラームの）最善の道というもの。

44.**アッラー**が迷うに任せる人には、**かれ**以外に擁護者はないのです。あなた（ムハンマド）は、悪を行なう人が苦痛を見ると、何とか引き返す道はないかと言うのを見るでしょう。45.あなたは、かれらが地獄の火に晒

され卑しめられて謙虚になり、そっと眺めているのを見るでしょう。信仰する人は、確かに復活の日に自分自身と従者を失う人は損失者です、と言います。ああ、不正な人は、実に永遠の苦痛を受けます。46.かれらには**アッラー**の他に、助ける擁護者はいません。**アッラー**が迷うに任せる人には、（まっすぐな）道はないのです。

47.避けられない日が、**アッラー**からあなた方の元にやって来る前に、あなた方の主（の呼びかけ）に答えなさい。その日あなた方には避難所もなく、（自分の罪を）否認する余地もないのです。48.もしかれらが背き去っても、**われら**はかれらへの見張り人として、あなたを遣わしたわけではない。あなた（の務め）は（啓示の）伝達だけです。人間は**われら**が恵みを味わわせると、それにより大喜びします。ところが、自分の手が犯した行ないのために不幸に悩まされると、間違いなく恩を忘れます[433]。49.諸天と地の大権は、**アッラー**のものです。**かれ**は御心のままに創られるのです。**かれ**は、お望みの人に女児を授け、またお望みの人に男児を授けられます。50.また男と女を混ぜて（授け）、またお望みの人を不妊になされます。確かに**かれ**は全知にして強力です。

51.**アッラー**が、人間に（直接）語りかけられることはありません。啓示によるか、帳の陰からか、または使徒を遣わすかして、**かれ**の許しの下で、**かれ**はそのお望みを明かします[434]。確かに**かれ**は、至高にして英明であります。52.このように**われら**は、**われら**の命令によって、魂（クルアーン）をあなたに下しました。あなたは、啓典が何であるのか、また信仰がどん

---

433 恵まれると忘恩で、困窮すると嘆願するというテーマは、忘れられない警告の一つであり、クルアーン中に繰り返される。41:51など参照。
434 本節は人にアッラーが話すときの場合として、3種挙げている。第1に、「啓示」によるもの（夢や心中に話しかける場合。例えばイブラーヒームが息子のイスマーイールを犠牲にする夢など、2:124脚注）、第2は、「帳の陰から」（アッラーの姿を見ることなくその言葉を聞く場合。ムーサーがシナイ山で経験したことなど、7:143）、第3は「天使による伝達」で、これは多数事例がある。参考文献23、巻27、187-188頁、参照。なお預言者伝承では、「天国での最良の幸福は、アッラーの尊顔を拝することと、次いでアッラーが人びとに話されること」とある（ブハーリー他）。

なものかを知りませんでした。しかし**われら**はこれ（クルアーン）を、**われらの僕の中からわれら**の望む人を導くための光としました。あなたは、それによってまっすぐな道に導くのです。53.諸天にあり地にあるすべてのものを所有する**アッラー**の道へ。見よ、本当にすべては**アッラー**（の御元）に帰って行く。

43. 金の装飾章　سورة الزخرُف

マッカ啓示
89節

本章は35節に「金の装飾」とあり、53節にも「黄金の腕輪」とあるところから命名されました。真理を見極める基準は、先祖の伝統や財産ではなく、預言者が伝える啓示（クルアーン）であることが強調されています。それゆえ例えば、天使はアッラーの娘である（15～19節）、あるいは預言者というものは有力者であるべきだ（31節）といった、非信者の言いがかりが退けられています。

慈愛あまねく、慈愛深いアッラーの御名において

〈啓示は明確な導き〉

1. ハー・ミーム。

2. 明解にする啓典にかけて。3. 確かに**われら**は、それをアラビア語のクルアーンとしました。あなた方が理解するために。4. それは**われら**の元の（諸啓典の）母体[435]の中にあり、崇高で英知に溢れています。

5. あなた方が法外な民であるからといって、**われら**はこの諭し（クルアーン）をあなた方から取り去ることができるでしょうか。6. **われら**はどれほど多くの預言者を、昔の民に遣わしたことでしょうか。7. だが預言者が来るたびに、かれらは馬鹿にしなかったことはなかったのです。8. それで**われら**はかれら（マッカの非信者）よりも強い者を滅ぼしましたが、昔の人

435　13:39、85:22参照。

(強い者)の先例はすでに述べた通りです。9.もしあなたがかれらに向かって、諸天と地を創造したのは誰ですかと問えば、(滅ぼされた後になるが)かれらは必ず、偉力大で全知な方が創造されましたと言います。10.**かれ**はあなた方のため、大地を平らにし、その中に道を設けました。あなた方が正しく導かれるように。11.また天から適量の雨を降らせ、それで死んだ大地を甦らせるお方です。またそのように、あなた方は(甦らされて墓場から)出されるのです。12.**かれ**はあらゆる種類のものを創造し、またあなた方のために、舟と家畜を乗物として創りました。13.あなた方がその背に安全に乗るために、そしてそれに乗るとき、あなた方の主の恩恵を念じて(こう)言うために。**かれ**を賛美します、これらをわたしたちに服従させるお方、これはわたしたちにはできなかったことです、14.確かにわたしたちは、主に必ず帰るのですと。

〈祖法から正道へ〉

15.それなのにかれら(マッカの多神教徒)は、**かれ**の僕(天使)を、**かれ**の一部(子孫)としています[436]。本当に人間は忘恩なのです。16.それとも**かれ**が創ったものから娘を取り、あなた方には男児を選んだと言うのですか。17.そしてかれら(マッカの多神教徒)の一人に、慈愛深いお方に当てがわれたもの(娘)と同じもの(女児の誕生)が知らされると、かれの顔はずっと暗くなり、悲嘆にくれてしまう。18.(かれの女児は)飾って大事に育てられるが、明確な論争もできない。19.(それなのに)慈愛深いお方の僕である天使たちを女性(娘)とするのか。かれら(天使)の創造を見たとでもいうのか。かれら(多神教徒)の証言は記録され(審判の日に)問われるでしょう。

20.かれらは、慈愛深いお方がお望みなら、わたしたちは決してかれら(神々)を崇めませんでしたと言います。かれらはそれについて何の知識もなく、ただ臆測するだけなのです。21.それともこれより前に**われら**が授けた啓

---

436 天使はアッラーの娘であると言っていたこと。

典があり、かれらはそれを固く守っているのでしょうか。22.いや、かれらは言う。わたしたちは、先祖が一つの（伝統の）道を踏んでいたのを見ました。そしてわたしたちは、その足跡の上に導かれているのです。23.同じように、**われら**があなた以前にも町に警告者を遣わすたびに、その地の（腐敗した）富裕な人たちは、わたしたちは先祖が一つの道を踏んでいたのを見て、その足跡を踏んでいるのですと言いました。24.かれ（ムハンマド）は言いました。あなた方の先祖が従っていたというものよりも、わたしが良い導きをもたらしているにもかかわらず（先祖に従うの）か。かれらは言いました。あなたが遣わされて届けたものを、わたしたちは信じません。25.それで**われら**は、かれらに報復しました。見よ、信仰を拒否した者の最後がどうだったかを。26.イブラーヒームが、その父とその人びとにこう言ったときのことを思い起こしなさい。真にわたしは、あなた方が崇拝するものを拒絶します。27.わたしをお創りになり、わたしを必ずお導きくださる方にだけ（仕えます）。28.かれはそれを、子孫への永遠の言葉として残した。多分かれらが（**アッラー**に）帰ることを願って（そうしました）。

29.いや、**わたし**は、真理と（事物を）明瞭にする使徒が来るまで、これらの者やその先祖を楽しませました。30.だが真理がかれらのところに来ると、これは魔術です、わたしたちは、決して信じませんと言う。31.またかれらは、このクルアーンは、なぜ（少なくとも）二つの町のいずれか一方の有力者[437]に下されなかったのでしょうかと言います。32.かれらは主の慈愛を分配するのでしょうか。**われら**は、現世の暮らしに必要な物を、あなた方に分配し、またある人を他の者より上に地位を上げて、ある人を他に服させるのです。あなたの主の慈愛は、かれらが蓄積したものより、はるかに素晴らしいのです。33.人間が一つの（不信心な）共同体とならないならば、**われら**は慈愛深いお方を信じない者のために、その家には銀

---

437 イスラームに反対していた有力者としては、マッカのワリード・ビン・アルムギーラとターイフのウルフ・ビン・マスウード・アルサカフィーを指すとされる。

の屋根、それに登るのに（銀の）階段を設け、34.その家には（銀の）扉、またかれらが寄りかかる（銀の）寝床も（設けたでしょう）。35.（さらには）金の装飾も（施したでしょう）。しかしこれらのすべては、現世の生活の享楽にすぎません。あなたの主の御元の来世こそが、（**アッラーを**）意識する人のためのものです。36.慈愛深いお方の諭しに目をそらす者には、**われら**は悪魔を振り当てます。それは、かれにとり、離れ難い友となるでしょう。37.こうして（悪魔は正しい）道からかれらを拒み、しかもかれらは、自分は（正しく）導かれているものと思い込んでいるのです。38.**われら**の元にやって来るときになって、かれは（同僚の悪魔に）わたしとあなた（悪魔）の間に、東西の隔たりがあったならばと言うのです。ああ何と悪い友（を持ったこと）よ。39.そんな（悪魔の友がいる）ことは、あなた方に役に立たないのだ。不正を行なったからには、一緒にあなた方は苦痛を受けるのだ。

40.あなたは耳を傾けない者に、聞かせることができるでしょうか。また視覚のない者や明らかに迷いや過ちの中にいる人を、導くことができるでしょうか。41.そこで（懲罰の前に）、あなた（ムハンマド）を召し上げるとしても、**われら**は（来世で）かれらに報復しましょう。42.またはかれらに約束したこと（懲罰）を、あなたに見せることもできます。確かに**われら**は、かれらを圧倒しているのです。43.それであなたに啓示したものを、しっかりと守りなさい。真にあなたは、正しい道を辿っているのです。44.これはあなたにとっても、またあなたの人びとにとっても（正しい）諭しです。やがてあなた方は、尋ねられるでしょう。45.あなた以前に**われら**が遣わした、**われら**の使徒たちに問いなさい。**われら**は、慈愛深いお方の他に仕えるべき神々を設けたのでしょうかと。

〈ムーサー、イーサー、そして真理の支配〉
46.確かに**わたし**は、ムーサーにさまざまな印を持たせて、フィルアウンとその指導者たちに遣わしました。かれは言いました。わたしは、本当にすべての世界の主の使徒です。47.ところが、**われら**は種々の印を現した

のに、見よ。かれらはそれを笑ったのです。48. それで**われら**が次々にかれらに示した印は、どれもそれ以前のものより、立派なものでした。そして苦痛をもってかれらを懲らしめました。多分かれらは（**アッラー**の元に）帰るでしょう。49. そのときかれらは言いました。魔術師よ、主があなた（ムーサー）と結ばれた約束によって、わたしたちのために祈ってください。わたしたちは、真に導きを受け入れるでしょう。50. だが、**われら**がかれらから苦痛を取り除くと、同時にかれらはその約束を破ってしまったのです。51. そしてフィルアウンはその民に呼びかけて言いました。わたしの民よ、エジプトの国とこれら足下を流れる幾多の川は、わたしのものではないのですか。あなた方は分からないのですか。52. またわたしは、この卑しい、明瞭に言えない者（ムーサー）よりも、優れているのではないですか。53. なぜ黄金の腕環がかれ（ムーサー）に授けられないのですか。またなぜ天使たちが付き添って、かれと一緒に遣わされないのですか。54. このようにかれはその民を扇動し、民はかれに従いました。本当にかれらは、**アッラー**の掟に背く無法者でした。55. こうしてかれらは**われら**を怒らせたので、**われら**はかれらに報復し、すべてを溺れさせ、56. かれらを過去の民とし、後世の者のための事例（戒め）としました。

57. マルヤムの子（イーサー）のことが、一例として取り上げられると、あなた（ムハンマド）の人びとはそれをあざ笑い、騒ぎたてます。58. そしてかれら（マッカの多神教徒）は、わたしたちの神々が優るのか、それともかれかと問い正します。かれらがかれ（イーサー）のことを言うのは、ただあなたに議論をふっかけるためだけです。いやはや、かれらは論争好きの民なのです。59. かれは、**われら**の恩恵を施した僕にすぎません。そして**われら**はかれを、イスラーイールの子孫（ユダヤ教徒）に対する（印の）例[438]としました。60. そしてもし**われら**が望むなら、あなた方の中から天使として、次々に地上を継すこともできます。

---

438 父親がなくて生まれたイーサーは、アッラーの全能を示す例となるということ。

61. 本当にこれ（クルアーン）[439]は、（審判の）ときの印の一つです。だからそれ（時）について疑ってはいけません。そして**わたし**に従いなさい。これこそ、正しい道なのです。62. 悪魔にあなた方を（**アッラー**の道から）妨げさせてはいけません。真にかれは、あなた方の明白な敵です。63. イーサーがさまざまな明証をもってやって来たとき言いました。わたしは英知をあなた方にもたらし、あなた方が言い争うことのいくつかの部分を、あなた方のために説き明かすためです。それで**アッラー**を意識し、わたしに従いなさい。64. 確かに**アッラー**こそはわたしの主であり、またあなた方の主です。**かれ**に仕えなさい。これこそ正しい道なのです。65. だが、かれらの間の諸派は仲たがいしました。これら悪を行なう者たちに、厳しい日の苦痛の災いあれ。66. かれらは意識しないときに突然やって来る、（審判の）あのときを、ただ待っているのでしょうか。

67. その日（**アッラー**を）意識する人を除いては、（親しい）友も互いに敵となるでしょう。68. **わたし**の僕よ、その日あなた方（マッカの多神教徒）には恐れもなく、また悲しむこともない。69. **われら**の印を信じて（**われら**に）服従していた者よ、70. あなた方、そしてあなた方の配偶者も、歓喜のうちに楽園に入りなさい。71. かれらには数々の黄金の皿や杯が次々に回され、（楽園の）中には各自の望むもの、また目を喜ばすものがあり、あなた方は永遠にそこに住むのです。72. これがあなた方の行なったことに対し、あなた方に継がせられた楽園です。73. そこにはあなた方のために豊富な果実があり、それをあなた方は食べます。74. 罪を犯した者は、地獄の苦痛の中に永遠に住むのです。75.（苦痛は）かれらのために軽減されず、その中で絶望します。76. **われら**がかれらに不正を働いたのではなく、かれら自身が不正を働く者だったのです。77. かれらは、マーリクよ[440]、あなたの主に頼んでわたしたちの始末を付けてくださいと叫ぶ。しかしかれは、あなた方は留まっていろと言います。78. **われら**は確かにあ

---

439 あるいは、「これ」をイーサーと解釈する説もある。
440 言葉としては所有者の意味だが、天使の名前で、地獄の見張り役に当たっている。

なた方に真理を届けました。だがあなた方の多くは、それを嫌悪したのでした。79. また、かれらは（使徒に対し）企みをしたつもりだろうが、**われら**こそ（かれらに対して）図るのです。80. それともかれらは、**われら**がかれらの秘密や相談を、聞かないとでも思うのでしょうか。いや、**われらの使徒たち（天使）** は、かれらの傍らで記録しているのです。

81. 言ってやるがいい。もし慈愛深いお方が子を持たれるなら、このわたし（ムハンマド）がその最初の崇拝者となるでしょう。82. 諸天と地の主、玉座の主、かれら（多神教徒たち）の描くものを（超越なされる）主に賛美あれ。83. それであなた方は、約束されたかれらの日に至るまで、かれらを好むままに戯れに放置しておくがいい。84. **かれ**こそは天における神、また地における神であり、英明にして全知なのです。85. 諸天と地の大権、そしてその間のすべてのものが帰属する方、**かれ**に祝福を。また**かれ**の御元にだけ（審判の）時の知識はあり、**かれ**の御元にあなた方は帰されるのです。86. **かれ**の他にかれらが祈るものは、執り成しをする力はない。ただ真理を認めて、証言する人[441]は別です。87. もしあなたがかれらに、誰がかれらを創ったのですかと問えば、必ず**アッラー**と言う。それなのにかれらはどうして（真理から）迷い去るのでしょうか。88. かれ（ムハンマド）は言いました。主よ、これらの者は本当に不信心の民です。89. （それを聞いて**アッラー**は言いました）、かれらから離れて去りなさい、だが平安あれと言いなさい。やがてかれらも知るでしょう。

44. 煙霧章　سورة الدخان

マッカ啓示
59節

本章は、天が明らかな「煙霧」を起こす日、とあるところから命名されま

441　一義的には「アッラーの他に神はいない」と証言した天使や預言者たちである。20:109参照。

した。それは最後の日を示唆していると解釈され、現世の生活や権力のはかなさを説く章です。マッカの非信者に対して、ムーサーを拒んで滅びたフィルアウンやトゥッバウの民などの先例で、警告が発せられます。

慈愛あまねく、慈愛深いアッラーの御名において

〈啓示は慈愛であり警告〉

1.ハー・ミーム。

2.明瞭にするこの啓典にかけて。3.**われら**は祝福された夜[442]にこれを下したが、実は**われら**はずっと警告を送っていたのです。4.その（夜）中には、あらゆる英知について、明確にされます。5.**われら**の御元からの命令です。**われら**が（預言者を）遣り続けるのは、6.あなたの主からの慈愛なのです。確かに**かれ**は、全聴にして全知で、7.諸天と地、そしてその間のすべてのものの主です。もしあなた方（の信仰）が確かならば（分かるはずです）。8.**かれ**の他に神はなく、**かれ**は生を授け、死を授けます。あなた方の主、またあなた方の先祖の主です。9.それなのにかれらは、真剣に受け止めていません。

10.待っていなさい、天が明瞭な煙霧を起こす日まで。11.（それが）人びとを包むと（かれらは言う）これは厳しい苦痛です。12.主よ、わたしたちからこの苦痛を取り払ってください。真に信仰いたします。13.（突然にこう言っても）どうして、かれらに諭し（真の信心）があるでしょうか。かれらに明瞭な使徒が確かに来ましたが、14.かれらはかれ（使徒）から背き去って、他人に入れ知恵された者だと言い、気の狂った者だと軽蔑したではないですか。15.または**われら**がしばらくの間苦痛を解除すると、あなた方は必ず（不信心に）戻ります。16.そして**われら**が猛襲する日、まさに**われら**は報復します。

17.確かにかれら以前にも、**われら**はフィルアウンの民を試みました。そのときかれらに高貴な使徒（ムーサー）が来て、18.（言いました）**アッラー**

---

442 クルアーンが降ろされた夜は「天命の夜」とされる。97章参照。

の僕たち（イスラーイールの子孫）をわたしに返しなさい。わたしは、あなた方の所にやって来た誠実な使徒です。19. **アッラー**に対して、高慢であってはいけません。真にわたしは明白な権威をもって、あなた方の所にやって来たのです。20. あなた方が（わたしを）石打ちにするなら、わたしの主とあなた方の主に、救いを求めます。21. もしあなた方が、わたしを信じないならば、わたしには構わないでください。

〈創造は正義と善悪裁決のために〉
22. そこで、かれ（ムーサー）は主に祈りました。これらは罪深い人びとです。23. （主のお答えは）あなたは夜の間に、**わたしの僕**と共に旅立ちなさい。そうすると、必ずあなた方に追っ手がかかるでしょう。24. そして海を（渡った後）分けたままにしておこう。かれら軍隊は、溺れてしまうことでしょう。25. かれらは、いかに多くの園と泉を残したか。26. また穀物の畑と高貴な住まい、27. またかれらがそこで享受していた良い物を（残したか）。28. （かれらの終わりは）こうでした。そして**われら**は、他の民に（それらを）継がせました。29. かれらのために、天も地も涙は流さず、かれらに猶予も与えられませんでした。30. **われら**は、イスラーイールの子孫を屈辱の苦痛から救い、31. フィルアウンから（救い出しました）。実にかれは、高圧的で無法者でした。32. **われら**は知った上で、かれら（イスラーイールの子孫）を諸民族の上に選びました。33. そして明白な試練を含む、数々の印を与えました。

34. さてこれら（マッカの多神教徒）は（愚かにも）言います。35. わたしたちは、一度死ねば、それだけです、復活されない、36. もしあなた方（の言葉）が真実なら、わたしたちの先祖を連れ戻してみなさいと。37. かれらはトッバウの民[443]や、それ以前の者などより優れているのか。**われら**はかれら（諸民族）を滅ぼしたのです。真にかれらは罪を犯した者でした。

443　トッバウは、古代サバ王国の後継で、イエメンを中心に栄えたヒムヤル王国の国王の名前。同王国では、ユダヤ教とキリスト教を受け入れた。

38. **われら**は諸天と地、そしてその間にあるすべてのものを、戯れに創ったのではないのです。39. まさに諸天と地とその間のすべてのものは、真理によって創りました。だが、かれらの多くは理解しないのです[444]。

40. 確かに決定の日は、すべてのものに定められた日です。41. その日、友はその友のために何も役立たず、またかれらは援助も得られません。42. だが**アッラー**の御慈愛を授かった者たちは別です。実に**かれ**は偉力大で、慈愛深いのです。43. ザックームの木こそは、44. 罪ある人の食料です。45. 溶けた銅のように腹の中で沸騰し、46. 熱湯がにえくりかえるように。47.（**アッラー**が天使に命じて言います）かれ（罪ある人）を捕らえ、燃えさかる地獄の火の中に引きずり込め。48. それから、かれの頭の上に、沸騰する湯の苦痛を浴びせよ。49. あなたは味わうがいい。実にあなたは（現世で自称）偉大で尊貴な人でした。50. これ（地獄の応報）こそあなた方が、疑っていたものです。

51.（他方、**アッラー**を）意識する人は、安泰な所にいます。52. 園と泉の間に、53. 絹や錦を着て、互いに向かい合って。54. こうして、**われら**は大きい目の（美しい）乙女たちを、かれらの配偶者にするでしょう。55. かれらはそこで平安に、あらゆる果実を求めます。56. 最初（現世で）の死の他に、そこ（来世）で（再び）死を味わうことはなく、燃える地獄の火の責め苦から守られます。57. あなたの主からの恩寵であり、それこそが偉大な勝利なのです。

58. **われら**はこの（クルアーン）を、あなた（ムハンマド）の言葉（アラビア語）で分かりやすくしました。恐らくかれらは、留意するでしょう。59. だからしばらく待って、様子を見なさい。実はかれら（非信者）の方も、様子を伺っているのだから。

444　クルアーンで繰り返される言葉だが、「真理によって」とは、真理のため、及び真理にもとづくことの両者を含む。そして宇宙の全存在のあり方そのものが真実であり、それを真理とすることが、確たる信仰の中核にある。2:255、資料２．参照。

45. ひざまずく―団章 سورة الجاثية

マッカ啓示
37節

すべての人びとは最後の審判にあたり、「ひざまずく」ところから命名されました(28節)。アッラーの印は自然界に溢れていることや最後の審判の苦痛の厳しいことが強調されます。そして非信者たちの誤った高慢さが述べられて（8節、31節など）、それはアッラーの英明さと偉大さに対置されています(37節)。

　　　　慈愛あまねく、慈愛深いアッラーの御名において
〈アッラーの啓示の受け入れ〉

1. ハー・ミーム。
2. この啓典が降ろされたのは、偉力大で英明な**アッラー**からです。3. 確かに諸天と地には、信者たちへの種々の印があります。4. あなた方の創造、そして**かれ**が（地上に）撒かれた生き物には、信心堅固な人に対する種々の印があるのです。5. 昼と夜との交替、また**アッラー**が天から下された糧（雨）、それによって死んでいる大地が甦ること、また風向きの変化にも、知性ある人への種々の印があります。

6. これらは、**われら**があなたに読誦する**アッラー**の印で、真理（を示すため）です。**アッラー**とその啓示以外に、どのような話を（かれらは）信じるのでしょうか。7. すべての罪深い嘘つきたちに、災いあれ。8. **アッラー**の啓示がかれに読誦されるのを聞いてもなお高慢で、それが聞こえないかのようです。それなら厳しい苦痛をかれに告げなさい。9. かれらは、**われら**の啓示を少し知ると、それを馬鹿にします。このような人には、恥ずべき苦痛があるのです。10. かれらに迫るのは地獄で、かれらが稼いできたことは、何も役立つことはなく、また擁護者として**アッラー**以外に祈ったものも（役に立ちません）。かれらには酷い苦痛があるのです。11. これが導きです。かれらの主の印を拒否する人たちには、最も厳しい苦痛があり

ます。

12. **アッラー**こそは海をあなた方に従わせた方で、**かれ**の御命令によって、船はそこを航行し、あなた方は**かれ**の恵みを追求します。それであなた方は、感謝するでしょう。13. また**かれ**は、諸天にあり地にあるすべのものを、あなた方の用益に従わせます。実にこの中には、熟慮する人への印があります。

〈欲望の抑制と善悪の差〉
14. 信仰する人たちに言いなさい。**アッラー**の日々[445]を望まない者を許しなさい。なぜなら（現世で）かれらが稼いできたことに応じて、**アッラー**は、かれらに報いるから。15. 誰でも善行をする人は自らを益し、悪行をする人は自らを損なう。それからあなた方の主の御元に帰されるのです。

16. 確かに**われら**は、イスラーイールの子孫に啓典と英知と預言を授け、さまざまな善い恵みを与え、また諸民族よりも寵愛しました。17. また**われら**は、かれらに事柄（教え）についての明瞭な証左を与えました。それで知識がかれらの元に来てから、自分たちの間の競争心により、仲たがいをするようになったのです。間違いなくあなたの主は、その仲たがいについて、復活の日に裁かれます。18. その後**われら**は、あなた（ムハンマド）をその事柄（教え）について、正しい道[446]の上におきました。だからあなたはその（道）に従い、知識のない者の妄欲に従ってはいけません。19. 真にかれらは、**アッラー**（からの苦痛）に対しては、あなたの（守りとしては）役には立ちません。悪を行なう者は、お互い同士が擁護者です。一方（**アッラー**を）意識する人は、**アッラー**が擁護者なのです。20. この

---

[445] 「日々」と複数になっているのは、「最後の日」が単数であるのと異なる。ここでは、現世での応報が念頭にあると理解される。
[446] 「正しい道（シャリーア）」は、後代に発達するイスラーム法学（フィクフ）の法源という意味を持たせられた。「水場への正しいまっすぐな道」は、正道希求としてイスラームの基礎にある願望といえる。

啓示は、人びとが洞察するためのものであり、導きであり、また信心の堅固な人への慈愛なのです。

21.悪行を犯す者は、信仰して善行に勤しむ人と**われら**が同じに扱い、（両者の）生と死が同じだとでも思うのですか。その判断こそ誤算です。
22.**アッラー**は、諸天と地を真理をもって創造されました。（だから）誰でもその行なったことに対して報いられ、不当に扱われることはないのです。
23.あなた（ムハンマド）は、自分の妄欲を神として崇めている人を見ましたか。**アッラー**は御承知の上でかれを迷うに任せ、耳や心を封じ、目を覆いました。**アッラー**の後、誰がかれを導けるでしょう。あなた方は、これでも分からないのですか。

24.かれらは言います。わたしたちには、現世の生活だけです。わたしたちは死んだり生きたりしますが、わたしたちを滅ぼすのは、時の流れだけですと。しかしかれらは、これについて何の知識もなく、ただ臆測するだけです。25.**われら**の明白な啓示がかれらに読誦されると、かれらの論法はただ、あなたの言葉が本当なら、わたしたちの先祖を連れ戻してくれと言うだけです。26.言ってやるがいい。**アッラー**が、あなた方に生を授け、それから死なせ、それから復活の日に、あなた方を召集される。それについて疑いはない。だが、人びとの多くは、これを理解しないのだ。

〈アッラー称賛〉
27.諸天と地の大権は、**アッラー**のものです。そのときが到来する日、誤道に従う者は失敗者となります。28.あなたは、各集団がひざまずく一団となって、すべての集団ごとに自分の記録の所に呼ばれるのを見るでしょう。この日、あなた方が行なってきたことが報いられるのです。29.この**われら**の記録こそは、あなた方について真実を語ります。確かに**われら**は、あなた方のしたことを書き留めてきたのです。30.それで信仰し、善行に勤しんだ者は、主はかれらを慈愛の中に入れられます。これは明らかに大勝利です。31.それから非信者に対しては（問われます）。**われら**の啓示は

あなた方に読誦されたが、あなた方は高慢で罪深い人だったではないか。32. そして**アッラー**の約束は真実であり、（審判の）時は疑いの余地はないと告げられると、あなた方は言います。その時とは何なのか、わたしたちには分かりません。それは全く臆測にすぎないと思います。だからわたしたちは、しっかりした確信など持てませんと。

33. こうして、かれらの行なったさまざまな悪がかれらに現され、かれらのあざ笑っていたことが、かれらをとり囲むのです。34. そしてこう言われるでしょう。今日**われら**はあなた方を忘れる。あなた方があなた方のこの日の対面を忘れたように。あなた方の住まいは地獄の火である。あなた方には助ける人はいないのだ。35. それはあなた方が**アッラー**の印を物笑いし、現世の生活があなた方を欺いたからだ、それで今日はそこから出してもらえず、また（悔い改めて**アッラー**の）ご満悦を求めることもできないと。

36. 諸天の主、大地の主。すべての世界の主、**アッラー**にすべての称賛を。37. 諸天と地における荘厳さは、**かれ**（だけ）のものです。**かれ**は、偉力大で英明であられます。

46. 砂丘章　سورة الأحقاف

マッカ啓示
35節

　預言者フードがアードの民にイエメンの「砂丘」で警告を発しましたが、不信をかこっていたアードの灌漑施設がほころんで、やがて滅んでしまった話にちなんで本章は命名されました（21～25節）。真理を拒否する人への苦痛であり、いずれ真理が勝利する確証となっています。そこでジン（幽精）さえもムハンマドがクルアーンを読むのを聞いて、一団となって入信することとなりました（29～32節）。

慈愛あまねく、慈愛深いアッラーの御名において

〈アッラーの創造とその印〉

1. ◆**26部**◆ ハー・ミーム。
2. この啓典が降ろされたのは、偉力大で英明な**アッラー**からです。3. **われら**は、真理と一定の期限をもってでしか、諸天と地、そしてその間のすべてのものを創造しませんでした。だが信仰しない人は、かれらに警告されたことから背き去るのです。4. 言ってやるがいい。**アッラー**を差し置いてあなた方が祈るもの（偶像）について考えたのか。かれら（偶像）が大地の何かを創ったのであれば、わたしに見せなさい。また諸天にかれらの持ち分があるのか。もしあなた方が誠実なら、これ以前の啓典もしくは知識の痕跡を、わたしにもたらしなさい。5. **アッラー**以外のものを祈る人より、もっと誤っている人が他にいるでしょうか。これら（神々）は、復活の日まで答えることはなく、またかれら（神々）は祈りに気付かないのです。6. また人間が（審判に）集められたとき、かれら（神々）はかれら（祈る人）の敵となり、その崇拝を拒否するのです。

7. **われら**の明白な印がかれらに読誦されると、信仰しない者はかれらの元に来た真理について言います。これは明らかに魔術だと。8. またかれらは、かれ（ムハンマド）が、それ（クルアーン）を捏造したのだと言います。言ってやるがいい。もしわたしがそれを捏造したとしても、あなた方はわたしを**アッラー**から（助ける）何の権能も持っていない。**かれ**はあなた方が、それ（クルアーン）について多言することを最もよく知っています。**かれ**はわたしとあなた方の立証者として万全であり、**かれ**はよく赦す方で、慈愛深い方です。9. 言ってやるがいい。わたしは使徒たちの、初めての者ではない。そしてわたしに、またあなた方に、一体何がなされるのかをわたしは知らない。ただ、わたしは啓示されたことに従うだけであり、わたしは明瞭な一人の警告者にすぎない。10. 言ってやるがいい。あなた方は考えてみたのか、たとえ（クルアーンが）**アッラー**の御元から（来た）としても、それをあなた方は拒否するのか。しかもイスラーイールの子孫の一人がそれは同類のものだと証言[447]して信じたのに、あなた方は高慢なままなのか。本当に**アッラー**は、不正の民をお導きになりません。

11.信じない人（マッカの非信者）は、信仰する人に言います。もしこれ（クルアーン）が良いのであれば、かれら（信者たち）がわたしたちに先んじて（信じ）るはずはないと。またかれら（非信者）はそれに導かれていないので、これは昔の作り話だとも言います。12.しかしこれ（クルアーン）以前にも導きがあり、慈愛であるムーサーの啓典（律法）がありました。それに、これはアラビア語でそれを確証する啓典で、悪行をなす人への警告であり、また善行に勤しむ人への吉報です。13.確かに、わたしたちの主は**アッラー**ですと言い、その後もまっすぐな道を歩み続ける人には恐れもなく、悲嘆もありません。14.これらは楽園の住人で、かれらの行ないに対する報奨として、その中に永遠に住むのです。

〈信仰と両親〉
15.**われら**は、両親に対し優しくするよう人間に命じました。母は妊娠に苦しみ、出産に苦しみ、妊娠してから離乳まで30ヵ月かかる、それからかれが大人になり、そして40歳にもなると（こう言います）。主よ、わたしと両親に**あなた**がお恵み下された恩寵に感謝し、**あなた**を喜ばせる善行をなし、またわたしの子孫も善行をなすようにお助けください。わたしは改心して**あなた**の御元に帰ります。本当にわたしは、ムスリム（**アッラー**に従う人）ですと。16.これらの人は、**われら**がその行ないの中で、最善のものを受け入れ、さまざまな誤った行ないは見逃す人たちで、楽園の住人となるでしょう。これはかれらと結ばれた、真実の約束です。

17.だが自分の両親に言う人がいます。あなた方二人にはうんざりです。わたしが（甦って）墓から出されると、約束できるのですか。わたし以前に幾世代も過ぎ去ったではありませんか。両親は**アッラー**に嘆願して（言いました）。何と情けない。あなたは信仰しなさい。確かに**アッラー**のお

---

447 「それ（クルアーン）は同類のものだと証言」というのは、クルアーンと律法は両方ともアッラーからのものだと証言するということ。証言したのは、マディーナ出身のユダヤ人学識者アブドッラー・イブン・サラームとも言われる。

約束は真実なのです。それに対してかれは、これは昔の物語にすぎないと言うのです。18. これらの人は、以前に滅び去ったジンや人間の諸民族と同様に、かれらの意に反してお言葉（裁き）が示される人たちです。かれらは実際、失敗者です。19. 各人には、その行なったことに応じて種々の段階があります。これは**かれ**が、かれらの行為に対して報いるためで、かれらは決して不当に扱われることはないのです。20. 非信者たちは、地獄の火の前にさらされるその日、（こう言われます）。あなた方は現世の生活において、さまざまな良いものを手にして、それらを享受しました。それで今日は、あなた方は地上で真理を無視し、高慢であり、また（**アッラー**の）掟に背いていたことに対して、恥ずべき苦痛で報いられるのだと。

〈信仰とその拒否〉
21. アードの同胞（預言者フード）について述べましょう。かれがかれの民を砂の丘で警告しました。確かにかれ以前にも、また以後にも警告者たちが来たのです。（そして言いました）あなた方は**アッラー**の他には崇めてはならない、真にわたしは、絶大な日の苦痛をあなた方のために恐れると。22. かれらは言いました。あなたは、わたしたちを神々から背かせるために来たのですか、もしあなたの言葉が本当なら、わたしたちに約束しているものをもたらしなさい。23. かれは（答えて）言いました。その（最後の日がいつかという）知識は**アッラー**に（だけ）あり、わたしは下されたものをあなた方に伝えるだけだ。それにしても、あなた方は、分かろうとしない愚か者だ。24. そのとき、暗雲がかれらの谷に迫るのを見て人びとは言いました。この雲では、一雨来るぞと。（フードは言う）とんでもない、あれはあなた方が催促したもので、その中の風は厳しい苦痛なのだ。25. それは主の命令により、すべてのものを壊滅し去るのだ。それで朝になると、かれらの（潰された）住居の他、何も見当たりませんでした。**われら**はこのように、罪を犯した民に報います。26. **われら**は、実にあなた方（マッカの住民）にも与えなかった力で、聴覚と視覚と心をかれら（アードの民）に授けました。それでもかれらは、**アッラー**の印を認めなかったため、その聴覚と視覚と心は、全くかれらを益することなく、かれらは自

分がさげすんでいたものに、取り囲まれてしまったのでした。27.本当に**われら**はあなた方の周囲の数々の町村を滅ぼし、**われら**の印を示しました。かれらが（**われらに**）帰る（ために）。28.**アッラー**に近づこうと、かれらが**かれ**を差し置いて神として拝したものたちは、なぜかれらを助けなかったのか。いや、それら（偶像）はかれらから離れ去ったのでした。これはかれらの嘘であり捏造(ねつぞう)でした。

29.**われら**が、クルアーンを聞きたいというジンの仲間を、あなたに差し向けたときのことを思い起こしなさい。かれらがその場に臨むと、かれらは（互いに）謹んで聴きなさいと言いました。やがてそれが終わると、警告者として（ジンの）その民の所に戻って行き、警告したのです。30.かれらは言いました。わたしの人びとよ、わたしたちはムーサーの後に下された啓典を確かに聞きました。（それは）それ以前に下されたものを確証し、真理と正しい道へと導くものです。31.わたしたちの人びとよ、**アッラー**に招く者に応えて、**かれ**を信じなさい。**かれ**はあなた方のさまざまな罪を赦し、厳しい苦痛から救います。32.**アッラー**へと招く者に応えない者は、地上において**かれ**を挫(くじ)くことなど出来るはずはないのです。またその人には、**かれ**の他に擁護者はいません。これらの者は明らかに迷いに陥っている人です。

33.かれら（マッカの多神教徒）は、**アッラー**こそが諸天と地を創造し、それらの創造に疲れることもなく、死者を甦らせることくらいはできると思わないのでしょうか。いや、**かれ**はすべてのことに全能です。34.信仰しない者が、地獄の火の前にさらされる日。（かれらは問われるでしょう）これは真実ではないのかと。かれらは言います、そうです、わたしたちの主に誓って。**かれ**は言います。あなた方は真理を拒否してきたことにつき、苦痛を味わえと。

〈教化と忍耐〉
35.あなた（ムハンマド）は耐え忍びなさい。（従来）使徒たちが、固い決

意をしたように耐え忍びなさい[448]。かれら（非信者）のために（懲罰を）急いではならない。かれらに約束されたことを見る日、1日の一時しか過してはいなかったかのように（思うでしょう）[449]。（**アッラー**からの）警告の御達しです。滅ぼされるのは（**アッラー**の）掟に背く者たちだけなのです。

47. ムハンマド章 سورة محمد

マディーナ啓示
38節

　本章の2節に「ムハンマド」が登場します。あるいは戦闘におじけづく非信者の話(20節)から、「戦闘章」とも呼ばれます。マディーナ移住直後でバドルの戦いの前でしたが、ムスリム共同体防衛やその組織構築の観点から述べられます。本章から3章続いて、団結、種々の礼拝方向と異部族という多元主義、勝利と巡礼などを扱いますが、それは2〜5章で同様なテーマを扱ったのと対をなしています。

　　　慈愛あまねく、慈愛深いアッラーの御名において

1.信仰しない者、また（人びとを）**アッラー**の道から妨げる人には、**かれ**はその行ないを迷わせます。2.信仰して善行に勤しむ人、またムハンマドに下されたものを主からの真理として信仰する人には、**かれ**はその悪行を消滅し、状況を良くされます。3.それは信仰しない者が虚偽に従い、信仰する人が主からの真理に従うためです。このように**アッラー**は、人びとにかれらの（善悪の）類型を示されます。

4.あなた方が不信心な人と（戦場で）まみえるときは、（かれらの）首を打ちなさい。そしてあなた方がかれらを圧倒するまで、（捕虜には）縄をしっかりかけなさい。その後は戦いが終わるまで、情けを施すか、または身代

448　特に、ヌーフ、イブラーヒーム、ムーサー、イーサー、そしてムハンマドらが、「固い決意の使徒」と呼ばれている。
449　この期間は、現世と墓の中の時間を含む。参考文献23、巻29、35頁。

金を取って（釈放）すればいい。これ（が対処の方法）です。もし**アッラー**がお望みなら、きっとかれらに勝利していたことでしょう。だが**かれ**（の意図）は、あなた方を他の人によって試そうというのです。およそ**アッラー**の道のために戦死した者は、決してその行ないが無駄にされることはありません。5.**かれ**は、かれらを導きその状況を良くされ、6.かねて告げられていた楽園に、かれらを入らせます。7.信仰する人たちよ、あなた方が**アッラー**に助力すれば、**かれ**はあなた方を助け、あなた方の（立つ）足をしっかりさせます。

8.また信仰なき人たちには滅亡があり、（**アッラー**は）その行ないを迷わせられます。9.それというのも、かれらは**アッラー**が下されたものを嫌ったためで、**かれ**はその行ないを無効にされます。10.かれらは地上を旅して、かれら以前の不信仰な人たちの最後がどうであったかを見なかったのですか。**アッラー**はかれらを破壊しました。非信者もこれと同じ（運命）なのです。11.それは**アッラー**が、信仰する人の擁護者で、非信者には擁護者がいないためです。12.**アッラー**を信じて善行に勤しむ人を、川が下を流れる楽園に入らせます。そして非信者には（現世の生活を）楽しませ、家畜が食べるように食べさせて、（地獄の）火をかれらの住まいとします。13.あなた（ムハンマド）を追放した町（マッカ）よりも、もっと強い多くの都市を、どれだけ**われら**が滅ぼしたことか。かれらには援助者もなかったのです。

14.それで主からの明証の下にいる人と、自分の悪行を立派なものと考え、妄欲に従う人とが同じでしょうか。15.（**アッラー**を）意識する人に約束されている楽園の様子[450]です。そこには腐ることのない水をたたえる川、味の変わることのない乳の川、飲む人に快い（美）酒の川、純良な蜜の川があります。またそこでは、すべての種類の果実と、かれらの主からのお

---

450 楽園における物品他あらゆる存在を現世の言葉で表現しなければいけないので、それらはすべて比喩的な表現と理解することとなる。つまり「何々のような〜」ということ。

赦しを得られます。（このような人たちと）地獄の火の中に永遠に住み、煮えたぎる湯を飲まされて、腸が寸断する人と同じでしょうか。

16. かれらの中には、あなた（ムハンマド）に耳を傾ける人もいます。（しかし）あなたの前を去ると、知識を授かっている人たちに向かって、かれが今言ったことは、一体何ですかと尋ねます。これらの者は、**アッラー**に心を封じられた人で、自分の妄欲に従う人です。17. しかし導かれている人たちには、（一層の）導きと（**アッラー**への）意識の念が授けられます。18. かれら（偽信者）は、そのとき（最後の審判）を待つほかはありません。それは突然かれらに来るのです。その兆候はすでに下っています。（しかし）それ（とき）が来てから気が付いても、かれらはどうするのでしょうか。19. だから知りなさい。**アッラー**の他に神はないことを。そしてあなたの罪に対し、また信仰する男たちや信仰する女たちのためにも、お赦しを請いなさい。誠に**アッラー**は、あなた方の（外の）動きも住居（の平穏）も知っておられます。

20. 信仰する人たちは、どうして1章さえ下って来ないのかと言います。ところが断固たる1章が下され、その中で戦闘のことが述べられると、心に病の宿る人たち（偽信者）は、今にも死に臨むような覆われた（気を失う）眼差しで、あなたを見るでしょう。（かれらにとって）適切なのは、21. 服従することと、良識の言葉です。事（戦闘）が決定されるときは、**アッラー**に誠実であることが、かれらのために善いのです。22. もしあなた方（偽信者）が今、命令に背き去るということは、地上に退廃をもたらし、また血縁の断絶をするつもりなのですか。23. これらは**アッラー**が拒否した人びとで、耳や目は不自由にされます。24. かれらはクルアーンを熟読しないのか。それとも心に鍵がかけられているのか。25. 本当に導きが明らかにされた後、それから背き去る人は、悪魔がそそのかし、（猶予を）延長した（偽の希望を与えた）のです。26. それはかれら（偽信者）が、**アッラー**の下されるものを嫌う者（マッカの多神教徒）に向かって、わたしたちは部分的に[451]、あなた方に従いましょうと言ったためです。だが**アッラー**は

かれらの秘密を知っております。

27. 天使たちがかれらを召し上げて、かれらの顔や背を打ったならどうでしょうか。28. それというのも、かれらが**アッラー**のお怒りになることばかりを行ない、**かれ**のお喜びになることを嫌ったため、**かれ**がかれらの行ないを虚しくしたのです。

29. それとも心に病を宿す者は、自分たちの（密かな）悪意を**アッラー**が明るみに出さないとでも考えるのでしょうか。30. もし**われら**が欲するなら、かれら（偽信者）をあなたに指し示すこともできるし、あなたはかれらの特徴によっても識別でき、また言葉の調子によっても分かります。実に**アッラー**は、あなた方の行なうことを知っておられます。31. **われら**はあなた方の中、努力し、耐え忍ぶ者たちを区別するために、あなた方を試みるのです。またあなた方の情報（戦闘などでの言動や忠誠心）も確かめます。32. 確かに信仰しない人、そして（人びとを）**アッラー**の道から妨げ、また導きが明らかにされた後、使徒に反抗する人たちがいますが、少しも**アッラー**を損うことはできません。**かれ**は、かれらの行ないを虚しくなされます。33. 信仰する人たちよ、**アッラー**に従い、また使徒に従いなさい。あなた方の行ないを、虚しくしてはならない。34. 信仰しないで、**アッラー**の道から（人びとを）妨げ、不信仰のまま死ぬ人を、**アッラー**は決してお赦しにはなりません。

35. だから落胆してはならない。講和を唱えてはならない[452]。あなた方は勝利を得るのです。**アッラー**は、あなた方と共におられます。決してあなた方の行ないについて（の報奨を）渋ることはありません。36. この世の生活は、享楽で戯れにすぎない。あなた方が信仰して自分の義務を果たす

---

451 ムハンマドに敵対することでは合意して、例えばどの偶像にするかでは異論があるようなこと。
452 ここは、各種契約により講和を図れとする趣旨の8:61によって破棄されたと解釈される。ただし契約は状況次第であり、本節は有効ともされる。

ならば、**かれ**はあなた方に報奨を与えます。あなた方は自身の財産を求められているのではない[453]。37. もし**かれ**がそれ（財産）をあなた方に求め、強要するならば、あなた方は惜しくなり、**かれ**はあなた方の恨み心を暴露されるでしょう。38. 見よ、あなた方は、**アッラー**の道のために（一定の）施しを求められているのです。それなのにあなた方の中には、けちな人がいます。だがけちな人は、自分自身に対してけちっているだけです。**アッラー**は豊かに満ち足りる方で、あなた方は貧しい人びとです。もしもあなた方が背き去るならば、**かれ**はあなた方以外の民を代わりに立てるでしょう。そしてその人たちは、あなた方と同様ではないでしょう。

---

48. 勝利章 سورة الفتح

マディーナ啓示
29節

628年、フダイビーヤにおいてマッカ側との休戦協定が実現したので、ムハンマドは翌年マッカへの小巡礼を実施することができました。この取り決めにより、マッカに対するマディーナのムスリム勢力の「明らかな勝利」（1節）となったのです。

慈愛あまねく、慈愛深いアッラーの御名において

1. 確かに**われら**は、明らかな勝利の道をあなたに開きました。2. それ（勝利）は**アッラー**が、あなた（ムハンマド）のために過去と今後の罪を赦し、またあなたへの恩恵をまっとうし、正しい道に導いて、3. また力強く、あなたを援助しようとするためです。4. **かれ**こそは、信者たちの心に静穏（サキーナ）[454]を降ろし、かれらの信心を強化された方でした。実に、諸天と地の軍勢は**アッラー**のものです。**アッラー**は、全知にして英明です。5.（また勝利は）**かれ**が信仰する男女を、川が下を流れる楽園に入らせ、その中に永遠に住まわせて、かれらのさまざまな罪業を消滅させようとするため

---

453 ここは全財産を求められてはいない、と解する場合と、訳文のように、あなたの財産は元来アッラーのものなので、自分の資財を求められることはない、とする解釈もある。
454 静穏（サキーナ）は既出。4:4,18,26. 資料2.、参考文献15.参照。

です。これこそ**アッラー**の御元では、偉大な成功です。6. また（勝利は）**かれ**が、**アッラー**について邪(よこしま)な考えをもつ偽信者や多神教徒の男女を苦しめるためです。これらの者は悪相に囲まれます。**アッラー**はかれらに激怒され、否定され、かれらのために地獄を準備なされます。何と悪い行き先でしょう。7. 諸天と地の軍勢は、**アッラー**のものです。**アッラー**は、偉力大で英明です。8. **われら**は、実証者、吉報の伝達者また警告者として、あなたを遣わしました。9. それはあなた方が、**アッラー**と**かれ**の使徒を信じ、また**かれ**を支持し、**かれ**を崇敬し、また朝な夕なに**かれ**を賛美するためです。

10. 確かにあなたに忠誠を誓う人は、**アッラー**に忠誠を誓う人です[455]。**アッラー**の御手が、かれらの手の上に置かれているからです。それでも誓いを破る人は、自分に害をなす人です。また誰でも**アッラー**との約束を果たす者に、**かれ**は偉大な報奨を与えます。11. （出征しないで）後に居残ったアラブ遊牧民たちは、あなたに向かって、わたしたちは、財産や家族のことで手一杯でした、だからわたしたちのために赦しを祈ってくださいと、かれらは心にもないことを舌の先で言うのです。言ってやるがいい。もし**アッラー**があなた方を害しようとお望みになり、または益しようとお望みになれば、あなた方のために**アッラー**に向かって、誰が何か出来るというのでしょうか。**アッラー**は、あなた方の行なうことを知り尽くします。12. いや、使徒（ムハンマド）と信者たちは、決してその家族の元に帰らないとあなた方は考え、それでほっとしてしまったのです。それは邪な考えです。あなた方は腐敗した民なのです。13. 誰でも**アッラー**と**かれ**の使徒を信じないならば、**われら**はそのような不信心の人に対して、燃えさかる火を準備しました。14. 諸天と地の大権は**アッラー**のものです。**かれ**はお望みの者を赦し、またお望みの者を罰します。確かに**アッラー**は、よく赦し、慈愛深くあられます。

455　預言者の手の上に右手を置くのが、当時の誓約の仕方。

15. 後に居残った人たちは、あなた方が出陣して戦利品が取れるとなると、わたしたちを入れてください、あなた方と一緒に行くと言います。かれらは**アッラー**のお言葉を変えようと望むのです[456]。言ってやるがいい。あなた方は、わたしたちに決して付いて来てはならない、**アッラー**が既にそう仰せられたのであると。するとかれら（居残った人たち）は、あなた方がわたしたちを妬(ねた)んでいると言います。いや、かれらはほとんど理解していないのです。

16. あとに居残ったアラブ遊牧民たちに言ってやるがいい。（そのうちに）あなた方は、強力な民に対して（戦うために）召集されるでしょう。あなた方が戦い抜くか、またはかれらが降伏するかのいずれかです。この命令に従えば、**アッラー**は立派な報奨をあなた方に与えるでしょう。だがもし以前背いたように背き去るならば、**かれ**は激しい罰をあなた方に加えます。
17. ただし、盲人は免除され、足の障害者や病人も同様です。誰でも**アッラー**と**かれ**の使徒に従う人は、川が下を流れる楽園に入らせるでしょう。しかし誰でも背き去る人には、厳しい罰が下されるでしょう。

18. かれらがあの樹[457]の下であなたに忠誠を誓ったとき、**アッラー**は信者たちにご満悦でした。**かれ**はかれらの心の中にあるものを知って、かれらに静穏（サキーナ）を下し、速やかな勝利で報いました。19. またかれらの多くの戦利品をもって（報いました）。**アッラー**は偉力大で英明です。
20. **アッラー**は、あなた方が得ることになる多くの戦利品を約束しました。しかも直ちにそれを果たされ、あなた方に（反抗する）人びとの手を押えられました。それは信仰する人への印であり、またあなた方を正しい道に導くためです。21. また**かれ**はあなた方の力の及ばない戦利品も約束しま

---

456 フダイビーヤ休戦協定の直後行なわれたハイバルの戦いへの出征は、同休戦協定の締結に居合わせた連中だけに限るという、アッラーのお言葉があった。しかしフダイビーヤに出向かなかった居残り組のアラブ遊牧民もハイバルの戦いの戦利品にありつこうとして、アッラーの「お言葉を変えよう」と望んだのであった。
457 フダイビーヤの木は、桜であったともされる。だがその木は後代に至り記念樹扱いされたので、多神（シルク）につながる恐れがあるとして伐採された。

したが、**アッラー**はしっかりとそれらを掌握しています。確かに**アッラー**は、すべてのことに全能です。

22. 不信心な人たちが、あなた方に対して戦ったとしても、かれらはきっと敗走し、かれらには援護者も援助者もいないでしょう。23. これは昔からの**アッラー**の慣行で、あなたは**アッラー**の慣行に、少しの変更も見いださないでしょう。24. **かれ**こそは、マッカの谷間であなた方からかれらの手を、また、かれらからあなた方の手を押えられた方であり、その後**かれ**は、あなた方に勝利を与えました。本当に**アッラー**は、あなた方の行なうことを熟知されます。25. かれらこそは非信者で、あなた方を禁忌のあるマスジドに入れないようにし、また供物がその犠牲の場に達することを妨げた人たちです。またあなた方が知り合いではない、(非信者と混じり住むマッカの)信者の男女がいなくて、かれらを踏みにじって無意識に罪を犯すことがなかったならば、(**アッラー**は休戦ではなくて戦闘によるマッカ征服をムハンマドらにさせていただろう)。**かれ**は御心に適う者をその慈愛の中に入れます。もしかれら(信者と非信者)が(はっきりと)分かれていたならば、**われら**は厳しい苦痛を非信者(だけ)に与えていたでしょう。26. あのとき不信心な人たちは、心の中に傲慢の念を燃やしていました。(イスラーム以前の)ジャーヒリーヤ時代の無知による傲慢の念です。それで**アッラー**は、使徒と信者たちの上に**かれ**の静穏(サキーナ)を下し、かれらに(**アッラー**を)意識する(篤信の)言葉を守らせました[458]。これはかれらがその(言葉)にふさわしく、適切だったからです。**アッラー**はすべてのことを知っておられます。

27. 確かに**アッラー**は、使徒(ムハンマド)のために誠実にかれの夢を実現しました。もし**アッラー**がお望みなら、必ずあなた方は安心して禁忌の

---

458 「(アッラーを)意識する(篤信の)言葉」とは、「アッラーの他に神はなく、ムハンマドはアッラーの使徒である」のこと。フダイビーヤ休戦協定の冒頭にこれを記すべしとの信者たちの主張があったが、マッカ側は拒んだ。ムハンマドは不満の信者たちをいさめる必要があったので、この節が啓示された。

あるマスジドに入り、あなた方の頭を剃り、または刈り込んで（巡礼を全うします）。何も恐れることはないのです。**かれ**はあなた方が知らないことを知っており、そればかりか**かれ**は速やかな勝利をもたらしました。

28. **かれ**こそは、導きと真実の教えをもって、それをすべての（他の）教えの上に示すため、**かれ**の使徒を遣わされたお方。確かに**アッラー**は立証者として万全です。

29. ムハンマドは**アッラー**の使徒です。かれと共にいる人たちは非信者たちに対しては手を抜かず、他方お互いの間では友愛に満ちています。あなたは、かれらが頭を下げひれ伏し礼拝して、**アッラー**からの寵愛とご満悦を求めるのを見るでしょう。かれらの目印は、額にある平伏礼による跡です。（ムーサーの）律法にも、かれらのような例えがあり、（イーサーの）福音にも、かれらのような例えがあります。それは蒔いた種が芽をふき、強くなり太くなり、丈夫な茎をしっかり伸ばして、種を蒔いた人を喜ばせるようなもの。それで（**アッラー**は）非信者たちを、かれら（信者たちの勝利）によって激怒させるのです。**アッラー**は、かれらの中で信仰して善行に勤しむ人に、容赦と偉大な報奨を約束したのです。

49. 部屋章　سورة الحُجُرات

マディーナ啓示　18節

　預言者ムハンマドの部屋に入る作法が教えられています（1～5節）。これはマディーナ移転から9年目の啓示であり、その年は「使節の年」といわれるほどに周辺各地から入信者の群れが押し寄せていました。共同体維持・運営上の規則や作法の必要性が強くなった時期でした。13節は、種々の種族や部族がいるのは、異なったものが互いに知り合うためであるという教えです。宗教対話などで頻繁に引用される節となっています。なお、本章は47～49章で、団結、種々の礼拝方向と異部族という多元主義、勝利と巡礼などが扱われる一つのグループの最後になります。

慈愛あまねく、慈愛深いアッラーの御名において

1.信仰する人たちよ、あなた方は、**アッラー**と**かれ**の使徒を御前にして、自分を押し出してはいけません。**アッラー**を意識しなさい。確かに**アッラー**は全聴にして全知です。2.信仰する人たちよ、あなた方の声を預言者の声よりも高く上げてはいけません。またあなた方が互いに大声なほどには、かれに大声で話してはいけません。自分の（善い）行ないが、知らないうちに帳消しにならないために。3.確かに**アッラー**の使徒の前でその声を抑える人は、**アッラー**がその心は（**アッラー**を）意識していることを試みられた者です。かれらには、赦しと偉大な報奨があるでしょう。4.部屋の外から、大声であなた（ムハンマド）を呼ぶ人の多くは、思慮分別のない人です。5.もしかれらの側(がわ)であなたが出て来るまで、かれらが辛抱するならば、それはかれらのためによいことです。実に**アッラー**はよく赦す方で、慈愛深い方なのです。

6.信仰する人たちよ、無法者がもたらす情報は、慎重に検討しなさい。これはあなた方が気付かない中に、人びとに害を及ぼすものがあり、その結果行なったことに後悔しないためです。7.あなた方の間には、**アッラー**の使徒がいることを知りなさい。かれがもし多くの事柄についてあなた方（の誤報）に従っていたなら、あなた方はきっと多くの困難をこうむっていたことでしょう。だが**アッラー**は、あなた方に信仰を好ましいものとなし、またあなた方の心においてそれを美しいものとして、（他方）不信心と無法と反逆を忌まわしいものとしました。これ（信者）は正しく導かれた人です。8.（それも）**アッラー**からの寵愛であり、恩寵なのです。**アッラー**は全知にして英明であられます。

9.もし信者が二つの徒党に分かれて争う場合は、両者の間を調停しなさい。もしかれらの一方が他方に対して私利をむさぼるならば、むさぼる方が**アッラー**の命令に立ち返るまで戦いなさい。だが立ち返ったならば、正義を旨としてかれらの間を調停し、公平にしなさい。誠に**アッラー**は公平な人を愛します。10.信者たちは兄弟です。だからあなた方は兄弟双方の間の融

和を図り、**アッラー**を意識しなさい。そうすれば、あなた方は慈愛にあずかるでしょう。

11. 信仰する人たちよ、他の人たちを笑い草にしてはいけません。笑い草にされた方が優れているかも知れないのです。他の女性を笑い草にしてもいけません。された女性たちが、それをした女性たちよりも、優れているかも知れないのです。そしてあなた方は互いに中傷してはいけません。また綽名(あだな)で、罵(ののし)り合ってはいけません。信仰に入った後から、(そのようなことをして) 掟破り呼ばわりされるのは、何という悪態でしょうか。それでも改心しない人は不正の徒です。12. 信仰する人たちよ、何としても邪推するのは避けなさい。それには罪になるものもあります。また互いにスパイ行為をし、また陰口してはいけません。誰が死んだ兄弟の肉を食べるのを好むでしょうか。いいえ、あなた方はそれを忌み嫌うはずです。**アッラー**を意識しなさい。**アッラー**は改心を受け入れる方であり、慈愛深い方です。13. 人びとよ、**われら**は一人の男と一人の女からあなた方を創り、さまざまな種族と部族に分けました。それはあなた方が、互いに知り合いになるためです。**アッラー**の御元で最も貴い人は、あなた方の中、最も(**アッラー**を)意識する人です。確かに**アッラー**は、全知にして、あらゆることに通暁しています[459]。

14. アラブ遊牧民たちは、わたしたちは信仰しますと言います。(ムハンマドよ) 言ってやるがいい。あなた方はまだ信じてはいない、だから、わたしたちは服従しましたと言いなさい、信仰が、あなた方の心の中に入ってはいないからです。もしあなた方が、**アッラー**と**かれ**の使徒に従うなら、**かれ**はあなた方の行ない(の報奨)を、少しも軽減されることはありません。確かに**アッラー**はよく赦す方で、慈愛深い方なのです。15. 信者とは、一途に**アッラー**と**かれ**の使徒を信じる人たちで、疑いを持つことなく、**アッ**

---

459 諸民族の相互理解はアッラーの命令であるということから、13節は国際会議や宗教間対話などでの標語のようになっている。

ラーの道のために、財産と命とを捧げて奮闘努力する人です[460]。これらの人こそ（嘘のない）誠実な人たちです。16. 言ってやるがいい。あなた方は自分の宗教を、**アッラー**に教えようというのですか。**アッラー**は諸天と地にあるすべてのものを知っておられます。**アッラー**はすべてのことを、熟知しておられます。17. かれらはイスラームに帰依したことで、あなた（ムハンマド）に対して恩を売ったと思っています。言ってやるがいい。あなた方の帰依でわたしに恩を施したことにはならない。**アッラー**はあなた方を信仰に導くことで、あなた方に恩を施しているのです。もしあなた方が誠実（に帰依するの）なら。18. 間違いなく**アッラー**は、諸天と地の見えない深奥を知っておられます。**アッラー**は、あなた方の所業をよく洞察しておられるのです。

50. カーフ章　سورة ق

マッカ啓示
45節

本章冒頭の文字である、「カーフ」から命名されました。マッカ啓示でも最初期のもので、啓示と来世に関するものが多く、そのような主題が本章より7章続きます。なお、50～56章は、究極の顛末(てんまつ)（復活、審判、楽園、地獄）に比重を傾けて扱うこととなり、教説の内容としてクルアーン全体の中軸という位置づけになります（巻末資料「3. 繰り返し論法と同心円構造」参照）。

慈愛あまねく、慈愛深いアッラーの御名において

1. カーフ。栄光に満ちたクルアーンにかけて誓う。2. いや、かれらは自分たちの間から一人の警告者が現れたことに驚き、そこで不信心な人たちは言います。これは全く不可解なことである。3. わたしたちが死んで塵になっても（また生き返るの）か。そのような戻り方はあり得ないと。4. **われ**らは大地が、かれら（の埋葬された遺体）から何を取り去るかを、よく知っ

---

460 財産と命を捧げて奮闘努力することが、信仰の極意であることは、8:72、9:20, 44, 81など参照。

ています。また**われら**の手元には、記録の帳簿があります。5.ところが真理が訪れたとき、それを虚偽としたので、かれらは混乱に陥ったのです。6.かれらは頭上の天空を見ないのでしょうか。**われら**がいかにそれを創造し、いかにそれを飾ったことか。そしてそれには、少しの裂け目もないことを。7.また、**われら**は大地をうち広げ、その上にずっしり山々を据え、その中にあらゆる種類のすばらしい草木を生い茂らせることを。8.（それらは）改心して（**アッラー**の御元に）帰るすべての僕にとっての、教訓であり示唆です。9.さらに**われら**は、恵みの雨を天から降らせて、庭園や収穫の穀物を豊かに生長させ、10.またびっしりと実を付けた背の高いナツメヤシの木を、11.（**アッラー**の）僕たちの食料として（生育させる）。またそれ（雨）で、**われら**は死んだ大地を蘇らせることを。出所（墓からの復活）にしても同じことです。12.かれら以前にも、嘘つき呼ばわりした人がいました。ヌーフの民も、ラッスの民も[461]、サムードの民も、13.またアードの民も、フィルアウンも、ルートの同胞も、14.森の人びと[462]も、トッバウの民[463]も皆、使徒たちを嘘つき呼ばわりしました。だから**わたし**の警告は現実となったのです。

15.**われら**が最初の創造で疲れてしまったというのですか。いや、かれらは新たな創造（復活）について、疑っているのです。16.確かに**われら**は人間を創ったのです。そして**われら**はその魂が、その人にささやくことも知っています。**われら**は頸静脈よりも、その人に近いのです[464]。17.そして座った二人の受け取り手（天使）が、（その人の）右側と左側で（行状記録を）受け取るとき、18.人がまだ一言も言わないのに、監視し（その記録は）用意ができているのです。19.それから死の苦痛[465]が、真実をも

461　25:38参照。
462　15:78、26:176、38:13参照。
463　44:37参照。
464　「頸静脈よりもその人に近い」との16節の文言は、アッラーは誰よりも人間のことをご存知であるいう表現として、よく引用される。「人とその心の間に入る。」8:24参照。
465　6:93参照。魂がまだ生きている体から抜け出るために痛みが生じるとされる。そして目は抜け行く魂を追うので、瞳は上を向くこととなる。

たらすが、それはあなたが避けてきたものです。

20.そしてラッパが吹かれます。これはあの警告された日です。21.そして全員が、追いたてる者と証言者（両者とも天使）に伴われて来ます。22.（そのとき、言われるのは）あなたは、この（審判の日）について注意しなかった。**われら**は今日、あなたから覆いを取り除くので、あなたの視覚は鋭敏であると。23.かれの同行の伴侶[466]は言います。これでわたしの用意はできました。24.（**アッラー**は言われる）あなた方二人で、不信仰で頑迷な人全員を地獄に投げ込みなさい。25.善への道を妨げた人、掟を破った人、（真理に）疑いを抱かせた人、26.**アッラー**と同位の他の神を立てた人、あなた方は、そんな人を激しい苦痛の中に投げ込みなさい。

27.かれの相棒（悪魔）は言います。主よ、わたしがかれを背かせたのではありません。だがかれが（自ら）はるかに遠く、迷い込んでいたのです。28.**かれ**は仰せられます。**わたし**の前で議論してはならない。**わたし**はすでに警告を発しておいた。29.**わたし**は言ったことは変えない。また**わたし**に従う者たちに対しては、絶対に不正ではないのだ。30.その日**われら**が地獄に、満員になったかと問うと、もういないのですか（いくらでも入れる）と答えが来ます。31.（**アッラー**を）意識する人には、楽園が近づけられます。もう遠くありません。32.これは常に（**アッラー**に）戻り、（**アッラー**のことを）心に念じていたすべての人のために約束されたもので、33.目には見えないが慈愛深い方を畏れ、改心した心を持って来た人たちのためのものです。34.（**アッラー**の声が聞こえます）、安んじてそこに入りなさい。これは永遠の日なのですと。35.かれらのためには、そこに欲しいものは何でもあり、また**われら**からは、さらに追加があるでしょう[467]。

---

466 「同行の伴侶」とは、天使もしくは悪魔であるとされる。
467 この「追加」とは、アッラーの尊顔を仰げること。10:26などアッラーを拝顔する願望には強いものがある。2:115,223,249、7:143、18:110、33:44、75:22,23参照。

36. **われら**は、もっと勇猛で各地を巡り歩いた、かれら（マッカの多神教徒）以前のいかに多くの世代を滅ぼしたことでしょうか。どこに逃げ場所があったというのでしょうか。37. 真にこの中には、心ある人や注意深く耳を傾ける人への示唆があります。38. **われら**は諸天と地、またその間にあるすべてのものを6日の間に創造しました。しかし**われら**は少しの疲れも感じなかったのです。39. それであなた（ムハンマド）はかれらの言うことを耐え忍び、あなたの主を称賛（の言葉）で賛美しなさい[468]。太陽が昇る前と沈む前に。40. また夜も、**かれ**を賛美しなさい、また平伏礼の終わりにも[469]。41. すぐ近くから、呼び出し人が呼ぶ日には、よく聞いていなさい。42. その日、かれらは実際に大きな叫び声（ラッパの一吹き）を聞くでしょう。それは（墓場から）出る日です。43. **われら**こそは、生と死を授けるのです。そして最後の帰り先は、**われら**です。44. その（最後の）日、大地はかれら（の所）から裂け、かれらに急いで出てこさせます。これが召集で、**われら**にとっては容易なことです。45. **われら**はかれらの言うことは、よく知っています。あなたはかれらに強制してはいけません。**わたし**の警告を恐れる人たちを、クルアーンによって諭すのです。

---

51. 撒き散らすもの章　سورة الذاريات

マッカ啓示
60節

冒頭で誓言として、「撒き散らすもの」があります。さまざまな部族の不信の成り行きが語られ（24〜46節）、終わりに人が創造された目的は、アッラーを崇めることだけだと断言されます（56節）。

慈愛あまねく、慈愛深いアッラーの御名において

1. 広く遠く撒き散らすもの（風）にかけて、2. 重く（雨を）運ぶもの（雲）

---

[468] 称賛については、1:2脚注、称賛と賛美については、24:41脚注参照。
[469] 「平伏礼の終わりに」とあるが、その意図は、礼拝の終わりに、である。これは一部に言及して、全体を指すというクルアーンの表現法の一つ。

にかけて、3.楽々と走るもの（船）にかけて、4.御命に従って（雨を）降り分けるもの（天使たち）にかけて[470]。5.あなた方に約束されたことは真実で、6.間違いなく審判は下ります。7.いろいろな軌道のある天にかけて（誓います）。

8.あなた方は、言うことがまちまちですが、9.それ（最後の審判）から背く人は、（真実から）背き去る人です。10.嘘つき者はいなくなれ。11.かれらは間違っているのに気づかない人、12.かれらは、審判の日はいつですかと尋ねます。13.（それは）かれらが、地獄の火で罰せられる日。14.（言ってやるがいい）あなた方は責め苦を味わえ。これこそあなた方が、早くにと願っていたものである。15.だが（**アッラー**を）意識する人は、楽園と泉のあるところに（住み）、16.主がかれらに与えられる物を授かります。確かにかれらは、以前善行に勤しんでいました。17.かれらは、夜間でも少しだけ眠り、18.また夜明けには、お赦しを祈っていました。19.またかれらの財産には、乞う人や、乞う手段も持たない人たちの権利がある（含まれている）と考えて（施しをして）いました。20.地上には信心深い人たちへの種々の印があり、21.またあなた方自身の中にもあります。それがあなた方には見えないのですか。22.天には、あなた方への糧と、あなた方に約束されたもの（楽園と永遠の至福）があります。23.それで天と地の主にかけて（誓います）。あなた方が語っているこれらのことは、確かに真実なのです。

24.あなた（ムハンマド）は、イブラーヒームの気高い賓客たちの物語を聞いたでしょうか。25.かれらはかれ（イブラーヒーム）の家に入って、平安あれと言ったとき、かれも、平安あれ、見知らぬ方々よ、と答えました。26.それでかれは早速家族の方へ行き、肥えた子牛（の肉）を持って来て、27.それをかれらの前に置き、言いました。あなた方は、召し上がりませんか。28.かれは、かれら（賓客）が薄気味悪くなり、心配になり

470　2節の「雲」、3節の「船」、4節の「天使たち」をすべて「風」とする解釈もある。

ました。かれらは恐れないでと告げ、やがて、かれに賢い息子が授かるであろうとの、吉報を伝えました。29.すると、かれの妻（サラ）は声をあげて進み出て、（驚きと戸惑いから）顔を打って、わたしは老婆で不妊です、と言いました。30.かれらは言いました。そうですか、（だが）あなたの主は、英明にして全知で、そのように言われたのです。31.◆**27部**◆かれ（イブラーヒーム）は言いました。それで、あなた方のご用件は何ですか、遣わされた方々よ。32.かれらは言いました。わたしたちは罪深い民に遣わされたのです、33.泥の礫をかれらの上に降らすために、34.（その礫は）したい放題な人に対するもので、主の御元で烙印が押されていますと。35.それから、**われら**は、そこにいた信者たちを（救うために）立ち去らせようとしました。36.しかし、**われら**がその（町の）中で見いだしたムスリムの家は、ただの一軒（サドゥームの町の預言者ルート）だけでした。37.**われら**は厳しい苦痛を恐れる人のために、一つの印として（その一軒を）、（破壊の後も）そこに残しました。

38.またムーサーにも（印がありました）。**われら**が明らかな権威を授けて、かれをフィルアウンに遣わしました。39.かれ（フィルアウン）はその支持者たちと共に背を向けて、この者（ムーサー）は魔術師か、それとも気狂いだと言いました。40.それで**われら**は、かれとその軍勢を捕まえて海に投げ込みました。本当にかれは、責められるべき人でした。41.またアード（の民）にも（印がありました）。**われら**は命を絶つような風を、かれらに送りました。42.それは向かって来るものを、すべて塵芥にしました。43.またサムード（の民）にも（印がありました）。しばらくは（あなた方の生）を楽しめと言われました。44.しかし、かれらは主の命令に背いたので、落雷がかれらを襲いました。それはただ見ているほかない状況でした。45.最早かれらは起き上がることも出来ず、まして防御は出来ませんでした。46.以前にも、ヌーフの民を（滅ぼしました）。実際かれらは無法の民でした。47.**われら**は偉力をもって天を建立し、（それを）拡張しました。48.また**われら**は、大地を広げました。何と見事に広げたことでしょう。49.また**われら**は、すべてのものを両性に創ったのです。あなた方は気付

けばいいのですが。

50.それであなた方は、早々に**アッラー**の庇護の下に赴きなさい。わたしは**かれ**からあなた方に遣わされた、明瞭な警告者です。51.それで**アッラー**と一緒に他の神を立ててはならない。確かにわたしは、**かれ**からあなた方に遣わされた明瞭な警告者です。52.同様にかれら以前の人に使徒がやって来るたびに、魔術師か、または気狂いだと言いました。53.かれらはそれを互いに伝えて来たのでしょうか。いや、かれらは横暴な民なのです。54.それで、かれらを避けて去りなさい。あなた（ムハンマド）は（かれらの行ないに対して）責められることはないのです。55.だが諭しなさい。説諭は信者たちを益します。

56.ジンと人間を創ったのは、**わたし**に仕えさせるため。57.**わたし**はかれらに糧を求めず、また扶養されることも求めません。58.**アッラー**こそは、糧を授ける方であり、偉力の持ち主で、堅固です。59.不正の徒の罪は、かれらの先達の罪と同様でしょう。だから**わたし**を急がせなくてもいいのです。60.約束された日（の真実）について、不信心を唱える人に、災いあれ。

52. 山章　سورة الطور

マッカ啓示
49節

　冒頭で誓語として、「山」があります。ムーサーはシナイ山で啓示を受けましたが、ムハンマドはヒラー山で啓示を受けたという類似性が、本章の多くに残像を映しています。非信者の反論に対する主張が強調されていて（29〜43節）、そして確実に最後の日が来ることへの警告が浮き彫りにされます。

　　　慈愛あまねく、慈愛深いアッラーの御名において
1.かの（シナイの）山にかけて、2.整然と書き記された啓典にかけて、3.巻

かれていない羊皮紙に、4.不断に詣でられる家（カアバ殿）にかけて、5.高く掲げられた天上（天空）にかけて、6.溢れる大洋にかけて。7.間違いなく主の苦痛は必ず下ります。8.それは防ぎようがないのです。9.その日、空はゆらゆらと揺れ、10.また山々は揺ぎ動くでしょう。11.その日、（真理を）嘘つき呼ばわりした人に災いあれ。12.虚しい事に戯れてばかりいた人たちに。13.かれらが地獄の火の中に突き落とされるその日、14.これこそは、あなた方が嘘であるとしていた地獄の火です。15.これでも魔術なのか。それともあなた方は見えないのか。16.あなた方はそこで焼かれるがいい。あなた方がそれを耐え忍んでも、忍ばなくても同じこと。あなた方は行なったことに、報いられるだけなのです。

17.（**アッラー**を）意識した人たちは、必ず楽園の喜びの中におり、18.主がかれらに与えるものに歓喜し、また主が地獄の火の苦痛からかれらを守られたことを喜んでいます。19.楽しんで食べ、かつ飲みなさい。これもあなた方の（善い）行ないのためです。20.かれらは並べられたソファーに寄りかかり、**われら**は瞳が大きい美しい目の乙女たちを、かれらの配偶者にします。21.信仰する人たち、またかれに従った信心深い子孫の人たち、**われら**は、それらの人を（楽園において）一緒にします。またかれらのすべての行為に対し、少しも（報奨を）軽減しないでしょう。誰もがその稼いだものを預けているようなものです。

22.また**われら**は果物、肉、その他、かれらが望むものを与えました。23.かれらはそこで互いに杯を回しあうでしょう。そこでは虚しい話にふけることなく、悪事も行なわれません。24.かれらの周囲には、秘められた真珠[471]のようなかれらの子供が巡って回ります。25.かれらは互いに近寄って、尋ね合い、26.言いました。以前、わたしたちは家族と共にいても、いつも（**アッラー**の苦痛を）恐れていました。27.だが**アッラー**は、わたしたちにお恵みを与えられ、熱風の苦痛からお守りくださった。28.以前

---

471 大切に箱にしまって秘められている真珠の情景。

からわたしたちは、**かれ**に祈っていたのです。実に**かれ**は最善な方[472]で、慈愛深い方です。

29.（ムハンマドよ）さあ、かれら（非信者たち）に諭しなさい。主の恩恵によって、あなたは占い師でも気狂いでもないのです。30.それともまたは[473]、かれらは言います。（ムハンマドは）ただの詩人だ、かれの運勢が逆転するのを待とうと。31.言ってやるがいい。じっと待っているがいい。わたしもあなた方と共にじっと待ちましょう。32.それともまたは、一体かれらの（低い）知能がこう命じたのか。それともまたは、かれらは無法な民なのか。33.それともまたは、かれがこれを偽作したと言うのか。いや、かれらは信じていないのです。34.もし、かれらの言うことが本当なら、これと同じようなお告げをもって来させるがいい。35.それともまたは、かれらは無から創られたのか。それともまたは、かれら自身が創造者なのか。36.それともまたは、かれらが諸天と地を創造したのか。いや、かれらには信仰がないのです。37.それともまたは、かれらはあなたの主のさまざまな宝物を持っているのか。それともまたは、（事物の）管理者なのか。38.それともまたは、かれらには梯子があって、それで（天に登り**アッラー**の秘密を）聞くことが出来るのか。（もしそうなら）聞いたという人に、明確な権威（証拠）を持って来させるがいい。39.それともまたは、あなた方には息子があって、**かれ**には娘があるというのか[474]。40.それともまたは、あなた（ムハンマド）がかれらに報酬を求め、それでかれらは負債の重荷を負っている（そのため入信しない）というのか。41.それともまたは、目に見えない世界のことがすっかり分かっていて、それを書き留めているというのか。42.それともまたは、（ムハンマドに対して）悪巧みを巡らすつもりか。だが背信者たちこそ、悪巧みにかかってしまう。43.そ

---

472 「最善な方（アルバッル）」はアッラーの美称で、同時に「約束通り」の意味もある。
473 ここから43節まで15回にわたって、「それともまた（アム）」の接続詞が使用されている。繰り返しによる効果と、対等なものを並置するときの「それともまた」であり、論点を総まくりする強い論法になっている。「あるいは、また（アウ）」というただ代替するものを示す場合の接続詞ではない。
474 神の娘とは天使が意図されている。しかしアッラーに子はいない。

れともまた、かれらは**アッラー**以外に神があるというのか。**アッラー**に賛美あれ、**かれ**は並置されるものの上に、はるかに高くあるのです。

44.たとえ天の一角が落ちるのを見ても、かれらは積み重なった雲だと言うでしょう[475]。45.かれらが卒倒させられる（審判の）日まで、放っておきなさい。46.その日、かれらの悪巧みは、何の益もなく、結局かれらは助けられないでしょう。47.実に不正な人には、この他にも苦痛があります。だが、かれらの多くは気付かないのです。48.それで主の裁きを耐え忍んで待ちなさい。確かに**われら**はあなたを見守っています。そしてあなたが立つとき（礼拝時）には、主を称賛をもって賛美しなさい。49.夜中に、また星々が退くときにも、**かれ**を賛美しなさい。

53. 星章　سورة النجْم

マッカ啓示
62節

冒頭で誓語として、「星」があります。啓示の性格を述べて、アッラーこそが戻るところであることが強調されます。「夜の旅」の話や天使ジブリールとの出会い（1〜18節）、そして三偶像神の否定（19〜25節）などが扱われます。

慈愛あまねく、慈愛深いアッラーの御名において

1.沈みゆく星にかけて（誓う）[476]。2.あなた方の同僚（ムハンマド）は、迷っていないし、（道を）間違ってもいません。3.また気ままに、話しているのでもありません。4.それはかれに降ろされた、啓示に他なりません。5.かれに伝えた者（天使ジブリール）は強力で、6.優れた判断力の持主です。真っすぐに立って、7.かれは地平の最も高い所にいて、8.それから降りて来て、近づきました。9.およそ弓二つ、それよりも近い距離でした。

---

475 マッカの多神教徒たちは、アッラーからのどんな証拠を見ても信じないことの例え。ムハンマドに挑戦して求めたことの一つは、懲罰として天を下界に降ろしてくることであった。
476 マッカでは従来、シリウス星が崇められた。6:76〜79、53:49.

10. そして**かれ**の僕（ムハンマド）に、**かれ**の啓示を降ろしました。11. その心は、見たことを偽りません。12. かれ（ムハンマド）が見たことについて、あなた方はかれと論争するのですか。13. 確かにかれが、再度かれ（天使ジブリール）を見たのは、14. 一番奥にあるスィドラの木[477]の傍で、15. その側に最後の住まいの楽園があり、16. そのとき（天使または鳥の群れの）覆いで、スィドラの木が覆われていました。17.（ムハンマドの）視線は（その覆いから）逸れることはなく、（命令を超えて）見すぎることもありません[478]。18. かれは確かに、主の最大の印のいくつかを見たのです。

19.（非信者よ）アルラートとアルウッザー（女性神）を何であると考えるのか。20. それから第3番目のマナート（女性神）を。21. あなた方には男子があり、**かれ**には女子があるというのか。22. それでは、不当な分け方でしょう。23. それらは、あなた方や先祖たちが（偶像神に）付けた名称にすぎない。**アッラー**は何の権威も、それらに下されなかった。かれら（非信者）は、虚しい臆測や妄欲に従っているにすぎない。すでに主からの導きが、かれらに来ているのに。24. およそ人間は、欲しいものは何でも手に入るのか[479]。25. いや、来世も現世も、**アッラー**のものです。26. 諸天にどれほど天使がいても、**アッラー**が望み、そのご満悦にあずかる人に対するお許しが出た後でなければ、かれら（天使）の執り成しは何の役にも立ちません。27. 実に来世を信じない人は、天使に女性の名を付けたりします。28. かれらは（その根拠となる）知識もなく、臆測に従うだけです。だが真理に対しては、臆測など何の役にも立たない。29. それであなたは**わたし**の論しに背を向ける人、またこの世の生活しか望まない人から遠ざかりなさい。

---

477 スィドラの木については、17:1脚注参照。第6天か第7天辺りにあり、預言が降ろされ、また地上の知識の及ぶ最上の地点とされる。
478 「スィドラの木の覆い」が金の蝶でもあったとする説では、その金の蝶は見ないで、鳥などを見ていた、つまりそれは預言者にとって試練であった、と解する。そして「見すぎる」とは、俗欲自粛の命令に背くということ。
479 多神に主への執り成しを頼みたいとする、多神教徒たちの願望を指す。

30. これがかれらの知識の分量なのです。真に主は、**かれ**の道から迷っている人を、最もよく知っております。また**かれ**は、導きに従っている人を最もよく知っております。31. 諸天にあり地にあるすべてのものは、**アッラー**のものです。だから悪行の徒にはその行ないに応じて報い、また善行の徒には最善のもので報います。32. 小さい誤ちは別として、大罪やみだらな行為を避ける人には、主の容赦は本当に広大です。**かれ**は大地から創り出されたときのあなた方について、また、あなた方が母の胎内に潜む胎児だったときのあなた方について、最もよく知っています。だから、あなた方は自分が清浄（敬虔）だとうぬぼれてはいけません。**かれ**は（**アッラー**を）意識する人を、最もよく知っています。

33. あなた（ムハンマド）は（真理から）背き去る者を見ましたか。34. わずかに施しをしては、止めてしまいます。35. そんな人に目に見えない世界の知識があって、それで（来世が）見えるというのですか。36. それとも、ムーサーの書にあることが、告げられたことはないのでしょうか。37. また（約束を）完全に果たしたイブラーヒームのことも。38.（その書には次のようにある）他人の重荷を負うことはありません。39. 人間は、その努力したもの以外、何も得ることはできません。40. その努力は、やがて見てもらえるのです。41. やがて報奨は、十分に報いられます。42. 確かにあなたの最終地点の主に向かうのです。43. **かれ**こそは、笑わせ泣かせるお方、44. また死なせ、生かすお方です。45. 確かに**かれ**は、男と女の両性を創りました。46. それも一滴の精液を吹き込むことで。47. 二度目の創造（復活）も、**かれ**の業。48. **かれ**こそは富と財産を与えるお方。49. また狼星（シリウス）の主もこのお方。50. **かれ**は昔、アードを滅ぼし、51. またサムードも、一人残さず滅ぼしました。52. それ以前にヌーフの民も。確かにかれらは、非常に不正で横暴の輩(やから)でした。53. また**かれ**は（サドゥームのように）諸都市を破壊しました。54. そして**かれ**はそれを覆うもの（石の雨）で覆いました[480]。55. 一体主のどのお恵みに、あなた方は異論を抱くのですか。

56. この警告は昔の警告と同様です。57.(審判のときは)近くに迫っています。58. それは**アッラー**の他、誰も明らかにできません。59. あなた方はこの話に驚くのですか。60. あなた方は笑い草にしても、涙しないのでしょうか。61. あなた方は不注意なのでしょうか。62. **アッラー**に平伏礼し、(**かれ**に)仕えなさい。 ❦ **サジダ** ❦

---

54. 月章 سورة القَمَر

マッカ啓示
55節

冒頭で預言者ムハンマドが見せた奇跡の一つである「月」の分裂について言及されます。それは最後の日の兆候であると同時に、マッカの非信者の滅亡の比喩でもあります。月はアラブでは、古来強さの象徴でした。

慈愛あまねく、慈愛深いアッラーの御名において

1. その時は近づき、月は割れ裂けました[481]。
2. かれらは印を見ても、背き去って、これはまた魔術だと言うのです。3. かれらは虚偽であるとし、自分の妄欲に従ってきました。だが一切の事柄は、清算されるでしょう。4. これまで(破滅した人びとについてのさまざまな戒めや)警告の知らせが、かれらに来ました。5. それは完全な英知でした。だが警告は役立たなかったのです。6. だからあなたは、かれらから遠ざかりなさい。召集者(天使)が忌み嫌うところへ、(非信者を)呼び出す日に。7. かれらは目を伏せて、あたかも散らばるバッタのように墓場から出て来て、8. 召集者の方に急ぐ。非信者たちは言います。これは苦渋の日だと。

---

480 破壊や苦痛の様子は、11:82などを参照。
481 過去形なのは、すでに起こったこととして現実味を出すための工夫である。

9. かれら以前に、ヌーフの民も否定しました。(そして)**われら**の僕(ヌーフ)を否定し気狂いだと言い、かれは追放されました。10. それでかれは主に、わたしは打ちひしがれました、どうかお助けくださいと祈りました。11. それで**われら**は、天の諸門を開き、水を注ぎ降らせました。12. また**われら**は大地に幾多の泉を噴出させたので、天命によって水は合流し(洪水が起き)ました。13. しかし**われら**は板と釘で造ったもの(方舟)に、かれを乗せました。14. **われら**が見守る中でそれ(方舟)は進みました。これが(人びとから)退けられた人(ヌーフ)への報いです。15. **われら**はこれを一つの印として残しました。さて、誰か悟る人はいますか。16. さあわたしの(与える)苦痛と警告とはどうであったか。17. 実に**われら**は、クルアーンから教訓を学ぶのを易しくしました。さて、誰か悟る人はいますか。

18. アード(の民)も否定しました。それで**わたし**の苦痛と警告とはどうであったか。19. **われら**は災厄の続く日に、かれらに対し烈風を送りました。20. すると人間は、ナツメヤシの幹が根こそぎ抜かれたように、一掃されました。21. わたしの苦痛と警告はどうであったか。22. 誠に**われら**は、クルアーンから教訓を学ぶのを易しくしました。さて、誰か悟る人はいますか。

23. サムード(の民もまた)警告を否定しました。24. そしてかれらは言いました。何と、(預言者サーリフは)わたしたちの中の一介の人間ではないのか。どうしてこんな人に従うのか。それこそ迷いの道で、気狂い沙汰だ。25. わたしたちの間でかれ(だけ)に啓示が下されたのか。いや、かれはひどい大嘘つきだ。26. (**アッラー**は言います)かれは明日知るでしょう。誰がひどい大嘘つきであるかを。27. **われら**は、かれらを試みるため雌ラクダを送りましょう。あなたはかれらを見守り、我慢強くしなさい。28. そしてかれらに水を分配し、順番に飲むよう伝えなさい[482]。29. だがか

---

482 水はサムードの人たちやラクダの間で分配しなさいという意味。

れらは仲間を呼び寄せ、その男は（剣を）手にとると、膝の腱を切ってしまいました。30.そのときの**わたし**の（与える）苦痛と警告とがどうであったか。31.**われら**は、かれらに向かって一声を送ると、かれらは家畜の囲いに使われる枯れ木のようになりました。32.実に**われら**は、クルアーンから教訓を学ぶのを易しくしました。さて、誰か悟る人はいますか。

33.ルートの民も警告を否定しました。34.**われら**は砂石の嵐をかれらに送りました。ルートの家族だけは別で、明け方にかれらを救い、35.**われら**からの恩恵としました。このように**われら**は感謝する人に報いるのです。36.（ルートは）**われら**の懲罰をかれらに警告しましたが、かれらはその警告について疑問視しました。37.そしてかれの賓客（天使）たちを、かれから引き離そうとしたので、**われら**はかれらの目を潰しました。さあ、**わたし**の苦痛と警告を味わえ。38.あくる朝、限りのない苦痛がかれらに下りました。39.さあ、わたしの苦痛と警告を味わえ。40.誠に**われら**は、クルアーンから教訓を学ぶのを易しくしました。さて、誰か悟る人はいますか。

41.確かにフィルアウンの一族にも、警告が届きました。42.（だが）**われら**の種々の印をすべて否定しました。それで**われら**は、偉力大で権能ある方がする一摑(つか)みで、かれらを捕まえました。

43.あなた方の非信者（クライシュ族）が、（以前の）これらの人びとよりも優れているのでしょうか。それとも啓典の中にあなた方のための赦免があるのでしょうか。44.それともかれらは、自分たちは立派な軍勢で、勝利を得るのだとでも言うのでしょうか。45.やがてこれらの軍勢は敗れ去り、背を向けて逃げ去るでしょう。46.いや（審判の）ときは、かれらに約束された日程です。しかもそれは、非常に厳しく苦いものです。47.真にこれらの罪人は、迷妄と狂気のうちにあるのです。48.火の中で顔を（下に）付けて引きずられるその日、かれらは、地獄の感触を味わえ（と言われるでしょう）。49.真に**われら**はすべての事物を、適正な分量に創造しました。

50. また**われら**の命令は、ただ一瞥のような一つの命令だけです[483]。51. **われら**はこれまで、あなた方（マッカの多神教徒）の同類を滅ぼしました。さて、誰か悟る人はいますか。

52. かれらのすべての所業は、帳簿に記録されています。53. 大小すべてのことが、書き留められています。54. 間違いなく、（**アッラー**を）意識する人は、庭園と川に囲まれて、55. 全能の王者の御元で、真実の居間（楽園）に（住んで）います。

55. 慈愛あまねくお方章　سورة الرحمن

マディーナ啓示
78節

　冒頭の「慈愛あまねくお方」の言葉から本章が命名されました。主の創造とその恵みの多いことが主題となって、人とジン(幽精)の二者に対して双数で韻を踏んで問いかける形の表現が用いられます。つまり双方に対して、本章では「主の恩恵のどれを否定するのか」と31回にわたって繰り返し問いかけることで、相手の覚醒を迫っています。

慈愛あまねく、慈愛深いアッラーの御名において

1. 慈愛あまねくお方が、2. このクルアーンを教えました。3. 人間を創り、4. 言い方を教えました[484]。5. 太陽と月は、計られた軌道に従い、6. 草も木もひれ伏します。7. **かれ**は天を高く掲げ、秤を設けました。8. あなた方が秤の平衡を失わないためです。9. 計量は公正を旨とし、秤を少なめにしてはいけません。10. また大地を命あるもののために設けました。11. そこには果実があり、サヤに入ったナツメヤシ、12. 殻籾（からもみ）のある穀物と、（その他の）香る植物。13. それであなた方（人間とジン）は、主の恩恵のどれを否定するのか。

---

483 「有れ」という一言の命令である。36:82参照。
484 2節のクルアーンは読み方とも解され、4節の「言い方」と対をなすこととなる。しかし4節は聞き方も入れて、対話方法という理解もある。

14.（**かれ**は）陶土のような乾いた土から人間を創り、15. また無煙の火の炎からジン（幽精）を創りました。16. それであなた方は、主の恩恵のどれを否定するのか。

17.（**アッラー**は）二つ（太陽と月）の東（登り口）の主であり、また二つの西（沈み口）の主です[485]。18. それであなた方は、主の恩恵のどれを否定するのか。

19. **かれ**は二つの海（淡水と塩水）を放ちます。20. 両者の間には障壁があり、一方が他方へ乗り越えることはありません。21. それであなた方は、主の恩恵のどれを否定するのか。

22. 両海は、真珠とサンゴ[486]を産します。23. それであなた方は、主の恩恵のどれを否定するのか。

24. 海上で高山のような建造物である船は、**かれ**のものです。25. それであなた方は、主の恩恵のどれを否定するのか。

26. 地上にあるすべてのものは、消滅します。27. だが威厳と栄誉の持ち主である、あなたの主の尊顔は、残ります。28. それであなた方は、主の恩恵のどれを否定するのか。

29. 諸天と地のすべてのものは、**かれ**に向かって請い求めます。（だから）**かれ**には、毎日すべきことがあります。30. それであなた方は、主の恩恵のどれを否定するのか。

485　二つの登り口とは、太陽の冬と夏の登り口で、二つの沈み口とは太陽の冬と夏の沈み口だとの説もある。
486　ここは、大小の真珠とする説もある。

31.あなた方（人間とジンの）二つの重い群衆よ、**われら**はあなた方のため、（清算に）着手するでしょう。32.それであなた方は、主の恩恵のどれを否定するのか。

33.ジンと人間の衆よ、もしあなた方が、諸天と地の領域から遠くに越えられるなら、越えてみなさい。（**われらの**）権能がなくては、越えることはできません。34.それであなた方は、主の恩恵のどれを否定するのか。

35.あなた方（邪な両者）に対して、燃え盛る火の炎と煙が浴びせられるでしょう。あなた方には、援助もないでしょう。36.それであなた方は、主の恩恵のどれを否定するのか。

37.大空が裂けて、赤革のようなバラ色になるとき。38.それであなた方は、主の恩恵のどれを否定するのか。

39.その日人間もジンも、（今さら）その罪について問われることはないでしょう。40.それであなた方は、主の恩恵のどれを否定するのか。

41.罪を犯した者はすぐわかる特徴があり、かれらは額と足を捕えられるでしょう。42.それであなた方は、主の恩恵のどれを否定するのか。

43.これは罪を犯した者が、嘘であると言い張った地獄です。44.かれらはそれ（地獄の火）と、煮え立つ湯の間をさ迷う。45.それであなた方は、主の恩恵のどれを否定するのか。

46.だが主の（審判の座の）前に立つことを畏れてきた者のためには、二つの楽園があるでしょう。47.それであなた方は、主の恩恵のどれを否定するのか。

48.枝を張る2本の木があるもの（楽園）。49.それであなた方は、主の恩

恵のどれを否定するのか。

50.それら（二つの楽園）の中には、二つの泉が涌き出ています。51.それであなた方は、主の恩恵のどれを否定するのか。

52.それら（二つの園）の中には、すべての果実に雌雄一対あります。53.それであなた方は、主の恩恵のどれを否定するのか。

54.かれらは、錦の寝椅子の上に寄りかかり、両方の楽園の果物は近くにあります。55.それであなた方は、主の恩恵のどれを否定するのか。

56.そこには人間にもジンにも、これまで触れられていない、眼差しを押さえた乙女たち。57.それであなた方は、主の恩恵のどれを否定するのか。

58.かの女たちは、さながらルビーかサンゴ[487]のようです。59.それであなた方は、主の恩恵のどれを否定するのか。

60.善いことへの報いは、善いことでなくて何であろう。61.それであなた方は、主の恩恵のどれを否定するのか。

62.この二つの（楽園の）他に、もう二つ楽園があります[488]。63.それであなた方は、主の恩恵のどれを否定するのか。

64.二つの緑の深いもの（園）。65.それであなた方は、主の恩恵のどれを否定するのか。

66.その二つの中には湧き出る泉が、二つあります。67.それであなた方は、

---

487 上記22節同様、ここはサンゴではなく、光る小真珠という説もある。
488 楽園の２階構造については、56:7-56参照。篤い信者は上階に、それほどでもない者は下階に入る。

主の恩恵のどれを否定するのか。

68. その二つの中には種々の果物や、ナツメヤシもザクロもあります。
69. それであなた方は、主の恩恵のどれを否定するのか。

70. それらの中には（性格の）良い、美しい乙女がいます。71. それであなた方は、主の恩恵のどれを否定するのか。

72. 黒い瞳の乙女は天幕に（引き籠る）。73. それであなた方は、主の恩恵のどれを否定するのか。

74. 人間にもジンにも、これまで触れられていません。75. それであなた方は、主の恩恵のどれを否定するのか。

76. 緑の小布団と美しい絨毯に寄りかかります。77. それであなた方は、主の恩恵のどれを否定するのか。78. 威厳と栄誉の持ち主、あなたの主の御名に称賛あれ[489]。

56. 出来事章　سورة الواقعة

マッカ啓示 96節

冒頭に出てくる「出来事」の言葉から命名されました。「出来事」とは最後の日であり審判のときですが、それは突然やって来るのです。誰もそれがいつかは知りえません。しかしそれが来ることは真実であると同時に、アッラーの啓示が真実であり、アッラーの偉力が真実であることも意味していると説かれます。なお本章は、復活、最後の審判、そして来世である楽園と地獄という究極の顛末を内容とする、50～56章のグループの終わりになります。

489　ここは「祝福」ではなく、「称賛」と理解することについては、67:1脚注など参照。

慈愛あまねく、慈愛深いアッラーの御名において

1.（あの来るべき）出来事の起こったとき、2.（誰も）それが起こったことを否定できないでしょう。3.（地獄へ）低く下げたり、（天国へ）高く上げたりします。4.大地は強く揺れ動かされ、5.山々は粉砕されて平らになり、6.粉になって飛び散ります。7.そしてあなた方は、三つの組に分けられます。8.まず右側の人びと。右側の人びとはどういう人たちでしょう。9.また左側の人びと。左側の人びとはどういう人たちでしょう。10.（左右いずれでもない篤信組の）先頭に立つ人は、真っ先を行き、11.かれらは、（**アッラー**の）近くに寄せられて、12.快適な楽園の中です。13.昔からの人が多く、14.後世の人は少数です。15.立派な布の寝椅子の上で、16.互いに向き合って、その上で寄り掛かります。17.永遠に若く保たれる少年たちが、かれらの間を巡り、18.コップや水差し、そして泉からの杯（を持っています）。19.（それを飲んで）頭痛も覚えず、酔うこともないのです。20.また果実は、かれらの選ぶに任せ、21.鳥の肉もかれらの好みのままです。22.黒い瞳の美しい目の女性は、23.秘蔵の真珠のようです。24.（以上のことは）かれらのそれまでの行ないに対する報奨です。25.そこでは、無益な言葉や、罪作りなことも聞くことはないのです。26.ただ平安を、平安を、と言われるだけです[490]。

27.右側の人びと、右側の人びとはどういう人たちでしょう。28.刺のないナツメの木、29.群れなすアカシアの木（の所に住み）、30.長く伸びる木陰と、31.絶え間ない水の間で、32.豊かな果物が、33.絶えることなく、禁じられることもなく。34.高く上げられた寝床の中に（着きます）[491]。35.**われら**は、かの女（天女）たちを特別に創り、36.処女にしました。37.愛らしい、同じ年配の者です。38.右側の人びとのためです。39.昔の者は大勢いますが、40.後世の者も多くいます。

---

490 「平安（サラーム）」だが、ここではこの２回繰り返される言葉に関し、楽園での話が「清潔」で「全き」ものだという解釈もある。
491 ここは「寝床」を、同伴者（女性）とする解釈もある。

41.左側の人びと、左側の人びととはどういう人たちでしょう。42.焦がすような風と、煮える湯の中（に住み）、43.黒煙の影で、44.涼しくもなく、爽やかさもありません。45.以前かれらは贅沢して、46.大罪をいつも犯していました。47.そしていつも言っていました。わたしたちは死んでから、土砂と骨になり、（それから）本当に復活させられるのでしょうか。48.わたしたちの古い先祖もそうですかと。49.言ってやるがいい。昔の者も後世の人も、50.必ず一緒に召集されるのだ。定められた日の定時に。51.そのときあなた方は、迷う人で、（真理を）否定した人、52.必ずあなた方はザックームの木[492]から食べ、53.それで腹は一杯となる。54.その上煮え立つ湯を飲むのは、55.喉が乾いたラクダのよう。56.これが審判の日の、かれらの境遇なのです。

57.**われら**はあなた方を創ったが、あなた方は真実を信じようとしないのか。58.あなた方は、あなた方の出すもの（精液）について考えたか。59.それを創ったのはあなた方なのか、あるいは**われら**がその創造者なのか。60.**われら**は、あなた方に死を定めた。**われら**の先を越す（そして死を止める）ことはできず、61.（もし望まれるなら**アッラー**は）あなた方に同類の者を取り換え、またはあなた方が知らないものに、あなた方を創（り変え）るのだ。62.あなた方は確かに最初の創造を知っているのに、どうして（復活に）気を留めないのか。

63.あなた方は自分が蒔くもの（種）のことを考えたのか。64.あなた方がそれを育てるのか、それとも**われら**が育てるのか。65.もし**われら**が望んで、それ（収穫物）を屑にしてしまうと、あなた方は困惑するだろう。66.わたしたちは損失を課せられた、67.いや、わたしたちは奪われた（と言って）。68.またあなた方の飲む水について考えたか。69.あなた方が雨雲から降らせるのか、それとも**われら**が降らせるのか。70.**われら**がもし欲するなら、

---

492 ザックームに関しては、37:62～66、44:43～46参照。

それを塩辛くすることができるのだ。あなた方は感謝しないのか。71. あなた方は自分が灯す火について考えたか。72. その(灯すための)木をあなた方が創ったのか、それとも**われら**が創ったのか。73. **われら**はそれを教訓とし、また灯を使用する人[493]のために創ったのだ。74. だから偉大なあなたの主の御名で賛美しなさい。

75. **わたし**は、星々の居場所にかけて誓います。76. それは実に偉大な誓いです、あなた方も知っているならば。77.(誓うのは)間違いなく、これは高貴(で読み物として最良)なクルアーンで、78. 守られた書板の中にあり、79. 清められた者以外は、触れることができなくて、80. すべての世界の主からの啓示です。81. これは、あなた方が軽んじるような教えなのか。82. またあなた方は糧を得ておきながら、否定できるのか。

83. そしてあなた方は、(臨終の人の魂が)喉元に達するとき、84. 見守るばかりなのか。85. **われら**はあなた方よりも、かれ(臨終の人)に近いのだが、あなた方には見えていない。86. あなた方がもし(来世の裁きに)縛られないというのなら、あなた方はなぜ、87. それ(魂)を呼び戻さないのか。もしあなた方が、真実(を語っているの)ならば。88. もしかれが、(**アッラー**)に近づけられた人であるなら、89.(かれには)休息と喜悦、そして快適な楽園があります。90. もしかれが、右側の人びとであるならば、91. あなたに平安あれ、と右側の人びとから(挨拶されます)。92. もしかれが、否定し迷った人であるならば、93. 煮え立つ湯に浸けられ、94. 地獄の火で焼かれます。95. まさにこれこそは、確かな真理なのです。96. だから偉大なあなたの主の御名で賛美しなさい。

---

57. 鉄章　سورة الحديد

マディーナ啓示
29節

本章は、25節にある「鉄」の言葉で命名されました。鉄は人間に多くの益

をもたらすものとみなされました。本章から続く57〜66章の10章は、新しい共同体建設の基礎を定めるものとして位置づけられています。また当時過激な修行で知られていたキリスト教の修道院制度は、アッラーが定めたものではないことが指摘されています(27節)。

　　　　慈愛あまねく、慈愛深いアッラーの御名において

1.諸天にあり地にあるすべてのものは、**アッラー**を賛美します。実に**かれ**は偉力大で英明です。2.諸天と地の大権は、**かれ**のものです。**かれ**は生を授け、また死を授けます。**かれ**はすべてについて全能です。3.**かれ**は最初の方であり、また最後の方で、外在する方であり、また内在する方です。**かれ**はすべての事物を熟知します。4.**かれ**は諸天と地を6日間で創造し、それから玉座に鎮座したお方です。**かれ**は大地に入るもの（水や種子や死体など）、またそれから出るもの（植物や鉱物など）をすべて知り、また天から降りるもの（雨や天使や啓示など）、そしてそこに昇るもの（魂など）を知り尽くします。あなた方がどこにいようとも、**かれ**はあなた方と共におります。**アッラー**はあなた方が行なうすべてのことを洞察します。5.諸天と地の大権は、**かれ**のものです。（一切の）事物は、**アッラー**の御元に帰ります。6.**かれ**は夜を昼の中に没入させ、また昼を夜の中に没入させます。また胸に秘めることをすべて熟知します。

7.**アッラー**と**かれ**の使徒を信じ、**かれ**があなた方に信託させたものの中から施しなさい。あなた方の中で信仰して施す人たち、かれらには偉大な報奨があるでしょう。8.どうしてあなた方は、**アッラー**を信仰しないのですか。使徒は、あなた方の主を信仰するよう呼びかけています。もしあなた方が信者なら、**かれ**は既にあなた方の誓約を受け入れたのです。9.**かれ**こそは、あなた方を暗黒から光明に出すために、**かれ**の僕に対して明瞭な印を下した方です。**アッラー**は、あなた方に親切で慈愛深いのです。10.どうしてあなた方は、**アッラー**の道のため施さないのですか。確かに諸天と地の遺産の相続は、**アッラー**に属します。あなた方の中、（マッカ奪還の）

---

493 「灯を使用する人」は、砂漠の民や旅人、という解釈もある。

勝利の前から（財を）施して戦った人は、後から施して戦った人よりも高い地位にあり、（かれらは）同じではありません。だが**アッラー**は、すべての人に善（き報奨）を約束しました。**アッラー**は、あなた方が行なうすべてのことを知り尽くします。

11.**アッラー**に良い貸し付けをする人は、誰でしょうか。**かれ**はそれを倍にされ、気前のよい報奨を授けるでしょう。12.あなた（ムハンマド）が、信者の男女が手にした光を、かれらの先と右側に見る（審判の）日、（かれらはこう言われます）今日、あなた方への吉報があります。（吉報とは）川が下を流れる楽園のことで、永遠にその中に住むのです。それは、真に偉大な勝利なのです。13.その日、偽信者の男女は、信者たちに言うでしょう。わたしたちを待ってくれ、あなた方から光を借りたい。（だがかれらは）言われるでしょう。後ろに引き返せ、そして光を請い求めなさいと。そこでかれらの間に壁が設けられます。そこに一つの門があるが、その内側には慈愛が、その外側には苦痛があるのです。14.かれら（偽信者）は、わたしたちは、あなた方と（現世において）一緒ではなかったのですかと叫ぶでしょう。かれら（信者たち）は言います。そうです、だがあなた方は自分の誘惑に負け、（信者たちの敗北を）待ち伏せし、疑いを抱き、誤った望みに欺かれているうちに、**アッラー**の命令がやって来たのです。錯誤させる者（悪魔）が、**アッラー**についてあなた方をだましたのです。15.今日となっては、あなた方の身代金は受け入れられないでしょう。また非信者たちも同じこと。あなた方の住まいは（地獄の）火なのです。それがあなた方の所属する所で、何と悲惨な行き所でしょう。

16.信仰する人たちには**アッラー**の教説と啓示された真理に、その心を謙虚にするときがまだやって来ないのですか。以前に啓典を授けられた人たちのようになってはいけません。かれらは（改心することなく）猶予されたので、心が頑なになりました。かれらの多くは掟破りの人たちです。17.あなた方は、一度死んだ大地を**アッラー**が甦らせることを知りなさい。**われら**は種々の印をあなた方のために明示したので、恐らくあなた方は理

解するでしょう。18.定めの施しをする男女は、**アッラー**に善い貸し付けをする人であり、**かれ**はそれを倍にされ、気前のよい報奨を与えるでしょう。19.**アッラー**と**かれ**の使徒たちを信じる人たち、これらの人たちは誠実な人たちであり、主の前で（真理の）証言をする人たちです。かれらには報奨と光明があるでしょう。だが信じない人たちや**われら**の種々の印を否定する人たち、これらの人たちは（地獄の）火の住人でしょう。

20.あなた方の現世の生活は、遊びや戯れであり、また虚飾と互いの自己顕示であり、財産と子女の多さの張り合いだということを知りなさい。例えば慈雨のようなもので、苗が生長して農夫を喜ばせたかと思うと、やがてそれは枯れて黄色に変わり、次いで枯屑になるのをあなた方は見るでしょう。だが来世においては（不正の徒に）激しい苦痛があり、また（正義の徒には）**アッラー**からお赦しと満悦があるでしょう。真に現世の生活は、欺瞞の享楽です[494]。21.あなた方は主からのお赦しと、天地の広さほどの広大な楽園のために競いなさい。それは**アッラー**と使徒たちを信じる人のために準備されています。これは**アッラー**の寵愛で、御心に適う人にそれを授けます。確かに**アッラー**は、偉大な寵愛の持ち主です。

22.地上において、またあなた方の身の上において起こるどのような災厄も、一つとして**われら**がそれをもたらす前に、書板に記されていないものはありません。それは**アッラー**には容易なことです。23.それはあなた方が失ったものに悲しまず、与えられたものに喜びすぎないためです。**アッラー**は、自惚れの強い自慢気な人を好まれません。24.こういう人たちは物惜しみし、また人びとにも物惜しみするように言います。（**アッラー**から）背き去る人がいても、**アッラー**は自存するお方であり、賛美すべきお方です。25.確かに**われら**は明証をもって**われら**の使徒たちを遣わし、またかれらと共に啓典と秤を下しました。それで人びとが正義を守るようにするため

---

494 禁欲は義務事項と禁止事項の間の自由裁量の領域で重要な徳目である。人は適切な自己抑制や節制を、忘れがちなものである。100:8、資料2.参照。

です。また**われら**は鉄を下しました。それには偉大な力があり、また人間のために種々の便益を提供します。それは**かれ**を見ることはできなくても、誰が**かれ**と**かれ**の使徒を支持するかを知るためです。真に**アッラー**は、強力で偉力大なお方です。

26. **われら**は以前、ヌーフとイブラーヒームを遣わしました。また**われら**は両者の子孫にも、預言を授かる能力と啓典を授けました。かれらの中、導かれた人もいましたが、多くの人は**アッラー**の掟に背く人たちでした。
27. それから**われら**の（他の）使徒たちをかれらの足跡に従わせ、さらにマルヤムの子イーサーを遣わし福音を授け、またかれらに従う人の心に博愛と慈愛を持たせました。だが修道院制は、かれらが自分で作ったもので、**われら**はそれを定めてはいません。それは**アッラー**の満悦を得るためでした。だがかれらは、きっちりと守るべきことを遵守していませんでした。それでも**われら**は、かれらの中の信仰する人には報奨を与えました。だがかれらの多くは、**アッラー**の掟に背く人たちでした。28. 信仰する人たちよ、**アッラー**を意識し、**かれ**の使徒を信じなさい。**かれ**はあなた方に倍の慈愛を授け、また光明をあなた方のために設け、それで（正しい道を）歩ませ、またあなた方を赦します。真に**アッラー**はよく赦す慈愛深いお方なのです。
29. **アッラー**の寵愛はかれらにはどうしようもできず、また寵愛は**アッラー**の手中にあることを啓典の民は知るべきです。**かれ**の御心に適う人に、それを授けます。実に**アッラー**は偉大な寵愛の持ち主なのです。

---

58. 争議章　سورة المُجادَلة

マディーナ啓示
22節

古い慣習によって不当にズィハール離婚[495]した男について、預言者に訴

---

[495] 「ズィハール離婚」とは、あなたはわたしの母親の背中（ズフル）のようだと妻に宣告することで離婚が成立するという、イスラーム以前の習慣のこと。前夫に扶助を請求できず、妻の再婚も認めないこの制度は、本啓示で改められた。33:4参照。

えた女性の声がアッラーに聞き入れられる話（1節〜6節）です。また偽信者に対する厳しい懲罰が警告されています（14〜21節）。なお本章の名称は、ムジャーダラ（争論）とムジャーディラ（争論する女性）の二つの読み方があります[496]。

慈愛あまねく、慈愛深いアッラーの御名において

1. ◆28部◆**アッラー**は、自分の夫についてあなた（ムハンマド）に争いを訴え、また**アッラー**に不平を申し立てる女性の言葉をお聞きになりました。**アッラー**は、あなた方二人（夫妻）の言い分をお聞きになりました。実に**アッラー**は全聴にして全視です。2. あなた方の中にズィハール離婚によって、その妻を遠ざける人がいます。しかしかの女たちはかれらの母ではなく、母はかれらを生んだ者以外にはないのです。実にかれらの言うことは悪質で、虚偽の言葉です。（しかし）**アッラー**はよく免じ、よく赦します。3. ズィハール離婚をしたが、後にその言ったことを撤回するときは、二人が互に触れる前に、一人の奴隷を解放しなければいけません。これは、あなた方に諭されたことです。**アッラー**は、あなた方が行なうことを知り尽くします。4. しかし（解放する奴隷を）見つけられない人は、二人が互いに触れる前に、2ヵ月続けて斎戒（断食）しなさい。それもできない人は、60人の貧者に食を与えなさい。これは、あなた方が**アッラー**と**かれ**の使徒を信じるための**アッラー**の掟です。非信者に対しては厳しい苦痛があるでしょう。5. 確かに**アッラー**と**かれ**の使徒を拒否する人は、かれら以前の人たちが、卑しめられたように卑しめられます。わたしは明らかな印を下しました。だから非信者に対しては恥辱的な苦痛があります。6. その日、**アッラー**はかれらを一斉に甦らせて、かれらが行なったことを知らせます。かれらはそれを忘れてしまったが、**アッラー**はそれを記録してきました。**アッラー**はすべてのことの立証者なのです。

7. あなたは、諸天と地のすべてを**アッラー**が知っていることを理解しない

---

496 参考文献4、第3巻、443頁。参考文献23, 巻30、250頁参照。章名は通常章内にある単語が使用されるが、ムジャーダラ（争論）もムジャーディラ（争論する女性）も章内では使用されていない。

のか。三人で密談をしてもかれは常に四人目におり、五人のときもその六人目に常におります。それより少なくてもまた多くても、かれらがどこにいようとも、**かれ**はかれらと共におります。そして審判の日には、**かれ**はかれらが行なったことを告げるのです。確かに**アッラー**はすべてのことを熟知します。8.あなたは密談を禁じられた人たちが、その後禁じられたことに返っているのを見なかったのですか。かれらは罪と敵意と使徒（ムハンマド）への反逆心で、密議したのではないでしょうか。またかれらがあなたの所に来たとき、**アッラー**があなたに対してなされなかった言葉で挨拶しておいて、かれらの内々では、どうして**アッラー**はわたしたちの言うことを罰さないのか、と言いました。かれらには地獄で十分なのです。かれらはその中で焼かれます。何と悪い行き先でしょう。

9.信仰する人たちよ、あなた方が密議をするときは、罪と敵意と使徒（ムハンマド）への反逆心でしてはいけません。善意と（**アッラー**への）意識[497]をもって相談しなさい。**アッラー**を意識しなさい。**かれ**の御元に、あなた方は集められるのです。10.（それ以外の）密談は悪魔のものにすぎず、信仰する人たちを悲嘆させるもの。しかし**アッラー**のお許しがない限り、少しもかれら（信者たち）を害することはできません。だから信者たちには、**アッラー**への全幅の信頼を寄せさせなさい。

11.信仰する人たちよ、集会で互いに席を空けなさいと言われたときは、直ぐ席を譲りなさい。**アッラー**はあなた方のために空席を与えます。また立ち上がるよう言われたときは、直ぐ立ち上がりなさい。**アッラー**はあなた方の中、信仰する人や、知識を授けられた人に多くの位階を上げます。**アッラー**は、あなた方が行なう一切を知り尽くします。12.信仰する人たちよ、あなた方が使徒に私的な相談をするときは、その前にまず施しをしなさい。それはあなた方のためにより良く、またより潔癖なことです。も

---

497 「善意（ビッル）と（アッラーへの）意識（タクワー）」は、しばしば敬虔と篤信とも訳されてきた。ただ言葉の違いではなく、実際の内容まで突っ込んで把握することが肝要である。

しできなくても、実に**アッラー**はよく赦す慈愛深いお方です。13.あなた方は、（ムハンマドに）私的な相談を始める前に施しをすることを恐れたのですか。もしそれ（施し）をしないのに、**アッラー**があなた方の改心を赦した場合は、（少なくとも）礼拝の務めを守り、定めの施しをし、**アッラー**と**かれ**の使徒に従いなさい。**アッラー**はあなた方が行なう一切を知り尽くします。

14.あなたは、**アッラー**の怒りを被った人びと（ユダヤ教徒）に従う人（偽信者）を見ないのですか。かれら（偽信者）はあなた方（の仲間）でもなく、またかれら（ユダヤ教徒）でもないのです。かれらは知っていながら、偽りに誓いをたてます。15.**アッラー**はかれらのため、激しい苦痛を準備しました。実にかれらのしてきたことの悪いことか。16.かれらは誓いを（悪行の）隠れ家とし、**アッラー**の道から（人びとを）妨げるのです。かれらは恥ずべき苦痛を受けます。17.かれらの財産も子女も、**アッラー**に対しては、少しも役立ちません。かれらは（地獄の）火の仲間です。永遠にその中に住むでしょう。18.**アッラー**がかれら全員を復活させる日、かれらは（今）あなた方（信者たち）に誓うように、**かれ**に誓う。かれらは（それで）来世でも何とかなると思っています。いやとんでもない、かれらは真に嘘つきなのです。19.悪魔がかれらを乗っ取り、**アッラー**を唱えることを忘れさせました。（だから）かれらは悪魔の側に立つ者です。確かに悪魔の側に立つ者こそ、損失者なのです。20.**アッラー**と**かれ**の使徒に反抗する人は、最も軽蔑される人の仲間です。21.**アッラー**は、**わたしは必ず勝つ**、（そして）**わたしとわたしの使徒たちも**（必ず勝つ）と定めました。実に**アッラー**は、強力で偉力大なお方です。

22.あなたは**アッラー**と最後の日を信じる民が、**アッラー**と**かれ**の使徒に反抗する（戦いを挑む）人と友誼を結ぶのを見ることはないでしょう。たとえかれら（反抗する人たち）がかれら（信者たち）の父や、子、兄弟や一族であっても。**かれ**はこれらの人たちの心の中に信仰を書き留め、**かれ**の霊魂[498]によって強めます。また川が下を流れる楽園に入らせ、永遠にそ

の中に住まわせます。**アッラー**はかれらに満悦され、かれらも**かれ**に喜悦します。これらは**アッラー**の側に立つ者です。確かに**アッラー**の側に立つ者こそ、成功者なのです。

---

59. 集結章　سورة الحشر

マディーナ啓示
24節

本章は625年のウフドの戦い後、和平協定を破り預言者ムハンマドの殺害を企てたユダヤ教徒のナディール族が、集結させられ追放されたところから、命名されました。だから「ナディール族章」とも、あるいはユダヤ教徒の放逐にちなんで（2～5節）、「放逐章」とも呼ばれます。ムスリム同士の同胞愛や日常からの篤信の重要性なども、新たな共同体構築に際して強調されています。

慈愛あまねく、慈愛深いアッラーの御名において

1. 諸天と地のすべてのものは、**アッラー**を賛美します。**かれ**は偉力大で英明です。2.**かれ**こそは、啓典の民の中の不信心な人たち（ユダヤ教徒のナディール族）を最初に集結させて、かれらの住まいから追い出した方です[499]。あなた方はかれらが退去するとは考えませんでした。一方でかれらは、その砦だけで**アッラー**（の攻撃）を防げると思っていました。だが**アッラー**はかれらの予期しなかった方面から襲い、かれらの心をパニックに陥れると、かれらは信者たちと一緒になって、自らの手で（追放前に）その住まいを破壊してしまいました。洞察する人たちよ、教訓としなさい。3.**アッラー**は、たとえかれらに対して追放を定めなくても、必ず現世においてかれらを懲らしめます。また来世においては（地獄の）火の苦痛があります。4.それはかれら（非信者たち）が、**アッラー**と**かれ**の使徒に反抗

---

498 ここでの「霊魂（ルーフ）」は、クルアーン、導きの光、信仰心、アッラーの慈愛、天使ジブリールなどさまざまに解釈される。
499 2度目の「集結」は、628年、ハイバルの町のナディール族追放の戦いであった。48:15脚注参照。ただし追放が実現したのは、第2代正統カリフのウマルの時代になった。

したためです。誰でも**アッラー**に反抗するなら、間違いなく**アッラー**は懲罰に激しいのです。

5.あなた方が、（ナディール族の）ナツメヤシの木を切り倒しても、またその根の上に立たせておいても、それは**アッラー**のお許しによるもので、**アッラー**の掟に背く人たちを卑しめるためです。6.また**アッラー**が、かれらから**かれ**の使徒（ムハンマド）に与えた物については、あなた方が馬やラクダを急ぎ駆りたてる必要はありませんでした[500]。**アッラー**は、**かれ**が望む人たちに対して、**かれ**の使徒に（指導の）権限を与えるのです。実に**アッラー**は、すべてのことに全能です。7.**アッラー**が（敵の）町の民から得て使徒に与えた物は、**アッラー**のものであり、また**かれ**の使徒や近親者、孤児、貧者、旅人のものです。それはあなた方の中の、富裕な人の間だけで持ち回しにしないためです。また使徒（ムハンマド）があなた方に与える物を受け取り、あなた方に禁じる物は避けなさい。**アッラー**を意識しなさい。真に**アッラー**は罰に厳しいのです。

8.（戦利品は）貧困な移住者たち（ムハージルーン）のものです。かれらは自分の家と財産から追われて、**アッラー**の寵愛と満悦を求めて、**アッラー**と**かれ**の使徒を支援しています。これらの人こそ、誠実な人です。9.そして以前から（マディーナに）家を持っていて信仰を受け入れた人たち（アンサール）は、かれらのもとに移住した人を愛護し、またかれらに与えられたもの（戦利品）に対しても、心の中でも欲しがることもなく、自分自身に先んじて（移住者に）与えます。たとえ自分は窮乏していても。自分の貪欲をよく押えた人たち、これらこそ成功者です。10.かれら（移住者）の後に来た人たちは言います。わたしたちの主よ、わたしたちと、わたしたち以前に信仰に入った兄弟たちを、お赦しください、そして信仰している人に対する恨み心を、わたしたちの胸の中に持たせないでください、わ

---

500 ここで「使徒に与えた物」とは相手側から締約で入手した物であり、戦いによる戦利品ではない。だから戦いの場合のように、「馬やラクダを急ぎ駆り立てる必要」がなかったということ。

たしたちの主よ、確かに**あなた**は、親切で慈愛深くありますと。

11. あなた（ムハンマド）は、偽信者たちが啓典の民の中の不信心な人たち（ユダヤ教徒のナディール族など）に、こう言うのを見ていないのですか。もしあなた方が追放されるなら、わたしたちも一緒に出て行くでしょう。あなた方のことに関しては、（信者の）誰にも決して従わないでしょう。もしあなた方が攻撃されるならば、わたしたちは必ず助けるでしょうと。だが**アッラー**は、かれらが真に嘘つきであることを立証します。

12. もしかれら（ナディール族）が追放されても、かれら（偽信者）は、決して一緒に出て行かないでしょう。もしかれらが攻められても、決して助けないでしょう。もし助けるとしても、かれら（偽信者）は必ず背を向けて逃げるので、結局かれら（ナディール族）は何の助けも得られないでしょう。13. かれら（ナディール族と偽信者）の胸の中では、あなた方（信者）の方が**アッラー**よりも、ずっと恐ろしいのです。これはかれらが、何も分からない民のためです。14. かれらが一緒でも、しっかり防御された町とか防壁の陰でない限りは、あなた方（信者たち）と戦わないでしょう。かれらの中の敵対心には強いものがあります。あなたはかれらが団結していると思うかもしれませんが、その心はばらばらです。これはかれらが、理性のない民だからです。15. かれら以前の例えとしては、つい先頃、自分の行ないの悪い結果を味わった、連中（バドルの戦いの多神教徒など）のようです。（来世においても）かれらには厳しい苦痛があるでしょう。16. （偽信者はまるで）人に向かって信仰を捨てなさいと言う悪魔のようです。（その人が）一度不信心になると、わたし（悪魔）はあなたと関わりはない、本当はすべての世界の主、**アッラー**が恐ろしいと言います。17. それで両者（悪魔と偽信者）は最後に（地獄の）火に陥ることになり、かれらはその中に永遠に住むのです。これが、不正の徒への応報です。

18. 信仰する人たちよ、**アッラー**を意識しなさい。明日のために各自が何を提供したか考えさせなさい[501]。そして**アッラー**を意識しなさい。確かに

アッラーは、あなた方が行なうことを知り尽くします。19. あなた方は、**アッラー**を忘れた人のようであってはいけません。(そうすると) **かれ**は、かれら自身を忘れさせるのです。これらの人は**アッラー**の掟に不服従の人たちです。20. (地獄の) 火の住人と楽園の住人とは、比べようもありません。楽園の住人こそ勝利者なのです。21. もし**われら**がこのクルアーンを山に下したなら、それはきっと従順になり、**アッラー**を恐れて粉々に砕けるのを見たでしょう。こんな例えを、**われら**が人間に示すのは、恐らくかれらが熟考するだろうと思うからです。

22. **かれ**こそは、**アッラー**で、**かれ**の他に神はいません。**かれ**は目に見えない世界と目に見える世界を知り、慈愛あまねく慈愛深いお方です。
23. **かれ**こそは、**アッラー**で、**かれ**の他に神はいません。王者、清浄者[502]、平安を与えるお方、安全と信仰を与えるお方、統制するお方、偉力大なお方、制圧者であり、偉大なお方です。**アッラー**に賛美あれ。(多神教徒が) 同列に並置するものよりも、はるか上に (おられます)。24. **かれ**こそは、**アッラー**です。創造の主、造化の主、形態を授ける (主であり)、最も美しい御名は**かれ**のものです[503]。諸天と地のすべてのものは、**かれ**を賛美します。誠に**かれ**は偉力大で英明です。

60. 試問される女性章 سورة الْمُمْتَحَنَة

マディーナ啓示
13節

628年のフダイビーヤの和議に従えば、マディーナのムスリム側に逃げ

---

501 「明日」という審判の日と来世を意識することで、現世において自分自身の言行を常に見直すことの重要性が説かれている。
502 通常、聖なるお方、などと訳されるが、アッラー自身が神であるので、それを聖なる (神のように尊いこと) というのは形容矛盾である。カダサの語根は、清い、無謬であるという意味であり、ここは「清浄者」とした。参考文献16. 参照。
503 99のアッラーの美称については、17:110、20:8。美称を唱えることでアッラーの覚知に至る感覚的方法については、73:8、資料2. 参照。

てきたマッカの人はマッカに帰らせることとなっていました。ただしマッカにおいて非信者の男性と結婚していた信者の女性の扱いは別でした。そこでマディーナに逃げてきた信者の女性の信仰心について試問されることとなったのです(10節)。非信者との関係のあり方について種々規定され、敵対行為に及ばない非信者に親切、公正にふるまうことは禁じられていません(7～9節)。なお本章の名称も、ムムタヒナ(試問者)と、ムムタハナ(試問される女性)の二つの読み方があります[504]。

慈愛あまねく、慈愛深いアッラーの御名において

1. 信仰する人たち（マディーナの信者）よ、**わたし**の敵であり、またあなた方の敵である人（マッカの多神教徒）に友誼を示して、同盟者としてはいけません[505]。かれらはあなた方に届いた真実（クルアーン）を拒否しており、あなた方の主、**アッラー**を信仰しているために、使徒とあなた方を、かれらは追放するのです。もしあなた方が、**わたし**の喜びを望み、**わたし**の道のために奮闘努力するならば（同盟者としてはならない）。あなた方はかれらに好意を寄せる（内通する）が、**わたし**はあなた方の隠すことも、現すことも知っています。あなた方の中でこのようなことをする人は、確かに正しい道から迷い去った人なのです。2. かれらはもし、あなた方より優利に立てば、あなた方の敵となり、かれらの手と舌とを悪意をもってあなた方に伸して、あなた方が不信心になることを望んでいるのです。

3. 復活の日においては、あなた方の親族もまた子女も、あなた方を益しないでしょう。**かれ**はあなた方を仕分けます。**アッラー**はあなた方が行なうことをすべて洞察します。4. イブラーヒームやかれと共にいた人たちには、あなた方のための良い手本があります。かれらが自分の人びとに言ったときのことでした。わたしたちは、あなた方とあなた方が**アッラー**に代えて

504　58章「争議章」と同様の事情であるが、章名は通常章内にある単語が使用されるが、ムムタヒナ（試問者）もムムタハナ（試問される女性）も章内では使用されていない。参考文献4、第3巻、461頁。参考文献23、巻30、297頁参照。
505　預言者がマッカ攻撃を準備していたところ、マッカに家族を残していたマディーナのムスリムがマッカの指導者に内通しようとした。結局それは発覚したが、その目的は家族らを守ろうとしたということが、口実とされた。

崇拝するものとは、何の関りもありません。あなた方を拒否します。わたしたちとあなた方の間には、あなた方が**アッラー**だけを信じるようになるまで、永遠の敵意と憎悪があるばかりです（と言いました）。ただしイブラーヒームは父親にこう言いました。わたしは**アッラー**からあなたを守ることはできないでしょうが、あなたのために赦しを祈ります。（祈って）わたしたちの主よ、わたしたちは**あなた**に帰依し、**あなた**に改心します。**あなた**の御元にわたしたちの帰り所はあるのです。5.わたしたちの主よ、わたしたちを非信者による試練に晒さないでください。わたしたちの主よ、わたしたちを赦したまえ。**あなた**は偉力大で英明です。6.確かに**アッラー**と最後の日を望んでいる人にとって、これ（以上の話）は良い手本です。たとえ背き去る人があっても、実に**アッラー**は自足され、称賛されるべきお方なのです。

7.**アッラー**はあなた方とあなた方が敵意を持つ人たちとの間に、好意の念を起こさせることもあるでしょう。**アッラー**は全能で、また**アッラー**はよく赦す、慈愛深いお方なのです。8.**アッラー**は、信教上のことであなた方と戦いを交えず、またあなた方を家から追放しなかった人たちに、親切で公正にすることは禁じません。実に**アッラー**は、公正な人をお好みになります。9.ただし**アッラー**は、次のような人をあなた方に禁じます。信教上のことであなた方と戦いを交える人、またあなた方を家から追放した人、さらにあなた方を追放するのに助力した人たちです。誰でもそういう人たちを同盟者とする人は、不正の人です。

10.信仰する人たちよ、女性の信者があなた方のところに逃げて来たときは、かの女たちを試問しなさい。かの女たちの信仰については、**アッラー**が最もよく知っております。もしかの女たちが信者であることが、あなた方に分かったならば、非信者のところに戻してはいけません。かの女たちは、かれら（非信者）には合法（の妻）ではなく、またかれらもかの女たちにとっては合法（の夫）ではないのです。しかしかれら（非信者）が（婚資として）贈ったものは返してやりなさい。あなた方が、かの女たちに婚資

を与えるならば、かの女を娶っても、あなた方（信者）に罪はありません。そして不信心な女との絆を、固持してはいけません。あなた方が（婚資として）贈ったものの返還を（非信者のかの女の夫から）求めてもよい。またかれら（非信者の元夫）が贈ったものについては、その返還の要求を（信者の夫に対して求めさせればよい）。これは**アッラー**の裁決です。**かれ**はあなた方の間を裁かれます。**アッラー**は全知にして英明です。11.もしあなた方の妻たちの何人かが非信者のところに去り、あなた方が報復した（戦利品を得た）なら、妻に去られた人たちに（その戦利品の中から）、婚資として贈ったものと同額を与えなさい[506]。こうしてあなた方が信奉する、**アッラー**を意識しなさい。

12.預言者よ、あなたのところへ女性の信者がやって来て、あなたに対し次のように誓うとしよう。**アッラー**の他は何ものも同位に配しません、盗みをしません、姦淫もしません、自分の子供を殺しません、また自分の手や足の間で捏造した（子供の父親が誰かということについての）嘘は申しません、また常識的なことで、あなたに背くことはありませんと。（そう誓えば）かの女たちの誓約を受け入れ、かの女たちのために罪を赦されるよう**アッラー**に祈りなさい。真に**アッラー**はよく赦す慈愛深いお方なのです。

13.信仰する人たちよ、**アッラー**が怒った人を同盟者としてはいけません。非信者が墓場の仲間について（救われないだろうと）絶望しているのと同じように、かれらは来世について絶望しているのです。

61. 戦列章　سورة الصَفّ

マディーナ啓示
14節

アッラーの道において「戦列」を組んで戦う姿が描かれます（4節）。ムスリム共同体建設の一つの柱として、訓練と奉仕の精神が強調される章です。

またイーサーの後には、「アフマド」という預言者が遣わされると出ていますが、これはイーサーが預者ムハンマドの出現を予告したものと理解されています(10節)。

慈愛あまねく、慈愛深いアッラーの御名において

1. 諸天と地にあるすべてのものは、**アッラー**を賛美します。**かれ**は、偉力大で英明な方です。2. 信仰する人たちよ、あなた方はどうして口にしながら、実行しないのですか。3. 口にしておいて実行しないのは、**アッラー**が非常に嫌われます。4. **アッラー**がお好みになる人は、堅固な建造物のように、戦列を組んでかれの道のために戦う人たちです。

5. ムーサーがその人びとに言ったときのこと。人びとよ、どうしてあなた方はわたしを苦しめるのか。わたしが、あなた方に（遣わされた）**アッラー**の使徒であることを、知っているでしょう。こうして人びとが道を踏みはずしたとき、**アッラー**はかれらの心の道を踏みはずしました。**アッラー**は、掟に背く人を導きません。6. マルヤムの子イーサーが、こう言ったときのこと。イスラーイールの子孫たちよ、確かにわたしは、あなた方への**アッラー**の使徒で、わたしより以前の律法を確証し、また、わたしの後に使徒が来るという吉報をもたらします。その名前は、アフマドです。しかしかれ（アフマド）が明証をもって現れたとき、かれらは、これは明らかに魔術であると言いました[507]。

7. イスラーム（**アッラー**に従うこと）へと呼びかけられていながら、**アッラー**について虚偽を捏造する人以上に、悪を行なう人がいるでしょうか。**アッラー**は不正の民を導きません。8. かれらは**アッラー**の光を、口で消そうと望んでいます。だが**アッラー**はたとえ非信者たちが嫌おうとも、その

---

506 非信者の夫がアッラーの命令に従って婚資を返還するとは期待できないことから、その場合はムスリム共同体が獲得した戦利品の中から、妻に去られた信者たちに補償する。
507 アフマドもムハンマドも、ハマダという同じ語根から派生しており、それは、称賛するという意味である。

光を全（まっと）うします。9. **かれ**こそは、導きと真実の宗教（イスラーム）を持たせて、自分の使徒を遣わした方で、たとえ多神教徒たちが嫌悪しようとも、それをすべての宗教の上に高く掲げるのです。

10. 信仰する人たちよ、**わたし**は厳しい苦痛から救われる、ある取引をあなた方に示しましょうか。11. それはあなた方が**アッラー**とかれの使徒を信じ、あなた方の財産と命をもって、**アッラー**の道に奮闘努力することです。もし分かるならば、それはあなた方のためにより善いのです。12. **かれ**はあなた方のさまざまな罪は赦し、川が下を流れる楽園に入れて、永遠の楽園における快適な邸宅に住まわすのです。それは偉大な勝利です。13. またあなた方が好む、他（の恩恵）も与えます。**アッラー**のお助けと、近々の大躍進です。だからこの吉報を信者たちに伝えなさい。

14. 信仰する人たちよ、あなた方は**アッラー**の支援者になりなさい。マルヤムの子イーサーが、その弟子たちに次のように尋ねました。誰が**アッラー**のために、わたしを支援するのですか。弟子たちは、わたしたちが**アッラー**の支援者ですと言いました。その際イスラーイールの子孫たちの一団は信仰し、ある一団は背を向けました。それで**われら**は、信仰した人たちを助けて、かれらの敵に対抗させました。こうしてかれらが、表に出る（勝利する）こととなったのです。

62. 合同礼拝章　سورة الجُمعة

マディーナ啓示
11節

　合同礼拝の規定が出ています（9～11節）。人びとは与えられた啓示に従って生活すべきであることが諭されます（5～8節）。

慈愛あまねく、慈愛深いアッラーの御名において

1. 諸天にあり地にあるすべてのものは、**アッラー**を賛美します。王者であ

り、清浄者[508]、偉力大で英明な方です。2. **かれ**こそが、書のない者（多神教徒のアラブ人）の間に、かれらの中から使徒を遣わし、印を読み聞かせて、かれらを啓蒙し、啓典と英知を教えた方です。明らかに以前は、かれらは邪道にありました。3. そしてこれから、かれらの後を追う者たち[509]に対しても（同様です）。**かれ**は偉力大で英明であられます。4. これが**アッラー**の恩寵で、**かれ**の御心に適う人に、これを与えます。**アッラー**は偉大な恩寵の主なのです。5. 律法を背負わされて、その後それを果たさない人を例えば、書物を運ぶロバのようなものです。**アッラー**の啓示に背く民の、この例えの何と劣悪なことでしょう。**アッラー**は不正の人びとを導きにはなりません。

6. 言ってやるがいい。ユダヤ教を信奉する人よ、あなた方だけが**アッラー**に親しいと言いはり、それが真実であるとするなら（楽園に入れるので）死を請いなさい。7. だがかれらは、その手で今まで犯したことのため、決して死を請わないでしょう。**アッラー**は不正を行なう人たちを、真に熟知します。8. 言ってやるがいい。あなた方が逃れようとする死は、必ずあなた方を見舞うのです。それから、目に見えない世界と目に見える世界を知っている方に送り帰され、あなた方がしてきたことすべてを、**かれ**が知らせるのです。

9. 信仰する人たちよ、合同礼拝の日の、礼拝の呼びかけが唱えられたならば、**アッラー**を念じることに急ぎ、商売から離れなさい。もしあなた方が分かっているならば、それがあなた方のために最も善いのです。10. 礼拝が終わったならば、あなた方は方々に散り、**アッラー**の恩寵を求め、**アッラー**を多く唱念しなさい。そうすればあなた方は栄えるでしょう。11. しかしかれらは商いや遊び事を見かけると、あなたを（説教台に）立ったま

---

508 語根のカダサの「清い」の意味を取った。従来多くの場合、「聖なる」と訳されてきたが、それが形容矛盾であることは指摘済み。59:23節脚注参照。アルラーズィーはもとより、現在普及している解釈書も、「清浄者」としている。参考文献23、巻30、294頁。
509 これからイスラームに入る人、そしてこれから生まれてくる人たち。

まにして、そちらに飛び散ります[510]。言ってやるがいい。**アッラー**のご褒美は、遊戯や取引よりも善いのだ、そして**アッラー**は最善の糧の供給者だと。

63. 偽信者たち章　سورة المُنافِقون

マディーナ啓示
11節

本章ではムスリム共同体の分裂を企む偽信者たちの害悪と、かれらへの警戒心を語っています。57章以来のムスリム共同体建設のための啓示の、7個目に当たります。

慈愛あまねく、慈愛深いアッラーの御名において

1.偽信者たちがあなた（ムハンマド）のところにやって来ると、わたしたちは、あなたが**アッラー**の使徒であることを証言すると（口先で）言います。**アッラー**は、あなたが確かに**かれ**の使徒であることを知っています。また**アッラー**は、偽信者たちが真に嘘言の徒であることを証言します。2.かれらはその（**アッラー**への）誓いを隠れ蓑として、**アッラー**の道から（人びとを）妨げているのです。間違いなくかれらが行なうことは極悪です。3.それは、かれらが一度信仰して、それから不信心になったためで、かれらの心は封じられ、そのため何も分からなくなりました。4.あなたがかれらを見ると、かれらの（立派な）体つきに驚くでしょう。かれらが語れば、あなたはそれに耳を傾けるでしょう。だがかれらは、壁に寄りかかった材木のようなものです。かれらはどの叫び声であっても、（呵責の念から）自分たちが責められていると思うのです。しかし、かれらこそが敵なので用心しなさい。**アッラー**よ、かれらを滅亡させてください。何と、かれらは（道から）はずれたことでしょう。

---

510 飢饉のときに外を隊商が行き過ぎた際や、結婚の楽団が通り過ぎた際に、預言者の説教を中座して、礼拝者が飛び出したことがあった。

5. かれらに、こちらへ来なさい、**アッラー**の使徒があなた方のためにお赦しを祈るであろうと言うと、あなた（ムハンマド）はかれらが頭を傾け、傲慢に背を向けて去るのを見るでしょう。6. あなたがかれらのためにお赦しを祈っても、また祈らなくても、かれらにとって同じです。**アッラー**は、決してかれらをお赦しになりません。真に**アッラー**は、掟に背く人たちを導かないのです。7. かれら（偽信者）は**アッラー**の使徒と共にいる（移住者）に施しをするな、どうせかれらは、ばらばらになるからと言う人たちです。諸天と地の財宝は**アッラー**のものです。偽信者たちはそれを理解しません。8. かれら（偽信者）は、わたしたち（信者）が（部族との戦いから）マディーナの町に帰れば、そこの有力者（偽信者）は、無力な人（移住者）を必ず追い払うと言います。およそ偉力は、**アッラー**と使徒、そしてその信者たちにあります。だが偽信者たちは知らないのです。

9. 信仰する人たちよ、あなた方の財産や子女に心を奪われて、**アッラー**を念じることを疎かにしてはいけません。そうする人は、損失をこうむる人です。10. 死があなた方にやって来る前に、**われら**が与えたものから施しなさい。（偽信者は）主よ、なぜ**あなた**は、しばらくの間の猶予を与えてくれないのですか、そうすればわたしは定めの施しをして、正しい人になるのにと言います。11. **アッラー**はどの魂にも、その定めのときがやって来たら猶予を与えないのです。**アッラー**は、あなた方が行なうことを知り尽くしております。

64. 互いに無視する章　سورة التغابن

マディーナ啓示
18節

最後の審判の過程では、来世のために現世で損失を被った信仰者は利得を得て、逆に非信者は損失を被るのです（9～10節）。

慈愛あまねく、慈愛深いアッラーの御名において

1.諸天にあり地にあるすべてのものは、**アッラー**を賛美します。大権は**か****れ**のものであり、称賛もまた**かれ**のものです。**かれ**は万能です。2.**かれ**こそは、あなた方を創ったお方です。ところがあなた方には非信者も、また信者もいます。**アッラー**は、あなた方が行なうことをすべて洞察します。3.真理のために[511]諸天と地を創造し、あなた方を形作って、美しい姿にしました。また**かれ**に、帰り所があるのです。4.**かれ**は諸天と地におけるすべてのものを知り、あなた方の隠すものも、現すものも知っています。とにかく、**アッラー**は、胸の中のことも知っています。

5.以前に信仰を否定した人たちの知らせが、あなた方に達しなかったのでしょうか。かれらは悪行の結果を味わい、また厳しい苦痛を受けました。6.というのは使徒たちがさまざまな明証をもってかれらのもとに来たのに、人間がわたしたちを導くのでしょうかと言ったためです。それでかれらは信じず、背き去りました。**アッラー**は、かれらを必要としません。**アッラー**は豊かで、称賛されるべき方です。

7.不信心な人たちは、復活はありえないと主張します。言ってやるがいい。いいえ、主に誓って言うが、あなた方は必ず復活させられるのです。それからあなた方が行なったことを、必ず知らされるのです。それは**アッラー**にとっては容易なことです。

8.だから**アッラー**と**かれ**の使徒（ムハンマド）、そして**われら**が下した光明を信じなさい。確かに**アッラー**はあなた方が行なったことを知り尽くします。9.**かれ**があなた方を召集する集合の日は、互いに無視する日です[512]。誰でも、**アッラー**を信じて、善行に励んだ人からは、様々な罪を消去して、かれを川が下を流れる楽園に入れ、永遠にその中に住まわせるの

---

511 「真理のために」とは、宇宙のすべての世界が機能する大原理を顕在化し確証するために、ということ。アッラーの創造は、無目的ではない。「真理によって」については、44.39脚注参照。

です。これは大いなる勝利です。10. だが信仰を拒否して、**われら**の印を嘘であるとした人は（地獄の）火の住人で、その中に永遠に住むのです。何と悪い行き先でしょう。

11. どんな災厄も、**アッラー**のお許しなく起きることはありません。誰でも**アッラー**を信仰する人は、その心を導かれるのです。実に**アッラー**は、すべてのことに熟知しています。12. それで**アッラー**に従いなさい。また使徒に従いなさい。たとえあなた方が背き去っても、**われらの使徒**の務めは、ただ（教えを）明瞭に伝達することです。13. **アッラー**、**かれ**の他に神はないのです。だから信者には、**アッラー**に全幅の信頼を寄せさせなさい。14. 信仰する人たちよ、あなた方の妻や子供の中にも、あなた方に対する敵がいます[513]。だからかれらに用心しなさい。もしあなた方がかれらを免じ、大目に見て許すならば（それもよい）。**アッラー**は、よく赦すお方であり、慈愛深いお方なのです。

15. あなた方の財産や子女は、一つの試練にすぎません。**アッラー**、**かれ**の御元に偉大な報奨があるのです。16. だから力を尽くして**アッラー**を意識して、聞き、そして従い、また施しなさい。（それは）あなた方自身のために善いでしょう。また自分の貪欲さをまぬがれる人は、勝利者なのです。17. あなた方がもし**アッラー**に善い貸し付けをするならば、**かれ**はあなた方のためにそれを何倍にも増加し、あなた方をお赦し下さるでしょう。**アッラー**は善行に喜ばれ、それに報いるお方であり、寛大なお方なのです。18. また（**アッラー**は）目に見える世界と目に見えない世界をも知っており、偉力大で英明なのです。

---

512 「互いに無視する（タガーブナ）」は、最後の日に人は自分のことだけで手一杯となるから。クルアーンでは、本章に1回だけ出てくる単語。なお「互いに損得する」という商業用語としての意味に解する人もいる。
513 イスラームにおける人間関係の極めて現実的なとらえ方の好例である。油断大敵ということだが、その対象には一番の近親者も入るのである。

65. 離婚章　سورة الطلاق

マディーナ啓示
12節

本章の1～7節が離婚に関する定めになっています。2章でも離婚は取り上げられましたが、ここでは再婚まで待つ期間や扶養義務などがテーマになっています。

　　　　　慈愛あまねく、慈愛深いアッラーの御名において

1. 預言者よ、あなた方が妻を離婚する際は、定められた期間に離婚することとし、その期間を計算しなさい[514]。あなた方の主**アッラー**を意識しなさい。かの女たちに明らかにみだらな行為がない限り、（離婚後、再婚が可能となるまでの期間満了以前に）家から追い出してはいけません。また（かの女たちを自分で）出て行かせてはいけません。これらは**アッラー**の掟です。**アッラー**の掟に背く人は、確かに自分自身を損なう人です。あなたは知らないが、**アッラー**はこの後で、新しい事態を引き起こす（妻とのよりを戻す）かも知れないのです。

2. その（離婚後、再婚が可能となるまでの）期間が満了したときは、良識をもって留めるか、または良識をもって別れなさい。そしてあなた方の中から公正な二人の証人を立て、**アッラー**に対して証言させなさい。これは、**アッラー**と最後の日を信じる人への諭しです。また**アッラー**を意識する人には、**かれ**は（解決の）出口を与えるのです。3. かれが思いつかないところから、恵みが与えられます。**アッラー**に信頼を寄せる人には、**かれ**は万全です。そして**アッラー**は、必ずその意向を実現します。**アッラー**はすべてのことに、ある（妥当な）分量を定めるのです。

---

514 離婚宣告は月経後初めての性交前まで有効となる。離婚後、再婚までの待婚期間は通常3ヵ月（2:228）、閉経、初潮前、妊娠中などの場合は、本章65:4の通り。

4.あなた方の妻の中、月経の望みのない人について、もし疑いを抱くならば（離婚後、再婚が可能となるまでの）定めの期間は3ヵ月です。（まだ）月経のない人についても（同様です）。妊娠している人の場合、その期間はかの女が荷をおろすまでとなります。**アッラー**を意識する人には、**かれ**は物事を容易にされます。5.これは**アッラー**が、あなた方に下された命令です。**アッラー**を意識する人には、**かれ**はかれの罪悪を消し、かれに対する報奨を増大します。

6.かの女たち（離婚した女性たち）を、あなた方の暮らしている所であなた方の力に応じて住まわせなさい。かの女たちを圧迫して、困らせてはいけません。もし妊娠しているならば、出産するまでかの女たちのために支出しなさい。もしかの女たちが授乳する場合は、その経費を与え、あなた方の間で良識をもって相談しなさい。あなた方の話がまとまらなければ、かれのために他の女に授乳させなさい。7.豊かな人には、その豊かさに応じて支払わせなさい。また資力の限られた人には、**アッラー**がかれに与えたものの中から支払わせなさい。**アッラー**は、誰にも**かれ**が与えた以上のものを課しません。真に**アッラー**は、困難の後に容易さを授けます。

8.どんなに多くの町が、主と**かれ**の使徒たちの命令に背いたことでしょう。それで**われら**は厳しく清算し、惨(むご)い苦痛を与えました。9.こうして（かれらは）その行ないの悪い結果を味わい、最後には滅亡したのです。10.**アッラー**はかれらのために、激しい苦痛を用意しました。だから信仰し、心ある人びとよ、**アッラー**を意識しなさい。**アッラー**は、確かにあなた方に啓典（クルアーン）を下し、11.使徒を（遣わしました）。かれが**アッラー**の印をあなた方に読誦し、明瞭に解明するのは、信仰して正しい行ないをする人を、暗黒の深みから光明の中に導き出すためです。およそ**アッラー**を信仰して正しい行ないに励む人は、**かれ**がかれを川が下を流れる楽園に入れ、永遠にその中に住むのです。実に**アッラー**は、かれらのためによい糧を下さるのです。12.**アッラー**こそは、七層の諸天と同様（の数）の大地を創造した方です。その命令はそれらの間から下って来ます。それは、

真に**アッラー**はすべてのことに全能で、また**アッラー**はすべてをご承知だということを、あなた方に周知させるためなのです。

66. 禁止章　سورة التحريم

マディーナ啓示
12節

「禁止」の言葉が冒頭に出てきます(1節)。本章ではムスリム共同体建設の見地から、たとえ預言者であっても、妻たち(1〜5節ではアーイシャとハフサ)の要望によってアッラーが許可するものを禁止することはできないことが諭されています。また悪妻(ヌーフとルートの妻)と良妻(フィルアウンの妻とマルヤム)の事例が出てきます(10〜12節)。これが57章から続いた、10章にわたるムスリム共同体の支柱に関する最後の啓示です。

慈愛あまねく、慈愛深いアッラーの御名において

1. 預言者よ、**アッラー**があなたのために合法としていることを、どうしてあなたの妻たちの機嫌をとるために、自分自身に禁止するのですか[515]。**アッラー**はよく赦すお方であり、慈愛深いお方です。2. (人びとよ)**アッラー**は、あなた方に（そのような正しくない）誓いを解消するよう、義務付けました。**アッラー**はあなた方の擁護者であり、全知にして英明です。

3. 預言者が妻の一人（ハフサ）にある秘密を打ち明けました。ところがかの女はそれを（アーイシャに）漏らしたので、**アッラー**はそのことをかれ（預言者）に知らせました[516]。かれはその一部分を（ハフサに）知らせましたが、それ以外の部分は避けました。それでかれが、かの女（ハフサ）に（どうして漏らしたのかと）詰問すると、かの女（ハフサ）は、誰があ

---

515 「自分自身に禁止」したものについては、主に二つの見解がある。一つは、預言者が好きだった蜂蜜を自らに禁じたという説（アルブハーリーのハディース）。妻アーイシャが、蜂蜜を出す妻ザイナブの所に長くいる預言者の自粛を求めて、妻ハフサと共に「(蜂蜜には)変な臭いがする」と預言者に告げたのであった。もう一つは、預言者が愛した女奴隷を自らに禁じたというもの。ハフサとアーイシャは預言者に女奴隷を思い切らせようと共謀したとされる。

なたにそれを知らせたのですかと尋ねました。かれは言いました。何もかもご存知の方（**アッラー**）が、わたしに告げましたと。4. もし（これら二人の妻が）**アッラー**に改心するならば（よかったのに）、あなた方二人の心は誤道にありました[517]。（しかし）もし共同してかれ（預言者）に対抗するならば、**アッラー**はかれの擁護者で、またジブリールや正しい信者たち、さらに天使たちも全員支持者なのです。5. もしかれがあなた方を離婚するならば、**かれ**はあなた方よりも、よい妻たちを代わりにかれに授けるでしょう。（その妻たちは）**アッラー**に服従し、信仰心篤く、献身的で、悔い改め、崇拝行為を捧げ、斎戒（断食）をして、（また）再婚者か処女でしょう。

6. 信仰する人たちよ、人間と石を燃料とする（地獄の）火からあなた方自身とその家族を守りなさい。そこには荒々しくて激しい天使たちがいて、かれらは**アッラー**が命じられたことに背かず、命じられたように実行します。7. 非信者たちよ、今日は弁解してはならない。あなた方は、自らが行なってきたことについて応報を受けるだけなのです。

8. 信仰する人たちよ、心から改心して**アッラー**に帰りなさい。主は、あなた方のさまざまな悪を払い、川が下を流れる楽園に入らせるかもしれない。その日**アッラー**は、預言者やかれと共に信じる人たちを、辱しめることはしない。かれらの光は、両手の間（前方）とその右側に閃くでしょう。かれらは（祈って）言います。主よ、わたしたちのために、光を完全にして、わたしたちをお赦しください。**あなた**はすべてのことに全能であられます。

---

516 「ある秘密」とは、預言者が今後は蜂蜜を飲まないこと、もしくは女奴隷と関係を持たないこと。預言者は秘密を口外しないようにハフサと約束したが、預言者との約束に反してハフサが別の妻であるアーイシャに口外してしまった。それをアーイシャが預言者に知らせたので、預言者はアーイシャが伝えたということは触れずに、ハフサに告げるときに、アッラーが知らせてくれたと言ったのであった。
517 一般には奴隷の女性を愛することは許されるので、彼女たち二人の「心は誤道にあった」ということになる。

9. 預言者よ、非信者と偽信者に対し、奮闘尽力しなさい。またかれらに対し手ごわくあるように。かれらの住まいは地獄です。何と悪い行き先でしょうか。10. **アッラー**は不信心な人たちのために、実例を示しました。ヌーフの妻とルートの妻で、両人は二人の正しい**われら**の僕の下にいました。かの女たちは、かれら（夫）を欺いたので、かれらは**アッラー**の御元からはかの女ら二人のためには何（の支援）も得られず、どうすることもできませんでした。そして両名は、（他に）入る人と一緒に（地獄の）火に入れ、と命じられました。11. また**アッラー**は、信仰する人たちのために実例を示しました。フィルアウンの妻はこう言いました。主よ、楽園の中のあなたのお側に、わたしのために家を建ててください。そしてフィルアウンとその行ないからわたしを救い、不正の人びとからわたしをお救いください。12. またイムラーンの娘マルヤムは自分の貞節を守りました。**われら**は（かの女の体内に）、**われら**の魂を吹き込みました。かの女は、主のお言葉とその啓典を真実として受け入れた、献身的な女性でした。

---

67. 大権章　سورة المُلك

マッカ啓示
30節

本章の名前は、主権、王権、あるいは統率権といった訳語もありますが、いずれにしてもアッラーの絶大な権威と権能を指しています（1節）。98章、99章、110章を除き、この章以降はすべてマッカ啓示であり、本章より続く14の章では人間の内面的な生活が取り上げられます。それが表裏、浅深といった二者対立的な方法で表現されています。特に、67〜72章のテーマは、非信者への罰、非信者への水供給、アッラーの七層の諸天創造などを扱い、73〜80章のテーマは、時間や馬などです。

　　　　慈愛あまねく、慈愛深いアッラーの御名において

1. ◆**29部**◆ 大権を保持されるお方に、称賛あれ[518]。**かれ**はすべてのことに万能です。2. 死と生を創られたお方ですが、それはあなた方の、誰が優れた行ないをする人なのかを試みるためです。**かれ**は偉力大で、よく赦さ

れるお方です。3. 重なる七つの諸天を創られたお方。慈愛あまねく方の創造には、少しの不均衡もないことを見るでしょう。そして再び目を向けなさい。あなたは何か欠陥を見るでしょうか。4. さらに二度、視線を当てるといいでしょう。見る目は、ただ弱々しく疲れて戻って来るだけなのです。

5. **われら**は灯明で最下層の天を飾り、悪魔たちに対する石つぶてとし、またかれらのために猛火の苦痛を準備しました。6. かれらの主を信じない人には、地獄の苦痛があります。何と悪い行き先でしょう。7. かれらがその中に投げ込まれるとき、それ（地獄）が沸騰して、うめき声（のような音）を聞くでしょう。8. 激しい怒りのようです。一団がその中に投げ込まれるたびに、そこの監視者はかれらに、あなた方に警告者はやって来なかったのですかと尋ねます。9. かれらは言います。そうです、確かに一人の警告者が、わたしたちのところにやって来ました。だがわたしたちは嘘つきとして、**アッラー**は何（の啓示）も下されない、あなた方（警告者）は大変な過ちをしていると言ったのです。10. かれらは言います。わたしたちがよく聞き、頭を働かせていたならば、猛火の住人にはならなかったでしょう。11. こうしてかれらは自分の罪を認めます。猛火の住人は、（**アッラー**の容赦から）立ち去ってしまえ。12. まさに目に見えない主を畏れる人には、容赦と偉大な報奨があるでしょう。

13. あなた方が言葉を隠しても、またそれを表わしても、**かれ**は胸の中を知っておられます。14. **かれ**が創造したのだから、どうして知らないことがあるでしょうか。**かれ**は、繊細にして知り尽くします。15. **かれ**こそは、大地をあなた方に平伏させた方です。だからどこであれ往来し、**かれ**の与えた糧を食べなさい。そして（復活のときには）**かれ**に召されるのです。16. 天のお方が、大地が揺り動かして、あなた方をそれに呑み込ませないだろうと安心しているのですか。17. またあなた方は天のお方が、強風で

---

518 ここのタバーラカは祝福と訳されることもあるが、人間がするのである以上、アッラーを「称賛」するとした方がより適切である。7:54、25:1、参考文献25、382頁、脚注b.なども同様。

石の雨をあなた方に叩きつけることはないと安心しているのですか。やがてあなた方は、警告を知るでしょう。

18.確かにあなた方以前の人たちも、（警告を）嘘つき呼ばわりしました。それで（**アッラー**の）怒りはいかばかりだったでしょうか。19.かれらは上空の鳥を見ないのでしょうか。翼を広げ、またそれを畳みます。慈愛あまねく方の他、誰がそれらを（空中に）維持できましょうか。真に**かれ**は、すべてのことを鳥瞰します。20.慈愛あまねく方を差し置いて、あなた方を助ける兵力となるのは、誰でしょうか。非信者は、妄想しているだけです。21.もし**かれ**がお恵みを止れば、あなた方に恵むのは誰でしょうか。いや、かれらは高慢さと（真実を）避けることに固執しているのです。22.一体全体、顔を伏せて歩く人と、まっすぐな道の上を正面向いて歩く人と、どちらがよく導かれるのでしょうか[519]。

23.言ってやるがいい。**かれ**こそがあなた方を創り、あなた方のために聴覚、視覚、そして心を賦与した方です。何とあなた方はわずかしか感謝しないのでしょう。24.言ってやるがいい。**かれ**こそはあなた方を地上に行き渡らせた方であり、あなた方は**かれ**の御元に集められるのです。25.かれら（非信者）はもしあなた方の言葉が真実なら、この約束はいつ（果たされる）であろうかと言います。26.言ってやるがいい。それを知るのは、**アッラー**だけです。わたしは明白な警告者にすぎないのです。27.間近にそれ（最後の日）を見るとき、非信者たちの顔は曇ります。そしてこれがあなた方の（来ないと）主張していたものだと告げられます。28.言ってやるがいい。もし**アッラー**が、わたしやわたしと一緒の人を滅ぼしたとしても、また慈愛を与えたとしても、非信者を厳しい苦痛から救うのは誰か、あなた方は考えてみないのか。29.言ってやるがいい。**かれ**は慈愛あまねく方であり、わたしたちは**かれ**を信じ、**かれ**に頼り切るのです。やがてあなた方は、明らかな過誤の中にいるのは誰かを知るでしょう。30.言ってやるがいい。

---

519 この一節は、信者の正々堂々とした姿勢を説くのにしばしば引用される。

あなた方は考えないのか。もしある朝、あなた方の水が地下に沈んでいたなら、湧き出る水をあなた方にもたらすのは、一体誰なのでしょうか。

68. 筆章　سورة القَلَم

マッカ啓示
52節

「筆」の言葉が冒頭の誓語に出てきます（1節）。本章は啓示の初めであった、96章「凝血章」に続いて降ろされた2番目の啓示の言葉と考えられています。傲慢で不遜な人たちの話が、戒めであり教訓として示されています。教化にあたっては、預言者に忍耐強くあるようにと説かれています（48～52節）。

慈愛あまねく、慈愛深いアッラーの御名において

1. ヌーン。筆にかけて、またかれらが書いたものにかけて誓います[520]。2. 主の恩寵のお陰で、あなた（ムハンマド）は気狂い（ジンがついた人）ではありません。3. いや、あなたには尽きない報奨があるでしょう。4. そしてあなたは、立派な徳性を備えています。5. やがてあなたは見るでしょう、かれらもまた見るでしょう、6. あなた方の中、気が触れた者は誰かということを。7. 真にあなたの主は、道から迷い去った者を最もよく知っており、また導かれている人を最もよく知っています。8. だからあなたは（真実を）嘘呼ばわりする人に、服従してはいけません。9. かれらはあなたの妥協を望み、そうなればかれらも妥協したいのです。10. あなたは、いつも軽蔑すべき誓いを立てる人にも従ってはいけません。11. 中傷し、悪口を言い歩く者、12. 善事を妨げ、掟に背く罪深い者、13. 粗野な人、そして素性の卑しい者（に従わないように）。14. 財産と子息たちがあるので、15. かれに**われら**の印が読誦されると、それは昔の作り話だと言います。16. やがて**われら**は、その鼻に烙印を押すでしょう。

---

520 天使が人の行状について記すもの、あるいは、アッラーの筆と人びとが綴るもの、といった解釈がされている。いずれもアッラーが賦与された筆と書く能力に誓いを立てる趣旨である。

17. かれらと同じく、**われら**はある（果樹）園の持ち主を試みました。かれらが早朝に収穫することを誓ったとき、18.（**アッラー**が御望みならば、という）例外を付けませんでした[521]。19. それでかれらが眠っている間に、あなたの主からの巡り合わせ（天罰）がそれ（果樹園）を襲ったのです。20. そこで朝には、それは摘み取られた後で、黒い焦土のようになりました。21.（一方）早朝かれらは互いに叫びました、22. もし収穫するのなら畑に急ごうと。23. そこでかれらは小さい声で囁き合って、出かけました。24. 今日は一人の貧乏人も、あそこ（果樹園）に入らせてはならないぞと、25. かれらは強く心に決めて、朝早く出発しました。26. だがかれらが畑を見たとき、言いました。わたしたちは、道を誤っていた、27. 本当にわたしたちは（収穫物を）奪われたのだと。28. かれらの中、一番中庸（賢明）な人が言いました。あなた方は（主を）賛美するようにと、わたしが言ったでしょう。29. かれらは、わたしたちの主を賛美します、確かにわたしたちは不正な人でした、と言いました。30. そこでかれらは、互いに責め合いながら、向き合いました。31. かれらは言いました。ああ嘆かわしい、わたしたちは本当に横暴なことをしました。32. 主はこれの代わりに、もっと良いもの（果樹園）を与えられるかもしれない。わたしたちは、望みを持って主に向かいます。33. こういったことが（現世の）苦痛です。だが来世の苦痛はさらに大きなものでしょう。それがかれらに分かっていればいいのだが。

34. 確かに**アッラー**を意識する人には、主のところに安楽の楽園があるでしょう。35. **われら**は信じて従う者たちを、罪人と同じに扱うでしょうか。36. あなた方はどうしたのですか、どう判断するのですか。37. それともあなた方には、学びの啓典があって、38. そこではあなた方が選択するものは、何でも与えられるとなっているのですか。39. それともあなた方には、あ

521　原文は「かれらは例外を設けなかった」であるが、それは、除外して貧者に取っておかなかった、あるいは、アッラーがお望みならば、という特例の祈願を立てなかったかのどちらかと解釈される。いずれもアッラーの命に従うことがポイントである。

なた方が判定するものは何でも与えられるという、審判の日まで有効な**われら**の誓約があるのですか。40.（ムハンマドよ）かれらの誰がそれを保証できるのかと、かれらに問いなさい。41.それともかれらには、（主と同列に）配するものがあるのでしょうか。かれらが正しいのなら、その配するものを連れて来させなさい。42.脛(すね)があらわにされる（事態逼迫の）日、かれらは（服従して）ひれ伏すように求められますが、かれらには（現世の日々は過ぎたので）出来ないでしょう。43.かれらは目を伏せ、屈辱を被るでしょう。問題のなかった（現世の）ときにひれ伏すよう、確かにかれらは呼びかけられていました（しかし否定しました）。

44.そこで**わたし**と、この啓示を虚偽であるとする人を、放っておきなさい。**われら**はかれらが気づかないところから、一歩一歩（苦痛に）導くので、45.（しばらくは）かれらを猶予するでしょう。実に**わたし**の計画はしっかりしているのです。46.それともあなたがかれらに報酬を求め、かれらは重い負債を背負うことになったのでしょうか。47.また（あり得ないことだが）、かれらには目に見えない世界（の知識）があり、それでかれらは（自分の言うことを書板に）書いているのでしょうか。48.忍耐して、あなたの主の裁きを待ちなさい。苦悩のあまり叫び声を挙げた、大魚の友（ユーヌス）のようであってはいけません[522]。49.主からの恩恵がかれに達しなかったならば、かれは不毛の地に捨てられて、罪を負わされたでしょう。50.だが主はかれを選び、正しい人たちの仲間とされました。51.非信者はクルアーンを聞くとき、その（物凄い）眼差しで、あなたを倒れんばかりにします。そしてかれらは、かれは気狂いだと言います。52.だが、それ（クルアーン）は、すべての世界への諭しに他ならないのです。

69. 不可避な時章　سورة الحاقّة

マッカ啓示
52節

不可避の時とは、最後の審判のこと。それは真実としていずれ訪れるの

であり、またそれは外見を整えたり繕ったりすることではないことが、章全体を通じて示されます。「真実」と「真理」はアラビア語では同じ単語（ハック）ですが、本章の名称は「ハーッカ」であり、虚偽と峻別される真実を現出させるものを指します。

慈愛あまねく、慈愛深いアッラーの御名において

1.不可避なとき、2.不可避なときとは何でしょう。3.不可避なときが何であるかを、あなたに教えるものは何でしょうか。

4.サムードとアード（の民）は、大打撃（最後の日）は虚偽であるとしました。5.それでサムードは、大規模な災厄によって滅ぼされました。6.またアードは、強風によって滅ぼされました。7.**アッラー**はその強風を、かれらに対し連続7夜8日にわたり吹き付けられ、そのため空洞になったナツメヤシの木の幹のように、その民がそこに倒れているのを、あなたは見ることができたでしょう。8.あなたは今、かれらの残っているものを見つけられるでしょうか。9.またフィルアウンやかれ以前の者、そして転覆された諸都市（の民）も、罪を犯していました[523]。10.かれらは主の使徒に背いたので、**かれ**はますます（強く）捕獲しました。11.大洪水が襲ったとき、**われら**が方舟であなた方を運んだのは、12.それをあなた方への教訓とし、鋭い耳がそれを聞き留めるためです。

13.そこでラッパが一度吹かれたとき、14.大地や山々は持ち上げられ、一撃で粉々に砕かれ、15.その日、その出来事が起こるのです。16.またその日、大空は裂けるため、天は脆弱です。17.またその日、天使たちは（天の）端々におり、八人（の天使）がかれらの上に、あなたの主の玉座を担います。18.そしてその日あなた方全員が（審判のため）外にさらされ、何一つとして隠せるものはないのです。19.それで右手に帳簿を渡される人（信者）は言います。ここであなた方（天使）はわたしの帳簿を読んでくださ

---

522 21:87参照。
523 例えば、預言者ルートの遣わされた死海近くの男色の町であるサドゥームなど。9:70参照。

い。20. わたしの清算があることは、分かっていました。21. こうしてかれは快適な生活に浸り、22. 高い果樹園の中では、23. たわわになった果実が手近にあります。24. あなた方は、過ぎ去った日（現世）にしたこと（善行）のために、喜んで食べたり飲んだりするように（と言われます）。

25. だが左手に帳簿を渡される人は言います。ああ、わたしの帳簿が渡されなければ、26. 自分の清算を知らずにすんだのに。27. ああ、それ（死）で最後だったなら（よかったのに）。28. 財産は、わたしに役立たなかったし、29. 権勢はわたしから消滅してしまった。30.（そこで**アッラー**の命令が下ります）かれを捕まえて、縛れ。31. それから地獄の火で、かれを焼け。32. また70腕尺の長さの鎖で、かれを巻け[524]。33. かれは、偉大な**アッラー**を信じず、34. また貧しい人を養うことにも熱心ではありませんでした。35. それでこの日かれは、そこに親友はなく、36. また、汚物の他に食べ物はありません。37. それを食べるのは、罪人だけなのです。

38. わたしは、あなた方が見るものにおいて誓い、39. またあなた方に見えないものにおいて誓います。40. 実にこれ（クルアーン）は、高貴な使徒の（伝える）言葉で、41. 詩人の言葉ではありません。だがあなた方は、少ししか信じていません。42. また、占い師の言葉でもないのです。しかしあなた方は、少ししか気に留めていないのです。43.（これは）すべての世界の主から下された啓示です。44. もしかれ（使徒）が、**われら**に反して何かの言葉を捏造するなら、45. **われら**は必ずかれの右手を捕まえ、46. かれの頸動脈(けいどうみゃく)を必ず切るでしょう[525]。47. あなた方の中、誰一人、かれを守れないのです。48. 間違いなくこれは、主を意識する人への諭しです。49. **われら**はあなた方の中に、これを嘘呼ばわりする人がいることを知っています。50. 真にこれ（クルアーン）は、非信者にとっては悲嘆でしょう。51. だがそれは、誠に確かな真実です。52.（ムハンマドよ）だから絶大な、

---

524 腕尺は腕の長さで、約1メートル。ここで70とは、大きい数ということ。
525 「頸動脈を切る」とは、命を奪うということ。

70. 階段章　سورة المعارج

マッカ啓示　44節

「階段」の言葉が出てきます（3節）。それは天使が上り下りする階段ですが、アッラーの所までかかる時間は1日とされます。しかしそのアッラーの1日は、人間の時間では5万年とされます（4節）。

慈愛あまねく、慈愛深いアッラーの御名において

1. ある人が、来るべき苦痛について尋ねました。2. 非信者は、それを防ぐことはできません。3. 階段の主、**アッラー**からのものなのです。4. 天使たちや（清）魂（天使ジブリール）は、1日にしてかれの元に登ります。その（1日の）長さは、5万年です。5. だからあなたは、立派に耐え忍びなさい。6. かれらは、それ（苦痛の日）を遠いと言うが、7. **われら**は、それが近いと言うのです。

8. （最後の日）天が溶けた銅のようになり、9. 山々は、ふわふわした羊毛のようになり、10. 誰も親友を尋ねる（暇のある）人はいません。11. かれらは互いに見合わせるほど近いのに。罪人はその日、自分の罪を償うために、自分の子孫から犠牲を出してもいいと思うでしょう。12. その妻や兄弟、13. かれをかくまった近親者、14. そして自分が助かるなら、地上の誰であれ（お供えとして差し出すでしょう）。15. いいえ、それは断じていけません。実にかの（地獄の）炎は、16. 頭の皮を剥ぎ取ります。17. （真実に）背を向けて去っていった者を、呼び返します。18. また蓄積し、隠して財産を持つ者も。

19. 人間は、気ぜわしく創られているのです。20. 悪いことに出会うと嘆き、21. 良いことに出会えばけちけちします。22. だが礼拝する人はそうではな

く、23.いつも礼拝をしている人、24.また自分の財産に施しに回す分があり、25.物乞いや窮乏する人のために（施す者）、26.審判の日を真実とする人、27.また主の苦痛を恐れる人も。28.確かに主の苦痛から（逃れて）、安全な人はいないのです。29.また自分の陰部（貞操）を守る人、30.その妻や右手の所有する人（女の奴隷）だけ（を求める人）の場合は別で、かれらは罪に問われません。31.しかしこれ以外に求める人は、境界を越えた者です。32.信託されたことや約束を守る人、33.証言に当たり正直な人、34.また礼拝を厳守する人。35.これらの者は楽園の中で、栄誉を授かります。

36.非信者たちが、今あなたの方に急いでいるのは何事でしょうか。37.右からまた左から、群になっています。38.かれらは皆、安楽の楽園に入れられる野望を持っているのでしょうか。39.いや、決して出来ないことです。**われら**は、かれらが知っているもの（精液）から、かれらを創ったのです。40.いや、**わたし**は東と西の主にかけて誓います。**われら**にとっては可能なのは、41.かれらよりも優れた（他の）者をもって、かれらに替えることです。**われら**は、先を越されることはないのです。42.だからあなた（ムハンマド）は、かれらを（虚栄に）浸（ひた）らせ、戯（たわむ）れに任せるのでよいのです。かれらが約束されている、その日が来るまで。43.かれらが墓から慌（あわ）ただしく出て来る日。それはまるで（現世で）かれらが旗印へと大勢で急いでいるようです[526]。44.かれらは目を伏せ、恥辱を被るでしょう。これがかれらに約束されている、あの日なのです。

71. ヌーフ章 سورة نوح

マッカ啓示
28節

本章はヌーフの教化が主題となっています。彼への迫害の話は過去の例

---

526 「旗印」とは何か目印に建てられたもので、偶像神とも解される。

として、預言者ムハンマドを力付けるために語られます。またヌーフの民は滅びたので、不信心の民の末路であり、人びとへの警告として語られました。

慈愛あまねく、慈愛深いアッラーの御名において

1. **われら**はヌーフをその民に遣わし、厳しい苦痛があなたの民に下る前に、あなたはかれらに警告しなさい（と命じた）。2. かれは言いました。わたしの人びとよ、わたしはあなた方への明瞭な警告者です。3. あなた方は**アッラー**に仕え、**かれ**を意識し、わたしに従いなさい。4. **かれ**はあなた方の罪を赦し、定められた期限まで、あなた方（の処分）を猶予されます。しかし**アッラー**の定められる期限が来たら、もう猶予されません。それをあなた方が分かっているならいいのだが。

5. かれ（ヌーフ）は言いました。主よ、わたしは昼夜を問わず、人びとに呼びかけました。6. だが呼びかけをすればするほど、（正道からの）逃避を増すばかりです。7. **あなた**がかれらを御赦しになるようにと、わたしがかれらに呼び掛けると、かれらは指を耳に入れて、自分の衣で（頭を）被ってかたくなで高慢になります。8. それでわたしは、声高にかれらに呼びかけました。9. ときには公然と、またときには密かにかれらに、10. わたしは言いました。あなた方の主の御赦しを願いなさい。真に**かれ**は、よく御赦しになります。11. **かれ**は、あなた方の上に豊かに雨を降らせ、12. あなた方の財産や子女を増やし、またあなた方のために、幾多の果樹園や河川を設けられます。

13. あなた方はどうしたのか、**アッラー**の荘厳さを畏れないとは。14. **かれ**は実際順序よく段階を追って、あなた方を創られました。15. あなた方は、どうやって**アッラー**が七天を一層また一層と、創られたかを考えてみなかったのですか。16. また月をその中の明りとされ、太陽を灯明とされたかを。17. **アッラー**はあなた方を植物のように土から育てられ、18. それからそこ（大地）に戻され、そしてまた起き上がらせるのです。19. **アッラー**があな

た方のために大地を展開されたので、20. あなた方が広い大道を辿れるのです。

21. ヌーフは言いました。主よ、かれらはわたしに背きました。自分の財産と子女とで、破滅を助長する人にだけ従いました。22. そして大変邪悪な企みをしました。23. かれらは言います。あなた方は自分たちの神々を捨てるな。ワッドもスワーウも、またヤグースもヤウークもナスルも、捨ててはならない[527]。24. かれらは既に多くの者を迷わせました。（主よ）不正な人たちには、破滅（ダラール）の他には与えないでください[528]。25. かれらはさまざまな罪のために溺れさせられ、また地獄の火に送られ、**アッラー**の他にはどんな支援者も得られませんでした。26. ヌーフは（祈って）言いました。主よ、不信心な人を誰一人として地上の住人として残さないでください。27. もしあなたがかれらを残されれば、かれらは必ずあなたに仕える人を迷わせ、また罪人や不信心な人以外には生まないでしょう。28. 主よ、わたしとわたしの両親をお赦しください。また信者としてわたしの家に入る人、また信仰する男女をお赦しください。そして不正な人たちには、滅亡の他には与えないでください。

72. ジン章　سورة الجنّ

マッカ啓示
28節

本章前半は、マディーナ移転より2年ほど前のこと、ジン（幽精）が預言者ムハンマドの話を信じたという話が主題となっています。当時は迫害の状況が最悪でしたが、その直後にはマディーナからの来訪者により、移住の可能性が開かれたのでした。なお67〜72章のテーマは、非信者への罰、非信者への水供給、アッラーの七層の諸天創造などを扱い、105〜108章のグ

527　この5個の名前は、当時流布していた偶像の名称。
528　ダラールは迷誤ではなく、この文脈では、「破滅」の意味とされる。本章71:28末尾の「滅亡（タバール）」も同様である。参考文献25, 392頁、脚注a.

ループ(非信者を見る、けちな非信者と水、アッラーは非信者の象軍排斥など)と対をなします。

慈愛あまねく、慈愛深いアッラーの御名において

1.(ムハンマドよ、人びとに)言いなさい。一団のジンが(クルアーンを)聞いて、(以下のように)言ったとわたしに啓示されました[529]。わたしたち(ジン)は、確かに驚くべき読誦を聞きましたと。2.正しい道への導きです。だからわたしたちは信仰し、主に類する何ものも配しません。3.わたしたちの主の栄光は高くあり、**かれ**は妻を娶（めと）らず、子も持たれません。4.わたしたちの中の愚かな人が、**アッラー**に対し途方もない嘘をいろいろ話していました。5.しかしわたしたち(ジン)は、人間もジンも、**アッラー**について嘘をつくとは考えていませんでした。6.確かにジンに擁護を求めた人たちもいました。しかしそれでジンたちは、ますます(自信過剰で)ひどくなったのでした。7.かれらもあなた方(人間)が考えたように、**アッラー**は、何者も復活されないと考えていました。8.わたしたち(ジン)は、天に触れようとしたが、これは強力な護衛(天使)と流星で一杯になっているのを見ました。9.わたしたちは(次に起こるのは何かと)聞き耳を立てて、そこに坐っていました。だが今聞く者は、見張りのための流星が待ち構えているのを見るだけです。10.(だから)わたしたちは、主が地上の者に対して悪を望まれているのか、または、かれらを正しい道に導くことを望まれているのか、分からないのです。11.わたしたちの中には正しい者もいるが、それほどでない者もいて、さまざまな道に従っています。12.だがわたしたちは、地上において**アッラー**を無力にさせることは出来ないし、また無力にしておいて逃避することも出来ないと思っています。13.わたしたち(ジン)は導きを聞いて、直ちにそれを信仰しました。そして主を信じる人は、(報奨で)損をして、酷（ひど）い目にあう恐れはないのです。14.わたしたち(ジン)の中には、(**アッラー**に)従う者もあれば、また正

---

529 ここから15節までは、一団のジンの言葉で、その引用である。しかし16節からは、通常通り、ムハンマドに対するアッラーの啓示の言葉となる。

道からはずれる人もいます。従った者は、正道を追い求めるが、15. 正道からはずれる人は、地獄の薪となるでしょう。

16. もしかれら（マッカの非信者）が正道につくならば、**われらは**必ず豊かな飲み水をかれらに与えます。17. **われらは**それによってかれらを試みるのです[530]。だが主の啓示から逸れる人は、らせん状の（いや増す）苦痛の道を歩むことになります。18. 礼拝所は、**アッラー**のため（だけ）です。そこで**アッラー**と一緒にして、他の者に祈ってはいけません。19. **アッラー**の僕（ムハンマド）が、**かれ**に祈るために立ったとき、かれら（ジン）はどっともつれるようになって（よく読誦を聞くために）押し寄せました[531]。

20. 言ってやるがいい。わたし（ムハンマド）は、わたしの主に祈り、何ものも**かれ**と同位に配しません。21. 言ってやるがいい。わたしには、あなた方を害する力も、正しく導く力もないのです。22. 言ってやるがいい。誰も**アッラー**からわたしを守ることは出来ないし、また**かれ**の他に、避難所を見出すことも出来ない。23. （わたしムハンマドは）**アッラー**からの御告げを伝えるにすぎない。それで**アッラー**とかれの使徒に従わない者には、地獄の火があり、永遠にその中に住むでしょう。24. かれらは、約束されたことを見るときになって、誰が最も頼りない助力か、また誰が最も少数かを知るでしょう。25. 言ってやるがいい。わたしは、あなた方に約束されたことが近いのか、それともわたしの主が先々にそのための時期を設定されたのかを知らない。26. 目に見えない世界を知っている方（**アッラー**）、**かれ**はその秘密を明かされない。27. ただ**かれ**が気に入った使徒は別です。それで、**かれ**は、前からも後ろからも護衛して、（使徒を）赴か

---

[530] イスラームでは、アッラーに豊かに与えられることも、その人を試すための試練ということである。
[531] マッカ市内には本章の啓示された場所（有名なムアッラー墓地の近く）に、今でも、マスジド・アルジンと呼ばれる礼拝所がある。またマッカの非信者が、祈りを捧げる預言者ムハンマドに襲いかかろうとして押し寄せたという説もある。

せられました。28. それはかれらが、主の御告げを伝えたかどうかを**かれ**が知るためです。またかれらのすべてを知って、それぞれ計算に数え上げるためです。

73. 衣をまとう者章　سورة المُزَّمِّل

マッカ啓示
20節

　　冒頭に本章の名前の言葉があり、それは身震いする預言者の姿だとも言います。本章は、96.「凝結章」と68.「筆章」に続き、3番目に降りた啓示とされます（4番目は、次の74.「包まる人章」）。日常の礼拝と謙虚な態度の重要性が語られ、また内容からして、特に最後の長い20節はマディーナ啓示とされています。なお73～80章は、時間や馬などを扱い、99～104章も時間と馬を扱うのと対をなしています。

　　　　　慈愛あまねく、慈愛深いアッラーの御名において
1. 頭から衣をおおう者（ムハンマド）よ、2. 夜間中、（礼拝のために）起きていなさい、少しを除いて、3. 夜間の半分、またそれよりも少なく、4. あるいは、少し多くして。そしてゆっくり明瞭に、クルアーンを読みなさい。5. やがて**わたし**は、重大な言葉をあなたに下すでしょう。6. 確かに夜間（の礼拝）は印象が強く、言葉を直截(ちょくせつ)にします。7. 実際あなたは、昼間は長時間多忙です。　8. そこで（夜は）あなたの主の御名を唱え、**かれ**に尽くすことに没頭しなさい。9. 東と西の主で、**かれ**の他に神はないのです。それで**かれ**を、保護者としなさい。10. かれら（マッカの多神教徒）の言うことを耐え忍び、かれらをうまく避けなさい。11. そして**わたし**に、現世の富を得て嘘呼ばわりする人たちを任せて、しばらくの間かれらに猶与を与えなさい。12. **わたし**の手元には鎖や地獄の火もあり、13. 喉につかえる食物や厳しい苦痛があります。14. その日、大地や山々は震動します。そして山々は崩れて、砂の堆積(たいせき)になるでしょう。

15. **わたし**は、あなた方の証人とするために、使徒をあなた方に遣わしま

した。以前フィルアウンに使徒を送ったように。16. だがフィルアウンはかれの使徒に従わなかったので、**わたし**はかれを強烈に捕らえ（罰し）ました。17. もしあなた方が依然として（**アッラー**を）否定するなら、子供までが（恐怖のあまり）白髪になる日、あなた方はいかにして自分を守れるのでしょうか。18. その日、天は裂け散るでしょう。**かれ**の約束は、必ずまっとうされるのです。19. これは諭しです。そこで、望む人には主への道を取らせなさい。

20. 主は、あなたが夜間の3分の2近く、または2分の1、または3分の1を、（礼拝に）立つことを知っています。またあなたと一諸にいる人たちも同様です。**アッラー**は、夜と昼を仕切られます。（しかし）**かれ**はあなた方がそれを計れないことを知っており、（夜通し礼拝に立てなくても）あなた方を赦されます。だからあなた方は（夜の礼拝時は）、クルアーンのやさしいところを読みなさい[532]。かれは、あなた方の中で病める人もいれば、またある人は**アッラー**の恩恵を求めて各地を旅し、ある人は**アッラー**の道のために戦っていることを知っています。だからそれのやさしいところを読みなさい。礼拝の務めを守り、定めの施しをなし、**アッラー**に良い貸し付けをしなさい。あなた方が、自分のために行なうどのような善いことも、**アッラー**の御元ではそれがもっと善くなり、もっと大きな報奨になっているのを見いだすでしょう。あなた方は**アッラー**の御赦しを請い求めなさい。真に**アッラー**は、よく赦すお方であり、慈愛深いお方なのです。

74. 包（くる）まる者章　سورة المُدَّثر

マッカ啓示
56節

冒頭に本章の名前の言葉が出てきます。それは預言者が主題ですが、啓

---

532 「クルアーンのやさしいところを読みなさい」は、夜の礼拝時だけではなく、一般論として受け止められている。

示の内容の多くは一般に向けられています。礼拝、唱念、忍耐の重要性が強調され、また衣服を清め、偶像を避け、施しをするようにとあります（4〜5節）。本章は、クルアーン中でも4番目に降ろされた啓示です。

慈愛あまねく、慈愛深いアッラーの御名において

1.（衣に）包まる者よ、2.立ち上がり、警告しなさい。3.あなたの主の偉大さを、賛えなさい。4.そしてあなたの衣（自身）を清浄にしなさい[533]。5.不浄を避けなさい[534]。6.圧倒されて弱気になるではない[535]。7.あなたの主のために、耐え忍びなさい。

8.ラッパが吹かれるとき、9.その日は苦難の日。10.（その日は）非信者たちにとり、容易ではない。11.**わたし**が創った（あの）一人は、わたしに任せなさい[536]。12.**わたし**は、かれに多くの財産を与え、13.その側近くに息子たちを授け、14.すべてかれにとって、順調になるようにしました。15.それでもかれは、**わたし**がもっと増やすよう望むのです。16.それは断じて許されません。かれは、**われら**の印に対し頑迷でした。17.やがて**わたし**は、螺旋状の（いや増す）苦痛でかれを悩ますでしょう。18.かれは思案し、企みました。19.殺されろ[537]。ひどい企みだ。20.もう一度言うが、殺されろ。ひどい企みだ。21.そのとき、かれは（クルアーンに）目をやり、22.眉をひそめ、苦々しい顔をして、23.それから、背を向けて高慢にしたのです。24.かれは、これは昔からの魔術にすぎないと言いました。25.これは人間の言葉でしかないのだと。

---

533 「衣」とは洞窟にいるときにムハンマドが身に着けたものであるが、それを「清潔に保つ」とは、自らを清浄に維持することを意味する当時の慣用表現である
534 「不浄」は、偶像でもある。
535 6節は「見返りを期待しての施し（マンナ）はならない」だが、マンナという動詞を、弱気になる、と理解する場合には、本文の訳となる。
536 アルワリード・ビン・アルムギーラというムハンマドに強烈に敵対した人物がいたが、その扱いはアッラーに任せるようにという趣旨である。
537 これは呪詛の言葉で、文字通り、殺してしまえ、という意図ではない。

26. やがて**わたし**は地獄の火[538]で、かれを焼きましょう。27. 地獄の火が何であるかを、あなたに教えるものは何なのか。28. それは何ものも残さず、また何ものも放置しないのです。29. 人間を焼き尽くすのです。30. その上には19（名の天使がいます）。31. **われら**が地獄の火の監視者としたのは、天使たちだけでした。またその数を（19に）したのは、不信心の者への試みなのです。啓典を授けられた者たちを確信させ、また信じる人の信仰を深め、また啓典を授けられた者や信者たちが疑いを残さないためです。（他方）心に病のある人や非信者たちには、**アッラー**はこの数の事例で何を望まれるのでしょうかと言わせるためです[539]。このように**アッラー**は、御自分の望みの者を迷わせ、また望みの者を導かれるのです。そして**かれ**の他、誰も主の軍勢のことを知りません。確かに、これは人間に対する諭しに他なりません。

32. そうです、月にかけて、33. 退こうとする、夜にかけて、34. また輝こうとする、暁にかけて。35. それ（地獄の火）は大きな（印の）一つで、36. 人間への警告です。37. あなた方の中、前に進むことを望む人、また後に残ることを願う者への（警告です）。

38. 人は皆、その行なったことについて、（**アッラー**への）人質なのです。39. 右側の仲間は別です。40.（かれらは）楽園の中にいて、互いに尋ねるでしょう。41. 罪を犯した者たちについて、42. 何があなた方を地獄の火に導いたのですかと。43. かれらは言います。わたしたちは礼拝を捧げていませんでした。44. わたしたちはまた、貧しい人たちに施しをしませんでした。45. わたしたちは（妄言の）連中と共に耽り、46. いつも審判の日を否定していました。47. 遂に確実なものが、わたしたちにやって来ました。48. 執り成す者の執り成しも、かれらに役立つことはないでしょう。

---

538 「地獄の火」は、サカルであり、一般にいう「火」ナールとは別。
539 19名の監視者を置いて非信者を「試み」る、とあるのは、非信者は詮索好きで猜疑心が強いので、19という数について質問するだろうということ。

49. 一体、警告から背き去るとは、どうしたのでしょう。50. かれらは恐怖に陥ったロバで、51. ライオンから逃げているようでした。52. 実はかれらは、それぞれに書巻が授けられ、開かれることを望んでいます。53. いや断じてそうではない。かれらは来世を恐れていないのです。54. いや、これ（クルアーン）は正に警告であり、諭しです。55. だから誰でも欲する人は、それに気づかせなさい。56. だが**アッラー**が望まれる人の他は、気づかないでしょう。**かれ**こそは意識されて然るべきお方で、よく赦されるお方です。

75. 復活章　سورة القيامة

マッカ啓示 40節

本章は冒頭で、「復活の日」への誓語で始められます。悔い改めない人への、復活の日の警告ですが、多様な描写が目を引きます。また預言者ムハンマドへ、啓示を急いで読誦するなといった注意も出されています（16〜19節）。

慈愛あまねく、慈愛深いアッラーの御名において

1. **わたし**は、復活の日にかけて誓います。2. また、自分を責める魂[540]にかけて誓います。3. 人は、**われら**がその骨を集めないと考えるのでしょうか。4. いや実は、**われら**はかれの指先まで整えることが出来るのです。5. だが人は、先々のことを否定したがるのです。6. かれは、復活の日はいつですかと尋ねるのです。

7. 目が眩み、8. 月は欠け出し、9. 太陽と月は合わせられます。10. その日、人はどこに逃げようかと言います。11. いや、いや、決して逃げられないのです。12. あなたの主の御元にしか、その日に戻るところはないのです。

---

540 「自分を責める（ラウワーマ）魂」は、信心の第二段階とも言われ、反省しきりな状況である。第一は、「悪に傾きがち（アンマーラ・ビッスィー 12:53）」で、最後の第三段階は、「安寧（トゥムアニーナ 16:106, 89:27）」の心境である。資料２．参照。

13. その日、人はすでに行なったことと、後にやり残したことについて知らされるでしょう。14. いや、人は自分自身に対し明白な証人なのです。15. たとえいろいろ弁解を並べても。

16. (**アッラー**からの啓示で) あなたの舌を動かすのに、急いではいけません。17. それを集め、それを読ませるのは、**われら**の仕事です。18. それで**われら**がそれを読んだときは、その読誦に従いなさい。19. それを解き明かすのも、**われら**の仕事です。

20. いや、あなた方は移ろいやすい現世を愛して、21. 来世を無視します。22. その日、ある人たちの顔は輝き、23. かれらの主を仰ぎ見ます。24. またその日、ある人たちの顔は暗く、25. 背骨がどうかされてしまうこと(ひどい災厄)に、気づくのです。

26. 実際のところ、(魂が)鎖骨に届くとき、27. 言うでしょう、誰か呪文(で解決)できないものかと。28. その人は、最後の離別(のとき)と悟るでしょう。29. (埋葬時のように)一つの脚は他方の脚に重ねられ、30. その日かれは、主の下に行かせられます。31. (それでも)かれは真実を受け入れず、また礼拝もあげません。32. それどころか、真実を否定し、背き去り、33. 自慢げに大手を振って、家族のところに帰って行きました。

34. あなた(多神教徒)に(復活の日は)近く、それからまた近くなる。35. そしてさらに、あなたに近くなり、さらに近くなるのだ。36. 人は、放免されると思うのですか。37. (初めは)かれは放出された、一滴の精液ではなかったのですか。38. それから一塊の血となり、さらに(**アッラー**が)形作り整えられ、39. **かれ**は、人を男と女の両性にされたのではなかったでしょうか。40. それでも**かれ**には、死者を復活させる能力がないのでしょうか。

76. 人間章　سورة الإنسان

マッカ啓示 31節

初めに「人間」の言葉が出てきます（1節）。人間の完成という視点から語られ、それが至高の**アッラー**の確認に至る内容になっています。預言者ムハンマドには、教化上の忍従が説かれています（23～26節）。

慈愛あまねく、慈愛深いアッラーの御名において

1. 人間には、何ものとも言えない時期があったのではないでしょうか。
2. **われら**は（男女の）混合された一滴（の精液）から、試すために人間を創造し、聴覚と視覚を与えました[541]。
3. そして**われら**は人間を正しい道に導いたが、感謝するものと不信心なものとがいます。

4. 非信者には、**われら**は鎖と首かせと燃えさかる火を準備しました。
5. 信者の善行者は、樟脳を混ぜた（飲み物の）杯から飲むでしょう。
6. **アッラー**の僕たちが飲む泉で、それはかれらの望み通り、こんこんと湧き出させます。
7. かれらは誓いを実施し、他方で災厄の広がる日を恐れています。
8. またかれらは、**かれ**への敬愛から[542]、貧者と孤児と捕虜に食物を与えます。
9. （そして言います）わたしたちは、**アッラー**の尊顔（喜び）のためにあなた方を養いますが、あなた方からは報いも感謝も望みません。
10. わたしたちは、主の眉をひそめたお怒りの日を恐れます。

11. それで**アッラー**は、その日の災厄からかれらを守り、輝きと喜悦を与えられます。
12. かれらが忍従したので、**かれ**は楽園と絹（の衣）でかれ

---

541 ここの1節と2節の趣旨をまとめると、男女の混合した液から胎児が形作られるが、その後、魂の吹き込まれるまでの長い時間は人でもない、「何ものとも言えない」存在であるということになる。
542 「かれへの敬愛から（アラー・フッビヒ）」は、「それ（食物）は（かれら自身が）好きにもかかわらず」という解釈もされている。

らに報われます。13. その（楽園の）中で、寝椅子の上にゆったりと身を伸ばし、太陽（の熱射）も（肌刺す）寒さも覚えません。14. 木陰はかれらの上を覆い、（果実の）房は手近く垂れ下っています。15. 銀の皿と光るガラスの杯が回され、16. 杯は銀で作り上げられて、望みの量がそれに満たされます。17. 生姜（しょうが）を混ぜた飲物を与えられるでしょう。18. そこにはサルサビールと名付けられた泉があります。19. また（年を取らない）永遠の少年たちがかれらの間を行き来し、あなたがこの少年を見ると、撒き散らされた真珠かと思うことでしょう。20. 見回すと、安楽と豊かな富を見ることでしょう。21. かれらは緑色の絹と錦の服を着て、銀の腕輪[543]で飾られ、主はかれらに清浄な飲物を与えます。22. （そして言われるのは、）実にこれはあなた方に対する報奨です。あなた方の尽力が（**アッラー**によって）受け入られたのです。

23. まさしく**われら**が、徐々にあなたにクルアーンを下しました。24. だからあなたの主の審判を、耐え忍んで待ちなさい。またかれらの中の罪ある人や、非信者に従ってはいけません。25. 朝な夕なに、あなたの主の御名を唱えなさい。26. そして夜の一時には**かれ**に平伏礼し、長夜の間は**かれ**を賛美しなさい[544]。

27. 実にこれらの者は、移りやすい現世を愛し、重大な日を背後に捨て去ります。28. **われら**がかれを創り、その整体を堅く繋ぎ止めたのです。**われら**が欲するならば、かれらと類似の他のものでおき替えることも出来るのです。

29. 確かにこれは、一つの諭しです。だから誰でも望む人には、かれの主への道を取らせなさい。30. だが**アッラー**が御望みにならなければ、あな

---

543 錦は金襴であったとしても、多くの品々は金ではなく銀製品が登場する。銀よりも金を尊重する風習は、主として東ローマ帝国から招来された。
544 前者の「平伏礼」は日没と夜の義務的礼拝、後者の「長夜の間」は自主的な礼拝と唱念（ズィクル）を指している。

た方は欲することもできない。**アッラー**は全知にして英明です。31. **かれ**は、御心に適う者を**かれ**の慈愛に浴させ、また不正の人たちに対しては厳しい苦痛を備えられるのです。

77. 送られるもの章 سورة المُرْسَلَات

マッカ啓示 50節

初めに「送られるもの」と出て来ます（1節）。そこで復活の日が間違いなくやってくることを悟る契機として、風、クルアーンの啓示、天使、警告などが言及されます。その真実を拒む人は復活の日こそ哀れであるという内容の言葉が、本章中に10回も繰り返されます。

慈愛あまねく、慈愛深いアッラーの御名において

1. 次々に送られるもの（風）にかけて、2.（それは）荒れ狂うもの、3. 方々に（雨を）撒き散らすもの（それ）にかけて、4.（真偽を）しっかり区別するもの（クルアーン）にかけて、5. そして投げかける者（天使たち）にかけて、6.（**アッラー**からの）説諭と警告として。

7.（マッカの非信者よ）あなた方に約束されたことは、間違いなく起こるのです。8. 星々が消されるとき、9. 天が裂け散るとき、10. 山々が粉砕されるとき、11. 使徒たちに（証言の）時刻が定められるとき、12.（これらは）いつの日まで猶予されたのですか。13. 裁きの日までです。14. 裁きの日が何であるかを、あなたに教えるものは何でしょうか。15.（真実を）嘘であるとした者たちには、その日は哀れなものです。

16. **われら**は（悪行のために）前代の者を滅ぼさなかったでしょうか。17. その後**われら**は、後代の者にかれらを継がせたのではないでしょうか。18. このように**われら**は罪人を処分します。19.（真実を）嘘であるとした者たちには、その日は哀れなものです。

20. **われら**はあなた方を卑しい水から創ったのではないでしょうか。21. **われら**はそれを、安全な宿所（子宮）に置きました、22. 定められた時期まで。23. **われら**はそう定めたのです。**われら**は、何と善い決定者でしょう。24.（真実を）嘘であるとした者たちには、その日は哀れなものです。

25. **われら**は、大地を大きな入れ物としませんでしたか、26. 生存者と死者（を受け入れるために）。27. その上に山々を高くそびえさせ、また甘い水をあなた方に飲ませたのではないでしょうか。28.（真実を）嘘であるとした者たちには、その日は哀れなものです。

29.（**アッラー**は仰せられる）行け、あなた方が嘘であると言ってきた所（地獄）へ。30. 行け、三つの枝（の煙）の下に。31. それらは影にもならず、また燃え盛る炎に対しては無益でしょう。32. またそれらは大樹の幹[545]のような火花を吐き、33. 黄褐色の銅[546]のようです。34.（真実を）嘘であるとした者たちには、その日は哀れなものです。

35. それは話しも出来ない日であり、36. また申し開きも、かれらに許されないのです。37.（真実を）嘘であるとした者たちには、その日は哀れなものです。

38. それは裁きの日であり、**われら**はあなた方とその以前の者たちを集めます。39. あなた方に何か策があるのなら、**わたし**に（今）企むとよいでしょう。40.（真実を）嘘であるとした者たちには、その日は哀れなものです。

41. しかし主を意識する人は、間違いなく（涼しい）影と泉の間にいるでしょう。42. かれらが望む、すべての果実（を得て）。43. 心から食べて飲め、あなた方（の善い）行ないに対して。44. このように**われら**は、善行の者

---

545 「幹（カスル）」は多くの場合、「城あるいは宮殿」の意味。
546 「銅（ジマーラート）」は多くの場合、「ラクダ」の意味。

たちに報いるのです。45.（真実を）嘘であるとした者たちには、その日は哀れなものです。

46.（あなた方不正の者よ）少しは食べて、楽しむのがいいでしょう。実際あなた方は罪深い者です。47.（真実を）嘘であるとした者たちには、その日は哀れなものです。

48. かれらは、（礼をして頭を下げる）屈折礼をしなさいと言われても、そうしないのです。49.（真実を）嘘であるとした者たちには、その日は哀れなものです。

50. これ（クルアーン）の後に、どんな啓示をかれらは信じるのでしょうか。

78. 知らせ章　سورة النبأ

マッカ啓示 40節

2節に「知らせ」の言葉が出てきます。しかしこれはただの情報ではなく、復活と最後の審判を知らせるものです。きわめて具象的な表現で伝えられています。

慈愛あまねく、慈愛深いアッラーの御名において

1.◆30部◆かれら（マッカの非信者たち）は、何について尋ね合っているのでしょうか。2. 重大な知らせ（復活と審判）についてです。3. それについて、かれらは意見を異にしています。4. いや、かれらはいずれ知るでしょう。5. いや、いや、かれらはいずれ知るでしょう。6. **われら**は大地を、寝床にしたのではないか。7. また山々を、（大地の安定のための）杭にしたではないか。8. **われら**はあなた方を両性に創り、9. また休息のためにあなた方の睡眠を、10. 覆いのために夜を、11. 生計のために昼を設けたではないか。12. それから**われら**は、あなた方の上に堅固な七層（の天）を設

けて、13.光り輝く灯明（太陽）を置き、14.**われら**は雲から豊かに雨を降らせ、15.それによって穀物や植物を生えさせ、16.立派な園をもたらしたのではないか。

17.確かに裁きの日は定められていて、18.その日、ラッパが吹かれると、あなた方は群をなして出て来ます。19.天は数々の門のように開かれて、20.山々は動かされて、蜃気楼のようになります。21.実に地獄は待ち伏せ場所で、22.圧制者たちが帰る所、23.かれらは何時までもその中に住むのです。24.そこで涼しさも味わえず、飲物もなく、25.煮え湯と膿しかないのです[547]。26.（かれらに）ふさわしい報いです。27.本当にかれらは、清算を恐れていませんでした。28.またかれらは**われら**の印を、全く嘘であるとしました。29.**われら**は一切のことを、天の帳簿に記しています。30.だから味わえ、**われら**は苦痛ばかりを増やしてやろう。

31.確かに主を意識する人には、勝利の場所があります。32.庭園やブドウ園、33.同年齢で胸の膨れた乙女たち、34.またなみなみと溢れる杯。35.そこでは馬鹿げた無駄話や偽りは聞きません。36.これらはあなたの主からの報奨であり、清算された（十分な）贈り物なのです。37.（それらは）諸天と地、そしてその間のすべてのものの主である、慈愛深いお方からです。誰も**かれ**に語ることはできません。38.清魂（ジブリール）と天使たちが整列して立つ日。慈愛深いお方から許しを得られ、また正しいことを言う者以外には、口はきけません。39.それは真実の日です。だから誰でも望む人は、主の御元に戻るのがよいでしょう。

40.確かに**われら**は、苦痛が近いとあなた方に警告しました。その日、誰でも自分の両手が以前にしたことを見るでしょう。非信者は言います、ああ、われらは土くれであったならば[548]。

---

547 「膿（ガッサーク）」は、黒い汚水、あるいは極冷水ともいわれる。
548 「土くれ」となり、非信者は創造の初めからやり直したいということ。

79. 引き抜く者章　سورة النازعات

マッカ啓示
46節

本章は、その初めに出てくる言葉から命名されました。「引き抜く」とは魂を身体から抜き去ることで、それは死のことです。アッラーは自由自在に魂を出し入れされます。主題は引き続き、復活と楽園と地獄です。

慈愛あまねく、慈愛深いアッラーの御名において

1.（非信者の魂を）手荒く引き抜く者（天使）にかけて、2.（信者の魂を）そっと引き出す者にかけて、3.（魂を持って空中を）なめらかに泳ぐ者にかけて、4.急いで先行く者にかけて、5.（**アッラー**の）命令を処理する者にかけて[549]。

6.（最初のラッパで）振動するその日、7.次のラッパが続きます。8.その日、（非信者の）心はおののき震え、9.目は伏せられます。10.かれらは言います。何と、わたしたちは復帰させられるのか、11.朽ち果てた骨になってしまったのに。12.かれらは言います。そんな復帰は、うまく行かないだろう。13.（しかし）ただ一吹きだけで、14.かれらは地上に現れます。

15.ムーサーの話は、あなたに届きましたか。16.主がトゥワーの聖なる谷に、かれを呼ばれたときを思い出しなさい[550]。17.（**アッラー**は言われました）あなたはフィルアウンのところに行きなさい。実にかれは横暴な人です。18.そして（かれに）言ってやるがいい。あなたは清められたくな

---

549 初めの5節が何を指しているのか、解釈はさまざまである。天使、星、魂の身体からの出入り、馬の進軍、攻撃者、魂の全行程などに分かれる。また5節はそれぞれ種々別のものを指しているという解釈もある。天使の活動と見るのが多く、アルラーズィーもそれを第一に挙げているので、ここもそれに倣った。いずれにしても、最後の日は突然来ることを示すための比喩として用いられる。参考文献23.巻32、28－33頁。
550 トゥワーの谷は、パレスチナのシナイ山近くにある涸川。20:12参照。

いのですか。19. わたしはあなたを、主のところに導きましょう。そうすればあなたは（**アッラー**を）畏れるでしょう。20.（ムーサーは）最大の印を、かれ（フィルアウン）に示しました。21. だが、かれはそれを拒否して、従いませんでした。22. 背を向けて、急いで去ったのです。23. かれ（フィルアウン）は、（その民を）集め宣言して、24. 言ったのです。わたしはあなた方の最高の主です。25. そこで**アッラー**はかれを懲しめ、来世と現世の生活において罰せられました。26. 確かにこの中には、（主を）畏れる人への一つの教訓があります。

27. どちらが難しいと思いますか。**かれ**があなた方を創られたことか、あるいは天を建てられたことか、28. それを**かれ**は高く掲げ、それから整え、29. 夜を暗くなされ、また朝の明るさを現出され、30. その後、大地を延べ広げ、31. そこから水と牧場を現れさせ、32. また山々をしっかり据え付けられ、33.（それらを）あなた方と家畜が享受するものとされました。

34. そこで大災難（最後の審判）が到来すると、35. その日、人びとは（現世で）努力したことを思い出し、36. また地獄の火は誰でも見ることができます。37. その時、横暴を働いていた者、38. またこの世の生活を好んでいた者は、39. 間違いなく地獄の火が住まいとなるのです。40. だが主のところに立つことを恐れた者、また妄欲に対し心を抑えた者は、41. 間違いなく楽園が住まいとなるでしょう。

42. かれらはその時間（最後の審判）について、何時錨を下す（到来する）のかと、あなた（ムハンマド）に問います。43. あなたは告げられません。44. その終末は、あなたの主だけがご存知なのです。45. あなたは、それを畏れる人への警告者にすぎないのです。46. かれらがそれを見る日、（現世や墓の中に）いたのは、一夕か一朝にすぎなかったように思えるのです。

80. 眉をひそめて章　سورة عَبَسَ

マッカ啓示
42節

本章の初めに出てくる用語で命名されました。預言者がマッカの不信心の指導者たちに説教していたところ、しつこく質問してきたムスリムに対して「眉をひそめた」ので、それをアッラーがたしなめたという内容です。本章の後半では、人は感謝を忘れがちだということも、改めて諭されています(17～32節)。これが67章より続いた、人間の内面的な生活を取り上げる最後の章になります。

慈愛あまねく、慈愛深いアッラーの御名において

1. (ムハンマドは) 眉をひそめ、顔を背けました。2. 目の見えない人がやって来たからです。3. かれは（信仰して）清められるかも知れないことを、あなたに何が教えてくれるでしょうか[551]。4. または諭しを受け入れて、その教えはかれを益するかもしれないことを。5. だが満ち足りた者に、6. あなたは応じます。7. かれが自ら清めなくても、あなたに責めはないというのに。8. 他方（信仰を）求めてあなたのところに頑張ってやって来た者で、9. 畏敬の念を持っているのに、10. あなたはその人を軽んじてしまったのです。11. いや、いや、間違いなく、これ（クルアーン）は諭しなのです。12. 誰でも望む人が学べる、諭しなのです。13. それは高貴な書巻にあり、14. 至高にして清浄なもの、15. (それを記した) 書記たちは、16. 気高く敬虔です。

17. (真実を拒否する) 人に死を。かれは何と不信心なのでしょう。18. **かれは何から、かれを創られたのでしょうか**。19. それは、一滴からです。**かれ**は、かれを創り、それから形を造られ、20. (胎内からの) かれの道を容易にされ、21. やがてかれを死なせて墓場に埋め、22. それからお望み

551　1節ではムハンマドに関して述べて、急に3節では彼に向かって「あなた」として話しかける展開になっている。これは突然性によって、彼への注意喚起と指摘の勢いを強める効果を狙っているのである。

のときに、かれを甦らせます。23. いや、**かれ**の命令を、（非信者は）果たしませんでした。24. 人間に、自分の食物について考えさせましょう。25. **われら**[552]は、水を豊かに注ぎ、26. 次いで大地を切れ切れに裂いて、27. そこに成長させるものには、穀物、28. またブドウや新鮮な野菜、29. オリーブやナツメヤシの木、30. 茂った庭園、31. 果物や牧草（がある）。32. あなた方とその家畜が享受するためです。

33. やがて（復活の）耳をつんざく叫び声がして、34. 人が自分の兄弟から逃れる日、35. 自分の母や父や、36. 自分の妻や子供たちから（逃れる日）。37. その日誰も自分のことで手一杯です。38.（ある人たちの）顔は、その日輝き、39. 笑い、かつ喜ぶ。40. だが（ある人たちの）顔は、その日埃にまみれ、41. 暗黒が顔を覆います。42. これらの者こそ、不信心な人で、背いてきた者たちです。

81. 巻き上げる章　سورة التكوير

マッカ啓示
29節

本章では、自己責任としての結果を受け入れる認識と、そのための心の準備が求められています。すべては引きちぎるような、短い句で綴られるマッカ初期の特徴が出ています。本章の名前にある「巻き上げる」とは、ターバンを頭上に巻く動作で、それで頭を覆い隠すことにもなります。だから太陽が隠されるのは、最後の日の異常現象ということです。81～88章のテーマは、預言者に読めとの指示やアッラーの創造などになります。

　　　　慈愛あまねく、慈愛深いアッラーの御名において
1. 太陽が巻き上げられるとき、2. 星々が流れ落ちるとき、3. 山々が動かされるとき、4. 妊娠して10ヵ月の雌駱駝が破棄されるとき[553]、5. さまざまな

552　ここで突然「われら」というアッラーの代名詞が主語になるのは、イルティファートという代名詞転換の手法である。本書「はじめに」参照。

野獣が集まるとき[554]、6.大洋が沸きたち、溢れるとき、7.それぞれの魂が（肉体と）組み合わされるとき[555]、8.生き埋めにされた（女児が）9.どんな罪で殺されたかと問われるとき、10.（天の）書巻が、開かれるとき、11.天が剥ぎ取られるとき、12.そして地獄が炎を上げるとき、13.楽園が近づくとき、14.（その時）人は、行なったその（すべての）所業を知るのです。

15. **わたしは**誓う、（軌道の後ろに）隠れるものに（諸星）[556]。16.走り、そして沈むものに、17.降ろされる夜にかけて、18.息づく朝にかけて。19.確かにこれ（クルアーン）は、高貴な使徒（ジブリール）の（**アッラー**からの）言葉。20.（ジブリールは）力があり、玉座の主の御前で座につき、21.従われ、そして信頼される。22.（マッカの人たちよ）あなた方の伴侶（ムハンマド）は、気狂いではありません。23.かれは、明るい地平線上に、確かにかれ（ジブリール）を見ました。24.**かれ**は見えないところからのもの（啓示）を出し惜しみません。25.それ（クルアーン）は、（石で打たれて）追放された悪魔の言葉でもありません。

26. それなのにあなた方は、どこへ行くのですか。27.これ（クルアーン）は、全世界に向けた教説に他なりません。28.それはあなた方の中、誰でも正道[557]を歩みたいと望む人のためのものです。29.だが全存在の主、**アッラー**が御望みでない限り、あなた方はそれを望むこともできません。

553　2ヵ月後に出産という大切なラクダさえも見捨てられる、とんでもない日が最後の日なのである。
554　最後の日の復活後、野獣は集められて互いに報復しあうとされる。
555　魂がペアーを構成するという言い方だから、魂と肉体の組み合わせ、または善は善と悪は悪という具合に、同類の魂が集まるという意味にも理解されている。その場合は、魂が組み分けされる、とも訳しうる。
556　星々が出入りする一般的な様子。しかし特に火、水、木、金、土の五惑星は動きが後退したりして激しいので、それを指しているとも言われる。

82. 裂ける章　

マッカ啓示
19節

本章の冒頭に、天が裂けるとされているので、そこから命名されました。
それはまた、最後の日の破滅と復活と最後の審判の情景です。

慈愛あまねく、慈愛深いアッラーの御名において

1.天が分裂するとき、2.星々が散らされるとき、3.大洋が溢れ出されるとき、4.墓場が暴かれるとき、5.それぞれの人は、既にしたことと、後にし残したことを知っています。

6.人間よ、何があなたを気高い主から惑わせたのでしょうか。7.**かれ**はあなたを創造し、形を与え、均整を取り、8.どのような形態であれ、**かれ**の御心のままにあなたを組み立てられたのです。9.なのに、あなた方は審判を嘘であると言うのです。10.実際のところ、あなた方の上には監視者（天使）たちがいて、11.かれらは高貴な記録者として、12.あなた方の所業を知っています。13.敬虔な人は、必ず安楽の中にいます。14.背く者は、きっと火の中にいて、15.審判の日、かれらはそこで焼かれ、16.そこから、逃れられません。

17.審判の日が何であるかを、あなたに教えるのは何でしょうか。18.一体、審判の日が何であるのかを、あなたに教えるは何でしょうか。19.その日、どの人も他の人のために（役立つ）ものではありません。その日、命令は、**アッラー**次第なのです。

557　正道を希求する気持ちが、イスラーム信仰の土台となっている。資料２.参照。

83. 量を減らす者章 سورة المطففين

マッカ啓示
36節

本章の初めに、「量を減らす者」の言葉が出てきます。それには計量の行為はもちろん、あらゆる詐欺行為、詐取、搾取、隠匿行為などが含まれます。精神的な虚偽もあますところなく、最後の審判で正確に計量されることを知る人が信者です。計量の事例は、他の章でも既出で、7章85節、11章84～87節など多数あります。

　　　　　慈愛あまねく、慈愛深いアッラーの御名において

1. 災いあれ、量を減らす者に。2. かれらは人から計量して受け取るときは、目一杯に取り、3.（相手のものの）計測や重量のときは、損させる人たちです。4. これらの者は、復活させられることを考えないのでしょうか、5. 偉大なる日に。6. その日、人間はすべての世界の主の御前に立つのです。7. いや（断じていけない）、背く者の記録は、スィッジーン（悪行録）の中にあります。8. スィッジーンが何かを、あなたに理解させるものは何でしょうか[558]。9. それは明瞭な記録表。

10. 災いあれ、その日、嘘であると言ってきた者たちよ、11. 審判の日を、嘘であると言ってきた者たちこそは。12. これを嘘であると言ってきた者は、罪ある違法者に他なりません。13. **われら**の印が、かれらに読誦されたとき、かれらは、昔の物語だと言いました。14. いや（断じてそうではない）、かれらの取ってきた行状で、その心が錆ついたのです。15. いや、まさにかれらは、その日、主（の光）に対して、覆われるでしょう。16. 次にかれらは、地獄できっと焼かれるでしょう。17. そこで、これが、あなた方が嘘であると言ってきたことですと、告げられるのです。

18. 一方、敬虔な人の記録は、イッリーユーン（善行録）の中にあります。

558　スィッジーンの語根は、牢獄（スィジュン）と同じである。

19. イッリーユーンが何であるかを、あなたに教えるものは何でしょうか[559]。20. それは明瞭な記録表。21. (主の) 側近者たちが、それを立証します。22. 敬虔な人は、必ず安楽の中におり、23. かれらは寝床の上から見渡すでしょう。24. あなたはかれらの顔に安楽の輝きを見ることでしょう。25. かれらには、封印された最良の芳香飲料(ラヒーク)が出されます。26. その封印は麝香(ミスク)です。これを求め競争する人には、競争させなさい。27. それにはタスニーム(の水)が混ぜられます[560]。28. (アッラーに)近い者たちは、その(タスニームの)泉から飲みます。

29. 罪ある人たちは、信仰する人を笑い飛ばしていました。30. そしてかれら(信者)がその傍をすぎると、(非信者は)互いに目をやり、31. 家族のところへ帰ると笑い種にしました。32. かれらはかれら(信者)を見かけると、これらの者は迷っていると言いました。33. だがかれらは、かれら(信者)の監視者として遣わされたのではありません。34. しかし今日この日には、信仰する人は非信者たちを笑い、35. かれらは寝床から見渡します。36. (そして言います)非信者たちは、その行ないの報いを受けたのでしょうか。

84. 割れる章　سورة الانشقاق

マッカ啓示
25節

冒頭に、「割れる」の言葉が使われているので、本章の名称となりました。宇宙の秩序の再構成であり、それは現在われわれが目にするものとは異なっています。いったんは破壊した後の新秩序で永劫なものは、アッラーがご存知であるが、人には知る由もないのです。

慈愛あまねく、慈愛深いアッラーの御名において

---

559 イッリーユーン(クルアーンでは属格のイッリーイーン)には、高さ(ウルーウ)の意味があるとされる。
560 タスニームには、高さと豪華さの意味があるとされる。

1.天が割れて、2.その主（の命）を聞き、それに従うとき、3.大地が広げられ、4.その中のものが投げ出されて空洞になり、5.その主（の命）を聞き、それに従うとき。

6.おお人間よ、確かにあなたは、主の御元へと尽力する人で、必ず**かれ**に会うでしょう。7.そのとき右手にその書（記録）を渡される人は、8.その計算は、問題なく行なわれ、9.喜んで自分の家族のところに帰るでしょう。10.だが背後から書（記録）を渡される人は、11.死を叫び求めながら、12.燃える炎で焼かれるでしょう。13.かれは自分の家族とともに、嬉々として暮らしていました。14.かれは（主に）帰らないと思っていました。15.いやいや（帰るのです）、それどころか、主はいつもかれをお見通しだったのです。16.そこでわたしは、落日の夕映えにかけて誓います。17.夜と、それが包むものにかけて、18.また満ちる月にかけて。19.あなた方は、必ず一段階から次の段階に登るでしょう[561]。

20.それでも、かれらが信じないのはどういう訳でしょうか。21.クルアーンがかれらに読唱されても、かれらは頭を下げてひれ伏そうとしないのは、どういう訳でしょうか。**サジダ** 22.いやそれどころか、非信者は（クルアーンを）拒否します。23.だが**アッラー**は、かれらが胸に秘めることを熟知なされます。24.それであなたは、厳しい苦痛のあることを、（**アッラー**からの）知らせとして、かれらに伝えなさい。25.いやいや、信仰して善行に努める人は別であり、かれらには絶えることのない報奨があるでしょう。

---

561 終末の破壊、復活、審判、そして来世という諸段階を経ること。
562 「証言するもの」と「証言されるもの」については、諸説ある。現代の通説では、前者はすべての証言をするもの、特に人々の証人である預言者、後者は証言される人々であるという説が有力。ただし前者は集団礼拝のある金曜日、後者は巡礼月のアラファの日とする説もある。
563 西暦6世紀、当時ユダヤ人のイエメン国土が棄教を拒んだキリスト教徒たちを、掘った溝に落として焼いた事件があった。

85. 星座章

マッカ啓示
22節

宇宙に広がるアッラーの広大な力の象徴として、1節に星座が登場してきます。最後の審判の様子や、イエメン国王がキリスト教徒たちを焼き殺した出来事や、フィルアウンとサムードの民が不信な行為のため滅亡したことなどが言及されます。

慈愛あまねく、慈愛深いアッラーの御名において

1.（**アッラーの誓い**）星座のある天にかけて、2.約束された日（最後の日）にかけて、3.証言するものと、証言されるものとにかけて[562]。

4.堀の造作者は呪われた、5.火に薪をくべたのだ。6.見なさい、かれらはそこに座り（燃える様子を見ていました）[563]。7.（だから今は）信者に対して行なったことについて、かれらが証言されるのです。8.かれら（信者）を迫害したのは、偉力大で賛美されるべき**アッラー**を信仰していたからに他なりません。9.**かれ**に、諸天と地の大権は属しています。**アッラー**はすべてのことの証言者なのです。

10.信仰する男女を迫害しておいて改心しなかった者には、地獄の苦痛があり、また火の苦痛があるでしょう。11.信仰して善行に励んだ者には、川が下を流れる楽園があるでしょう。これは偉大な勝利です。12.真にあなたの主の襲撃は、厳しいものです。

13.かれこそは創造され、またそれを繰り返されるお方です。14.**かれ**は、よく赦され、慈恵多きお方[564]。15.栄光の玉座の持ち主。16.**かれ**は御望みのことを、成就されるのです。17.軍勢の物語が、あなたに届きましたか、18.フィルアウンとサムード（族の）。19.それでも何と、非信者たちは（真理を）嘘であるとしています。20.**アッラー**は、背後からかれらをとり囲まれます。21.いや、これは、栄光に満ちたクルアーンで、22.（**アッラー**

86. 夜訪ねる者章　سورة الطارق

マッカ啓示 17節

　　冒頭の誓語の中に、「夜訪れる人」とあります。それは輝く夜の星のことで、アッラーによって授けられ、監視されています。そして人の魂もアッラーによって授けられ、監視されているものです。やがてその魂が、本当の自分であることに気づかされるのです。

　　　　慈愛あまねく、慈悲深いアッラーの御名において

1.天と夜訪れる者にかけて。2.夜訪れる者が何かを、あなたに教えるものは何でしょうか。3.閃光を発する星です。4.すべての魂の上には、監視者がいます[565]。

5.人間は、何から創られたかを考えさせなさい。6.かれは噴出する水から創られ、7.かれ（人間）は脊髄と肋骨の間から出てきます。8.確かに**かれ**は、かれを（新たな生命に）引き戻すことが可能なのです。9.隠されたことが暴露される日、10.（人間には）力もなく、誰の助けもないのです。

11.戻るもの（雨や季節）のある天にかけて、12.裂け目のある大地にかけて[566]。13.間違いなく、これは決定的なお言葉、14.それは戯れごとではありません。15.確かにかれらは、陰謀を企んでいます。16.**わたし**もまた、企みをめぐらします。17.だから非信者たちをゆっくりさせて、かれらに時間を与えましょう。

564　慈愛深い（ラヒーム）、慈恵多い（ワドード）などはアッラーの働きであるが、一方人間の働きである敬愛（マハッバ）は人から主に向けられるもの、愛情（フッブ）は人間同士のものであるが、それはアッラーが好ましいとされるものに惹かれる力である。だからそれも、アッラー由来であることは変わりない。資料2.参照。
565　「監視者」は天使またはアッラーとも解釈される。

87. 至高章　سورة الأغْلَى

マッカ啓示
19節

本章の初めに、「至高の方」とあります（1節）。不信仰は苦痛に付されるが、礼拝を守る信者には楽園が待っている、現世より来世を求めよ、そして預言者は教化を継続せよ、というテーマです。

　　　　慈愛あまねく、慈愛深いアッラーの御名において

1. あなたの主、至高の方の御名を賛美しなさい。2. **かれ**は創造し、整えられ、3. また**かれ**は定められ、導かれ、4. 牧場に（緑を）出されるお方。5. それから、（それを）浅黒い枯れた屑にされます。

6. **われら**は、あなたに読誦させるようにしましょう。それであなたは忘れないでしょう。7. **アッラー**が御望みにならない限りは。実に**かれ**は、現されたものと隠れたものを知っております。8. **われら**は、あなたを（物事の）容易さへ、容易にするでしょう。9. だから諭しなさい、諭しは役立つだろう。10. 主を畏れる人は、諭しに注意を払うでしょう。11. だが最も邪悪な人は、それを無視するでしょう。12. かれ（邪悪な人）は最大の火で焼かれるでしょう。13. その中で、死にも、生きもしないのです。

14. だが自ら清めた者は必ず栄え、15. かれの主の御名を唱え、礼拝を守る人も（必ず栄えます）。16. しかしあなた方は、現世の生活を好んでいます、17. 来世がもっと良く、もっと永遠なものなのに。18. これは確かに、昔の書巻にあり、19. イブラーヒームやムーサーの書巻にもあります。

566　裂け目からは、植物が芽を出し、人も復活して、大地から出てくる。

88. 覆いかぶさるもの章 سورة الغاشية

マッカ啓示
26節

　　アッラーの力量のすべてが覆うかたちで、最後の日の崩壊であり復活から最後の審判に続きます。本章の初めに「覆いかぶさるもの」（1節）として、特に最後の審判の瞬間が描写されます。自然の中にそれらが見いだせるとしています。

　　　　慈愛あまねく、慈愛深いアッラーの御名において

1. 覆いかぶさるものの話は、あなたに達しましたか。2. その日、顔はうなだれ、3. 苦役に疲れ切って、4. 燃えさかる火で焼かれ、5. 熱湯の湧き水から飲まされるのです。6. かれらには苦い茨(いばら)の他に食物はなく、7. それでは栄養にもならず、飢えも癒(いや)せません。

8. その日（他の者たちの）顔は和(なご)やかで、9. その努力から喜悦に満ち、10. 高い楽園の中で、11. つまらないことは聞きません。12. そこには、流れ出る泉があり、13. 高く上げられた寝台があり、14. 杯が備えられ、15. 小布団が並べられ、16. 敷物が広げられています。

17. かれらは雨雲がどうやって創られたかを考えてみないのでしょうか[567]。18. また天がどうやって高く掲げられたのか、19. また山々がどうやって据え付けられたのか、20. また大地がどうやって広げられたのか、ということを。

21. だからあなた（ムハンマド）は一人の説諭者に他ならないということを、（人びとに）教えなさい。22. かれらのための、支配者ではありません。23. だが誰でも、背を向けて信仰を拒否するなら、24. **アッラー**は最大の苦痛で苦しめられます。25. 確かに**われら**のところに、かれらは戻って来る

---

567 「雨雲」ではなく、ラクダの意味もあるが、ここでは文脈から前者が適切。

のです。26.そして確かに**われら**が、かれらを清算するのです。

89. 暁章　سورة الفجْر

マッカ啓示
30節

夜や暁など大きな自然現象のいくつかに誓う言葉が初めに来ますが、その冒頭にあるのが本章のタイトルとなった「暁」です。これらいくつかの物事に誓うことは、それらすべてでアッラーの偉力が明示されていることを意味します。89〜92章のテーマは、巡礼、マッカ、暁、太陽など、信仰の中軸となる内容になっています。

　　　慈愛あまねく、慈愛深いアッラーの御名において

1.暁にかけて、2.(巡礼月初めの)10の夜にかけて、3.偶数にかけて、奇数にかけて[568]、4.去り行く夜にかけて。5.この中に、理知的で自制する人の誓いがあるのではないでしょうか。

6.あなたは主が、アード(の民)をどのように処分されたかを考えないのですか[569]、7.高い円柱の並び立つイラム[570](の都)のことを。8.このようなものは、どの国においても造られたことはなかったのです。9.また谷間の岩を彫ったサムード(の民)や[571]、10.杭の持ち主といわれるフィルアウン[572]。11.これらは、その国における横暴な人たちで、12.その地に腐敗を広めました。13.それであなたの主は、苦痛の鞭をかれらに浴びせられました。14.真にあなたの主は、(いつも)監視しています。

568　多くの解釈を呼んで来たが、アッラーの創造の多数性とアッラーの唯一性を意味するとも言われる。
569　アード族については、26:123など参照。
570　イラムはアードの民の祖の名前であった。
571　サムード族については、26:141など参照。
572　「杭の持ち主」とは、強力なという意味の表現であると言われ、あるいは「杭」は、フィルアウンが使用した拷問の道具であるとも言われる。

15. さて人間は、主が栄誉とお恵みによって試されたとき、主はわたしに栄誉を与えられましたと言う。16. だがかれを試み、お恵みを厳しめにされると、主はわたしを軽く見られたと言う。17. それでは断じていけません。いえ、あなた方は孤児を大切にしていない。18. また貧者を食べさせるよう、互いに勧めていない。19. そしてあなた方は遺産をむさぼり、20. むやみやたらに財産を愛している。

21. それでは断じていけません。大地が徹底的に打ち砕かれるとき、22. 主は、列なす天使と共にお出ましになります。23. またその日、地獄が運ばれて来るので、その日、人は反省することになるでしょう。しかし反省しても、かれに役立つのでしょうか。24. かれは、ああ、わたしの（今度の）生のために、（善行を）前もってしておけばよかったのにと言うでしょう。25. その日（**アッラー**は）、他の誰もできないほどの苦痛を与えられ、26. また誰もできないほどに縛りつけられます[573]。27.（善行をしてきた者よ）おお、安寧の魂よ、28.（あなたは）喜悦し、（**わたしの**）満悦にあずかりながら、あなたの主に帰りなさい。29. あなたは、**わたし**に従う人たちの中に入りなさい。30. あなたは、**わたし**の楽園に入りなさい。

90. 町章 سورة البلد

マッカ啓示
20節

はじめにマッカの町に誓っています（1節）。信仰ある人は右手の徒、非信者は左手の徒と称されます（18〜19節）。

慈愛あまねく、慈愛深いアッラーの御名において

1. **わたし**は、この町にかけて誓います[574]、2. あなた（ムハンマド）は、こ

573　23〜26節は三人称で、27節以降は二人称で語られている。これもイルティファートである。後者の善人に対して前者の悪人よりも、迫真力をもって語る効果がある。
574　マッカの町のこと。

の町の住民[575]です。3. 親と子孫[576]にかけて（誓います）、4. 確かに**われら**は人間を、苦難（カバド）[577]の中に創りました。5. かれ（人間）は、何も自分を支配するものはないと考えるのか。6. かれは大変な財産をつぶしたと言う。7.（しかし）かれは、誰もかれを見ていないと考えるのか。

8. **われら**は、かれのために両目を創ったのではないか、9. また一つの舌と二つの唇を。10. また（善と悪の）二つの道をかれに指し示した。11. だがかれは、険しい山道を取ろうとはしない。12. 険しい山道がどんなものかを、あなたに教えるのは何か。13.（それは）奴隷を解放し、14. または飢えの日には食物を提供し、15. 近親の孤児を、16. または、埃まみれの貧者を（助けること）。17. それから信仰する人になって、互いに忍耐を勧めあい、互いに慈愛[578]を勧めあう人になることです。18. これらは右手の者たちです。19. だが**われら**の印を信じないのは、左手の者たちです。20. かれらの上には、覆う（地獄の）火があるのです。

91. 太陽章　سورة الشمس

マッカ啓示
15節

　魂の浄化がテーマになっています。そして人としての責任感が問われています。冒頭の誓いが太陽、月、昼と夜、天と大地、信心と邪悪さなど、相互に対比しつつ行なわれています。そして魂を清める者と汚す者に分けられます（1～10節）。

---

575 「住民（ヒッル）」は外来者の諸義務を免除された市民という特定の意味と解される。あるいは、ムハンマドはいったんマッカ外へ移住しても、やがて帰還することが許されているとも解される。
576 アーダムとその子孫（全人類）とも解される。
577 カバドは苦難、至難、試練などの意味で、クルアーン中では、ここで1回だけ使用される言葉である。
578 慈愛のような広大な働きはアッラーのものである。人はそれを他者のために祈願することはできる。資料2.の4.（1）慈愛の項参照。

慈愛あまねく、慈愛深いアッラーの御名において
1.太陽とその早朝にかけて、2.それ（太陽）に続く月にかけて、3.太陽の輝きを現す昼にかけて、4.それを包み隠す夜にかけて、5.天とそれを建てた方にかけて[579]、6.大地とそれを広げた方にかけて、7.魂とそれを形成した方にかけて、8.そしてそれに背信と篤信を授けた方にかけて。

9.それ（魂）を清める者は確かに成功し、10.それを汚す者は滅びます。11.サムード（の民）はその不遜さから、（預言者を）嘘つきだとしたのは、12.かれらの中の最も性悪な人が（使徒に対抗するために）派遣された時。13.**アッラーの使徒（サーリフ）**はかれらに、これは**アッラー**の雌ラクダだから、飲み水を取らせてやりなさいと言いました。14.だがかれらはかれを嘘つきとして、その足の腱を切りました[580]。そこでかれらの主はその罪のためにかれらを滅ぼし、鎮圧されました。15.**かれ**は、こういう報い方に躊躇されないのです[581]。

92. 夜章　سورة الليل

マッカ啓示
21節

初めに、夜と昼、男と女と対比させつつ、読み聞く人の心に訴えています。アッラーは至高であり、現世も来世もすべてが帰属する、人は富を施すがその代償や報酬は求めない、などの教えが展開されています。イスラームの教えの基本が最も簡潔に示されているといえます。

慈愛あまねく、慈愛深いアッラーの御名において
1.覆い隠す夜にかけて、2.明るくなる昼にかけて、3.雌雄を創造されたこ

---

579 ここは誓いを立てる対象として「建てたお方」以外にも、建てたこと、あるいは、天とその建て方、という理解もある。8節まで同様のパターン。
580 54:29参照。
581 ここは「その結末を懸念されない」という読み方もある。ウクバーの単語には、「最終結果」と「報奨」の意味がある。

とにかけて[582]。4. あなた方の尽力は、実に多様です。5.（だから）施しをして、（**アッラー**を）意識する人や、6. また最善を真実と考える人には[583]、7. **われら**はかれを（物事の）一番の容易さへ、容易にするでしょう。8. 他方けちで、自惚れている人や、9. 最善を嘘だとする人には、10. **われら**はかれを（物事の）一番の難しさへ、容易にするでしょう。11. かれが転び落ちるときには、その財産はかれに役立ちません。

12. 確かに**われら**が導かざるを得ず、13. また確かに、来世も現世も、**われら**のものです。14. だから**わたし**は燃え盛る火について、あなた方に警告しました。15. 最も邪悪な人しか、それで焼かれることはありません。16. それは（最善を）嘘であるとして、背を向けた者なのです。17. だが最も篤信な人はそれから逃れさせ、18. その人は、その財産を施すことで、自らを清めます[584]。19. かれは（施しに当たり）誰に対しても、返済すべき恩義はなく、20. ただ至高の主の尊顔を、請い願っただけです。21. やがて**かれ**は、間違いなく満悦するでしょう。

93. 朝章　سورة الضُّحَى

マッカ啓示
11節

静寂な夜に続いては、輝かしい朝が来ます。これは預言者とイスラームの未来を示すとして、預言者への激励でもあるのです。そして孤児や弱者への思いやりが説かれます。93〜98章のテーマは、預言者に読めとの指示やアッラーは凝血から人間を創造したことなどであり、81〜88章のグループと対をなしています。

慈愛あまねく、慈愛深いアッラーの御名において

582　創造されたお方（アッラー）にかけて、とも解釈される。
583　「最善」とは啓示の言葉全般を指し、個別なものではない。
584　ここの施主は、預言者の義父アブー・バクルであり、預言者自身ではない。17〜21節は、アブー・バクルに関する啓示とされる。

1. 朝にかけて、2. 静まる夜にかけて。3. 主はあなた（ムハンマド）を見捨てられないし、また嫌われてもおりません。4. 来世には、あなたにとって現世より、もっと良いものがあり、5. やがて主はあなたに（多くを）授けられて、あなたは満足するに違いない。

6. **かれ**は、あなたを孤児で見いだされ、庇護されたではないか、7. **かれ**は、あなたがさ迷っているのを見つけて、導かれ、8. またあなたが貧しいのを見つけて、裕福にされたではないか。9. だから孤児を虐げてはいけません。10.（また）請う者を拒んではいけません。11. そしてあなたの主の恩恵についてこそ、語りなさい。

94. 胸を広げる章　سورة الشرح

マッカ啓示
8節

苦あれば楽あり、胸を締め付けられるのに続いては、それが広げられるのです。アッラーの御差配を預言者に確かめる内容です。

慈愛あまねく、慈愛深いアッラーの御名において

1. **われら**は、あなた（ムハンマド）の胸を安堵させたのではないでしょうか。2. あなたの重荷を降ろしたのではないでしょうか。3. それは、あなたの背中に押し付けられていました。4. また**われら**は、あなたの評判を高めたのではないでしょうか。5. だから苦あれば楽ありで、6. 確かに苦あれば楽ありです。7. それで仕事を終えたら、次に取り掛かり、8. そして、あなたの主に（何かにつけて願い）求めるのです[585]。

585　礼拝はアッラーの称賛とかれへの嘆願を内容とするが、「求める」ことは信仰の半分ともいえる。仏教では現世利益はお願いしてはならないとされるが、イスラームでは垣根はない。何くれとなくお願いするのは、アッラーに強く依拠していることに他ならず、正面から勧奨されるのである。

95. 無花果章　سورة التين

マッカ啓示
8節

　無花果とオリーブというパレスチナの産品や、そこのシナイ山に誓う言葉で始められます。

　　　慈愛あまねく、慈愛深いアッラーの御名において
1.無花果とオリーブにかけて、2.シナイ山にかけて、3.また平安なこの町（マッカ）にかけて。4.確かに**われら**は、人間を最も素晴らしい姿に創りました。5.それから**われら**は、かれを最低な中でも最低に戻しました。6.(ただし)信仰して善行に努める人は別であり、かれらに対しては尽きない報奨があるのです。7.ところがまだ（これらの明証の後に）最後の日について、おまえ（ムハンマド）が嘘をついていると、何が言わせるのか。8.本当に**アッラー**は、最高の審判者ではないのか。

96. 凝血章　سورة العلق

マッカ啓示
19節

　「凝血」の言葉（2節）に由来する命名ですが、冒頭の言葉「読め」（1節）から、「読め章」とも呼ばれます。本章の1～5節は、610年ごろ始まった啓示の最初の言葉と見られます（ただし74章1～7節が最初の啓示との説もあります）。そして残りの節はしばらく後のものです。「凝血」は何であれ付着するものを象徴し、それは人がアッラーにしがみつく姿とされます。

　　　慈愛あまねく、慈愛深いアッラーの御名において
1.読め[586]、創造なされるあなたの主の御名において。2.一つの凝血から、人間を創られました。3.読め、あなたの主は最も高貴で[587]、4.筆によって

586　ここで「読め」とは、アッラーによる口誦伝授のこと。

教えられました。5. 人間が知らないことを教えられました。6. いや、人間が則(のり)を越えるのは、7. 自ら満ち足りたと考えるためです。8. 真に、あなたの主に戻るものなのです。

9. あなたは見ましたか、阻止する人を[588]、10. 一人の僕（ムハンマド）が礼拝を捧げているのを。11. あなたは、かれ（阻止する人）が導き（の道に）あると思うのですか、12. 篤信を勧めていると思うのですか、13.（それとも真理を）嘘であるとして背を向けたと思いますか。

14. かれは、**アッラー**が（すべてを）見ていることを知らないのでしょうか。15. いやいや断じてそうではない。もしかれが止めないならば、**われら**は額を（地につけて）引っ張るでしょう、16. 嘘つきで、誤った（者の）額で[589]。17. そしてかれに、その仲間を召集させてあげなさい。18. **われら**は地獄の見張りを召集するでしょう。19. いやいや、あなたはかれに従ってはいけません。ひれ伏して（主に）近づくように。 ❧**サジダ**❧

---

97. 天命章　سورة القدر

マッカ啓示
5節

啓示の始めは、夜を称える内容です。それはすなわち、アッラーの定め、天命を称賛することでもあります。

慈愛あまねく、慈愛深いアッラーの御名において

1. 確かに**われら**は、天命の夜にこれ（クルアーン）を下しました[590]。2. 天命の夜が何であるかを、あなたに教えるものは何ですか。3. 天命の夜は、

587　ここの「アクラム」には、最も高貴な、と最も豊かな、の意味がある。
588　マッカで最も熾烈にムハンマドを迫害した一人である、アブー・ジャフルを指すとされる。
589　地獄を引き回す様子。54:48参照。「額」（前頭部）ではなく、前髪と訳されることも多いが、罪深いのは頭であって、前髪ではない。

1,000の月々よりも善いのです。4.その夜には天使たちと清魂（天使ジブリール）は、主からのお許しにより、任務のたびに幾度も降下します。5.（その夜は）暁の明けるまで、平安です。

98. 明証章　سورة البيّنة

マディーナ啓示
8節

偶像を信じる人やユダヤ教徒、キリスト教徒たちは事実の証拠を要求するが、イスラームの明証が示されると離反するようになるという内容の説法です。正しい教えとは何かを知れ、というメッセージでもあります。

慈愛あまねく、慈愛深いアッラーの御名において

1.啓典の民と多神教徒たちで不信心な人は、かれらに明証が来るまで、（それに）離反しようとはしませんでした。2.**アッラー**からの使徒が、清浄な書巻（クルアーン）を、読んで聞かせるまでは。3.そこには、真正な諸節[591]があります。

4.（多神教徒より責任が重大な）啓典を授かっている人たちが分裂したのは、明証がかれらに来てから後のことでした。5.かれらの命じられたことは、ただ**アッラー**に仕え、ひたすらに**かれ**に純粋の信心を尽くし、礼拝の務めを守り、定めの施しをしなさいというだけのことでした。これこそ真正の教えなのです。

6.啓典の民と多神教徒たちで不信心な人は、地獄の火の中に永遠に住みま

590　「祝福された夜」(44:3) 参照。通常ラマダーン月の27日夜とされるが、諸説ある。いずれにしてもアッラーの啓示が降り始めたときだが、「天命（カダル）」は、決定、運命、栄光の意味にも解される。
591　「諸節（クトゥブ）」は、諸規則、あるいは一部の解釈としては、クルアーン中に見いだされる過去の諸啓典への言及を指すともいわれる。

す。これらは、被造物の中で最悪の者です。7. だが信仰して善行に励む人たちは、被造物の中で最善の者です。8. かれらへの主からの報奨は、川が下を流れる永遠の楽園です。そして永久にその中に住みます。**アッラー**はかれらに満悦され、かれらも**かれ**に喜悦します。これらは主を畏れる人に対するものなのです。

99. 地震章　سورة الزلزلة

マディーナ啓示
8節

地震の後に来る審判と新たな秩序の様子を描写します。秘密に残されるものはなく、すべてが暴かれます。すでに頻繁に出てきた情景でもあります。99〜104章のテーマは、時間や馬などであり、73〜80章のグループと対を成しています。

慈愛あまねく、慈愛深いアッラーの御名において

1. 大地が激しく揺れ、2. 大地がその重荷を投げ出し[592]、3. それは何事が起こっているのかと人が言うとき、4. その日（大地は）すべての情報を語るが、5.（それは）あなたの主が、命じられたところに従ってです。

6. その日、人びとはさまざまな集団となって出て来て、かれらの行なったことを見せつけられます。7. 原子ひと粒ほどの重さでも、善を行なった者はそれを見るのです。8. 原子ひと粒ほどの重さでも、悪を行なった者はそれを見るのです。

100. 進撃する馬章　سورة العاديات

マッカ啓示
11節

忘恩、物欲、隠蔽（いんぺい）などの人間の欲が戒められます。短い巧みな訴え方になっています。

慈愛あまねく、慈愛深いアッラーの御名において

1. 吐く息荒く進撃する（馬）にかけて、2.（ひづめで）火花を散らし、3. 暁に急襲して、4. 砂塵を撒き散らし、5.（敵の）軍勢のただ中に突入するときにかけて。

6. 実際のところ人間は、自分の主に対し恩知らずです。7. それについて、かれは証人です[593]。8. また富を強く愛します。

9. かれは墓の中のものが、掘り出されるときのことを知らないのでしょうか、10. また胸の中にあるものが、暴き出されるときのことを。11. 本当にかれらの主は、その日、かれらについてすべてを知り尽くされるのです。

101. 大打撃章　سورة القارعة　マッカ啓示 11節

最後の審判においてこそ、人の真価が判明するという説き方になっています。

慈愛あまねく、慈愛深いアッラーの御名において

1. 大打撃（最後の審判）、2. 大打撃とは何でしょう。3. 大打撃が何であるかを、あなたに教えてくれるのは何でしょうか。4. その日、人びとは飛び散った蛾のようになり、5. また山々は梳かれた羊毛のようになってしまう。

6. その人の秤が（善行で）重いのなら、7. かれは喜びに満ちた暮らしをするでしょう。8. だがその人の秤が軽いならば、9. かれの最後の住まいは、

---

592 重荷とは、復活のため墓場から出てくる遺体のこと。
593 ここの「かれ」とは、人間自身か、アッラーか、あるいはその両方でもある。

底なしの地獄です。10. それが何であるかを、あなたに教えるものは何でしょうか。11. 灼熱の火です。

102. 数の競い合い章　سورة التكاثر

マッカ啓示
8節

来世の末路が示されます。それは人が多くを望むという俗欲の果てにある世界です。

　　　慈愛あまねく、慈愛深いアッラーの御名において

1. あなた方が、(財や子供など) 多いことを競い合い、道を外れて、2. 墓を訪れることとなる[594]。3. いや、やがてあなた方は知るでしょう。4. いや、いや、やがてあなた方は知るでしょう。

5. いや、あなた方に確かな知識があるならば、6. あなた方は必ず地獄の火を見るでしょう。7. そのときあなた方は、それを確かな目で見るでしょう。8. その日あなた方は、(あなた方の) 快楽について必ず問われるでしょう。

103. 時間章　سورة العصر

マッカ啓示
3節

「時間」は「夕刻」も意味する言葉です。時間をかけて信仰に励む人には見返りがありますが、それまでの不信心を償おうとするには、夕刻のように残り時間は少ないかもしれない。

　　　慈愛あまねく、慈愛深いアッラーの御名において

594　墓への埋葬は、復活までの一時的な「訪問」である。

1. 時間にかけて（誓います）。2. 人間は、確かに破滅の途次にあります。3. ただし、信仰し善行に努め、互いに真理を勧めあい、また忍耐を勧めあう者たちを除いては。

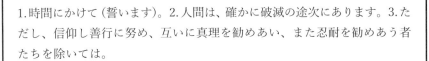

104. 中傷者たち章　سورة الهُمَزة

マッカ啓示
9節

人を中傷する人や蓄財に励む人を責め立てています。

慈愛あまねく、慈愛深いアッラーの御名において

1. 災いあれ。悪口や中傷をするすべての者[595]に、2. 財を集めて、計算する人に。3. かれはその財が、永久に生かしてくれると考えている。4. とんでもない、かれは必ず粉砕窯（ふんさいかま）の中に投げ込まれる[596]。5. 粉砕窯が何かを、あなたに教えてくれるのは、何でしょうか。6.（それは）焚きつけられたアッラーの火で、7. 心臓まで登ってきます。8. それはかれらの上に被さり、9. 高い支柱のようです。

105. 象章　سورة الفِيل

マッカ啓示
5節

570年、エチオピアのキリスト教国の在イエメン総督が、マッカのカアバ殿を攻めるため象軍団で進撃してきました。それを食い止めたのは、鳥が投げつけた土の塊だったという話。信者を勇気づける話となっています。105〜108章のテーマは、非信者を見ること、けちな非信者と水、アッラーによる非信者の象軍排斥などがテーマで、67〜72章のグループと対をなして

---

595 アルワリード・ブン・アルムギーラらの名前が挙げられている。74:11脚注参照。
596 粉砕窯とは、地獄の火のこと。

います。

　　　　　慈愛あまねく、慈愛深いアッラーの御名において
1.あなたの主は、象の軍勢をどう措置されたか、見なかったのですか。2.**かれ**は、かれらの計略を、迷いと過ち（失敗）にされたのではないか。3.かれらの上に、群れなす鳥を遣わし、4.焼き土の小石をかれらに投げ付けて、5.かれらを食い荒らされた穂のようにされました。

106. クライシュ族章　سورة القُريش

マッカ啓示
4節

　　マッカの民が、恵みを受けながら主の真実なことを受け入れないことを
非難する内容です。

　　　　　慈愛あまねく、慈愛深いアッラーの御名において
1.クライシュ族の安全（契約）のため、2.かれらの冬と夏の旅の安全のため[597]。

3.かれらに、この家（カアバ）の主を奉らせるよう。4.（**アッラー**は）かれらの飢えには食物を与え、かれらの恐怖には安全を与えられるお方。

107. 慈善章　سورة الماعون

マッカ啓示
7節

　　貧困者や弱者への支援を訴える趣旨。マーウーンは食事をする碗のこと

597　冬はイエメンへ、夏はシリアに隊商を組んで旅するのが、マッカの住民クライシュ族の生業であったが、そのために安全護送の契約を周辺の部族と締結する慣行があった。

ですが、善いことを指す言葉でもあるので、本章では「慈善」と訳しています。そして貧者を救おうとしない人が非難されています。また審判を否定し、偽善の礼拝にいそしむ人も同様です。

慈愛あまねく、慈愛深いアッラーの御名において

1.あなた（ムハンマド）は、最後の審判を否定する人を見ましたか。2.それは、孤児を追いやり、3.貧者に食物を与えることを勧めない者です。4.災いあれ。礼拝しながら、5.自分の礼拝に気もそぞろ、6.また人にこれ見よがしに礼拝し、7.慈善を妨げる人に[598]。

108. 豊潤章　سورة الكوثر

マッカ啓示
3節

天国に流れる川をカウサルと呼びますが、それは豊潤さの象徴でもあります。そのような豊潤な恵みが預言者に与えられましたが、礼拝と犠牲を捧げてそれに感謝し、精神的な豊かさを得るようにとの教えです。

慈愛あまねく、慈愛深いアッラーの御名において

1.確かに**わたし**はあなた（ムハンマド）に、豊潤に授けました[599]。2.さあ、あなたの主に礼拝し、犠牲を捧げなさい。3.あなたを憎む人こそは、（将来の世代を）最も断たれるでしょう[600]。

109. 非信者たち章　سورة الكافرون

マッカ啓示
6節

マッカの偶像崇拝者とのやり取りで降ろされた啓示です。109〜112章のテーマは、マッカ征服やアッラー称賛などですが、57〜66章のグループと対をなしています。

慈愛あまねく、慈愛深いアッラーの御名において

1.（ムハンマドよ）言いなさい。おお非信者たちよ、2.わたしは、あなた方が仕えるものには仕えません。3.あなた方は、わたしが仕えるものには仕えません。

4.（また）あなた方が仕えてきたものに、わたしは仕えません。5.あなた方は、わたしが仕えるものには仕えません。

6.あなた方には、あなた方の宗教があり、わたしには、わたしの宗教があるのです。[601]

110. 援助章　سورة النصر　マディーナ啓示 3節

632年、預言者ムハンマドの最初で最後の大巡礼が実施されましたが、彼はマディーナに戻ってこの啓示を受けた後、80日で他界しました。アッラーの援助が来てアラビア半島をイスラームが平定するまでに成長し、それはイスラームの大勝利となりました。

慈愛あまねく、慈愛深いアッラーの御名において

1.**アッラー**の援助が来て勝利し、2.人びとが群れなして**アッラー**の教えに入るのを見るときは、3.あなたの主を称賛をもって賛美し、また御赦しを

598　マーウーンは碗などの食器であるが、食料、定めの施し、好意、善行など広く善いことを指す。「慈善」を阻害するのは、礼拝不熱心と同様の悪行となる。
599　豊潤（カウサル）とはあらゆる恵みであるが、天国の川の名前でもある。
600　マッカの非信者がムハンマドに対して、息子がいなくて後継者もいないとなじったことが、この啓示の背景にある。
601　この啓示が降ろされた状況からは、イスラームの多神教との断絶が意図されている。しかし最近はここを、正しい教えが誰にも知らされるべきだが、互いの信仰は尊重されるべきだと説かれることが多い。

請うように。真に**かれ**はよく赦す方です。

111. シュロ章　سورة المسد
マッカ啓示　5節

預言者ムハンマドに激しく敵対する彼の叔父アブー・ラハブとその妻がテーマですが、夫人が地獄で首に巻かれる綱は、シュロの蔦で編まれています。

慈愛あまねく、慈愛深いアッラーの御名において

1. アブー・ラハブの両手は滅びよ[602]、そしてかれも滅びるがよい。2. かれの資産も、稼いだものも、かれのために役立たない。3. いずれかれは、火の炎（ラハブ）で焼かれるのだ[603]。4. かれの妻は薪を運ぶ人、5. 首にはシュロの縄をかけて[604]。

112. 純正章　سورة الإخلاص
マッカ啓示　4節

アッラーの唯一性、単一性が強調される章で、しばしば読誦されます。章の中には、その名称であるイフラースという単語に当たる、「純正」あるいは「至誠」の言葉が登場していない珍しい命名法です。しかしその内容の重要性から、預言者自身が本章はクルアーンの三分の一に相当すると言ったとされます。

602　アブー・ラハブはムハンマドの叔父で支持者であったアブー・ターリブの弟で、アブー・ターリブが619年に没した後、マッカで反イスラームの最先鋒であった。アブー・ラハブの妻も根強くイスラームに敵対していた。
603　アブー・ラハブは「炎の父親」の意味だから、皮肉ったあだ名となっている。
604　シュロにはとげがあり、アブー・ラハブの妻は預言者の通路にそれをばらまいていた。今度はそれで編んだ綱を首に巻いて、彼女は地獄行きとなるのである。

慈愛あまねく、慈愛深いアッラーの御名において

1. (ムハンマドよ) 言いなさい、**かれ**、**アッラー**は、唯一な方。2. **アッラー**は永遠で[605]、3. 産むこともなければ、産んでもらったわけでもない。4. **かれ**に対等なものは、何もないのです。

113. 黎明章　سورة الفلق

マッカ啓示
5節

外部の悪や嫉妬心からアッラーによるご加護を願うというのが本章の主題。本章の文言のまま、祈願の言葉ともなります。

慈愛あまねく、慈愛深いアッラーの御名において

1. (ムハンマドよ) 言いなさい、黎明の主に、わたしは助けを求めます、2. **かれ**が創られるものの悪から、3. 降りゆく夜のとばりの悪から、4. 結び目に息を吹きかける (女呪術師の) 悪から[606]、5. また、嫉妬する人の嫉妬の悪から。

114. 人びと章　سورة الناس

マッカ啓示
6節

本章では人の心に生じる悪から逃れることが主題となっています。これも祈願の言葉として、頻繁に使用されます。この最後の人間章114章が、最初の開巻章1章のアッラーへの称賛と祈願に連動していることによって、ようやくクルアーンの全体的な同心円構造は、一巡して最終的に完結する

---

605 「永遠 (サマドゥ)」は、皆から求められる、あるいは自存の意味とも解される言葉で、クルアーン中、ここで一回だけ出てくる言葉である。
606 糸で結び目を作りそこに息を吹きかけるのは、呪いをかけるときの行為とされた。それは息だけか、あるいは唾も吐くのかなどの諸説がある。

ように図られています。絵巻物でいえば、その終わりが初めに繋がるような工夫がなされていると言えます。

慈愛あまねく、慈愛深いアッラーの御名において

1.（ムハンマドよ）言いなさい、人びとの主に、わたしは助けを求めます。2.人びとの支配者よ、3.人びとの神よ。4.（助けを求めるのは）こそこそ隠れ、つぶやく者[607]の悪から、5.それは人びとの胸につぶやく者で、6.ジンであろうと、人びとであろうと[608]。

---

607 アッラーの声が聞こえると、こそこそ逃げ隠れ、つぶやく者とは、悪魔の別称でもある。
608 ジンと人間の両者が悪をつぶやく者だとする解釈と、悪魔がつぶやく対象がその両者の胸だとする解釈がある。

【資料】

1. クルアーンの扉を開く論考2本

イスラームとクルアーンを巡る大きな疑問

水谷　周

　イスラームは仏教と比較しても、はるかに単純明快な教えです。事実、創造主アッラーの絶対的な天地の支配を認めて、その教えを守るというだけなので、実に簡明直截です。ところが実際は、どうもイスラームは分かったようで分かりにくい、そして結局のところ難しいという人が少ないようです。それではこのような真逆の事態にどうしてなってしまうのでしょうか？

　この質問のように、頭ではわかっているつもりでも、どうも実感を伴ってこないといった種類のものには、意外と回答は教科書には出ていません。それは文字になる以前の発想や概念、そして文化全体が背景となっているからです。そこで本稿ではそれを克服するための謎解きを試みます。

　結論から述べるとすれば、イスラームに対して敬意をもって、その高みを目指す気持ちがあまりないから難しくなるということです。つまり学習に着手する以前の姿勢に、問題が潜んでいるのではないか、ということです。

　ア．イスラームは巨人

　イスラーム諸国の現地の人にとってイスラームは生まれついてからの自然な教えの体系なので、特に難しくないのは当然ということかも知れません。しかし考えてみると、日本人にとっての仏教や神道が生来のものであっても、よほど教えられなければ、簡単ではないはずです。しかしそれでも日本人は、仏教や神道が難しいとはあまり言わないでしょう。

　この現象が生じて来るのは、著者が見るところ、日本人はイスラームを理解できるものと初めから決めつけているからだと思います。逆に仏教や神道は、奥深くてそう簡単には分かるものではないと思っているので、わざわざ難しいと嘆くこともないのでしょう。これを言い換えれば、イスラームは現地から離

れている日本でも、いくつかの本を読んだり、話を聞いたりすれば、分かるものだと見なしているということです。

よく日本で聞かれる表現に、「イスラームでは」とか「イスラームにおける」など言うものがあります。これはイスラームを一つかみに出来るという前提ですが、それはいわば長い歴史と膨大な蓄積を内包するイスラームからすれば、軽く見ていて、横柄なものの言い方であるということになります。他方、逆に日本人が、「仏教では」という短絡的な言葉で言いくるめることはあまり想像されません。それは仏教と神道の奥深さというものが了解されているので、そのような言いくるめたもの言いを自然と避けることになっているのです。

この遠因としては、近代日本が辿ってきた、欧米に追い付け、追い越せという近代化の潮流の中で、それ以外の社会や文明を一段と遅れたものとして低く見る習癖とも関係しているのではないでしょうか。この傾向は誰が悪いということもなく、現代の日本社会の主軸の一つとして、遺憾ながらいまだに克服されていないようです。

「イスラームでは」として一言にくくっても、相手は巨人なのでとても全体像は把握できません。一まとめにはとてもできない対象を一言で言いくるめていることにそもそも無理があり、それゆえに本来「単純な」ものを「難しく」しているということになっていると思われます。

イ．教養としてのイスラーム

次にイスラームを理解困難にしている原因は、それを知識の一端として学習しようとしているからだと思われます。教養主義であれば、その人が涵養してきた観念や価値体系が既存の枠組みとして維持されて、それに挑戦するような勢いは生まれてこないという限界があります。

この種の限界は何もイスラームに限ったわけではないでしょう。事実日本が民主主義とは何か、法治主義とは何かといった欧米文化を輸入する過程では、いやというほど試練を受けて来た問題でもありました。しかしそれらの問題では、生きるか死ぬかの現実が肉薄してくるので、逃げようがありません。それらは教養主義ではなく、実践を伴う生存上の問題であったのです。そこがイスラームを学習するのとは、基本から違っています。

紀元6世紀以来日本が仏教を招来した時は、やはり生存をかけての課題でし

た。それで国家の安寧を願い、社会の平安を実現しようという意気込みでした。自らの枠組みを破棄し、脱皮するほどの勢いをもってイスラームを学ぼうとするのでなければその門戸は容易には開かれないということでもあります。禅寺への入門も同様でしょう。観光で訪れるのとはわけが違います。寒さ、暑さも厭わず、修行の道を全うする者にだけ許される厳しい門戸なのです。

　イスラームも同様であり、参禅のような覚悟と求道の精神が求められます。それらが十分でないままに、イスラームを勉強しても、「単純な」ものを複雑に「難しく」する結果となります。既存の異質な枠組みにイスラームの諸価値や慣行を誤って置いてしまうからです。そしてそれは他の誰でもない、自分の取り組む姿勢に問題があるということになります。

　ウ. 信仰固有の世界観
　日本と異なるイスラームの諸価値や慣行の壁と言っても、具体的には多様なものでしょう。その中でも最も端的な事例は、抽象的なことが多い信仰世界という側面です。それは空を掴むようなものかも知れませんが、それこそは宗教としての中核になるポイントです。それだけに揺るがせにできません。以下ではそれを三つの側面から示したいと思います。

　＊万物の存在感覚
　日本では人生を、そして物事を、生々流転や流れる川の水の如しという言葉で言い換えることに慣れて、そういった縁起の法則の下で見るのが一般的です。一切何もないが、あるのは諸物の縁起だけであり、何か物があるというのはそれを引き起こした原因が他にあるからだとする見方です。主として仏教で説かれるものではあっても、それは広く国民文化として受け入れられて久しいものがあります。仕方ない、という諦めの良さも日本の土壌になっていると言えるでしょう。

　イスラームはこういった初めも終わりもないという縁起的な世界観とは、真逆の立場にあります。創造主の「有れ」という一言ですべては始まったと了解するのです。これも頭の体操のように、そのように考えるというだけの話ではなく、全身全霊をあげて存在の有無を問いかける勢いのある設問なのです。このような発想になじめるかどうかが、問われているのです。アラブの友人に手を掴まれて、これは一体誰が創られたのかね、と問いかけられると、ハッと気

が付くでしょう。自分は本当には宇宙の、そして人間の創造という問題に心底からは向き合っていないということに。

　以上要するに、日本的な生々流転の人生観と世界観は、イスラームのそれとは全く異質だということです。この縁起の枠組みを脱皮して、新たにイスラームの創造と破壊の存在感覚を全幅で自らのものとするには、やはり尋常な教養主義では難しいと言わねばなりません。

　＊絶対主の支配と唯一性

　天地を唯一の絶対主が支配されているという事実を認め（覚知）、その命令と教えに従う誓約をするということがイスラーム信仰の根幹です。この点への帰依、すなわち全身全霊をあげて承服することが、イスラーム全体の原点となります。いわば絶対主の大権を認めることが大前提なのですが、これこそ頭では分かったつもりでも、心底そのように徹底できるかどうかは、大いに疑問です。

　日本ではどうしても石にも山にも、そして台所にも神々を認めたがる心の傾向があります。さらには、神仏習合で仏も神も互いに守護し合う関係に、違和感はありません。明治時代のキリスト教徒で著名な内村鑑三は、通学途中で神社の前を走り抜けたそうです。かれは、無神経ではいられなかったのです。

　具体例をあげましょう。イン・シャー・アッラー（アッラーが望まれるならば）の言葉を巡っては、本書資料2. 第6節「クルアーンを読む前提としての信仰」の中でも取り上げています。得てしてこの言葉は回答をごまかすための表現と見られがちですが、それは日常的用法の半分です。そして残りのもう半分は、すべてはアッラーのお考え次第であると真剣に思っての表現なのです。それは実に白黒に運命を二分するものとして、鋭い感覚で受け止められます。言い換えるとこの一言は、将来の決定権は人間にはないことを確認していることになります。それがこの一句のポイントなのです。現在もイスラームの生活において、この言葉は常に耳目にするものです。それほどにアッラーへの帰依が常に意識され、その加護の下に我々は生息している事実を、片時も忘れてはいないということです。

　そして重要なことですが、山や川のどこにでも神仏の感覚を持つのが日本式とすれば、それはイスラームでは最も警戒される多神教という呼び方にもなります。そうかどうかはここでの論点ではないのですが、ポイントはそれほど

にイスラームは唯一で単一の一神教であるということです。全体を総括するアッラーは一つである、ということこそは逃すことが許されない、究極的なポイントです。そのように帰依の対象を厳密に一つにしぼり得るのは、通常の日本的な感覚からすれば、よほど厳しく研ぎ澄まされた思考力と認識力の賜物と言えるでしょう。

＊繰り返し文化に不慣れな現代社会

信仰世界固有の次の側面は、繰り返し論法に関するものです。イスラームが基礎とし、その背景に持っている社会、言い換えればその文明的な成り立ちが現代日本とは非常に違っているということは言うまでもありません。今の日本は未だに明治以来の近代化路線の延長上にあると言えるでしょう。それと際だって対照的なのが、イスラームの世界と言えます。

クルアーンが分かりにくくて読みづらいとされてきた一つの大きな理由は、その全体の流れが把握しにくいという事情があります。確かに著者自身、クルアーンが引用されているものを見ると、いつも非常に短い句や節が前後の脈絡からは切り離されてぷっつりと記されているのに、少なからず違和感を覚えさせられてきました。他方アラブ民族の思考様式として、一つ一つ、そして一瞬一瞬に移り変わる姿がすべてであり、全体の流れや内在する連関性に注意を払うことがないという特性があるとされてきました。そしてそれは砂漠生活の特徴として、刻々と速やかに変化する大自然の中で培われた生活感覚に支えられたものであるともされたのでした。

このような非連続的な存在感は、ばらばらであることをもって自然と受け止めるので、「原子論的存在感」とも称されました。例えば、千夜一夜物語のように、一夜毎の小話の連続に終始して、全体を覆うストーリーや哲学には無頓着であるということです。そしてこの原子論的存在感覚は、クルアーンにも妥当しており、したがってそれは片言隻語のような短い表現のばらばらの集積であるということになります。しかし他方では、あれほど信者の心を捉えて離さないクルアーンは、本当に小さな切片の積み重ねに過ぎず、全体の構成や流れは無視されているのであろうかという疑問は、半世紀に渉って筆者の心の中を去来してきました。

そんな中、一つの重要な節がクルアーン自身の中に埋め込まれていることに、クルアーンの和訳作業をしていて改めて気が付いたのでした。

「アッラーは最も美しい教えを、互いに似た（一貫した比喩を）繰り返す啓典で啓示しました。」(39章23節)

　繰り返すような話法や論法は現代の日本、あるいは現代文明の中では非能率の象徴のようなものであり、むしろ積極的に拒否され、一段低い思考様式、あるいは低いレベルの頭脳の働きと見なすのが普通でしょう。能率優先であり、その中には進化であり進歩が実現されているというスタイルが、現代で普通に歓迎されます。しかしよく考えてみると、クルアーンの繰り返し論法はそれを好むかどうかは別問題として、一つの立派な流れを構成しているのであり、確固たる構造の基礎をなしていると見なすべきなのではないか、とも気付いたのでした。こうなると「原子論的存在感」は暴論であり、異文化の上滑りな観察結果以外の何物でもないということになります。

　話の鮮やかな展開ではなく、繰り返される中から出てくる微妙な変化や、グラデーションを楽しむ文化ということです。そのことは、アラブ音楽のメロディーの特徴としても想起されるので、納得される読者は少なくないでしょう。こういった状況は、明らかに正反合という三段論法の進化論的近代欧米社会ではありません。

　なお以上の指摘は本書の資料４．「繰り返し論法と同心円構造」において、少し細かく論及しています。そして最後に少々実験をしてみましょう。「信仰という心の営みは、決して一つの終着駅に向かっているものではない。多種多様な現象を通過する日々は通過地点であるが、同時に毎日が終着駅である。」こんな一見矛盾しているような言い方は洒落ているわけではありません。これは繰り返し論法の表現の微妙な差違を味わうという側面と、日々は繰り返しであるという発想に基づいていることはもうお判りでしょうか。

* * *

　さて以上がはじめに述べた、謎解きでした。日本人であれば、好むと好まざるにかかわらず、同じ大きな日本丸という船に乗っているようなものです。文明的な誰をも包み込む大きな潮流には、気づかないことも多いでしょう。それは知らずに吸っている空気のようなもので、誰にも書かれず、論じられることが少ないものです。そこで最後に結論を繰り返すと、大きなイスラームに対して敬意をもって、その高みを目指そうということになります。本稿がこの目覚めの一助となれば幸いです。

クルアーンが一番伝えたいこと

杉本恭一郎

はじめに

　クルアーンは「アッラーの言葉」です。なぜなら、アッラーがクルアーンの中でそのように表現しているからです（9章6節）。そして、クルアーンが一番伝えたいことは、「アッラーの他に崇拝に値するものはない」（3章62節）ということです。だから、「アッラーに仕えなさい」（10章3節）、「アッラーを意識しなさい」（16章2節）、「アッラーを思い出しなさい」（18章24節）と繰り返し強調されています。例えば、クルアーンの中で最も頻出する単語が「アッラー」です。さらに、アッラーには99の美名（別名）があり、アッラーの代名詞（「かれ」「われら」「わたし」など）も含めると、クルアーンは徹頭徹尾、アッラーを意識させる言葉になっているのです。

　１）アッラーがいる証拠

　ムスリムは唯一神であるアッラーを崇拝します。そして、アッラーに偶像はありません。では、見えないアッラーを人はどのように信じることができるのでしょうか？見えないものを「ない」と否定することは簡単です。一方、見えないものを「ある」と言うためには発想の転換が必要です。例えば、私たちの身の回りのものには、すべてデザインがあります。私たちの服、家、電化製品、車、自転車など、すべてのものにはデザインが施されています。そして、それらのデザインには必ずデザイナーがいて、設計されているということがわかります。そこに例外はありません。では、私たちの宇宙、動物、植物、人間はどうでしょうか。これらは物理的に物体として存在していて、全てユニークなデザインがあります。例えば、人間はゲノムという「生命の設計図」によって構成されていると科学者は言います。設計図とはデザインのことです。だから、人間をデザインしたデザイナーがいるはずです。そして、人間のデザイナーがアッラーなのです。つまり、人間がいることが、アッラー（デザイナー）がいる証拠になっているのです。クルアーンではこのデザイナーのことを「アルム

サウウィル（形態を与える主）」（59章24節）と呼び、アッラーの美名（別名）の1つになっています。また、「かれ（アッラー）はあなたを創造し、形を与え、均整を取り、どのような形態であれ、かれの御心のままにあなたを組み立てられます」（82章7-8節）とあります。

2）なぜアッラーの他に崇拝に値するものはないのか？

「アッラーの他に崇拝に値するものはない」という言葉を、アラビア語で発音すると、ラー・イラーハ・イッラッラーとなります。ラーというのは「ない」という否定で、イラーハとは「神」もしくは「崇拝の対象」、イッラッラーは「アッラーの他に」を意味します。だから、ラー・イラーハで「神はない」、「崇拝の対象はない」と無神論になっているわけです。そして、ここで否定している神とは多神であり偶像のことです。広く言えば、あらゆる創造物です。つまり、アッラーは人間に創造物崇拝を禁止しているということになります。なぜなら、創造物はやがて死んでしまうからです。消滅してしまうからです。欠損してしまうからです。神が死んでしまったら、どうやって神頼みをすればいいのでしょうか。それは人間が困ります。例えば、ある宗教は牛を神だとして崇拝します。しかし、牛は死んでしまいます。では、神が死ぬのでしょうか。それは変なことです。牛が死ぬたびに新しい神を見つけなくてはいけません。ある人は太陽を神だとして崇拝します。しかし、約50億年後には太陽は赤色巨星となり、その後は白色矮星となって一生を終えると言われています。では、神が一生を終えるのでしょうか。神に頼んでも死んでいるのであれば願いは叶わないでしょう。だから、アッラーが創造物崇拝を禁止したのは、人間のためなのです。崇拝の対象が死なない、消滅しない、欠損しない存在でなければ、がっかりするのは人間です。

別の視点から見ます。例えば、現在まで世界では戦争や紛争が絶えず、社会的に不安定な状態になっています。経済的にも、商売も儲かるときもあれば損をするときもあって不安定です。健康的にも、感染症にかかるかもしれないし、突然の事故や病気になるかもしれないので常に不安定です。人間関係を見ても、いろいろな人が不平不満を言うし、さまざまな意見があって、これもなかなか不安定です。だから、私たちの意識をこれらの不安定なものに完全に合わせてしまうと、私たちの心が不安定になるのです。不安、心配、恐怖、悲しみなど

の感情から解放されないのです。ここにクルアーンの知恵があります。クルアーンでは人間に「アッラーを意識しなさい」、「アッラーを思い出しなさい」と呼びかけています。なぜなら、アッラーは完全に安定しているからです。アッラーは死なない、消滅しない、欠損しない永遠の力なので、人間が全幅の信頼を寄せることができるのです。例えば、アッラーは人間に礼拝するように命じています。現代は情報社会で、急速に物事が変化する時代です。その中でもムスリムは、毎日5回の礼拝をアッラーに捧げることで、完全に安定したアッラーを意識する時間をとります。そうすることで不安定な社会でも、心の安定（平安）を得られる仕組みになっているのです。クルアーン13章28節はこう言います。「そのような信仰する人たちは、アッラーを唱念することで、心は安らぐのです。実際、アッラーを唱念することにこそ、かれらの心の安らぎがあるのです」

クルアーンの中でアッラーは人間にアッラーのことを教えています。「言いなさい、かれアッラーは、唯一な方。アッラーは永遠で自存し、産むこともなければ、産んでもらったわけでもない。かれに対等なものは、何もないのです」（112章1-4節）「アッラーこそはかれの他に神はなく、かれは永生にして（全存在を）扶養する方です。眠気も睡眠もかれをとらえることはありません。諸天にあるものや、地にあるものは（すべて）かれのものです。かれの許しなく、誰がかれの御元で執り成すことができるでしょうか。かれは、かれら（人びと）のこれまでとこれからをご存知なのです。そしてかれの御心にかなったこと以外、かれの知識からかれらが得ることは何もありません。かれの玉座は諸天と地に果てしなく広がりました。またそれら（天と地）を護持することで、かれが疲れることはありません。誠にアッラーは至高で偉力大なのです」（2章255節）そして、このように完全に安定した存在は、アッラーの他にいないのです。

3）アッラーを知ることは善を知ること

アッラーには99の美名があります。これらの美名を知ることでアッラーの特性を知ることができます。例えば、アッラーには「アッラフマーン」という名があって、「慈愛あまねく者」という意味になります、別名なので、アッラフマーンを信じることは、アッラーを信じることと同義になります。クルアーンには「またわたしの慈愛は、すべてのものにあまねく及びます」（7章156節）と記されています。類似の名に「アッラヒーム」があって、「慈愛深い者」と

いう意味になります。クルアーンには「（アッラーは）慈愛あまねく者、慈愛深い者です」（1章3節）とあります。その他に「真理者（アルハック）」（23章116節）、「平安者（アッサラーム）」（59章23節）、「感謝者（アッシャクール）」（4章147節）、「最善者（アルバッル）」（52章28節）、「英明者（アルハキーム）」（6章18節）、「光明者（アンヌール）」（24章35節）、「公正者（アルアドル）」（6章115節）、「全能者（アルカーディル）」（6章65節）、「清浄者（アルクッドゥース）」（62章1節）、「豊かに満ち足りている者（アルガニー）」（6章133節）などがあります。

　これらの美名には共通点があります。それは全て善の価値であるということです。そして、全ての人間には、この善を信じる器が生来備わっています。例えば、「慈愛」の反意語は「残虐」です。では、慈愛が善いか、残虐が善いか、どちらが善いでしょうか。みなさんは慈愛が善いと答えるでしょう。「真理」の反意語は「虚偽」です。どちらが善いでしょうか。真理でしょう。「平安」の反意語は「不安」です。どちらが善いでしょうか。平安でしょう。「感謝」の反意語は「忘恩」です。どちらが善いでしょうか。感謝でしょう。「最善」の反意語は「最悪」です。どちらが善いでしょうか。最善でしょう。「英明」の反意語は「愚昧」です。どちらが善いでしょうか。英明でしょう。「光明（導きがある状態）」の反意語は「暗黒（導きがない状態）」です。どちらが善いでしょうか。光明でしょう。「公正」の反意語は「不正」です。どちらが善いでしょうか。公正でしょう。「全能」の反意語は「無能」です。どちらが善いでしょうか。全能でしょう。「清浄」の反意語は「不浄」です。どちらが善いでしょうか。清浄でしょう。「豊かさ」の反意語は「貧しさ」です。どちらが善いでしょうか。豊かさでしょう。このように、アッラーの名は「アルアスマー・アルフスナー」と呼ばれ「善い御名」を意味しているのです。そして、人種や民族や国籍関係なく、人間にはこれらの善の価値を認識できる能力があるのです。つまり、人間がアッラーを認めることは、善を認めることに他ならず、何か目新しいものや特殊なものを信じることではないのです。クルアーンの5章100節はこのように伝えています。「言いなさい。どれだけ悪があなたを魅了しても、悪と善は同じにはなりません。だから思慮ある人よ、アッラーを意識しなさい。あなた方は成功するでしょう」。また、47章2-3節には、「信仰して善行に勤しむ人、またムハンマドに下されたものを主からの真理として信仰する人には、

かれ（アッラー）はその悪行を消滅し、状況を良くされます。それは信仰しない者が虚偽に従い、信仰する人が主からの真理に従うためです。このようにアッラーは、人びとにかれらの（善悪の）類型を示されます」とあります。

　言い方を変えれば、アッラーの他に崇拝に値するものはないとは、最善の他に崇拝に値するものはないという意味になります。イスラームの生き方とは、最善の価値を生き方の軸（中心）にすることです。そして生き方の軸に創造物を置かないということです。例えば、人間やお金や物などを生き方の中心に置かないようにします。なぜなら、それらのものは安定しない（ブレる）からです。変化するし、消えてなくなってしまうからです。一方で、アッラー（最善）は完全に安定しています（ブレません）。例えば、真理は何千年前から存在していても、真理のまま変わっていません。慈愛も平安も公正も感謝も同様です。だから、クルアーンでは人間に「アッラーを意識しなさい」、「アッラーを思い出しなさい」と呼びかけています。これは私たちに人間の生きる目的や行動の目的を教えてくれます。例えば、ある仕事をある人のためにやっている、お金や物のためにやっていると意図すると、創造物崇拝になります。人間やお金という創造物のために働くのではなく、アッラーのために働くのです。つまり、真理の実現のために働く、平安の実現のために働く、公正の実現のために働く、豊かさの実現のために働くということです。なぜなら、これらは全てアッラーの美名である善を実現することにつながるからです。これが、人間が生きる目的（本分）であり、創造された目的なのです（51章56節）。もちろん、仏教も慈悲を教え、キリスト教も愛の大切さを教えます。例えば、筆者はキリスト教徒の方が「神は愛」というTシャツを着ているのを見たことがあります。しかし、神は愛だけではありません。イスラームにおいては、アッラーは慈愛であり、平安であり、感謝であり、真理でもあるわけです。アッラーは99ある美名（善）を明らかにしており、ムスリムは善を包括的かつ統一的に崇拝しているのです。アッラーはこう言います。「アッラーに最もすばらしい美称は属します。だからこれら（美称）で、かれを呼びなさい」（クルアーン7章180節）。

　別の視点から見ます。イスラームとは「アッラーに従うこと」（6章102節）を意味します。なぜアッラーに従うのでしょうか？私たちはいつか死にます。死んだらどうなるのでしょうか？ある人は「死んで終わりだ」と言うかもしれません。しかし、死んだ後、生き返って報告した人はいないので、死んだらど

うなるかわかりません。だから、人間を創造したアッラーが、人間は死んで終わりではないとクルアーンの中で教えました。死んだら来世があり、現世での所業が裁かれる審判の日が来ると警告しているのです。そして、来世には天国と地獄があり、人間はどちらかの世界で永遠に生きると言われています。では、普通の感覚だと、天国と地獄のどちらに入りたいでしょうか。もちろん、天国でしょう。なぜなら、地獄は永遠の苦痛だからです。では、私たちは天国に入る方法論を知っているのでしょうか。残念ながら見えない世界の話なので、確かめようがありません。だから、創造主のアッラーが教えました。つまり、天国に入るための方法論がアッラーに従うことだということです（4章13節）。

では、普通の感覚で考えて、どのような人が天国に入ると想像されるでしょうか。筆者はこれまで数百人の日本人（ノンムスリム）にこの質問をしてきました。すると、ほぼ例外なく、善行を積んだ人（悪いことをしない人）だろうとみなさん答えました。悪人や罪人が天国に行くとは誰も思っていませんでした。そして、この直感的な答えが正しいことがわかります。天国に入るための方法論がアッラーに従うことなので、換言すれば、最善（アッラー）に従うことが天国に入るための方法論となります。つまり、善に従う人（善人）が天国に入ることは、普通の感覚で誰もがわかっていたのです。ただし、わかるけれど、見えないので、すぐに意識しなくなります。だから、アッラーはクルアーンの中で、「アッラーの他に崇拝に値するものはない」、「アッラーに仕えなさい」、「アッラーを意識しなさい」、「アッラーを思い出しなさい」と繰り返し強調しているのです。例えば、「信仰する人たちよ、アッラーを意識しなさい。当然意識されるべきかれの権利として。あなた方はムスリム（アッラーに従う人）としてでなければ死んではいけません」（3章102節）とあります。これがクルアーンが一番伝えたいことであり、人間がより善く生きるために不可欠な言葉なのです。最後にクルアーンの一節を引用します。

「アッラーを意識する人たちは尋ねられました。あなた方の主は、何を啓示したのですか。かれらは言います。（あらゆる）最善のものですと。現世で善行をする人たちには良いことがあり、来世の住まいはさらに良いのです。（アッラーを）意識する人の住まいの、何とすばらしいことか」（16章30節）

2. イスラーム信仰について

> **目 次**
> 1. 信仰の源泉　・クルアーンの要点を示す諸節　・クルアーンを読む指針を示す諸節　(1) 信仰の定義　(2) 人の天性　(3) 静穏
> 2. アッラーの道を求めて　(1) アッラーの覚知論　(2) アッラーの唯一性　(3) アッラーへの言及振り
> 3. 信心の三段階　・五行　・六信　・純な篤信と敬虔さ
> 4. 信者の精神生活　(1) 慈愛　(2) 生きる目的　(3) 幸福　(4) 悲しさ　(5) 恐怖心
> 5. 倫理道徳上の主要な徳目　(1) 誠実さ　(2) 正義　(3) 忍耐　(4) 禁欲　(5) 感謝　(6) 改心・悔悟　(7) 人生訓となる諸節
> 6. クルアーンを読む前提としての信仰

1. 信仰の源泉

　12世紀の偉大なイスラーム学者でファフル・アルディーン・アルラーズィーという人がいた。彼がある日、街の通りを何百人もの弟子に囲まれて歩いていたときのこと、一人の老婆が反対方向からやって来た。そこで弟子の一人が、おい、そこの道を空けろ、こちらはアッラーに関する幾多の疑問に答えることのできるお方であるぞ、と告げた。それに対してその老婆は少しもひるまずに、私は何も分からぬが、アッラーには一つも疑問は持っていないと言ってやり返した。それを聞いてアルラーズィーは老婆の前に頭を垂れて、弟子たちに道を空けさせたのである。

　心を無にして信じることに、信心の真骨頂がある (2:112,197, 5:101, 10:37, 49:15)。日本でいうと、「イワシの頭も信心から」である。また古くなるが、「智者のふるまいをせずして、ただ一向に念仏すべし」(法然、一枚起請文) である。他方、イスラームの信仰といえば、法学で扱う五行 (入信証言、礼拝、喜捨、断食、巡礼) と神学で扱う六信 (アッラー、天使、預言者、啓典、最後の日、天命) などを詳述するのが通例である。しかしここで取り上げる課題はそれらの諸点全体を通底しているもので、正しく生きたい、生きがいとは、など人間

の霊的救済を希求する心根そのものである。

　従来イスラームが分かりにくいとされた理由の一つは、信仰心を探究し、その全貌が解明されることが少なかったこともあるだろう。現代社会では信仰心を語ることは希薄となり、それだけに目前の木を見て、把握しにくい森の全貌を見ずといった事態が懸念される。またこの問題の非具象性と曖昧さに苛立ちを感じる人もいるかもしれない。ただし芸術の美なども、同様な曖昧さに満ちた世界ではある。絵画を楽しむ人は美は定義されなくても、その実態と心的効果は熟知している。今次の和訳を通して、このような課題も少しずつ克服されることが望まれる。

　・クルアーンの要点を示す諸節　イスラーム信仰の要は、クルアーン全体に光っているが、まとまりのよい個所を以下にいくつか列挙しておくので、まずは手始めに直接に通読されることをお勧めする。

> 開巻章、2:177（人の言動全体に規範を与える）、2:286（人の弱さと赦しを請う精神）、2:197及び22:37（アッラーを意識して、敬虔であることの重要性）、あるいは「クルアーンの心臓」と呼ばれる36章「ヤー・スィーン章」である。

　・クルアーンを読む指針を示す諸節　なおクルアーンを読むに当たって良い指針となる諸点が、クルアーン自体にいくつか見いだせる。

> 大局的な認識が大切であり、重箱の隅をつつくような詮索ばかりしないこと（5:101）、啓示は人がよく習得するように一度にまとめてではなく、ぼちぼちと少しずつ降ろされたこと、したがって教えは短めの言葉で随所に見いだせること（25:32）、そして自分にとって分かりやすい平易なところから読めばいいこと（73:20）、宗教（イスラーム）に強制はない（2:256）などであろう。

　さて信仰の真髄を細かに区分けしてみれば、イスラームでは伝統的に以下のように説かれている。

（1）信仰の定義（2:177）

　真実・真理の直観・直覚とそれへの帰依。換言すれば、絶対主の支配を信じ、自らの言動を信心に即したものとすること。

　①「真実（ハック）」とは宇宙の哲理（人は過ちを犯すものなどの鉄則、その究極は無限の宇宙の全存在とその見事な運営のこと、真理は創造の目的（2:255、10:15、44:38-39）。

　②「直覚（イルハーム）」するきっかけはさまざま。ひらめく天性は誰にも

あるし、心が熟していれば直覚の機会はいつどこにでもある。主から降ろされるのは、啓示（ワハイ）。

③「帰依（ターア）」とは従順さ、自らの小ささの認識、主への称賛・嘆願、すなわち礼拝することが端的な儀礼である。

④ 信仰のもたらすものとして、心の安寧、正しい道を歩む自信・栄光・誇り、生きがい、同胞心など。そして日常が永劫と連動する。

(2) 人の天性（フィトラ 30:30）

人には天性があるが、それには空白部分がある。またそれを埋めようとする自然な傾向があるが、その空白部分とは人生とは何か、生きる目的とは、といった科学で答えられないものも含む。これはすなわち、求道の心である。この精神は誤った道ではなく、正しい道を求める気持ちに満ちている。この点は、キリスト教が原罪の償いであり仏教は厭離穢土（おんりえど）からの浄土願望が原点にあるとすれば、それらとは趣が異なっている。

人は生まれながらに全員ムスリムであるが、種々の異説がそうでなくさせるという。その根拠は、天性の働きで自然とムスリムであると見るからである。仏性は誰でも持っているとの仏教の見解に近似しており、万物すべて救われる（6:38）とされる。

(3) 静穏（サキーナ 48:4,18,26）

人には不動で平穏な心境も付与される。この平常心が信仰の基盤となりそれを強める。逆に信仰はサキーナを強固なものにするという相互の補完関係がある。

これは動と静を併せ持つ、スタート前のスポーツマンの心持ちに類似。イスラーム史上、多数の実例が預言者伝承にも語られる。預言者は幼少の頃、鳥に胸を切り開かれてサキーナが埋め込まれたとの話、苦戦しているところにサキーナが降ろされて戦勝した話（9:26,40）など。いわば悟りの心境として語られ、フィトラと並んで信仰上重要な要因である。

2．アッラーの道を求めて（1:5-7, 2:255, 43:43）

信心の中軸は万有の絶対主であるアッラーにあるので、それをいかにして明澄に覚知するか、そして絶対である以上、唯一であることの認識に関する議論が活発である。アッラーの正しく慈愛広大な道を求めること自身が信仰なので、いわばその出発点を模索するという努力である。

(1) アッラーの覚知論（マアリファ）

ア．理知的方法—自然美の嘆賞、入信者は親切さなど、それまでとは異なる特性を発揮すること、禍い転じて福となるなど人生の不可思議さなどに気づくことで、アッラーを見いだす理知的なアプローチ（3:190, 27:60-64, 45:3）。

イ．感覚的方法—偉大、永遠、慈愛あまねく慈愛深いこと、最善、最美などアッラーの99の美称を唱えることによって、アッラーの存在を感覚的に看取する方法（7:180, 20:8, 73:8）。

(2) アッラーの唯一性（タウヒード）

真実は一つである以上、アッラーが唯一であるのは当然の帰結（唯一の創造主2:133, 3:26-27, 7:54, 39:62、唯一の崇拝の対象 4:36, 16:36, 17:33、諸属性や美称の唯一性6:19, 42:11）。それ以外の神を並置する（シルク）試みやその恐れのあるものを排除することも重要。それは精神をふらつかせるものであり、酒、麻薬、偶像、歌舞音曲、魔よけ、星占いや運勢占いなどが上げられる（4:48, 6:151, 10:18, 31:13）。

(3) アッラーへの言及振り

以下はクルアーンで注目される諸節である。

> アッラーの玉座の様子（2:255）、どこを向いてもアッラーはおられること（2:115）、アッラーに来世で会えること（2:223）や尊顔を拝すること（10:26）、慈愛はアッラーの務めであること（6:54）、アッラーは万有の主（7:54）、アッラーは人の目には見えないこと（7:143）、アッラーは人の心に分け入られること（8:24）、アッラーの印はどこにもあること（12:105）、人はもがいてもアッラーの手のひらの上にいること（14:16）、アッラーのみが魂のことを知る（17:85）、アッラーは光である（24:35）、存在の命令はアッラーの「有れ」の一言（31:28）、アッラーは人に話されることはない（42:51）、人の頸静脈より近い（50:16）、その日、主を仰ぎ見ること（75:22-23）などである。

3．信心の三段階

第一には、外面的な言動で教義に則ること（イスラームと言われる）。勤行としては、五行が上げられる（入信証言、礼拝、喜捨、断食、巡礼）。

第二には内心の問題として信仰箇条をしっかり確立し順守すること（イーマーンと呼ばれる）。これが狭義の「信心」と言われている部分である。信仰箇条

としては、六信といわれる（アッラー、天使、預言者、啓典、最後の日、天命の存在の確信）。

　第三には、信心に基づきあらゆる善行を積むと同時に、常にアッラーを身近に感じる最も敬虔な段階（イフサーンと称される 9:100, 16:90）。これが最も熟した完成度の高い信心であり、純な篤信のあり方として位置付けられる。

　預言者伝承に次のようにある。

　「イフサーン（善行）について述べてください。」と問われたのに対し、預言者ムハンマドは答えて言った、「あたかも目前に座すかのようにアッラーを崇めることです。あなたにアッラーのお姿を拝することが出来なくても、アッラーはあなたを見ておいでになるからです」と（『日訳 サヒーフ ムスリム』日本ムスリム協会発行、1987年。第1巻、28頁）。

　なお人の心のあり方として、三段階に分けて説明される。それは上記の信仰の三段階に近似してはいるが、区別されるものである。第一には、悪に傾きやすい（アンマーラ・ビッスー 12:53）という人の心の未熟な段階で、次は自責の念に駆られる状態（ラウワーマ 75:9）、最後は大願成就で安寧の状態（トゥムアニーナ 16:106, 89:27）である。

4．信者の精神生活

　信仰生活に入ると、その心には新たな規矩（きく）がはめられるといえる。新たな価値観ともいえる。以下はその事例である。

　（1）慈愛（名詞形ラフマだけでも、117回登場）　人間の持っている情け心に近いとされるが、広大で同時に適時適切に特定される繊細なものは、アッラーにのみ可能である。人はそれを他者に祈ることができる。愛はアッラーに対する敬愛（称賛と嘆願）と人間同士の愛情（アッラーの好まれるものを愛すること）があるが、いずれにしてもそれは最早動物的なものではない。

　（2）生きる目的（ハダフ・アルハヤー）　善行を積む篤信が、日々の営みである（5:8, 63:8）。これは日本的に言うと、生きがいに相当する。

　（3）幸福（サアーダ 34:37）　イスラームで幸福は、富や子沢山ではなく、安寧の心を獲得することとされる。この世の幸福は一時的だが、天国では永久の幸福がある。それは至福（トゥーバー 13:29）という格別の名称で呼ばれる。

　（4）悲しさ（フズン 12:87, 18:56）の克服　一喜一憂しないで、悲しさの裏

に恵みを忘れないこと。あまりの悲しみはそれまでの恵みを忘れているので、不信の原因となる。「悲しむなかれ（ラー・タハザン）」はクルアーンに頻出する言葉（9:40, 15:88, 16:127, 20:40）。

(5) 恐怖心（ハウフ 3:185, 21:35）の克服　人は死を怖がるが、最後の審判こそが怖いので、それ以外の恐怖心は抹消される。そして最後の審判があることこそが、絶対の真実であること。

5．倫理道徳上の主要な徳目

いずれの徳目もアッラーへの誓約が軸になり、現世的な対人的な処世訓ではない。

(1) 誠実さ（スィドゥク 9:119, 19:50）アッラーへの誓約における誠実さの人間関係への反映。

(2) 正義（アドル 16:90, 40:9, 57:25）　アッラーは絶対公正であり、不正はアッラーが許されない。そこで人は、この世の不正を許すことはできないということ。これは革命の力となる。ただし公正、不正の定義は法律的なものではなく、あくまで道徳的な意味合いであり、精神論の性格である。

(3) 忍耐（サブル 2:155、3:200、20:37, 40:55）　人には是非善悪が分からないことも多いので、性急さを避けるべきである。アッラーに委ねる心境の必要性。逆境もアッラーの試練として甘受する。

(4) 禁欲（ズフドゥ 57:20, 100:8）　義務と禁止の間の自由な領域では、節度が信者の姿勢となる。これは人間同士の謙譲の美徳ともなる。

(5) 感謝（シュクル 27:40, 35:30, 64:17）自分には多くの恵みが与えられていることを常に忘れない。アッラーに対する称賛とは、感謝の極まったものと定義される。人間関係も恵みでありアッラーの采配として感謝の対象である。

(6) 改心・悔悟（タウバ 4:18, 5:39, 20:121, 122）　預言者は日に70回悔悟。その日のうちに早く反省すること。アッラーも悔悟されるが、その場合は悔悟する信者の許へ戻られる、つまり赦されるという意味。

(7) 人生訓となる諸節　すべてアッラーと直結しているので、日本でいう処世術ではない。

善は急げ（2:148）、人には本当には事の善し悪しが分からないこと（2:216）、この世は一時の戯れ（3:185、6:32、29:64、31:34）、人には本当には嫌いか

好きかもわからないこと（4:19）、人は弱いもの（4:28）、人にはより良い挨拶で返すこと（4:86）、殺人と自殺の禁止（4:29、5:32、6:151、17:33）、人には明日の日も分からないこと（7:187、18:23-24）、外見ではなく心から静かに祈るもの（7:205-206）、善事は悪行を追放すること（11:114）など。

6．クルアーンを読む前提としての信仰

　クルアーンは信仰を確かめ強固にするものであると同時に、逆に信仰心がなければ本当には理解できないということがある。表裏一体なのである。

　いくつかのケースを例示してみたい。周知の表現に、イン・シャー・アッラー（アッラーが望まれるならば）という言葉がある。これは得てして言葉をごまかすための表現と見られがちだ。確かに日常のアラビア語用法としては、半分はその通りである。しかしもう半分は、心底よりアッラーのお心次第である、と考えての言葉である。そのように真剣な表現としては、実に運命を白黒に二分するものとして、鋭い感覚で受け止められることを改めて心に刻みたいものである。

　それを直ちに悟るのに役立つクルアーンの節は、次のくだりである。「かれらと同じく、われらはある（果樹）園の持ち主を試みました。かれらが早朝に収穫することを誓ったとき、（アッラーが御望みならば、という）例外を付けませんでした。それでかれらが眠っている間に、あなたの主からの巡り合わせ（天罰）がそれ（果樹園）を襲ったのです。そこで朝には、それは摘み取られた後で、黒い焦土のようになりました。」（68:17-20）その人は、イン・シャー・アッラーと言って、アッラーの意思は別だと断らなかったが、常にすべてはアッラーのご意向次第ということを失念していたというのである。それは将来の可能性を白黒に二分するわけだが、その決定権は人間にはないということがポイントである。

　もう一つ別のケースを上げよう。クルアーン中に頻出する「悲しむなかれ」という表現の理解である。「希望」という言葉はたったの2回しか出てこないのに比べて、「悲しむなかれ」の方は多少の変化形も入れれば、実に42回も扱われているのである。ところでそれは我慢しろ、という文脈では信者の忍耐を説くものと重なって来るが、しかしその真意は、主の恵みを忘れるな、ということなのである。つまり、あまりに過度に悲しんでいるということは、それま

で受けてきた多大なアッラーからの恵みを失念している恐れがあるので、「悲しむなかれ」として警告が発せられるのだ。恵みを失念することは、すなわちアッラーへの感謝を忘れ、結果として信仰をないがしろにすることを意味する。そこで過度の悲しみは、不信仰の端緒を開くこととなるという点が、一番のポイントなのである。

　本書『クルアーン――やさしい和訳』を巡っては、初版発行直後の2019年2月、東京大学との共催のシンポジウムがあったが、その際に次のような話を水谷よりした。その日は都内が雪で白くなったが、寒い中を参加した人には報奨があるとイスラームで考えるのは当然、しかし安全や健康を考えて欠席した人も種々悩んで尽力して決断したので、やはり報奨があるのである。そこで結局どちらでも報奨があるのだと言うだけであれば、それは現世的な判断である。また人は自分の判断で、進退を自由に決めて良いという教えだと収めるならば、それは法律的な発想である。そうではなく最善の尽力をしたかどうかの心のプロセスが、信仰上の問題なのである。報奨の有無やその大小はアッラーの専権事項であり、善行への決意と実行が信心の領域なのである。つまり日常的で即物的な世界とは異次元の信仰世界があり、その中に入ることがクルアーンにアプローチする前提条件だということになる。それを一般論として言えば、固有の価値体系としての宗教世界そのものが念頭にあり、それで心が充満されていることが、経典を扱う上で必須条件だということになる。

　以上多少の事例に過ぎないが、クルアーンで信仰を強めるとともに、信心がなければそもそも意味がよく汲み取れないということを再確認した。信仰とは薄いガラスの城のように壊れやすいものだ。それは地震大国の日本だからではない。物欲が横行し、見えない諸価値をないがしろにし、人の心や魂を語ることはまずないという、劣悪な精神的環境だからである。さらに言えば、信心というものはそもそも、それ自体日常の迫りくる多くの圧迫と攻撃の下で、いつも潰されそうな運命にあるということだ。それだけに、正しくありたい（誤道から救われたい）、人に優しく親切でありたいという強靭な求道の精神がなければ維持できないものだ。逆に正道にあることの有り難さは、言葉に尽くせない。そしてその心境の安らかさも格別のものということである。

3. 各章見出し一覧

（　）内は節番号

1. 開巻章は見出しなし
2〜5章のテーマは、団結、種々の礼拝方向と異部族という多元主義、勝利と巡礼など
2. 雌牛章
　　　〈信仰対不信仰〉（1-20）
　　　〈アッラーの創造と知識：アーダムの物語〉（21-39）
　　　〈イスラーイールの民への立法〉（40-86）
　　〈ムスリムへの試練：ユダヤ教徒とキリスト教徒の嫉妬心〉（87-121）
〈中庸の信仰共同体：カアバ殿の建立と礼拝の方向〉（122-152）
　　〈ムスリムへの試練〉（153-167）
　　　〈ムスリムへの立法：新たな共同体の形成〉（168-242）
　　　　〈アッラーの創造と知識〉（243-255）
　　　　〈信仰対不信仰：施しの勧めと利子の禁止〉（256-286）
3. イムラーン家章
　　　〈信仰対不信仰：クルアーンの受け入れ〉（1-30）
　　　〈アッラーと使徒たちに従うこと：アーダムよりイムラーン家まで〉
　　　　　　　　　　　　　　　　　　　　　　　　　　　　（31-63）
　　〈アッラーに従う信仰共同体：イブラーヒームの純正さ〉（64-99）
〈信仰共同体のきずな〉（100-109）
　　〈アッラーに従う信仰共同体〉（110-117）、
　　　〈アッラーと使徒たちに従うこと：信仰とウフドの戦い〉（118-179）
　　　　〈信仰対不信仰：非信者の間違い〉（180-200）
4. 女性章
　　　〈孤児と遺産相続〉（1-14）
　　　〈女性の権利と結婚〉（15-35）
　　〈アッラーと使徒たちに従うこと〉（36-70）

〈アッラーの道のために戦うこと〉(71-104)
　〈裏切りの禁止〉(105-126)
　　〈女性と孤児に対する正義〉(127-152)
　　　〈非信者の間違いと孤児の相続〉(153-176)
5. 食卓章
　　〈ムスリムへの立法とアッラーの恩寵〉(1-11)
　〈カービールの敵意と憎悪〉(12-34)
〈アッラーの啓示を遵守すること〉(35-69)
　〈イスラーイールの子孫の敵意と憎悪〉(70-86)
　　〈ムスリムへの立法とアッラーの恩寵〉(87-120)

6〜9章のテーマは、クルアーンの啓示、悔悟への赦し
6. 家畜章
　　〈アッラーの真理に従うこと〉(1-30)
　　〈アッラーの印を信じること〉(31-60)
　〈アッラーの導きこそ真の導き：多神教徒の議論〉(61-83)
〈イスラームは全人類の導き〉(84-103)
　〈多神教徒の問題〉(104-129)
　　〈迷信を避けること〉(130-150)
　　　〈正しい道に従うこと〉(151-165)
7. 高壁章
　　〈アッラーへの服従：悪の根源は高慢さ〉(1-34)
　　〈アーダムの子孫の不正〉(35-58)
　〈預言者たちを拒否した無知の民〉(59-99)
〈フィルアウン一族の末路〉(100-137)
　〈ムーサーと無知の民〉(138-157)
　　〈戒めを破るイスラーイールの子孫〉(158-171)
　　　〈アッラーに恭順であること〉(172-206)
8. 戦利品章
　〈アッラーの助けを信頼すること〉(1〜19)
〈アッラーと使徒たちに従うこと：バドルの戦い〉(20〜40)

〈アッラーの定めは成し遂げられること〉（41〜75）

9. 悔悟章
　　〈不信心と戦うこと：盟約破棄とフナインの戦い〉（1〜37）
　　〈アッラーの道のために戦うこと：タブークの戦い〉（38〜60）
〈偽信者の邪悪なこと〉（61〜80）
　　〈アッラーの道のために戦うこと：アラブ遊牧民など〉（81〜112）
　　　〈不信心と戦うこと〉（113〜129）

10〜15章のテーマは、最後の審判の日とアッラー称賛、ユーヌスの話
10. ユーヌス章
　　〈アッラーのみに仕えること〉（1-20）
　　〈不信仰の報いは最悪〉（21-39）
〈アッラーの約束は真実〉（40-70）
　　〈不信仰の報いは最悪：ヌーフの民とフィルアウンの末路〉（71-92）
　　　〈アッラーのみに仕えること：ユーヌスの民〉（93-109）
11. フード章
　　〈クルアーンはアッラーからの真理〉（1〜24）
　　〈ヌーフの物語：信者の救いと非信者の末路〉（25〜49）
〈フードとサーリフの物語：非信者の末路〉（50〜68）
　　〈ルートとシュアイブの物語：非信者の末路〉（69〜99）
　　　〈アッラーの真理は全うされること〉（100〜123）
12. ユースフ章
　　〈アッラーの計画の序章：ユースフの見た夢〉（1〜20）
　　〈悪巧みに対する忍耐：女主人の誘惑とユースフの投獄〉（21〜42）
〈善行者への報奨：ユースフの開運〉（43〜68）
　　〈ユースフの知恵とヤアクーブの忍耐〉（69〜87）
　　　〈完遂されたアッラーの計画：ユースフの夢が現実に〉（88〜111）
13. 雷章
　　〈アッラーの知識と創造の因果〉（1〜18）
〈信者対非信者〉（19〜26）
　　〈アッラーの知識と来世の応報〉（27〜43）

14. イブラーヒーム章
　　〈アッラーの恩寵と審判の約束：使徒たちの教化〉（1〜18）
〈悪魔の裏切り〉（19〜31）
　　〈アッラーの恩寵と審判の約束：イブラーヒームの祈り〉（32〜52）
15. アル・ヒジュル章
　　〈アッラーの創造と猶予の期限〉（1〜25）
〈イブリースの不信心と地獄の懲罰〉（26-50）
〈使徒たちを拒否した先祖の末路〉（51〜84）
　　〈アッラーの創造と猶予の期限〉（85〜99）

16〜21章のテーマは、蜂、ズー・アルカルナインの話、預言者は詩人でないこと
16. 蜜蜂章
　　　〈数え切れないアッラーの恩寵〉（1〜23）
　　　〈アッラーの因果応報〉（24-50）
〈唯一の創造主アッラーのみに従うこと〉（51-83）
　　　〈審判の日とアッラーの報奨〉（84〜97）
　　　〈アッラーの恩寵に感謝すること〉（98〜128）
17. 夜の旅章
　　　〈アッラーの恩恵を信じない人びとの問題〉（1〜22）
　　　〈アッラーとの約束：ムスリムへの法規定〉（23-40）
〈ムハンマドはアッラーの預言者：夜の旅という印〉（41-60）
　　　〈アッラーとの約束は果たされること：忘恩の人と審判の日〉（61〜84）
　　　〈ムハンマドを信じない人びとの問題〉（85〜111）
18. 洞窟章
　　　〈信仰心をめぐる試練：洞窟の青年たちと復活〉（1〜20）
　　　〈知識と富をめぐる試練：議論好きの人びと〉（21〜44）
〈人間の不正とイブリースの問題〉（45-59）
　　　〈知識をめぐる試練：アルヒドルの物語〉（60〜82）
　　　　〈専制権力をめぐる試練：ズー・アルカルナインの物語と最後の日〉
　　　　　　　　　　　　　　　　　　　　　　　　　　（83〜110）

19. マルヤム章
　〈ザカリーヤーとマルヤムへの吉報〉（1〜40）
〈アッラーのみに仕えた預言者たち〉（41〜65）
　〈非信者への警告〉（66〜98）
20. ター・ハー章
　〈アッラーの印とムーサーとの約束〉（1〜48）
〈フィルアウンの横暴と不信仰〉（49〜79）
〈サーミリーの偶像と不信仰〉（80〜104）
　〈アッラーの印と審判の日の約束〉（105-135）
21. 預言者章
　〈クルアーンは人類への諭し〉（1〜40）
〈拒否された預言者たちとアッラーの慈愛〉（41〜91）
　〈ムハンマドは全世界のための慈愛〉（92-112）

22〜24章のテーマは、巡礼と光（信仰の中軸となる内容）
22. 巡礼章
　〈アッラーの創造と復活と審判は真実〉（1〜24）
〈全人類に向けた巡礼と犠牲の定め〉（25〜41）
　〈アッラーの力量と信者の奮闘努力〉（42〜78）
23. 信者たち章
　〈アッラーの約束と創造〉（1〜22）
〈アッラーと預言者たちを拒否する人びと〉（23〜50）
〈拒否されたクルアーンと真実〉（51〜92）
　〈アッラーの約束と警告〉（93-118）
24. 御光章
〈アッラーの恩恵と慈愛：姦淫と虚言〉（1〜26）
　〈日常の作法：家の出入り、しぐさ、身だしなみ、結婚など〉（27〜34）
〈諸事を明瞭にするアッラーの御光：使徒に従うこと〉（35〜52）
　〈偽信者と善行の人、再び作法〉（53〜64）

25〜32章　蟻、蜘蛛、東ローマ人、詩人について

25. 識別章
　〈善悪の識別、信者と非信者、楽園と地獄〉（1〜19）
　〈クルアーンと使徒たちを拒否する人びと〉（20〜44）
　〈アッラーの印と信者の特徴〉（45〜77）
26. 詩人たち章
〈啓示を拒否した人の末路：諸民族の事例〉（1〜191）
〈啓示を拒否した人の末路：悪魔と詩人に従う人たち〉（192〜227）
27. 蟻章
　〈アッラーの印を見よ：ムーサーの例から〉（1〜14）
〈スライマーンと不信心なサバアの女王の物語〉（15〜45）
〈使徒たちを拒否した人びとの末路：サムードの民とルートの民の例から〉
　　　　　　　　　　　　　　　　　　　　　　　　（45〜58）
　〈アッラーは真実であること：マッカの非信者へ〉（59〜93）
28. 物語章
　〈ムーサーとフィルアウンの物語〉（1〜43）
〈アッラーの慈愛と導きを得ること〉（44〜60）
〈アッラーに同位者はいないこと〉（61〜75）
　〈カールーンの不信仰とその末路〉（76〜88）
29. 蜘蛛章
　〈アッラーの道において奮闘努力すること〉（1〜27）
〈使徒たちを拒否した人びとの末路〉（27〜44）
　〈クルアーンを信じて奮闘努力すること〉（45〜69）
30. 東ローマ人章
　〈アッラーの約束は果たされる〉（1〜19）
〈アッラー以外に神の存在しないこと〉（20〜40）
　〈アッラーの約束は真実である〉（41〜60）
31. ルクマーン章
〈アッラーのみを信仰すること〉（1〜19）
〈アッラーの約束は真実である〉（20〜34）
32. 平伏礼章
　〈アッラーの偉力と創造と懲罰〉（1〜14）

〈アッラーに平伏すること〉(15〜22)
　〈裁決の日を待つ〉(23〜30)

33〜39章のテーマは、最後の審判の日とアッラー称賛、ユーヌスの話
33. 部族連合章
　〈アッラーへの信仰と戦い〉(1〜27)
〈アッラーのお告げと婚姻〉(28〜52)
〈アッラーの命令と作法〉(53〜73)
34. サバア章
　〈アッラーの全能に称賛を〉(1〜9)
〈ダーウードとスライマーンとサバアの民〉(10〜21)
〈信者と非信者〉(22〜39)
　〈アッラーと非信者の障壁〉(40〜54)
35. 創造者章
〈万能のアッラーに称賛を〉(1〜30)
〈アッラーの啓典と警告〉(31〜45)
36. ヤー・スィーン章
　〈アッラーの記録の書板〉(1〜12)
〈ある町の住民の話〉(13〜40)
〈舟で沈められるような人たちの顛末〉(41〜68)
　〈アッラーの技量〉(69〜83)
37. 整列者章
〈迷いと苦痛〉(1〜39)
　〈大勝利の達成〉(40〜74)
〈預言者たちの諸例〉(75〜148)
　〈預言者ムハンマドの立場〉(149〜167)
38. サード章
　〈敵対する多神教徒〉(1〜26)
〈ダーウード以降の諸例〉(27〜54)
　〈非信者と地獄〉(55〜88)
39. 集団章

〈アッラーの元に帰ること〉（1〜20）
〈クルアーンは真理〉（21〜48）
〈突然の審判と来世〉（49〜75）

40〜46章のテーマは、クルアーンの啓示、悔悟への赦し

40. 赦すお方章
　　〈アッラーの赦しと悔悟、復活の日の近いこと〉（1〜20）
〈悪の醜いこと、ファラオの下での証言〉（21〜50）
　　〈アッラーの助け、印、その否定と破滅〉（51〜85）

41. 解説された章
　　〈啓典は解説―非信者への苦痛〉（1〜32）
〈最善は信者〉（33〜39）
　　〈啓示は導きと癒し―信者への報奨〉（40〜54）

42. 協議章
　　〈啓示と創造 - アッラーは帰り所〉（1〜18）
〈善と悪への応報〉（19〜35）
　　〈最後の日と帰依 - アッラーは人に直接は語られない〉（36〜53）

43. 金の装飾章
　　〈啓示は明確な導き〉（1〜14）
〈祖法から正道へ〉（15〜45）
　　〈ムーサー、イーサー、そして真理の支配〉（46〜89）

44. 煙霧章
〈啓示は慈愛であり警告〉（1〜21）
〈創造は善悪裁決のために〉（22〜59）

45. ひざまずく一団章
　　〈アッラーの啓示の受け入れ〉（1〜13）
〈野望の抑制と善悪の差〉（14〜26）
　　〈アッラー称賛〉（27〜37）

46. 砂丘章
　　〈アッラーの創造とその印〉（1〜14）
〈信仰と両親〉(15-20)

〈信仰とその拒否〉（21〜34）
　〈布教と忍耐〉（35）

47章以降は短いので、見出しなし。
47〜49章のテーマは、団結、種々の礼拝方向と異部族という多元主義、勝利と巡礼など
50〜56章のテーマは、究極の顛末（復活、審判、楽園、地獄で、クルアーン全体の中核）
57〜66章のテーマは、マッカ征服、アッラー称賛
67〜72章のテーマは、非信者への罰、非信者への水供給、アッラーは7層の天国創造
73〜80章のテーマは、時間
81〜88章のテーマは、預言者に読めとの指示、アッラーの創造
89〜92章のテーマは、巡礼、マッカ、暁、太陽（信仰の中軸となる内容）
93〜98章のテーマは、預言者に読めとの指示、アッラーは凝血から人間を創造
99〜104章のテーマは、時間
105〜108章のテーマは、非信者を見る、けちな非信者と水、アッラーは非信者の象軍排斥
109〜112章のテーマは、マッカ征服、アッラー称賛

4. 繰り返し論法と同心円構造

1．繰り返し論法と同心円構造とは

　クルアーンは通常の書物のように順序を追った展開ではなく、一見アトランダムな叙述になっている。だから個々がバラバラで、体系がないものと思われてきた（「アトミズム、原子論」）。ところが各章や節のテーマの関連性を検討すると、クルアーンは実に巧みに構成されているという、以下のよう姿が浮かび上がってきたのである。
　①同一テーマを繰り返し、それは多分に対称的に配置される。例えば、

起承転結とあるとすれば、起と結が同一のテーマAで、承と転が同一のテーマBを扱う（ABBAのパターン）。場合によっては、ABABのパターンもありうる。

②起承転結を、一点を巡る円周に置きなおすと、それは円構造となる。

③さらにそれを重ねれば、章の長短により円周の大小があるので、同心円構造が浮かび上がってくる。

これがクルアーンの基本的な論法であり体系である。それには繰り返しつつも微妙に変化させ、寄せては戻す波のような反復効果が期待される。

クルアーンは14世紀間にわたって読誦されてきた。そして同一テーマの繰り返し（39:23に明言されている）や前後の対称性は、部分的には初期より指摘されてきた。あるいは、最後の節が、次章の初めの節と連鎖しているとの指摘も見られた。しかし伝統的には、主要な関心は単語の意義や修辞法など、局部的な側面に注がれてきた。また何よりも、素晴らしい読誦は、音感的に満足すべき一体性を確保してきた。他方、章ごとのテーマに主要な関心を払うことで、全体構造として20世紀に入って新たな認識に至ったということになる。それが同心円の形状として明確化されたのは、21世紀に入ってからという状況なのである。これは真に驚くべき進展と言わねばならない。

なお現代社会では一般に繰り返しはむしろ避けるのが普通であるので、それとは異なる発想や陳述の様式ということになる。耳慣れない方式であるので、その骨子を以下にまとめる。

2．章と節の事例

一番長い2章雌牛章の構造を見てみよう。Eを中心として、その前後は対称になっていることが分かる。（（　）内は、節番号）。

　　　　A〈信仰対不信仰〉（1-20）
　　　　B〈アッラーの創造と知識〉（21-39）
　　　C〈イスラーイールの民への立法〉（40-86）
　　D〈イブラーヒームへの試練：啓典の民の嫉妬と狭心さ〉（87-121）
E〈中庸の信仰共同体：カアバ殿の建立と礼拝の方向〉（122-152）
　　D'〈ムスリムへの試練〉（153-167）
　　　C'〈ムスリムへの立法：新たな共同体の形成〉（168-242）

B'〈アッラーの創造と知識〉(243-255)
　　　A'〈信仰対不信仰：施しの勧めと利子の禁止〉(256-286)

あるいは、有名な玉座の節（2:255）という一節だけを見ても、同様である。
　　　　　A〈アッラーの永劫なこと〉
　　　　B〈アッラーは眠気知らず〉
　　　C〈アッラーに全存在が帰属すること〉
　　D〈アッラーの許しで、仲裁があること〉
　E〈アッラーは全知〉
　　D'〈アッラーの考えで、知識があること〉
　　　C'〈アッラーの玉座はすべてを覆うこと〉
　　　　B'〈アッラーは疲れ知らず〉
　　　　　A'〈アッラーの至高なこと〉

なお本書で示した各章・節内の段落分けや見出しの付け方は、今後議論が多く出されると予想される。ただしそれらの議論はいずれも、ここでのポイントである、対称性を維持しつつ同心円状であるという構造を前提としてのものになるだろう（ただし例外的には文字通り、起承転結の4部構成になっていると見られる章もある（24章、37章））。

3．クルアーン全体の構造

　次に2章はユダヤ教徒へのメッセージであるのが、3章はキリスト教徒へのメッセージとなり、これら二つの章は対を構成していると見る。以下同様に、最後の114章まで奇数の章とその直後の偶数の章は、それぞれ内容的に連関していたり、あるいは対称的であったり、何らかの意味で対を構成しているのである。そしてそれらの対を成した各2章は、隣接したもの同士が数個集まって一つの内容的なグループを構成するが、そのようなグループは全体で18個数えられる。そしてそれらの各グループに集められた2章ごとの対は、やはり上記2．に見たように、中心のEの前後で対称を成すA, B, C, Dと、その逆のD', C', B', A'という形で連なって構成されて整理されるのだ。以下は、前半の9グループに関する配置図である。

　　　A　2〜5章　団結、種々の礼拝方向と異部族という多元主義、勝利

と巡礼など
  B　6〜9章　クルアーンの啓示、悔悟への赦し
 C　10〜15章　最後の審判の日とアッラー称賛、ユーヌスの話
 D　16〜21章　蜂、ズー・アルカルナインの話、預言者は詩人でないこと
E　22〜24章　巡礼と光（信仰の中軸となる内容）
 D'　25〜32章　蟻、蜘蛛、東ローマ人、詩人について
  C'　33〜39章　最後の審判の日とアッラー称賛、ユーヌスの話
   B'　40〜46章　クルアーンの啓示、悔悟への赦し
    A'　47〜49章　団結、種々の礼拝方向と異部族という多元主義、勝利
と巡礼など

以上と同様な同心円が、残る9グループについても成り立つ。ただし当然ではあるが、以下のそれぞれのグループにおけるテーマは、上記と異なっている。

　　　A　57〜66章　マッカ征服、アッラー称賛
　　 B　67〜72章　非信者への罰、非信者への水供給、アッラーは七層の天国創造
　 C　73〜80章　時間
　D　81〜88章　預言者に読めとの指示、アッラーの創造
E　89〜92章　巡礼、マッカ、暁、太陽（信仰の中軸となる内容）
　D'　93〜98章　預言者に読めとの指示、アッラーは凝血から人間を創造
　 C'　99〜104章　時間
　　 B'　105〜108章　非信者を見る、けちな非信者と水、アッラーは非信者の象軍排斥
　　　A'　109〜112章　マッカ征服、アッラー称賛

以上二つの同心円の中心となっているのが、復活、最後の審判、そして来世である楽園と地獄という究極の顛末をテーマとする50〜56章のグループである（これでグループ数は、合計19個となる）。なお以上のそれぞれのグループ分けの中心部分の特定は一致するとしても、全体の構成については、最終的に議論が決着したわけではない。今後の検討で調整される部分があるかもしれないのは、各章・節の段落分けや見出しの付け方と同様である。他方、全体の構造が同心円状であるとの認識が変わらないのも、各章・節と同様である。

　さらにここでもう一歩論考を進める。そうすると次のことが判明する。クル

アーン全体は五つの大テーマで構成さていると整理され、それらは、1章、22〜24章、50〜56章、89〜92章、そして最後の114章である。そして1章と114章はアッラーへの称賛と祈願であり、22〜24章及び89〜92章は両方ともマッカ巡礼に関する内容となっているのである。そうするとクルアーン全巻は、究極の顛末を語る50〜56章を中心とする前後二つの同心円で構成されているということが確認できる。

　　A　1章　アッラーへの称賛と祈願
　B　22〜24章　巡礼と光（信仰の中軸）
C　50〜56章　究極の顛末（復活、審判、楽園、地獄）
　B'　89〜92章　巡礼、マッカ、暁、太陽（信仰の中軸）
　　A'　114章　アッラーへの祈願

　以上の全巻的な同心円構造は、最後の人間章114章は悪から守ってほしいというアッラーへの祈願であるが、それが初めの開巻章1章のアッラーへの称賛と祈願に連動していることによって、ようやく一巡して最終的に完結するのである。絵巻物でいえば、その終わりが初めに繋がっているような工夫がなされているのだ。

　なおクルアーンの同心円構造は、優れて宗教的霊性に依拠する諸々の言葉の緩やかな全体の枠組みという性格であることは、言うまでもない。構造ではあっても数学の方程式のように、画一的固定的に捉えるものではない点は蛇足ながら付言しておきたい。

4．本稿関連参考文献：以下は、同心円構造に導かれる時系列順で記した。

　Mir, Mustansir. "The Sura as a Unity: A Twentieth century development in Qur'an exegesis," *The Koran: Critical Concepts in Islamic Studies,* ed. Colin Turner. Vol. 4. London: Routledge, 2004. pp.198-209. アルラーズィーなどクルアーン解釈で文脈を重視する立場は古くからあったが、20世紀に入って圧倒的に脈絡重視に比重が移されてきた概要を略述。テーマを注視するところから、クルアーンの陳述の対称性が浮き彫りにされた。

　Douglass, Mary. *Thinking in Circle: An Essay on Ring Composition.* New Haven: Yale University Press, 2007. 文化人類学の立場から、ギリシアなど広く古典世界の同心円論法を分析、解明。中国古代の占いに使用された焼いた亀甲が左右

対称の模様をなしている状態を図示して、同論法を説明し提示した。

Farrin, Raymond. *Structure and Qur'anic Interpretation. A Study of Symmetry and Coherence in Islam's Holy Text.* Ashland, Oregon: White Cloud Press, 2014. 上記の2研究をベースに、漸く「原子論」を乗り越えるものとして、クルアーン全体の同心円構造分析が全幅的に展開された。ただし同著では、繰り返し論法がクルアーン自体に宣言されていることは強調されていない。なお本稿の多くは、主として同著に依拠している。

5. 預言者一覧

クルアーンには、以下の25名の預言者が登場する。

クルアーン表記	聖書表記	備考
アーダム	アダム	人類の初めであり、預言者の初め
イドリース	エノク	19:56,57 21:85
ヌーフ	ノア	ノアの方舟で知られる
フード	エベル	アラビア半島南部のアードの民に遣わされたアラブ人
サーリフ		アラビア半島北部のサムードの民に遣わされたアラブ人
イブラーヒーム	アブラハム	一神教を再興した預言者として重視される
イスマーイール	イシュマエル	イブラーヒームの長男でアラブ人の祖
イスハーク	イサク	イブラーヒームの次男でユダヤ人の祖
ルート	ロト	イブラーヒームの甥、パレスチナ北部カナーン地方の町サドゥームに遣わせられた
ヤアクーブ	ヤコブ	イスハークの息子、別名イスラーイール
ユースフ	ヨセフ	ヤアクーブの12人の息子の一人で美男子
シュアイブ		ナジュド地方マドヤンの町の「森（アイカ）の人たち」に遣わされたアラブ人
アイユーブ	ヨブ	忍耐の人として知られる
ムーサー	モーゼ	ユダヤ教の「律法」を授かった
ハールーン	アロン	ムーサーの兄
ズー・アルキフル	エゼキエル	21:85 38:48に言及される。
ダーウード	ダビデ	イスラエル王国の王、「詩編」を授かった
スライマーン	ソロモン	ダーウードの息子、エルサレム神殿を建設

イルヤース	エリヤ	6:85 37:123-132
アルヤサア	エリシア	紀元前9世紀、ユダヤ王国の混乱を治めた
ユーヌス	ヨナ	魚に飲み込まれた人として知られる
ザカリーヤー	ザカリア	マルヤムの保護者
ヤフヤー	ヨハネ	ザカリーヤーの息子で、洗礼者
イーサー	イエス	キリスト教の「福音」を授かった
ムハンマド		クルアーン中では、アフマド。61:6

6. クルアーン関係年表

570年頃	ムハンマドの誕生（父親は先に亡くなる）
576年	ムハンマドの母親死去、孤児になる
595年	ムハンマドのハディージャとの結婚
610年頃	啓示が始まる
615年	マッカでの迫害からムスリムのエティオピアへの避難始まる
619年	ハディージャの死去
620年	ムハンマドの「夜の旅」（エルサレムから天に昇る）
622年	マディーナへの移住（ヒジュラ、イスラーム暦の初め）
624年	礼拝の方向（キブラ）をエルサレムからマッカに変更
同　年	バドルの戦い（マッカ軍にムスリム側が勝利）
625年	ウフドの戦い（マッカ軍はムスリム側を苦しめる）
627年	塹壕の戦い（マッカ軍惨敗）
628年	フダイビーヤの和議（マッカから多くの入信者を得る）
同　年	ハイバル遠征（ムハンマド側勝利）
630年	フナインの戦い（ムハンマドはマッカから進軍して勝利）
同　年	タブークの戦い、アラビア半島の全部族をイスラームが平定
632年	ムハンマドの別離の巡礼
同年6月8日	ムハンマドの死去
633年	アブー・バクルによるクルアーンの編纂なる
645年	ウスマーンのクルアーン複製作成（マッカ方言に統一）

参考文献

クルアーン和訳・注釈書

1. 『クルアーン簡潔注釈』日本ムスリム協会訳、国書刊行会、2023年。一般向け注釈書。
2. 『コーラン』井筒俊彦訳、岩波書店（岩波文庫）、1957〜58年。全3巻。アラビア半島の史的背景やクルアーン成立史が詳しい。
3. 『コーラン』藤本勝次他共訳、中央公論社、1970年。非信者の翻訳表現が散見される。
4. 『タフスィール・アル＝ジャラーライン（ジャラーラインによるクルアーン注釈）』中田香織訳、日本サウディアラビア協会、2002年〜06年。全3巻。専門家向けの注釈書。
5. 『日亜対訳　クルアーン』中田香織、下村佳州紀共訳、作品社、2014年。上記の『タフスィール・アル＝ジャラーライン』を改編したもの。
6. 『日亜対訳注解　聖クルアーン』佐藤裕一訳、ファハド国王クルアーン印刷局、リヤド、2019年。本の作り方はアラブ式。
7. 『日亜対訳注解　聖クルアーン』日本ムスリム協会訳、1972年第1版以来、2018年第16版に至る。底本は英語版だが、継続して改訂されている。
8. 『日本語読解　クルアーン』トルコ宗務庁訳、アンカラ、2022年。底本は英語版。

日本語参考図書

9. 井筒俊彦『クルアーンを読む』岩波書店（岩波現代文庫）、2013年。
10. 大川玲子『クルアーン　神の声を誰が聞くのか』慶応義塾大学出版会、2018年。
11. 小杉康『クルアーン　語りかけるイスラーム』岩波書店、2009年。
12. 『クルアーン入門』松山洋平編、作品社、2018年。専門的論文集。
13. ナイク、ザキル『Dr. ザキル・ナイクが語るイスラームの新常識』杉本恭一郎編訳注、国書刊行会、2015年。クルアーンから見た比較宗教論。
14. 『日本のイスラームとクルアーン　現状と展望』日本のイスラームとクルアーン編集員会、晃洋書房。2019年。『クルアーン　やさしい和訳』を巡るシンポジウム講演集。
15. 水谷周「サキーナ（静穏）について」、同『イスラーム信仰とその基礎概念』晃洋書房、2015年、所収、79-112頁。信仰の要因として天性と双璧を成すこと。
16. 同上「イスラームにおける「聖」の概念」、同『イスラーム信仰概論』明石書店、2016年、所収、179-197頁。元来イスラームには聖概念は存在しないことを論証。

英語・アラビア語参考図書

17. 'Abd al-Baqı, Muhammad Fu'ad, *Al-Mu'jam al-Mufarras li-Alfaz al-Qur'an al-Karim*, al-Qahira, Dar al-Hadith, 2001. 網羅的なクルアーン語彙集で必携の書。意味の解説はな

18. Abdul Haleem, Muhannmad, *Understanding the Qur'an, Themes and Style*, I.B.Tauris, London, 2011. 一般向けの英語によるクルアーン入門書。
19. *Al-Qur'an*, Endowment from the King 'Abdullah, al-Madina, 2005. サウジアラビア公認の普及版で、今次和訳作業の底本。
20. *Al-Qur'an al-Karim*, al-Dar al-Shamiyya lil-Ma'arif, Dimashq, 1984. シリア版クルアーン。
21. Badawi, Elsaid M. & M. A. S. Abdel Haleem, *Arabic-English Dictionary of Qur'anic Usage*, Leiden & Boston, Brill, 2008. 最新のクルアーン英語辞典。各単語の使用回数も記載。
22. *Encylopaedia of the Qur'an*, Volumes 1-5 plus Index Volume, ed. by Jane Dammen McAuliffe, Brill, Leiden, 2005. クルアーン学の水準を示す指導的な英語百科事典。オンライン版もある。
23. *Tafsir Fakhr al-Din al-shahir bil-Tafsir al-Kabir wa Mafatih al-Ghaib*, Beirut, Dar al-Fikr, 1981. 幅広い注釈で知られる、代表的な古典的アラビア語注釈書の一つ。今次和訳作業の典拠。
24. *Tafsir al-Jalalain*, Beirut, Mu'assat al-Risala, 1995. 文法に厳格な注釈、上記『タフスィール・アル＝ジャラーライン』はその日本語訳。
25. *The Qu'ran*, tr. by M. A. S. Abdel Haleem, Oxford World's Classics, Oxford University Press, 2004. 適切な英語訳、これはペーパ・バック版でアラビア語対訳はない（別途同一内容で金張りの豪華本も出されており、それはアラビア語対訳付き）。

索　引

クルアーン本文を対象としているが、頻度の非常に高い項目は含まれない（アッラー、主、印、使徒、苦痛、啓典、真実、非信者など）。

アーザル　6:74
アーダム　2:31-37 3:33 5:27-31 7:11-27, 31-35,172 17:61,70 18:50 19:58 20:115-121 36:60
アードの民　7:65-74 9:70 11:50-60 14:9 22:42 25:38 26:123 29:38 38:12 40:31 41:13,15,16 46:21-26 50:13 51:41-42 53:50 54:18-21 69:4-8 89:6-14
アイユーブ　4:163 6:84 21:83,84 38:41-44
悪
　（サウゥ）　9:98 19:28 21:74,77 25:40 48:6,12
　（サイィア）　2:81 3:120 4:78,79,85

6:160 7:95,131 10:27 13:6,22 23:96
　　　27:46,90 28:54,84 30:36 40:40 41:34
　　　42:40
　（スーゥ）　2:49,169 3:30,174
　　　4:148,146:157 7:73,141,165,167,188
　　　9:37 11:54,64 12:24,51,53 13:18,
　　　21,2 14:6 16:27,28,59,94,119 20:22
　　　26:156 27:5,11,12,62 28:32 35:8
　　　39:24,47,61 40:37,45,52 47:14 60:2
　（シャッル）　2:216 3:180 5:61 8:22,55
　　　10:11 12:77 17:11,83 19:75 21:35
　　　22:72 24:11 25:34 38:55 41:49,51
　　　70:20 72:10 76: 11 113:2-5 114:4
悪魔（シャイターン、シャヤーティーン）
　　　2:14,36,102,168,208,268,275
　　　3:36,155,175 4:38,60,76,83,117,119,120
　　　5:90,91 6:43,68,71,112,121,142
　　　7:20,22,27,30,175,200,201 8:11,48
　　　12:5,42,100 14:22 15:17 16:63,98-100
　　　17: 27,53,64 18:63 19:44,45,83 20:120
　　　21:82 22:3,52,53 24:21 25:29
　　　26:210,221-226 27:24 28:15 29:38
　　　31:21 35:6 36:60 37:7,65 38:37,41
　　　41:36 43:36,62 47:25 58:10,19 59:16
　　　67:5 81:25
アフマド　61:6
アブー・ラハブ　111:1-5
アラファートの丘　2:198
アラブ人　9:99-101,120 33:20 41:44
　　　48:11,16 49:14
アラビア語　12:2 13:37 16:103 20:113
　　　26:195 39:28 41:3 42:7 43:3 46:12
アルウッザー神　53:19
アルヤサア　6:86 38:48
アルラート神　53:19
アンサール　「援助者」を見よ

安息日　2:65 4:47,154 7:163, 16:124

イーサー　2:87,136,253 3:45,49-52,55-
　　　58,59,84 4:157-159,163,171
　　　5:46,78,112,114,116 6:85 9:30 19:34
　　　23:50 33:7 43:58,59,61,63,64 57:27
　　　61:6,14

移住者（ムハージルーン）　9:100,117
　　　24:22 33:6 59:8,9

イスハーク　2:133,136,140 3:84 4:163
　　　6:84 11:71 12:6,38 14:39 19:49 21:72
　　　29:27 37:112,113 38: 45

イスマーイール　2:125-129,133,136.140
　　　3:84 4:163 6:86 14:39 19:54,55 21:85
　　　38:48

イスラーイールの民　2:40-47,83,84,122,
　　　211,246 3:49,93 5:12,32,70,72,78,110
　　　7:105,134,137,138 10:90,93 17:4,
　　　101,104 19:58 20:47,80,94 26:17,22,59
　　　27:76 32:23 40:53 43:59 44:30 45:16
　　　46:10 61:6,14

イスラーム　3:19,85 5:3 6:14,125 9:74,
　　　100 39:22 42:15,16 49:14,17 61:6-9

イッリッユーン（善行録）　83:18-21

イドリース　19:56-57 21:85

イブラーヒーム　2:124-136,140, 258,260
　　　3:33,65,67,84,95,97 4:54,125,163
　　　6:74,75-79,80-82,83,84,161 9:70,114
　　　11:69-73,74-76 12:6,38 14:35-41
　　　15:51-56 16:120-123 19:41-50,58
　　　21:51,60-69 22:26,43,78 26:6-69,70-
　　　82,83-89 29:16-18,24,31 33:7
　　　37:83,84,102-111 38:45 42:13 43:26,28
　　　51:24-30 53:37 57:26 60:4 87:19

イブリース　2:34 7:11-18 15:30-44
　　　17:61-65 18:50 20:116-123 26:95

34:20,21 38:74-83
イフリート　27:39
イムラーン　3:33,35 66:12
イラム　89:7
イルヤース　6:85 37:123-132

ウザイル　9:30
牛（雄、雌）　2:70 6:144 6:146 2:67 69,71 12:43,46
ウフドの戦い　3:121脚注
ウンマ（複数形や所属代名詞の付くものは、下記以外に15ケ所ある）
2:128,134,141,143,213 5:48,66 6:108 7:34,159,164,181 10:19,47-49 11:8,118 12:45 15:5 16:36,84,89,92,93,120 22:34,67 23:43,44 27: 83 28:75 35:24 40:5 42:8 43:22,23,33 45:28

エジプト　2:61 10:87 12:21,99 43:51
援助者（マディーナの住人、アンサール）
2:270 3:52,192 5:72 9:100 61:14 71:25

狼星（シリウス）　53:49
重荷（イスル，ワーズィラ）　2:286 6:164 7:157 16:25 17:15 23:62 29:13 35:18 39:7 53:38
オリーブ　24:35 95:1
恩寵（恩恵、ニウマ）　2:211,231 3:103, 174 5:7,11,20 8:53 14:6,28,34 16:18,53,71,72,83,114 26:22 29:67 31:31 33:9 35:3 39:8,49 43:13 49:8 52:29 54:35 68:2,49 92:19 93:11

カアバ殿　2:125 5:95,97
カールーン　28:76,79 29:39 40:24
改心（悔悟、タウバ）　3:90 4:17,18,92 6:54 9:104 42:25 66:8
悔悟（「改心」を見よ）
カウサル（天国の川）　108:1
顔（ワジュフ、複数形や所属代名詞の付くものは、下記以外に64カ所ある）
2:115,272 3:72 12:9,93 13:22 30:38,39 55:27 76:9 92:20
賭事（賭け矢、マイサル）　2:219 5:3,90,91
陰の日（ヤウム・アルズッラ）　26:189
貸付（カルド）　2:245 5:12 57:11,18 64:17 73:20
姦淫（ズィナー）　17:32 24:2,3 25:68 60:12

期限（アジャル、所属代名詞の付くものは、下記以外に17カ所ある）　2:282 4:77 6:2,60 7:34,135 10:49 11:3,104 13:2,38 14:10,44 15:5 16:61 17:99 20:129 22:5,33 28:29 29:5,53 30:8 31:29 35:13,45 39:5,42 40:67 42:14 46:3 63:10 71:4
喜捨（「施し」、「定めの施し」を見よ）
偽信者（ムナーフィクーン、ムナーフィカート）　4:61,88,138,140,142,145 8:49 9:67,64,68,73,101 29:11 33:1,12,24,48,60,73 48:6,9 57:13 63:1,7,8 66:9 93:3,7,8,9
キトミール（ナツメヤシの薄膜）　35:13脚注
吉報（ブシュラー）　2:97 3:126 8:10 10:64 11:69 11:74 12:19 16:89,102 25:22 27:2 29:31 39:17 46:12 57:12
キブラ　2:142-145 10:87
凝血（アラク、アラカ）　22:5 23:14 40:67 75:38 96:2
協議　42:38
キリスト教徒（ナスラーニー、ナサーラ

ー) 2:62,111,113,120,135,140 3:67 5:14,18,51,69,82 9:30 22:17
禁忌のある（ハラーム） 2:144,149,150,1 91,194,196,198,217 5:2,97 8:34 9:7,19,28 10:59 16:116 17:1 21:95 22:25 48:25,27
近親関係（アルクルバー） 2:83,177 4:8,36 5:106 6:152 8:41 9:113 16:90 17: 26 24:22 30:38 35:18 42:23
金曜日 62:9脚注
禁欲者（ザーヒディーン） 12:20

偶像（サナム、アスナーム） 6:74 7:138 14:35 21:57 26:71
クライシュ族 106:1
クルアーン 2:23,121,185 3:7 4:82 5:101 6:19 7:204 9:111 10:1,15,37,61 11:13 12:2,3 13:31,37 15:1,87,91 16:98,103 17:9,41,45,46,60,78脚注,82,88, 89,105,106 18:54 19:97 20:2,113,114 25:30,32 26:2 27:1,6,76,92 28:2,85 29:47 30:58 34:31 36:2,69 38:1,86 39:27,28 41: 3 ,26, 41-44 42:7 43:3,31 44:58 46:4,8,10,11,12,29 47:24 50:1,45 54:17,22,32,40 55:2 56:77 59:21 68:52 72:1 73:4,20 75:16-18 76:23 80:11 81:27 84:21 85:21

敬虔（敬虔な人、ビッル、アブラール） 2:44,177,189 3:92,193,198 5:2 58:9 76:5 82:13 83:22
警告（ナズィール、ヌズル） 2:119 5:19 7:184,188 10:101 11:2,12,25 15:89 17:105 22:49 25:1,7,51,56 26:115 28:46 29:50 32:3 33:45 34:28,34,44,46 35:23,24,37,42 38:70 41:4 43:23 46:9,21 48:8 51:50,51 53:56 54:5, 16,18,21,23,33,36,37,39,41 67:8, 9,17,26 71:2 74:36
啓示（ワフイ、以下は名詞形のみ） 11:37 20:114 21:45 23:27 42:51 53:4
（以下は様々な動詞活用形） 3:44 4:163 5:111 6:19,52脚注,106,112,121,145 7:117,160,203 8:12 10:2,15,87,109 11:12,36,49 12:3,15,102,109 13:30 14:13 16:43,68,123 17:73,86 18:27,110 19:11 20:13,38,48,77 21:7,25,73,108 23:27 26:52,63 28:7 29:45 33:2 34:50 35:31 38:70 39:65 41:6,12 42:3,7,51 43:43 53:4,10 72:1
啓典の民（アフル・アルキターブ） 2:105,109 3:64,65,69,70,71,72,75,98,99 ,110,113,199 4:123,153,159,171 5:15,19,59,65,68,77 29:46 33:26 57:29 59:2,11 98:1,6
計量 6:152 7:85 12:59,60,63,65,88 17:35 26:181
結婚（ニカーフ、名詞の他主要な動詞活用形を含む） 2:221,230,232,235,237 4:6,22,23,25 24:3,32,33,60 28:27 33:49,50,53 60:10
現世（アル・ドゥンヤー、全体で116ヵ所にあるが、以下は典型例のみ） 6:32 9:38 11:15 13:26 28:60 29:64 42:20 57:20

公正（公平、正義、アドゥル、キスト） 2:48,123,282 3:18,21 4:58,127,135 5:8,42,95,106 6:70,115,152 7:29 10:4,47,54 11:85 16:76,90 21:47 49:9 55:9 57:25 65:2
合法な（ハラール） 2:168, 5:88, 8:69,

索引　635

光明　2:257 4:174 5:15,16,44,46 6:1,91,122 7:157 9:32 10:5 13:16 24:35 33:43 35:20 39:22,69 42:52 57:9,13,28 61:8 64:8 65:11 66:8

孤児　2:220 4:2,6,10,127 6:152 17:34 18:82 76:8 89:17 90:15 93:6,9 107:2

サービア教徒　2:62 5:69 22:17

サーミリー（サマリア人）　20:85,87,88,95

サーリフ（預言者）　7:73,75,77,79 11:61,62,66,89 26:142,155 27:45,46,47,49

斎戒（清浄さを護持することだが、その中核として「断食」を見よ）

最後の日（アルヤウム・アルアーヒル、所属代名詞付きは、他に50カ所ある）
　2:8,62,126,177,228,232,264 3:9,114 4:38,39,59,136,162 5:69 9:18,19,29,44,45,99 24:2 29:36 33:21 58:22 60:6 65:2

財産（マール、アムワール、所属代名詞付きは、他に67カ所ある）
　2:155,177,188,247,264 4:5,10,29,161 6:152 9:24,34,69 10:88 11:29 17:6,34,64 18:34,46 19:77 23:55 24:33 26:88 30:39 34:35 57:20 59:8 69:28 71:12,21 74:12 89:20 90:6 92:11,18 104:2,3 111:2

ザイド　33:37

ザカリーヤー　3:37 38,41 6:85, 19:2,7 21:89

酒（ハムル）　2:219 5:90,91 47:15

定めの施し（義務的なザカート）
　2:43,83,110,177,277 4:77,162 5:12,55 7:156 9:5,11,18,71 19:31,55 21:73 22:41,78 23:4 24:37,56 27:3 30:39 31:4 33:33 58:13 73:20 98:5

ザックームの木　37:62 44:43 56:52

諭し（戒しめ、ズィクラー）　6:68,69,90 7:2 11:114,120 21:84 26:209 29:51 38:43,46 39:21 40:54 44:13 50:8,37 51:55 74:31 80:4 87:9 89:23

殺害、殺人　2:178,191,217 3:154 5:30 6:137 17:33 33:16

サバアの町　27:22 34:15

サファーの地点　2:158

サムードの民　7:73 9:70 11:61,68,95 14:9 17:59 22:42 25:38 26:141 27:45 29:38 38:13 40:31 41:13,17 50:12 51:43 53:51 54:23 69:4,5 85:18 89:9,91:11

サルサビールの泉　76:18

死（マウト）　2:19,94,132,180,243 3:143,168,185 4:15,18,100 5:106 6:61,93 8:6 11:7 14:17 21:35 23:99 25:3,58 33:19 34:14 39:42 44:56 47:20 50:19 56:60 62:6,8 63:10 67:2 16:32 20:74 37:59 45:26

詩、詩人　21:5 26:224 36:69 52:30 69:41

慈愛（数百回あるが、以下は主な諸例）
　2:157,178,218 3:8,107,157,159 4:96,175 6:12,54,133,147,154,157 7:49,52,56,72,154,203 9:21,61 10:21,57 11:9,17,28,58,63,66,73,94 12:111 15:56 16:64,89 17:24,28,82,87,100 18:10,58,65,82,98 19:2,21 21:84,107 27:77 28:43,46,86 29:51 30:33,36,50 31:3 33:17 35:2 36:44 38:9,43 39:9, 38,53 40:7 42:48 43:32 44:6 45:20 46:12 57:13,27

10:59, 16:114,116

地獄　7:41　11:119　14:16　15:43　20:74
　36:63　37:64　39:71　43:74　50:30　55:43
　67:6　74:26,27　8:21　89:23
シナイ山　19:52　23:20　95:2
ジハード（「奮闘努力」を見よ）
至福（トゥーバー）　13:29
ジブト神　4:51
ジブリール　2:97,98　66:4　81:19,21
ジャールートの民　2:249,250,251
邪神（タークート）　2:256,257　4:51,60
　5:60　16:20
シャムウィール（サムエル）　直接の言及
　ではないが、2:246,247,248 脚注参照。
シュアイブ　7:85,88,90,92　11:84,
　87,91,92,94　26:177,178,188,189　29:36
ジューディーの山　11:44
宗教（教え、教義、審判、ディーン）
　2:132,193,256　3:19,83　4:46,125　5:3
　6:161　7:29　8:39,72　9:11,29,33,36,122
　10:105　12:40,76　15:35　16:52　22:78
　24:2　26:82　29:65　30:30,43　33:5　37:20
　38:78　39:2,3　40:14,65　42:13,21　48:28
　51:6,12　60:8,9　61:9　70:26　74:46
　82:9,15,17,18　83:11　95:7　98:5　107:1
　109:6　110:2
修道院　57:27
巡礼（ハッジュ）　2:158,189,196,197,198
　3:97　5:1,95.96　9:3,19　22:27
小巡礼（ウムラ）　2:196
証人（立証・実証する者、シャヒード、シュ
　ハダーゥ）　2:133,282　3:98,99,140
　4:33,41,69,72,79,135,159,166
　5:8,44,117　6:19,144　10:29,46　13:43
　16:84,89　17:96　22:17,78　24:4,6,13
　28:75　29:52　33:55　34:47　39:69
　41:47,53　46:8　48:28　57:19　58:6　85:9
　100:7
障壁（バルザフ）　23:100　25:53　55:20
勝利
　（ファウズ）　4:13,73　5:119　6:16
　　9:72,89,100,111　10:64　33:71　37:60
　　40:9　44:57　45:30　48:5　57:12　61:12
　　64:9　85:11
　（ファトゥフ）　4:141　5:52　8:19　26:118
　　32:28,29　48:1,18,27　57:10　61:13
　　110:1
書巻
　（ザブール）　4:163　17:55　21:105
　（ズブル）　3:184　16:44　18:96　23:53
　　26:196　35:25　54:43,52
女性（婦人）
　（イムラア）　3:35　4:12　12:30,51　27:23
　　28:9　33:50　66:10,11
　（ニサー）　2:49,222,231,232,235,236
　　4:128　3:14,42,61　4:1　5:6　7:81,141
　　14:6　24:31　27:55　33:30,32,52,59
　　48:25　49:11
　（ニスワ）　12:30,50
試練（試み）
　（フィトナ）　2:102,191,193,217,3:7
　　4:91　5:71　8:25,28,73　9:47,48,49
　　10:85　17:60　21:35,111　22:11,53
　　24:63　25:20　29:10　33:14　37:63　39:49
　　54:27　60:5　64:15　74:31
　（バラー）　2:49　7:141　8:17　14:6　37:106
　　44:33
ジン（ジャーン、ジン）　6:100,112,128
　7:38,179,184　11:119　15:27　17:88　18:50
　23:25,70　27:10,39　28:31　32:13
　34:8,12,14,41,46　37:158　41:25,29
　46:18,29　51:56　55:15,33, 39,56,74
　72:1,5,6　114:6

索引　637

新月（ヒラール、アヒルラ）　2:189
信仰（イーマーン）　2:108 3:167,173,
　177,193 5:5 8:2 9:124 16:106 30:57
　33:22 40:10 42:52 48:4 49:7,11,14,17
　52:21 58:22 59:9,10 74:31
信者（ムウミン、男女の単数形のみ。複数
　形は男女合わせて206カ所に出てくる）
　4:92,93,94,124 9:10 12:17 16:97 17:19
　20:75,112 21:94 32:18 33:36,56
　40:28,40 59:23 64:2 71:28
真珠　22:23 35:33 52:24 55:22 56:23
　76:19
信託　2:283 4:58 8:27 23:8 33:72 70:32
人頭税（ジズヤ）　9:29
審判（「宗教」を見よ）
人類（「人間」も見よ）
　（バシャル）　3:48,79 5:18 6:91
　　14:10,11 15:33 16:103 18:110
　　19:20,26 21:3,34 23:24 26:154,186
　　30:20 36:15 41:6 42:51 64:6
　　74:25,29,31,36

スィドラの木　34:16 53:14,16 56:28
スィッジーン（悪行録）　83:7,8
スィッジル（記録係の天使）　21:104
ズィハール離婚　33:4 58:2,3
ズー・アルカルナイン　18:83-98
ズー・アルキフル　21:85 38:48
ズー・アルヌーン　21:87,88 68:48-50
スライマーン（ソロモン）　2:102 4:163
　6:84 21:78,79,81 27:15-19,27,30,36,
　38,40,41,44 34:12-14 38:30,34,37,38
スワーウ神　71:23

戦闘（キタール）　2:216,217,246 3:121
　4:77 8:16,65 33:25 47:20

静穏（サキーナ）　2:248 9:26,40 48:4,
　18,26
正義（公正を見よ）
清魂（ルーフ・アルクドス、天使ジブリー
　ルのこと）　2:87,253 15:29 17:85 40:15
　58:22 70:4 78:38 97:4
聖職者（ラッバーニー）　5:44
誓約（アイマーン、所属代名詞の付いた形
　を含む）　2:108,224,225 3:77 4:3,
　24,25,33,36 5:53,89,108 6:109 7:17
　9:12,13 16:38,71,92,94 23:6 24:31,
　33,53,58 30:28 33:50,55 35:42 57:12
　58:16 63:2 66:2,8 68:10,39 70:30
洗浄（「沐浴」を見よ）
　（水以外によるタヤンムムの動詞活用形
　　のみ、水によるタワッドゥの用語は
　　クルアーンにはない）　2:267 4:43 5:6
戦利品（アンファール、マガーニム）　4:94
　8:1 48:15,19,20
善（ハサナ）　2:201 3:120 4:40,78,79,85
　6:160 7:95,131,156 9:50 13:6,22 16:30,
　41,122 27:46,89 28:54,84 33:21 39:10
　41:34 42:23 60:4,6
　（ハイルは183回出てくるが、より善い
　　の意味合いの場合が多い）
全存在の主（ラッブ・アルアーラミーン）
　1:2 2:131 5:28 6:45,71,162 7:54,
　61,67,104,121 10:10,37 26:16,23,47,77,
　98,109,127,145,164,180,192 27:8,44
　28:30 32:2 37:87,182 39:75 40:64,
　65,66 41:9 42:46 45:36 56:80 59:16
　69:43 81:29 83:6

創造（ハルク）　2:164 3:190,191 4:119
　7:54,69 10:4,34 13:5,16 14:19 17:49,
　51,97 18:51 21:104 23:14,17 27:64

29:19,20 30:11,22,27,30 31:11 32:7 34:7 35:1,16 36:78,79 37:11 39:6 40:57 42:29 50:15 67:3 79:27

象 105:1

ダーウード 4:163 5:78 6:84 17:55 21:78,79 27:15 34:10 38:17,22,24,26,30

タールート王 2:247,249,251

太陽 2:258 6:78,96 7:54 10:5 12:4 13:2 14:33 16:12 17:78 18:17,86,90 20:130 21:33 22:18 25:45 27:24 29:61 31:29 35:13 36:38,40 39:5 41:37 50:39 55:5 71:16 75:9 76:13 81:1

代理者（ハリーファ）2:30 6:165

多神教徒（ムシュリク、男女、単複を含む）2:105,135,221 3:67,95 6:14,23, 79,106,121,137,161 9:1,3,4,5,6,7,17, 28,33,36,113 10:105 12:106,108 15:94 16:100,120,123 22:31 24:3 28:87 30:31,42 33:73 40:84 41:6 42:13 48:6 61:9 98:1,6

タスニームの泉 83:27

戦い（戦闘、キタール）2:216,217,246 3:121 4:77 8:16,65 33:25 47:20

正しい道 「まっすぐな道」を見よ

例え（マサル）
2:17,19,26,171,214,261,264,265, 3:59,117 7:177 10:24 11:24 13:35 14:18,24,25,26 16:60,75,76,112 17:89 18:32,45,54 22:73 24:34,35 25:33 29:41 30:27,28,58 36:13,78 39:27,29 43:17,56,57,59 47:15 57:20 59:16 62:5 66:10,11 74:31

旅（サファル、リフラ）6:11 22:46 27:69 30:9 42 35:44 40:21,82 47:10 106:2

魂（ルーフ、所属代名詞が付いたものを含む）2:87,253 4:171 5:110 12:87 15:29 16:2,102 17:85 19:17 21:91 26:193 32:9 40:15 42:52 56:89 58:22 66:12 70:4 78:38 97:4

断食（斎戒の中核、サウム、スィヤーム）2:183, 187,196 4:92 5:89 19:26 58:4

父親（アブ、アーバーゥ、単数の独立した形では2例、複数では1例しかなく、他は名詞や所属代名詞付きで46カ所にある）12:78 24:31 33:40

寵愛（恩恵、ファドゥル、対格ファドゥランや所属代名詞付きなどで100カ所ほどある、以下は事例として2章と3章にあるファドゥルのみ）2:64,105,237, 243,251 3:73,74,152,174,180

懲罰（イカーブ）2:196,211 3:11 5:2,98 6:165 7:167 8:13,25,48,52 13:6,32 38:14 40:3,5,22 41:43 59:4,7

月 9:36 6:9 7:54 10:5 12:4 13:2 14:33 16:12 21:33 22:18 29:61 31:29 35:13 36:40 39:5 41:37 55:5 71:16 75:9

罪（ザンブ、ズヌーブ）3:135 17:17 25:58 26:14 40:3 39:53 81:9
（イスム）2:85,173,182,188,203,206, 219 3:178 4:20,48,50,111,112 5:2,3,62,63,107 6:120 7:33 24:11 33:58 42:37 49:12 53:32 58:8,9

天使（マラク、マラーイカ）2:30,31,161, 177,210,248 3:18,39,42,45,80, 87,124,125 4:97,166,172 6:8,50, 93,111,158 8:9,12,50 11:12,31 13:13,23 15:7,8, 28,30 16:2,28, 32,33,49 17:40, 61,92,95 18:50 20:116 21:103 22:75

23:24 25:7,21,22,25 32:11 34:40 35:1 37:150 38:71,73 39:75 41:14,30 42:5 43:19,53 53:26,27 66:4,6 69:17 70:4 74:31 78:38 89:22 97:4

天命（カダル） 97:1,2,3 65:3

洞窟（カハフ、ガール） 9:40 18:9,10,11,16

篤信（タクワー） 2:197,237 5:2,7 7:26 9:108,109 20:132 48:26 49:3 58:9 74:56 96:12

トゥッバウの民 44:37 50:14

トゥワーの谷 20:12 79:16

執り成し（シャファーア） 2:48,123,254 4:85 19:87 20:109 34:23 39:44 43:86

奴隷

アブドゥ 2:178 16:75 26:22

アマ 2:221

フィー・アッリカーブ 2:178 9:60

右手の所有するもの 4:3,24,36 23:6 24:31,33 30:28 33:50,55

ラカバ 4:92 5:89 58:3 90:13

貪欲（けち、ブフル） 4:37 57:24

ナスル神 71:23

ナツメヤシ 2:266 6:99,141 13:4 16:11,67 17:91 18:32 19:23,25 20:71 23:19 35:13脚注 36:34,39 50:10 54:20 55:11,68 59:5 69:7 80:29

7層の天 2:29 17:44 23:17,86 41:12 65:12 67:3 71:15

人間（「人類」も見よ）

（インサーン） 4:28 10:12 11:9 12:5 14:34 15:26 16:4 17:11,13,53,67,83 18:54 19:66,67 21:37 22:66 23:12 25:29 29:8 31:14 32:7 33:72 36:77 39:8 41:49,51 42:48 43:15 46:15 50:16 53:39 55:3,14 59:16 70:19 76:1,2 79:35 80:17,24 84:6 86:5 89:15 90:4 95:4 96:2,5,6 99:3 100:6 103:2

（インス） 6:112,128,130 7:38,179 27:17 41:25,29 46:18 51:56 55:33,39,56,74 72:5,6

（ウナース） 2:60 7:82 17:71 27:56

（ナース、240カ所に出てくる） 39:49

忍耐（サブル） 2:45,153,249 7:126 12:18,83 16:127 18:67,72 90:17 103:3

ヌーフ 3:33 6:84 7:59,64,69 9:70 10:71,73 11:25,32,36,45,46,89 14:9 17:3,17 19:58 21:76 22:42 23:23 25:37 26:105,106,112,116 29:14,15 33:7 37:75,79 38:12 40:5,31 42:13 50:12 51:46 53:52 54:9 57:26 66:10 71:1,2,5,21,26

バァル神 37:125

バービル（バビロン） 2:102

ハーマーン 28:6,8,38 29:39 40:24,36

ハールート（バビロンの天使） 2:102

ハールーン 2:248 4:163 6:84 7:122,142,150 10:75 19:28,53 20:30,70,90,92,94 21:48 23:45 25:35 26:13,48 28:34 37:114-122

拝火教徒（マジュース） 22:17

墓（クブール） 22:7 35:22 100:9

（マカービル） 102:2

秤（ミーザーン、単複両形） 7:8,9,85 11:84,85 21:47 23:102,103 42:17 55:7,8,9 57:25 101:6,8

バドルの戦い 3:123

バッカ（マッカ） 3:96

母（啓典の母 ウンム・アルキターブ） 3:7
13:39 43:4
　（町々の母 ウンム・アルクラー） 6:92
　　42:7
　（ムーサーの母） 28:7,10

母親 3:7 6:92 7:150 28:10 42:7 43:4

火（ナール、ここは「地獄の火」以外） 2:17
20:10 56:71

美称 7:180 17:110 20:8 59:24

ヒジュルの民 15:80

秘密の協議（ナジュワー） 17:47 20:62
21:3 58:7,8,10

フィルアウン 2:49,50 10:75-90 28:38
40:24,45 44:17,31 54:41 66:11 69:9
73:15,16 79:21,23 85:18 89:10

フードの民 2:111,135,140 7:65 11:50,
53,58,60,89 26:124 46:21

フール・イーン（楽園の乙女） 44:54
52:20

福音書 5:46,66,68,110 7:157 48:29

不正（ズルム） 3:108 4:10,30,160 6:82
11:117 20:111,112 22:25 25:4 27:14
31:13 40:17,31

不正者（ザーリム、男女、複数形を含めれ
ば135ヶ所に出てくる、ここは男女単数
のみ） 4:75 11:102 18:35 21:11 22:37
25:27 35:32 37:113

部族連合（アフザーブ、分派を見よ）

豚 2:173 5:3 16:115

復活の日 2:113.174.212 3:55.77.161,
180,185,194 4:87,109,141,159
5:14,36,64 6:12 7:32,167,172 10:93
11:60,98,99 16:25,27,92,124 17:13,
58,62,97 18:105 20:100,101,124 21:47
22:9,17,69 23:16 25:69 28:41,42,61,71
29:13,25 32:25 35:14 39:15,24,31,60,67
41:40 42:45 45:17,26 58:7 60:3 75:1,6

筆 31:27 68:1 96:4

フナインの戦い 9:25

船
　（サフィーナ） 18:71,79 29:15
　（方舟、フルク） 2:164 7:64 10:22,73
　　11:37,38 14:32 16:14 17:66 22:65
　　26:119 29:65 30:46 31:31 35:12
　　36:40 40:80 43:12 45:12

粉砕釜 104:4,5

奮闘尽力（ジハード） 9:24 22:78 25:52
60:1

分派
　（シーア、シアウ） 6:65,159 15:10
　　19:69 28:4,15 30:32 37:83
　（ヒズブ、アフザーブ） 5:56 11:17
　　13:36 18:12 19:37 23:53 30:32
　　33:20,22 35:6 38:11,13 40:5,30
　　43:65 58:19,22

平安（平和、サラーム） 4:94 5:16 6:54,
127 7:46 8:61 10:10,25 11:48,69 13:24
14:23 15:52,46 16:32 19:15,33,47,62
20:47 21:69 25:63,75 27:59 28:55 33:44
36:58 37:79,109,120,130,181 39:73
43:89 50:34 51:25 56:26,91 59:23 97:5

報奨（報酬、ジャザー、アジュル） 3:136,
171,172,179 4:40,67,74,95,114,146,162
5:9 6:90 7:113,170 8:28 9:22,120 10:72
11:11,51,115 12:56,57,90,104 16:41
17:9 18:2,30,77 25:57 26:41,109,
127,145,164,180 28:25 29:58 33:29,

索引　641

35,44 34:47 35:7 36:11,21 38:86 39:74 41:8 42:23 48:10,16,29 49:3 52:40 57:7.11.18 64:15 65:5 67:12 68:3 73:20 84:25 95:6

褒美（サワーブ）　3:145,148,195 4:134 19:76 18:31,44,46 28:80

報復（同害報復、キサース）　2:178,179, 194 5:45

星（カウカブ、カワーキブ）　6:76 12:4 24:35 37:6 82:2

　（ナジュム、ヌジューム）　6:97 7:54 16:12,16 22:18 37:88 52:49 53:1 55:6 56:75 77:8 81:2 86:3

施し（主として自発的なサダカ、「定めの施し」ザカーも見よ）
2:196,263,264,271,276,280 4:92,114 9:58,60,75,79,103,104 33:35 57:18 58:12,13 63:10

捕虜　2:85 8:67,70 76:8

マアジュージュ族　18:94 21:96

マーリク（地獄の見張り役の名前）　43:77

マールート（バビロンの天使）　2:102

マギ（拝火教徒）　22:17

マスジド（礼拝所）　2:114,144,149,150,1 87,191,196,217 5:2 7:29,31 8:34 9:7,17,18,19,28,107,108 17:1,7 18:21 22:25,40 48:25,27 72:18

マスィーフ　3:45 4:157,171,172 5:17, 72,75 9:30,31

マッカ（バッカ）　3:96 48:24 90:1脚注 95:3脚注

まっすぐな道　1:6 2:142,213 3:51,101 4:68,175 5:16 6:39,87,126,161 7:16 10:25 11:56 15:41 16:76,121 19:36 22:54,23:73 24:46 26:182 36:4,61 37:118 42:52 43:43,61,64 46:30 48:2,20 67:22

マディーナ　7:123 9:101,120 12:30 15:67 18:19,82 27:48 28:15,18,20 33:13,60 36:20 63:8

マドヤンの民　7:85 9:70 11:84,95 20:40 22:44 28:22,23,45 29:36

マナート神　53:20

マルヤム　2:87,253 3:36,37,42,43,44,45 4:156,157,171 5:17,46,72,75,78,110,11 2,114,116 9:31 19:16-34 23:50 33:7 43:57 57:27 61:6,14 66:12

マルワの地点　2:158

マンナ（砂漠の果実）　2:57 7:160 20:80

ミーカール（ミカエル）　2:98

みだらな行為　「わいせつ行為」を見よ。

水　2:22,74,164 4:43 5:6 6:99 7:50 8:11 10:24 11:7,43,44 13:4,14,17 14:16,32 15:22 16:10 18:29,45 20:53 21:30 22:5,63 23:18 24:39,45 25:48,53 27:60 28:23 29:63 30:24 31:10 32:8,27 35:27 39:21 41:39 43:11 50:9 54:11,12,28 56:31,68 67:30 69:11 77:20,27 80:25 86:6

ムーサー　2:51,53-73 4:153,154,164 5:20-26 7:103-137,138-160 10:75-92 17:101-103 18:60-82 20:9-98 26:10-66 27:7-12 28:3-48

ムスリマート（複数のみ）　33:35

ムスリムーン（複数のみ）　2:132,133,136 3:52,64,80,84,102 5:111 6:163 7:126 10:72,84,90 11:14 15:2 16:89 21:108 22:78 27:31,38,42,81,91 28:53 29:46 30:53 33:35 39:12 41:33 43:69 46:15

51:36 68:35

ムハージルーン 「移住者」を見よ

ムハンマド　3:144 33:40 47:2 48:29

妄欲（ハワー、アフワー）　4:135 5:77 6:150 7:176 18:28 20:16 25:43 28:50 38:26 45:18,23 53:3 79:40

沐浴（グスル）　4:43 5:6

森の人々　15:78 26:176 38:13 50:14

ヤアコーブ　2:132,133,136,140 3:84 4:163 6:84 11:71 12:6 19:6,49 21:72 29:27 38:45

ヤアジュージュ族　18:94 21:96

ヤウーク神　71:23

ヤグース神　71:23

ヤスリブ（マディーナの旧名）　33:13

ヤフヤー　3:39 6:85 19:7,12 21:90

遺言（ワスィーヤ）　2:180,240 4:11,12 5:106

結納品（施しを見よ、クルアーンにはマハルは出てこない）

ユースフ　6:84 12:4,8,17,21,46,56,69,99 40:34

幽精（ジンを見よ）

ユーヌス　4:163 6:86 10:98 37:139 68:48 脚注

ユダヤ教徒（ヤフード）　2:62,111,113, 120,135,140 3:67 4:46,160 5:18,41, 44,51,64,69,82 6:146 9:30 16:118 22:17 62:2

赦し（アフウ、ガフール）　2:109,173,182, 192,199,218,219,225,226,235,284,286 3:16,31,89,129,135,147,155,193 4:23,2 5,43,48,96,99,100,106,110,129,152,116 5:3,18,34,39,40,74,98,101 6:54,145, 165 7:153,167,199 8:69,70 9:5,27, 91,99,102 10:107 11:41 12:53,98 14:36 15:49 16:18,110,115 17:25,44 18:58 22:60 24:5,22,33,62 25:6,70 27:11 33:5, 24,50,59,73 34:2,15 35:34,41 39:53 40:55 41:32 42:5,23 46:8 47:19 48:14 57:28 58:2,12 66:1 67:2 73:20

預言者（ナビー、複数形、所属代名詞付きを含む）　2:91,146,177,213,246 3:21, 39,80,81,112,161,181 4:69,155,163 5:20,81 6:112 7:94,157,158 8:64, 65,67,70 9:61,73,113,117 17:55 19:30, 41,49,51,53,54,56,58 22:52 25:31 33:1, 6,7,13,28,30,32,38,40,45,50,53,56,59 37:112 39:69 43:6,7 49:2 60:12 65:1 66:1,3,8,9

夜（ライル、ライラ、全体で92ヵ所にあるが、以下は典型例のみ）　3:27 22:61 31:29 35:13 57:6 74:33 81:17 84:17 89:4 91:4 92:1 93:2

来世（アル・アーヒラ、全体で157ヵ所にあるが、以下は典型例のみ）　3:148 6:113,150 11:103 12:57 13:34 16:22,41 17:10,45 27:4 29:64 34:8 39:26,45 41:16 42:20 53:27 68:33

楽園（ジャンナ、複数形や所属代名詞の付いた形も多数あり）　2:35,82,111,214, 221,265,266 3:133,142,185 4:124 5:72 7:22,27,40,42,43,44,49,50 9:111 10:26 11:23,108 13:35 16:32 17:91 19:60,63 20:117,123 25:8,15,24 26:85,90 29:58 32:19 35:33 36:26,55 37:43 38:50 39:73,74 40:40 42:7,22 43:70,72 46:14,

16 47:6,15 50:31 53:15 55:46 56:12,89 57:21 59:20 66:11 68:17 69:22 70:38 76:12 79:41 81:13 88:10 89:30 98:8

ラクダ（イブル、ジャマル） 6:144 7:40 88:17

利子（リバー） 2:275,276,278 3:130 4:161

ラッスの民 25:38 50:12

ラッパ（スール） 6:73 18:99 20:102 27:87 36:51 39:68 50:20 69:13 78:18

ラマダーン 2:185

離婚（タラーク、ズィハール離婚を含む） 2:227,228,229,230,231,236,237,241 33:4脚注,49脚注 58:2脚注,3脚注 65:1 66:5

律法（アル・トゥーラー） 3:3,48,50,65,93 5:44,46,66,68,110 7:157 9:111 48:29 61:6 62:5

律法学者（アフバール） 5:44,63 9:34

両親（ワーリダーン、所属代名詞付きを含む） 2:83,180,215,233 4:7,33,36,135,75 6:151 14:41 17:23 19:14,32 27:19 29:8 31:14 46:15,17 71:28

ルート 6:86 7:80 11:70,74,77,81,89 15:59-61 21:71,74 22:43 26:160,161 27:54,56 29:26,28,32,33 37:133 38:13 50:13 54:33,34 66:10

ルクマーン 31:12,13

礼儀作法 24:27-29,58,59,61 33:56 49:2-5 58:11

礼拝（サラー、サラワート） 2:3,43,45,83,110,153,157,177,238,277 4:43,77,101,102,103,162 5:6,12,55,58,91,106 6:72,92,162 7:170 8:3,35 9:5,11,18,54,71,99,103 10:87 11:87 13:22 14:31,37,40 17:78,110 19:31,55,59 20:14 21:73 22:35,40,41,78 23:2,9 24:37,41,56,58 27:3 29:45 30:31 31:4,17 33:33 35:18,29 42:38 58:13 70:23,34 73:20 98:5 107:5

わいせつ（みだらな行為、不倫、私通、不貞、ファーヒシャ、ファワーヒッシュ、ファハシャー） 2:169,268 3:135 4:15,19,22,25 6:151 7:28,33,80 12:24 16:90 17:32,33, 24:19,21 27:54 29:28,45 33:30 42:37 53:32 65:1

ワッド神 71:23

　　　　膨大な本書の校正作業と本作りに際し、国書サービスの割田剛雄氏・吉原悠氏に格別の謝意を特記する。その周到な計画と懇切丁寧で献身的な仕事振りによって、漸く本書の刊行が可能となった。

監訳著 水谷 周（ミズタニ マコト）

京都大学文学部卒、博士（ユタ大学）、（社）日本宗教信仰復興会議代表理事、現代イスラーム研究センター副理事長、日本ムスリム協会理事、日本アラビア語教育学会理事、国際宗教研究所顧問など。日本における宗教的覚醒とイスラームの深みと広さの啓発に努める。著書多数。『イスラーム信仰概論』明石書店、2016年、『イスラームの善と悪』平凡社新書、2012年、『イスラーム信仰とその基礎概念』晃洋書房、2015年、『イスラーム信仰とアッラー』知泉書館、2010年、(以下は国書刊行会出版)『イスラーム信仰叢書』全10巻、総編集・著作、2010〜12年、『クルアーン―やさしい和訳』監訳著、2019年、『黄金期イスラームの徒然草』2019年、『現代イスラームの徒然草』2020年、『祈りは人の半分』2021年、『イスラーム用語の新研究』2021年、『信仰の滴』2022年、『信仰は訴える―次世代への継承』2023年、『宗教と科学のせめぎ合い』2023年、『イスラームにおける直観の研究』2024年、『イスラームの精神世界』2024年、など。

訳補完 杉本 恭一郎（スギモト キョウイチロウ）

神戸大学大学院国際協力研究科修了。マレーシア国際イスラーム大学教育学研究科留学。米国バイナ研究所クルアーン講座修了。NPO法人千葉イスラーム文化センター理事長、英国イスラーム教育研究アカデミー国際アウトリーチ専門家など。2000年と2015年にメッカ巡礼を果たす。イスラームを日本語でわかりやすく伝えることをモットーに日本各地のマスジド、大学、公民館などで講演会を多数行う。訳書に『Dr.ザキル・ナイクが語るイスラームの新常識』国書刊行会、2015年、論文に「神道とイスラム教、その知られざる関係」『宗教問題』Vol.40、2022年など。

クルアーン ── やさしい和訳（わやく）

2019年2月1日　第1版発行
2025年1月29日　第9版発行

監訳著　水谷　周
訳補完　杉本恭一郎
発行者　佐藤　丈夫

〒174-0056 東京都板橋区志村1-13-15
発行所　株式会社 **国書刊行会**
TEL.03(5970)7421(代表)　FAX.03(5970)7427
https://www.kokusho.co.jp

ISBN978-4-336-06338-0

印刷・株式会社シナノパブリッシングプレス／製本・株式会社ブックアート
落丁本・乱丁本はお取替いたします。
本書の無断転写（コピー）は著作権法上の例外を除き、禁じられています。